Gert Raeithel

Geschichte der nordamerikanischen Kultur

Gert Raeithel

GESCHICHTE DER NORDAMERIKANISCHEN KULTUR

Band 2

Vom Bürgerkrieg bis zum New Deal

1860–1930

Zweitausendeins

Gert Raeithel, Geschichte der nordamerikanischen Kultur.
Band 1. Vom Puritanismus bis zum Bürgerkrieg (1600–1860).
Band 2. Vom Bürgerkrieg bis zum New Deal (1860–1930).
Band 3. Vom New Deal bis zur Gegenwart (1930–1995).

Erste, durchgesehene und erweiterte Auflage, August 1995.
Zweite Auflage, November 1995.

Die Abbildungsnachweise befinden sich am Ende des dritten Bandes.

Lektorat der erweiterten Neuausgabe Ekkehard Kunze und Martin Weinmann, Wiesbaden.
Herstellung der Lizenzausgabe Dieter Kohler & Bernd Leberfinger, Nördlingen.
Druck Buch- und Offsetdruckerei Wagner GmbH, Nördlingen.
Gebunden bei G. Lachenmaier, Reutlingen.
Printed in Germany.

Diese Ausgabe gibt es nur bei Zweitausendeins
im Versand (Postfach, D-60381 Frankfurt am Main) oder
in den Zweitausendeins-Läden in Berlin, Essen, Frankfurt, Freiburg, Hamburg,
Köln, München, Nürnberg, Saarbrücken, Stuttgart.

In der Schweiz über buch 2000,
Postfach 89, CH-8910 Affoltern a. A.

ISBN 3-86150-129-5

INHALT

VORWORT

In den Gründerjahren der amerikanischen Republik hatte es kaum Zweifel gegeben, das Ziel einer einheitlichen Kultur erreichen zu können oder gar schon erreicht zu haben. James Fenimore Cooper, der sich in Europa umgetan hatte und einen Vergleichsmaßstab zu haben glaubte, schrieb 1828, er habe nie im Leben Menschen gesehen, die sich untereinander so glichen wie seine Landsleute. Die Entwicklung der materiellen Kultur verstärkte den Eindruck des Homogenen. In der Architektur setzte sich trotz kunterbunter Baustile eine amerikanische Note durch. Das Haus eines Yankees in Boston, eines Quäkers in Philadelphia und eines Hugenottenabkömmlings in Charleston zeigten so viele Ähnlichkeiten, daß der Kolonialhistoriker Louis B. Wright mit Recht annehmen durfte, aus verschiedenen Wurzeln sei etwas Einheitliches gewachsen.

In den Vereinigten Staaten sind die Produkte der Hochkultur spätestens seit Beginn des 19. Jahrhunderts nie bloß für die Elite gedacht gewesen, die Volkskultur blieb mit den kulturellen Hauptströmungen verbunden. Amerikaner können sich erstaunlich leicht über abstrakte Tugenden und Prinzipien verständigen. Auf der Summe abstrakter Prinzipien gründet der amerikanische Nationalismus oder Amerikanismus. Je stärker der Amerikanismus durch unterschiedliche rassische, religiöse oder sprachliche Traditionen strapaziert wurde, desto heftiger mußte er propagiert werden. Einheitsstiftenden Symbolen wie der Flagge, nationalen Feiertagen oder der »Frontier« kam deshalb besonderes Gewicht zu.

Der Amerikanismus speist sich aus einer gemeinsamen, oftmals beschworenen Mentalitätsgeschichte. Ein wichtiges Element der kulturellen Identität entstammt dem Bewußtsein, daß man selbst oder die eigenen Vorfahren die Heimat aus freien Stücken gewählt hatte und nicht aus Zufall sein Leben in einem bestimmten Land fristete wie die Europäer.

Angekommen zu sein ist ein tiefer europäischer Wunsch, die Vorstellung, erst am Beginn der Reise zu stehen, ein ebenso tiefes amerikanisches Bedürfnis. Eine Konstante in der Entwicklung der amerikanischen Kultur ist die Bereitschaft zur Trennung, zum Objektverzicht. Die Kluft, die 1776 zur Lösung der amerikanischen Kolonien vom Mutterland führte, hatte sich im 17. Jahrhundert aufgetan; dort liegen die Ursprünge weißer Kultur in Nordamerika. Seit unerschrockene Separatisten 1620 in Neuengland landeten, wollten Amerikaner in Bewegung bleiben, vertraute Dinge hinter sich lassen, neue Erfahrungen suchen. Das Raumbedürfnis war von Anfang an größer in der amerikanischen als in anderen Kulturen, und es war leichter zu stillen. Die Idee des »self-improvement«, der materiellen und geistigen Weiterentwicklung, läßt sich ebenfalls bis in die Kolonialzeit zurückverfolgen. Auswanderer waren grundsätzlich bereit, zur Verbesserung der eigenen Position familiäre und heimatliche Bindungen zu durchtrennen. Diese Bindungen scheinen von Haus aus schwächer gewesen zu sein als die der Seßhaften, der Daheimgebliebenen. Die elementare Bereitschaft zum Objektverzicht, zur Auflösung sozialer Bindungen, hat die amerikanische Mentalität bestimmt. Erziehung, Assimilation, Amerikanisierung der nachfolgenden Generationen verstärkten die zentrifugale – der Psychoanalytiker würde sagen die »philobatische« – Gefühlsrichtung. Das Ziel der Amerikanisierung bestand darin, die gesellschaftlich erforderliche Flexibilität zu verleihen und den Glauben an einen immer wieder möglichen Neuanfang. Geographische, soziale und letztlich sogar irdische Grenzen zu überschreiten ist eine Grundidee des Amerikanismus. Ralph Waldo Emerson, der Visionär, für den der ideale Ort die Einsamkeit des Weltalls war, er wurde zum repräsentativsten Denker Amerikas.

Die Bewohner der Carolinas haben aus Tradition alles darangesetzt, ein Vermögen zu erwerben, um es anschließend mit ebensolcher Energie wieder zu verschleudern. Konventionellen Historikern kam dieses Verhalten so merkwürdig vor, daß sie es vorsichtig mit dem Attribut »ambivalent« belegten. Vom objektpsychologischen Standpunkt gibt das »Carolina Paradox« keine Rätsel auf. Nach frühem Objektverlust kann die Neigung entstehen, sich gegenüber materiellen Gütern gleichzeitig besitzergreifend und destruktiv zu verhalten. Der Objektverlust wird stets neu herbeigeführt, Personen und Sachen aufgegeben, um nicht selbst erneut verlassen zu werden. Dieser Schutzmechanismus ist in der amerikanischen Kultur eine wichtige Vorbedingung für den Erfolg gewesen. An der urbanen Frontier – in Denver oder in San Francisco – haben sich gerade die Erfolglosen, die »down-and-outers«, in politischen und geselligen Clubs zusammengeschlossen, eine Art Trost für ihre Unfähigkeit, sich über widrige Umstände oder Konkurrenten hinwegzusetzen.

Wer in der amerikanischen Gesellschaft Erfolg haben und zum Hauptstrom der Kultur gehören wollte, mußte in Bewegung bleiben und seinen Weg auch alleine gehen können. Stillstand hieß fast so viel wie Scheitern.

I. Kapitel
BÜRGERKRIEG

Die zunehmende Industrialisierung, neue geistige Strömungen und die territoriale Ausdehnung erzeugten bis zur Mitte des 19. Jahrhunderts wachsende regionale Spannungen, die sich zu einem Konflikt zwischen Nord- und Südstaaten zuspitzten. Die Sklaverei war bei dieser Entwicklung der wichtigste, aber nicht der einzige Faktor.

Gescheiterte Kompromisse

1819 war Alabama in die Union aufgenommen worden. Damit gab es elf freie und elf unfreie Staaten. Vor der Zulassung von Missouri als neuem Staat verlangten nordstaatliche Abgeordnete, in diesem Gebiet sollten Sklaven oder zumindest deren Kinder frei werden. Sie konnten darauf verweisen, daß im Rahmen der *Northwest Ordinance* von 1787 auch Ohio, Indiana und Illinois vor der Aufnahme in die Union Auflagen bezüglich Sklaverei hatten hinnehmen müssen. Die Vertreter des Südens stellten sich auf den Standpunkt, der Kongreß habe in diesem Punkt keine Kompetenz, den Einzelstaaten Vorschriften zu machen; die in der Verfassung niedergelegte Formulierung – »neue Staaten können in die Union aufgenommen werden« – sage nichts über die Art der Gesellschaftsordnung aus. Sklavenhaltende Südstaatler pochten auf das Recht, ihr Eigentum mit über den Mississippi zu nehmen. Eine Kompromißmöglichkeit zeichnete sich ab, als das im äußersten Nordosten gelegene Maine um Aufnahme in die Union nachsuchte. Im *Missouri Compromise* (1820) einigte sich der Kongreß darauf, die Sklaverei in den Territorien nördlich der Mason-Dixon-Linie – sie war nach zwei Landvermessern benannt und verlief bei 36° 30′ – künftig zu verbieten, mit Ausnahme Missouris. Maine wurde als freier, Missouri als unfreier Staat aufgenommen. Das Gleichgewicht war scheinbar wiederhergestellt.

Der Kompromiß hielt noch, als Arkansas und Michigan zu Unionsstaaten wurden, der eine nördlich, der andere südlich der vereinbarten Linie. Allerdings stand zu erwarten, daß südlich der Linie in nächster Zukunft nur Florida die Aufnahme beantragen würde, während sich im Norden Wisconsin, Iowa und Minnesota anschickten, Bundesstaaten zu werden. Die Südstaaten mußten befürchten, wieder ins Hintertreffen zu geraten. Im Norden zeigte man sich irritiert darüber, daß die Verfassung von Missouri freien Schwarzen die Einreise verwehrte.

Die Südstaaten hatten sich seit Gründung der USA als Teil der nationalen Kultur begriffen. Nach dem Kompromiß um Missouri stellten sie ihre Eigenständigkeit stärker heraus und besannen sich auf ihre historische Identität, die im patriotischen Überschwang der Gründerzeit in den Hintergrund getreten war.[1] Der Krieg gegen Mexiko verschärfte Animositäten zwischen freien und unfreien Staaten. Texas wurde 1845 erobert und rasch in die Union aufgenommen, für Nordstaatler ein Indiz dafür, daß der Süden seine Macht über Gebühr ausweitete. Aktive Gegner der Sklaverei sahen im Mexikanischen Krieg eine Verschwörung der Sklavenhalter. Der Süden wolle »größere Koben, um sie mit Sklaven vollzustopfen« und habe deshalb den Krieg inszeniert, schrieb James Russell Lowell in den *Biglow Papers*. Der Abgeordnete David Wilmot brachte einen Gesetzeszusatz ein, wonach die Sklaverei in allen Gebieten, die man Mexiko abnahm, verboten werden sollte. Das *Wilmot Proviso* scheiterte im Senat. Die *Free Soil Party*, 1848 gegründet, setzte den freien Zugang zu allen eroberten Gebieten auf ihr Programm.

Jefferson Davis aus Mississippi warf seinen Kollegen im Senat Augenwischerei und Betrug vor. Den »Free Soilers« ginge es mitnichten um die Freiheit der Sklaven, sondern um Besitz, Macht und Mehrheiten im Parlament: »Weil Sie die Gelegenheit ergreifen wollen, uns zu betrügen, deswegen wollen Sie das Sklaventerritorium mit festgelegten Grenzen umgeben. Weil Sie eine Mehrheit im Kongreß der Vereinigten Staaten anstreben und die Regierung zu einem Apparat für nordstaatliche Selbstvergrößerung umfunktionieren wollen.«[2] Der spätere Präsident der Konföderierten Staaten lag mit diesem Argument nicht weit von der Wahrheit. Die *Free Soil Party* war eher gegen Schwarze allgemein als gegen die Institution Sklaverei eingestellt. Wilmot hatte Wert auf die Feststellung gelegt, seine Gesetzesinitiative nicht zugunsten der Sklaven, sondern weißer Siedler eingebracht zu haben.

Der Kompromiß von 1850, vorangetrieben von Henry Clay, war ein letzter Versuch, sich zu einigen: Kalifornien wurde als freier Staat aufgenommen. Im Gegenzug verzichtete der Kongreß darauf, für Neumexiko und Utah eine Regelung in puncto Sklaverei zu treffen; die *Fugitive Slave Laws* wurden verschärft. Der *Kansas-Nebraska-Act* (1854) stellte den Bewohnern die Entscheidung frei, ob sie Sklaven haben wollten oder nicht. Nachdem diese beiden Territorien nördlich der Mason-Dixon-Linie lagen, war der Missouri-Kompromiß entwertet. Der Oberste Bundesgerichtshof urteilte drei Jahre später, ein Sklave namens Dred Scott, der sich zeitweilig in einem freien Territorium aufgehalten hatte, bleibe nach wie vor Sklave. Demnach mußte der Missouri-Kompromiß endgültig als verfassungswidrig gelten und Sklavenbesitz in den Territorien als erlaubt angesehen werden.[3] Kansas beantragte seine Aufnahme in die Union mit einer Verfassung, in der die Sklaverei vorgesehen war. Präsident James Buchanan unterstützte diesen Antrag. Das Urteil gegen Dred Scott radikalisierte die Sklavereigegner, die bis dahin für eine graduelle Abschaffung eingetreten waren. Abraham Lincoln befürchtete, dieses Urteil würde die Territorien der Sklaverei öffnen. Sein Gegenspieler Stephen Douglas wollte das Problem der Volkssouveränität überlassen: Die Sklaverei – so Douglas – würde sich immer nur so weit ausbreiten, wie sie die Leute haben wollten, und keinen Zoll weiter.

Lincoln und die Sklaverei

Nur wer in privater Geborgenheit aufwächst, schrieb Hannah Arendt, strebt in öffentliche Ämter. Nach dieser Theorie hätte Abraham Lincoln nie Präsident werden dürfen. Lincoln ist in Kentucky geboren und an der Frontier von Indiana und Illinois aufgewachsen. Sein Vater, ein gewalttätiger und trinkfreudiger Mann, behandelte ihn wie einen unerwünschten Stiefsohn, vielleicht weil er das Gerücht glaubte, Abraham sei nicht sein leibliches Kind. Der junge Lincoln verabscheute die Jagdleidenschaft seines Vaters und dessen rauhbeinige und oberflächliche Männlichkeit. Umgekehrt verachtete der analphabetische Vater den Bildungshunger seines Sohnes, »fooling himself with eddication«, wie er das nannte. Der Konflikt war von Dauer. Lincoln erschien weder am Sterbebett noch zum Begräbnis seines Vaters. Die Mutter, unehelich geboren, konnte ebensowenig lesen und schreiben wie ihr Mann. Sie war kränklich, in einem bestimmten Sinn lebensuntüchtig, neigte zur Melancholie und starb einen frühen Tod. Der Vater heiratete wenig später eine Frau mit drei Kindern. Lincoln hat sich über seine Stiefmutter positiver geäußert als über seine leibliche Mutter. Es muß ihn gequält haben, daß er weder über ihre noch über seine eigene Herkunft genauer Bescheid wußte. »My mother was a bastard«, sagte er einmal, und hat ansonsten nur ungern über seine Kindheit gesprochen.[4]

Wahrscheinlich hatte Lincoln im Alter von zehn Jahren durch den Tritt eines Pferdes einen Schädelbruch mit schweren traumatischen Folgen erlitten. Seine raschen Stimmungsumschwünge zwischen Melancholie und Humor, seine Absencen und sein Doppelsehen im halbwachen Zustand wurden auf diese Verletzung zurückgeführt.[5] Lincoln hat mehrfach von seinem Tod geträumt oder ihn vorausgeahnt. Er träumte wiederholt, er würde auf dem Wasser treiben, einem unbekannten Ufer entgegen. Psychoanalytiker deuteten dies als Todeswunsch oder als Verlangen nach Wiedergeburt.

Lincoln ist erst nach seiner Ermordung zur Heldengestalt erhoben worden. Zu Lebzeiten war er eher unpopulär, im Süden ohnehin, im Norden nicht beliebter als andere Präsidenten vor ihm. Als Redner machte er eine gute Figur, auch wenn seine Formulierungen zu hausbacken waren, um als große rhetorische Kunstwerke gelten zu können. Nach seiner berühmt gewordenen Ansprache auf dem Schlachtfeld von Gettysburg meinte sein Parteigänger Seward: »Er hat versagt, und das tut mir leid«. Lincoln selbst hielt eine viermal wiederholte Rede zum Thema Sklaverei für seine beste Leistung: »Ein in sich gespaltenes Haus kann nicht stehen. Ich glaube, diese Regierung kann auf Dauer halb versklavt, halb frei nicht überleben.« Die »House-Divided«-Rede, erstmals gehalten im Juni 1858 in Springfield (Illinois), gehört zu den *Lincoln-Douglas-Debates,* einem Rededuell in sieben Teilen von insgesamt 21 Stunden Länge, das sich Lincoln mit seinem politischen Konkurrenten Stephen Douglas lieferte, dem späteren Präsidentschaftsbewerber der Demokratischen Partei.

Lincoln war wie viele seiner Zeitgenossen ein Anhänger des Kolonisierungsgedankens, weil er es für besser hielt, daß Schwarze und Weiße getrennt voneinander lebten. In der »Charleston Debate« mit Stephen Douglas sagte er: »Es gibt einen physischen Unterschied zwischen der weißen und der schwarzen Rasse, die es den beiden Rassen für immer verbieten wird, politisch und gesellschaftlich auf gleichem Fuße miteinander zu verkehren.« Kurz vor dem Ausbruch des Bürgerkrieges tat er kund, er habe nicht vor, mit dem System der Sklaverei zu interferieren, weder direkt noch indirekt. Er wolle lediglich der Ausbreitung der Sklaverei einen Riegel vorschieben, denn die Territorien ständen den freien Weißen zu, woraus sich das Recht ergebe, die Sklaverei dort nicht zuzulassen. Den politischen Vorrang sah er im Erhalt der Union, nicht in der Befreiung der Sklaven. Der Historiker Francis Parkman drückte denselben Standpunkt etwas drastischer aus: »Mir wäre es lieber, jeder Sklave erhält einen Schlag auf den Kopf, ehe die Union zu Bruch geht ...« Während des Krieges schrieb Lincoln an Horace Greeley, einen der führenden Journalisten des Landes: »Könnte ich die Union retten, ohne einen *einzigen* Sklaven zu befreien, ich würde es tun.« Zu diesem Zeitpunkt muß ihm klar gewesen sein, daß die Bewahrung der staatlichen Einheit mit der Emanzipation der Sklaven untrennbar verknüpft war. Wenige Monate nach dem Brief an Greeley brachte er diese Erkenntnis dem Kongreß nahe, indem er an das amerikanische Sendungsbewußtsein appellierte: Freiheit für die Sklaven würde die Freiheit der Freien bewahren und damit das Bestehen Amerikas garantieren, der letzten, besten Hoffnung auf Erden.[6]

Emanzipationsbestrebungen mit dem Norden, Unfreiheit und Rassismus mit dem Süden zu assoziieren, dies wäre eine Vereinfachung der Geschichte. In beiden Teilen der Union wurden schwarze Menschen als minderwertige Wesen betrachtet. Der Hartford *Courant* aus Connecticut warnte vor der »pestilenzmäßigen Gegenwart« der Schwarzen, und der nordstaatliche Republikaner William Seward bezeichnete sie als »fremdes und schwächliches Element«, das sich wie der Indianer gegen jede Assimilation sperre. »Bleiben die Weißen Nordamerikas geeint«, schrieb Tocqueville, »so läßt sich schwer denken, daß die Neger der ihnen drohenden Vernichtung entgehen; sie werden dem Schwert oder dem Elend erliegen.«

Obwohl es die Sklaverei in den meisten Nordstaaten noch Jahrzehnte nach Gründung der USA als legale Einrichtung gab, wurde sie eher mit dem Süden als mit dem Norden in Verbindung gebracht. James Madison hatte bei der Verfassungsgebenden Versammlung auf die Sklaverei – neben dem Klima – als wichtigsten Unterschied zwischen den beiden Regionen verwiesen. Tatsächlich gab es im Süden mehr Sklaven als im Norden. Jede vierte Familie in den Südstaaten besaß mindestens einen schwarzen Sklaven, und die anderen neigten dazu, sich mit den Sklavenbesitzern zu solidarisieren. Je stärker der Druck der Sklavengegner des Nordens wurde, desto deutlicher zeigte sich dieser Solidarisierungseffekt. Sklavenbesitzer wurden in der Zeit vor dem Bürgerkrieg zusehends radikaler. Ein Pamphlet des sklavenhaltenden Schriftstellers William Gilmore Simms mit dem Titel *The Morals of Slavery* fiel in der Fassung von 1852 wesentlich negerfeindlicher aus als in der Erstfassung von 1837. George Fitzhugh bekräftigte in seiner *Sociology for the South* (1854) die paternalistische Haltung, wonach der Schwarze nichts anderes als ein erwachsenes Kind sei, unfähig, für sich selbst zu sorgen und zu planen.[7] Ohne die Fürsorge der weißen Herren sei der Schwarze verloren, meinte Fitzhugh, denn wegen mangelnder Intelligenz könne er im freien Wettbewerb niemals bestehen.

Südstaatliche Sklavereigegner wie Cassius M. Clay und Jesse Harrison standen auf verlorenem Posten. Der Chemieprofessor Benjamin Hendrick büßte wegen seiner kritischen Haltung seine Stellung an der University of North Carolina ein. Der deutschstämmige Hinton Helper tat sich schwer, im Norden einen Verleger für ein Manuskript über die drohende Krise im Süden zu finden; man wollte die Handelsbeziehungen mit den Südstaaten nicht gefährden. Als das Werk schließlich erschien, auf finanzielles Risiko des Autors, wurde es im Süden verboten.[8]

»Sectional Conflict«

Dreh- und Angelpunkt der Auseinandersetzung zwischen Nord und Süd war die Sklaverei. Der »Sectional Conflict« zwischen den beiden Regionen, der zur Sezession der Südstaaten und zum Bürgerkrieg führte, ist jedoch ohne die wirtschaftsgeographischen, sozialen und kulturellen Unterschiede kaum zu verstehen.

Die Südstaaten lassen sich physiographisch aufgliedern in die Tidewater Region, das Embayment, das Piedmont Plateau, die südlichen Appalachen und das Western

Plateau. Die Tidewater Region ist streng genommen der Landstreifen östlich der Linie, die in den Flußläufen von den Gezeiten erreicht wird. In Neuengland ist dieser Streifen sehr schmal, im Süden zieht er sich von Baltimore über Washington nach Richmond, erreicht in North Carolina als tiefliegende Küstenebene eine Breite von zweihundert Meilen, setzt sich nach Florida fort und an der Golfküste entlang bis nach Texas. Das Embayment wird gebildet aus Schlammablagerungen im unmittelbaren Einzugsgebiet des Mississippi und seinen Nebenflüssen. Das Piedmont Plateau zwischen der Küstenebene und den Appalachen erstreckt sich südwestlich von New York bis ins zentralöstliche Alabama. Die Appalachen erreichen in North Carolina Höhen bis zu 6000 Fuß. Charakteristisch ist der vierzig Meilen breite und sehr fruchtbare Graben, der von Pennsylvania bis nach Georgia hinein verläuft. Im Osten wird diese Region von den Blue Ridge Mountains begrenzt. Das Western Plateau liegt westlich einer von Cincinnati nach Nordalabama gedachten Linie, umgreift die Blue Grass Region Kentuckys und jenseits des Mississippi Teile von Missouri, Arkansas und Texas. Wie die Küstenebene und der Piedmont eignet sich das Western Plateau für den Anbau der *Southern staples,* also Baumwolle, Tabak, Soja, Reis mit künstlicher Bewässerung, weniger gut für Gras und Getreide. Der Sommer dauert in diesen Gebieten sechs bis neun Monate. In manchen Gegenden können zwei oder drei Obsternten eingebracht werden. Insgesamt umfaßt der Süden eine Million Quadratmeilen oder rund ein Drittel der kontinentalen Oberfläche der Vereinigten Staaten.[9]

Unmittelbar vor dem Bürgerkrieg lebten 84 Prozent der Bewohner des Südens von der Landwirtschaft, im Norden nur 40 Prozent. Die südstaatlichen Agrarprodukte Tabak, Baumwolle, Zucker, Reis und Hanf waren im Norden ohne Konkurrenz. Pro Kopf erzeugte der Süden mehr Rinder, Schweine, Geflügel und Mais als der Norden. Die agrarische Grundstruktur ließ die Sklaverei notwendig erscheinen. Umgekehrt hat die Sklaverei den Süden auf die Agrarwirtschaft, insbesondere auf die Baumwollproduktion festgelegt. Im tiefen Süden behinderte der profitable Einsatz von Sklavenarbeit im mühsamen Baumwollanbau Investitionen in anderen Wirtschaftsbereichen.

1824 erhob der Kongreß Einfuhrzölle auf Wolle, Eisen, Hanf, Glas, Baumwollprodukte, Seide und Leinen. Nur ein südstaatlicher Abgeordneter stimmte für dieses Gesetz, 57 waren dagegen. Der Süden sah in der Schutzzollpolitik eine Maßnahme, die Preise auf Kosten der südstaatlichen Wirtschaft hinaufzutreiben. Thomas Dew verfaßte noch vor seiner Apologie der Sklaverei ein Pamphlet gegen Schutzzölle und wurde dafür mit der Präsidentschaft des William & Mary College belohnt. Der erweiterte Schutzzolltarif von 1832 war im Süden als »Tariff of Abominations« bekannt, als eine einzige Schandbarkeit. Warum, so lautete die Frage, sollte der agrarische Süden mit seinem Geld die nordstaatliche Industrie schützen? South Carolina erklärte die Schutzzölle in einer *Ordinance of Nullification* (1832) für ungültig. John Calhoun entzweite sich über der Frage mit Andrew

Jackson und trat als Vizepräsident zurück. Jacksons berühmten Trinkspruch »Auf unseren Staatenbund – er möge erhalten werden!« konterte Calhoun mit den Sätzen: »Auf die Union – das liebste nach unserer Freiheit. Mögen wir alle daran denken, daß sie nur erhalten werden kann, wenn wir die Rechte der Einzelstaaten achten und Nutzen und Lasten der Union gleichmäßig verteilen.«

Nordstaatliche Republikaner begrüßten Einfuhrzölle als vorübergehende Maßnahme um Industrie und Handwerk vor ausländischer Konkurrenz zu schützen. Nachteile für die Verbraucher mußten ihrer Ansicht nach solange in Kauf genommen werden, bis die Bedingungen für einen wahren Freihandel hergestellt waren. »Billige Schuhe und Hüte sind wünschenswert«, meinte Horace Greeley, »aber nicht auf Kosten von Generationen kältezitternder, hungernder, analphabetischer Schuhmacher und Hutmacher.« Der Protest gegen Schutzzölle blieb bis zum Bürgerkrieg ein Element südstaatlicher Politik, um bei den betroffenen ausländischen Nationen, England vor allem und Frankreich, um Sympathien zu werben. Die wirtschaftlichen Bedenken hatten sich erledigt. Den Schutzzöllen von 1857 stimmte die Mehrzahl der südstaatlichen Abgeordneten zu.[10]

Inzwischen war man nämlich zu der Überzeugung gekommen, daß Einfuhrzölle auch im Interesse des Südens lagen. Wollte die Region autonom werden, mußte sie eine Mischwirtschaft anstreben, eine Kombination aus Landwirtschaft, Manufaktur und Handel. Die Industrieproduktion des Südens zeigte in den 1850er Jahren ansteigende Tendenz. Die Sklaven Virginias arbeiteten nicht nur auf den Plantagen, sondern auch in der Eisenverhüttung. Zur Ausbeutung der Bodenschätze in den eroberten Territorien, zum Beispiel in Neumexiko, schien sich der Einsatz von Sklaven geradezu anzubieten. Im Süden war man keineswegs gewillt, den Handel passiv den Kaufleuten des Nordens zu überlassen. Maunsell White, mit dreizehn Jahren als Waise aus Irland eingewandert, machte seinen Weg als einer der erfolgreichsten Baumwollhändler und vermarktete die Agrarprodukte zweier Präsidenten, Andrew Jacksons und Zachary Taylors.

Die Wirtschaft des Nordens wie des Südens beruhte auf der Ausbeutung von Arbeit. Allerdings zeigten die südstaatlichen Kaufleute wenig Kooperation. Sie verschifften ihre Ware einzeln und wickelten ihre Geschäfte mit England auf individueller Basis ab. Der Norden hatte sich das Transportmonopol im Küstenverkehr gesichert. Der Süden war auf nordstaatliche Reeder angewiesen. Allein deshalb, so klagte Thomas Kettel in *Southern Wealth and Northern Profits* (1860), komme der Süden auf keinen grünen Zweig, denn jeder Produktionszuwachs verschwinde flugs in den Geldtaschen der Yankees. Aus »reiner Sorglosigkeit«, schrieb der *Daily Whig* in Vicksburg, habe man dem Norden bis vor kurzem die Warenfabrikation überlassen. Es stimmte: 40 Prozent der Gesamtbevölkerung stellten nur 15 Prozent aller Fertigwaren her. Der Süden war technologisch rückständig im Transportwesen, im Maschinenbau, in der Nachrichtenübermittlung. Bei der großen Erfindermesse in New York (1853) waren unter hunderten von Ausstellern nicht viel mehr als zehn Südstaatler. Die Südstaaten neideten dem Norden seine großen Städte, seine Eisenbahnen, seine Kanäle und glaubten, der Ausbau der Infrastruktur sei auf ihre Kosten erfolgt. Der Reichtum des Nordens, unterstellte ein Senator aus Georgia, gründe auf Regierungszuwendungen, nicht auf Eigenproduktivität. Abolitionisten und Protektionisten hätten sich zu einer unheiligen Allianz zusammengefunden, um den arbeitsamen Süden mit vereinten Kräften auszuplündern. Der Sklavereigegner Hinton Helper warf seinen Landsleuten im Süden vor, sie hätten sich selbst aus Bequemlichkeit in die wirtschaftliche Abhängigkeit begeben und dem Norden den Konsumgütermarkt kampflos überlassen.[11]

Während der Vorkriegszeit lebten im Süden acht Millionen Weiße und vier Millionen Schwarze, etwa eine viertel Million davon frei. Freie Schwarze konnten es in der südstaatlichen Gesellschaft als Handwerker, Kaufleute oder Hotelbesitzer zu einigem Wohlstand bringen. Die Tönung der Haut bestimmte die Rangunterschiede innerhalb der Minderheit. In South Carolina schlossen sich hellhäutige Mulatten zur »Brown Fellowship Society« zusammen, die Dunkelhäutigen gründeten eine »Society of Free Dark Men«. Die weiße Bevölkerung war im Süden homogener als im Norden. Von den 1,4 Millionen Einwohnern Virginias waren nur 23 000 im Ausland geboren. In den Sklavenstaaten insgesamt lebten nicht mehr als 13 Prozent der Einwanderer. Der Süden hatte nie eine aktive Einwanderungspolitik betrieben, da der Arbeitsmarkt mit schwarzen Sklaven versorgt war, und die Einwanderer scheuten die Konkurrenz nahezu kostenloser Sklavenarbeit. Die eingefahrenen Einwandererrouten führten am Süden vorbei. Nordwesteuropäern behagte das südstaatliche Klima nicht. Die Bodenpreise lagen relativ hoch. Nord- und mitteleuropäischen Bauern fehlte die Erfahrung mit typischen Anbauprodukten des Südens wie Reis, Zuckerrohr oder Baumwolle.

Im Vergleich zum Norden waren die Südstaaten dünn besiedelt. Auf eine Quadratmeile kamen 13, im Norden 20 Einwohner. Die geringere Bevölkerungsdichte geht zum Teil auf die weniger fortgeschrittene Urbanisierung zurück. Die Plantagenwirtschaft begünstigte eine ausgeprägte soziale Stratifizierung und das Überleben feudaler Strukturen. Der politische und gesellschaftliche Einfluß konzentrierte sich auf drei- bis viertausend Großgrundbesitzer. In Virginia, South Carolina und Louisiana wurde die soziale Oberschicht von rund fünfhundert Baumwollkönigen gebildet. Die mittleren Farmer besaßen zwischen fünf und zwanzig Sklaven. Manche von ihnen waren in der Kolonialzeit als *indentured servants* nach Amerika gekommen und hatten sich hochgearbeitet. Sie orientierten sich an der Kultur der Landaristokraten und verteidigten wie diese die besondere Lebensweise des Südens, ebenso wie die arrivierten Städter, die Kaufleute und Akademiker. Das Land, nicht die Stadt, war die Quelle südstaatlicher Ideale, dort wo der Schwerpunkt des Bruttosozialprodukts lag. Die Kleinbauern oder *yeomen* besaßen zu achtzig Prozent ihr Land selbst, mußten sich aber mit den weniger fruchtbaren Grundflächen zufriedengeben. Sie hatten nur geringe Chancen, durch geographische Mobilität den sozialen Aufstieg zu schaffen. Das Gebiet jenseits des Mississippi blieb ihnen meist verschlossen. Dort übten kapitalkräftigere Großfarmer das Vorkaufsrecht aus. Viele der kleinen Farmer zogen wegen der Landknappheit in die Städte, wo sie als Handwerker (*mechanics*) oder Kleinhändler weitermachten. Die *yeomen* des Südens waren den Yankeefarmern nicht unähnlich. Sie gehörten ebenfalls kalvinistischen Sekten an, zeigten ein starkes Unabhängigkeitsgefühl und wußten die *tall tales* der Frontier zu schätzen, wenngleich die Yankees in der Regel als schlauer, unternehmungslustiger und geschäftstüchtiger beschrieben werden.[12] Auf der untersten Stufe in der sozialen Hierarchie der Weißen standen die *poor whites*, auch *white trash* (weißer Müll), *tar heels* (Teerfersen) oder *clay eaters* (Kalkfresser) genannt. In einem Staat wie South Carolina machten die *poor whites* zwanzig Prozent der Bevölkerung aus. Sie waren von den größeren Farmern auf nahezu unfruchtbares Land gedrängt worden, wohnten in primitiven Hütten in ärmlichsten Verhältnissen, unterernährt, analphabetisch, abergläubisch, von Krankheiten gezeichnet oder dem Trunk ergeben. Den bessergestellten Südstaatlern war die Existenz eines weißen Proletariats vor allem deswegen peinlich, weil es unbestreitbar angelsächsischer Herkunft war.

Das südstaatliche Gesellschaftssystem war grundsätzlich statisch angelegt. Das »Gleichgewicht« zwischen den sozialen Klassen sollte erhalten bleiben. Absolut reformfeindlich waren jedoch südstaatliche Intellektuelle nicht. Der Universitätsprofessor und Romanschriftsteller Nathaniel Tucker begrüßte die Abschaffung des Erstgeburtsrechts und der testamentarisch verfügten Unteilbarkeit von Besitztümern in Virginia und forderte eine weitere Parzellierung der Grundstücke, damit die Gleichheit unter weißen Bürgern befördert werde und immer mehr echte Squires auf eigenem Land leben können. Die Reformansätze im Süden waren, schon wegen der Sklaverei, nicht in dem Maße wie im Norden gegen traditionelle Institutionen gerichtet. Man gab sich auch weniger vertrauensvoll, was die Perfektionierbarkeit des Menschen anlangte und war schnell bei der Hand, die Forderung nach größerer Gerechtigkeit und mehr Freiheit als Utopie abzutun. Eine Zeitung in Georgia meinte, die Nordstaaten hätten am wenigsten Grund, nach einer freien Gesellschaft zu rufen: »Freie Gesellschaft! Uns wird übel bei dem Namen. Was ist sie außer einem Konglomerat schmieriger Handwerker, schmutziger Arbeiter, kleinkarierter Bauern und mondsüchtiger Theoretiker?«[13] Kaum einer dieser Freien sei würdig, sich in die Gesellschaft eines südstaatlichen Gentleman zu begeben.

Die Sklaverei war das sine qua non des amerikanischen Bürgerkriegs. Gab es darüber hinaus einen grundlegenden Konflikt zwischen der Kultur des Nordens und des Südens? Hatten sich im Antebellum zwei verschiedene Lebensstile und Denkweisen entwickelt? War der Krieg die Folge einer Auseinandersetzung zwischen zwei Gesellschaftsformen? Muß man die Mason-Dixon-Linie auch als

Kulturgrenze verstehen? Historiker wie David Potter haben das bestritten. Nord- und Südstaaten pflegten dieselbe Sprache, eine gemeinsame protestantische Religion, demokratische Einrichtungen, den Glauben an Fortschritt und materiellen Erfolg und einen gegen Europa gerichteten, zuweilen recht aggressiven Amerikanismus. Andere verwiesen die Vorstellung von zwei Kulturen ins Reich der Legende. Die beiden Regionen seien sich in wesentlichen Dingen ähnlich gewesen, andere Deutungen beruhten auf einer fiktiven Soziologie. Manche Südstaatler hielten sich sogar für die besseren Amerikaner und glaubten, der ursprünglichen Idee Amerikas getreuer zu leben als die Yankees.[14]

Freilich sind die Unterschiede in wichtigen kulturellen Bereichen objektiv unübersehbar, und den Südstaatlern waren diese Unterschiede klar bewußt. »Die Gefühle, Gebräuche, Denkweisen und Erziehungsstile der beiden Regionen«, schrieb eine Zeitung in New Orleans kurz vor Kriegsausbruch, »sind diskrepant und oftmals antagonistisch.« Der Süden war im Vergleich zum Norden eine Hochburg religiöser Orthodoxie. Deistische Strömungen aus der vorrevolutionären Zeit und der aufgeklärte Unitarismus aus der Gründerzeit hatten sich im Süden verloren und nach Neuengland verlagert. Die Bibel verteidigte die Sklaverei, ergo gab es einen guten Grund, die Heilige Schrift wörtlich und nicht metaphorisch auszulegen. Der Protestantismus im Süden war überwiegend konservativ ausgerichtet. Der Kalvinismus kam wieder zu Kräften. John Calhoun vertrat Calvins anthropologische Konzeption des *caveat emptor.* Die evangelikalen Sekten der Baptisten, Methodisten und Presbyterianer breiteten sich aus, während die Episkopalische Kirche für die Klasse der *Southern Gentlemen* reserviert blieb. Eine bedeutende neue Theologie entstand im Süden nicht, stattdessen erlebte der Puritanismus eine Art Wiedergeburt. Die fundamentalistischen Sekten in Mississippi und Alabama verteufelten nicht etwa die Sklaverei, sondern Kartenspielen und Tanzen. Die puritanische Jeremiade kam wieder zu Ehren, ebenso das *calling* zum Propheten. Die gebildete Schicht meinte, im Sinne des *moral stewardship* für das Schicksal der weißen Rasse verantwortlich zu sein. Und manche glaubten sogar, die Sklavengesellschaft könne wie John Winthrops *city-upon-a-hill* der ganzen Welt Modell stehen.[15]

Das öffentliche Erziehungssystem der Nordstaaten war eher utilitaristisch angelegt, im Süden lag der Akzent auf der Charakterbildung an Privatschulen. Die Klassiker wurden betont, die Naturwissenschaften vernachlässigt. In Virginia zeigten die wenigsten *Counties* Interesse daran, Steuern zur Errichtung öffentlicher Schulen zu erheben. Es gab keine Schulbuchautoren, Schulbücher mußten im Norden gekauft werden. Zwanzig Prozent der weißen Südstaatler waren Analphabeten. Im Mittleren Westen lag diese Quote bei drei Prozent, in Neuengland bei weniger als einem halben Prozent. An den Colleges studierten die klassenbewußten Söhne der Landaristokratie. Die Schulung der Elite wurde zum Nachteil eines öffentlichen Erziehungssystems betrieben. Nur bei den staatlichen Hochschulen war der Süden führend; die ersten Staatsuniversitäten wurden in Georgia, North Carolina und South Carolina gegründet. Ein episkopalischer Bischof plante eine die Region übergreifende »University of the South« als Gegengewicht zu den seiner Ansicht nach zu liberalen Universitäten im Norden. Dort sollte das System der Sklaverei verteidigt, die Studenten auf die traditionellen Ideale des Southern Gentleman eingeschworen werden, und zwar ohne Beteiligung von Yankeeprofessoren. Nordstaatliche Professoren sind in der Vorbürgerkriegszeit wegen ideologischer Gründe aus südstaatlichen Universitäten hinausgeworfen oder gar nicht erst berufen worden. Andere, wie Francis Lieber, haben der bildungs- und wissensfeindlichen Atmosphäre freiwillig den Rücken gekehrt.

Der kulturelle Schwerpunkt des Südens verlagerte sich vor dem Bürgerkrieg von Virginia nach South Carolina. Unter konservativen Vorzeichen wurde dort entschieden über Mode und Geschmack, über religiöse und sittliche Fragen. Die Südstaaten haben in dieser Zeit – außer John Calhoun in der Politik und Edgar Allan Poe in der Literatur – keine bedeutenden Köpfe hervorgebracht, jedenfalls keine, die sich mit denen des Nordostens hätten messen können. Die Aristokraten unternahmen ihre Bildungsreisen in den Norden oder die »Grand Tour« nach Europa – die Erträge waren bescheiden. Die Schriftsteller versäumten den Aufbruch zu neuen Romanformen, wie Hawthorne oder Melville ihn gewagt hatten. Seit den *Letters of the British Spy* (1803) von William Wirt war die südstaatliche Literatur im Konventionellen steckengeblieben. Die Romane Walter Scotts, die im Süden noch mehr Begeisterung hervorriefen als im Norden, bestärkten die Landaristokratie in ihrer Lebensauffassung. Der Ehrenkodex, die süßliche Frauenverehrung, Jagd und Turniere, die kastellartige Architektur und die romantische Verklärung des Verhältnisses zwischen Herr und Knecht schienen zu der Welt Sir Walter Scotts gut zu passen. Scott hat einen direkten Einfluß auf südstaatliche Autoren wie John Pendleton Kennedy (*Rob of the Bowl,* 1838), William Caruthers (*The Cavaliers of Virginia,* 1835) und auf die historischen Romane des William Gilmore Simms ausgeübt. Kennedy verherrlichte in *Swallow Barn* (1832) das sonnige und sorgenfreie Leben auf den Plantagen alten Stils, den Frohsinn, die Gastfreundschaft und die Geselligkeit menschenfreundlicher Aristokraten. In *Quodlibet* (1840) nahm er Jacksons Demokraten aufs Korn, die Glorifizierung der Mehrheit, die Demagogie und den Haß auf die Aristokratie. Augustus B. Longstreet schilderte in den *Georgia Scenes* (1835) das Leben der Farmer und *poor whites* im Hochland von Georgia wie eine rückwärtsgerichtete Utopie, die nicht mehr viel mit der Wirklichkeit zu tun hatte.[16] Henry Clay Lewis ließ es in den *Odd Leaves from the Life of a Louisiana Swamp Doctor* (1843) mit ein paar Sticheleien gegen die »aristokratischen Krankheiten« der Pflanzer im Mississippi-Delta genug sein. Die Mehrzahl der südstaatlichen Literaten ging mit den politischen Zielen der herrschenden Klasse konform. Longstreet gab den *State Rights' Sentinel* heraus. George

Washington Harris war ein aktiver Sezessionist. Nathaniel Tucker sah in *The Partisan Leader* (1836) eine nordstaatliche Diktatur heraufziehen.

William Gilmore Simms war der produktivste und der interessanteste Autor der »Charleston School of Literature«, die sich im damaligen Kulturzentrum des Südens herausgebildet hatte. Er hinterließ mehr als hundert Bände Lyrik und Prosa. Am bekanntesten ist *The Yemassee* (1835) geworden, ein historischer Roman über die Indianerkriege im kolonialen South Carolina. Die Bewohner der Südstaaten waren seiner Ansicht nach die wahren Erben der amerikanischen Revolution. In der Fortschrittsidee des Nordens erkannte er eine Gefährdung für Heim, Familie und soziale Stabilität. Die »Southrons«, wie er sie nannte, verdankten ihre Überlegenheit rassischen Eigenschaften, denn sie stammten nach seinen Erkenntnissen von aristokratischen Normannen und nicht wie die Neuengländer von plebejischen Rundköpfen ab. Moralische Bedenken gegen die Sklaverei hatte er nicht. Seinen Roman *Woodcraft* (1852) empfahl er den Lesern als Argument gegen *Uncle Tom's Cabin.*[17]

Simms trat als literarischer Sprecher für die gesellschaftlichen und politischen Belange des Südens auf. Trotzdem fühlte er sich seiner Kultur entfremdet, weil er glaubte, als Schriftsteller und Publizist zu wenig Beachtung zu finden: »Ich befinde mich im Exil seit meiner Geburt ...« Seinen Landsleuten ein Gefühl für Kunst und Bildung zu vermitteln, das sei, als wolle man Wasser im Sieb schöpfen. »Der Süden schert sich einen Dreck um Literatur und Kunst.« Die Jeremiade war ein beliebtes Stilmittel von Simms und anderen südstaatlichen Autoren wie George Holmes und Edmund Ruffin, der Unzufriedenheit über das kulturelle Niveau ihrer Region Luft zu verschaffen. Die Dichter des Südens, sagte einer von ihnen, seien die Parias der modernen Literatur.[18]

Die kleine Minderheit südstaatlicher Abolitionisten machte die Sklaverei für den schweren Stand der Künste und Wissenschaften verantwortlich. Jesse Harrison beklagte in *The Prospect of Letters and Taste in Virginia* (1827) den Niedergang der virginischen Kultur. Für Cassius Clay war die Emanzipation der Sklaven Voraussetzung für einen kulturellen Aufschwung: »Freiheit war immer schon die Mutter der Künste.« Im Süden existierten keine großen Verlagshäuser. Die Nachfrage nach Büchern war mäßig. Der Bostoner Verlag Ticknor & Fields verkaufte nach Cincinnati fast so viele Bücher wie in den gesamten Süden.[19] Kulturzeitschriften fanden wenig Echo und waren meist kurzlebig. Südstaatliche Autoren mußten auf andere Periodika wie die New Yorker *Spirit of the Times* ausweichen. Die Romane von William Gilmore Simms verkauften sich im Norden besser als im Süden. Er hat selbst der Provinzialität des Südens das Wort geredet, als er die Leser der Zeitschrift *Magnolia* aufforderte, nordstaatliche Literatur zu meiden, um nicht in Abhängigkeit zu geraten.

Von der Öffnung der Südwestregion für die Besiedlung blieben die Südstaaten nicht unberührt. Wie überall zog die geographische Mobilität die Auflösung von

Familien und anderen sozialen Gruppierungen nach sich. Aufs Ganze gesehen war die Bevölkerung der südlichen Landesteile jedoch seßhafter, stabiler und stärker dem Status quo verpflichtet als die Bewohner des Nordostens und des Mittleren Westens. Selbstbewußte Südstaatler zählten zu ihren kulturellen Eigenheiten einen ausgeprägten Familiensinn, einen betont männlichen Ehrbegriff, die ritterliche Haltung gegenüber dem weiblichen Geschlecht, gute Manieren, Gastfreundschaft, galante Hilfsbereitschaft, Autoritätsbewußtsein und einen von der Etikette regulierten Umgang miteinander als Ausdruck vornehmer Lebensart. Ein Mann habe stolz und wagemutig zu sein, schrieb der *Southern Literary Messenger,* in der Schwäche, Hilflosigkeit und vertrauensvollen Hingabe der Frau liege die Krönung männlicher Triumphe und die Vollendung seiner Glückseligkeit.[20] Südstaatliche Aristokraten, und nicht nur sie, schätzten ihre eigenen Tugenden höher ein als die gesellschaftlichen Ideale des Nordens, die ihrer Ansicht nach bestimmt waren von Materialismus, flegelhaftem Gleichheitsdenken, Selbsttäuschung und Flatterhaftigkeit. Im Süden hielt man es sich sogar zugute, das Essen nicht so hastig hinunterzuschlingen wie die Yankees. Setzt man die Akzente anders, so herrschte im Süden Cliquenwirtschaft, eine enge Heiratsordnung innerhalb der angesehenen Familien, eine ebenso sentimentale wie verlogene Glorifizierung der Frau und ein verbohrter Widerstand gegenüber neuen Ideen. Der innovationsfeindliche Südstaatler beäugte soziale Reformbewegungen mit Argwohn. Nicht nur der Abolitionismus war ihm verdächtig, auch Feminismus, Pazifismus, Utopismus und andere Bewegungen fanden im Süden weniger Anklang als im Norden. Von der beinahe permanenten Aufbruchsstimmung der Epoche wollte man sich nicht anstecken lassen, und so konnte leicht der Eindruck entstehen, der Süden hinke hinter allen gesellschaftlichen Entwicklungen einher. Die Fortschrittsidee der Yankees, urteilte nach dem Krieg Edward Pollard in *The Lost Cause* (1866), sei nichts anderes als die Jagd nach Selbstbeweihräucherung.[21]

Südstaatliche Autoren belegten die nordstaatliche Gesellschaft mit Attributen wie rastlos, unstet, chaotisch, revolutionär, exaltiert, aufgebläht, manisch, angeberisch, wetterwendisch, exhibitionistisch, nervös, spasmodisch, ungezügelt, familienfeindlich, geschichtslos. »Nichts ist festgelegt in der Religion, der Ethik oder in der Politik.« Und aus der Perspektive des Nordens war der Süden unbeweglich, fortschrittsfeindlich, rückständig, unfrei, unaufgeklärt und halbbarbarisch. »Der Norden prosperiert und der Süden nicht«, konstatierte die *Chicago Tribune.* »Der eine wächst und gedeiht durch einen Prozeß, den Freiheit und Zivilisation ständig beschleunigen. Der Süden fällt weit zurück durch einen Prozeß, den Unwissenheit und Sklaverei in Gang setzen. Wohlstand, Macht, Intelligenz, Religion und zivilisatorischer Fortschritt sind mit ersterem. Letzterer ist stationär und rückschrittlich.« Der Süden stellte Familiensinn, Heimatliebe und Traditionspflege über den Fortschritt. Die Beschwörung der Tradition diente zur Rechtfertigung der Sklaverei. »Das Volk dieses Staates«, verkündete das Parlament von South

Carolina, »wird bei einem System bleiben, das von ihren Vorfahren auf sie gekommen ist und jetzt untrennbar mit ihrer sozialen und politischen Existenz verbunden ist.« Es ist möglich, daß dieser Standpunkt nicht nur die Verschleierung handfester wirtschaftlicher Interessen erleichterte, sondern daß der Süden an der archaischen Institution der Sklaverei deswegen so hartnäckig festhielt, weil er generell vor einschneidenden gesellschaftlichen Veränderungen zurückschreckte. Zumindest wurde das kulturelle Beharrungsvermögen als gesellschaftliche Norm propagiert. Ein echter Gentleman habe der Familientradition und der Familienpflege alle anderen Erwägungen unterzuordnen, forderte Daniel Hundley in einer Schrift über die *Social Relations in Our Southern States* (1860). Der Südstaatler wolle nach Art der Väter in Europa und in der Neuen Welt leben: »Der alte Landsitz, die vertrauten Stimmen alter Freunde, die treuen und wohlbekannten Gesichter der alten Dienstboten – all dies ist dem südstaatlichen Gentleman im Innern teurer als der kurzlebige Beifall einer Schar von Bewunderern oder die hohlen und unbefriedigenden Vergnügungen der Sinne ...«[22] Sich unter dem eigenen Feigenbaum zurücklehnen können, schwärmte Hundley, bedeute wahres Glück.

Place over Time nannte der Historiker Carl Degler seine Studie über den amerikanischen Süden, weil dort Bodenständigkeit und familiäre Bindungen höher eingeschätzt wurden als der Fortschritt in der Zeit. Selbst der Expansionsdrang des Südens ist im Vergleich zu dem linearen »Go West!« eines Horace Greeley eher zyklisch angelegt. Die »Knights of the Golden Circle« planten eine Gebietserweiterung, die von Florida ihren Ausgang nehmen und sich entlang der Golfküste bogenförmig nach Mexiko bis zur Halbinsel Yukatan fortsetzen sollte – eine Arrondierung also, kein ungestümes Vorwärtsdrängen zu offenen Grenzen. Ob die sozialpsychologischen Unterschiede zwischen Nord und Süd auf eine unterschiedliche Stammbevölkerung zurückgehen, ist ungewiß. Der Historiker U.B. Phillips schloß den Einfluß einer selektiven Wanderungsbewegung aus: Wer nach Pennsylvania ging, wer Virginia den Vorzug gab, das sei nicht von bestimmten Charaktereigenschaften abhängig gewesen. Autoren der damaligen Zeit waren anderer Meinung. Edward Pollard bemerkte sehr wohl einen Unterschied zwischen den puritanischen Einwanderern, die den kargen Boden Neuenglands wählten, und Engländern, die es in den milderen Süden zog. Daniel Hundley pochte auf den unverwechselbaren Stammbaum des südstaatlichen Gentleman: englische Cavaliers, französische Hugenotten und schottische Jakobiter. Ein Sezessionist aus Missouri war stolz darauf, daß kein Tropfen Yankeeblut in seinen Adern floß: »Meine Vorfahren schlummern seit 300 Jahren unter einem Rasen, der die Gebeine von Washington beherbergt, und ich danke Gott, daß sie in den Gräbern aufrechter Sklavenhalter ruhen.«[23]

Die Mentalitätsunterschiede führten zu einer Verschärfung des Umgangstones zwischen Nord und Süd, und gelegentlich blieb es nicht mehr bei verbalen

Attacken. Das *Atlantic Monthly* wollte nicht einsehen, warum sich der stärkere Teil der Nation die Tyrannei des schwächeren gefallen lassen sollte, warum intelligente, gebildete und zivilisierte Bürger die Launen analphabetischer Barbaren länger hinnehmen sollten. Daß der Süden »retrograd« sei und in Barbarei versinke, wurde im Norden besonders nach dem Attentat auf Charles Sumner behauptet, den ein südstaatlicher Gegenspieler im Senat mit Stockschlägen schwer verletzt hatte. Wo blieb hier die Ritterlichkeit, fragte ein New Yorker Rechtsanwalt. In seinen Augen waren die Südstaatler fortan »eine Rasse fauler, unwissender, grober, sinnlicher, großtuerischer, gemeiner, bettelarmer Barbaren, die weiße Männer schikanieren und kleine Nigger züchten und verkaufen«.[24]

Parteipolitische Spannungen und Sezession

Seit der Gründung der USA verfügten die Vertreter der Nordstaaten über die Mehrheit im Kongreß, und ihr Anteil nahm ständig zu. Der Süden war besonders im Repräsentantenhaus unterrepräsentiert. Dort wirkte sich aus, daß Sklaven bei der Berechnung der Sitze nur zu drei Fünfteln mitgezählt wurden. Im Senat, in den jeder Staat zwei Vertreter entsandte, war das numerische Ungleichgewicht weniger spürbar.

Im Streit um das *Wilmot Proviso,* das die Sklaverei in Kalifornien und anderen eroberten Gebieten verbieten wollte, waren Splittergruppen entstanden wie *Barnburners, Hunkers, Freesoilers, Cotton Whigs, Conscience Whigs, Silver Greys, Wooly Heads* und Nativisten. Insgesamt formierten sich jedoch vor dem Bürgerkrieg die beiden großen Parteien der USA, Demokraten und Republikaner. Die Demokratische Partei wurde ab 1852 zur beherrschenden Kraft im Süden, mit ihr identifizierten sich die Sklavenhalter, weshalb sie fortan das Attribut »konservativ« für sich in Anspruch nehmen konnte. Bis dahin hatten die *Whigs* oder *Federalists* als konservativ gegolten. Die aus den Whigs hervorgegangenen Republikaner waren nicht notwendig gegen die Sklaverei eingestellt. Lincoln fand Anhänger unter solchen Bürgern, denen es mehr um die Öffnung des Westens als um die Emanzipation der Sklaven ging: »Wir werden die Niggerdemokratie ausgrenzen.«[25] Rassistische Vorstellungen waren seit jeher weder auf bestimmte Gruppen noch auf bestimmte Parteien beschränkt. Eine deutschsprachige Zeitung machte die »armen Handwerker und Tagelöhner« Pennsylvanias darauf aufmerksam, daß Martin Van Buren, der Architekt der modernen politischen Parteien in Amerika, in jungen Jahren für das Wahlrecht freier Schwarzer eingetreten war. Rassismus gab es sehr wohl in der Republikanischen Partei, nicht aber die brutale Negrophobie nordstaatlicher Demokraten. Deshalb ist es nicht falsch, vor allem die Republikaner als Partei der Sklavenbefreiung zu betrachten. Das republikanische Parteiprogramm von 1856 verurteilte die Sklaverei als barbarisches Relikt.

John Calhoun aus South Carolina übernahm in den 1840er Jahren die Kontrolle in der Demokratischen Partei, nachdem die Erben Andrew Jacksons ihren Einfluß rasch verspielt hatten.Die Anhänger Jeffersons und Jacksons hatten abgewirtschaftet, meinte Calhoun, weil ihr Glaube an den Egalitarismus der Französischen Revolution auf einer Fiktion beruhte. In Wirklichkeit sei die Ungleichheit ein Naturgesetz. Die Macht habe bei der Elite zu bleiben. Der Süden müsse sich gegen den Norden zur Wehr setzen wie weiland die Kolonien gegen das Mutterland. Die Position der Südstaaten sei durch die Verfassung abgedeckt, weitere Konzessionen unnötig. Tatsächlich konnten die südstaatlichen Demokraten von einer strikten Auslegung der Verfassung nur profitieren. Denn dort war die Sklaverei institutionalisiert worden. Sklavereigegner mußten sich auf das radikale Argument zurückziehen, man habe die Sklaverei notfalls gegen die Verfassung abzuschaffen, wenn es einen verfassungsmäßigen Weg nicht gebe. Calhoun wollte angesichts dieser Drohung den demokratischen Prozeß von den üblichen Mehrheitsbildungen auf das Prinzip der »concurrent majority«, der »mitwirkenden Mehrheit«, umstellen: stimmberechtigt sollte nur sein, wer ein spezielles Interesse am Ausgang einer legislativen Entscheidung hatte.

Der Süden wandte sich also gegen die Tyrannei der Mehrheit, während man im Norden vermutete, die Sklavenstaaten hätten es auf eine Untergrabung der Freiheitsrechte oder gar auf eine neue Monarchie abgesehen. Beide Lager beschworen angeblich übergeordnete Gesetze jenseits des positiven Rechts: der Süden die natürliche Ungleichheit der Menschen, der Norden das globale Interesse an menschlicher Freiheit und Gerechtigkeit. Die Republikaner warfen den Demokraten vor, die Stimmen von Ausländern, Jesuiten und Sklavenhaltern zu fangen, um mit den Streitkräften des Papstes und des Teufels ihre parteipolitischen Ziele zu verfolgen. Die Demokraten unterstellten den Republikanern, ihr Mitgefühl für die Sklaven zu heucheln; in Wirklichkeit ginge es ihnen um die Durchsetzung machtpolitischer Interessen. Die Fronten hatten sich so verhärtet, daß der New Yorker Senator William Seward im Oktober 1858 sagen mußte, das Land befinde sich in einem Konflikt, der sich nicht mehr unterdrücken ließ.

Nach dem Überfall des Abolitionisten John Brown auf ein Waffenarsenal in Virginia im Oktober 1859 ging eine Woge der Empörung durch den Süden. Brown wurde öffentlich gehängt. Ein Jahr später siegte der Republikaner Abraham Lincoln im Kampf um die Präsidentschaft. Seine Wahl brachte das Faß zum Überlaufen. Am 20. Dezember 1860, sechs Wochen nach der Wahl, trat South Carolina als erster Staat aus der Union aus. Im Januar 1861 folgten Mississippi, Florida, Alabama, Georgia und Louisiana, am 1. Februar Texas. Die Parlamente dieser Staaten stimmten mit überwältigenden Mehrheiten für die Sezession, allerdings waren die Ergebnisse in den vorangegangenen Delegiertenversammlungen und Volksabstimmungen wesentlich knapper ausgefallen. Die Bezirke mit hoher Sklavenkonzentration stimmten häufiger für den Austritt aus der Union als die Bezirke mit weniger Sklaven. Am 9. Februar 1861 wurde Jefferson Davis aus Mississippi zum Präsidenten der *Confederate States of America* gewählt. Zu seinem Kabinett gehörten ein Außenminister aus South Carolina, ein Kriegsminister aus Alabama, ein Marineminister aus Florida, ein Postminister aus Texas, ein Justizminister aus Louisiana und ein Finanzminister aus South Carolina.

Die Staaten des oberen Südens, die durch engere Handelsbeziehungen mit dem Norden verbunden waren, schlossen sich erst nach der Beschießung von Fort Sumter im April 1861 der Konföderation an. Fort Sumter, ein Waffendepot des Bundes und dem Hafen von Charleston (South Carolina) vorgelagert, war nicht, wie von den Sezessionsstaaten verlangt, geräumt, sondern im Gegenteil noch verstärkt worden. Nach dieser Provokation erklärten Virginia, Arkansas, North Carolina und Tennessee zwischen April und Juni 1861 ihren Austritt. In Missouri und Kentucky kamen erst unter militärischem Druck Mehrheiten für den Austritt zustande. Virginia teilte sich über der Sezessionsfrage. Das kleinere West Virginia bildete unter fragwürdigen rechtlichen Voraussetzungen einen eigenen Staat. Maryland hielt zum Bund, ebenso New Jersey, wenngleich ein ehemaliger Gouverneur dafür plädiert hatte, man solle sich zu den Sezessionsstaaten schlagen. Nicht durchsetzen konnte der Bürgermeister von New York sein Vorhaben, die Stadt für neutral zu erklären. Die Teilung in Union und Konföderation war also nur nach komplizierten Manövern zustandegekommen. In den Worten William Cullen Bryants waren die Vereinigten Staaten mit einer »elastischen Kette« verbunden. Sie war so lange strapaziert worden, bis sie riß. Letztlich hatte sich die Solidarität der elf abtrünnigen Staaten untereinander als stärker erwiesen als die Loyalität zu den USA. Ein Bürger von Alabama schrieb an einen Freund in Tennessee: »Ich habe mich gegen die Sezession von Alabama bis zum letzten Augenblick gesträubt, nicht weil ich zweifelte, daß sie früher oder später kommt, sondern weil ich lieber darauf wartete, bis ihr in Tennessee bereit seid, mit uns zu gehen.«[26]

Die Sezessionisten stellten sich auf den Standpunkt, ihre Entscheidung stehe im Einklang mit dem herrschenden Recht. Die Verfassung hatte alle nicht an den Bund delegierten Rechte bei den Einzelstaaten belassen. Das föderalistische Prinzip war mehrfach vom Obersten Bundesgerichtshof bekräftigt worden. Die Rechte der Einzelstaaten seien älter als die Rechte der Union. Die Nordstaaten vermochten die Unauflösbarkeit der Union nur mit Mühe zu begründen. Die Konföderationsartikel hatten als Vorläufer der Verfassung den vollen Titel *Articles of Confederation and Perpetual Union* getragen; in der Verfassung selbst war von Unauflösbarkeit nicht die Rede. Man versuchte deshalb, historische, rechtshistorische und rechtsvergleichende Argumente heranzuziehen. Der Widerstand gegen England sei schließlich von den »United Colonies« ausgegangen, folglich müsse die Union älter sein als die Staaten. Andrew Jackson hatte in einer Proklamation gegen die

Ordinance of Nullification (1832) den Einzelstaaten das Recht verweigert, Bundesgesetze für ungültig zu erklären. Lincoln warf in seiner Antrittsrede als Präsident am 4. März 1861 einen Blick auf die Verfassungen anderer Länder, um die Unauflösbarkeit zu begründen: »Die Unauflösbarkeit ist implizit, wenn nicht explizit, im Grundgesetz aller Staatsregierungen enthalten.« Die verfassungsrechtliche Situation war alles andere als eindeutig. John Quincy Adams hatte noch eine Generation vor Ausbruch des Bürgerkriegs gesagt: »Es gehört zu der widerwärtigen Natur dieser Frage, daß sie nur vor einer Kanonenmündung gelöst werden kann.«[27] Er behielt recht.

Der militärische Krieg

Nach der Wahl Lincolns zum Präsidenten brachte Senator John Crittenden aus Kentucky einen letzten Kompromißvorschlag ein. Das Parlament sollte sich für die Sklaverei erklären, wenn die Südstaaten in der Union bleiben. Aber der Norden war kompromißmüde. Lincoln unterstützte diesen Vorschlag nicht. Sein langjähriger Weggefährte William Herndon fauchte: »Kompromiß – Kompromiß! Also, mir wird schon schlecht bei der Vorstellung. Laßt diesen natürlichen Krieg, laßt diesen unvermeidlichen Kampf seinen Lauf nehmen, bis die Sklaverei tot ist, mausetot.«[28] Mit einem weiteren Kompromiß würde der Norden nur den Rest seiner Selbstachtung kompromittieren, schrieb James Russell Lowell im *Atlantic Monthly*. »Laßt uns den Streit jetzt austragen«, forderte der Kongreßabgeordnete Edward Wade.

Der Krieg sei nicht das schlimmste aller Übel, schrieb eine Zeitung in New Hampshire, das Unrecht der Sklaverei sei nur noch mit einem Blutopfer zu sühnen. Der Frieden sei nicht das primäre Interesse eines Volkes, echote ein Abgeordneter aus Ohio. Mäßigende Stimmen gingen im Lärm der Kriegsvorbereitung unter. William Seward, inzwischen Außenminister, kam auf die Idee, die allseitigen Aggressionen in einen anderen Kanal zu lenken. In einem Memorandum legte er Lincoln nahe, die USA sollten sich an einem europäischen Krieg beteiligen, um Nord und Süd auf eine gemeinsame Sache zu verpflichten. Der Präsident ließ sich nicht beirren, die Weichen waren gestellt.

Am 12. April 1861 fiel die Entscheidung. Fort Sumter wurde beschossen, nachdem sich die militärische Besatzung einer Räumungsaufforderung der Konföderierten widersetzt hatte. Der Casus belli war da. Lincoln hatte den Rat einiger seiner Minister in den Wind geschlagen, das Fort kampflos preiszugeben. Aus seiner Perspektive war diese Entscheidung richtig, denn damit brachte er den Norden hinter sich. Lincolns demokratischer Gegenspieler Stephen Douglas stellte sich flugs auf die Seite des Präsidenten. Ein Sturmwind des Patriotismus ging durchs Land, erinnerte sich Ralph Waldo Emerson. Eine Zeitung in Indiana begrüßte die kritische Zuspitzung der Lage und schloß nicht aus, daß die Vorsehung nun direkt eingegriffen habe, der Sklaverei ein Ende zu machen. Eine Woche nach der Kanonade von Fort Sumter trat General Robert E. Lee aus der Unionsarmee aus und stellte sich den Konföderationstruppen zur Verfügung. Am selben Tag verkündete eine Zeitung in Massachusetts, jeder Krieg verleihe dem Leben einfacher Menschen heroische Dimensionen.

Anderslautende Meinungen wurden unterdrückt. Die Post untersagte die Beförderung »verräterischer Korrespondenz«. Journalisten, die sich gegen den Krieg aussprachen, wurden eingesperrt. Redaktionen, die Sympathien mit den Konföderierten erkennen ließen, sogenannte *Copperhead Newspapers,* mußten schließen. Die Pressefreiheit erfuhr im Bürgerkrieg Einschränkungen, wie es sie seitdem nicht mehr gab. Lincoln glaubte, er habe gute Gründe, gegen Zeitungen einzuschreiten, die ihn einen Tyrannen und einen Witwenmacher nannten. Warum, so fragte er, sollte er einen einfachen Deserteur erschießen und den Agitator ungeschoren lassen, der den Mann zum Desertieren aufgefordert hatte. Als die New Yorker Zeitung *World* und das *Journal of Commerce* gegen Ende des Krieges meldeten, der Präsident beabsichtige, vierhunderttausend neue Rekruten einzuziehen, ordnete Lincoln die Verhaftung der Zeitungsbesitzer an. Der Börsenspekulant, der die Ente lanciert hatte, wurde ebenfalls festgenommen.

Die Union war den Konföderierten logistisch überlegen. Der Norden produzierte im Jahr 1860 eine Million Tonnen Stahl, der Süden ganze 36000 Tonnen. Das Verkehrssystem der Unionsstaaten war besser ausgebaut. Während des Krieges wuchs im Norden das Eisenbahnnetz um mehr als 600 Meilen, während im Süden wegen Rohstoffmangels und aus »einem merkwürdigen Sinn für Prioritäten« heraus keine einzige neue Schiene hergestellt wurde. Die nordstaatlichen Soldaten waren besser ausgerüstet. Mit dem, was bei den Unionstruppen weggeworfen wurde, könne man eine französische Armee halber Größe ausrüsten, spottete ein General, der auch den Grund für den verschwenderischen Umgang mit Kriegsmaterial zu kennen glaubte: »Es ist eine Verschwendung, die allgemein aus dem Land kommt.«[29] Der Süden war knapp an Konsumgütern, vor allem an Leder, Papier, Seife, Eisenwaren und Textilien. Während sich in der Industrie des Nordens gegen Kriegsende ein wirtschaftlicher Aufschwung einstellte, dem viele Neureiche ihr Vermögen verdankten, litten die Konföderierten unter demoralisierenden Inflationsraten.

Das Einwohnerverhältnis zwischen Nord und Süd betrug 2:1, nach Männern im kriegsfähigen Alter gerechnet sogar 4:1, weil der Süden keine schwarzen Soldaten einsetzte und die überwiegend männlichen Einwanderer den Norden bevorzugten. Die Einwandererzahlen stiegen in den Kriegsjahren erheblich an. Etwa ein Fünftel der Unionssoldaten kam aus dem Ausland. Knapp 200000 waren schwarzer Hautfarbe, überwiegend ehemalige Sklaven. Die konföderierte Truppe rekrutierte sich vor allem aus den unteren Schichten der Weißen. In beiden Armeen traten schwere disziplinarische Probleme auf. Der amerikanische Soldat, egal ob Yankee oder Rebell, unterschied sich nach Meinung des Bürgerkriegsexperten Peter Parish durch Individualismus und Respektlosigkeit vom europäischen Söldner. Disziplinarverstöße wurden zum Teil mit äußerster Härte geahndet. Deserteure erhielten ein D eingebrannt, »Feiglinge« ein C für Coward.[30]

2400 Schlachten und kleinere Gefechte haben zwischen 1861 und 1865 stattgefunden. Zur ersten Bürgerkriegsschlacht bei Bull Run waren siegessichere Politiker aus der nahen Bundeshauptstadt angereist. Sie mußten mit fliegenden Rockschößen die Flucht ergreifen. Berittene Offiziere der Unionstruppen überholten auf dem Rückzug die gemeinen Fußsoldaten. Lincoln zeigte anfangs keine glückliche Hand bei der Auswahl seiner Befehlshaber. Besonders den zaudernden General George McClellan traf der Spott der Konföderierten. Eine »Daughter of Georgia« schrieb ihm die Rolle Hamlets zu und stichelte: »Advance, or not advance; that is the question – these Southerners make cowards of us all.«[31]

McClellan gilt heute als Versager, weil er Gewissensbisse zeigte. Keine Hemmungen, Menschen ins Feuer zu schicken, hatte sein Nachfolger Ambrose Burnside. Mit einem neuartigen Gewehr waren verheerende Wirkungen zu erzielen. Bei einem Frontalangriff unter General Ulysses Grant gab es binnen weniger Minuten 7000 Tote und Verwundete. Die Schlacht von Antietam (1862) forderte 25 000 Tote, Verwundete und Vermißte, die Schlacht von Chancellorsville (1863) an die 30 000, Gettysburg (1863) nahezu 50 000 Opfer. Zur berühmtesten Schlacht des Bürgerkriegs war es gekommen, als Konföderierte in Gettysburg einen Posten Schuhe requirieren wollten. Der Süden verlor bei dieser Schlacht schätzungsweise ein Drittel seiner Soldaten. Eine der umkämpften Stellungen hieß sinnreich »Cemetery Hill«.

Einen Tag nach Gettysburg ergaben sich die Einwohner von Vicksburg den Belagerern unter General Grant. Die Union kontrollierte von da an den Mississippi und das Land westlich davon. Der Krieg schleppte sich hin, bis Grant 1864 zu dem Entschluß kam, »to go for Lee«, das heißt, ihm nachzusetzen und ihn zur Strecke zu bringen.[32] Mit kriegsentscheidend war, daß die Führer der Unionstruppen die Strategie der Bewegung beherrschten und bevorzugten. Der Yankeegeneral William Tecumseh Sherman befreite seine Armee von unnötigem Ballast, um mobil und schlagkräftig zu werden. Die Märsche vergangener Jahre mit einem gewaltigen Troß hielt er für eine Farce. Im November 1864 brach er zu einem Marsch durch Georgia auf. Die Gegner sollten gedemütigt werden. Beim Aufbruch steckte Sherman die Stadt Atlanta in Brand, auf dem Weg zum Meer bei Savannah verwüstete er einen Korridor von 250 Meilen Länge und 50 Meter Breite. Eine Lokalzeitung schrieb über Shermans Soldateska: »Wir haben erfahren, daß die Teufel in Menschengestalt einige der hübschesten Frauen am Ort geschändet haben.« Kurz vor Kriegsende brach Sherman zu einem neuen Beutemarsch auf und zog marodierend durch die Carolinas.

Im April 1865 kapitulierten die konföderierten Truppen unter General Lee bei Appomattox. Nur in den Grenzstaaten Kentucky und Maryland war der Krieg ein Bruderkrieg gewesen. Ansonsten standen sich zwei Gegner gegenüber, die einan-

Die Ruinen von Charleston in South Carolina wenige Monate vor Kriegsende

der fremd waren, auch wenn sich feindliche Soldaten gelegentlich über die Front hinweg unterhielten oder, wie bei Vicksburg, Brot gegen Tabak eintauschten. Die Kriegsschauplätze lagen mit wenigen Ausnahmen im Süden. Die Bilder der Ruinen von Richmond – die Fotografie tat damals ihre ersten Schritte – erinnern an englische oder deutsche Städte des Zweiten Weltkriegs. Es war die südstaatliche Bevölkerung, die am meisten unter dem Krieg zu leiden hatte. »Es gab Zeiten und Orte, da die ganze Bevölkerung unterwegs zu sein schien … Für Leute mit einer so tiefen Verwurzelung im Boden und einer so starken Ortsgebundenheit, war die Flucht eine oft tödliche Erfahrung.« Südstaatler, die Ehemänner, Söhne und Brüder ohne Murren in den Krieg geschickt hatten, legten Protest ein, sobald die eigenen Sklaven für Befestigungsarbeiten oder andere Militärprojekte eingesetzt werden sollten. Die Sklavenbevölkerung der rebellierenden Staaten wurde während des Krieges durch die zunächst geheimgehaltene *Emancipation Declaration* (1863) freigelassen. Es kam zu lokalen Aufständen, einige der ehemaligen Besitzer wurden ermordet.[33]

Die Deutschamerikaner stellten ein besonders hohes Soldatenkontingent, wobei einigen ihre militärische Schulung in Deutschland Nutzen brachte. Auf der Unionsseite kämpften General August Kautz, Samuel Heintzelmann und Carl Schurz, bei den Konföderierten der preußische Kavallerist Heros von Broke und Gustav Schleicher aus Darmstadt. Deutschsprachige Historiker wie A.B. Faust haben sich alle Mühe gegeben, die Begeisterung von Deutschamerikanern für die Sache der Rebellen herunterzuspielen.[34] Zwischen den Fronten bewegten sich die *bushwackers.* Sie machten ihre Loyalität davon abhängig, auf welcher Seite es mehr zu plündern gab.

Amerikanerinnen waren aktiv als Krankenschwestern oder Arbeiterinnen am Krieg beteiligt. Auffallend ist der Realismus und der *common sense,* mit dem sie die Situation beurteilten. Eine Krankenschwester lehnte es ab, wegen ihrer Tätigkeit bedauert zu werden. Auf die Frage, ob der Krieg nicht zu hart sei für eine Frau, erwiderte sie, der Krieg sei auch zu hart für einen Mann. Eine andere Frau quittierte den allgemeinen Preisanstieg, der sich auch auf Wachskerzen erstreckte, mit Ironie: »Wie denn, kämpfen sie jetzt bei Kerzenlicht?« Die Feldchirurgin Dr. Mary Walker machte als Exzentrikerin von sich reden, weil sie Hosen statt langer Gewänder trug. Für ihren Dienst in den Lazaretten wurde ihr, als bisher einziger Frau, der höchste amerikanische Orden verliehen.[35] Amerikanische Frauen haben erschütternde Aufzeichnungen über die Grausamkeit des Kriegsgeschehens hinterlassen, wie zum Beispiel Mary Chesnutt.[36]

In New York vor allem wurden die Feldschlachten rasch als Dramen auf die Theaterbühnen gebracht.[37] Ein Anonymus verfaßte 1862 ein Stück mit dem Titel *How to Avoid Drafting* (Wie man der Einberufung entgeht), das anscheinend auch aufgeführt wurde. William Cullen Bryant, John Greenleaf Whittier und Herman Melville veröffentlichten Kriegsgedichte.[38] Eine Kampfschrift gegen die Konföderierten, *Parson Brownlow's Book* (1862), erzielte hohe Auflagen. Das Liedgut des Bürgerkriegs reichte von dem populären »All Quiet on the Potomac Tonight« oder »When Johnny Comes Marching Home« bis zur »Battle Hymn of the Republic«, dem von Julia Ward Howe verfaßten Lied der Union, oder auch »Dixie's Land«, dem Leib- und Magenlied der Konföderierten. Zur Melodie von »O Tannenbaum« erklang »Maryland, my Maryland«.

Der Handel zwischen den Armeen der Union und der Konföderation blieb legal. Baumwolle wurde gegen Fleisch getauscht, Pfund für Pfund, dadurch verlängerte sich der Krieg gegen die ausgehungerten und an materiellen Ressourcen unterlegenen Südstaaten. Die Materialknappheit gebar kuriose Gegenmaßnahmen. In Alabama kam man auf den Gedanken, zur Behebung des Salpetermangels den Urin aus den Haushalten einzusammeln.

Die Ursachen für die Niederlage der Sezessionsstaaten sind unermüdlich diskutiert worden. Der Süden hatte auf »King Cotton« als Haupteinnahmequelle gesetzt und sich verschätzt, der Finanzminister, Christoph Memminger aus Vaihingen, sich als Niete erwiesen. Die angestrebte Anerkennung im Ausland blieb den abtrünnigen Staaten versagt. Lincoln war als oberster Feldherr seinem Widerpart Jefferson Davis überlegen. In Ulysses Grant hatte Lincoln einen zielstrebigen Kommandeur gefunden, dessen Übermacht an Truppen und Material Robert E. Lee sich am Ende beugen mußte. Ulysses Grant, lieblos aufgewachsen, als junger Offizier dem Trunk ergeben und darob entlassen, in seinem Heimatort als »Useless« verspottet, war erst zu Kriegsbeginn wieder aufgelebt. Er hat sich später erinnert, daß er seit je den Weg nach vorne gesucht hat und lieber einen Umweg in Kauf nahm, als auf eigenen Spuren zurückzugehen. Dagegen war Lee eher defensiv eingestellt und nur schwer dazu zu bringen, das eigene Territorium zu verlassen. Nach seiner Vorstellung mußte man in Virginia um Virginia kämpfen. »Die Gesamtheit seiner Ideale und Rückbindungen gestattete ihm nicht den breiten strategischen Approach, den Grant und Sherman entwickelt hatten.«[39]

Trotz des deutlichen Kräfteunterschieds und der strategischen Vorteile für den Norden haben sich Historiker Gedanken darüber gemacht, ob die Konföderation nicht auch aus anderen Gründen den Krieg verloren hat. Peter Parish meinte, die im Grunde konservativen Südstaatler seien mit ihrer Rolle als Rebellen nicht fertiggeworden. Kenneth Stampp erklärte das schwache militärische Abschneiden des Südens mit »inneren Spannungen«. Die Sezessionisten seien »unbewußt« in die Niederlage gegangen, weil sie von moralischen Bedenken gegen die Sklaverei geplagt wurden und bereits durch den Akt der Sezession zu erkennen gegeben hatten, daß sie einen Ausweg aus dem Dilemma suchten.[40]

Lincoln hatte noch vor Kriegsende seine zweite Amtsperiode angetreten. In seiner ersten Rede als wiedergewählter Präsident der Union rief er im Namen Gottes zur Versöhnung auf. Allen Amerikanern legte er nahe, keinen Groll mehr gegeneinander zu hegen – »with malice toward none« – und die aufgerissenen Wunden heilen zu lassen. Jefferson Davis berief sich ebenfalls auf Gott und gab bis zuletzt Durchhalteparolen aus. Fünf Tage später kapitulierte Lee und wiederum fünf Tage später stürzte sich der Schauspieler John Wilkes Booth mit dem Ruf »Sic semper tyrannis« in Lincolns Theaterloge. Das Attentat ließ weder einen politischen noch einen militärischen Sinn erkennen. Der ursprüngliche Plan von Booth und seinen Komplicen hatte darin bestanden, Lincoln zu entführen, ihn Präsident Jefferson Davis zu überstellen und auf diese Weise den Krieg siegreich für die Südstaaten zu beenden. Inzwischen war General Grant mit dem entscheidenden Sieg für die Union nach Washington zurückgekehrt. Die Ratio des Überfalls war entfallen.[41] Booth handelte trotzdem. Lincoln erlag seinen Schußverletzungen.

Der Krieg hatte 600000 Tote und 400000 Verwundete gefordert. Die Sieger zogen Bilanz. »Starben alle umsonst?« fragte Melville, »haben beide verloren?«

Auf sechs befreite Sklaven kam ein Toter. Doch die wichtigsten Kriegsziele der Republikaner waren erreicht: die Union blieb erhalten, die Sklaverei wurde abgeschafft. Während des Krieges war der *Homestead Act* (1862) unterzeichnet worden, der die freien Territorien des Westens allen Bürgern und Einwanderern zur Besiedlung öffnete. Die südstaatliche Aristokratie büßte für eine Generation

Tote nach der Schlacht von Gettysburg, fotografiert von Timothy O'Sullivan

ihre politische Macht ein. »Everybody who was anybody is nobody«, klagten Margaret Mitchells Vorfahren, und William Faulkner konnte die Profitjäger nicht vergessen, diese »namenlose Horde von Spekulanten«, die nach dem Waffenstillstand auf der Suche nach Geld, Land und Macht in den Süden gekommen waren. Edmund Ruffin, einer der führenden Sezessionisten, wurde mit der Niederlage nicht fertig und nahm sich das Leben. Die Demoralisierung der Verlierer und ihr Affekt gegen die Besatzer aus dem Norden kann nicht darüber hinwegtäuschen, daß die Angehörigen der Führungselite des Südens in neun von zehn Fällen wieder zu Wohlstand und Prestige kamen und daß die meisten ihren Grundbesitz sogar zu vermehren wußten.[42] Allerdings signalisierte der Kriegsausgang endgültig den Primat des Industriestaats über die Agrargesellschaft. Die Industrie der Nordstaaten hatte sich zur Deckung der laufenden Kriegskosten mit einer Umsatzsteuer einverstanden erklärt. Die Regierung in Washington bedankte sich mit Schutzzöllen auf ausländische Importwaren. Nach Kriegsende wurden die Steuern aufgehoben, die Zölle blieben als Fundament der künftigen Wirtschaftspolitik bestehen.

Bestehen blieben auch die soziokulturellen Unterschiede zwischen Nord und Süd. Die Niederlage schien die regionale Identität des Südens eher zu stärken als zu schwächen. Die Bewohner der ehemaligen Sezessionsstaaten blieben ihrer alten Lebensform treu oder versuchten dies wenigstens. Das galt mit einer Ausnahme. Die Abschaffung der Sklaverei war definitiv und wurde von relativ wenigen Südstaatlern bedauert. George Fitzhugh, einer der ärgsten Rassisten der Vorkriegszeit, der Verfasser des Pamphlets *Cannibals All!*, arbeitete nach dem Krieg für das *Freedmen's Bureau* in Virginia, das den Schwarzen den Übergang in die Freiheit erleichtern wollte. Noch vor Kriegsende war die Ungesetzlichkeit der Sklaverei als Zusatz in die Verfassung aufgenommen worden. Dazu mußten einige Stimmen manipuliert werden, übrigens mit Wissen Lincolns. Nach ihrem Abstimmungssieg brachen die engagierten Sklavereigegner unter den Kongreßabgeordneten in Tränen aus.

Der Krieg der Historiker

Bürgerkrieg, Sezessionskrieg, Krieg für die Union, Unabhängigkeitskrieg des Südens, Krieg zwischen den Staaten, Rebellionskrieg, Zweite Amerikanische Revolution – lange konnten sich die Historiker der USA über die rechte Nomenklatur nicht einig werden. Die Bezeichnung *Civil War* hat sich jetzt allgemein durchgesetzt. Der Streit um die Ursachen und den Charakter dieses Krieges dauert an.

Noch während des Krieges versuchte John Motley den Engländern die Vorstellung auszureden, der Bürgerkrieg ließe sich mit dem Revolutionskrieg vergleichen. Es handle sich um eine Rebellion, betonte Motley, nicht um eine Unabhängigkeitsbewegung. Sein Kollege George Bancroft sprach ebenfalls von einer Verschwörung der Sklavenhalter gegen die Union. In Neuengland neigte man generell dazu, den Konflikt als einen moralischen Kampf zwischen *free labor* und *slave power* zu interpretieren. Ein neuenglischer Chronist erinnerte an den Krieg gegen Mexiko: Nur im Interesse der Südstaaten und auf deren Wunsch nach einem größeren Sklavengebiet sei die ausländische Nation Texas annektiert worden. Der deutsche Historiker H.E. von Holst fand in der Nachkriegszeit an den Universitäten des Nordostens ein großes Echo, weil er Gut und Böse klar zwischen Union und Konföderierten verteilte.

Aus der Perspektive des Südens stellten sich die Kriegsursachen erwartungsgemäß anders dar. Edward Pollard legte mitten im Krieg eine dreibändige *Southern History of the War* (1862–64) vor. Dort erscheint Lincoln als »Yankee-Monstrum der Unmenschlichkeit und Falschheit«, das Fort Sumter inszeniert und den Krieg vom Zaun gebrochen habe. Die Mitglieder der *Southern Historical Society* nahmen ihren Jefferson Davis gegen den Vorwurf des Verrats in Schutz und glaubten beweisen zu können, daß die Sezessionsstaaten die Grundsätze der Verfassung zu keinem Zeitpunkt verletzt hatten. Jefferson Davis griff selbst zur Feder und erklärte, der Bürgerkrieg wäre auch dann ausgebrochen, wenn es in den USA keinen einzigen Neger gegeben hätte. Seiner Ansicht nach hatte der Norden die Sklaverei nur deshalb aufgegeben, weil Klima und Boden sich dort für dieses System nicht eigneten. Die Schule der »Northern Confederates« sympathisierte mit den Argumenten der Sezessionisten. T. W. MacMahon hielt die Sklaverei für gut, weil die Schwarzen minderwertig seien, und den Krieg hätten die radikalen Abolitionisten zu verantworten. Diese Art von Verschwörungstheorie griff eher unter nord- als unter südstaatlichen Historikern Platz, von wo aus sie Eingang in die Geschichtsbücher des Südens fand.[43]

Die Historikergeneration, die den Krieg nur noch im Kindesalter miterlebt hatte, nahm eine versöhnlichere Haltung ein. Die Führer der Konföderierten, so hieß es jetzt, hätten wenigstens keine absichtliche Verfälschung der Verfassung im Sinn gehabt. Im Süden räumten liberaler gesinnte Historiker ein, die Sezession an sich sei eine Fehlentscheidung gewesen. Man machte sich an die Wiederentdeckung gemeinsamer angelsächsischer Vorfahren und drückte seine Achtung vor dem ehemaligen Gegner aus. James Ford Rhodes, die beherrschende Figur unter den Historikern dieser Epoche, sah die Sklaverei in ihrem Zusammenhang mit den Territorien als die alleinige Kriegsursache an und mochte die südstaatlichen Politiker John Calhoun und Jefferson Davis nicht von jeder Schuld freisprechen. Aber er wollte fair sein und maß den Sachzwängen, wie man heute sagen würde, nämlich der Baumwollproduktion, einen wichtigen Stellenwert bei. Der schwarze Bürgerrechtskämpfer Booker T. Washington beurteilte den Zusammenhang zwischen Agrarwirtschaft und Sklaverei ganz ähnlich: Es war nicht leicht für das Land, sich von dem einmal adoptierten System zu lösen. Das soziale und kulturelle Umfeld der Sklaverei wurde ab nun stärker berücksichtigt. John B. Macmaster verwertete erstmals breitere sozialgeschichtliche Quellen wie etwa Zeitungen und deutete den Bürgerkrieg als eine Art Kulturkampf, eine Auseinandersetzung zwischen statischen und dynamischen Kräften. Woodrow Wilson, der seine Karriere als Historiker begonnen hatte, lehnte es im Anschluß an James Ford Rhodes ab, die Sklaverei als isolierte Streitfrage zu betrachten. Weil der Export der Institution Sklaverei in die Territorien der kritische Punkt war, kam Lincolns Entscheidung eine größere Bedeutung zu als der Propaganda neuenglischer Abolitionisten. Der Frontierhistoriker Frederick Jackson Turner teilte diese Ansicht: Es sei beiden Seiten darum gegangen, wem der Westen gehören sollte.[44]

Die herausragenden Historiker des *Progressive Movement,* Charles Beard und Vernon Louis Parrington, übernahmen in den 1920er Jahren diese These und drängten die Rolle der Sklaverei weiter in den Hintergrund. Die südstaatlichen Aristokraten und die Farmer des Westens, schrieb Beard, waren sich darin einig, daß die Politik Washingtons die Interessen des Nordostens auf eine nicht mehr vertretbare Weise begünstigte. Der Bürgerkrieg stellte sich ihnen als eine Zweite Amerikanische Revolution dar. Das Problem der Sklaverei spielte bei dieser Umwälzung eine nachgeordnete Rolle. Fundamental war der Protest gegen die Ausdehnung industriekapitalistischer Wirtschaftsformen auf den Rest des Landes. Parrington schien den Ausgang des Kampfes zwischen den Kapitalisten des Ostens und den Agrariern des Südens um das westliche Empire beinahe zu bedauern. Die agrarische Lebensform war dahin, das Verfassungsprinzip der Dezentralisation zerstört. Stattdessen hatten sich Zentralismus, Standardisierung und blankes Profitdenken durchgesetzt.[45]

Von dieser Position aus war der Weg zu erneuten Schuldzuweisungen nicht weit. Frank Owlsey, der wie andere Südstaatler dem industriefreundlichen Konzept des *New South* mißtraute und sich agrarischen Werten wieder zuwenden wollte, gab dem egozentrischen Norden die Schuld: »Der Süden mußte zermalmt werden; er stand im Wege; er behinderte den Fortschritt der Maschine ...« Der größere Teil der Nation habe sich angemaßt, das ganze Volk zu vertreten und die Lebensweise einer Minderheit für unamerikanisch zu erklären, schrieb das *Journal of Southern History* im Jahr 1941. Seit den Debatten um Missouri seien die guten Sitten und die Achtung voreinander über Bord geworfen worden. Der Süden hätte sich anfangs nicht auf dieses Niveau begeben, wurde aber fortgesetzt lächerlich gemacht, in den Schmutz gezogen und als dumm und provinziell verhöhnt. Die obszöne und vulgäre Sprache der Abolitionisten, die Flut ihrer Beleidigungen und Drohungen sei weder von Goebbels noch von Stalins Propagandisten übertroffen worden.[46]

Die revisionistische Schule vor und während des Zweiten Weltkriegs hielt den Bürgerkrieg für vermeidbar, unterdrückbar oder nutzlos, für ein Werk unverantwortlicher Fanatiker, wüster Agitatoren und stümperhafter Politiker. Die Vorläuferin dieser Schule war Mary Scrugham, die nach dem Ersten Weltkrieg an den Sinn von Kriegen überhaupt nicht mehr glauben wollte und behauptete, vier Fünftel der amerikanischen Bevölkerung seien vor dem Bürgerkrieg kompromißbereit gewesen. »A rich man's war and a poor man's fight« – die Ansicht, daß die Armen den Krieg der Reichen auszutragen hatten, war zur Bürgerkriegszeit tatsächlich in beiden Lagern anzutreffen. Die Sklavereigegner von damals gerieten als Aufwiegler ins Zwielicht. Avery Craven, zusammen mit James Randall der führende Vertreter der revisionistischen Schule, erklärte bedeutende Abolitionisten zu Psychopathen. Die Sklaverei sei weniger schlimm gewesen als ihr Ruf, der Konflikt zwischen Nord und Süd sei systematisch hochgepeitscht worden. Lincoln habe es in der Hand gehabt, den Frieden zu bewahren. Die Sklaverei hätte sich nach einer Generation sowieso erledigt, denn es fehlte der Platz zum Expandieren. Der Krieg habe sich nicht gelohnt, meinte David Potter, eine Bewältigung der Krise mit weniger Opfern wäre vorzuziehen gewesen. Kenneth Stampp hat die These vom »repressible conflict« aufgegriffen und einmal gemeint, der Bürgerkrieg hätte verhindert werden können oder verhindert werden müssen.[47]

Genau festlegen lassen wollte sich der liberale Stampp jedoch nicht. »Die Union war etwas, wofür sich zu kämpfen lohnte!«, schrieb er 1945. Nach dem Sieg über Hitler und Hirohito geriet die revisionistische Schule in den Verdacht des Defätismus. Die Zeitschrift *Partisan Review* meinte 1949, der Bürgerkrieg sei unvermeidbar, das Sklavenproblem nur mit Gewalt zu lösen gewesen.[48] Im Zeichen des Kalten Krieges verloren pazifistische Bedenken an Überzeugungskraft. Arthur Schlesinger fühlte sich aufgerufen, den Bürgerkrieg nachträglich als gerechtes und realistisches Unterfangen zu präsentieren.

Ein besonderes Problem stellte der Bürgerkrieg für Historiker und Politikwissenschaftler dar, die in der amerikanischen Geschichte einen durchgängigen Konsensus feststellen zu können glaubten. Daniel Boorstin und Louis Hartz zogen sich in den 1950er Jahren aus der Affäre, indem sie den Bürgerkrieg zur großen Ausnahme deklarierten oder das Ergebnis des Krieges in den Vordergrund stellten. Denn schließlich sei der militärische Konflikt einmal zu Ende gegangen und mit den Unionssoldaten habe der Liberalismus à la John Locke gesiegt. Wie Boorstin dazu kam, in der bewaffneten Auseinandersetzung noch einen »Geist des Kompromisses« zu entdecken, blieb unerfindlich.[49]

Eine einheitliche marxistische Interpretation des Geschehens existiert nicht. Marx schrieb im Vorwort zur ersten Auflage des Kapitals, der Bürgerkrieg läute die Sturmglocke für die europäische Arbeiterklasse, der Krieg wirke als Katalysator zur Befreiung der Arbeiterklasse und signalisiere den Beginn einer selbständigen Arbeiterbewegung. Der frühe amerikanische Marxist Algie Simons arbeitete vor dem Ersten Weltkrieg noch vor den Progressivisten mit der Bezeichnung »Second American Revolution«. Er verwies die Sklavenbefreiung als Kriegsursache ins Reich der Märchen und behauptete, der wahre Kriegsgrund habe darin bestanden, die Herrschaft der kapitalistischen Klasse zu errichten. »In vieler Hinsicht war der Bürgerkrieg der Vater der modernen Plutokratie.« Die Thesen in Simons' Werken *Class Struggles in America* (1906) und *Social Forces in America* (1911) sind von amerikanischen Marxisten der 1930er Jahre wieder aufgegriffen worden. Louis Hacker schloß von der Politik der Regierung Lincoln und des Kongresses auf die Ursachen. Diese Politik beweise, daß es in Wahrheit um die wirtschaftliche Vormachtstellung ging. Die Republikanische Partei setzte sofort nach Kriegsausbruch ihr Programm von 1860 in die Tat um: 1861 die Schutzzölle, 1862 das Heimstättengesetz, die Vergabe von Regierungsland an Privatkäufer und die Lizenz zum Bau der *Pacific Railway*, ab 1863 die Bundesbankgesetze und 1864 die Anwerbung von Einwanderern als billige Arbeitskräfte. In summa: »Der Bürgerkrieg befreite den Kapitalismus von den politischen und wirtschaftlichen Beschränkungen freier Wirtschaftsentfaltung, die ihm die Sklavenmacht auferlegt hatte ...« Hacker und andere Marxisten wie James Allen, Richard Enmale*, W. E. B. DuBois und Herbert Aptheker warfen der bürgerlichen Geschichtsschreibung vor, sie habe die Rolle des weißen Proletariats und der Schwarzen im Bürgerkrieg zu sehr vernachlässigt. Staughton Lynd rückte die Sklaverei als Kriegsursache wieder ins Zentrum und die Schutzzollfrage an den Rand, worin er sich mit Karl Marx einig fühlen konnte, sich aber gegen die Deutung von Simons stellte. Die vorgeblich marxistische Analyse von Eugene Genovese gründete sich auf die Ablehnung des aggressiven Kapitalismus und die Verpflichtung der südstaatlichen Aristokratie auf vorbürgerliche Werte. Den marxistischen Auslegungen fehlt eine klare Linie. Ihre Widersprüche ergeben sich schlicht daraus, daß der Bürgerkrieg kein Klassenkampf war.[50]

Verschiedene Interpretationen sind von Zeit zu Zeit wiederbelebt worden: die Theorie des kulturellen Konflikts; Lincoln als zynischer Bösewicht; die Klassenkampfthese; die Konsensustheorie; die These vom vermeidbaren oder unmoralischen Krieg. Man hat außerdem versucht, den Sezessionskrieg mit der gleichlaufenden Unterdrückung nationaler Bewegungen in Deutschland, Polen, Italien, Böhmen und Ungarn zu vergleichen, doch brachte dieser Aspekt wegen der spezifischen amerikanischen Bedingungen nicht viel ein. Die verschiedenen Interpretationen reflektierten oft nicht mehr als die persönlichen Idiosynkrasien ihrer Urheber. Nicht um der Freiheit willen, sagte ein Historiker, sondern wegen eines Zuviels an Freiheit sei der Bürgerkrieg entstanden. Das allgemeine Wahlrecht habe die Bevölkerung den Agitatoren und Extremisten ausgeliefert und subtiles Handeln unterbunden. Wie anderswo läßt sich auch in der Bürgerkriegsgeschichte der Einfluß des aktuellen Zeitgeschehens ausmachen. Woraus nicht notwendig ein historischer Kunstfehler entstehen muß. Was Abraham Lincoln nach der Beschießung von Fort Sumter sagte, das hätte auch auf Franklin Roosevelt und Pearl Harbor gepaßt: »Der Plan glückte. Sie griffen Sumter an – es fiel und leistete somit größere Dienste als anderweitig.«[51]

* gebildet aus *En*gels, *Ma*rx, *Le*nin

II. Kapitel

DIE ZEIT DER »RECONSTRUCTION«

Der Krieg hatte allein im Süden 250000 Soldaten das Leben gekostet. Weite Landstriche waren verwüstet, die Bevölkerung verarmt, die Währung wertlos. 3,4 Millionen freigelassene Sklaven stellten auf dem Papier einen Verlust von rund einer Milliarde Dollar dar. Die Bodenpreise waren stark gesunken, lokale und regionale Regierungen waren zusammengebrochen. Nordstaatliche Agenten konfiszierten gegen Provision südstaatliche Rüstungsgüter und – aus eigener Machtvollkommenheit – privates Eigentum. Eine Reihe von Großplantagen wurde zerschlagen, wenigstens vorläufig. In South Carolina stieg die Zahl der Farmer zwischen 1860 und 1870 von 33000 auf 52000. In Louisiana ging die Größe der Farmen im selben Zeitraum von 536 auf 247 *acres* zurück. Eine halbe Million Farmer waren so gut wie bankrott. Befreite Sklaven weigerten sich, gegen einen unsicheren Lohn in der Landwirtschaft zu arbeiten. Als Folge dehnte sich das System des *sharecropping* weiter aus: Der Farmer stellte über Händler Land, Saatgut und Zugtiere zur Verfügung; der Pächter behielt einen Teil der Ernte. Einige der reicheren Sezessionisten setzten sich ins Ausland ab. Sie hatten sich bereits während des Krieges Bankkonten in Europa eingerichtet. Im brasilianischen Sao Paolo gründeten geflohene Konföderierte eine neue Sklavenkolonie. Die Nordstaatenarmee wurde von einer Million auf 25000 Mann reduziert und blieb dreißig Jahre bei dieser Stärke. Entlassene Kriegsteilnehmer vergrößerten das Heer der Arbeitslosen. Die Reallöhne sanken um ein Drittel. »Überdies«, diagnostizierte Karl Marx aus der Ferne, »stechen die Leiden der Arbeiterklasse ab gegen den auffallenden Luxus von Finanzaristokraten, Shoddy-Aristokraten und ähnlichem durch Krieg erzeugten Ungeziefer.«[1] Nach dem Börsenkrach von 1873 verstärkte sich die Nachkriegsdepression, die Löhne wurden erneut reduziert, Gewerkschaften lösten sich auf. Im Winter 1877/78 gab es mindestens drei Millionen Arbeitslose.

Reconstruction bezeichnet die Phase des Wiederaufbaus und der Wiedereingliederung der abgefallenen Südstaaten in die Union zwischen 1865 und 1877, dann aber auch die Neuordnung der staatlichen und gesellschaftlichen Verhältnisse nach

Die Erneuerung des Südens in der Phantasie eines Lithographen aus Philadelphia (ca. 1867)

dem Verbot der Sklaverei. Der 13. Verfassungszusatz (1865) hatte Sklaverei und Fron, zum Beispiel die Abarbeitung privater Schulden, für abgeschafft erklärt. Damit war die Emanzipationserklärung von 1863 gesetzlich verankert. Das 13. Amendment ist nicht nur wegen seines Inhalts sondern auch vom Formalen her von Bedeutung: den Einzelstaaten konnten ab jetzt wesentliche Restriktionen auferlegt werden, nachdem der Bund bereits im Vorjahr die *Fugitive Slave Laws* von 1783 und 1850 widerrufen hatte. Der Kongreß richtete 1865 im Kriegsministerium das *Freedmen's Bureau* ein, das befreiten Sklaven erste Hilfestellung gab, Essensrationen ausgab, konfiszierte und herrenlose Grundstücke verteilte und ein wachsames Auge auf Versuche der Neuversklavung warf.

Über ein grundsätzliches staatsrechtliches Problem konnte zunächst keine Einigung erzielt werden. Eine gemäßigte Fraktion in Washington hielt die Frage, ob der Süden die Union rechtswirksam verlassen hatte, für akademisch. Eine radikale Gruppe aber übernahm ironischerweise den Standpunkt der geschlagenen

Konföderierten: der Süden habe sich durch die Sezession von den USA getrennt und sich dadurch seiner verfassungsmäßigen Rechte begeben. Lincolns *Reconstruction Plan* von 1863, auch Zehnprozentplan genannt, ging von der zweiten Annahme aus, sah aber ein relativ gnädiges Wiederaufnahmeverfahren vor. Sobald zehn Prozent der Besiegten den Eid auf die Verfassung abgelegt haben, könne man mit der Reorganisation südstaatlicher Politik beginnen. Anders der Kongreß. Er machte 1864 die völlige Unterwerfung zur Voraussetzung für die Wiederaufnahme südstaatlicher Abgeordneter. Nach den Wahlen von 1866, aus denen die Radikalen gestärkt hervorgingen, wurden in vier *Reconstruction Acts* (1867–1868) die Einzelheiten geregelt. Die Regierungen der »Rebellenstaaten« wurden für illegal erklärt, die Region in fünf Militärbezirke aufgeteilt. Jeder Bezirk wurde unter das Kommando eines Generals mit ausreichenden Truppen gestellt, bis wieder »loyale und republikanische Staatsregierungen« errichtet waren. Jedem der Staaten war aufgetragen, eine von allen männlichen Bürgern gewählte Versammlung einzuberufen. Diese Versammlungen hatten neue Verfassungen zu entwerfen, die teilweise nach den alten modelliert waren – eine Landreform fand nicht statt –, die aber den Schwarzen das Wahlrecht einräumen mußten. Anschließend sollte die Macht von den Militärs in zivile Hände übergehen, die Südstaaten durften wieder Vertreter nach Washington entsenden. Allerdings wurde den südstaatlichen Volksvertretern die Anerkennung verweigert, als im Dezember 1865 der 39. Kongreß zusammentrat. Die Existenz von *Black Codes* war ruchbar geworden, Versuche konservativer Politiker, die Rechte der Schwarzen erneut zu beschneiden. Man gestand ihnen zwar zu, Verträge abzuschließen, Besitz zu erwerben und Klagen einzureichen, untersagte ihnen aber, Mischehen einzugehen, Waffen zu tragen und – zumindest in einigen Staaten – als Zeuge gegen weiße Personen auszusagen. Die Obdachlosengesetze erlaubten es manchenorts, heimatlose Schwarze festzuhalten und an den Höchstbietenden zu verkaufen, damit sie ihre Strafe abarbeiten; nach dem 13. Amendment waren unfreiwillige Dienstleistungen nicht verboten, sofern sie eine Strafmaßnahme darstellten. Derlei Praktiken erhärteten die Meinung, daß man den Süden nicht sich selbst überlassen könne. Der Kongreß hatte 1866 den *Civil Rights Act* verabschiedet, der eine Diskriminierung aufgrund der Hautfarbe untersagte. Weil man befürchtete, daß dieses Gesetz von einem späteren Kongreß widerrufen werden könnte, wollte man seinen Inhalt in die Verfassung einbringen, was auch gelang. Die Wiederaufnahme in die Union wurde nun abhängig gemacht von der Ratifizierung dieses neuen, des vierzehnten Verfassungszusatzes.

Durch das 14. Amendment (1868) sind Schwarze zu amerikanischen Staatsbürgern geworden, nachdem sie, ob versklavt oder freigelassen, nicht im Besitz der Bürgerrechte waren. Ab jetzt sollten sie in den Genuß der »equal protection of the laws« kommen, das heißt, vollen rechtlichen Schutz beanspruchen können. Noch im Urteil gegen Dred Scott (1857) waren Schwarze nicht zu den Bürgern gerechnet worden und konnten sich deshalb auch nicht auf deren Rechte berufen. Das 14.

Amendment brachte eine genaue Abgrenzung der Bundes- und Staatsrechte. Der »due process of law« wurde hervorgehoben, die Einzelstaaten in der Entwicklung der Rechtsprechung stärker auf diese Formel verpflichtet: Nach dem fünften Artikel der *Bill of Rights* durfte niemand ohne Einschaltung der Gesetze persönliche Einbußen erleiden. Jetzt, im 14. Zusatz, wurde ausdrücklich betont, daß kein Bundesstaat zu einem solchen Vorgehen ermächtigt sei. Die proportionale Zusammensetzung des Kongresses wurde geändert. Nicht mehr die Zahl der Einwohner sondern die Zahl der Stimmberechtigten war Grundlage für die Errechnung der Sitze. Damit sollten die *Black Codes* und der Anreiz, den Schwarzen das Wahlrecht zu verweigern, unterlaufen werden.

Der Kongreß handelte über die Absichten von Präsident Andrew Johnson hinweg, dem Amtsnachfolger von Abraham Lincoln. Johnson und seine Anhänger auf dem konservativen und gemäßigten Flügel der Republikanischen Partei vertraten eine milde, auf Ausgleich bedachte Politik, die möglichst organische Reintegration des Südens in den Bundesstaat. Damit standen sie in der Nähe der Demokraten: Ein einfacher Widerruf der Sezessionserklärung sollte die Wiederaufnahme in die Union ermöglichen; der Eid auf die Verfassung sollte eine Amnestie nach sich ziehen; nur Personen mit mehr als 20000 Dollar Besitz mußten den Präsidenten persönlich um Gnade bitten; die Frage des Wahlrechts für Schwarze war den Einzelstaaten zu überlassen; die Kriegskosten durften nicht dem Süden aufgehalst werden. Der radikalen Fraktion in Johnsons Partei waren diese Positionen zu gemäßigt. Die *Radical Republicans* verfochten das uneingeschränkte Wahlrecht für Schwarze, die Angleichung der Süd- an die Nordstaaten und den Entzug des passiven Wahlrechts für ehemalige Konföderierte. Johnson legte gegen Mehrheitsentscheidungen des Kongresses mehrmals sein Veto ein, gegen den ersten *Reconstruction Act,* gegen die Weiterfinanzierung des *Freedmen's Bureau,* gegen das 14. Amendment. Seine Gegner in der Partei diskreditierten ihn als Trunkenbold, der im Weißen Haus einen Harem unterhalte und an Lincolns Ermordung mitgewirkt habe. Johnson war dem Alkohol nicht abgeneigt und hatte bei seiner Inaugurationsrede keinen absolut nüchternen Eindruck hinterlassen. Ehemalige Sklavereigegner, radikale Republikaner und verbitterte Opfer des Bürgerkriegs wollten sich mit seiner gemäßigten Politik nicht abfinden. Senator Charles Sumner aus Massachussetts, der während der hitzigen Vorkriegsdebatten von einem Kollegen aufs Haupt geschlagen worden war, erklärte, der Süden habe politischen Selbstmord begangen, die Sezessionsstaaten seien bis auf weiteres als Territorien zu betrachten. Thaddeus Stevens, Kongreßabgeordneter aus Pennsylvania, sprach von »eroberten Provinzen«, plädierte für die Bestreitung der Kriegskosten durch den Verlierer, die politische Entrechtung der Südstaatler, die Konfiszierung ihres Eigentums. Jeder schwarzen Familie sollten 40 acres Land zur Verfügung gestellt werden. Das Strafverlangen, die harte, von Rache diktierte Politik der Radikalen, die bei einem Mann wie Stevens auch persönliche Ursachen hatte, ist unter dem Schlagwort »waiving the bloody shirt« bekanntgeworden. Einer aus der radikalen Fraktion hatte das blutverschmierte Hemd eines Nordstaatlers geschwungen, der angeblich von einem Anhänger des KuKluxKlans im Süden erschlagen worden war. Damit sollten die verheerenden Folgen von Johnsons Rekonstruktionspolitik unter Beweis gestellt werden. In der Geschichtsschreibung sind die *Radical Republicans* unterschiedlich beurteilt worden, einmal als ernsthafte und fähige Politiker, dann wieder als Bösewichte und Verschwörer. Vielleicht hat man sie auch überschätzt, weil sie so laut und auffällig agierten.[2]

Auf Betreiben von Thaddeus Stevens forderte das Repräsentantenhaus Anfang 1868, Staatsanklage gegen Johnson zu erheben, weil er seinen Kriegsminister Edwin Stanton ohne Zustimmung des Senats aus dem Kabinett entlassen hatte. Stanton sympathisierte mit der radikalen Position. Der Senat saß unter Vorsitz des Obersten Bundesrichters über den Präsidenten zu Gericht. Zu seiner Verurteilung, die zur Entfernung aus dem Weißen Haus geführt hätte, fehlte im Mai 1868 nur eine Stimme. Johnson verkündete kurz vor Ablauf seiner Amtszeit eine Amnestie. Der ehemalige Präsident der Konföderation, Jefferson Davis, wurde aus dem Gefängnis entlassen. General Robert E. Lee, der militärisch Verantwortliche, kam ohne Strafe davon. Eine starke Gruppe in der Republikanischen Partei wandte sich von Johnson ab und stellte den Nordstaatengeneral Ulysses S. Grant als neuen Präsidentschaftskandidaten auf.

Idealistisch gesinnte Frauen und Männer gingen aus dem Norden in die Südstaaten, um dort beim Wiederaufbau behilflich zu sein, Schulen für befreite Sklaven einzurichten und demokratische Zustände herzustellen. Entlassene Soldaten, Lehrer, Angestellte des *Freedmen's Bureau* und Siedler an der Südwestfrontier widmeten sich der Aufgabe, Schwarze zu organisieren und sie bei der Wahrnehmung ihrer Rechte zu unterstützen. Es kamen auch Abenteurer, die im politischen und sozialen Chaos des Nachkriegssüdens die Chance witterten, rasch reich zu werden. Patriotischen Südstaatlern waren zugereiste Yankees jeder Art suspekt. Sie bezeichneten sie als *carpetbaggers,* nach den tuchbespannten Taschen, in denen sie ihre Habseligkeiten mitführten, und sagten ihnen nach, sie hätten noch weniger Charakter als Gepäck. *Scalawags*[3] hießen Südstaatler, die mit den Republikanern kooperierten und deren Rekonstruktionspläne unterstützten. Dazu zählten ehemalige Verfolgte der Konföderierten; Angehörige der weißen, aristokratiefeindlichen Unterschicht, aber auch liberale Pflanzer, *cotton whigs* aus Mississippi zum Beispiel, die seit längerem Vorbehalte gegen die Sklaverei gehegt hatten; ein ehemaliger Südstaatengeneral, ein ehemaliger Südstaatensenator, ein ehemaliger Sklavenhalter. *Carpetbaggers* und *scalawags* zerstritten sich innerhalb der Republikanischen Partei über der Frage der konkreten Durchführung des Wiederaufbaus. Schwarzamerikaner sahen das republikanische Versprechen auf Land und ein Maultier – »forty acres and a mule« – in weite Ferne rücken und wandten sich der Partei ihrer früheren Herren zu, den Demokraten.

Konservative Politiker, die danach trachteten, im Süden den Status *ante bellum* wiederherzustellen, wurden *Bourbons* genannt, analog den französischen Bourbonen, die nach dem Sturz Napoleons an die Macht gekommen waren und denen man nachsagte, daß sie nichts gelernt und nichts vergessen hätten. Die südstaatlichen Bourbonen legten es darauf an, die Rechte der Schwarzen mit Wahlsteuern, Eignungsprüfungen und Eigentumsnachweisen zu torpedieren. So mußte erneut gesetzlich untermauert werden, was bereits klar zu sein schien. Das 15. Amendment (1870) sollte Versuche unterbinden, den befreiten Sklaven oder anderen Schwarzen das Wahlrecht streitig zu machen. Eine rechtliche Benachteiligung aus Rasse, Hautfarbe oder dem vormaligen Sklavenstatus konstruieren zu wollen, wurde nochmals für ungesetzlich erklärt. Dieser Zusatz wurde im Süden hartnäckig und dauerhaft umgangen.

Eine besondere Rolle kam dabei dem KuKluxKlan zu, der 1866 in Pulaski (Tennessee) gegründet worden war. Das Hauptziel dieses geheimen Männerbundes bestand darin, das Supremat der Weißen aufrechtzuerhalten und die Rechte der Schwarzen an der Urne und in den Parlamenten zu unterminieren. Einschüchterung, Hokuspokus und Terror waren die Methoden dieser furchtbringenden Gesellschaft, die ihren Namen vom griechischen *kyklos* herleitete. Die Vereinssatzung strotzte vor eindrucksvoll klingenden Titeln wie »Grand Wizard of the Empire«, »Grand Dragon of the Realm«, »Grand Titan of the Dominion«, »Grand Cyclop of the Den« und so fort.[4] Furien, Zyklopen, Nachtfalken und andere Funktionsträger erschreckten Schwarze mit Bettüchern und Kopfkissenbezügen, um ihnen weiszumachen, daß die Geister der Konföderierten nach wie vor für Recht und Ordnung sorgten. Der erste »Grand Wizard« war ein ehemaliger Sezessionist. Bewerber mußten beim Aufnahmegespräch die Frage beantworten: »Sind Sie jetzt oder waren Sie je ein Mitglied der Radikalen Republikanischen Partei?« Diese Formulierung wurde in der McCarthyzeit wieder gebräuchlich, als es um die Zugehörigkeit zur Kommunistischen Partei ging. Mit dem *Military Reconstruction Act* oder *KuKluxKlan Act* (1871) bekundete der Kongreß seine Entschlossenheit, der Tätigkeit von Geheimbündlern und anderen Rassisten ein Ende zu bereiten. Kriminelle Verschwörungen gegen Exsklaven wurden der Rechtsprechung der Bundesgerichtshöfe unterstellt. Der Präsident durfte den Anspruch auf richterliche Haftbefehle außer Kraft setzen und das Kriegsrecht über eine terrorisierte Gemeinde verhängen. Ab 1872 stand der Süden weithin unter Militärherrschaft. Nordstaatliche Truppen, die aus Georgia bereits abgezogen waren, marschierten wieder ein, als dort versucht wurde, Volksvertreter schwarzer Hautfarbe aus der Legislative zu vertreiben.

Freie Schwarze saßen in den verfassungsgebenden Versammlungen und in den Parlamenten. Wegen ihrer Beteiligung am Wiederaufbau des Südens spricht man auch von einer *Black Reconstruction.* Im Parlament von Südkarolina kamen anfangs 88 Schwarze auf 67 Weiße (1868/69). Im Unterhaus des Staates Mississippi verfügten Schwarze ebenfalls über die Mehrheit. Die Weißen kontrollierten jedoch immer den Senat. Immerhin waren die *freedmen* in den Südstaaten stärker repräsentiert als im Norden. Dort hatten nur die fünf Neuenglandstaaten den Schwarzen das volle Wahlrecht eingeräumt; New York verlangte von schwarzen Wählern einen eigenen Vermögensnachweis. Mit der neuerworbenen Freiheit und den politischen Mandaten entwickelten die ehemaligen Sklaven des Südens ein beachtliches Selbstbewußtsein. Vor allem grenzten sie sich gegen die weiße Unterschicht ab, gegen die Klasse der *poor whites.* In einem schon vor dem Bürgerkrieg populären Lied hieß es:

My name's Sam, I don't give a damn,
I'd rather be a nigger than a poor white man.*

Die ersten Historiker der *Reconstruction* haben die Rolle der Schwarzen negativ gezeichnet. An New Yorks Columbia-University lehrten William Dunning und seine Schüler, die schwarzen Politiker der Nachkriegsepoche seien überfordert gewesen, hätten unverantwortlich gehandelt, sich von den Carpetbaggers als Werkzeuge der Korruption mißbrauchen lassen, Betrug, Schiebung und Bestechung Tür und Tor geöffnet. Der Engländer James Bryce bedauerte die Entmachtung der südstaatlichen Aristokraten als »natürliche Führer« (1888). Tatsächlich gab es extreme Fälle von Korruption. Das Paradebeispiel lieferte ein Abgeordneter, der sich von den Parlamentskollegen tausend Dollar genehmigen ließ, die er beim Pferderennen verwettet hatte. Der Schwarzenführer W. E. B. Dubois hat sich um die Jahrhundertwende auf den Standpunkt gestellt, daß der emanzipierte Sklave seine wahre Natur verleugnen müsse, wollte er an der weißen Gesellschaft teilhaben: »Der Preis für Kultur ist eine Lüge.«[5] Später haben liberale Historiker wie C. Vann Woodward und Kenneth Stampp nachgewiesen, daß politische Unmoral und Korruptheit in den 1870er Jahren von den wiedererstandenen »natural leaders« ausging. Es sei falsch, Fehlverhalten und Kriminalität den Schwarzen anzulasten, für deren Erziehung die Öffentlichkeit so lange nichts getan hatte. Präsident Grant und seine skandalträchtige Administration setzten den moralischen Ton in einer Phase, die von sozialer Desorganisation und wirtschaftlicher Expansion bestimmt war. Auch die von gemäßigten Republikanern getragenen Regierungen agierten verschwenderisch.

Für Henry Adams war die ciceronische Idee einer Regierung durch die Besten schon um 1850 verlorengegangen. Die Nachkriegszeit lieferte stattliche Beweise für seine These. Dem Präsidenten Andrew Johnson hatte erst seine Frau das Schreiben beigebracht. Von Präsident Ulysses S. Grant, dem starken Trinker, ging eine gewisse Dumpfheit aus. Als General war er oft schweigend und rauchend

* Mein Name ist Sam, ich schere mich den Teufel, ich bin lieber ein Nigger als ein armer weißer Mann.

dagesessen und hatte an einem Stück Holz geschnitzt. Seine Zeit im Weißen Haus war überschattet von Skandalen und Korruptionsfällen. Das politische Leben sei ungeistig und vulgär und rieche nach Whiskey, befand ein resignierender Adams.

Während Grants zweiter Amtsperiode verloren die radikalen Republikaner im Süden an Boden. Die Demokraten gewannen in Texas und Mississippi. 1875 wurden nur noch Louisiana, South Carolina und Florida von den Radikalen beherrscht. Die Präsidentschaftswahlen von 1876 leiteten das Ende der Reconstruction ein. Samuel Tilden, der demokratische Gouverneur von New York, hatte mehr Stimmen auf sich vereinigt als sein republikanischer Mitbewerber Rutherford B. Hayes, aber eine Wahlmännerstimme zu wenig, um gewählt zu sein. Nach einigem Hin und Her bei der Stimmenauszählung – die Verfassung sagt in solchen Streitfällen »und anschließend sollen die Stimmen gezählt werden«, aber von wem? – setzte sich in einer *ad hoc* gebildeten Kommission der Einfluß der Republikaner durch. Hayes wurde Präsident. Die Südstaaten, die das Zünglein an der Waage hätten spielen können, erhielten zum Ausgleich einen südstaatlichen Minister, Geld für den Wiederaufbau und das Versprechen, daß die Bundestruppen abgezogen werden. So beendete der »Kompromiß von 1877« die Phase der Reconstruction. Als Hayes wie versprochen die Militärs zurückbeorderte, brachen die den radikalen Republikanern verpflichteten Staatsregierungen im Süden prompt zusammen.

Die Niederlage im Bürgerkrieg, die Emanzipation der Sklaven und die Demütigungen in der Nachkriegszeit haben in den Südstaaten Haßgefühle erzeugt, die über Jahrzehnte hinweg nicht vergehen wollten. Ein Virginier schrieb 1866 in sein Testament: »Ich vermache meinen Kindern und Enkelkindern und ihren Nachkommen in allen Generationen den bitteren Haß und die ewigwährende Feindseligkeit meines Herzens und meiner Seele gegen die Yankees einschließlich aller Menschen nördlich der Mason-Dixon-Linie.« Die harte Politik des Nordens bei der Reintegration provozierte eine unversöhnliche Haltung, die durch die Präsenz der befreiten Schwarzen intensiviert wurde. Über Lincolns ehemaligen Vizepräsidenten Hannibal Hamlin wurde in Umlauf gesetzt, er stamme von Noahs verfluchtem, weil angeblich dunkelhäutigen Sohn Ham ab.[6] Ein Autor aus North Carolina forderte in der Kampfschrift *Nojoque* (1867) die Vernichtung aller Schwarzen. Die Diskriminierung der *freedmen* nahm in allen Lebensbereichen ihren Fortgang. Der Kongreß sah sich veranlaßt, in einem neuen *Civil Rights Act* (1875) die Rassentrennung in Lokalen und Theatern, auf Park- und Geschworenenbänken zu verbieten. Zu den Südstaatlern, die das alte System vorbehaltlos hinter sich lassen wollten, gehörte Henry Grady, Redner und Chefredakteur der *Atlanta Constitution.* Er vertrat in Georgia eine Politik des Ausgleichs zwischen den beiden Rassen und den beiden Wirtschaftssystemen. Seine Rede über den »New South« (1886) diente auch dem Zweck, nordstaatliches Privatkapital zum Wiederaufbau des Südens anzuziehen. Spezielle Ausbildungsstätten sollten die

Integration der Schwarzen befördern, zum Beispiel das 1870 in Virginia errichtete *Hampton Normal and Agricultural Institute.* Booker T. Washington, einer der Absolventen, gründete 1881 in Alabama das *Tuskegee Normal and Industrial Institute.* Dort sollte die schwarze Bevölkerung auf praktisch orientierte Tätigkeiten in Handwerk, Industrie und Landwirtschaft vorbereitet werden. Weiße Bürger, die sich aktiv für die Erziehung der Schwarzen einsetzten, wurden als »nigger lovers« diffamiert. Rassisten demolierten Einrichtungen an schwarzen Schulen, zerrissen Lehrbücher und zeigten mit allen Mitteln, daß sie nicht gewillt waren, auf dem Bildungssektor eine Gleichstellung hinzunehmen.[7] Schwarze als Untermenschen oder Unpersonen einzustufen, war eine kulturelle Selbstverständlichkeit. Mark Twain hat diese Haltung in wenigen Zeilen charakterisiert, als er die Reaktion einer netten Farmersfrau auf ein Schiffsunglück schilderte:

> »Uns ist ein Zylinderkopf explodiert«, erzählt Huck Finn. »Meine Güte! Jemand verletzt?«, erkundigt sich Aunt Sally. »Nee. Ein Nigger ging tot.« »Das nennt man Glück; manchmal gibt es nämlich wirklich Verletzte.«[8]

Die Erniedrigung der schwarzen Rasse hat mit dem Akt der Emanzipation kein plötzliches Ende gefunden. Drastische Formen der Zurücksetzung waren an der Tagesordnung und scheinbar harmlose Beispiele offenbaren den grundlegenden Mangel an Einfühlungsvermögen. Eine Seifenfirma zeigte in ihrer Werbung, wie ein Schwarzer mit ihrem Produkt weißgewaschen wurde: »Das macht uns keiner nach.«[9]

Beim großen *Police Riot* von Memphis tötete die Polizei 46 schwarze Männer, Frauen und Kinder. Der Anführer war ein Richter, den man sagen hörte: »Jungs, jetzt geht mal ran an die Sache und bringt das letzte verdammte Exemplar dieser Niggerrasse zur Strecke und verbrennt die Wiege.« Das entrüstete Echo auf das Massaker von Memphis trieb die Verabschiedung des 14. Amendment voran, verhinderte aber nicht ein ähnliches Blutvergießen in New Orleans. Allein in Texas wurden zwischen 1865 und 1870 mindestens 1500 Schwarze ermordet. In den 1890er Jahren wurde ein Schwarzer gelyncht, weil er sich um den Preis von Beeren gestritten hatte. Der Bund gab seine aktive Rolle bei der Herstellung von Gleichheit bald wieder auf. Bereits 1883 schloß sich der Oberste Gerichtshof einer alten These von Calhoun an: die Regelung der Rassenbeziehungen sei Sache der Gemeinden. Diese Rechtsauffassung konnte sich durchsetzen, weil sie von den Nordstaaten stillschweigend sanktioniert wurde.[10].

Die Verhinderung einer Mischung der Rassen war ein wichtiges Ziel der Rassisten im Süden. Als der aus Griechenland eingewanderte Schriftsteller und Journalist Lafcadio Hearn Beziehungen mit einer schwarzen Frau aufnahm, löste er einen Skandal aus. Der Bostoner Abolitionist Wendell Phillips hatte während des Kriegs die biologische Verschmelzung von Schwarz und Weiß als ideale gesellschaftliche und von Gott gewollte Lösung hingestellt. Ein kurzlebiges

Experiment in der utopischen Gemeinde Nashoba in Tennessee sollte Weiße und befreite Sklaven auch sexuell zusammenführen. In Kentucky zog eine Kolonie aus entlassenen Sklaven weiße Frauen an, eine Konstellation, die jahrzehntelange Fehden mit den umliegenden Nachbarn erzeugt hat. Der Gesetzgeber erhielt die rassische Endogamie aufrecht. Die letzten Gesetze gegen *intermarriage* oder *miscegenation* sind erst 1967 annulliert worden. Ein Gerichtshof in Georgia erklärte 1869, Rassenmischlinge seien allgemein schwach, kränklich und effeminiert. Umgekehrt bestand bei Schwarzen die Befürchtung, daß durch Rassenmischung insgeheim die Vitalität der schwarzen Rasse gebrochen und ihre Auslöschung vorbereitet würde.[11]

Die Ehen befreiter Sklaven, die vor einem bestimmten Stichtag »illegal« verheiratet waren, wurden staatlich anerkannt. Nach diesem Stichtag – in Virginia der 27. Februar 1866 – mußten Ehen zwischen Schwarzen neu geschlossen werden. Die Sklaverei hat das Ehe- und Familienleben der Schwarzen stark beeinträchtigt. Ob diese Wirkung dauerhaft war und ursächlich für die pathologischen Erscheinungen in den Ghettofamilien von heute, ist unter Historikern und Sozialwissenschaftlern sehr umstritten. Die *common law marriage* unter schwarzen Amerikanern der Gegenwart, das Zusammenleben ohne amtliche Eheschließung, könnte ihren Ursprung in der Sklaverei haben. Manchmal wird die stabilisierende Rolle der schwarzen Frau auf ihre Funktionen im Plantagensystem zurückgeführt. Frauen sind häufiger als Männer als Haussklaven beschäftigt worden. Von da her fiel ihr Prestige zu. Die Hütte gehörte ihr, ihr wurden die Lebensmittel ausgehändigt, sie regierte den Sklavenhaushalt. Deswegen ist behauptet worden, daß männliche Sklaven das Ende der Sklaverei auch als Befreiung von der Frau empfunden hätten. Dagegen haben schwarze Frauen nach der Emanzipation geltend gemacht, sie seien nicht wirklich befreit worden. Man höre viel über die Rechte der »colored men«, aber nichts über die der »colored women«. Von der schwarzen Frau werde erwartet, daß sie zu Hause ihren Lohn als Dienstmagd oder Wäscherin abliefere und sich klaglos in die Faulheit und Herrschsucht ihres Mannes schicke.[12]

In der Folklore und im Humor des Südens wurde der emanzipierte Sklave zu einem beliebten Thema. Man schilderte ihn dort als komisch, bauernschlau, diebisch und seinem weißen Herrn nach wie vor treu ergeben. Gegenüber den anrückenden Nordstaatlern gab er sich reserviert oder ablehnend, konnte er doch mit der neuerworbenen Freiheit gar nichts anfangen. »Amos, ich schenke dir die Freiheit«, verkündet der Sklavenbesitzer; »Und ich dachte, Ihr schenkt mir Euren Jagdhund«, erwidert der enttäuschte Amos.[13] Die »Uncle Remus«-Geschichten von Joel Chandler Harris, die seit 1879 erschienen, zeigen »typische Merkmale der Vergangenheitsverklärung des Südens«.[14] Remus resigniert in Freiheit und kehrt auf seine alte Plantage zurück. Der Yankeesoldat bot sich als Objekt zur Kompensation der militärischen Niederlage an. In den Witzen der Südstaaten ist er dumm, leicht übers Ohr zu hauen, ein armseliger Kämpfer, der leicht eine Kuhherde mit feindlichen Rebellen verwechselt. Gern wurde ihm nachgesagt, durch eine Kriegsverwundung seine Männlichkeit eingebüßt zu haben.[15] In einer Unterhaltung zwischen einem virginischen Kavalleristen und einem New Yorker Fußsoldaten steht der Virginier schlagfertiger und gewandter da als der Yankee. Selbst wenn er einmal unrecht hat, bleibt der Südstaatler ritterlich.[16]

Robert E. Lees und des von eigenen Leuten erschossenen Stonewall Jackson wurde in liebevollen Anekdoten gedacht. David Griffith verbreitete in seinem Film *The Birth of a Nation* (1915) die Vorstellung von der Unterwerfung des Südens durch ruchlose Politiker. Die Flagge der Konföderierten gehört heute noch zum Inventar südstaatlicher Amtsräume. Statuen von Jefferson Davis erheben sich in Bronze gegossen über öffentlichen Plätzen. Die »United Daughters of the Confederacy« arbeiten mit kaum zu erschöpfender Energie an der Romantisierung der Epoche. Der verlorene Bürgerkrieg, die *lost cause*, hat Melancholie und Trotz erzeugt, gerade weil im Grunde klar war, daß man für eine Sache gekämpft hatte, die auf lange Sicht nicht zu gewinnen war.[17]

III. Kapitel

DAS VERGOLDETE ZEITALTER

Nach Appomattox, der letzten Schlacht des Bürgerkriegs, stellte sich ein wirtschaftlicher Boom ein. Kriegsprofite wurden in alte und neue Unternehmen investiert. Die Zahl der Fabriken stieg zwischen 1860 und 1870 um achtzig Prozent. Die Beibehaltung oder die Anhebung von Schutzzöllen begünstigte die heimische Produktion, der Import billiger Arbeitskräfte in Gestalt von Einwanderern versprach hohe Profite. Der Norden stürzte sich mit neuer Energie ins Geschäft. Die Öl-, Stahl- und Eisenindustrie wurde angekurbelt, das Eisenbahnnetz verlängerte sich um 22000 Meilen. Das Ziel hieß *making money,* wobei man nicht zimperlich sein durfte. Daniel Drew, Jay Gould und Jim Fisk gaben für zehn Millionen Dollar wertlose Aktien der Erie-Gesellschaft aus, weil sie Cornelius Vanderbilt daran hindern wollten, sich in ihre Eisenbahngeschäfte zu mischen. Mit Bestechungsgeldern überstanden sie die nachfolgenden Gerichtsverfahren. Mark Twain und Charles Dudley Warner, der selbst Erfahrungen beim Eisenbahnbau gesammelt hatte, machten Raffgier und Bestechung zum Thema ihres Romans *The Gilded Age* (1873/74), nach dem die Epoche benannt wurde: das Vergoldete Zeitalter.

Schon Jahre vor dem Bürgerkrieg hatte Präsident James Buchanan über Spekulanten, Börsenhändler und Lobbyisten Klage geführt, denen jedes Mittel recht war, öffentliche Gelder zu kassieren, doch nie war die Verzahnung von Politik und Geschäft so eng und so zwielichtig gewesen wie in den Nachkriegsjahren. Die *Tammany Society,* eine nach einem Indianerhäuptling benannte patriotische Vereinigung, entwickelte sich in New York zum Machtzentrum der Demokratischen Partei. Ihr Boß, William Tweed, brachte die Bürgermeister unter seine Kontrolle und steigerte die städtische Schuldenlast ins Unermeßliche. Ein Gerichtsgebäude, das ursprünglich 25000 Dollar kosten sollte, stieg im Preis durch finanzielle Machenschaften auf acht Millionen Dollar, dazu kamen Möbel im Wert von drei Millionen Dollar. Tweed hielt seine Pferde in Mahagoniställen und reizte seine Kritiker mit der Frage »What are you going to do about it?« – was können Sie dagegen unternehmen?

In Washington hatte der Kongreß den Präsidenten die Macht weitgehend aus der Hand genommen. In die *Crédit-Mobilier-Affaire* (1872), einem der größten Finanzskandale der amerikanischen Politik, waren der Vizepräsident, ein späterer Präsident und verschiedene Abgeordnete verwickelt. Die *Union Pacific Railway* hatte die Baufirma Crédit Mobilier gegründet, um die Baukosten für Eisenbahnen selbst einzustreichen. Willfährige Politiker wurden mit Vorzugsaktien bedient. Als die Sache ruchbar wurde – es ging um Gewinne in Höhe von 20 Millionen Dollar –, kamen die beteiligten Abgeordneten mit einer Rüge davon. Das Weiße Haus und die Kabinette fabrizierten ihre eigenen Skandale. Der Privatsekretär von Ulysses Grant betrog zusammen mit Steuereinnehmern und Spirituosenfabrikanten im *Whiskey Ring* (1875) das Gemeinwesen um Steuererträge in Millionenhöhe. In der *Belknap-Affaire* (1876) nahm der Kriegsminister Bestechungsgelder für die Errichtung von Handelsniederlassungen in den Indianerterritorien an. Eine Staatsanklage scheiterte im Senat.

Die politischen Parteien verstrickten sich unterdessen in Flügelkämpfe. 1872 fand vor den Präsidentschaftswahlen eine *Democratic National Convention* und eine *»Straight« Democratic National Convention* statt, deren Teilnehmer sich für ehrlicher hielten. Bei den Republikanern standen *stalwarts* gegen *halfbreeds*. Die stalwarts oder Unentwegten traten erfolglos für eine dritte Amtszeit von Präsident Grant ein. Die halfbreeds oder Halbausgebrüteten sahen sich in der Tradition einer versöhnlichen Politik gegenüber den Südstaaten. Die Bezeichnung stalwart kam außer Mode, nachdem sich der Mörder von Präsident Garfield 1881 als solcher zu erkennen gegeben hatte. Die halfbreeds oder *mugwumps* stimmten 1884 aus Protest gegen die Nominierung von James Blaine für den Demokraten Grover Cleveland. Der Begriff *mugwump*[1] hat sich seitdem für unabhängig abstimmende Abgeordnete eingebürgert. Die standfesten Republikaner diffamierten die Demokraten als Partei Roms, des Rums und der Rebellion.

Cleveland büßte Stimmen ein, als bekannt wurde, daß er der Vater eines unehelichen Kindes war. Leichter konnte sich die gesellschaftliche Moral vier Jahre später mit dem Umstand abfinden, daß Benjamin Harrison seinen Einzug ins Weiße Haus illegalen Geldzuwendungen aus der Wirtschaft verdankte. Politik und Geschäft hatten sich nicht nur vermischt, Politik war zum Geschäft geworden. Der Politiker verkaufte seine Dienste dem Höchstbietenden.[2] Was einer als Mensch nicht vermochte, hatte Karl Marx gesagt, vermochte er durch das Geld.

Die Eisenbahnen schluckten zwischen 1880 und 1900 die Hälfte der privaten Investitionen. Bis zur Jahrhundertwende waren 259000 Meilen Schienen verlegt. Die hohen Kosten sind mitursächlich für den gewaltigen Machtzuwachs der Banken an der Wallstreet gewesen. Zu diesem Zeitpunkt war der Börsenkrach von

1873 bereits überwunden. Nach 1870 hatten sich Anzeichen für eine Überhitzung der Konjunktur ergeben. Die Außenhandelsbilanz war passiv, die Exporte hinkten hinter den Importen her. Die Bankanleihen stiegen zwischen 1870 und 1873 siebenmal schneller als die Bankeinlagen. 1871 fallierten 2915 Unternehmen, im Jahr darauf 4069. 1873 kam es zu einer Finanzpanik, der Tausende von Betrieben in den Bankrott trieb. Anzeichen für eine Erholung ergaben sich erst 1878. Die Entwicklung erinnerte an deutsche Wirtschaftsverhältnisse nach dem Krieg gegen Frankreich. In der Gründerzeit untergruben »Spekulantentum, Schwindelkurse, Luxus der Neureichen ... weiterhin Scham und Anstand, bis der Taumel in Bankrott und Börsenpanik endete«.[3] Nach der Wirtschaftskrise von 1873 wurde in den USA »Free silver« zum politischen Schibboleth, das heißt die Forderung nach dem freien Prägen von Silbergeld und das Abgehen von der Gelddeckung. Der Bimetallismus sollte eine inflationäre Geldpolitik begünstigen, geldknappen Farmern und anderen Schuldnern aus der Misere helfen. Englisch-jüdische Bankiers, so ging das Gerücht, hätten die Krise von 1873 zuwege gebracht, um den Goldstandard zu retten. Die fundamentale Ursache für konjunkturelle Stagnationen ist in der Monopolisierung verschiedener Wirtschaftszweige zu sehen. Die Monopole schufen höhere Überschüsse als sie absorbieren konnten. Das überschüssige Kapital brauchte immer erst einige Zeit, bis es neue Abflüsse fand. Zwischenzeitlich entstanden durch fehlende Neuinvestitionen Arbeitsplatzmangel und Konsumrückgang. Die Flaute zwischen dem Eisenbahnboom und der ersten Hochkonjunktur in der Automobilbranche zum Beispiel mußte durch Rüstungsinvestitionen während des Ersten Weltkriegs aufgefangen werden. Die Amerikaner zeigten eine zwiespältige Haltung gegenüber dem Heraufkommen der Monopole. Dem Gefühl nach mißtrauten sie der Macht von Big Business. Der Mythos von Jeffersons Agrarrepublik mit einer unabhängigen und aufgeklärten Bauernschaft als Staatsvolk hatte seine Kraft noch nicht ganz verloren. Aber die Vorstellungen Hamiltons im *Report on Manufactures* waren längst zum amerikanischen Evangelium geworden und die Attraktivität materiellen Wohlstands ließ die Gefahren der Monopolbildung in den Hintergrund treten.[4] Krisen konnten diese Einstellung kaum erschüttern, denn dem Gewitzten bot eine Krise die Chance für einen Neuanfang. Booth Tarkington eröffnete seinen Roman *The Magnificent Ambersons* (1918) mit dem Satz: »Major Amberson hatte 1873 ›ein Vermögen gemacht‹, als andere Leute ihr Vermögen verloren, und genau da begann der Glanz der Ambersons.«

Individualismus und Wettbewerb

Wer den egoistischen Macht- und Besitztrieb rechtfertigen wollte, die *cupiditas naturalis* wie Thomas Hobbes das genannt hatte, geriet zu dieser Zeit nicht in

Beweisnot. Der Kalvinismus war so weit denaturiert, daß die Ansammlung von Reichtümern als Bestätigung eines gottgefälligen Lebens angesehen werden konnte. Als der Eisenbahnkönig Cornelius Vanderbilt sein Geschäftsgebaren anhand des klassischen puritanischen Textes *Pilgrim's Progress* erläuterte, war die religiöse Fortschrittsidee – von der »Stadt der Zerstörung« zur »Himmlischen Stadt« – schon zur »Magd des Kapitalismus« verkommen.[5] In der Gesellschaftstheorie konnte man, auf John Locke aufbauend, individuelle Besitzrechte als notwendige Vorbedingung der Freiheit verstehen und der Staatsmacht Beschränkungen im sozialen und ökonomischen Prozeß abverlangen. Daß der Individualismus sein Ziel in sich tragen kann, mit Selbstverwirklichung und Eigenurteil zu tun hat, nicht mit Eigenvorteil, ist nicht typisch gewesen für die amerikanische Auslegung. Dort wurde Individualismus im Anschluß an Adam Smith, Malthus und Ricardo stärker mit dem individuellen Wettbewerb zusammengebracht und sein Einfluß auf das Wirtschaftsgeschehen hervorgehoben, sofern er nur universell zum Zuge kam.[6]

Der Kulturhistoriker Vernon Parrington verlegte die Ursprünge der ungezügelten Profitmacherei in die Jahre, als Finanzminister Hamilton die Weichen stellte und in die 1820er Jahre, als unter Henry Clays *American System* der Staat die Infrastruktur durch einen Appell an den Eigennutz zu verbessern trachtete. Der Bund vergab öffentliches Land an Privatpersonen, errichtete Schutzzölle, verteilte Subventionen und handelte paternalistisch in dem Sinne, als er dem Bürger half, zu Geld zu kommen. Aber der Staat konnte nur geben, wenn er auch nahm, und so wurde der Paternalismus zum Favoritismus. Das *Gilded Age,* schrieb Parrington, war ein großer Barbecue. Das Fleisch holte man sich vom Staat, grillen tat man es selber. Die Eisenbahn zum Pazifik wurde privat gebaut. Das Land und 65 Millionen Dollar Zuschüsse stellte die öffentliche Hand zur Verfügung.

Preëmption hieß das Zauberwort des Gilded Age: »Vorkaufsrecht hieß Ausbeutung und Ausbeutung hieß Fortschritt.«[7] Das private Vorkaufsrecht auf öffentliches Land nahm in einer Begriffserweiterung eine übertragene Bedeutung an. Dem Erwerbsgeist mußte freie Bahn gelassen werden, Vorteile fielen demjenigen zu, der eine Chance zuerst erkannt oder Konkurrenten erfolgreich aus dem Felde geschlagen hatte. Mit dem freiheitlichen Individualismus der französischen Aufklärung oder mit der Philosophie Jeffersons hatte die sozialphilosophische Maxime der *preëmption* nichts mehr gemein. Den Bürgerkrieg und die Nachkriegszeit allein für diese Vulgarisierung verantwortlich zu machen, wäre falsch. Das Phänomen war schon vorher zu beobachten, ganz extrem während des kalifornischen Goldrauschs. Die sogenannten Individualisten des Vergoldeten Zeitalters glaubten Gott auf ihrer Seite zu haben, Gott oder das Naturgesetz. Mit diesen Verbündeten fühlten sie sich gegen öffentliche Kritik immun. »Ich schulde der Öffentlichkeit gar nichts«, meinte J.P. Morgan, und Vanderbilt ergänzte: »The public be damned.«

Sozialdarwinismus

Die Lehren von Charles Darwin schienen sich vortrefflich dafür zu eignen, die Existenz einer Geldelite biologisch zu begründen.[8] Armut, der Schaden Josephs, wurde als eine vererbbare Krankheit angesehen. Nur die Vitalsten konnten sie abschütteln. S.C.T. Todd, der Trustmacher des Rockefeller-Konzerns, glaubte wie weiland John Winthrop, die Aufteilung der Welt in Arme und Reiche, in Starke und Schwache entspreche einem ehernen Gesetz. In der Popularphilosophie des aus Schottland stammenden Stahlmagnaten Andrew Carnegie galt jeder als untauglich, der nicht reich wurde. Wer arm und untauglich war, den würde die unbestechlich kluge Natur beizeiten ausmerzen. Mit verschiedenen Graden der Selbsttäuschung und des Zynismus waren die Kapitalisten des Gilded Age von ihrer eigenen Moral und Integrität überzeugt. Wie der deutsche Firmengründer Friedrich Krupp stellte man sich auf den Standpunkt, ein Arbeiter bleibe deswegen Arbeiter, weil er sich zu viel Freizeit gönne und im Verhältnis zu seinem Verdienst zu extravagant lebe.

Die Art, wie Herbert Spencer die Lehre Darwins transformierte, war für die amerikanische Kulturseele besonders attraktiv. Während sich bei Darwin das Überleben auch durch Anpassung an eine für menschliche Begriffe unterentwikkelte Umgebung erreichen ließ, die Evolution also sehr wohl Rückentwicklung bedeuten konnte, trug Spencers Auslegung optimistische, fortschrittsschwangere Züge: Die Evolution bewegte sich unaufhaltsam auf ein fernes, hohes, göttliches Ziel hin. Diese Interpretation traf sich mit Erwartungen, die Amerikaner seit dem Beginn ihrer Geschichte gehegt hatten. Die Evolutionstheorie wurde so zur säkularisierten Offenbarung, die Eliminierung der Armen, Faulen und Schwachen lag im Plan der göttlichen Vorsehung. »Die Armut der Unfähigen«, hatte Spencer geschrieben, »die Bedrängnisse, in die Unkluge geraten, das Hungerleiden der Müßiggänger, das Beiseiteschieben der Schwachen durch die Starken, das so viele in Not und Elend zurückläßt, sind Verfügungen einer großen und weitsichtigen Güte ...«[9] Darwin bezog sich in seiner Schrift *The Descent of Man* auf Erkenntnisse aus der Geschichte der Naturvölker. Bei den »Wilden« würden die geistig Schwachen und körperlich Untauglichen beizeiten eliminiert. In »zivilisierten« Völkern verhinderten aber Armengesetze, Asyle, Impfungen und Mitleid den natürlichen Eliminationsprozeß. Daran ließe sich nicht viel ändern, meinte Darwin, der ein Hoffnungszeichen lediglich darin sah, daß die Schwachen seltener heirateten als die Starken.

Die Evolutionstheorie wurde in Amerika nicht deterministisch im Sinne von fatalistisch begriffen, eher als Chance zur Veredelung des Menschengeschlechts. Die späteren Reformer lasen aus dem Ursprung der Arten die Möglichkeit zu einer »sanften Evolution« heraus, während in der Phase des ungebremsten Finanzkapitalismus die »harte Evolution« vorherrschte. Mit anderen Worten: Der Mensch sollte in der Zeit des Gilded Age mit ziemlich rücksichtslosen Methoden veredelt werden.[10] »Survival of the fittest« wurde ohne Umschweife mit »survival of the strongest« gleichgesetzt.

John Fiske, Minot Savage, F. E. Abbott und Edward Youmans vom *Popular Science Monthly* brachten die Ideen Darwins und Spencers in popularisierter Form in Umlauf, mit eigenen Abwandlungen zudem, wobei der Versuch gemacht wurde, naturwissenschaftliche Erkenntnisse mit orthodoxen Glaubenslehren in Einklang zu bringen. Savage zum Beispiel konnte sich keinen besseren Beweis für die biblische Offenbarung vorstellen, als die Evolution des Kosmos. Henry Ward Beecher, zu jener Zeit der Hohepriester der amerikanischen Religion, schlug in seinen moralisierenden Predigten darwinistische Töne an, deren arbeiterfeindliche und kapitalistenfreundliche Tendenz offen zutage lag: »Gott hat gewollt, daß die Großen groß und die Kleinen klein sind«, hieß es in einer Predigt des Jahres 1877. »Ich will nicht behaupten, daß sich ein Arbeiter mit einem Dollar pro Tag ernähren kann. Aber es reicht, einen Mann zu ernähren! Es ist nicht genug, einen Mann mit fünf Kindern zu ernähren, wenn er weiterhin raucht und Bier trinkt ... Aber wer nicht von Brot und Wasser leben kann, ist nicht lebenstüchtig.« Fit to live – die zurechtgestutzte darwinistische Lehre diente unter dem Namen Sozialdarwinismus dazu, die Nichteinmischung staatlicher Instanzen bei monopolistischen Bestrebungen zu verlangen. Die große amerikanische Rose könne nur dann zu voller Blüte kommen, erklärte der ältere Rockefeller in einer Sonntagsschulrede, wenn die kleinen Knospen rundum gekappt würden. Damit werde nur das göttliche Naturgesetz erfüllt.[11]

Die Lehren Darwins und Spencers fanden bald Eingang an den Hochschulen. Zur Evolutionstheorie bekannten sich der Botaniker Asa Gray und der Geologe James Dwight Dana. Der Ökonom und Soziologe William Graham Sumner führte Spencers *Study of Sociology* in Yale als Lehrbuch ein. Gegner des Darwinismus wie der Prediger Dwight Moody oder der Theologe Charles Hodge standen auf verlorenem Posten, zumal die Evolutionstheorie ihres areligiösen Potentials entkleidet war. Andere – wie John Bascom oder Francis Bowen – gaben ihren Widerstand auf, nachdem ihre Bedenken gegen materialistische und pessimistische Elemente ausgeräumt waren. Der Sozialdarwinismus – auch Naturalismus genannt – wurde zur tragenden Lehre in der Philosophie und in den Gesellschaftswissenschaften und wurde zur literarischen Mode bei Frank Norris, Jack London und Theodore Dreiser. In der Religionsphilosophie reichte der Einfluß Darwins und Spencers bis zu William James und den *Varieties of Religious Experience* (1902). Empirie und funktionelle Umsetzbarkeit waren hier wichtiger als Dogmen.[12]

Der Sozialdarwinismus konnte sich so rasch ausbreiten, weil er der gesellschaftlichen Praxis eine verwertbare Theorie nachlieferte und weil der Boden für das Aufgehen der Saat bereits bestellt war. Der Präsident eines Colleges im Mittelwesten machte geltend, er habe schon »seit Jahren« und ohne Kenntnis von Darwin zu haben, mit Grundsätzen wie »struggle for life« und »survival of the fittest« gearbeitet. Das klang durchaus glaubwürdig. Eine Generation zuvor hatte Emerson vor falschem Mitleid mit Armen und Schwachen gewarnt: »Sind das meine Armen? Ich sage dir, du närrischer Philanthrop, daß mich der Dollar, das Zehn- oder Ein-Centstück reut, Leuten zu geben, die nicht zu mir gehören und zu denen ich nicht gehöre.« Schließlich ließ sich die vulgarisierte Form des Darwinismus trefflich mit der vulgarisierten Form des Pragmatismus kombinieren. Recht hat, wer obsiegt, sagte Arthur Hadley, ein Präsident der Universität Yale. *Survival* wurde somit zum Prüfstein, ob eine Idee richtig war oder nicht. Das, so mutmaßte Hadley, sei Darwins Beitrag zu Politik und Geschichte.[13]

Die Monopole der Räuberbarone

Parrington machte als herausragende Repräsentanten des kapitalistischen Ungeistes namhaft den Großbetrüger William Tweed, den Rassisten John Fiske, die Halsabschneider Daniel Drew, Jay Gould und Jim Fisk, die Monopolisten Vanderbilt, Rockefeller und Carnegie sowie den Politiker Mark Hanna, der Politik zum Vorteil von Big Business manipulierte. Gleichzeitig war er sich bewußt, daß es wenig Sinn hatte, einzelne Namen zu nennen: »Warum wenige herausgreifen, wo doch alle trunken waren?« Seine Verurteilung des sozialen Klimas fiel ziemlich eindeutig aus: »Es war eine anarchistische Welt starker, fähiger Männer, selbstsüchtig, unaufgeklärt, unmoralisch – ein ausgezeichnetes Beispiel dafür, was die Natur des Menschen mit unbeschränkter Freiheit anfängt.«[14]

Amerikanische Collegelehrbücher stellen heute Börsenschwindler wie Daniel Drew und Desperados wie Jesse James auf dieselbe ethische Stufe.[15] Die Finanzkapitalisten zogen ihre Profite anders als die Industriekapitalisten aus fremden, bereits bestehenden Betrieben. Auf der eindeutig kriminellen Seite bedienten sich Drew, Gould, Fisk und andere der Technik des »stock watering«: So wie betrügerische Viehhändler ihre Rinder mit Wasser vollpumpen, um vor dem Verkauf ein höheres Gewicht zu erzielen, überschwemmten sie den Börsenmarkt mit nachgedruckten Aktien bis die Kurse fielen. Billige Aktien wurden gekauft, untereinander gehandelt bis die Preise wieder stiegen und dann endgültig verkauft. Auf seine honorige Weise trieb J. P. Morgan ein ähnliches Spiel. Er jagte Jay Gould zwei Eisenbahnlinien ab, reorganisierte sie, erwarb sich damit das Vertrauen europäischer Geldgeber, kaufte in den 1890er Jahren weitere Eisenbahngesellschaften auf, investierte in der Stahlindustrie, kaufte Anteile Carnegies und vereinigte sein Paket mit anderen Stahlfirmen zur *US Steel Corporation.* Morgan kontrollierte Versicherungsgesellschaften, Reedereien, Banken und Bergwerke. Seine Macht über verschiedene Konzerne sicherten »interlocking directorates« ab: Morgan plazierte 72 seiner Direktoren in 47 Großbetriebe. Er hat die Trustbildung zur Perfektion gebracht. Bis etwa 1890 hatte man von *pools* gesprochen, Kartelle, die ihren Gewinn nach einem vorher bestimmten Schlüssel ausschütteten. Produktionsumfang, Preise und Marktanteile beruhten auf einem »Gentlemen's Agreement«. Die Trusts, eigentlich Treuhandgesellschaften, erzielten ihre marktbeherrschende Stellung durch die Fusion mehrerer Unternehmen. Als ersten Trust kann man die *Standard Oil Company* des John D. Rockefeller Sr. betrachten, vermutlich ein Nachfahre von Johann Peter Rockefeller, der 1722 aus Deutschland ausgewandert war. Rockefeller verstand es, das Ölgeschäft an das Eisenbahngeschäft zu koppeln. Er räumte sich sozusagen selbst Rabatte ein und konnte damit Öl billiger transportieren als seine Konkurrenten. Nach dem Öltrust entstanden mit ähnlichen Methoden der Whiskeytrust, der Zuckertrust und der Tabaktrust von John Duke.

»Der amerikanische Charakter«, heißt es in einer neueren Analyse, »ist in großem Maße eine Reihe von Antworten auf eine ungewöhnliche Wettbewerbssituation.« Man hat diesen Sachverhalt auch weniger vornehm ausgedrückt. Nirgendwo, meinte Karl Marx, haben sich Kapital und Ausbeutung »*rascher* und *schamloser* entwickelt« als im gelobten Land Amerika. Der unerbittliche Konkurrenzkampf, der nackte Egoismus ließ seit 1880 die Zahl der Verleumdungsklagen in die Höhe schnellen. Wenn die Ehre beim Teufel war, stellte man Geld in die Lücken. Einer Anekdote zufolge ist aus der Abkürzung U.S. das Dollarzeichen $ entstanden. Wo der Dollar nichts mehr vermochte, mußte der Erfolg mit Gewalt erzwungen werden. Die Räuberbarone, sagte der Volksmund, haben Rasierklingen an den Ellenbogen. Ergebnisse aus der quantitativen Sozialforschung deuten darauf hin, daß die Zeit nach dem Bürgerkrieg – mit einem Höhepunkt im Jahr 1885 – die gewalttätigste Epoche der amerikanischen Geschichte war.[16]

Rockefellers Ölkonzern brachte es auf eine Kapitaleinlage von über hundert Millionen Dollar. Die US Steel Corporation wurde zum ersten Milliardenunternehmen der Welt. Aber unselbständigen Handwerkern eröffnete das Vergoldete Zeitalter die Alternative, ob sie 35 Cents oder 37½ Cents pro Stunde verdienen konnten. 1890 wurde ein legislativer Versuch unternommen, die Monopolisierung von ganzen Wirtschaftszweigen zu unterbinden. Ein nach dem Senator John Sherman aus Ohio benanntes Gesetz untersagte in § 1 den »restraint of trade«, die Beschränkung oder Unterdrückung von Handel und Gewerbe, in § 2 die Monopolbildung. Gegen achtzehn von dreihundert Trusts wurde im letzten Jahrzehnt des Jahrhunderts Anklage erhoben. Nur zwei wichtige Kartelle sind bis 1900 aufgelöst worden, eine Röhrenfirma und eine Eisenbahngesellschaft. Eine wirksame Bekämpfung ließ sich mit dem *Sherman Act* freilich nicht erzielen. Die Rechtsprechung zeigte sich unternehmerfreundlich. Der Oberste Bundesgerichtshof applizierte die »Regel der Vernunft«, und vernünftig war meistens, was den großen Monopolen nützte. Zu den achtzehn Trusts zählten auch vier Gewerkschaften, denen man vorwarf, »restraint of trade« geübt zu haben. Weil diese

Formel im Gesetz nicht näher definiert war, konnten Streiks für wirtschaftshemmend erklärt werden. Die *injunction* (einstweilige Verfügung) erwies sich als probates Mittel, Arbeitsniederlegungen zu verbieten. Der Rockefellertrust wurde, um den Bestimmungen des *Sherman Act* formal Genüge zu tun, in eine Holding Company umgewandelt, womit sich die Technik der Monopolbildung änderte, nicht aber ihre Konsequenzen für den Markt.[17]

Vermögen wurde rasch akkumuliert und rasch wieder in Umlauf gebracht. Die Verschwendungssucht, so urteilte Henry Adams, nahm bis dahin nicht gekannte Ausmaße an. Andrew Carnegie stellte öffentlich die Frage, wie Reichtum sozial nutzbar gemacht werden könne. In der *North America Review* präsentierte er im Juni 1889 sein »Gospel of Wealth«: Kultur hinge von der Anerkennung des Privatvermögens ab. Die Gesetzmäßigkeiten der Zivilisation hätten Geld und Gut in die Hände der Wenigen gelegt; es gebe Bienen und Drohnen; die Bienen garantierten das Überleben der Rasse; der nachfolgenden Generation wolle er die Bürde des Reichtums nicht aufhalsen. Ebensowenig wolle er sein Kapital in kleinen Mengen verteilen, davon würden nur die Faulen, die Trunksüchtigen und die Gefräßigen profitieren. Das Ersprießlichste war seiner Ansicht nach, den eigenen Reichtum zu Lebzeiten selbst zu verwalten, Lesehallen, Parks und Fernrohre zu finanzieren, Denkmäler zu errichten, Kunstwerke anzuschaffen, Preise für Sportveranstaltungen auszusetzen und den Braven statt eines Holzkirchleins ein gemauertes Gotteshaus hinzustellen. Der deutsche Übersetzer hat Carnegies »Evangelium des Reichtums« im Ton recht gut getroffen: »Der Verwalter von Reichtum macht von einem Teil seines Überflusses einen guten Gebrauch, wenn er jenes Gebäude durch ein dauerhaftes Bauwerk aus Ziegeln, Stein oder Granit ersetzt, an dessen Mauern Geißblatt und Akelei emporklettern können und von dessen Turm die lieblich läutende Glocke erschallen kann.« Carnegie war überzeugt, Philantropie dieser Art verhindere den Umsturz und diene der Weiterentwicklung bestehender Zustände, genannt Fortschritt. Die naive Anthropologie eines Carnegie oder die zynischen Varianten bei Vanderbilt und anderen tauchen die philanthropischen Bemühungen der Kapitalisten in ein merkwürdiges Licht. Denn ihre Menschenliebe gründete auf der Anschauung, daß ein Mensch, der unfähig zum Reichwerden ist, letztlich von der Natur vernichtet werde.[18]

Der Mythos vom Selfmademan

Die ökonomischen Verhältnisse sind nie »allein aktiv«, schrieb Friedrich Engels, vielmehr ergebe sich zwischen Wirtschaft, Politik, Recht, Philosophie, Religion, Kunst und Literatur eine »Wechselwirkung auf der Grundlage der in *letzter Instanz* stets sich durchsetzenden ökonomischen Notwendigkeit«. In der Nachkriegsperiode sank das kulturelle Niveau, der künstlerische Geschmack verfiel,

Prunk verdrängte natürliche Eleganz, der Aufwand galt mehr als die Qualität des Ertrags. Die Freßsucht entwickelte sich zu einem Sakrament des Erfolgs. Eine Zeitungsanzeige beschwor die Blutsbrüderschaft zwischen Nord- und Südstaatlern, vorausgesetzt, das Blut war mit »Ayer's Sarsaparilla« gereinigt. Ein sensibler Intellektueller wie Henry Adams sah sich in eine Zeit gestellt, die vom Profitstreben der Magnaten bestimmt war. Tanzte er mit ums Goldene Kalb, verriet er seine Prinzipien. Tat er es nicht, verschlimmerte sich die Lage. Adams klagte in seinem anonym veröffentlichten Roman *Democracy* (1880) die korrupte Allianz zwischen Business und Politik an, beschäftigte sich dann mit historischen Entwicklungen, um ein universelles Gesetz in der Geschichte zu suchen und glaubte schließlich in *Mont-Saint-Michel and Chartres* (1904) einen Ausweg aus dem Dilemma entdeckt zu haben. Der Dynamo, meinte er, das Symbol für Amerika, sei den in sich ruhenden Werten der heiligen Jungfrau des europäischen Mittelalters weit unterlegen. Amerika wurde seiner Ansicht nach vom demokratischen System ruiniert, von Kohle und Elektrizität tyrannisiert, und wenn nicht von diesen, dann vom internationalen Judentum, das fortwährend amerikanische Werte zerstöre: »Ich möchte jeden Geldverleiher zu Tode bringen und Lombard Street und Wall Street im Ozean versenken.«[19]

Kritiker des Erwerbsstrebens reagierten nicht nur auf die Folgen des Bürgerkriegs. Vorausschauend hatte Thoreau den akquisitiven Geist ins Visier genommen und alle diejenigen zum Umdenken aufgefordert, die den Rausch des Goldes philosophischen Werten vorzogen. Jetzt verspottete Mark Twain das Banausentum der Räuberbarone. Eine seiner Figuren war nicht bereit, für einen Raffael auch nur einen Sixpence auszugeben. Mr. Dooley, eine irischsprechende Kreatur von Finley Peter Dunne, charakterisierte den rücksichtslosen Rockefeller als Vorsitzenden einer Gesellschaft »zur Verhinderung von Grausamkeit gegen Geld«.

Die »economic novel«, der »Wirtschaftsroman« der Epoche, verteidigte die Ansprüche des Kapitals und zeigte kaum Interesse am Schicksal der Fabrikarbeiter. In der *Stillwater Tragedy* (1880) von Thomas Bailey Aldrich wird der Triumph eines Arbeitgebers bei der Eindämmung eines Streiks vorgeführt. John Hay, ein Freund von Henry Adams, ergriff in *The Breadwinners* (1884) gegen die Gewerkschaften Partei, um die Rechte der Besitzenden vor den »gefährlichen Klassen« in Schutz zu nehmen. Am Ende heiratet der reiche Sohn das reiche Mädchen, die Handwerkstochter kriegt den Gesellen des Vaters; der Gewerkschafter wird umgebracht. *The Silent Partner* (1871) von Elizabeth Stuart Phelps läßt gewisse Sympathien für Arbeiter erkennen, aber erst bei Jack London oder Stephen Crane werden die Probleme von Arbeitnehmern einigermaßen authentisch geschildert.

»Als ich in New York ankam hatte ich gerade noch 80 Cents in der Tasche.« So oder ähnlich hat man es tausendfach von aufstiegsbewußten Amerikanern gehört. Durch Fleiß und harte Arbeit sein Los zu verbessern, war die Absicht des Neuankömmlings oder besser noch durch einen genialen Einfall die Abkürzung

The Western Boy von Horatio Alger erschien 1878. Der Stiefelputzer Tom erklärt seine Bereitschaft, einen reichen Vater anzunehmen

zum Erfolg zu finden, den »shortcut to success«. Der Erfolg mußte so groß sein, daß Geld keine Rolle mehr spielte. »Money is no object«, lautet die decouvrierende Formulierung. J. P. Morgan hat sein Vermögen so vermehrt, daß es gewissermaßen »außer Sichtweite« geriet. Er hatte keine ernsthaften Konkurrenten mehr, keiner konnte es ihm gleichtun, er war »peerless« geworden. »Irgendwie hatte er sich auf die andere Seite des irdischen Wertesystems katapultiert.«[20]

Der Mythos vom Selfmademan hat die soziale Wirklichkeit verschleiert. Aus den elternlosen New Yorker Zeitungsjungen, die den Helden des Schriftstellers Horatio Alger Modell standen, sind keine Morgans, keine Rockefellers geworden. Alger selbst hat die ihm anvertrauten Waisenkinder mehr geliebt als der Staatsanwalt gutheißen konnte und mußte wiederholt vor der Justiz die Flucht ergreifen. Dem Mythos selbst tat das keinen Abbruch, im Gegenteil. Es zeigte sich derselbe Mechanismus wie in der Epoche Jacksons, die von Tocqueville als nahezu vollkommen egalitär geschildert worden war. Je weniger fundiert die Basis für einen Mythos war, desto phantastischere Blüten hat er getrieben. Der republikanische Politiker Thad Stevens war einer der wenigen, die sich dem Mythos verweigerten. Die Bemerkung, Präsident Andrew Johnson sei ein bewunderungswürdiger Selfmademan, quittierte er mit dem Satz: »Das höre ich gern, denn das enthebt Gott einer schweren Verantwortung.« Bei näherem Hinsehen fällt auf, daß Algers Helden den entscheidenden Absprung nicht alleine schaffen. In der Regel steht ihnen ein väterlicher Gönner zur Seite, der ihnen die Türen öffnet. Alger selbst war nach eigenen Maßstäben ein doppelter Versager, denn er wurde weder ein seriöser Schriftsteller, wie er es sich gewünscht hatte, noch wurde er reich.[21]

James Bryce und die Demokratie

Das Gilded Age fand in dem Engländer Bryce einen europäischen Chronisten wie das Zeitalter Jacksons in dem Franzosen Tocqueville einen gefunden hatte. James Bryce war dreimal in den USA ehe er sein mehrbändiges Werk *The American Commonwealth* (1888) schrieb. Er korrespondierte mit amerikanischen Freunden, verfolgte die Vorgänge in Amerika stets mit Aufmerksamkeit und wurde später Botschafter in Washington. Tocqueville dagegen war nur einmal und nur wenige Monate im Lande, dachte nie an eine Rückkehr und verlor das Interesse an Amerika als konkretem Land. Bryce kannte natürlich die Interpretation Toquevilles, bewunderte aber nicht viel mehr an ihm als den meisterhaften Stil. Er hatte nicht vor, in Tocquevilles Fußstapfen zu treten und über die 60 Millionen Amerikaner von 1888 so zu schreiben wie Tocqueville über die 15 Millionen von 1832. Der Franzose hätte das Land nicht beschrieben, sondern eine Abhandlung verfaßt, deren Schlußfolgerungen mit amerikanischen Beispielen veranschaulicht werden. Somit sei keine Analyse, eher »etwas spekulative Ansichten über Amerika« entstanden. Bryce entschloß sich, Spekulationen zu vermeiden. Den Versuchungen der deduktiven Methode ist er aus dem Weg gegangen. Er wollte nur Tatsachen bringen und die Schlüsse den Lesern überlassen.

In systematischer Reihenfolge beschrieb Bryce Arbeitsweise und Arbeitsstil der Bundesbehörden, des Präsidenten, des Kongresses, der Gerichte, der Staatsregierungen und Gemeindeverwaltungen. Er setzte sich mit dem Parteiensystem, mit der öffentlichen Meinung, mit geistigen und religiösen Kräften und Strömungen und mit der jüngsten geschichtlichen Entwicklung auseinander. Die wahren Fehler der Demokratie erkannte Bryce nicht in einer Gleichmacherei, in der Schwerfälligkeit demokratischer Entscheidungsprozesse oder im Einfluß von Demagogen. Die wirklichen Schwächen sah er in einer gewissen Gleichförmigkeit des Denkens und des Umgangstons, in einem Mangel an Würde im öffentlichen Leben, in der Unterdrückung des Edlen und Feingesponnenen. Auf der Minusseite standen ferner die Apathie der Reichen und Gebildeten, die nicht mehr Einfluß haben als der gewöhnliche Wähler, der Mangel an Wissen, Takt und Urteilsvermögen in der Politik, die Vernachlässigung der Experten, die Laxheit, mit der das politische Geschäft betrieben wird, und das schwache Profil der politischen und gesellschaftlichen Führer. Immerhin brauchte sich Bryce von der sozialen Gleichheit nicht mehr so abgestoßen zu fühlen wie vormals seine Landsmännin Frances Trollope. Das Auftrumpfen der »weniger feinen Klassen« habe sich etwas gelegt, die Gleichberechtigung sei nichts besonderes mehr und werde deshalb nicht forciert herausgekehrt. Die Tyrannei der Mehrheit, wie sie Tocqueville als große Gefahr an die Wand gezeichnet hatte, konnte Bryce nicht allzu tragisch nehmen.[22]

Über die negativen Erscheinungen des Gilded Age blickte Bryce meist großzügig hinweg. Er räumte ein, daß es keine materielle Gleichheit gab. Die Zahl der Millionäre hatte seit Tocquevilles Zeiten zugenommen, aber Armut fände man nur spärlich. Die Existenz von Klassenunterschieden wollte er nicht unterschlagen, freilich sah er eher graduelle Abstufungen, keine krassen Gegensätze. Manchmal schien er sich damit zufriedenzugeben, daß nicht er, sondern Tocqueville mit der These der sozialen Gleichheit gearbeitet hatte. Bryce glaubte irrtümlich, die Violenz habe in den letzten vierzig Jahren abgenommen, es herrsche mehr Gesetzestreue, der Rat der Weisen im Staate werde eher gehört, von einer Diktatur der Masse könne man nicht sprechen.

Bestechlichkeit, Zweckentfremdung öffentlicher Gelder, Machenschaften politischer Bosse und Parteimaschinen gehörten für Bryce zu den »häßlichsten Zügen« der amerikanischen Politik. Aber schon waren ehrliche Reformer zum Kampf gegen Bestechlichkeit und Machtmißbrauch angetreten. Außerdem könnten die USA mit ihrem Wohlstand, ihren natürlichen Reserven und ihrer isolierten Lage Fehlentwicklungen verkraften, die für ein westeuropäisches Land tödlich wären. Am Ende meinte er, Tocqueville und andere hätten den Einfluß der Demokratie auf die Entwicklung der USA erheblich überschätzt. Das demokratische System habe sich im Moralischen und Gesellschaftlichen als nicht besonders potent erwiesen. Im wirtschaftlichen Bereich war die Rolle des Regierungssystems womöglich noch nebensächlicher: »Eine tätige europäische Rasse hätte Amerika wahrscheinlich unter jedem Regierungssystem reich und wohlhabend gemacht.«

Die letzten Indianerkriege

Indianerstämme, die sich im Bürgerkrieg auf die Seite der Konföderierten Staaten geschlagen hatten, mußten in der Zeit der »Reconstruction« empfindliche Land- und Rechtseinbußen hinnehmen. Präsident Ulysses Grant wollte nach dem Bürgerkrieg vor allem die pazifistischen Quäker zur »Befriedung« der Indianer einsetzen. Quäker wurden als *Indian agents* nach Kansas, Nebraska und ins Indianerterritorium entsandt. Kiowas und Comanchen konnten in der Friedenspolitik keinen Sinn erkennen. Die Quäker wurden lediglich geduldet, manchmal auch bedroht und eingeschüchtert. Auf wenig Entgegenkommen stießen Quäker bei einem Reservationskommissar, der sich mit militärischen Wachen umgeben hatte. Von den Quäkern darob getadelt, erklärte er, nur mit militärischer Gewalt sei Wohlverhalten zu erzielen. Um 1870 versuchten Frontiersleute einen Indianerkrieg anzuzetteln. Sie wollten mit den anrückenden Soldaten ins Geschäft kommen.[23]

1871 kam das Ende der Vertragspolitik. Der Kongreß tat kund, ab jetzt seien Indianerstämme und indianische Organisationen keine Vertragspartner mehr für die USA. Zwischen Weißen und Indianern geschlossene Verträge waren fortan nichtig. Eine neue Politik sollte darauf abzielen, die Stämme aufzulösen, die Familienbindungen in den Vordergrund zu stellen und die indianische Bevölkerung nach und nach in der weißen Gesellschaft aufgehen zu lassen. Ein Jahr vorher waren erstmals Haushaltsmittel speziell für indianische Erziehung bereitgestellt worden, 1879 kam es in Pennsylvania zur Gründung der *Carlisle Training and Industrial School* für Indianer.

Im Westen wurden nach wie vor militärische Mittel eingesetzt. Der Modoc War (1872/73) im südwestlichen Oregon und in Nordkalifornien begann nach dem Versuch, rebellierende Indianer auf die Reservation zurückzubringen. Die vierzehn Schlachten des Red River War (1874/75) wurden gegen Indianer geschlagen, die sich nicht an die Reservatsgrenzen halten wollten. Comanchen, Kiowa, Cheyenne und Arapaho operierten von Oklahoma aus gegen weiße Siedler und Soldaten in Kansas, Colorado, Neumexiko und Texas. 75 indianische Führer wurden nach Florida verschleppt und dort eingesperrt. Die Nez Percé wehrten sich unter Chief Joseph vergeblich gegen ihre Vertreibung aus Oregon. In Arizona verlor der Apachenhäuptling Geronimo nach vier Jahren einen aussichtslosen Kampf gegen die weiße Übermacht. Einige Jahre später brach ein neuer blutiger

Konflikt aus. Der Messiah War (1890/91) wurde gegen die Ghost-Dance-Bewegung geführt. Diese Bewegung war um 1890 unter Paiute in Nevada, Oglala in Dakota, unter Kiowa und anderen Stämmen entstanden. Ein neuer Messiasglauben sollte verlorene Jagdgründe wiederbringen. In Nevada wollte Wovovka alias Jack Wilson durch Tänze die Wiedervereinigung mit verstorbenen Ahnen herbeiführen. Bei den Sioux sollte der Tanz die Weißen besiegen und den Bison zurückbringen.

Das Schicksal der Indianer in dieser Epoche läßt sich anhand der als besonders kriegerisch verrufenen Kiowa nachzeichnen.[24] 1837 hatte dieser Stamm seinen ersten Vertrag mit Weißen geschlossen. Die Kiowa lebten trotzdem bis zum Ende des Jahrhunderts in beinahe unaufhörlichen gewaltsamen Auseinandersetzungen mit weißen Truppen, Händlern und Siedlern, mit Miliztruppen und benachbarten Stämmen. Die Gewalttätigkeit kam nicht von ungefähr. Seit 1854 hatten sie versucht, sich mit Comanchen, Arapahoes und Cheyenne zu Bündnissen zusammenzuschließen, um sich gegen vertriebene Stämme, die aus dem Osten in ihr Land eindrangen, zur Wehr zu setzen. Die Sac und Fox machten ihnen in Oklahoma die ohnehin schwindenden Bisonherden streitig. (Der Bison war 1885 ausgerottet.) Die Flüchtlinge aus dem Osten waren mit ihren amerikanischen Gewehren den Alteingesessenen überlegen, schlugen die Kiowa, die ihren Zorn wiederum an den Pawnée ausließen und nach Neumexiko und Colorado auswichen, um dort den Navajo- und Utestämmen ins Gehege zu kommen. Unrecht und Gewalt hatten neues Unrecht und neue Gewalt erzeugt.

Soweit es sich rekonstruieren läßt, scheinen die Häuptlinge der Kiowa vor dem Bürgerkrieg an friedlichen Lösungen interessiert gewesen zu sein, konnten aber die Forderungen jüngerer, aggressiver Stammesmitglieder immer weniger übergehen. Der weiße Mann war in ihren Augen ein Narr, ein Feigling, kleinmütig, »sein Herz nicht größer als ein Kieselstein«. Trotzdem waren sie vorsichtig genug, einen Rachefeldzug gegen die Caddoe-Indianer auf den Sommer 1863 zu verlegen, weil sie auf dem Höhepunkt des Bürgerkriegs kein Eingreifen weißer Truppen befürchten mußten. In einer Strafexpedition rückte im nächsten Jahr Kit Carson mit 300 Reitern an. Kit, eigentlich Christopher Carson, hatte es vom Frontiersmann aus Kentucky zum Indianerbeauftragten der Regierung und zum Brigadegeneral gebracht. Willa Cather hat seine Persönlichkeit in *Death Comes for the Archbishop* (1927) geschönt. »Pettis«, wies Carson seinen Leutnant angesichts der versammelten Kiowa an, »werfen Sie ein paar Granaten in die Menge da drüben«.

Im Little Arkansas Treaty (1865) wurde Kiowa und Comanchen das Versprechen abgerungen, ihre Gebietsansprüche in Colorado, Kansas und Neumexiko aufzugeben und sich mit einem Reservat in Oklahoma zu begnügen. Die Generäle Sheridan und Custer sorgten durch hartes Durchgreifen für eine wenigstens befristete Einhaltung des Vertrags. Als Kiowa im Wagon Train Massacre (1871) einen Treck von zehn Wagen überfielen und die Siedler niedermachten, ließ Sherman die verantwortlichen Häuptlinge und Rädelsführer Santanta, Satank und

Big Tree festnehmen, vor ein Geschworenengericht stellen und wegen Mordes anklagen. Das Urteil, Tod durch den Strang, wurde vom texanischen Gouverneur in lebenslänglich abgeändert. 1873 ließ man die Inhaftierten unter der Bedingung frei, daß der Stamm sich der Regierungskontrolle unterwirft, Waffen und Pferde abliefert und fortan friedlich der Landwirtschaft nachgeht. Nach neuerlichen Überfällen schlug Sherman dem Präsidenten vor, die »Friedenspolitik« zu beenden und den Militärs freie Hand zu lassen. Unter dem Druck der Armee ließ sich die eine Hälfte des Stammes auf dem Reservat nieder, andere flüchteten nach Texas. Santanta wurde wegen Aufruhrs wieder ins Gefängnis gesteckt. Häuptling Kicking Bird gelobte, bei der permanenten Ansiedlung seiner Leute mit den Behörden zusammenzuarbeiten. Widerspenstige Stammesmitglieder sind als Gefangene nach Florida deportiert worden. Ende 1874 konnte der Krieg zwischen dem Stamm der Kiowa und den Vereinigten Staaten als beendet gelten. Ein halbes Jahr später wurden den Indianern Schafe und Ziegen im Wert von zwanzigtausend Dollar übermacht. Die Kiowa mochten das Fleisch nicht, mit der Wolle wußten sie nichts anzufangen. Indianerjungen benützten die Tiere als Ziele beim Bogenschießen. Die Herde ging zugrunde. Andere Viehbestände wurden nach und nach aufgezehrt. An Viehzucht bestand kein Interesse, einen Pflug wollte keiner in die Hand nehmen.

Die Schlacht am Little Big Horn in der Darstellung eines indianischen Künstlers

Zehn Anführern wurden feste Häuser gebaut, auf die sie stolz waren, in die sie aber nicht einzuziehen gedachten. Methodistische Missionare verstärkten die Konfusion. Sobald ein Prediger seine Stimme erhob, verließen Kiowa in Panik das neuerbaute Gotteshaus, weil sie meinten, persönlich den Zorn des Pfarrers hervorgerufen zu haben.

Zur Symbolfigur, positiv oder negativ, ist für Weiße und Indianer General George Custer geworden. Sein »Last Stand« gegen die Indianer wurde in beinahe tausend Bildern und rund fünfhundert Beschreibungen wiedergegeben. Indianer hatten zu dem Zeitpunkt das Recht, Weiße mit Gewalt von ihrem Land fernzuhalten. Custer war ausdrücklich beauftragt, ihnen dabei zu helfen. Im Juni 1876 wurden er und seine Kompanie am Little Big Horn River in Montana von Sioux unter Sitting Bull getötet. »Custer starb für Eure Sünden«, rufen ethnisch bewußte Indianer den Weißen heute zu, gemeint sind Mißhandlungen, Vertreibungen und Vertragsbrüche.[25]

Ein Unrechtsbewußtsein der weißen Gesellschaft entstand erst spät im 19. Jahrhundert. Die neuenglische Schriftstellerin Helen Hunt Jackson legte ihre moralische Entrüstung in dem historischen Bericht *A Century of Dishonor* (1881) nieder. Die *Indian Rights Association* (1882) vereinte Quäker und andere philantropisch gesinnte Geister. Carl Schurz, der schon als Innenminister für eine humanere Behandlung der Indianer eingetreten war, gab seinen Kabinettsposten auf, wurde Redakteur bei der *New York Evening Post* und wollte die Indianerfrage als gesellschaftliches, nicht als militärisches Problem behandelt wissen. Seiner Ansicht nach sollte man die Reservate – 1885 waren es 171 in 21 Bundesstaaten – auflösen und Indianer als amerikanische Staatsbürger anerkennen. Die *Carlisle Indian School* in Pennsylvania unter Leutnant R. H. Pratt praktizierte das »outing system«, das heißt die indianischen Schüler verbrachten gegen Essen und Unterkunft jeweils ein Jahr auf einer Farm oder in einer Fabrik. Viele der Absolventen zogen es vor, nach ihrer Schulung in die Reservate zurückzukehren statt unter Weißen zu leben. Die Schule wurde 1918 geschlossen.

Um die Assimilierung ein Stück vorwärts zu bringen, wurde der *Dawes Severalty Act* (1887) erlassen. Indianerland konnte jetzt von der Bundesregierung in Parzellen geteilt und indianischen Familienoberhäuptern als Sonderbesitztum (*severalty*) übereignet werden. Die Übereignung erfolgte treuhänderisch und sollte erst nach 25 Jahren rechtsgültig werden, dann nämlich, wenn der Besitzer bewiesen hatte, daß er zur Selbstversorgung fähig war. Vielleicht hatte der Gesetzgeber ehrenwerte Absichten und wollte wirklich das »Century of Dishonor« zu Ende bringen. Doch wurde der *Dawes Act* in Verkennung indianischer Mentalität verabschiedet. Mochte Landbesitz in der christlichen Ethik Fleiß, Ehrgeiz und moralisches Verhalten erzeugen – in indianischen Kulturen galt das Land als ebensowenig veräußerlich wie die Luft. Jetzt erhielt eine Familie 160 acres zugesprochen, eine Einzelperson 80 acres. Langfristig sollten aus Indianern

Farmer werden und Reservate überflüssig. Ein Senator aus Colorado hatte vergeblich vor einem Fiasko gewarnt: Man könne aus einem Indianer keinen Farmer machen, indem man ihm ein Stück Land gibt. Außerdem besetzten weiße *squatters* ohne Eigentumsrechte, auch *sooners* oder *boomers* genannt, nach wie vor indianisches Land. Die Einzelparzellen konnten dem rechtmäßigen Besitzer sogar leichter abgejagt werden als zusammenhängende Gebiete. Unter dem *Dawes Act* verloren die Indianer 90 Millionen von 140 Millionen acres. Die 2759 Stammesmitglieder der Kiowa erhielten 1892 rund 440000 acres in Parzellen zu 160 acres zugeteilt. Das übrige Reservatsgebiet wurde im Lotteriesystem öffentlich verkauft. »Fast über Nacht war das Reservat verschwunden, die Indianer bildeten eine Insel in einem Meer von Weißen.«[26] Die *Five Civilized Tribes*, nach Oklahoma verpflanzt, vermochten sich nach der Verabschiedung des *Dawes Act* des weißen Wanderungsdrucks kaum zu erwehren. Arkansas erklärte, ab jetzt seien die Gesetze des Staates auch im Indianerterritorium gültig (1889). Die Daweskommission (1893) besorgte die Parzellierung der Reservation, löste Stammesregierungen auf und plädierte für die Anwendung der Staats- und Bundesgesetze. Die Cherokee gaben 1906 ihre Stammeszugehörigkeit auf und wurden Bürger der USA.

IV. Kapitel

ALLTAG ZWISCHEN BÜRGERKRIEG UND JAHRHUNDERTWENDE

Masseneinwanderung und Assimilation

Die Bowery an Manhattans Lower East Side, so benannt nach der *bouwerie,* dem Bauernhof des ersten Gouverneurs von New Amsterdam Peter Stuyvesant, war für viele Einwanderer die erste, für manche die letzte Station ihres neuen Lebens in Amerika, nachdem sie die Aufnahmemodalitäten auf Ellis Island hinter sich gebracht hatten. In dieser ehemals vornehmen Wohngegend, die über die Jahre zu dem berüchtigten Elendsviertel wurde, das es heute noch ist, bevölkerten die Einwanderer die Straßenzüge nach ihrer ethnischen Herkunft. An der Ludlow Street wohnten Juden, an der Mulberry Street Italiener und entlassene Bürgerkriegssoldaten, an der 5th Street nördlich der Houston Street Böhmen. Der Journalist Jacob Riis stieß um die Jahrhundertwende auf einen Deutschen, der vor fünfzehn Jahren eingewandert war und kein Wort Englisch sprechen konnte.[1] In einem der Mietshäuser, den *tenements,* an der 10th Street lebten 35 Familien. Die Miete kostete um 1900 monatlich 12,25 Dollar, im Vergleich mit den Löhnen ein respektabler Betrag. Ein Zigarrenmacher, eine typische Beschäftigung für Einwanderer, erhielt für tausend Zigarren 3,75 Dollar. Er konnte es in einer Woche auf dreitausend Zigarren bringen, was für die Monatsmiete noch nicht reichte.

Viele glitten in Armut, Alkoholismus und Kriminalität ab. Ein wohltätiger Verein errichtete Asyle für hilflose Einwanderer, die zum Beispiel in aufgegebenen Kirchen untergebracht wurden. Jacob Riis, der Bücher und Artikel über die Zustände in den Einwandererslums schrieb, sah das Finanzgebaren der Reichen als Ursache für die Verarmung und empfand Mitleid für die Opfer. Er glaubte aber auch zu erkennen, daß das erste Almosen arbeitsfähige Männer brandmarkt, korrumpiert und auf Dauer unselbständig macht. Riis empfahl den Arbeitslosen, zur See zu gehen oder zum Militär.[2]

Einwandererkinder befielen Rachitis, Diphterie, Lungenentzündung und die Ruhr. Die fünf Kinder einer irischen Mutter und eines schottischen Vaters starben, noch ehe sie 18 Monate alt wurden, drei an »Krämpfen«, zwei an der Ruhr. Der Vater, der viel trank und oft krank war, verdiente als Fabrikarbeiter neun Dollar die Woche. Fünf Kinder eines schwedischen Vaters und einer irisch-amerikanischen Mutter überlebten das erste Jahr nicht. Zwei starben an »convulsions«, zwei an den Masern, eines an Gastritis. Der Vater verdiente, sofern er überhaupt Arbeit hatte, wöchentlich sieben Dollar. Unerwünschte, uneheliche Kinder sind in der Bowery absichtlich falsch ernährt und mit einem gefälschten Totenschein beiseite geschafft worden. Die Leichen von Slumbewohnern wurden auf den Armenfriedhof Potter's Field gebracht und in drei Schichten übereinandergestapelt, »im Tod so beengt wie im Leben«, schrieb Riis mit naturalistischer Drastik.[3]

Zwischen 1876 und 1905 kamen vier Millionen Italiener nach Nordamerika, ein Exodus, der die eher politisch motivierte Emigration der Jahre 1815, 1821 oder 1831 weit übertraf. Allein von 1901 bis 1905 wanderten mehr Italiener ein als in allen früheren Phasen zusammengenommen. Nicht nur ihr römisch-katholischer Glaube, auch die Umstände ihrer Einwanderung, ihre Wohn- und Lebensgewohnheiten und ihr materielles Verständnis des amerikanischen Traums weckten den Argwohn nativistisch gesinnter Amerikaner. Italoamerikanische Padroni hielten ihre Landsleute zusammen, halfen ihnen beim Arrangieren der Überfahrt, bei der Arbeits- und Wohnungssuche, beim Umgang mit Behörden und Gerichten. Um einen Padrone scharten sich im Zentrum Manhattans Einwanderer aus Cinisi auf Sizilien, in East Harlem aus Avigliano, in Utica aus Laurenzana und benachbarten Dörfern in der Basilicata, im pennsylvanischen Norriston aus Sciacca, in Cleveland aus San Mango sul Calore. In einzelnen Häusern der Bowery fanden sich ehemalige Dorfgemeinschaften zusammen, und an der Mulberry Street lebten, nach dem Herkunftsort geordnet, Kalabrier. Das italienische Ghetto in Detroit entstand als Kettenreaktion nach der Auswanderung eines einzigen Bauern aus den Abruzzen.[4] Das Festhalten am bisherigen Lebensstil, ihre Eßgewohnheiten, ihre Ungeschicklichkeiten im Englischen brachten ihnen ethnische Schelten wie *wop* (vom sizilianischen guappo), *dago* (vom spanischen Diego) oder *guinea* ein. Der »red-blooded American« vermochte weder Verständnis noch Interesse für italienische Lebensart aufzubringen. Der aus Deutschland gebürtige Zeichner Thomas Nast erging sich in bösartigen antikatholischen und antiirischen Karikaturen. Zu den bekanntesten zählte »The American River Ganges« aus dem *Harper's Weekly* von 1871: Katholische Bischöfe nähern sich in der Gestalt von Krokodilen dem amerikanischen Festland; die Tiara öffnet sich zum gefräßigen Maul, unschuldige protestantische Kinder zu verschlingen.

In den Südstaaten wurden eigene Dienststellen eingerichtet, die das Ziel verfolgten, nur die »beste Sorte« von Einwanderern hereinzulassen. Ein Rechtsanwalt aus Iowa gründete 1887 die *American Protective Association,* die kein Hehl aus ihrer antikatholischen Einstellung machte. Nativismus und Xenophobie richteten sich sogar gegen die Kinder der Einwanderer. Während in den »boy novels« der arme Einwandererbub regelmäßig den Sprung nach oben schaffte, wurde im wirklichen Leben vor Ausländerkindern gewarnt. In der Bostoner Wochenzeitschrift *Youth's Companion* hieß es, jugendliche Straftäter stammten meistens von Einwanderern ab, die in Kellern leben und das Leben nicht meistern. Der Frontierhistoriker Frederick Jackson Turner schrieb um die Jahrhundertwende in einem Zeitungsartikel, die Einwanderung von Polen und Slowaken sei dem sozialen Organismus abträglich, Süditaliener würden das ethische Niveau senken, Frankokanadier die Homogenität stören und russische Juden könnten als typische Stadtleute mit den gelobten Frontiertugenden nicht aufwarten: »Der Jude ist noch nicht so weit, sich von der städtischen Synagoge und dem Marktplatz zu trennen.«[5]

1824 war in Cincinnati die erste deutsch-jüdische Gemeinde »Söhne Israels« gegründet worden. Jüdische Einwanderer, wie der aus Bayern stammende Joseph Seligman, arbeiteten sich von fliegenden Händlern zu einflußreichen Finanziers öffentlicher und privater Projekte hoch. Seligman rüstete im Bürgerkrieg die Unionssoldaten mit Bekleidung aus. In der populären Literatur tauchten antisemitische Stereotypen auf, der betrügerische Shylock, die schöne und leidenschaftliche Jessica. Ein Kindervers aus der Jacksonzeit schilderte das Schicksal eines christlichen Knaben, den eine jüdische Tochter in ihr Haus gelockt hatte, um ihn auf dem Küchenbüfett zu schlachten wie ein Schaf.

Im literarischen Klischee erweckte der Jude nach außen hin Armut, im Innern seines Hauses häufte er Schätze und beging hin und wieder einen rituellen Christenmord. Im Alltag der Städte, im Vereinsleben, in den modischen Ferienorten an der Ostküste mußten Juden kaum verhüllte Diskriminierung hinnehmen. Die jüdische Zahlungsmoral wurde geringer eingeschätzt als die christliche. Geschäftsleute tauschten untereinander vertrauliche Dossiers über die Kreditwürdigkeit jüdischer Partner aus: »Gut, aber hebräisch gut.« Selbst in wohlmeinenden Beurteilungen schien das Vorurteil durch: »Jüdisch, aber zuverlässig.«[6]

Der jüdische Anteil an der Gesamtbevölkerung lag 1877 erst bei einem halben Prozent. Er stieg 1917 auf 3,3, 1937 auf 3,7 Prozent und fiel danach wieder leicht ab. Der stärkste Zuwachs erfolgte zwischen 1888 und 1896.[7] Jetzt kamen vor allem osteuropäische Juden ins Land, die von nichtjüdischen Bürgern kaum, von deutsch-jüdischen Amerikanern nur gedämpft willkommen geheißen wurden.

Amerikanische Schiffe brachten chinesische Arbeiter in die USA und nach Südamerika. 1855 erstickten 260 Chinesen auf dem Transport. In Rock Springs (Wyoming) wurden 1885 an einem Tag 28 »Kulis« ermordet. In einem Lied des amerikanischen Westens hieß es über »John China-man«:

I thought of rats and puppies, John,
You'd eaten your last fill;
But on such slimy pot-pies, John,
I'm told you dinner still.*

Zwischen 1882 und 1902 ergingen fünf *Chinese Exclusion Acts,* deren restriktive Vorschriften 1924 noch einmal verschärft wurden, ehe 1943 eine teilweise Lockerung erfolgte. Die Einwanderungsschranken für Chinesen wurden errichtet, nachdem man ihre Arbeitskraft und ihre Gesundheit beim Bau der Eisenbahnlinien hinreichend ausgebeutet hatte. Der östliche Abschnitt des transkontinentalen Schienenwegs, sagt man, ist auf Whiskey gebaut, womit man die Iren meint, der westliche auf Tee. Chinesische Arbeiter, die den Eisenbahnbau überstanden hatten, versuchten sich in anderen Berufen eine Existenz aufzubauen. Eine Karikatur des späten 19. Jahrhunderts zeigt Chinesen, die in Waschtrögen über den Pazifik heim nach China reisen. Mit Japan schloß die amerikanische Regierung 1908 ein Gentlemen's Agreement. Japanische Arbeiter, die direkt in die USA einreisen wollten, erhielten keine Pässe mehr. Aus Protest gegen die Maßnahme begingen japanische Bürger vor der amerikanischen Gesandtschaft in Tokio Harakiri.[8]

Der Entrümpelung bedürftige Lexika definieren Akkulturation als die Angleichung einer niederen an eine höhere Kulturstufe. Ohne Wertung steht Akkulturation für die Assimilierung verschiedener ethnischer und kultureller Gruppen. In Amerika sprach man seit der Masseneinwanderung vom *melting pot,* so benannt nach einem Theaterstück des Engländers Israel Zangwill. Inhaltlich hat den Vermischungsprozeß schon Crèvecœur in einem Essay »What is an American?« von 1780 angesprochen. Bis in die Gegenwart hinein schien ausgemacht, daß die eingewanderte Minderheit sich an die Haupt- oder Mehrheitskultur anzupassen habe. Der Einwanderer sollte seine Vergangenheit nicht etwa nur partiell hinter sich lassen, sondern total. Zwischen der ersten und der zweiten Einwanderergeneration fand der entscheidende Bruch, die »amerikanische Mutation« statt. Kinder wurden zu den kulturellen Eltern ihrer biologischen Eltern. Das Ziel der Akkulturation war die Übernahme des angelsächsisch geprägten amerikanischen Kulturerbes. »Ein Angelsachse«, lästerte der Humorist Finley Peter Dunne, »ist ein Deutscher, der vergessen hat, wer seine Eltern sind«, das gleiche gelte für schwedische, französische, polnische, afroamerikanische »Angelsachsen« und so fort. Das kulturelle Gepäck sollte spätestens auf der Einwandererinsel Ellis Island deponiert werden. Europa wurde aufgefordert, seinen alten Krempel gefälligst zu

* John, ich dachte, an Ratten und jungen Hunden
hättest du dich sattgegessen;
aber jetzt höre ich, daß du solch fiesen Eintopf
immer noch zum Abendessen verspeist.

Hause zu lassen. »Keep, ancient lands, your storied pomp!«, lautet die erste Zeile der Inschrift auf der Freiheitsstatue. Emma Lazarus, die Verfasserin der Inschrift, sah damals in Amerika noch das Gelobte Land. Später änderte sie ihre Meinung und wurde Zionistin.[9] Während der Masseneinwanderung entstand die Angst vor

Die Angst vor einer Überfremdung Amerikas in der Karikatur von Thomas Nast

einer grundsätzlichen Denaturierung des Volkscharakters. Ergebnisse der Volkszählung von 1880 alarmierten die Chicagoer *Arbeiter Zeitung*. Unter Einwanderern seien 4007 »Blödsinnige« und 26 346 »Wahnsinnige« gezählt worden, letzteres »eine furchtbare Zahl, wenn man bedenkt, daß sie zwischen einem Drittel und einem Viertel aller Wahnsinnigen, aber nur ein Siebtel der ganzen Bevölkerung lieferten«. In den neugegründeten Staaten des Westens sei die Rate der geistig Geschädigten unter Einwanderern und Bürgern überproportional hoch, denn »die Kolonisation erheischt große Opfer und übermäßige Anstrengungen«.[10] Außerdem bevölkerten Einwanderer in hohem Maße die Armenhäuser und die Strafanstalten.

Die Rhetoriker des *Schmelztiegels* verkündeten unterdessen ihren Glauben an einen radikalen Neuanfang für die Einwanderer, an einen »fresh start«, an die »Demokratie der Geburt«, denn »darin liegt die größte Hoffnung für unsere Rasse;

wir sind nicht vom Start weg behindert; wir können mit dem Kind von heute beginnen und eine hellere und edlere Zukunft gewährleisten ...«[11] Durch die Hintertür kommt rassisches Gedankengut herein, wenn derselbe Autor schreibt, die Einwanderer würden als die Stärksten und Unternehmungslustigsten ihrer Völker nur das beste Blut mitbringen und die Amerikanerinnen seien leidenschaftlicher als Frauen anderswo. Draußen im Arbeitsleben wurden riskante und schlecht bezahlte Arbeiten »foreign jobs« genannt. Schwarze Amerikaner wurden als Zugtiere, Indianer als wilde Tiere, Asiaten als Haustiere und Mexikaner als faule Tiere betrachtet.[12]

Eine Vielzahl von Faktoren beeinflußte den Akkulturationsgrad der verschiedenen Minderheiten. Chinesen übernahmen als unselbständige Arbeiter in Kalifornien die Werkzeuge der weißen Mehrheit, in selbständigen Berufen behielten sie ihr angestammtes Handwerkszeug bei. Innerhalb der italienischen Minorität entstanden manchmal gewalttätig ausgetragene Konflikte zwischen Landsleuten, die die Staatsbürgerschaft anstrebten, und solchen, die nur befristet Geld verdienen wollten. Für einen Frontierbezirk in Wisconsin wurde nachgewiesen, daß dort zwischen 1850 und 1880 Ausländer in einem geringeren Maße am kulturellen und gesellschaftlichen Leben beteiligt wurden als geborene Amerikaner und daß die Zahl der Mischehen zwischen Angehörigen beider Gruppen recht niedrig lag. Mischehen zwischen ost- und westeuropäischen Juden blieben bis ins 20. Jahrhundert hinein recht selten.[13]

Erik Erikson beobachtete, daß die Akkulturation von männlichen und weiblichen Einwanderern unterschiedlich verlief: »Nun wollten diese Männer, aus Furcht, sich einer neuen äußeren oder inneren Herrschaft anbequemen zu müssen, ihre kulturelle Identität so unstabil belassen, daß die Frauen in ihrer Forderung nach einiger Sitte und Ordnung eine Art Autokratie der moralischen Entscheidung usurpieren mußten.«[14] Die Mütter bereiteten die Söhne auf weitere Orts- und Lebensveränderungen vor, auf die Rolle des freigeborenen Amerikaners. Die Akkulturationsversuche der Einwanderer riefen den Spott der Mehrheit hervor. Als eigene Kategorie erlebte der ethnische Witz eine Blütezeit.

Einwanderer mußten sich an die räumlichen Bedingungen akkulturieren. Hierzu haben wir das instruktive Zeugnis einer polnischen Textilarbeiterin, die mit siebzehn Jahren in die USA gekommen war. Sie assoziierte mit dem neuen Land Offenheit, mit der alten Heimat Geschlossenheit. In den amerikanischen Städten, stellte sie fest, haben die Häuser keine Giebeldächer, sie sind in ihrer Sicht oben offen; die Wäsche hängt im Freien – »Grete im Droysen« – und nicht auf dem Dachboden; auf den Avenues verkehren Doppeldeckerbusse, die oben offen sind, ebenso die Müllautos.[15] Die Bereitschaft, sich an offene Räume zu gewöhnen und mobil zu bleiben war die Grundvoraussetzung für einen permanenten Auswanderungsentschluß. Mobilität allein genügte nicht. So fand im Frankreich des 19. Jahrhunderts nur eine geringe transatlantische Migration, dafür eine starke Binnenmigration statt. Auch hier finden wir die vertrauten wirtschaftlichen, sozialen und familiären Gründe für die Abwanderung, die sich aber meist auf die französischen Städte beschränkte.[16] Franzosen fehlte die Neigung, sich mit amerikanischen Dimensionen abzufinden. Anders ist die im Vergleich mit »klassischen« Auswanderungsländern niedrige französische Emigrationsrate kaum zu erklären.

Seßhafte Europäer glaubten, in den Auswanderungsgelüsten ihrer Landsleute Charakterschwäche und mangelnden Patriotismus zu erkennen. Von wirklichkeitsfernen Träumereien war die Rede, von Hirngespinsten und von Hedonismus. Mit der Heimat verliert das Kind sein Ich, sagte Karl Jaspers, es hört auf, »seelisch zu leben«. Daraus wurde der Schluß gezogen, Amerika habe Europa »seelisch-kulturell« verloren, so daß die Amerikaner den Europäern »im ganzen heute wohl ferner stehen als die Asiaten«.[17] Für die Daheimgebliebenen waren die Auswanderer Abtrünnige; in einem bestimmten Sinne haben sie ihnen die Auswanderung nie verziehen.

Ernährung und Gesundheit

Die Schiffsmaklerfirma F. W. Bödeker in Bremen informierte 1854 per Handzettel über die auf ihren Schiffen angebotene Kost: gesalzenes Ochsen- und Schweinefleisch, Erbsen, Bohnen, Grütze, Reis, Mehlspeisen, Sauerkraut, Kartoffeln, Pflaumen und Butter. Meistens mußten sich die Auswanderer mit einer weniger reichhaltigen Speisekarte abfinden, und auch nach der Überfahrt stand ihnen eine im ganzen monotone Kost bevor. Der patriotische Amerikaner betrachtete verfeinerte Kochkünste mit Argwohn und hielt raffiniert zubereitete Speisen für »verquer«. Hier paarte sich der Drang nach republikanischer Einfachheit vis-à-vis eines dekadenten Europa mit dem Erbe des Puritanismus, der unter anderem aus Protest gegen das verfressene 16. Jahrhundert entstanden war. Jefferson war wegen seiner Vorliebe für die französische Cuisine von Patrick Henry getadelt worden.[18] Joel Barlow hatte in *The Hasty Pudding* (1796) von der Einfachheit der heimischen Küche geschwärmt. Einfachheit war gleichbedeutend mit Tugend. Die Partei William Harrisons versuchte im Präsidentschaftswahlkampf, politisches Kapital aus den Eß- und Trinkgewohnheiten Martin Van Burens zu schlagen, dessen Geschmack als zu elegant empfunden wurde.

Wohl leistete sich die Oberschicht ausgedehnte und abwechslungsreiche Menüs mit Suppe, Fisch, Rauchfleisch, Geflügel, Apfelkuchen und Eiskrem. Die besseren New Yorker Familien unterhielten ihre eigenen Austerngärten, und nach dem »Canal Street Plan« konnten weniger begüterte Bürger für Sixpence so viele Austern essen, bis ihnen übel wurde. Zum Frühstück wurden einem Reisenden Milchtoast, Hühnerfrikassee, Kalbskotelett, *ham and eggs* und Apfelmus gereicht, zum Dinner Truthahn, Schinken und Rindfleisch.[19]

Insgesamt jedoch war das Essen eintönig. Die Standardkost weißer Südstaatler blieb bis zum Zweiten Weltkrieg hin nahezu unverändert: Maisbrot, Speck, »biscuits«, Buttermilch und »Brunswick stew«. Es wurde zu viel Fleisch, vor allem fettes Fleisch gegessen, zu wenig Obst und Gemüse. Der Fleischkonsum pro Kopf war 1830 höher als 1930. Die Arbeiter in den Städten aßen Blutpastete aus verdicktem Blut mit Schweinefleischstückchen. Manchmal brachten sie Schweinsohren mit nach Hause, die sie den Schweinen abgeschnitten hatten, die frei durch New Yorks Straßen liefen. Auf den Dörfern machte sich der Mann beim Morgengrauen zum Metzger auf, kaufte ein Stück frischgeschlachtetes Rindfleisch, machte auf dem Rückweg beim Dorfkrämer halt für einen Schluck Whiskey und wartete dann daheim auf sein Frühstück: schwarzer Kaffee, Beefsteak, warmes Maisbrot. Mais wurde auf verschiedene Weise verarbeitet, als Mehl zu Brot gebacken, eingeweicht oder gekocht als »hominy« oder »corn mush« auf den Tisch gebracht. »Hog and hominy«, Schweinefleisch und Maisbrei, war für viele nach

Schweineschlachtung im ländlichen Virginia (1899)

dem Motto, körperliche Arbeit setzt kräftige Nahrung voraus, die Standardmahlzeit. Geflügel wurde selten serviert, und selbst in fischreichen Gebieten aß man wenig Fisch. Die Bewohner mancher Gegenden, zum Beispiel Kentuckys, hielten Frischfleisch für ungesund und zogen stattdessen Pökelfleisch vor. Dieser

Umstand hatte auch mit der Haltbarkeit zu tun. Die Kühlung in Brunnenschächten, in Kühlhäusern über Quellen und in den ersten primitiven Kühlschränken erwies sich als unzureichend. 1803 wurde ein Eisschrank zum Patent angemeldet, der mit Hasenfellen isoliert war. Noch vor dem Bürgerkrieg sind Nahrungsmittel zu Konserven verarbeitet worden. »Corned Beef«, das samt Knochen gemahlene Rindfleisch, wurde auf diese Weise haltbar gemacht.

Manchenorts hatte man weiße Steckrüben gepflanzt oder wildwachsende Pflanzen wie Löwenzahn, Amaranthus oder Sumpfdotterblumen als Salat oder Gemüse verwendet. Die Mormonen bauten mit Vorliebe Sellerie an. Tomaten galten weithin als giftig. Insgesamt ist auf die Einnahme der Mahlzeiten nicht sehr viel Zeit und Mühe verwendet worden. Französische Besucher haben sich gewundert, daß der amerikanische Mann in der Regel nicht zum Mittagessen nach Hause kam. Fleisch wurde häufiger gebraten als gekocht, das war weniger zeitraubend. In der Pfanne mit viel Fett gebratene Speisen – »fried food« – sind eine Spezialität der amerikanischen Gastronomie geworden.

Die einseitige und oft auch ungesunde Ernährungsweise hat den Reformeifer herausgefordert. Der neuenglische Swedenborgianer Johnny Appleseed hatte schon vor dem Bürgerkrieg jahrzehntelang den Mittleren Westen bereist, um dort die Frohe Botschaft zu verkünden und Apfelbäume zu pflanzen. Sylvester Graham nahm den Kampf gegen das Weißbrot auf. Der Sohn eines kongregationalistischen Geistlichen aus Connecticut hatte seine Karriere als Vortragsredner im Dienste der Temperenzbewegung begonnen. Unter dem Eindruck der Choleraepidemie von 1832 dehnte er seine Kampagne auf feste Nahrung aus. Früchte, Gemüse und grobgeschrotetes Getreide sollten die Amerikaner nach seinen Vorstellungen essen, auf Kaffee, Tee, Gewürze und Alkohol verzichten. Dazu waren regelmäßige Bäder gefordert, eine locker sitzende Kleidung und viel frische Luft. Ferner schien Graham Zurückhaltung beim Geschlechtsverkehr geboten. Die besten Mittel gegen die schrecklichen Folgen der sinnlichen Begierde waren kaltes Wasser und eine gesunde Ernährung. Graham, zu dessen Anhängern die Sozialreformer Angelina und Sarah Grimké oder Theodore Weld zählten, experimentierte mit verschiedenen Getreidesorten, aus denen er schließlich ein dunkles, kalorienreiches Mehl herstellte.[20] Die Bostoner Bäcker wollten seine Produkte mit Gewalt vom Markt fernhalten, aber das Grahambrot hat, wie man weiß, das Jahrhundert überdauert.

Das Oberlin College verpflichtete sich der vegetarischen Idee. Nicht nur Fisch und Fleisch wurden auf dem Campus verboten, auch Soße und Butter, Pfeffer und andere Gewürze, Kaffee und Tee, von Alkohol und Tabak ganz zu schweigen. In den 1880er Jahren verfiel Isaac Rumford auf den Gedanken, nur noch ungekochte Speisen zu sich zu nehmen. Seiner Ansicht nach wurde durch das Kochen die Vitalität der Lebensmittel zerstört. Kochen war außerdem Zeitverschwendung und trug zur Versklavung der Hausfrau bei. Im kalifornischen Bakersfield schuf sich

Rumford eine kleine utopische Kolonie, die auf seine »Edenic Diet«, seine himmlische Nahrung eingeschworen war. In England ließ zu dieser Zeit Samuel Butler die Bewohner seiner literarischen Utopie *Erewhon* nur Kohlköpfe verspeisen, die nachweislich abgestorben waren.

Ein neuenglischer Farmer namens Samuel Thompson sah nicht zu Unrecht einen engen Zusammenhang zwischen den Ernährungsgewohnheiten seiner Landsleute und ihrem Gesundheitszustand. Er hatte auch ein Rezept parat. Krankheit war das Resultat von Verstopfung und mit einem guten Abführmittel zu vertreiben. In Zeitungsanzeigen wurde für eine breite Palette von Medikamenten geworben, die neben Gesundheit auch Schönheit zu bringen versprachen: Indian Expectorant, Oriental Hair Tonic, Alterative Sarsaparilla, Carminative Balsam, Tonic Vermifuge, Female Elixir und als Krönung die All Healing Salve. Quacksalber hatten leichtes Spiel in einem Land, das periodisch von Gelbfieber, Malaria und anderen Epidemien heimgesucht wurde und in dem es kaum ausgebildete Ärzte gab. H. L. Mencken erinnerte sich, daß in seiner Heimatstadt Baltimore noch in den 1880er Jahren Typhus, Malaria und Pocken auftraten. Dem amerikanischen Klima wurde, auch in Europa, ein besonders abträglicher Einfluß auf die Volksgesundheit zugeschrieben. Carl Julius Weber, der sich für ein Universalgenie hielt, wußte zu berichten: »Nordamerika ist das Land der Fieber, und schon die Veränderlichkeit der Temperatur, die ziemlich abrupt ist, macht, daß man da schneller altert, als in Europa, und das Geschlecht schon im fünfundzwanzigsten Jahr so alt aussieht, wie bei uns im vierzigsten.« Ein Auswanderer stellte die klimatische Situation noch dramatischer dar: »Ich habe selbst gesehen, daß Leute in der Mittagsstunde, um sich abzukühlen, die Mütze abzogen, und die Folge war ein schneller Tod.«[21] Im Westen und Südwesten des Landes wußte man aus den angeblich klimatisch bedingten Epidemien im Osten und Süden Kapital zu schlagen. An einem Hotel im texanischen Ort Van Horn stand zu lesen:

Come to Van Horn to Live
The Climate is so healthy
We had to shoot a man
To start our graveyard.*

Der Frontiersmann war stolz auf seine Robustheit, die Legenden der Pioniere sind voll von Berichten über körperliche Höchstleistungen und eine unverwüstliche Konstitution. In der Wirklichkeit forderten Entbehrungen und harte Arbeit ihren Tribut. Es war nichts besonderes, auf der Kommandobrücke eines Mississippidampfers das Bruchband des Kapitäns herumliegen zu sehen. Und das gesunde Klima westlich des Mississippi erfüllte keineswegs alle Erwartungen: »Als ich vor

* Kommt nach Van Horn, dort ist das Klima so gesund, daß wir jemanden erschießen mußten, als wir einen Friedhof anlegen wollten.

fünfzig Jahren hierherkam, hatte ich 65 Cents und Asthma. Das Asthma habe ich immer noch.«[22]

Eine aktive Gesundheitsreform betrieb die *American Physiological Society*. Sie hatte sich den Prinzipien Sylvester Grahams verschrieben und strebte wie er nach einer Perfektionierung des Leibes. Denn erst wenn der Körper vollkommen ist, das heißt, wenn er Gottes physischen Gesetzen ebenso gehorcht wie den moralischen, erst dann ist vernünftigerweise mit dem Eintreten des Milleniums zu rechnen. Der Pädagoge Horace Mann war von der Programmatik der Physiologen beeinflußt worden. Eine perfekte Kombination von Moral und Medizin schwebte der Ärztin Elizabeth Blackwell vor, die nie geheiratet hat, weil sie fürchtete, der Bund fürs Leben würde sie von ihrem Beruf ablenken. Dr. Blackwell nahm sich in einem recht modernen Sinn die universelle Heilung ihrer Patienten vor: »Ich brauche die Kirche, die Schule, den Arbeitsplatz ..., um meine Patienten zu heilen – ich brauche die ganze Gesellschaft.«[23]

Mary Baker Eddy stiftete 1875 in Boston die *Church of Christ, Scientist,* deren Anhänger unter dem Namen Christian Scientists bekannt sind. Die Heilung von der Sünde war das Hauptziel der Sekte. Ihre Theologie hat man mit der »femininen amerikanischen Moral« in Zusammenhang gebracht, weil eine Frau als Sittenwächterin in Erscheinung trat. Der geistige Vater der Sekte war allerdings ein Mann, Phineas Quimby, ein exzentrischer Mesmerist und Wunderheiler aus Maine, bei dem die häufig kränkelnde Mary Baker in Behandlung war. Dem Christian Scientist ist alles Geist. Wo es keinen Körper gibt, ist keine Krankheit zu heilen. Oder so: Krankheit und Sünde seien Produkte des Geistes und verschwänden, sobald der menschliche Geist mit dem göttlichen konvergiert. Der Mensch ähnele seinem Schöpfer mehr als er weiß, deshalb könne er nie so tief in die Sünde abgeglitten sein, wie dies Kalvinisten behauptet hatten, zum Beispiel Mary Bakers Vater. Deshalb bräuchte der Mensch auch nicht zu sterben. Der Tod sei eine Selbsttäuschung. Krankheiten seien nur durch die Negation der körperlichen Existenz zu bekämpfen, dann wallt man außerhalb des Leibes und ist gesund im Hause des Herrn. Die Christian Scientists drangen zur Rechtfertigung ihrer göttlichen Wissenschaft zusätzlich in etymologische Bereiche vor und konstruierten aus den Wortbedeutungen von *salvation* eine Verbindung zwischen Heilung und Erlösung, zwischen Krankheit und Sünde. Sünde wurde auf diesem Weg der Forschung zu Furcht und Skepsis und zur Leugnung der wahren Natur des Menschen.

Mary Baker Eddy war und blieb eine kranke Frau. Als Krankheitserreger identifizierte sie den Tiermagnetismus ihrer Feinde. Im Widerspruch zu den Lehren in ihrer Schrift *Science and Health* (1875) und des von ihr begründeten *Journal of Christian Science* (1883) legte sie sich ein künstliches Gebiß und eine Brille zu. Morphiumspritzen gegen Schmerzen mußten gelegentlich die Metaphysik ergänzen. Als ihr dritter Mann an Herzversagen starb, machte sie für seinen

Tod gewisse Kreise in Boston verantwortlich, die ihm Arsen verabreicht hätten, per Telepathie. Auf dem Sterbebett nahm die über 90jährige einem ihrer engsten Vertrauten das Gelöbnis ab, ihr Hinscheiden als geistigen Mord hinzustellen.[24]

Alkohol und Alkoholiker

Nach einer Schätzung lag der Spirituosenkonsum zwischen 1800 und 1830 fünfmal höher als im heutigen Amerika.[25] Schnaps begleitete die Amerikaner durch den Tag, vom *eye opener* am Morgen bis zum Abendtrunk in den Tavernen. Staatliche Kontrollversuche in der Gründerzeit waren nur mäßig erfolgreich gewesen. Hamilton hatte im zwölften der *Federalist Papers* eine Alkoholsteuer vorgeschlagen, die auch eingeführt wurde. Manche hielten es für eine gute Idee, die Kriegsschulden quasi austrinken zu lassen. Anders die trinkende Bevölkerung, dort regte sich Widerstand. Die *Whiskey Rebellion* mußte militärisch niedergehalten werden, die Steuer wurde 1802 widerrufen. Hamiltons ehemaliger Steuereintreiber begann, sich privat für den Destilliervorgang zu interessieren.

Amerikanische Pelzhändler waren auf Schnaps als Tauschobjekt angewiesen gewesen, denn nur mit diesem Produkt waren sie konkurrenzfähig. Indianer hatten im Tauschhandel im allgemeinen britische Waren vorgezogen, weil sie ihnen solider vorkamen als amerikanische Artikel. Der aus dem badischen Walldorf stammende Metzgersohn Johann Jacob Astor hatte in den Gründerjahren indianische Geschäftspartner mit Alkohol gefügig gemacht. Die von ihm gegründete *American Fur Company* verkaufte den Indianern Whiskey, bei dem – mit Pfeffer und Tabak versetzt – zwei Gallonen Alkohol auf 30 Gallonen Wasser kamen. Das Whiskeygeschäft mit weißen Trappern warf einen 3000fachen Gewinn ab. Astor war zeitweise der reichste Mann Amerikas. Er gibt immer noch eine Paradefigur deutsch-amerikanischen Gelderfolgs ab. Sein Vermögen kam aus Grundstückskäufen in Manhattan, aus Kriegsgewinnen im Konflikt von 1812, aus dem Geschäft mit Pelzen, vor allem aber aus dem Handel mit minderwertigem Alkohol.[26]

In einem wissenschaftlichen Werk mit dem wenig schmeichelhaften Titel *The Alcoholic Republic* wurden die Gründe für den exzessiven Alkoholgenuß zwischen Revolution und Bürgerkrieg zusammengefaßt. In der mobilen amerikanischen Gesellschaft gab es keine der herkömmlichen Sanktionen gegen das Übermaß. Whiskey wurde als gesund und nahrhaft betrachtet, scharfe geistige Getränke konnten die eintönige Kost beleben und fettreiche Mahlzeiten aus gebratenen Maisfladen und gesalzenem Schweinefleisch bekömmlicher machen. Das Land brauchte ein Nationalgetränk. Der Engländer hatte seinen Porter, der Amerikaner entschied sich für Cider oder Whiskey. Whiskey gehörte zum »Maiskult« oder konnte diesem zugerechnet werden. Aus Mais, dem genuin amerikanischen

Getreide, stellte man Brot her, mit Mais fütterte man das Schlachtvieh, aus Mais destillierte man Alkohol. Tee schied als fremdländischer Luxus aus, Bier aus Geschmacksgründen, zumindest in den ersten Jahrzehnten der Republik. Die Amerikaner waren keine besonders geschickten Bierbrauer. Sie verwendeten eine Hefe, die oben auf dem Sud schwamm und an der Luft das Bier rasch bitter werden ließ. Erst deutsche Einwanderer wie Schlitz, Pabst, Schäfer oder Miller alias Müller brachten eine Hefe mit, die sich am Boden ablagerte.

Alkohol eignete sich als Mittel gegen Heimweh und unerfüllt gebliebene Erwartungen. Ein Rausch konnte die Umwelt harmonischer aussehen lassen als sie war und dem Verlangen nach Perfektion Genüge tun. Der Trinker behauptete, nichts anderes zu tun, als seinen freien Willen auszuüben. Alkohol war, so interpretiert, ein Ausdruck von Freiheit und Unabhängigkeit. Nicht zufällig ist am 4. Juli immer am meisten getrunken worden, da drückte sogar der Temperenzler ein Auge zu. Nur in Amerika konnte ein Berauschter hilflos am Boden liegen und stammeln: »Ich bis so unabhängig wie die USA.« Zu den schwersten Trinkern zählten Postkutschenfahrer, Holzfäller, Flußschiffer, Kanalbauer und andere Arbeiter mit mobilen Einsatzgebieten. Sie gehörten einer neuen, eingewanderten Schicht an, die keine Wurzeln, keine gesellschaftlichen Bindungen hatte und kaum eine soziale Identität. Sam Patch, einer dieser »nowhere men«, stürzte sich vor großem Publikum betrunken zu Tode. Angehörige der Oberschicht waren in der Lage, ihre Alkoholabhängigkeit zu verbergen. In besseren Kreisen haben auch die Damen hin und wieder eine Prise Opium genommen.[27]

Die Temperenzbewegung war eine der nachhaltigsten und aufwendigsten Reformbewegungen der USA. Sie rekrutierte ihre Mitglieder aus allen Bevölkerungsschichten. Geistliche und Laien, vor allem Juristen, taten sich für eine gemeinsame Sache zusammen. In der Unterschicht machten sich an erster Stelle die Methodisten für den Kampf gegen den Alkohol stark. Viele Abolitionisten setzten sich gleichzeitig für größere Mäßigung beim Trinken ein. Der junge Lincoln hielt den Suff für schlimmer als die Sklaverei. Rund eintausend lokale Temperenzlervereine schlossen sich zur *American Temperance Society* (1828–36) und zur *American Temperance Union* (1837–54) zusammen. Lyman Beecher hielt wortgewaltige Predigten gegen den Alkoholmißbrauch. Die *American Tract Society* verteilte millionenfach Pamphlete und gedruckte Reden, die vornehmlich jüngere Männer vor den Gefahren des Alkohols warnten, als wäre es für die älteren Trinker schon zu spät. Die Schrift von Benjamin Rush über die Wirkung des Alkohols auf Körper und Geist wurde eifrig zitiert und plagiiert. Dr. Rush hatte nur den Schnaps verteufelt, Bier und Wein wollte er gelten lassen. Diese Position hatten anfangs auch die organisierten Antialkoholiker eingenommen, erst später ging die *American Temperance Union* zum »Teetotalism« über, zur Forderung nach totaler Abstinenz.[28]

Wie zuvor der Rausch wurde jetzt die Abstinenz mit unsterblichen amerikanischen Idealen zusammengebracht. In einer Neufassung der Unabhängigkeitserklärung erschien König Alkohol anstelle Georg III. Die *Temperance Union* schickte reuige Alkoholiker als Redner über Land, Zeitschriften wie der *Temperance Almanach* (1837), der *Temperance Recorder* (1832–43) und das *Journal of Humanity* (1829–33) am kalvinistischen Seminar von Andover widmeten sich der großen Aufgabe. Der Bundesstaat Maine erließ 1846 das erste Gesetz gegen den Verkauf von Alkohol als Getränk, das allerdings widerrufen wurde. Die auf Enthaltsamkeit verpflichteten Mitglieder des 1852 in New York gegründeten Gut-Templer-Ordens wollten die Herstellung von Alkoholika verbieten lassen. 1856 gab es in dreizehn Staaten, keiner davon im Süden, Gesetze, die den Verkauf von Alkohol kontrollierten. Der Politiker Thaddeus Stevens demolierte nach dem Tod eines Saufkumpans öffentlich seine Wein- und Whiskeyfässer und schwor ewige Abstinenz. Seinen Neffen forderte er auf, es ihm gleichzutun, denn es gebe keine Hoffnung für den, der berauschende Getränke zu sich nimmt: »wenig ist Narrheit – viel ein Verbrechen«.[29]

Die Bewegung erzeugte ihr eigenes literarisches Genre, die *temperance novel.* Walt Whitman hat sich auf diesem Gebiet versucht. Das Resultat, *Franklin Evans, or the Inebriate* (1842), war um einige Grade schlimmer als die meisten Romane

Ein *Western Saloon* nach einem Holzstich aus der *National Police Gazette* (1886)

dieser Sorte. Einen bescheidenen Anspruch auf Qualität konnten die sechsbändigen *Temperance Tales* (1863/64) von Lucius Sargent erheben. Zum berühmtesten, mehrfach dramatisierten Blaukreuzlerbuch der Zeit wurde der als Erfahrungsbericht drapierte Roman *Ten Nights in a Barroom and what I saw there* (1854) von Timothy Shay Arthur, der sich 1840 der Temperenzbewegung angeschlossen hatte. *Ten Nights* kreist um den Verfall eines Dorfsäufers, dessen Töchterlein versucht, das Unheil abzuwenden. »Father, dear Father, come home with me now«, fleht Little Mary. Vergeblich, der Vater rennt ins Verderben, obgleich er die Gefahren, die am Wegrand lauern, nur zu gut kennt. Erst der Tod von Little Mary – in der Bar trifft sie ein Mixbecher am Kopf – bringt die Läuterung. Der Wirt, früher Müller, schließt seine Kneipe und wendet sich wieder einem anständigen Beruf zu.

Mit großer Dringlichkeit, bei jeder Gelegenheit und in allen Tempi brachten die Apostel der Mäßigkeit ihre Botschaft unter die Leute. Die Allgegenwart der Abstinenzler hat eine Gegenbewegung auf den Plan gerufen: die *Anti-Temperance Societies.* Eine starke Fraktion unter den Baptisten hielt weiterhin und unbeirrt den Alkohol für eine Gabe Gottes. Man nannte sie die *Forty Gallon Baptists.* Nach dem Bürgerkrieg flaute der Reformeifer der Antialkoholiker vorübergehend ab. Die 1895 in Washington gegründete *Anti-Saloon League* wandte sich weniger gegen den Haustrunk als gegen das Überhandnehmen öffentlicher Schenken. Um die Jahrhundertwende kam in Chicago eine Kneipe auf 250 Einwohner. In den Saloons der Städte wurde der Arbeiter und der Einwanderer mit billigem Bier, einem preiswerten Imbiß und einer Gratisprise Tabak versorgt. Die Räume waren im Winter besser geheizt als die eigenen vier Wände, die Toiletten funktionierten und ein guter Saloonkeeper verstand es, Frauen von seinem Etablissement fernzuhalten. Dies war wichtig, denn »einem Mann ist es unmöglich, in Gegenwart von Frauen in Ruhe zu trinken«.[30]

Mobilität und Risiko

Sozialhistoriker haben in den letzten Jahren durch Auswertung von Steuerlisten, Melderegistern, Stadtadreßbüchern, Bank-, Versicherungs- und Friedhofsunterlagen die Bevölkerungsfluktuation einigermaßen zuverlässig rekonstruieren können. Die Zu- und Abwanderungsrate lag in Boston zwischen 1830 und 1860 bei dreißig Prozent – jährlich.[31] Das heißt, während eines Jahres verließ fast jeder dritte Bürger die Stadt oder war neu zugezogen.

Europäischen Besuchern ist im Kontrast zu ihren eigenen Ländern seit jeher die hektische Mobilität der Amerikaner aufgefallen. Englische Reisende haben Mal um Mal bemängelt, daß es so etwas wie Ortsgebundenheit in Amerika anscheinend nicht gebe. Wohnsitze wurden gegründet und wieder aufgegeben, Existenzen aufgebaut und verspielt, Chancen wahrgenommen und in den Wind geschlagen. »Niemand schert sich groß, bankrott zu gehen oder andere in den Bankrott zu treiben«, schrieb ein Engländer, der sich vor dem Bürgerkrieg nach England absetzte. »Wohl bedeutet ein Bankrott hier nicht dasselbe wie in anderen Ländern. Wo ein Mensch ein Dutzend mal Pleite und immer noch weitermachen und Kredit erhalten kann, bedeutet ein Bankrott nicht viel.« Beweglichkeit und Flexibilität waren gefragte Eigenschaften, der Typus des *jack-of-all-trades* ist bewundert und nie mit der leichten Herablassung bedacht worden wie unser Hans-Dampf-in-allen-Gassen. *Yankee peddlers,* ambulante Händler zogen mit ihren Waren über Land und achteten peinlichst auf unverbindlichen Umgang mit ihren Kunden, um Verpflichtungen oder Freundschaften gar nicht erst entstehen zu lassen.[32]

In keinem Unternehmen waren die Amerikaner sich so einig wie darin, mit Straßen, Schienen und Kanälen die technischen Voraussetzungen für eine ungehinderte Mobilität zu schaffen. Der „Pony Express«, der zwischen 1860 und 1861 Postgüter in neuen Rekordzeiten beförderte, hat vor allem wegen des waghalsigen Tempos von Roß und Reiter Begeisterung erzeugt, wegen der Leichtigkeit, mit der die Hufe der Ponys einen ganzen Kontinent hinter sich schaufelten, wie es eine Zeitung in San Francisco formulierte. In der Legende ist der »Doughnut« den Ponyreitern zuliebe erfunden worden, die das ringförmige Gebäck nach Ritterart aufspießen konnten, ohne die Geschwindigkeit herabsetzen zu müssen.

Je rascher, je lieber: Schon im 19. Jahrhundert gab es amerikanische Touristen, die eine venezianische Kirche in fünf Minuten bewältigten. Die Stars der Theater- und Musikbühnen legten auf ihren Tourneen durch die Provinz zwischen vier- und fünftausend Meilen zurück, und da war Kalifornien noch nicht einmal eingerechnet. Auf den Flüssen trieben schwimmende Theater und Zirkusmanegen. Wandernde Tanzlehrer wurden im Hinterland willkommen geheißen, »sofern sie einigermaßen nüchtern blieben«. Auch in den Städten war seit der Vorbürgerkriegszeit der Tanz zu einem beliebten Amüsement geworden. Wie die Briten ihre Dinnereinladungen, so schätzten die Amerikaner jetzt ihre Bälle. Den New Yorkern wurde nachgesagt, das Tanzen mehr zu lieben als das Geldverdienen. Zu Tanzveranstaltungen luden nicht nur spezielle Tanzclubs ein, sondern auch Freimaurerlogen, Temperenzler, Druiden, Einwanderervereine und Wohlfahrtsverbände. Der Tanz verlor den Ruch des Unanständigen, der ihm zumindest von Menschen, die sich für gesittet hielten, angehängt worden war. In Neuengland überdauerte diese Haltung am längsten. Wer etwas auf sich hielt, verdammte den Walzer und blieb beim Menuett.[33]

Die neuenglische Oberschicht hat beständig versucht, Dynamik in kontrollierbare Bahnen zu lenken. In Massachusetts und Connecticut blieb es bis ins 19. Jahrhundert hinein offiziell verboten, sonntags zu reisen; ein entsprechendes Gesetz war in England 1770 kassiert worden. Den krassen Unterschied zwischen werktäglicher Betriebsamkeit und sonntäglicher Stille haben Europäer mit einigem

Befremden kommentiert. Sogar der schwäbischen Pfarrerstochter Luise Weil, die kurz vor dem Bürgerkrieg die Vereinigten Staaten bereiste, sah in der Sonntagsheiligung der Amerikaner bei allem Wohlwollen ein Zuviel des Guten.[34] Das Interessante ist aber, daß die angloamerikanische Mehrheit bestimmte Verhaltensformen und Eigenschaften von Minderheiten übernahm, falls diese Richtung der Akkulturation psychischen Bedürfnissen genügte. Als Yankees aus dem Nordosten ins französische New Orleans kamen, zeigten sie sich zunächst sehr verwundert über die Nichteinhaltung der gewohnten Sonntagsruhe. Sie haben sich aber rasch und so gründlich angepaßt, daß es sonntags im amerikanischen Teil der Stadt bald lauter war als im französischen. »Da die Yankees bei allem ins Extrem gehen – wenn sie die Sonntagsruhe brechen, brechen sie sie in sehr kleine Stücke.«[35]

Die Gegebenheiten an der Frontier verstärkten die Bereitschaft, sich von Gegenständen zu trennen. »Fast jeder hat irgendwas wegzuwerfen«, wußte ein Augenzeuge vom *Overland Trail* zu berichten, und ein anderer zählte auf einer Strecke von sechzig Meilen 163 Kadaver von Zugtieren, 65 Wagen, 70 Ochsenketten, dazu Geschirre, Äxte, Kleider und Kleidertruhen. Fragte man den Eierverkäufer auf dem Markt von New Orleans, ob seine Ware frisch sei, brach er zum Beweis ein Ei entzwei und warf es in den Rinnstein. Gegenstände, egal welcher Größe, waren grundsätzlich disponibel. Noch vor dem Ende des Jahrhunderts wurde in Minneapolis ein historisches Gebäude auf Räder gesetzt und von Schulkindern in den Minnehaha Park gezogen.[36]

Sportveranstaltungen sind in den Jahrzehnten vor dem Bürgerkrieg zu einem zentralen Bestandteil des amerikanischen Alltags geworden. Ab 1840 wurden Pferderennen abgehalten, ab 1850 bildeten sich Hunderte von Baseballvereinen, während Tennis erst 1874 aus England importiert wurde. Im Jahr 1842 schlugen zwei Weltergewichtler mit bloßen Fäusten aufeinander ein – 120 Runden lang, bis einer von ihnen tot umfiel. In New York fanden abends Rattenkämpfe statt. Der Besitzer eines Hundes, der am schnellsten fünfundzwanzig Ratten totbiß, erhielt eine Prämie von fünfzig Dollar. In den Zeitungen wurde für diese Veranstaltungen geworben. Amerikaner zu sein, das hieß stets auch, *thrills* zu schätzen, ungewohnte Erfahrungen, die Angstlust erzeugten. In New York sah man rivalisierende Feuerwehren um den Anschluß an den Hydranten kämpfen, derweil das Feuer lustig flackerte. Als ein Erdbeben das Mississippital erschütterte, wurde das Ereignis von Tausenden von Amerikanern mit »delightful horror« registriert. Je höher das Risiko, desto stärker das Echo in der Öffentlichkeit. Ein Mann namens Steve Brodie erlangte einige Berühmtheit, als er von der Brooklyn Bridge in den East River sprang. Die Sprachwendungen *to do a brodie* oder *to pull a brodie* für »springen« oder »ein Risiko eingehen« erinnern an seinen selbstmörderischen Akt.

Der Tod übte eine spirituelle Faszination aus, und doch war man mit ihm so vertraut, daß das Sterben eines Menschen mit einer seltsamen Gleichgültigkeit, wenn nicht Unbekümmertheit hingenommen wurde. Der Tod schlug oft und unberechenbar zu, an der Frontier, auf dem Mississippi, in den Städten, während der Indianerkriege. Die hohe Kindersterblichkeit führte dazu, daß Kinder manchmal erst getauft wurden, wenn sie das Kleinkindalter überlebt hatten. Man wollte nicht übermäßig trauern und tat alles, um die Bindungen lose zu halten. Einen Vater, dessen Kind gestorben war, trösteten Nachbarn mit den Worten: »Jetzt hast du ein Ding weniger, das dich an die Erde bindet ...« Als ein 24jähriger Mann aus Indiana seinen Tod nahen fühlte, teilte er seinen Eltern mit, er sei bereit; den Pfad von der Erde zum Himmel könne er jetzt klar erkennen. Selbst im Sterben blieb der Weg wichtiger als das Ziel. Der Mormonenführer Joseph Smith betrachtete den Tod als eine Episode in der menschlichen Entwicklung »von Gnade zu Gnade, von Erhöhung zu Erhöhung«. Die Bewegung verlief »stets nach vorn und nach oben«, der Tod konnte daran nichts ändern. Nach dem frühen Tod von Präsident William Harrison sagten nur böswillige Demokraten, Gott habe ihn wegen Unfähigkeit abberufen. Wirklich fromme Menschen glaubten, daß Harrison sterben durfte, weil eine unmoralische Nation seiner nicht würdig war.[37] Der Tod wurde begriffen als ein höherer, erstrebenswerter, verheißungsvoller Zustand. Seit den 1830er Jahren hatte das »Rural Cemetery Movement« danach getrachtet, die Friedhöfe aus dem Dickicht der Städte hinaus in die freie Landschaft zu verlegen. Mount Auburn (1831) in Cambridge war ein frühes Zeugnis für das Verlangen nach Freiheit und Ungebundenheit über den Tod hinaus.

V. Kapitel

ERZIEHUNG UND FAMILIE

Säkularisierung der Kindererziehung

Der Kindererziehung wurde das religiöse Fundament nicht von heute auf morgen entzogen. Die Brechung des Willens war nach wie vor eine pädagogische Methode, von der fromme Eltern und Erzieher nicht abrücken wollten. Gleichwohl hatten sich seit den Gründerjahren die pädagogischen Grundsätze geändert. Die Erziehung wurde bis zu einem bestimmten Grad säkularisiert. In den populären Lesefibeln des presbyterianischen Pfarrers William McGuffey findet man eine Mischung aus christlicher Moral, aus Patriotismus und aus Fortschrittsglauben. Generationen junger Amerikaner haben Lesen und Schreiben anhand des *McGuffey Readers* gelernt, in denen Auflage für Auflage die erbauliche Geschichte von Washington und dem Kirschbäumchen auftauchte. McGuffey war an der Frontier in Ohio aufgewachsen. Sein Nationalismus war auf den Westen gerichtet. Dort lag für den, der's wagte, eine goldene Zukunft. Die *Children's Aid Society* schickte unter der Regie von Charles Loring Brace ab 1854 etwa zwanzigtausend Kinder in den agrarischen Westen. Bei anständigen und aufrichtigen Farmern aufzuwachsen und nicht unter den »gefährlichen Klassen« der Städte war das Ziel dieser *placing-out* genannten Umsiedlung. Manche Farmer haben von sich aus Kinder, vor allem Einwandererkinder, als Arbeitskräfte angeworben. In einem Inserat aus dem Jahr 1850 hieß es: »Gesucht – Einwandererkinder ... gerade angekommen, ohne städtische Gewohnheiten und Bindungen und bereit, für maßvolle Löhne zu arbeiten.«[1]

Zur Rechtfertigung der Kinderarbeit wurden verschiedene Begründungen herangezogen: der Mangel an Arbeitskräften, die soziale Not der Kinder in den Städten, die Geschicklichkeit der Kinderhände an Werkbank und Webstuhl. Die frühen Ideologen der Gründerzeit hatten sich ein ganz besonderes Argument

Winslow Homer, Country School (Ausschnitt) von 1871

zurechtgelegt: das Kind gehöre Amerika, nicht sich selbst oder den Eltern. Kinderarbeit trage dazu bei, das junge Amerika wahrhaft unabhängig zu machen. In manchen Betrieben bestand die Belegschaft zu 50 Prozent aus Arbeitskräften im Kindesalter. Kinderarbeit blieb das ganze 19. Jahrhundert hindurch eine von der Gesellschaft akzeptierte Einrichtung. Hinter der Gründung der ersten Sonntagsschule stand die Idee, minderjährige Fabrikarbeiter Lesen, Schreiben und Religion zu lehren. In Connecticut waren Fabrikbesitzer seit 1813 verpflichtet, arbeitenden Kindern Lesen, Schreiben und Rechnen beibringen zu lassen. In Massachusetts mußten arbeitende Kinder nach einem Gesetz von 1836 drei Monate für den Schulbesuch freigestellt werden, was zur Folge hatte, daß Arbeitgeber die Kinder nach neun Monaten entließen und neue einstellten. Die fortschreitende Maschinisierung der Industrie erlaubte kurze Anlernzeiten. Das Meister-Lehrlings-Verhältnis wurde als unamerikanisch verworfen.

Arme und verwaiste Kinder sind unter dem System des *binding-out* als Dienstboten in andere Familien gegeben worden. Dies geschah zum Teil auf öffentlichen Versteigerungen. Wenn die Gemeinde die Kosten für die Unterbringung trug, erhielt das niedrigste Angebot den Zuschlag. Im Bürgerkrieg wurden Plätze für Kriegswaisen in der Presse gesucht, ebenso für Einwandererkinder, deren Eltern auf der Überfahrt gestorben oder nach der Landung verschollen waren.

In den bessergestellten Schichten wandelten sich die normativen Voraussetzungen und die realen Bedingungen der Erziehung. Wegen der zunehmenden Arbeitsteilung zwischen Mann und Frau fiel die Hauptverantwortung für die Kinder nunmehr der Mutter zu. Der Frau wurde ein separater Bereich zugewiesen, Erziehung geriet zur weiblichen Domäne. *The Mother's Book* (1831), ein Buch über Kindererziehung von Lydia Child, trug dieser Entwicklung Rechnung. Der erste Kindergarten in Amerika wurde nicht von Carl Schurz sondern von dessen Frau eröffnet.

Die Autoren von Kinder- und Jugendbüchern schlugen nicht mehr mit der didaktischen Axt zu. Bei Mark Twain, W. D. Howells, Mary Wells Smith, Howard Pyle, Sidney Lanier und in den Uncle Remus Stories wurden moralische Lehren weniger schwerfällig, weniger hanebüchen erteilt. Gleichzeitig wuchs die Vorstellung heran, daß man zur Erziehung der Kinder besondere Kenntnisse brauchte. Um 1860 erschienen jährlich etwa 300 Schriften, die sich der rechten Erziehung widmeten. Diese Erziehungsratgeber waren stärker verbreitet und wurden mehr gelesen als die klassischen Autoren der amerikanischen Hochliteratur, als Melville, Thoreau und Hawthorne. Die Autoren der Ratgeberliteratur pflegten einen »middlebrow moralism«, der keiner pädagogischen Theorie bedurfte. Das Kind war jetzt nicht mehr von »angeborener Schlechtigkeit« gekennzeichnet wie im Puritanismus und Spätpuritanismus; eine Wiedergeburt, eine abrupte Konversion, erübrigte sich. Eher ging es darum, im grundsätzlich erlösbaren Kind die letzten Spuren der Sünde zu tilgen – »die Sünde auszumerzen« –, aber nicht, indem man auf das Sündenbewußtsein pochte. »Sagt den Kindern nicht, daß sie Sünder sind«, riet Jacob Abbott den Eltern in seinen *Gentle Measures* von 1871. Abbott kontrastierte den verderbten, lügenhaften Europäer mit dem aufrichtigen Amerikaner und nahm den permissiven Erziehungsstil, sogar die repressive Toleranz einer späteren Zeit vorweg. Der Darwinismus wurde von den Erziehungsratgebern in eine Kompromißkosmologie umgegossen, die Evolutionstheorie in optimistische Sentenzen gekleidet und ihre deterministische Drohung mit einer kräftigen Dosis Zukunftsglauben unschädlich gemacht. Wenn möglich, wollte man die Evolution nicht aufhalten, sondern beschleunigen. Ein Kind konnte jetzt praktisch in jede Richtung erzogen werden. Aus dem Darwinismus war beinahe im Handumdrehen eine Frühform des Behaviorismus geworden. Nur bei Slumkindern wurde das Böse noch vererbt, die Kinder reputierlicher Familien waren durch eine verständige Umwelt brav geworden.[2]

Die Euphorie nach der Unabhängigkeit erstreckte sich auf den Nachwuchs. Ein ungehorsames Kind war dann eben ein »standhafter Republikaner«. Captain Marryat hat sich sehr über diese Haltung gewundert, und andere europäische Amerikabesucher zeigten bis ins 20. Jahrhundert hinein Befremden angesichts der Freiheiten, die amerikanischen Kindern gewährt wurden. Den Respekt gegenüber den Eltern vermißten sie ganz. Walt Whitman hielt einem kritischen Europäer entgegen: »Eure alte Welt ist getränkt und gesättigt mit Ehrerbietung. Wir hier in Amerika legen den Grundstock für ein neues Zeitalter.«[3]

Amerikanische Eltern gaben das informelle Recht auf, sich in die Partnerwahl ihrer Kinder einzumischen. Tocqueville fand, amerikanische Töchter emanzipierten sich früher als in Europa von der Mutter, dachten selbständiger, sprachen frei, handelten auf eigene Faust und gaben sich gelassen und selbstbewußt. Einem britischen Reisenden begegnete ein kleines Mädchen, das ihm gerade bis zum Knie reichte und ihn mit der Frage überraschte, welche Auswirkungen der Kauf Alaskas durch die USA auf Großbritannien habe. Aus anderen Quellen ergibt sich ein Fortbestehen geschlechtsspezifischer Erziehung. Das Buch *Charlotte Temple* (1791), eine Romanze für junge Mädchen der Engländerin Susanne Rowson, erlebte bis 1933 in den USA 161 Auflagen. Die *Elsie Books* von Martha Finley legten ab 1867 in 18 Bänden das Schicksal der Elsie Dinsmore dar, ein Mädchen reinen Herzens; es folgten die nicht weniger betulichen *Mildred Books* in sieben Bänden. Louisa Alcott erzählte in *Little Women* (1868/69) Mädchengeschichten über durchweg heitere Jahre in Neuengland. Bei Henry James konnte ein hübsches Mädchen nicht besonders intelligent sein und umgekehrt. Aber der Fortschrittsglaube wollte letztlich vor der Mädchenerziehung nicht haltmachen. 1890 gingen mehr Mädchen als Jungen zur High School.[4]

Grenzen zu überschreiten ist die eigentliche Aufgabe der Helden in den *boy novels* von Horatio Alger. Alger war als Sohn eines Geistlichen mit der unbarmherzigen Fürsorglichkeit erzogen worden, wie man sie in Neuengland noch kannte. Er absolvierte Harvard, sollte ebenfalls Geistlicher werden, verließ aber das Priesterseminar vorzeitig und ging nach Paris, wo er sich der Bohème anschloß. Nach seiner Rückkehr wurde er schwer krank und konnte nicht wie geplant in der Unionsarmee dienen. Sein Vater überredete ihn schließlich, sich in Massachusetts als unitarischer Pfarrer ordinieren zu lassen. Nach kurzer Zeit wurde der Vorwurf der Päderastie gegen ihn erhoben. Alger kehrte seiner Gemeinde fluchtartig den Rücken und siedelte nach New York über. Als Kaplan des Newsboys Lodging House widmete er sich fortan den jungen Zeitungsverkäufern, eine feste soziale Gruppe meist verwaister oder verlassener Kinder. Für sie vor allem hat er 130 Kinderbücher geschrieben, oft zwei bis drei pro Jahr. Die Handlungen seiner Bücher ähneln sich so sehr, daß gelegentlich Figuren in einem Roman auftauchen, die in einen anderen gehören. Das Generalthema ist ein armer Junge, der aus ungünstiger Startposition und allen Widerwärtigkeiten zum Trotz zu Glück und Reichtum gelangt – *From Canal Boy to President* (1881) oder wenigstens *From Farm Boy to Senator* (1882). In *Bound to Rise* (1873) ist der Vater ganz anständig, aber ein Versager. Der Sohn ist der Aufsteiger, er läßt den Vater hinter sich, statt in seine Fußstapfen zu treten. Der Held in *Ragged Dick* (1868) ist kein Musterknabe im europäischen Sinn. Er raucht und trinkt, spielt anderen böse Streiche. Aber er stiehlt nicht, betrügt nicht, ist bereit, mit seinen Pfunden zu wuchern, verschafft sich Respekt und erklimmt die soziale Leiter. Rückschläge auf dem Weg nach oben zu den selbstgesteckten Zielen, der Verlust von Objekten kann nur von Vorteil sein. Dem jungen Dick werden Mantel und Hose gestohlen, sei's drum: Es lohnt nicht, eine Träne darüber zu vergießen, der Verlust bringt ihn ein weiteres Stück von seiner armseligen Vergangenheit weg. »Fortan wollte er nach vorne stürmen und so hoch wie möglich steigen.« Nicht alles was Alger geschrieben hat, war ein unkritisches Preislied auf den Amerikanischen Traum und das Ideal des Selfmademan. Einer seiner Romane enthält einen sozialkritischen Angriff auf den italoamerikanischen *padrone,* dem in Not geratene Einwanderer ihre Kinder verkauften.[5]

Große Schriftsteller des Jahrhunderts – Thoreau, Cooper, Melville, Whitman – haben das Kind zur Kultfigur erhoben. Die antikalvinistische Vorstellung, das Kind sei reiner als der Erwachsene, setzte sich auch in den Normen der Mittelklasse fest. Kindern besonderen Schutz angedeihen zu lassen und die Phase der Kindheit möglichst zu verlängern, waren die praktischen Schlußfolgerungen aus dieser veränderten Haltung. Ralph Waldo Emerson, der von 1803 bis 1882 lebte, hat die Entwicklung so zusammengefaßt: »Es war mißlich, geboren zu werden, als Kinder nichts galten und zu leben, bis Erwachsene nichts galten.«[6]

Diese Entwicklung kann nicht darüber hinwegtäuschen, daß vielen Amerikanern des 19. Jahrhunderts eine harmonische Kindheit nicht vergönnt war. Gerade unter den prominenten oder repräsentativen Persönlichkeiten fällt auf, wie viele von ihnen als Waisen oder Halbwaisen aufgewachsen waren und bittere Trennungserfahrungen durchgemacht hatten. Emerson war sieben, Hawthorne vier, Sylvester Graham zwei Jahre alt, als ihre Väter starben. Abraham Lincoln verlor als Kind seine Mutter, ebenso Robert Ingersoll. Andrew Jackson war Vollwaise. Der Vater von Thaddeus Stevens trank, verließ seine Familie und fiel im Krieg von 1812. Die Mutter des südstaatlichen Schriftstellers William Gilmore Simms ist früh verstorben, der Vater war ein ewig unzufriedener, rastloser Wanderer, der seinen Sohn der Obhut einer Großmutter überließ. Edmund Ruffin hat ebenfalls in jungen Jahren seine Mutter verloren. George Fredrick Holmes war als 17jähriger wegen eines Streits mit seiner Mutter nach Amerika ausgewandert. Von den bekannteren amerikanischen Autoren des 19. Jahrhunderts hatte fast jeder – Ausnahmen sind Emily Dickinson, Cooper und Henry Adams – eine problematische Vaterbeziehung. Quentin Anderson charakterisierte das Amerika zwischen Emerson und Henry James als eine vaterlose Gesellschaft.[7]

Thomas Bailey Aldrich hat in seiner autobiographisch gefärbten *Story of a Bad Boy* (1870) die Folgen des Verlusts oder der Trennung von den Eltern genau beschrieben: Der Erzähler wurde mit 18 Monaten von Neuengland nach New Orleans gebracht und von dort wieder in den Norden zum Großvater geschickt. Die Entwurzelung löst einen Wutausbruch bei ihm hervor, den »*infant rage*«, wie man ihn aus klinischen Fallbeschreibungen kennt. Seine Mutter stirbt, seinen Vater sieht er jahrelang nicht mehr. Auf dem Mississippi überkommt ihn erstmals das Gefühl der Freiheit in der Bewegung, die Schiffsreise löst Flugphantasien aus. Der Fluß oder die See werden nicht nur zu Symbolen für Bewegung und Vergänglichkeit, sie erfüllen tatsächlich, wie bei Mark Twain, Edgar Allan Poe oder Jack London, tiefe innere Bedürfnisse. Der gefährliche Ozean ersetzt – scheinbar paradox – die fehlende Nestwärme.[8]

Hochschul- und Erwachsenenbildung

Während des Bürgerkriegs hatte die Bundesregierung erstmals entscheidend in die Erziehungspolitik eingegriffen. Der von Abraham Lincoln unterzeichnete *Morrill Act* (1862) sah für jeden Bundesstaat mindestens ein *Land-Grant-College* vor, an denen hauptsächlich landwirtschaftliche, technische und militärwissenschaftliche Fächer gelehrt werden sollten. Den Staaten wurden zu diesem Zweck pro Volksvertreter in Washington 30000 acres oder 12140 Hektar Land aus Bundesbesitz zugesprochen. In der Praxis wurden steuerschwache, agrarische Staaten bevorzugt. Die Südstaaten erhielten je zwei dieser Hochschulen, denen zur Auflage gemacht wurde, jährlich dem *U.S. Office of Education* einen Bericht zu erstatten. Die rund siebzig Land Grant Colleges rühmten sich einer hohen Absolventenquote. Zeitweise vergaben sie vierzig Prozent aller Doktorgrade und stellten mehr als die Hälfte der amerikanischen Nobelpreisträger. Das ursprüngliche Fächerangebot wurde bald auf andere Disziplinen ausgedehnt. Der *Morrill Act* wurde wie der *Homestead Act* von Spekulanten mißbraucht, gleichwohl trug er auf dem Bildungssektor zur Erschließung des Landes bei.

»Westward the course of empire takes its way«, hatte der anglikanische Bischof und Philosoph George Berkeley gesagt, nach dem die 1866 gegründete kalifornische Staatsuniversität benannt wurde. Der Idee von der Wanderung des Wissens und der Kultur nach Westen war auch die Lyzeumsbewegung verpflichtet gewesen, die 1826 von Massachusetts aus ihren Weg genommen hatte. In weniger als einem Jahrzehnt waren im ganzen Land dreitausend Lyzeen geschaffen worden, Volksbildungsanstalten, an denen berühmte Zeitgenossen wie Emerson, Thoreau, Louis Agassiz, Horace Greeley, William Lloyd Garrison, Lucy Stone oder Mark Twain Vorträge hielten. Nach 1874 hat die *Chautauqua*-Bewegung Funktionen der Lyzeen übernommen. Diese Institution, benannt nach einem See im Staat New York, gab eine eigene Zeitschrift heraus, bot Fernkurse an und richtete Sommerschulen für Erwachsene ein, die dort lernen sollten, was sie in der Kindheit versäumt hatten. Louis Miller, ein Deutschamerikaner, war einer der Initiatoren des *Chautauqua Movement*, das diese Bezeichnung schon wegen der vielen Redner und Entertainer verdient, die unter Millers Ägide durch die Lande geschickt wurden. Das Prinzip der mobilen Schule ist von den *Farmer's Institutes* übernommen worden. Sie ließen sich die Fortbildung der Landbevölkerung angelegen sein. Lyzeum, Chautauqua und Farmer's Institutes dienten der »extension education« oder – nach neuerem Sprachgebrauch – »permanent education«.

Nach dem Bürgerkrieg setzte die zweite Welle der akademischen Deutschlandbegeisterung ein und trieb die Zahl der Amerikaner, die zwischen 1820 und 1920 in Deutschland studierte, auf 9000. Die Hälfte von ihnen, darunter W. E. B. Dubois, verbrachte mindestens ein Semester in Berlin, hörte bei Jacob und Wilhelm Grimm, bei Ranke, Mommsen und Treitschke, bei Lepsius, Curtius und Virchow. Der Zulauf verstärkte sich in den Jahrzehnten nach dem Bürgerkrieg. Der Neoidealismus kam in Mode, Preußen genoß politische Sympathien, ein deutscher Doktortitel brachte akademisches Prestige. Der Neohegelianer William Harris bekleidete von 1889 bis 1906 das Amt des U.S. Commissioner of Education.[9]

Im letzten Viertel des 19. Jahrhunderts war es für angehende Gelehrte fast ein Muß, eine deutsche Universität besucht zu haben. In den 1880er Jahren zählten die deutschen Hochschulen zweitausend amerikanische Doktoranden. In Leipzig wurde eine eigene Vorlesung für amerikanische Theologen angeboten. In Heidelberg, München, Bonn, Jena und Göttingen verlagerten sich die Studienschwerpunkte von Medizin, Chemie, Jura und Theologie auf Geisteswissenschaften, Wirtschaftswissenschaften und Statistik. Das Studium wurde ernsthafter betrieben, die nachmaligen »gentleman lawyers«, die vor der Jahrhundertmitte ein oder zwei Semester Jura in Europa eingelegt hatten, waren nicht mehr typisch. Zur Jahrhundertwende behauptete ein amerikanischer Wissenschaftler: »Es gibt keine amerikanische Universität, die nicht vom Feuer deutscher Tätigkeit angesteckt wäre ...« Die Forschungshochschule Johns Hopkins in Baltimore war 1867 nach deutschem Modell konzipiert und 1876 eröffnet worden. Die deutsche Seminarmethode sollte an dieser Universität, die an keine Sekte gebunden war, vor allem im Graduiertenstudium eine Einheit von Lehre und Forschung herstellen. Die Medizin orientierte sich von chirurgischen Techniken über die Krankenhausverwaltung bis zum medizinischen Journalismus an deutschen Vorbildern.[10] Harvard kam unter dem Eindruck der allgemeinen Entwicklung an einer Reform des auf Theologie, Straf- und Zivilrecht fixierten Curriculums nicht mehr vorbei. Charles Eliot, zwischen 1869 und 1902 Präsident dieser Universität, setzte die Fächer Physik, Völkerrecht, Politikwissenschaft, Fremdsprachen und Kunst durch.[11] Franz Boas wurde an der Columbia-Universität Professor für Anthropologie. Wohl gab es Stimmen, die meinten, die Gelehrsamkeit der Deutschen sei nicht ohne weiteres auf die Vereinigten Staaten übertragbar; Ökonomie, Chemie, Mathematik und Literatur könne man besser im eigenen Land studieren und vor preußischer Engstirnigkeit habe man sich zu hüten. Der Philosophieprofessor und Präsident der Columbia-Universität Nicholas Butler traf die Stimmung der Zeit besser, als er kundtat, jede Stunde in einem deutschen Hörsaal habe in ihm einen unauslöschlichen Eindruck hinterlassen. Erst als die USA Deutschland den Krieg erklärten, behauptete er das Gegenteil.

Wider den biologischen Determinismus

Ein Lichtblick hatte sich auf dem Gebiet der Frauenrechte gezeigt, als im Zuge der Sklavenbefreiung der 14. Verfassungszusatz (1868) »allen Personen« Rechtsgleichheit zusicherte, also wohl auch der Frau. Ein Rückschlag kam zwei Jahre später mit dem 15. Amendment (1870). Dort wurde das Wahlrecht ohne Ansehen der Rasse, der Hautfarbe und der vormaligen Versklavung verbindlich – vom Geschlecht war nicht die Rede. Die Ehefrau blieb wie zuvor rechtlich eine Unperson.[12]

Bei William Dean Howells oder Henry James sucht man vergeblich nach einer akademisch gebildeten Frauenfigur. Die Frauen bei Howells sind launisch und dumm und verlangen vom Mann mehr als von sich selbst.[13] Charles Brockden Brown war zur Gründerzeit mit seinem Dialog *Alcuin* (1798) fortschrittlicher gewesen als die führenden Autoren des späten 19. Jahrhunderts. Howells gefiel sich persönlich in der Ansicht, es habe keinen Sinn, mit einer Frau zu streiten, ihre Entscheidungen vertrügen keinen Widerspruch. James machte sich in *The Bostonians* (1886) über feministischen Eifer lustig.

Lucy Stone bestand als Absolventin des Oberlin College aus Prinzip darauf, ihren Mädchennamen zu behalten. Sie gründete das *Woman's Journal* (1870), das

Organ der amerikanischen *Woman Suffrage Association.* Dr. Elizabeth Blackwell und Sarah Hale traten dafür ein, daß Frauen ihren Körper üben sollten statt ihn einzuschnüren. Amelia Bloomer setzte das Bloomerkostüm in die Welt, dessen knielange Röcke samt Pumphosen mehr Bewegungsfreiheit verschaffen sollten. Victoria Woodhull rief sich in New York zur Präsidentschaftskandidatin der *Equal Rights Party* aus und benannte als ihren Stellvertreter den ehemaligen Sklaven Frederick Douglass. Der deutschstämmige Sozialist Wilhelm Weitling wollte den Amerikanerinnen mit dem Argument zu Hilfe kommen, der Sozialismus werde die Schwäche der Frau ausgleichen und ihre Natur verändern: »So trockne denn in tröstender Zuversicht einer baldigen Wendung der sozialen Verhältnisse auch du deine Tränen! armes, unglückliches, verachtetes und mißhandeltes Weib! und denke, es leiden der Schwachen noch viele auf dem Erdenrund. Einst wird auch dir der goldene Frühstrahl des Befreiungsmorgens heranbrechen, um dir die heißen, bitteren Tränen der Sklaverei aus den feuchten Wimpern zu küssen.«[14]

Ein zentraler emanzipatorischer Beschwerdepunkt war die Domestizierung, die Bindung der Frau ans Haus. Gerade weil die Suffragetten ihre Forderungen nicht auf das Wahlrecht beschränkten, galten sie in der Männerwelt als *unladylike* und fanatisch. Für die Selbstverständlichkeit, mit der Männer ihren Ehefrauen die häusliche Rolle zuwiesen, gibt es viele, nicht selten drastische Beispiele. Ein britischer Einwanderer schrieb nach Hause: »Es ist sehr wahrscheinlich, daß Ihr mit meinem nächsten Brief die Information erhaltet, daß ich geheiratet habe, denn es ist schwierig, eine Frau für die Hausarbeit zu finden.«[15]

Charlotte Perkins Gilman legte in *Women and Economics* (1898) und *The Home* (1903) konkrete, mit Polemik untermischte Vorschläge auf den Tisch, wie man die Verhäuslichung der Frau überwinden könne. Ihr »Boarding House Plan« zielte auf eine Reorganisation der Haushalte. In großen Wohneinheiten – die ersten Apartmenthäuser sind nach dem Bürgerkrieg entstanden – sollten die hausfraulichen Tätigkeiten samt der Kindererziehung von Experten übernommen werden. Dadurch werde die Mehrzahl der Frauen von der Hausarbeit befreit. Ähnliche Pläne waren bereits um 1870 in *Woodhull and Claflin's Weekly* vorgetragen worden, die Frau des Philosophen Charles Peirce hatte sich im *Atlantic Monthly* in diesem Sinne geäußert. Zu den Anhängern des »Gilmanismus« gehörte Walter Lippmann, der von einer Sozialisierung der Haushalte und Kinderstuben mehr Kooperation und weniger Eigensucht erwartete. Die Masseneinwanderung hat beim Zustandekommen solcher Pläne eine Rolle gespielt. Einwanderinnen fanden sich in den Küchen der städtischen Wohnblocks nicht zurecht. Nichts hatte dort seinen gewohnten Platz, nichts war vertraut, von den Haushaltsutensilien bis zu den Lebensmittelangeboten. Den Geschwistern Catherine und Harriet Beecher schwebte eine amerikanisch-christliche Hauswirtschaftslehre vor, um die ärgsten Mängel zu beheben und die Tätigkeit der Hausfrau nach und nach zu einer Wissenschaft zu erheben.[16] Um die Jahrhundertwende tauchte auch der Gedanke auf, daß der Mann der Frau für die Hausarbeit ein Gehalt zahlen solle. Der Gilmanismus ist über einige Experimente, zum Beispiel am Smith College, nicht hinausgekommen. Zu dieser Zeit setzte die Abwanderung in die Vorstädte ein. Gilman hatte die Neigung ihrer Landsleute, nach Möglichkeit autonom zu leben, gründlich unterschätzt.

Frauen schlossen sich zu Interessenverbänden zusammen: *Woman's Christian Temperance Union* (1874), *National Council of Women* (1888) oder *Daughters of the American Revolution* (1890). Die *Anti-Foot Binding Society* (1874) zählte im Nu tausend Mitglieder, die sich vornahmen, das Einschnüren von Frauenfüßen im Orient verbieten zu lassen. Gegen Ende des Jahrhunderts bildeten die verschiedenen Frauenvereinigungen einen Dachverband, der als *General Federation of Women's Clubs* eine unüberhörbare Lobby darstellte. Nicht mehr in literarischen Zirkeln Dantes Inferno zu lesen, hieß jetzt die Devise, sondern sich des irdischen Infernos ringsum anzunehmen.[17]

Sexualität und Ehe zu trennen, hatte die Engländerin Mary Wollstonecraft in den *Rights of Women* (1792) vorgeschlagen; es war lange Zeit die Bibel der amerikanischen Frauenbewegung. Später nährten marxistische Einflüsse die Zweifel am Sinn der Monogamie. Friedrich Engels hatte unter dem Eindruck der Schriften von Lewis Morgan, des Vaters der amerikanischen Kulturanthropologie, die Einehe als Instrument der Bedürfnisbefriedigung unter privatwirtschaftlichen Bedingungen bezeichnet. Die neuenglische *Free Love League* (1873) und ihre Mitglieder Ezra Heywood, Moses Hull, Benjamin Tucker, Francis Barry oder L.K. Joslin holten das Naturrecht hervor, um ihre Ablehnung der Ehe zu begründen. Die Ehegesetze stünden im Widerspruch zu naturrechtlichen Grundsätzen, denn sie unterliefen das Recht auf freie Vereinigung und auf Selbstentwicklung. Keuschheit ließe sich nicht per Gesetz verordnen, Vernunft und Intelligenz müßten an die Stelle religiöser Sanktionen treten. Henry Ward Beecher, der in einen peinlichen Skandal hineingeraten war, solle ruhig Ehebruch begehen, nur abstreiten dürfe er ihn nicht mehr. Die bisherigen, von Männern gemachten Gesetze erniedrigten Frauen zu Untertanen. Nach Abschaffung der Ehe würde es auch keine Prostitution mehr geben. Voraussetzung dafür war allerdings eine Anhebung des Lohnniveaus. Heywood legte mit *Cupid's Yokes* (1876) eine Diatribe gegen das Joch der Ehe vor. Mehr Offenheit sollte in sexuellen Dingen herrschen, die Unehrlichkeit in den Geschlechterbeziehungen aufgegeben, die Beeinträchtigung des Eheglücks durch wirtschaftliche Faktoren nicht länger verhindert werden. Die Ehe sah er als bloße Zeremonie an, in der für gut erklärt wurde, was vorher als schlecht gegolten hatte. Als Buchhändler vertrieb Heywood neben seinem eigenen Buch die Schriften von Noyes zur Eugenik und Empfängnisverhütung sowie Owens *Moral Physiology*. Man verurteilte ihn wegen des Vertriebs obszönen Materials zu zwei Jahren Schwerarbeit. Moses Harman erhielt fünf Jahre Gefängnis für *Lucifer* (1890) und andere Schriften, in denen er sich von der konventionellen Ehe losgesagt hatte. In der Monogamie vermißte er eugenische Möglichkeiten, auf die jedes Kind ein Recht habe (*Love in Freedom*, 1900). Victoria Woodhull hat ihr Bekenntnis zur freien Liebe in reiferen Jahren bereut und wollte vor jedem Geschlechtsverkehr eine gemeinsame Bibellesung stattfinden lassen.

Seit Kolonialzeiten war unter der Bezeichnung »pull back« der coitus interruptus als Verhütungsmethode gebräuchlich. Der Typ der »ailing woman«, der kränkelnden Frau, machte Migräne geltend, um immer neuen Schwangerschaften zu entgehen. Die Verbreitung oder Praktizierung wirksamer Methoden der Empfängnisverhütung war strafbar. Charles Knowlton, ein Arzt aus dem Hinterland von Massachusetts, hatte in *Fruits of Philosophy* (1832) jungverheirateten Paaren Gedanken zur Geburtenkontrolle vorgetragen, die ihm mit drei Monaten Zwangsarbeit entgolten wurden. Die Schriften der Frauenrechtlerin Margaret Sanger über Empfängnisverhütung durften auf Initiative des neurotischen Zensors Anthony Comstock weder mit der Post verschickt noch sonstwie vertrieben werden. Schrifttum zur Geburtenkontrolle war nach einem Gesetz von 1873 als Schmutz und Schund eingestuft. Sanger ging, unter Druck gesetzt, ins Ausland. An ihrer Stelle wurde ihr Mann verhaftet und eingesperrt.

Selbst feministisch engagierte Frauen wollten die Kinderzahl lieber durch Enthaltsamkeit als durch aktive Verhütungsmaßnahmen beschränken. Nach ihrer Auffassung würde eine effektive Geburtenkontrolle nur die männliche Lust steigern.

Viktorianisch eingestimmte Gemüter vermieden Wörter, die sie für unanständig hielten. Einer Frau, die nach einem Eisenbahnunglück ärztlicher Hilfe bedurfte, war nur mit Mühe zu entlocken, welches ihrer Gliedmaßen (*limbs*) gebrochen sei. Das, womit sie die Nadel führt? Nein, das woran sie ein Strumpfband trägt. Klavierbeine wurden keuschheitshalber mit Rüschen drapiert. Ein Frauenmagazin empfahl seinen Leserinnen, die Bücher männlicher und weiblicher Autoren voneinander getrennt ins Regal zu stellen. In Cincinnati beschäftigte die Ladies' Academy of Art einen Künstler, der aus Europa importierte Statuen mit Feigenblättern versah. Es ist keine Frage, daß in Amerika wie in Europa die Sexualität des Menschen mit Argwohn betrachtet, die geschlechtliche Erregung eng mit Wahnsinn und krankhaftem Blödsinn zusammengebracht wurde.[18] Nathaniel Hawthorne wurde unterstellt, er habe im *Scarlet Letter* (1850) die Sünde glorifiziert; das Buch hätte nie veröffentlicht werden dürfen, urteilte Orestes Brownson. Whitmans Gedicht »To a Common Prostitute« wurde sofort verboten und noch in Ausgaben des 20. Jahrhunderts nicht aufgenommen. Aus Whitmans Dichtungen und aus seiner Biographie läßt sich jedoch herauslesen, daß die kulturelle Desexualisierung des Lebens an natürliche Grenzen stieß.

Das Bild von der asexuellen Amerikanerin, wie es besonders in der zweiten Hälfte des 19. Jahrhunderts gezeichnet wurde, ist womöglich nur Postulat oder Täuschung, nicht unbedingt herrschende Meinung, geschweige Realität gewesen.

1870 waren mehr als ein Viertel der New Yorker Geburten unehelich.[19] Die Ideologie der Männer erzeugte das Klischee von der prüden, körperlich inaktiven, humorlosen und zeremoniösen Amerikanerin, die sich zum Schein unterwarf und in Wahrheit die Zügel in der Hand hielt. Frauen könnten sich dieses Klischee zu eigen gemacht und versucht haben, danach zu leben. Zwiespältige Gefühle verriet die Missionarin Loanza Goulding, die ihrem Tagebuch anvertraute, sie habe Angst, ihren Mann mehr zu lieben als Jesus. Das Studium von Tagebucheinträgen, Briefwechseln und anderen privaten Dokumenten weckt Zweifel an der uneingeschränkten Herrschaft der viktorianischen Moral und am gängigen Frauenbild. Die arbeitende Frau fällt aus dem Stereotyp einer zarten Pflanze ohnehin heraus, sie paßte nicht in die Fiktionen eines Cooper, eines Howells, eines Henry James.

Steigt man einige literarische Stufen tiefer, wird das Bild realistischer. Bereits 1839 hieß es in einem Ratgeber für junge Damen, das aktive Leben komme jetzt in Mode, »Nerven« und sentimentale Liebesromane seien passé. Frauen trieben Wintersport und organisierten Picknicks. Das Bild von der Frau als einem zerbrechlichen Wesen sei revisionsbedürftig, befand das *Atlantic Monthly* im Jahr 1862, Gesundheit sei jetzt angesagt. Ein Mädchen, das freiweg über einen Zaun flanken konnte, hieß es dort mit gezielter Ironie, verbessere seine Heiratschancen um zehn Prozent. An der Frontier war mit dem »frail woman image«, dem Bild vom schwachen Weib von vorneherein nicht viel herzumachen. Die Amerikanerin ist ihrem Mann, ihrer Familie nicht bloß passiv oder widerwillig in den Westen gefolgt. Sie hat auch selbst die Initiative ergriffen. Eine Frau, die dem epidemieträchtigen Klima des Mittelwestens entkommen wollte, sagte: »Well, im Frühjahr nehme ich die Kinder und gehe nach Oregon, Indianer oder keine Indianer. Sie können nicht ärger sein als Schüttelfrost oder Fieber.« Und selbst wenn die Frau unter den Strapazen der Reise und beim Aufbau einer neuen Existenz mehr litt als der Mann – der wahre Held des Westens und der Pionierzeit, sagten manche, war nicht er, sondern sie, »die hager und mit traurigem Gesicht auf dem Vordersitz des Pferdewagens saß«.[20]

In der medizinischen Ratgeberliteratur wurde weibliche Leidenschaft gern unterschlagen, die Hingabe der Frau entspringe dem Wunsch nach Kindern, nicht dem Trieb wie beim Mann. Andere Ratgeber vertraten aber durchaus die Meinung, der Liebesakt solle »so genußvoll wie möglich« ausfallen, und zwar »für beide Beteiligte«. Belege gibt es für den einen wie für den anderen Standpunkt. Der Historiker Carl Degler glaubt, die wahren Gedanken der viktorianischen Vertreter entlarvt zu haben, die vom coitus interruptus abrieten, weil er die Frau unbefriedigt und nervös zurücklasse. Wie kann das sein, fragt Degler, wenn die Frau keine Lust empfand? Und warum mußten auch Mädchen vor den Gefahren der Masturbation gewarnt werden, wenn die Funktion ihrer Sexualität nur die Fortpflanzung ist? Schließlich verriet die Empfehlung, eine gleichzeitige Erfüllung erhöhe die Wahrscheinlichkeit der Empfängnis, daß man von der Genußfähigkeit der Frau wußte, sie nur nicht eingestand. Clelia Mosher, im Fach Zoologie ausgebildet wie später Alfred Kinsey, hat um die Jahrhundertwende weibliche Sexualgewohnheiten mit dem Ergebnis erforscht, daß die meisten Frauen ihrer Zeit den Geschlechtsverkehr nicht als lästige oder gar ekelhafte Pflicht betrachteten, sondern in der Befragung ihren Wunsch nach körperlicher Vereinigung und Orgasmus einräumten.[21]

Der Konflikt zwischen geforderten Normen und natürlichem Verlangen, zwischen den zentrifugalen Bestrebungen des Mannes und der zudiktierten oder auch wirklich bevorzugten Häuslichkeit der Frau ist das grundsätzliche psychische und soziale Dilemma der Amerikanerin im 19. Jahrhundert gewesen. Amerikanische Frauen galten zeitweise als unerreicht nervös, mürrisch und unzufrieden.[22] Die Amerikanerin hat sich aktiv, oft aktiver als Europäerinnen gegen den biologischen Determinismus zur Wehr gesetzt. Sie hat ihre zurückgesetzte Position in einer von angeblich männlichen Werten regierten Umwelt aber auch überkompensiert, sich superfraulich gegeben, um damit auszudrücken, daß sie über die Konkurrenz erhaben ist. Der Auftrag, in einer mobilen Kultur für Beständigkeit zu sorgen und gleichzeitig der Mobilität nicht im Wege zu stehen, war in seiner Widersprüchlichkeit kaum zu erfüllen.

VI. Kapitel

VOM PERSÖNLICHEN JOURNALISMUS ZUR MASSENPRESSE

Vorbürgerkriegszeit

Die Zahl der Zeitungen und Zeitschriften vervielfachte sich zwischen dem Ende der Revolution und den ersten Jahren des 19. Jahrhunderts. Mit dem *Pennsylvania Packet and Daily Advertiser* (1794) erschien die erste amerikanische Tageszeitung. Das Hauptkennzeichen der Presseorgane in der Gründerzeit war ihre Parteilichkeit. Noah Websters *American Minerva,* die *Porcupine's Gazette* von William Cobbett, der *Federal Republican* oder die New York *Evening Post* (1801) unterstützten vorbehaltlos die Politik Alexander Hamiltons und der Federalists. In Philadelphia warnte Joseph Dennie, der Herausgeber des *Port Folio* (1800), vor Jakobinertum und Demokratie: »Eine Demokratie ist in jeder Phase der nationalen Geschichte kaum tragbar.« Was in Athen, Sparta und Rom nicht funktioniert habe, würde auch in den USA zu Bürgerkrieg und Anarchie führen. Philip Freneaus *National Gazette* oder die *Aurora* aus Philadelphia schlugen sich eindeutig auf die Seite Jeffersons und der Antifederalists. Die Auseinandersetzung zwischen den beiden Lagern wurde im Stil wüster Polemik geführt, weshalb man diese Epoche auch das dunkle Zeitalter des amerikanischen Journalismus genannt hat.[1] Die Bostoner *Scourge of Aristocracy* – Geißel der Aristokratie – handelte sich pro Ausgabe im Schnitt drei Verleumdungsklagen ein.

Der Pressefreiheit waren trotz der scheinbar absoluten Garantie im ersten Verfassungszusatz Grenzen gesetzt. Der aus dem England des 18. Jahrhunderts übernommene *bad tendency test* machte es den Gerichten leicht, mißliebige Autoren zur Räson zu bringen, ebenso der Rechtsgrundsatz »je größer der Wahrheitsgehalt, desto größer die Verleumdung«, der im Fall Crosswell (1804) noch einmal bestätigt wurde. Das in diesem Verfahren vorgebrachte Argument, ein persönlicher Angriff habe dann straffrei zu bleiben, wenn er »aus guter Absicht und mit berechtigten Zielen« veröffentlicht worden war, hat sich erst später als herrschende Rechtsmeinung durchgesetzt. Die Gerichte verfügten mit der Formel »contempt of court« über ein Instrument, der Presse die kritische Kommentierung ihrer Entscheidungen zu erschweren. 1831 wurde zwar ein Gesetz erlassen, das eine Verurteilung wegen Mißachtung des Gerichts schwierig machte, wenn die Urteilsschelte außerhalb des Gerichtsgebäudes stattgefunden hatte. Die Gerichte der Einzelstaaten zeigten freilich wenig Neigung, dieser Maßgabe zu folgen, seit sich im Fall Morrill (1855) der Staat von Arkansas gegen die Zeitung *Des Arc Citizen* vor Gericht mit der Meinung durchgesetzt hatte, man müsse auch »konstruktive Urteilsschelte« bestrafen können. Erst 1941 hat der Oberste Bundesgerichtshof die Macht der Richter beschnitten, sich selbst eine gute Presse zu verschaffen.[2]

Ein Jahr vor der Wahl Andrew Jacksons zum Präsidenten kam in Philadelphia die *Mechanics Free Press* (1827) heraus, die erste Arbeiterwochenzeitung. Sie sprach sich unter anderem für eine Entschädigung entlassener Arbeiter beim Einsatz von Maschinen aus.[3] 1833 hatten die USA bereits dreimal so viele Zeitungen wie England oder Frankreich. In diesem Jahr erschien mit der *New York Sun* die erste der *penny papers,* die einen Cent kosteten und dem kleinen Mann der Jacksonzeit die Zeitungslektüre schmackhaft machen sollten. »It Shines for All«, hieß der Slogan der *Sun.* Bis dahin hatten politische Nachrichten den redaktionellen Teil bestimmt, ab jetzt rückten Sensationen und Skandale, Verbrechen und Katastrophen auf die vorderen Seiten. Der Preis von einem Cent war meist nicht zu halten. James Gordon Bennett verlangte für den *New York Morning Herald* (1835) das Doppelte und versprach dafür eine bessere Zeitung mit einem besonders guten Wirtschaftsteil und einer eigenen Sonntagsausgabe. Die *New York Tribune* (1841) sollte ebenfalls ein Blatt für die Massen sein, allerdings war ihr Chef, Horace Greeley, kein Freund der Sensationsgier, wie ihn die übrigen Penny-Zeitungen an den Tag legten. Zu den journalistischen Verdiensten Greeleys, des mächtigsten Pressemenschen seiner Zeit, gehören die Gestaltung der modernen Leitartikelseite und das erste Zeitungsinterview. Die »Traibune«, wie man auf dem Land sagte, wurde von den Farmern als eine Autorität angesehen, die gleich hinter der Bibel kam, unbeschadet der Artikel, die Karl Marx über ein Jahrzehnt hinweg für diese Zeitung schrieb. Ein ehemaliger Redakteur der *Tribune,* Henry Raymond, gründete die *New York Times* (1851), die von Anfang an wegen ihrer Auslandsberichterstattung Beachtung fand. Das Format der Zeitungsseiten wurde zusehends größer. Ein Spötter merkte an, ein normaler Leser brauche zwei Helfer, die ihm seine Zeitung aufhalten. England kannte ähnlich große Zeitungen, nur gab es dort einen praktischen Grund für das Riesenformat: Zeitungen wurden pro Druckseite besteuert.

Die Zahl der Zeitschriften war zwischen 1825 und 1860 von einhundert auf sechs- bis achthundert gestiegen, darunter die literarischen und kulturellen Periodika *Harper's Monthly, Graham's, Atlantic, Knickerbocker* und das *New England Magazine.* Die Fruchtbarkeit von Zeitschriften, meinte Charles Dana, übertreffe die jeder bekannten Tierart. 1815 war in Boston die *North American Review* erstmals erschienen. Sie blieb eng mit Harvard und den neuenglischen Intellektuellen verknüpft. Margaret Fuller und Emerson edierten die philosophische Zeitschrift *Dial* (1840). In Philadelphia betreute Sarah Hale die Frauenzeitschrift *Godey's Ladies Book* (1830). Das *American Turf Register* (1829) wandte sich an Liebhaber des Pferderennsports. Die *Spirit of the Times* (1831) präsentierte eine Mischung aus Sport, Humor und Literatur. In den Südstaaten verteidigten Zeitschriften wie der *Southern Literary Messenger* (1834) aus Richmond, die *Magnolia* (1840) aus Charleston und *De Bow's Review* (1846) aus New Orleans Kultur und Lebensart des Vorkriegssüdens. Solomon Henry Jackson aus Pennsylvania gab mit *The Jew* (1823) die erste jüdische Zeitung der USA heraus. Sie war als Kampfblatt gegen christliche Missionierungsversuche angelegt. Jackson hegte die Befürchtung, das Presbyterianertum solle zur amerikanischen Staatsreligion erhoben werden.[4]

Bei den nichtenglischen Presseprodukten lagen die deutschen Publikationen an erster Stelle. Um 1850 existierten in den USA 133 deutschsprachige Periodika, darunter als älteste Tageszeitung in deutscher Sprache die New Yorker *Staatszeitung* (1834).

In älteren Werken zur Geschichte der amerikanischen Presse kommen schwarze Amerikaner gar nicht erst vor. Frank Luther Mott räumt 1962 der afro-amerikanischen Presse in seinem 900 Seiten starken Standardwerk nicht viel mehr als eine Seite ein. Dies ist umso erstaunlicher, als seit 1827 an die dreitausend verschiedene Periodika erschienen sind, die hauptsächlich von Schwarzen für Schwarze gemacht waren. Vor dem Bürgerkrieg existierten etwa zwei Dutzend Zeitungen für schwarze Amerikaner, jede zweite davon kam im Staat New York heraus, jede dritte in New York City. Einige Jahre vor William Lloyd Garrisons *Liberator* hatte Samuel Cornish mit dem *Freedom's Journal* (1827) die erste Zeitung für schwarze Leser gegründet. In diesem Jahr war im Staat New York die Sklaverei verboten worden. John Russwurm, der Redakteur dieser Wochenzeitung, stammte aus Jamaica. Sein weißer Vater hatte ihn, zunächst unter falschem Namen, nach Kanada geschickt. Von dort ging er nach Neuengland. In Maine absolvierte er als einer der ersten schwarzen Studenten das Bowdoin College. Das *Freedom's Journal* war in den Händen Russwurms in erster Linie ein Propagandawerkzeug. Unter dem Motto »Rechtschaffenheit adelt eine Nation« attackierte er die Sklaverei in den Südstaaten und suchte nach Möglichkeiten, demoralisierte Exsklaven in die weiße Kultur zu integrieren. Das *Freedom's Journal* war jedoch mehr als ein Kampfblatt. Es druckte die üblichen Nachrichten über einlaufende Schiffe und ihre

Fracht ab, führte die genaue Zahl der Bürger auf, die im Verlauf einer Woche in der Stadt gestorben waren, samt den Todesursachen wie Syphilis, Trunksucht oder Ruhr und berichtete von grausamen Hinrichtungen auf Burma und vom Schiefen Turm in Pisa. Russwurm hatte den Ehrgeiz, aus seiner Zeitung ein elegantes Journal nach dem Vorbild des englischen *Gentleman's Magazine* oder des *Southern Literary Messenger* zu machen. Er brachte Anekdoten über Spanier und Portugiesen, über Garrick und Sterne. Ein längerer Artikel beschäftigte sich mit dem stutzerhaften Aussehen von Studenten – der Bonner Universität. Das *Freedom's Journal,* das seine Leser unter den 15 000 Schwarzen New Yorks zu finden hoffte, wurde nach zwei Jahren unter dem Titel *Rights of All* (1829) fortgeführt. Russwurm verließ die Redaktion, trat der American Colonization Society bei, ging nach Afrika und gab dort den *Liberia Herald* heraus.[5]

Die zweite Wochenzeitung für Schwarze, der *Colored American* (1837), war ebenfalls eine Gründung von Samuel Cornish. Cornish wurde etwa 1795 als Sohn freier Schwarzer in Delaware geboren. Er scheint sich mit Russwurm vor allem wegen der Rekolonisierung Afrikas überworfen zu haben. Der *Colored American* kostete im Abonnement zwei Dollar pro Jahr, die im voraus zu entrichten waren. Briefe an die Redaktion mußten frankiert sein, es sei denn, sie enthielten fünf Dollar oder mehr. Die Zeitung unterstützte eine Petition gegen die Beschränkung des Wahlrechts, wonach Schwarze nur noch wählen durften, wenn sie den Besitz von 250 Dollar nachweisen konnten. Nach der Ermordung des Abolitionisten Elijah Lovejoy, der in Illinois bei der Verteidigung seiner Druckpresse ums Leben gekommen war, setzte sich das Blatt nachdrücklich für die Verfolgung der Mörder ein. Der *Colored American* – Cornish war Pfarrer – verpflichtete seine Leser auf die christliche Moral und auf die Bibel als oberste Autorität. Die Zeitung befürwortete aus christlicher Nächstenliebe den Bau eines Seemannsheims, nachdem viele Matrosen von räuberischen Gastwirten immer wieder übers Ohr gehauen wurden.[6] Schwarzen Amerikanern, die sich im Kampf gegen rassische Unterdrückung verdient gemacht hatten, widmete die Zeitung besondere Nachrufe. Die Redaktion ließ keine Zweifel aufkommen, daß man treu zu den Vereinigten Staaten stand, interessierte sich aber nur am Rande für Nachrichten, die nicht direkt mit Schwarzen zu tun hatten. Die Ergebnisse der Präsidentschaftswahlen von 1840 wurden an einer unauffälligen Stelle plaziert. Zwei Jahre später stellte der *Colored American* sein Erscheinen ein.

Das New Yorker *Journal of Education and Weekly Messenger* fungierte als Organ der »Association of Colored Teachers«, die 1841 ihren ersten Kongreß abgehalten hatte. Integration durch Erziehung wurde zu einer zentralen Forderung der schwarzen Presse. Der *Afro-American* stellte 1859 über die Qualitätsunterschiede zwischen weißen und schwarzen Schulen eine sorgfältige Untersuchung an, für die einer der ehemaligen Redakteure des *Colored American* verantwortlich zeichnete.[7]

Die breiteste Anerkennung unter den frühen Journalisten schwarzer Hautfarbe fand Frederick Douglass. Auf Staten Island hat man ihm ein Denkmal errichtet. Douglass, ein ehemaliger Sklave, gab in Rochester (New York) mit finanzieller Unterstützung weißer Abolitionisten den *North Star* heraus, der unter dem Titel *Frederick Douglass' Paper* mit einer Auflage von rund 3000 Exemplaren bis zur Emanzipationserklärung (1862) erschien.

Die Entwicklung seit dem Bürgerkrieg

Bei Ausbruch des Bürgerkriegs gab es 450 Tageszeitungen und 4000 Wochenzeitungen. Die rund einhunderttausend Bürger Chicagos konnten zwischen elf Tageszeitungen wählen. Der Krieg wurde auch in der Presse ausgetragen, und die Zeitungen der Unionsstaaten waren sich keineswegs einig. Die republikanische New Yorker *Tribune* stand hinter den Abolitionisten, die demokratische New Yorker *World* hielt die Emanzipation der Sklaven für einen Fehler. In der Kriegsberichterstattung, die in den großen Blättern bis zu einem Drittel des Umfangs ausmachte, schlugen sich die politischen Sympathien nieder. *Staatszeitung* und *Journal of Commerce* in New York und das *Evening Journal* in Philadelphia versuchten, Lincolns Kriegsanstrengungen zu hintertreiben. Die Regierung in Washington hat den Vertrieb von »Copperhead Newspapers«, so benannt nach einer tückischen Schlange, wegen ihres Defätismus mehrfach unterbunden.

Der Anteil der fremdsprachigen Zeitungen ging gerade in der Zeit der Masseneinwanderung im letzten Drittel des Jahrhunderts zurück, während sich die Wochenzeitungen verdreifachten und die Tageszeitungen vervierfachten. Der Anstieg geht zu einem guten Teil auf den Zuwachs an Abendzeitungen seit 1880 zurück. »Today's news today«, lautete die Parole, die wegen des Zeitunterschieds im Westen und Mittelwesten leichter zu befolgen war, als an der Ostküste. 1890 kamen zwei Drittel der amerikanischen Tageszeitungen nachmittags heraus. In der Stadt New York belief sich die Zahl der englischsprachigen Tageszeitungen allein auf sechzehn (1892). Charles Dana kaufte nach dem Bürgerkrieg die New Yorker *Sun* mit der erklärten Absicht, den Publikumsgeschmack so gut zu treffen, wie es nur irgend ging. Den Lesern sollte auf eine möglichst lebendige und anschauliche Weise das Tagesgeschehen präsentiert werden – wie auf einer Fotografie. Dana erfand die »human-interest-story« mit kleinen Begebenheiten aus dem Alltag der Menschen. Der Chef des Lokalteils sortierte Nachrichten nach dem seither vielzitierten Prinzip »Mann beißt Hund«. Rührselige Artikel wie »Is there a Santa Claus?«, der heute noch nachgedruckt wird, deckten sentimentale Bedürfnisse. Dana hatte sich von einem Utopisten aus der Zeit des kommunalen Brook Farm-Experiments zu einem Anhänger von laissez-faire und zu einem vehementen Gegner gewerkschaftlicher Zusammenschlüsse entwickelt. Mit seinem Konzept erwirtschaftete er beträchtliche Gewinne. Die Zeitung stand und fiel mit seiner Person.[8]

Trotz einiger dominierender Pressezaren wie Dana, William Hearst oder Joseph Pulitzer war der »persönliche Journalismus« seit dem Abtreten Horace Greeleys auf dem Rückzug. Auflagenstarke Zeitungen verlangten große Apparate, die nur noch bedingt von einer einzelnen Person beherrscht werden konnten. Der Reporter lief dem politischen Kommentator den Rang ab. Dem Ansehen des Journalisten Henry Grady hatte es keineswegs geschadet, daß er als Wahlberichterstatter für den *Herald* den Telegraphen blockierte, indem er ein Wörterbuch durchgeben ließ und seinen Kollegen das Nachsehen gab. Eindeutige parteipolitische Zuordnungen ließen sich oft nicht mehr treffen. Nachdem der junge Bennett den *Herald* von seinem Vater übernommen hatte, unterstützte er den jeweils aussichtsreichsten Kandidaten.

Im Westen hatte zur Jacksonzeit jede Gemeinde ihren Zeitungsredakteur, der seinen Ort als den schönsten, besten, aktivsten und tugendreichsten hinstellte, unerreichbar in seinem Patriotismus. Seit dem Bürgerkrieg gab es in fast jeder Ortschaft mit mehr als eintausend Einwohnern zwei dieser Zeitungen. Einige Blätter sind aus Missionszeitungen für die Indianer entstanden. Die *Rocky Mountain News* (1859) ist ursprünglich ein Informationsblatt für Goldgräber gewesen, der San Francisco *Chronicle* (1865) ein Theaterblättchen. Mit dem *Oregon Spectator* (1849) war die erste Zeitung an die Pazifikküste gekommen. Die *migratory editors* zogen von Ort zu Ort und gründeten Zeitungen, gaben ihr Unternehmen wieder auf, wenn es sich nicht trug, und machten anderswo einen neuen Anfang. Nicht weniger als 26 verschiedene Blätter, oder eines pro Jahr, gingen auf das Konto eines dieser mobilen Redakteure, die man einmal die Irrlichter der Presse genannt hat.

Noch während des Bürgerkriegs war die erste Tageszeitung für Schwarze erschienen, die *New Orleans Tribune* (1864). Sie schloß sich der Kampagne für den Achtstundentag an, verschickte ihre Ausgaben zur Information an Kongreßabgeordnete, erlitt jedoch nach vier Jahren finanziellen Schiffbruch. Die Monatszeitschrift *American Freedman* (1866) richtete ihr Hauptaugenmerk auf die Erziehung der befreiten Sklaven im Süden und kündigte die Herausgabe von »slave songs« an. Der couragierte Thomas Fortune – er gehörte zeitweilig der Redaktion der *New York Evening Sun* an, einer Zeitung, die den Crédit Mobilier-Skandal aufgedeckt hatte – gab seit 1880 unter wechselnden Titeln Zeitungen für Schwarze heraus, *Rumor, Globe, Age* und den *New York Freeman* (1884), der schließlich wieder den Namen *New York Age* (1887) annahm und unter diesem Titel Bestand hatte.

Die Entlarvung krimineller Politiker wurde im »Gilded Age« zu einer dringlichen journalistischen Aufgabe. Edwin Godkin, einer der einflußreichsten Meinungsmacher, zog als Chef der *Evening Post* und der Zeitschrift *The Nation* (1865) gegen den korrupten New Yorker Parteiapparat der Demokraten unter William

Tweed zu Felde. Als Tweed seine Kritiker beim *Harper's Weekly*, darunter den Karikaturisten Thomas Nast, mit Geld zum Schweigen bringen wollte, hatte er sein Konto überzogen und mußte fluchtartig das Land verlassen. Die Magazine *Cosmopolitan* (1886), *Munsey's* (1889) und *McClure's* (1893) gaben den »muckrakers« unter den Journalisten ein Forum zur Aufdeckung verschiedener sozialer Mißstände und Skandale. Der Redakteur des *Iconoclast* in Waco (Texas) legte sich mit einem konfessionell orientierten College an und wurde ermordet.

Immer mehr Zeitschriften wandten sich an ein spezielles Publikum, sei es die *Philosophical Review* (1892), das *Popular Science Monthly* (1872), das *Ladies' Home Journal* (1883) oder das Fachorgan der Bestattungsunternehmer mit dem echt amerikanischen Titel *Sunnyside.* Schier unerschöpflich war der Bedarf an Humorzeitschriften wie *Vanity Fair* (1859) mit Beiträgen von Artemus Ward, *Mrs. Grundy* (1865), *Punchinello* (1870), *Puck* (1877) mit Zeichnungen von Joseph Keppler, *Judge* (1881), der *Boomerang* (1881) aus Wyoming oder *Life* (1883) mit dem berühmten »Gibson Girl«.

Zwischen 1878 und 1885 wurden an der Universität von Missouri die ersten Ausbildungskurse für künftige Journalisten angeboten. Bei den großen Zeitungen waren Redakteure mit Spezialkenntnissen gefragt. Die *New York World* zum Beispiel richtete unter Pulitzer eine eigene Sportredaktion ein. Drucktechnische Neuerungen erleichterten nach und nach die Verwendung von Bildern und Illustrationen. Die Werbung wurde zur Haupteinnahmequelle, das Zeitungsgeschäft zum *big business.* Die ersten Annoncen-Akquisiteure waren in den 1840er Jahren in Erscheinung getreten. Um die Jahrhundertwende konnte der Anzeigenteil bereits bis zu fünf Sechstel des Umfangs beanspruchen. 1848 vereinbarten die Chefredakteure von sieben großen Tageszeitungen, darunter der *Herald,* die *Tribune* und das *Journal of Commerce,* telegraphische Auslandsnachrichten fortan gemeinsam aus Boston zu beziehen. Damit war die *Associated Press* geboren. Die geographische Ausdehnung des Landes und die rasche Verbreitung des Telegraphen verhinderten, daß New York City zum alleinigen Pressezentrum wurde wie London etwa oder Paris. Die *Chicago Tribune* (1847), der *Kansas City Star* (1880), die *Los Angeles Times* (1881), die *Dallas News* (1885) oder der *San Francisco Examiner* (1880) brauchten die Konkurrenz New Yorker Zeitungen nicht zu fürchten. James Scripps, der Begründer der *Detroit News* (1873), baute zusammen mit seinen Geschwistern im Mittelwesten ein eigenes Zeitungsimperium auf.

In New York versuchte der jüngere James Gordon Bennett mit ungewöhnlichen Mitteln, die Auflage des *Herald* in die Höhe zu treiben, den er von seinem Vater erben sollte. Sein publikumswirksamster Einfall war die Suche nach David Livingstone, dem in Afrika verschollenen schottischen Forscher und Missionar. Der Reporter Henry Stanley – er beteiligte sich später an der Gründung des Freistaats Kongo – erhielt den Auftrag, Livingstone aufzuspüren, koste es was es wolle. Bennett verdiente mit dem *Herald* an die 30 Millionen Dollar, die er noch zu Lebzeiten auszugeben wußte. Seine Zeitung regierte er am liebsten aus der Ferne, wenn auch mit starker Hand.[9] Der *Herald* repräsentierte einen Zeitungstyp, den man ab den 1890er Jahren unter der Bezeichnung *yellow press* kannte. Der Begriff leitete sich von einer gelb kolorierten Figur des Zeichners Richard Outcault her, der in seiner Serie »Hogan's Alley« das Alltagsleben in den Einwanderervierteln Mannhattans schilderte. Outcault wechselte von der *World* zum *Journal;* beide Zeitungen führten das Yellow Kid in ihren Sonntagsausgaben fort. Hearst und Pulitzer ließen sich auf eine Auflagenschlacht ein, die oft auf Kosten der journalistischen Qualität ging.

Pulitzer, Hearst, Scripps

Beim Herausgeber der *World,* einem österreichisch-ungarischen Einwanderer, blieb der Vorwurf liegen, die Sensationshascherei erstmals im großen Stil betrieben zu haben.[10] Joseph Pulitzer wurde unter dem Namen Politzer in Ungarn geboren, Sohn eines jüdischen Weizenhändlers und einer Katholikin aus Österreich. Ein älterer Bruder und eine jüngere Schwester hatten einen frühen Tod gefunden. Sein Vater starb, nachdem er sich aus dem Geschäft zurückgezogen und in Budapest niedergelassen hatte. Die Mutter hatte er verehrt, ein Medaillon mit ihrem Bild trug er immer bei sich. Später gab er gerne zum Besten, wie er als hochaufgeschossener Jüngling sich bücken mußte, wenn sie ihn ohrfeigen wollte. Die Spannungen mit dem Stiefvater trieben ihn aus dem Haus. Der Siebzehnjährige wollte mit Macht zum Militär, er bewarb sich beim österreichischen Heer und bei der französischen Fremdenlegion, wurde jedoch wegen seiner zerbrechlichen Konstitution und einer gravierenden Sehschwäche abgewiesen. Die Werber der amerikanischen Unionstruppen zeigten sich weniger wählerisch. 1864 landete er in Amerika und fand Aufnahme beim 1. New Yorker Kavallerieregiment. Seine Kameraden behandelten ihn wegen seines sonderbaren Aussehens und seiner mangelnden Englischkenntnisse als eine Art Regimentstrottel. Nach der Entlassung versuchte er, auf einem Walfänger anzuheuern, und wurde wieder abgewiesen.

Der Versuch, in New York als Journalist Fuß zu fassen, scheiterte an seinem gebrochenen Englisch. Um das Maß der Kränkungen vollzumachen, schickten ihn falsche Freunde nach St. Louis, dort könne er die Landessprache leichter erlernen als im polyglotten New York. St. Louis war zu dieser Zeit noch zu einem guten Teil deutschsprachig. Pulitzer wurde Parlamentsberichterstatter bei der *Westlichen Post,* einer von Carl Schurz herausgegebenen Zeitung für Deutschamerikaner. Deutsch war die Sprache, in der Pulitzer sich am freiesten auszudrücken wußte. In seiner Muttersprache hielt er feurige Reden für Horace Greeley, der sich 1872 um die Präsidentschaft bewarb. Seine Qualitäten als Zeitungsreporter verschafften ihm den Respekt der Kollegen. Den mitunter rauhen Methoden des Gewerbes hatte er sich rasch angepaßt. Einen kritischen Leser der *Westlichen Post* brachte er mit einem Schuß zum Schweigen. Zwischendurch streckte er seine Fühler nach New York aus. Sein Plan, das deutschsprachige *Belletristische Journal* zu kaufen, schlug fehl. Ebensowenig ließ sich Charles Dana für die Idee erwärmen, eine deutsche Ausgabe der *Sun* herauszubringen. 1878 erwarb er den vom Konkurs bedrohten *St. Louis Dispatch*, aus dem er ein erfolgreiches Blatt machte. Nach einer Krise – sein Chefredakteur hatte einen gekränkten Rechtsanwalt kurzerhand erschossen – verlegte Pulitzer sein Hauptquartier nach New York. Mit den Gewinnen aus dem *Dispatch* finanzierte er 1883 den Kauf der *New York World*, die unter seiner Regie alle bisher in Amerika bekannten Auflagenrekorde brach. Einer der Rivalen, die sich Joseph Pulitzer beugen mußten, war Albert Pulitzer vom *New York Morning Journal*, sein Bruder, der ihm nach Amerika gefolgt war, weil er den ungarischen Antisemitismus fürchtete und weil der Lebensrhythmus in seiner alten Heimat nach eigenem Bekunden doch »zu langsam« für ihn war.[11]

Die *World* setzte verschiedene Kreuzzüge gegen Korruption und den Mißbrauch von Privilegien in Gang. Die Redakteure waren angewiesen, unparteiisch zu bleiben und sich keine parteipolitischen Hypotheken aufzuladen. Pulitzers Flaggschiff sollte eine Zeitung fürs Volk sein. In einem Spendenaufruf für das Fundament der Freiheitsstatue stand zu lesen: »Die *World* ist die Zeitung des Volkes, und sie ruft das Volk nun auf, das erforderliche Geld aufzubringen.« Die kleinen Leute spendeten einhunderttausend Dollar, der Sockel konnte gebaut werden. Zum Dank taufte Pulitzer seine Yacht auf den Namen »Liberty«; ihr Unterhalt verschlang pro Jahr das doppelte der Spendensumme.[12]

Bei der *World* verstand man es, das Leserinteresse wach zu halten. Die Reporterin Nellie Bly umrundete in gut 72 Tagen den Erdball und unterbot damit den Rekord von Jules Vernes Romanhelden Phineas Fogg. Für den ersten Motorflug von Albany nach New York setzte die Zeitung einen Geldpreis aus. Pulitzer war ohne Unterlaß bemüht, mit neuen Ideen und Sensationen die Auflage zu steigern. Von seinen Mitarbeitern verlangte er, »ewig unzufrieden« zu sein – wie er selbst. Nur der Superlativ war gut genug. Das Pulitzergebäude, 1890 fertiggestellt, hatte einfach der höchste Bau New Yorks zu sein. Sein Ehrgeiz und seine Arbeitsenergie reichten bis zur physischen Selbstzerstörung. Der Gedanke, lieber unterzugehen als das höchste Ziel zu verfehlen, hat ihn ein Leben lang nicht losgelassen.

Als Yachtbesitzer war er bekannt für seine tollkühnen Manöver. Hafenregeln mißachtete er ebenso wie Sturmwarnungen. Auf dem endlosen Atlantik fühlte er sich zu Hause, sehr zum Mißvergnügen seines deutschen Gesellschafters Friedrich Mann: »Always der cold gray sky, always der cold gray sea ...« Er war ein begeisterter Reiter und später – halb erblindet – ein begeisterter Autofahrer. »Die Geschwindigkeit liebte er«, schrieb sein erster Biograph Don Seitz. »In Bewegung zu sein war sein nimmermüdes Vergnügen. Aus diesem Grund unternahm er lange und anscheinend zwecklose Reisen. Das Leben wurde trist, sobald er für eine Weile zur Ruhe kam. Der Gedanke an Bewegung heiterte ihn auf, und in der Bewegung war er fröhlich und liebenswürdig.« Theater- und Opernaufführungen stand er nur selten bis zum Ende durch; am liebsten hätte er die Handlung in einem Akt zusammengedrängt gesehen. Seine Nervosität und seine Ungeduld machten ihn zu einem schwierigen Vorgesetzten. Am unangenehmsten war er, wenn die Dinge glatt liefen, in kritischen Situationen konnte man leichter mit ihm auskommen. Enge Freundschaften vermied er. Mitarbeiter hielt er auf Distanz, wie Bennett kommandierte er sein Imperium am liebsten aus der Ferne. Er wußte von seiner Selbstsucht und inneren Kälte. Seiner Braut hatte er gestanden, daß er bei aller Entschlossenheit und Tatkraft ein unbeständiger, unsicherer und sprunghafter Mensch sei.[13] Sein Augenleiden wurde schlimmer und nervlich war er am Ende. Lärmempfindlichkeit und Einsamkeitsbedürfnis nahmen groteske Formen an. Die Räume über, unter und neben seinem Hotelzimmer mußten stets freigehalten werden. In seiner Villa bei Bar Harbor waren die Wände mit Steinwolle isoliert, die Fenster dreifach verglast, die Fußböden des Korridors auf Kugeln gelagert, um Erschütterungen auszuschließen. Je älter er wurde, desto ungeduldiger wurde er auch, ein schwer erträglicher, besserwisserischer Tyrann. »Go on«, hieß sein zweites Wort, »go on«.

Mit Gold-, Silber- und Kupferbergwerken hatte George Hearst sein Vermögen gemacht. Als er Gouverneur von Kalifornien werden wollte, kaufte er den *San Francisco Examiner,* um damit seine Wahl voranzutreiben. 1887 übergab er die Zeitung seinem Sohn William Randolph Hearst, genannt »Wasteful Willie«, weil er keine Kosten scheute, den *Examiner* nach Pulitzers Vorbild zu einem Massenblatt zu machen. Orson Welles hat seinen *Citizen Kane* nach ihm modelliert. Als Kind wohlhabender Eltern war Hearst von seiner Mutter zweimal mit nach Europa genommen worden. Mit 19 bezog er Harvard, wo er alles tat, ernsthaften Studien aus dem Weg zu gehen. Er wurde Geschäftsführer der satirischen Studentenzeitschrift *Lampoon* und mußte wegen einiger deftiger Streiche die Universität vorzeitig verlassen. Die Vorliebe für das Abbrennen von Brillantfeuerwerken hat er nicht mehr verloren.

Seine Leser in Erstaunen zu versetzen war sein wichtigstes Rezept als Zeitungsmacher. 1895 kaufte er das *New York Journal* und trat in den direkten Konkurrenzkampf mit Pulitzer ein. Um Hearst abzufangen, halbierte man bei der *World* den Verkaufspreis. Die Auflage stieg, aber die Gewinne gingen um zwei Drittel zurück. Hearst zog mit hohen Gehaltsangeboten die besten Journalisten zu sich herüber und stach Pulitzers Zeitung nach und nach aus. Autoren wie Mark Twain und Stephen Crane haben für ihn geschrieben. Am Ende besaß er dreißig Zeitungen, mehrere Zeitschriften, Filmstudios und Rundfunksender. »Mein Büro«, so sagte er gern, »ist dort, wo ich meinen Hut hinhänge.« Ein großer Teil seines Erfolgs rührte von der Formulierung sensationeller Schlagzeilen her. Ein bescheidenes Melodrama von Henry James wurde als Roman voller Unzucht und

Verbrechen angekündigt. Ein Bericht über archäologische Ausgrabungen erschien mit der Überschrift »Echte amerikanische Monster und Drachen«. Als Schlagzeilenpionier hat Hearst die Gestaltung amerikanischer und europäischer Zeitungen dauerhaft beeinflußt. Allerdings waren schon lange vor Hearst verschiedene Zeitungen mit zynischen Überschriften aufgefallen. Die *Chicago Tribune* wählte für ihre Berichte über Hinrichtungen am Galgen Titel wie »Füße voraus«.[14]

Am wenigsten waren die Bostoner Zeitungen geneigt, sich in den Sog der Sensationspresse ziehen zu lassen. In New York erklärte Adolph Ochs beim Kauf der *Times* im Jahr 1896, er wolle dem Journalismus die Seriosität zurückgeben. Seine Zeitung sollte nicht wie die *yellow press* den Frühstückstisch beflecken. Das war edel gedacht, aber im Vorfeld des spanisch-amerikanischen Krieges kaum durchzuhalten. Der Wettbewerb zwischen Hearst und Pulitzer erweiterte das Prinzip der Sensation um jeden Preis um die Dimension des Chauvinismus.

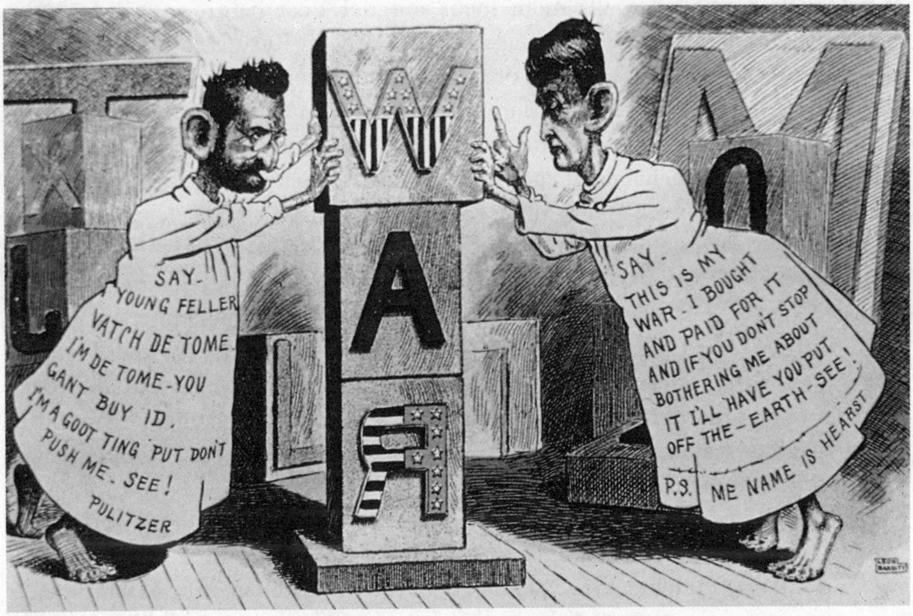

Pulitzer und Hearst als Vertreter des »yellow journalism« heizen die Kriegsstimmung an – eine Karikatur von Leon Barritt

Edward Scripps baute sein Imperium mit Zeitungen, die er im Mittelwesten und an der Pazifikküste gegründet oder gekauft hatte. 1890, im Alter von 36 Jahren, zog er sich aus dem aktiven Journalismus zurück und dirigierte sein Reich fortan aus der Ferne. Er lebte in der Nähe von San Diego, im äußersten Südwestzipfel der

Vereinigten Staaten, und pries von dort aus die Tugenden des »common man«, wollte aber lieber verdammt sein, als in dessen Nähe zu geraten. »Die Einsamkeit meines Lebens ist groß«, schrieb er, weil die Reichen ihn als Renegaten verachteten und die Armen ihn mit Grund zu den Reichen zählten.[15] Gegen Ende seines Lebens tat er es Pulitzer und Bennett nach und kreuzte mit seiner Yacht auf hoher See.

Comstockery

Der *Comstock Act* von 1873 ist eines der wenigen Gesetze, das den Namen seines Lobbyisten trägt. Einem damals 29jährigen Vertreter der New Yorker *Young Men's Christian Association* (YMCA), Anthony Comstock, war es gelungen, den Kongreß zur Annahme einer Vorlage zu bewegen, die unmoralische Schriften aller Art vom Postversand ausschloß. 1876 wurde das Gesetz verschärft. Verhütungsmittel durften nun ebenfalls nicht mehr mit der Post befördert werden. Der *Comstock Act* hat, theoretisch wenigstens, heute noch Rechtskraft. Der Postversand jedes auf irgendeine Weise als obszön empfundenen Gegenstands wurde dort verboten. Comstock wurde zum ehrenamtlichen Spezialagenten des Postministeriums ernannt; erst im Alter nahm er Geld für diese Tätigkeit, die er mit außergewöhnlicher Beharrlichkeit und mit beträchtlichem Erfolg ausübte. Er hatte nun die Macht, Schmutz und Schund, oder was er dafür hielt, aus dem Verkehr zu ziehen, und er konnte mit der moralischen und materiellen Unterstützung seiner Zeitgenossen rechnen, darunter der Bankier J. P. Morgan und der Seifenfabrikant Samuel Colgate. Die *New York Times* stellte sich hinter seine Sache. Im ganzen Land wurden Ausschüsse zur Wahrung der Moral gegründet, so die Bostoner *Watch and Ward Society* oder die *Society for the Suppression of Vice* in Comstocks eigenem Hauptquartier, dem New Yorker Haus für christliche junge Männer. Ein Staatsanwalt tat kund, »die Vereinigten Staaten sind eine einzige große Gesellschaft zur Unterdrückung des Lasters«.[16]

Anthony Comstock wurde in New Canaan (Connecticut) geboren. Seine Mutter starb, als er zehn Jahre alt war. Beim Militär verlachte man ihn, weil er weder trank noch fluchte. Gewissenhaft trug er ins Tagebuch seine Machtphantasien und seine auto-erotischen Versuchungen ein. Er blieb ungebildet, fanatisch, provinziell und patriotisch. Italien und Frankreich standen für ihn unter dem Fluch der Lust, Amerika mußte anders sein oder anders werden. Seine Frau, zehn Jahre älter als er, war nach dem Tod ihres ersten Kindes zu alt und zu schwach für eine weitere Empfängnis.

Noch ehe der *Comstock Act* ein Jahr in Kraft war, konnte sein Initiator die erste Erfolgsmeldung hinausgehen lassen: über 134000 Pfund* Bücher waren konfis-

* eigentlich pounds; 1 pound = 453,6 g

ziert, 14200 Druckplatten und 60000 »Gummiartikel«. Nach Comstocks eigenen Angaben belief sich die Erfolgsbilanz allein des New Yorker Moralvereins auf 27584 Pfund Bücher, bestehend aus 165 verschiedenen Buchtiteln; 22354 Pfund Zeitungen; 1376939 Pfund Flugblättern und Broschüren; 105280 Briefen. Am Ende eines tatkräftigen, mit buchhalterischer Genauigkeit geführten Lebens konnte Comstock auf die Vernichtung von schätzungsweise fünfzig Tonnen Büchern und vier Millionen Bildern zurückschauen.[17]

Im November 1872 war die Free-Love-Anhängerin Victoria Woodhull verhaftet worden. Sie hatte in *Woodhull and Claflin's Weekly* über die Affäre des angesehenen Predigers Henry Ward Beecher mit der Ehefrau seines Protegés berichtet und bei dieser Gelegenheit die Heuchelei des Bürgertums aufs Korn genommen. Comstock, als Interessenvertreter des YMCA, hätte gern gesehen, daß sie verurteilt wird, aber die gesetzlichen Bestimmungen bis hin zum *Comstock Act* erstreckten sich nicht auf Periodika. Woodhull mußte freigesprochen werden. Möglich, daß Comstock sich mit einem erweiterten Gesetz für die Niederlage rächen wollte. Jedenfalls wurde er nach seiner eigenen Erinnerung in eben diesem Jahr von der Vorsehung dazu bestimmt, die undankbare Aufgabe zu übernehmen, die Gesellschaft von anstößiger Literatur zu befreien. Comstock vermochte sich wie kein zweiter in die vermeintlich physiologischen Folgen unmoralischer Lektüre gerade junger Menschen hineinzudenken: Die Lust ennerviere den Arm und raube dem Menschen den elastischen Schritt; dazu träten die gesellschaftlichen Konsequenzen, denn die Lust sei der Begleiter aller übrigen Verbrechen. Comstock verfügte über eine breite Kasuistik zur Erhärtung seiner Thesen. Zu seinen traurigsten Fällen zählte er die Geschichte einer Achtzehnjährigen, die von einer stadtbekannten Kupplerin per Post mit »certain foul matters« bedacht worden war und sich nach deren Lektüre sozusagen postwendend zum Sterben hingelegt habe.[18]

Comstock rühmte sich, die Verhaftung von dreitausend Schmutz- und Schundfabrikanten durchgesetzt zu haben. Ezra Heywood, der in *Cupid's Yokes* die Ehe als Liebestöter dargestellt hatte, wurde 1878 zu zwei Jahren Schwerarbeit verurteilt. Der Buchhändler, bei dem Comstock sich unter falschem Namen ein Exemplar beschafft hatte, erhielt dreizehn Monate Gefängnis. Comstock hat sich oft persönlich mit dem Haftbefehl in der Hand und in Begleitung eines US-Marshals auf den Weg gemacht. Einem Arzt, der obszöne Schriften versandt haben sollte, folgte er bis in den ersten Stock seines Hauses. Gegen Trinker, Spieler, Abtreiber und Präservativverkäufer war er mit körperlichem Einsatz vorgegangen. Einmal erhielt er einen Stich in die Wange, noch als Greis war er verprügelt worden. Widerstand hatte ihn darin bestärkt, es mit dem Satan zu tun zu haben, als Streiter Gottes war er bereit, jedes Opfer auf sich zu nehmen.

Es ist ein Kennzeichen fanatischer Zensoren – die Linie reicht bis zu Joseph McCarthy –, ihre Opfer in den physischen Ruin zu treiben. Mit Stolz verwies

Comstock auf die fünfzehn Personen, die aufgrund seiner Verfolgung starben, durch Herztod aus Aufregung oder Freitod aus Scham und Verzweiflung. Madame Restell, eine Abtreiberin, die damit gedroht hatte, die New Yorker Society zu erpressen, nahm sich nach ihrer Verhaftung das Leben. Ida Craddock, die Verfasserin eines religiös-erotisch inspirierten Ratgebers für Jungverheiratete (*The Wedding Night*), brachte nach ihrer Verhaftung drei Monate in Staatsgefängnissen zu und beging vor der Urteilsverkündung Selbstmord. Dieser Vorfall – Craddock war geistesgestört – hat die öffentliche Meinung gegen Comstock gekehrt, der seinen Kreuzzug freilich unverdrossen fortführte. Anleitungen zur Empfängnisverhütung waren vom Postversand ausgeschlossen. Deswegen wurde Margaret Sangers Zeitung *The Woman Rebel* 1914 auf den Index gesetzt. Sanger ging ins Ausland. Comstock schickte einen Spitzel zu ihrem Mann und ließ um Material über Geburtenkontrolle bitten, worauf Mr. Sanger verhaftet und eingesperrt wurde. George Francis Train provozierte Comstock mit einer sensationell aufgemachten Broschüre aus »obszönen« Bibelstellen. Er wurde verhaftet, später als geistesgestört entlassen. Der Preis seines Pasquills stieg von fünf Cents auf einen Dollar. Mochte Robert Ingersoll dem amerikanischen Großinquisitor den Fehdehandschuh hinwerfen, mochte Emma Goldman einen seiner Vorträge durch Zwischenrufe stören – Comstock gab nicht nach.

Erste Interpreten haben Comstock als unfreiwilligen Zeugen für die Harmlosigkeit obszöner Schriften genommen. Dreißig Jahre lang hat er Schmutz und Schund konsumiert und ist doch reiner geblieben als alle anderen. Gleichwohl deutet einiges darauf hin, daß Comstock in seiner Eigenschaft als Lordsiegelbewahrer der nationalen Keuschheit die Anfechtungen kannte, die er beschrieb und bekämpfte.[19] Wenn Comstock vom Onanieskrupulanten zum fanatischen Zensor wurde, trifft auf ihn ein Mechanismus zu, der in der Psychoanalyse wohlbekannt ist.

Die von Comstock betriebene Zensur mußte aufs kulturelle Niveau drücken. Comstock machte die USA vor aller Welt lächerlich, sagte George Bernard Shaw, weil er den endgültigen Beweis für die Rückständigkeit der Amerikaner lieferte, nachdem die Europäer schon immer den Verdacht gehegt hatten, Amerika besitze die Kultur einer zweitklassigen Provinzstadt. Shaw erfand den Begriff »Comstokkery«, und zwar noch ehe *Mrs. Warren's Profession* in Amerika Corpus delicti eines Gerichtsverfahrens wurde. Für Comstock war Shaw ein irischer Schmutz- und Schundhändler. Shaw reagierte typisch: »Comstock hat seine Absicht erklärt, mich verbieten zu lassen. Er tut gut daran, denn wenn er es nicht tut, werde ich ihn leider so schockieren müssen, daß er den Verstand verliert.«[20]

Eine enge Verknüpfung von Zensur und puritanischem Erbe ist problematisch. Wie wären dann die zensierten katholischen Bibeln zu erklären? Ebensowenig kann man die Zensurwut der Amerikaner als isoliertes kulturelles Merkmal hinstellen. Comstockery gedieh in einem Milieu, das anderen Ländern nicht fremd war. In England sprach man seit Beginn des 19. Jahrhunderts vom »Grundyism«.

Damit war eine moralische Positur gemeint, wie sie Thomas Morton in der Komödie *Speed the Plough* (1798) karikiert hatte. Außerdem fußten die Rechtsgrundlagen amerikanischer Zensoren auf britischen Gerichtsurteilen. Von zentraler Bedeutung für Comstock und seine Helfer und Nachfolger war hier der Hicklintest. Hicklin hatte mit der Absicht, Katholiken aus dem britischen Parlament fernzuhalten, ein antikatholisches Traktat mit dem Titel *The Confessional Unmasked* veröffentlicht. Die Auszüge aus Ohrenbeichten, die diese Schrift enthielt, erregten Anstoß bei der Justiz. In der Sache *Regina gegen Hicklin* (1868) kam ein Richter mit dem einprägsamen Namen Cockburn in Abwandlung des *Common law* zu einer Definition des Begriffs »obszön«, die auf Kinder und Debile abgestimmt war. Amerikanische Richter machten gerne davon Gebrauch. Bei strikter Anwendung hätte der Hicklintest Literatur und Kunst auf das Niveau des Kleinkinderhorts abgesenkt.[21]

Walt Whitman verlor um diese Zeit, 1865, seine Stelle im Innenministerium, weil er mit *Leaves of Grass* ein »indecent book« geschrieben hatte. Ezra Heywood wurde 1882 von Comstock ein zweites Mal belangt. Diesmal hatte er als Buchhändler Whitmans Gedichte vertrieben, darunter »A Woman Waits for Me« und »To a Common Prostitute«. Vor der Jahrhundertwende sind die *Leaves* in Philadelphia öffentlich verbrannt worden. Richard Strauss' *Salome* wurde 1907 in Boston verboten. Dort war Comstock in der *Watch and Ward Society* aktiv. Ein Werk von Havelock Ellis mußte 1913 auf Comstocks Verlangen in Amerika aus dem Verkehr gezogen werden.

Die Geschichte der Zensur verläuft in Arabesken. Der Roman *The Rainbow* von D. H. Lawrence wurde 1915 in England vernichtet, ein Jahr später in Amerika nachgedruckt, in Großbritannien erst 1926 wieder zugelassen – in bereinigter Fassung. Mark Twains pornographische Schrift *1601* blieb unbehelligt, und nicht nur deswegen, weil die erste Ausgabe als Privatdruck erschien. Das recht deftige kleine Werk hat Mark Twain im Sommer 1876 zwischen *Tom Sawyer* und *Huckleberry Finn* verfaßt. 1882 ist es von einem Freund an der Militärakademie West Point in hundert Exemplaren gedruckt und anschließend über diplomatische Kanäle an ausländische Potentaten verteilt worden. So wurde der Zoll umgangen, die einzige Bundesbehörde, die außer der Post obszönes Material konfiszieren durfte. Mark Twain hat dieses Buch mit dem vollen Titel *Conversation at the Social Fireside as it was at ye time of the Tudors temp. circ. 1601* mit einiger Genugtuung betrachtet: »Wenn es ein anständiges Wort enthält, dann nur deswegen, weil ich es übersehen habe.«[22]

1916 wurde der Buchhändler Halsey vor ein New Yorker Gericht gestellt, weil er Théophile Gautiers *Mademoiselle de Maupin* feilgeboten hatte. Er wurde, auch in der Revisionsverhandlung von 1922, freigesprochen, weil an Klassiker andere Maßstäbe anzulegen seien als an die Tagesliteratur. Damit war der Hicklintest aber nur scheinbar aufgehoben. Denn ein anderer Klassiker, die um 1750 entstandenen

Memoirs of a Woman of Pleasure, kurz »Fanny Hill« genannt, wurde vom obersten amerikanischen Gericht erst 1966 freigegeben – 145 Jahre nachdem in Massachusetts zwei Buchhändler für sechs Jahre ins Gefängnis mußten, weil sie John Clelands Werk an Bauern verkauft hatten.[23]

VII. Kapitel

KAPITAL UND ARBEIT

Die wirtschaftliche Expansion nach dem Bürgerkrieg ging in erster Linie auf die großen Investitionen im Eisenbahnbau zurück. Die Eisenbahngesellschaften erhielten unter dem *Homestead Act* vor 1890 drei- bis viermal so viel Land zugesprochen wie die Familien, für die das Gesetz eigentlich gedacht war. Europäischen Geldanlegern blieben die guten Möglichkeiten nicht verborgen. »Manch Kapital, das heute in den Vereinigten Staaten ohne Geburtsurkunde auftritt«, schrieb Karl Marx, »ist erst gestern in England kapitalisiertes Kinderblut.« Die raschen Bewegungen auf dem Kapitalmarkt und die Erschließung neuer Regionen begünstigten fast alle Branchen der Wirtschaft. Der Erntemaschinenhersteller McCormick steigerte zwischen 1850 und 1900 seine Belegschaft von 150 auf 4000 Angestellte. Der hektisch vorangetriebene Ausbau des Eisenbahnnetzes führte aber auch zu einer Konjunkturüberhitzung. In verschiedenen Industriezweigen hielt die Produktion mit dem Absatz nicht Schritt. Trotz einer schweren Finanzkrise im Jahr 1873 stieg das Realeinkommen jedoch zwischen 1869 und 1879 um nicht weniger als 60 Prozent. Die Massenfabrikation von Gütern, die sich jetzt mehr und mehr durchsetzte, ging auf Kosten der Qualität. Woolworth eröffnete 1879 seinen ersten »five-and-ten cent store«. Unerkennbar sei die Tendenz der Industrie, schrieb die *North American Review*, ihre Artikel schöner aussehen zu lassen als sie wirklich waren und sie über Wert zu verkaufen.[1]

Bereits vor dem Krieg hatte man ironisch von den »Oberen Zehntausend« gesprochen.[2] Doch die wirkliche Geldaristokratie formierte sich erst jetzt: die Eisenbahnkönige Gould, Whitney und Harriman, der Ölmillionär Rockefeller, die Stahlmagnaten Carnegie und Guggenheim, der Munitions- und Chemikalienfabrikant DuPont oder der Großbankier J. P. Morgan. Weniger als zehn Prozent der Reichen waren Selfmademen, über zwei Drittel hatten den Grundstock ihres Vermögens geerbt, der Rest war nach Informationen des seit 1890 geführten *Social Register* aus dem Mittelstand aufgestiegen.

Als echter Selfmademan konnte Andrew Carnegie auftreten. Er war 1848 als Dreizehnjähriger aus Schottland nach Pennsylvania gekommen, gut fünfzig Jahre später verkaufte er seine Geschäftsanteile für eine Viertelmilliarde Dollar. Carnegies *Gospel of Wealth* (1889) verkündete eine simple Philosophie: In der ersten Hälfte des Lebens hatte man Geld zu verdienen, in der zweiten war es auszugeben. Moralische Skrupel mußte ein reicher Mann nicht haben. Die Regierungen und ihre Präsidenten identifizierten sich mit den Interessen des Kapitals. Die Bevölkerung bewunderte Carnegie als einen mustergültigen Erfolgsmenschen, auch wenn man im selben Atemzug den von ihm aufgebauten Stahltrust verdammte. J. P. Morgan wäre es nicht in den Sinn gekommen, daß er durch die Konzentration von Vermögen in einer Hand überkommene Wirtschaftsstrukturen auflöste und vielen anderen ihre Chance raubte.[3]

Die Herren des Kapitals nahmen die Attitüde von Feudalherren an. Der Schlafwagenhersteller George Pullman sprach von seinen Arbeitern als »meinen Kindern«. Die Firmenleitung der gewaltigen Textilfabrik Amoskeag in New Hampshire bestimmte über fast alle Lebensbereiche ihrer Betriebsangehörigen. Sie stellte die Wohnung zur Verfügung, veranlaßte die medizinische Versorgung und organisierte die Erholung. »Die Amoskeag«, erinnerte sich ein schottisch-amerikanischer Arbeiter, »war eine Fortsetzung des alten Feudalsystems, wo der Landlord für Hunderte von Leuten sorgte, die für ihn arbeiteten oder mit ihm verbunden waren.« Lenins Ferndiagnose war falsch. Er meinte, die Auswanderung nehme die Arbeiter »aus halbfeudalen Umständen heraus und gliedert sie in die Reihen des fortgeschrittenen internationalen Proletariats ein«.[4]

Die Industrialisierung, hatte Tocqueville geahnt, drohe, die Menschheit zur Aristokratie zurückzuführen. »Je durchgreifender der Grundsatz der Arbeitsteilung angewandt wird, umso schwächer, beschränkter und abhängiger wird der Arbeiter.« Auch Thoreau hatte vor den Gefahren der Arbeitsteilung gewarnt, die jetzt mit großem Eifer praktiziert wurde. Technische Neuerungen und Rationalisierungsbestrebungen trieben den Prozeß voran. Die Erfindung der Sohlendurchnähmaschine splitterte das Schuhmacherhandwerk alten Stils in Dutzende von Einzeltätigkeiten auf. Die Arbeiter in den Großschlächtereien verrichteten immer nur einen von 150 möglichen Arbeitsgängen. Die Monotonie habe ihr Gutes, sagten die Unternehmer, sie discipliniere die Sorglosen und veranlasse die Tüchtigen, sich aus ihrer Klasse zu erheben und sich nach etwas besserem umzusehen.[5]

In den Einwanderervierteln New Yorks erhielt eine Näherin für 100 gesäumte Knopflöcher nicht mehr als acht bis zehn Cents Lohn. Einem Schneider brachte ein Arbeitstag 39 Cents ein, sofern es ihm gelang, in dieser Zeit drei Paar Hosen fertigzustellen. Die Arbeitgeber sahen im Stücklohn nur Vorteile. Akkordarbeit macht frei, sagten sie, denn jeder habe hier sein Glück selbst in der Hand, könne Arbeitstempo und Verdienst selbst bestimmen. Frederick Taylor begann in den 1880er Jahren mit seinen Zeit- und Bewegungsstudien, die den Arbeitern beibringen sollten, sich aus der Masse herauszulösen, mehr Lohn und einen höheren Status zu erstreben. Den Chefs war durch die exakte Zergliederung des Produktionsprozesses die Möglichkeit gegeben, jeden einzelnen Arbeiter getrennt zu überwachen und zu beurteilen. Dadurch, so Taylor, werde nach und nach die Individualität wiederhergestellt.[6]

Ein Bremser bei der Eisenbahn verdiente 1877 für zwölf Stunden gefährlicher Arbeit 1,75 Dollar. Eine gesetzliche Unfallversicherung gab es nicht. Den frühen Eisenbahnergewerkschaften ging es unter diesen Bedingungen mehr um die soziale Absicherung bei Arbeitsunfähigkeit oder um die Versorgung der Hinterbliebenen im Todesfall – die »post-mortem security« – als um Arbeitszeitverkürzung oder Tarifautonomie. Die öffentliche Rhetorik pries den Wert der Arbeit, und die Folklore propagierte Arbeitshelden à la John Henry, der beim Bau eines Eisenbahntunnels mit bloßen Muskelkräften gegen einen Dampfbohrer angetreten war. Im Alltag aber spürte der Arbeiter, daß er in geringem Ansehen stand. Man versprach ihm »upward mobility« ohne für seine Fortbildung zu sorgen. Vor dem Krieg war in den Betrieben manchmal ein junger Bub eingestellt worden, um den Arbeitern vorzulesen. Derlei beschauliche Szenen paßten zum beschleunigten Arbeitstempo nicht. Die neue Arbeitsethik erlaubte keine schöpferischen Pausen. In der Ratgeberliteratur stand zu lesen: »The boy of success is always busy – busy studying, busy working, busy playing, busy resting.«[7] Der gesellschaftliche Rang älterer Menschen nahm zusehends ab, weil sie das verschärfte Tempo nicht mitzuhalten vermochten.

Horace Greeleys Ruf »Go West!« konnten die mittellosen Arbeiter und Arbeiterinnen der Fabrikstädte am wenigsten befolgen. Was nicht heißt, daß sie immer am selben Arbeitsplatz ausharrten. Aber mit dem häufigen und oft abrupten Wechsel der Arbeitsstelle ging nicht notwendig eine wirtschaftliche oder soziale Verbesserung einher. Die Chefs beklagten sich bitter über die ausgeprägte Mobilität der Arbeiterschaft und über die hohen Fehlzeiten. Die nomadenhaften Angewohnheiten der Arbeiter, sagten sie, beeinträchtigten die Produktivität und den Betriebsfrieden. In den neueren, aufstrebenden Städten Atlanta, Los Angeles und Omaha arbeitete sich jeder fünfte binnen zehn Jahren vom *blue collar* zum *white collar worker* hoch, in älteren Gemeinden wie Boston jeder sechste. Noch war Boston eine Stadt, in der die Lowells nur mit den Cabots sprachen und die Cabots nur mit Gott. Der soziale Aufstieg erfolgte in der Regel innerhalb derselben Klasse, die wenigsten schafften den Sprung vom Arbeiter zum Unternehmer. Irische Einwanderer, die sich anmaßten, die ersten Sprossen der Erfolgsleiter zu erklimmen, wurden als »very irishtocratic« belächelt. Gescheiterte durften Mitgefühl nicht erwarten. Der Pädagoge Horace Mann hatte in den 1840er Jahren in der Arbeitslosigkeit ein Problem gesehen, das sich mit Intelligenz wohl lösen ließ. Nach 1870 unterbreitete die *Chicago Tribune* den Vorschlag, die Arbeitslosen mit »ein wenig Strychnin oder Arsen« zu behandeln.[8]

Europäische Reisende hatten sich vor dem Bürgerkrieg vom sozialen Klima und den hygienischen Verhältnissen in amerikanischen Städten mitunter sehr angetan gezeigt. Die Straßen waren nicht allzu schmutzig, die Trottoirs gut gepflastert. Trotz verschiedener Choleraepidemien lebte man wahrscheinlich gesünder als in europäischen Industriestädten. Ein Engländer notierte, daß es in New York weit weniger Bettler gab als in London. In Memphis sah man keine jungen Männer untätig an den Ecken herumstehen. Zwar konnte niemand die unterernährten, von Würmern befallenen *poor whites* in den ländlichen Regionen des Südens übersehen. Aber die Städte waren anscheinend frei von der bittersten Not, und der europäische Besucher fühlte sich dort vergleichsweise sicher und unbelästigt. Dieses Bild ist damals schon um einiges zu idyllisch gewesen. Ein New Yorker Rechtsanwalt, der nicht den Eindruck eines Hitzkopfs machte, hatte 1852 eine private Bürgerwehr gefordert, um der Rowdies und Kriminellen auf den Straßen Herr zu werden. In den Schuldgefängnissen saßen Zehntausende von Amerikanern ein, die oft nur geringe Beträge, manchmal weniger als einen Dollar schuldeten. Nach dem Krieg begann sich die soziale Situation zu verschlechtern. Neben den neuen Reichen entstanden nämlich auch die neuen Armen. Die armutsbedingte Kriminalität nahm zu. Die Kriegs- und Nachkriegswirren hatten ihren Anteil daran. Gleich nach Lincolns Tod war das Weiße Haus von Plünderern heimgesucht worden. Unsichere Arbeitsplätze und die hohe Mobilität beeinträchtigten den Bürgersinn und förderten die Gesetzlosigkeit.[9]

In der Wirtschaftskrise von 1893 fallierten 600 Banken, 15 000 Betriebe machten Bankrott, 74 Eisenbahngesellschaften wurden Konkursverwaltern übergeben. Eine vierjährige Depression mit hoher Arbeitslosigkeit setzte ein. Jacob Coxey, ein Fabrikant aus Ohio, plädierte zur Arbeitsbeschaffung für die Ausgabe zinsloser Schuldverschreibungen, um den Straßenbau und andere Projekte anzukurbeln. Coxeys Zeitschrift *Cause and Cure* brachte auf dem Titel das Bild eines Mannes mit Zahnrädern im aufgeklappten Gehirn; ein kleines Mädchen sagte: »Papa, ich will daß sich die Räder drehen.« Um seinen Forderungen Nachdruck zu verleihen, organisierte Coxey 1894 einen Protestmarsch von Arbeitslosen aus Washington. Der neunzehnjährige Jack London schloß sich »Coxey's Army«, dieser »Petition in Stiefeln«, an. 400 erreichten das Capitol. Coxey wurde wegen Betreten des Rasens festgenommen. Im selben Jahr erklärte der Kongreß den ersten Montag im September jedes Jahres zum gesetzlichen Feiertag: *Labor Day*.

Soziale Reformer

Das pennsylvanische Pönitentiarsystem verurteilte Straftäter zu Untätigkeit und brachte sie auf Selbstmordgedanken. Schopenhauer hat sich darüber empört. In den Südstaaten konnten Schuldner noch bis 1860 eingesperrt werden. Privatunternehmer durften Häftlinge für besonders riskante, manchmal lebensgefährliche Arbeiten anmieten. Geistesschwache waren meistens in Gefängnissen untergebracht. Die Sonntagsschullehrerin Dorothea Dix untersuchte vor dem Bürgerkrieg zwei Jahre lang die Zustände in den Zuchthäusern von Massachusetts und stellte fest, daß man geisteskranke Menschen gemeinhin als sündig, pervers oder bösartig betrachtete, sie angekettet und nackt in Käfigen und Kellern hielt und mit Ruten peitschte. Eine Denkschrift an das Parlament von Massachusetts bewirkte, daß eines der Asyle für Geisteskranke vergrößert wurde, von denen 1840 in den gesamten USA nur acht existierten. Dorothea Dix – Tochter eines Alkoholikers und bei einer Großmutter aufgewachsen – widmete ihr Leben der Gefängnis-, Krankenhaus- und Asylreform. 1869 wurde in Massachusetts das erste staatliche Gesundheitsamt eingerichtet, drei Jahre später kam es zur Gründung der *American Public Health Association.* Eine ernsthafte Gefängnisreform wurde mit dem *New York State Reformatory* in Elmira (1877) ins Werk gesetzt, ein modernes Gegenstück zu dem 1826 gegründeten Staatsgefängnis in Ossining am Hudson River (Sing-Sing).

In Deutschland rief Bismarck den Reichstagsabgeordneten zu: »Sie werden genötigt sein, dem Staat ein paar Tropfen sozialen Öls beizusetzen; wieviel, weiß ich nicht.« In Amerika neigte man dazu, die Lösung sozialer Probleme privater Initiative zu überlassen und nur in drastischen Fällen zu kollektiven Maßnahmen zu greifen. Dix lehnte Organisationen ab, sie paßte in kein System, sie war als »Ein-Frau-Kommando« unterwegs. Edwin Godkin von der Zeitschrift *The Nation* stellte sich hinter die Forderung nach Arbeiterkooperativen, um auf diesem Wege ein Commonwealth aus lauter kleinen Kapitalisten zu schaffen. Zwischen den Kooperativen, schrieb die *North American Review,* sollte freier Wettbewerb nach marktwirtschaftlichen Gesetzen herrschen. Das war amerikanisch gedacht. Laurence Gronlund stellte Marx seinen Landsleuten in popularisierter Form vor und ließ in seiner Darstellung den Klassenkampf einfach weg.[10]

Nun war es den intelligenteren Beobachtern keineswegs entgangen, daß die Chancen für den Aufstieg vom Arbeiter zum Kapitalisten von Jahr zu Jahr ungünstiger wurden. Joseph Wedemeyer, ein aus Deutschland vertriebener »Achtundvierziger«, hatte bereits 1852 in der New Yorker *Turn-Zeitung* geschrieben: »Die Akkumulation des Kapitals schadet der Gesellschaft nicht; der Schaden liegt vielleicht darin, daß das Kapital den Interessen von einigen wenigen dient. Wenn die Bourgeoisie die erste Aufgabe erfüllt hat, ist es die Aufgabe des Proletariats, die Verhältnisse, die ins Chaos geführt haben, zu beenden.« Margaret Fuller bezeichnete sich öffentlich als begeisterte Sozialistin. Nur der Sozialismus könne die Probleme der Zeit lösen. Privat dachte sie anders. Dem sozialistischen Brook-Farm-Experiment, von ihr mitgeplant, kehrte sie den Rücken. Eine Lösung sah sie nicht nahen, schon gar nicht im Kollektiv. Dorothea Dix hielt sich für den einzig wachen Passagier auf einem sinkenden Schiff. Es ist merkwürdig, daß die geistigen

Wortführer des angeblich so optimistischen Amerika »durchweg alles andere als zuversichtlich« waren.[11]

Die *North American Review* zog am Ende der Aufbauphase nach dem Bürgerkrieg einen Vergleich zwischen Europa und Amerika und sah einen neuen Absolutismus heraufziehen: mit einer Geldaristokratie statt des alten Landadels. Henry George machte landhungrige Bodenspekulanten als Verursacher der neuen Armut namhaft. In seiner vielgelesenen Analyse *Progress and Poverty* (1879) forderte er eine »single tax« auf »unverdiente« Profite im Immobiliengeschäft, um die »absolut nutzlosen« Grundbesitzer in die Schranken zu verweisen und die wirtschaftlichen Erträge denen zu geben, die sie erarbeitet hatten. Für Karl Marx war *Progress and Poverty* ein »letzter Versuch, die Kapitalistenherrschaft zu retten«.

Die *Greenback Labor Party* trat gegen das Bankenmonopol an und verlangte eine erweiterte Zirkulation der »grünen« Papierdollars. »Das Kapital sollte der Diener der Arbeiter sein und nicht ihr Herr«, sagte General James Weaver, der Präsidentschaftskandidat der Partei im Wahlkampf des Jahres 1880. Nach Ansicht der Greenbackers profitierten die Banken auf Kosten des Allgemeinwohls von der öffentlichen Verschuldung. Denn der Steuerzahler mußte die Zinsen für die Staatsanleihen erbringen und obendrein das finanzielle Risiko tragen. Henry Demarest Lloyd zog in »The Story of a Great Monopoly« (1881) und *Wealth Against Commonwealth* (1894) gegen die Standard Oil Company und andere Monopolfirmen zu Felde. Lloyd vermied es, ebenso wie andere Reformer, als Klassenkämpfer aufzutreten. Nach seinem Verständnis bestand das wahre Klassenbewußtsein darin, »gegen alle Klassen zu sein«, und so definierte er sich als »socialist-anarchist-communist-individualist-collectivist-co-operative-aristocratic-democrat«.[12]

Die Gesellschaft habe sich von der Autokratie über die Aristokratie zur Demokratie entwickelt und befinde sich momentan in den Fängen der Plutokratie, mahnte Lester Ward, der sich mit *Dynamic Sociology* (1883) als Amerikas erster moderner Soziologe einführte. Ward war ursprünglich Geologe und Paläontologe mit einem starken Interesse für Biologie, Anthropologie und andere Wissenschaften. Anders als Darwin und Spencer glaubte er nicht an den deterministischen Charakter der Evolution. Der menschliche Geist kann die Zukunft planen, er wird »telisch«, das heißt, er schreitet vom passiven zum aktiven Evolutionsprozeß fort. Diese Fähigkeit des Menschen erlaubt es, den Fortschritt systematisch zu planen. Dagegen erschien ihm die darwinistische Idee des »survival of the fittest« eher fortschrittshemmend. Gerade die Ausschaltung des Wettbewerbs bringe die besten Ergebnisse zuwege, das zeige der Getreideanbau ebenso wie die Kultivierung von Obstbäumen oder die Haltung von Haus- und Nutztieren. Die Aufgabe des Menschen bestehe darin, biologische Kräfte unter Kontrolle zu bringen und sich nicht dem blinden Wettbewerb in der Natur zu ergeben. Die Zukunft liege im

Wissen. Mittelmäßige könnten ihre Anlagen verdoppeln oder verdreifachen, aus dem Prairieboy werde eine Weltberühmtheit, sofern er nur die rechte Ausbildung erfährt und frei ist von wirtschaftlichen Zwängen. Mit einem Satz: Die Evolution könne vom Menschen gesteuert werden. Die langsamen und verlustreichen Prozesse im Kosmos und in der Biologie müßten nicht notwendig ihre Wiederholung in der Gesellschaft finden. Das kombinierte Wissen aller menschlichen Wesen, die Organisation der gesellschaftlichen Kräfte werde die bisherigen Regierungsformen einschließlich der Plutokratie überwinden und die »Soziokratie« herbeiführen. Voraussetzung dafür seien Regierungen, die sich auf die soziale Wohlfahrt konzentrieren. Ward schlug vor, in Washington eine große Akademie für Sozialwissenschaften mit regierungsberatender Funktion einzurichten.[13]

Lester Wards Soziologie war ein Amalgam aus paläontologischen, biologischen und psychologischen Erkenntnissen, aus Hegels Dialektik, Wilhelm Wundts »Kreativer Synthese« und Auguste Comtes Vorstellungen von einer soziologisch bestimmten Planung der Zukunft. Seine dynamische, zielgerichtete Auffassung von Soziologie kümmerte sich mehr um soziale Funktionen als um soziale Strukturen. Nachdem der Geist des Menschen ebenfalls Teil des Kosmos ist, sah er keinen Grund, sich passiv in einen mechanistischen Weltablauf zu schicken. Diese Auffassung teilte er mit den »Reformdarwinisten« Richard Ely und Francis Giddings. Als Inhaber eines Lehrstuhls für Soziologie – seit 1906 an der Brown University in Rhode Island – galt Wards Hauptinteresse den Anwendungsmöglichkeiten seines Fachs. Spätere Interpreten haben in ihm sogar einen amerikanischen Aristoteles gesehen.

Protestantische Geistliche setzten ab den 1880er Jahren dem Sozialdarwinismus das *social gospel*, das Soziale Evangelium, entgegen. Der kongregationalistische Pastor Washington Gladden verteidigte mit der Lehre Jesu das Recht der Arbeiter, sich zu organisieren und ihre Forderungen durchzusetzen. Unternehmer und Arbeiterschaft sollten in christlicher Nächstenliebe ohne Streiks und Gewalt wieder zusammenfinden. »Der Wettbewerb ist artgleich dem Krieg«, heißt es in seiner Schrift über »angewandtes Christentum«. Gladden betonte die Bedeutung kollektiver Glaubenserfahrung. Der Baptist Walter Rauschenbusch kritisierte die Einzelbekehrungen durch Revivalisten wie Dwight Moody und plädierte für eine kollektive Christenschaft.[14] Rauschenbusch hatte zwischen 1886 und 1896 als Pastor einer Kirche in einem New Yorker Elendsviertel die soziale Not der Arbeiter kennengelernt. Kirche und Kapital waren für ihn nicht Freunde, sondern Feinde. Er und andere Protestanten vom radikalen protestantischen Flügel stellten den christlichen Begriff der sozialen Gerechtigkeit in den Mittelpunkt ihrer Tätigkeit. Jesus galt ihnen als der erste Sozialist, die Apostelgeschichte lieferte die Argumente. Rauschenbusch verlangte als Professor für Kirchengeschichte – seit 1897 am Theologischen Seminar in Rochester – die Evolution zu einem christlichen Commonwealth. Eine Versöhnung zwischen dem Mammon des Industriekapitalismus und dem Christentum konnte es für ihn und die Anhänger des Sozialen Evangeliums nicht geben.

Von den rund 100000 protestantischen Pfarrern interessierten sich allerdings nur ein paar hundert aktiv für die Belange der Arbeiter. Die katholische Kirche stieß in dieses Vakuum und erweiterte ihre Betreuung der Armen. Ihre arbeiterfreundliche Haltung und die Einwanderung aus katholischen Ländern brachte ihr nach 1880 starken Zuwachs. James Gibbons, Erzbischof von Baltimore und seit 1886 Kardinal, förderte die Assimilierung katholischer Einwanderer, nahm den Arbeiterbund *Knights of Labor* gegen den Papst in Schutz und begründete in Washington die *Catholic University of America* (1889).

Armut und Kriminalität an Manhattans Mulberry Street, fotografiert von Jacob Riis (1888)

Armut und Arbeitslosigkeit wurden zu permanenten sozialen Problemen. Die karitative Heilsarmee, 1865 in England gegründet, organisierte sich 1880 auch in den USA. Der aus Dänemark eingewanderte Journalist Jacob Riis recherchierte in den Ghettos der Armut und schrieb eine bewegende Reportage über die Lebensweise am Rande des Existenzminimums. Riis bediente sich einer Technik, die man später Sozialphotographie nannte. Sein Bericht enthielt Fotos von überfüllten Wohnungen, bettelnden Straßenkindern, italienischen Lumpensammlern und hoffnungslosen Alkoholikern.[15] Eine breite Koalition zur Bekämpfung der Armut kam nicht zustande. Walter Rauschenbusch hatte erkannt, daß er gegen den Strom schwamm, als er rückblickend sagte: »Wir waren wenige – und wir waren Rufer in der Wüste.«

Die amerikanische Ideologie – nicht nur die des 19. Jahrhunderts – fußte auf der Annahme, daß genügend Plätze da sind für jedermann.[16] Jahre vor der Formulierung der »Frontier-These« durch Frederick Jackson Turner hatte Herman Melville in der Verfügbarkeit freien Landes ein wirksames soziales Ventil gesehen, daß den Klassenkampf hinausschob:

The vast reserves – the untried fields
These long shall keep off and delay
The class-war, rich-and-poor man-fray
of history.*

In den Jugendbüchern der Zeit stand die ewig gleiche Botschaft: »Es ist immer Platz an der Spitze.« Dwight Moody erklärte den Arbeitern, daß der Amerikanische Traum auf Wahrheit beruhe und sie sich im Gelobten Land befänden. »Wir leben in einem Land, in dem Milch und Honig fließt«, schwärmte er bei einem Revival in New York, einer Stadt, die zu der Zeit 50000 Arbeitslose hatte. Die Erfolgsratgeber, die *Self-help-books* verkündeten unermüdlich, jeder habe sein Schicksal selbst in der Hand, jeder könne den »uplift« schaffen. Der baptistische Geistliche Russell Conwell, Präsident der von ihm gegründeten *Temple University,* versicherte seinen Zuhörern in einer sechstausendfach wiederholten Predigt mit dem Titel »Acres of Diamonds« (1888), die Zeit sei noch nie so günstig gewesen, um reich zu werden: »Ihr habt kein Recht, arm zu sein. Es ist Eure Pflicht, reich zu sein.« William Graham Sumner, Professor in Yale, trat leidenschaftlich für den Grundsatz des laissez-faire ein. Staatliche Eingriffe oder die Organisierung der Arbeiterschaft hielt er für schwere Fehler. Den militanten Sozialismus verurteilte Henry James als eine »sinistre, anarchische Unterwelt«. Ein Senator setzte Sozialismus und Kommunismus mit Satanismus gleich. Der aus

* Die großen Reserven – die unerprobten Felder,
sie werden den Klassenkrieg,
die historische Schlacht Reich gegen Arm,
lange aufhalten und hinausschieben.

Bayern gebürtige Karikaturist Thomas Nast zeichnete den Kommunismus in Gestalt eines Knochenmannes, der ehrliche Arbeiter ins Verderben lockt. Der charismatische Prediger Billy Sunday, ein konvertierter Baseballspieler aus Iowa, der auf den Podien der Revival Meetings wie ein Akrobat herumhüpfte, verlangte im Auftrag der Industriekapitäne von der Arbeiterschaft soziales Wohlverhalten.[17]

Die herrschende Ideologie wollte von radikalen Lösungen nichts wissen. Das Wort radikal ist im politischen Sinne erstmals gegen Ende des 18. Jahrhunderts in England verwendet worden, und zwar zunächst in der Zusammensetzung »radical reform«. Vorher war das Wort in der Medizin gebraucht worden, im Sinne der Radikalkur; mit dieser Bedeutung ist die politische am engsten verwandt. Englische Zeitungen verwendeten gerne die Abkürzung r-c-l, um den Lesern zu suggerieren, daß es auch *rascal* oder Schurke heißen könne. Ein abwertender Beiklang war also von Anfang an nicht zu überhören. Der Radikalismus wurde in die Nähe des Extremismus gestellt und war somit nicht gesellschaftsfähig. In den USA wurde der Begriff auf die verschiedensten Strömungen angewandt: auf eine Splittergruppe der Demokratischen Partei, auf unzufriedene Agrarier, auf Antimonopolisten und Abolitionisten und auf die Gegner Andrew Johnsons in der Republikanischen Partei. Offen blieb zu dem Zeitpunkt, zumindest in den USA, ob radikal zu sein etwas Gutes oder etwas Schlechtes bedeutete. In der Wissenschaft standen radikale Ansätze für nichts weiter als den Versuch, die Dinge bis zu den Wurzeln zu verfolgen, wie im »radical empiricism« des William James. In der Politik wurde »radikal« manchmal noch synonym für »progressiv« verwendet. Gegen Ende des Jahrhunderts setzte sich aber eher die negative Bedeutung durch. Da war dann ein Radikaler nichts anderes als ein Unruhestifter und eine radikale Reform gleichbedeutend mit einer Störung des sozialen Friedens.[18]

Frühe Arbeiterparteien und Gewerkschaften

Anders als in England fanden sich in Amerika zuerst die gelernten, nicht die ungelernten Berufe zu Interessenverbänden zusammen. Die Drucker New Yorks und Philadelphias setzten ab 1786 ihre Forderungen mit Streiks oder wie man damals sagte *turn-outs* durch. Ungelernten Arbeitern wurden 1806 in Philadelphia gemeinsame Aktionen mit dem Ziel, höhere Löhne zu erzielen, gerichtlich verboten. Das Urteil berief sich auf das common law und drohte, streikende Arbeiter wegen »conspiracy« (Verschwörung) zu belangen. Als erste gewerkschaftsähnliche Organisationen kann man den Bund der Schuhmacher von Philadelphia (1792–1806), der New Yorker Typographen (1794–1804) und Möbelschreiner (1796–1837) bezeichnen. Eine andere Lesart legt den Beginn der Gewerkschaftsbewegung ins Jahr 1826, als sich in Philadelphia die *Mechanics' Union of Trade Associations* konstituierte. Diese Gründung war die Folge eines gescheiterten Streiks von Zimmerleuten, die den Zehnstundentag gefordert hatten. Die ersten gewerkschaftsähnlichen Bünde im frühen 19. Jahrhundert entsandten »tramping committees«, mobile Einsatzgruppen, die vor den Betrieben auftauchten, zum Streik aufriefen und getroffene Abmachungen überprüften. Später ist diese Funktion von einem »walking delegate« übernommen worden.[19]

1828 wurde in Philadelphia die erste Arbeiterpartei gegründet, ein Jahr später die *New York Workingmen's Party*. Diese frühen Arbeiterparteien verlangten eine allgemeine, unentgeltliche Erziehung, die Eindämmung der Monopole und die Abschaffung von Schuldgefängnissen. Die Wirkungsmöglichkeiten waren begrenzt. In Philadelphia spaltete man sich bald in drei uneinige Gruppen auf. Die antimonopolistische Haltung ist jedoch in den 1830er Jahren von Anhängern Andrew Jacksons aufgegriffen worden. Ein radikaler Flügel innerhalb der Demokratischen Partei unterstützte Jacksons Finanzpolitik und meldete Protest gegen die konservativeren Parteigenossen in der New Yorker Tammany-Organisation an. Die Konservativen versuchten, eine Parteiversammlung zu sprengen, indem sie im Tagungslokal das Gas abdrehten. Die Radikalen tagten beim Schein von Kerzen weiter, die sie mit Sicherheitsstreichhölzern, sogenannten Loco-focos entzündeten. Diesem nicht alltäglichen Begebnis verdankten die radikalen, arbeiterfreundlichen Demokraten ihren Namen: Locofocos. Eine ähnliche lebenskräftige und vor allem legitime Arbeiterpartei hat es seither in den USA nicht mehr gegeben.[20]

Die ersten *trade unions,* eher Zünften oder Gilden verwandt, konzentrierten sich zu dieser Zeit an der Ostküste. Zwischen 1834 und 1837 wurden rund einhundertfünfzig Handwerkerbünde ins Leben gerufen. Die Finanzkrise von 1837 brachte für sie, kaum organisiert, einen schweren Rückschlag. Die Unternehmer ordneten Lohnkürzungen bis zu fünfzig Prozent an. Das Wort von der Wiedereinführung feudaler Zustände machte die Runde. Trotzdem kann man in dieser Phase von einer allgemein gewerkschaftsfeindlichen Tendenz nicht sprechen. Der Oberste Gerichtshof von Massachusetts erlaubte 1842 erstmals den *closed shop,* die ausschließliche Beschäftigung von organisierten Arbeitern.

Wilhelm Weitling, als uneheliches Kind eines französischen Besatzungsoffiziers und einer deutschen Köchin in Magdeburg geboren und 1846 in die USA gekommen, gründete den New Yorker *Arbeiterbund.* Nach seinen Vorstellungen sollten die Einwanderer so geschult werden, daß das ganze Land kommunistisch wird. »Die Deutschen, die mit Hilfe dieses Arbeiterbundes nach Wisconsin kamen«, stellte ein überzeugter Amerikaner erleichtert fest, »warfen jedoch die Ideologie spätestens in dem Augenblick über Bord, in dem sie wieder hinter dem eigenen Pflug auf eigener Scholle standen.«[21]

In der Bürgerkriegszeit organisierten sich auf gewerkschaftlicher Basis unter anderem die Eisengießer, die Zigarrenmacher und die Bergarbeiter. Die Schuhmacher Milwaukees fanden sich als *Knights of St. Crispin* (1864) zusammen, andere, wie die *Cigarmakers International Union* (1864) bekundeten wenigstens dem

Namen nach eine weltumspannende Solidarität. Mit der inneren Geschlossenheit war es nicht weit her. Die meisten dieser Gewerkschaften scheiterten an ihrer Uneinigkeit und dem gegenseitigen Mißtrauen. Bereits 1850 hatte der Schriftsteller George Lippard zur Gründung eines Arbeiterbundes aufgerufen, der sich als Kampfgruppe gegen Müßiggänger verstand und der bestehen sollte, »bis Arbeiter zu Kapitalisten heranreifen«.[22] In den 1870er Jahren kämpfte eine Arbeiterpartei in San Francisco gegen billige chinesische Arbeitskräfte. Die von Isaac Myers initiierte *National Colored Union* für Arbeiter schwarzer Hautfarbe existierte nicht länger als vier Jahre, die *National Labor Union* brachte es auf zehn Jahre (1862–72).

Marx forderte amerikanische Gewerkschafter von London aus auf, der von ihm und Friedrich Engels begründeten *Internationalen Arbeiterassoziation* beizutreten und Delegierte zu entsenden. Als besonderen Grund nannte er die europäische »Auswanderungsmanie«, denn: »Es ist die Politik derjenigen, welche ein Interesse an der Erhaltung der gegebenen Verhältnisse haben, möglichst viel Leute zum Fortziehen zu veranlassen, weil deren bloße Gegenwart die Fortdauer der bestehenden Niederträchtigkeit gefährdet.«[23] Die *National Labor Union* ließ sich nicht zum Anschluß bewegen. Eine Revolution der Arbeiter, hieß es, sei gut und schön für Europa, aber nicht für Amerika. Ein von Conrad Carl, Siegfried Meyer und Friedrich Sorge organisierter kommunistischer Verein (1857) schloß sich der Arbeiterassoziation an, blieb jedoch von peripherer Bedeutung. Das Ende der Ersten Internationale kam vier Jahre nachdem Marx ihr Hauptquartier unter dem Druck Bakunins nach New York verlegt hatte.

Die gewerkschaftliche Organisierung als Massenbewegung setzte erst nach dem Bürgerkrieg ein. Textilarbeiter aus Philadelphia, die von den Unternehmern auf schwarze Listen gesetzt worden waren, gründeten 1869 den *Noble and Holy Order of Knights of Labor*, eine in den Anfangsjahren geheime Gesellschaft, die sich in Rituale, Losungsworte, Embleme und Phantasietitel einhüllte. Terence Powderly fungierte nach der bundesweiten Ausdehnung zwischen 1879 und 1893 als »Grand Master Workman«. Die *Knights of Labor* sagten Banken, Eisenbahntycoons und anderen Spekulanten den Kampf an. Sie forderten den Achtstundentag und engagierten sich für das Prinzip des gleichen Lohns für gleiche Arbeit. Eine Frau wurde zum »Master Workman« ernannt. Ungelernte Arbeiter fanden ebenso Aufnahme wie gelernte. Unter den 700000 Mitgliedern (1886) befanden sich nahezu zehn Prozent Schwarze, die in teils gemischten, teils segregierten Vereinen organisiert waren.

Powderly wollte den »uplift« der Arbeiter ohne revolutionäre Aktionen zuwegebringen. Streiks hielt er für eine barbarische Form der Auseinandersetzung, stattdessen zog er Boykottmaßnahmen vor. Sein vorsichtiges Taktieren verhinderte, daß die Knights zu einer schlagkräftigen Gewerkschaft wurden. In Chicago existierten nur fünfzehn Prozent der einzelnen *assemblies* länger als sechs Jahre.

Nach dem blutigen Haymarket Riot (1886), für das die Gewerkschaft verantwortlich gemacht wurde, begann der Niedergang. Die Gerichte übten Druck aus, die Unternehmer ordneten Aussperrungen an. »Die Mitglieder schwinden dahin wie tote Blätter vor dem Herbstwind«, klagten die Funktionäre. Innere Konflikte beschleunigten das Scheitern. Eine Solidarität zwischen Facharbeitern und Hilfsarbeitern kam nicht zustande.[24] Die Tendenz, sich berufsspezifisch in *trade assemblies* zu organisieren, weckte den Protest der Handwerker in den nationalen *trade unions.* Noch vor dem Ende des Jahrhunderts verloren die Knights den Konkurrenzkampf mit der *American Federation of Labor,* zu der sich die Berufsstände 1886 zusammengeschlossen hatten.

»Was will die Arbeiterschaft? ... Wir wollen mehr Schulhäuser und weniger Gefängnisse; mehr Bücher und weniger Waffendepots; mehr Bildung und weniger Laster; mehr Dauerbeschäftigung und weniger Kriminalität; mehr Freizeit und weniger Habgier; mehr Gerechtigkeit und weniger Habsucht ...« Samuel Gompers, der Kopf der *American Federation of Labor* (AFL), faßte mit diesen Worten sein gesellschaftliches Programm zusammen. Dem »simple unionism« der AFL waren revolutionäre Pläne fremd. »Wir haben keine letzten Ziele«, versicherte Gompers vor einem Senatsausschuß. »Wir kämpfen nur für unmittelbare Ziele, die in wenigen Jahren realisiert werden können. Wir sind gegen die Theoretiker ... Wir sind für Männer der Praxis.«[25]

Samuel Gompers, jüdisch-flämischer Herkunft, ist in den Londoner Slums aufgewachsen. Dort hat er gerne das beliebte Gedicht »To the West« aufgesagt, ehe seine Familie nach Amerika auswanderte und sich in den Einwandererquartieren an Manhattans Houston Street niederließ. Im Alter von vierzehn Jahren trat er der Zigarrenmachergewerkschaft bei, dank seiner Intelligenz, seiner rhetorischen Begabung und seines Organisationstalents stieg er bald in höhere Ränge auf. Die *American Federation of Labor* konzipierte er in bewußtem Gegensatz zu den Prinzipien der *Knights of Labor.* Die AFL sollte eine Arbeiteraristokratie, ein Interessenverband für privilegierte Facharbeiter sein. Gompers hatte behauptet, sich mit diesem Konzept auf Marx berufen zu können. »Aber diese Berufung auf Marx war tendenziös«, schrieb Daniel Guérin. »Der Trade-Unionism Gompers' hatte wenig Gemeinsamkeiten mit dem Syndikalismus, wie er von Marx und der Ersten Internationalen geplant und propagiert worden war. Es fehlte ihm das Grundprinzip: die Solidarität der Arbeiterklasse.« Der Gomperismus gab sich »sehr viel exklusiver und strenger« als die britischen Trade Unions. Gompers wollte, daß die Mitglieder der AFL ihre Arbeit »so teuer wie möglich verkaufen« und dabei weder Rücksicht auf ungelernte Kräfte noch auf andere Facharbeiter nehmen, von Neueinwanderern zu schweigen. »Eine unselige Konzeption auch für die Facharbeiter: sie trennt sie auch untereinander, sie bringt sie in Gegensatz zueinander.« Im Arbeitskampf kommt wegen unterschiedlicher Laufzeiten der Verträge keine kollektive Aktion zustande, »jeder Berufszweig wird getrennt geschlagen«. Nichtorganisierte Arbeiter können als Streikbrecher eingesetzt werden.[26]

Die Behauptung, das Kapital erzeuge die Verarmung der Massen, quittierte Gompers mit dem Satz: »Oh, das ist vollkommen absurd.« Erwerbstätige Frauen und Arbeiter schwarzer Hautfarbe wurden bei der AFL nicht so selbstverständlich akzeptiert wie bei den *Knights of Labor.* Gompers selbst war unentschlossen, ob man Schwarze integrieren solle und überließ die Entscheidung den Ortsverbänden. Frauen mußten sich separat organisieren und waren nur indirekt an den Verhandlungen mit den Arbeitgebern beteiligt. Eine AFL-Gewerkschaft machte kein Hehl aus ihrer frauenfeindlichen Einstellung: »Geistig und physisch sind die Frauen generell nicht in der Lage, Großes zu erreichen.«[27]

Der Gomperismus verzögerte die gewerkschaftliche Organisation der Industriearbeiter um Jahrzehnte, darin sind sich die meisten Kritiker einig. Daniel Guérin warf dem Chef der AFL eine »zynisch realistische Taktik« vor. Das öffentlich bekundete Prinzip des Voluntarismus – wer nicht will, muß nicht – sei nichts weiter als eine »ideologisch verbrämte Ausrede« gewesen.[28]

Anarchisten und Sozialisten

Anarchistisches Gedankengut tauchte bereits in der Jacksonzeit auf. P. W. Grayson war mit dem, was bisher in der Republik erreicht worden war, nicht zufrieden. Wohl habe man die Ketten des Despotismus abgeworfen, schrieb er in *Vice Unmasked* (1830), und sei vorgedrungen zur Freiheit und zum Licht – »das ist aber auch alles«. Jetzt gehe es darum, das Werk fortzusetzen, nämlich »auf nimmermüden Schwingen hoch in den Himmel tugendsamer Freiheit hinauszufliegen«. Zur absoluten Souveränität des Individuums und zum Glück der Menschheit sei nichts weiter erforderlich, als die Abschaffung aller Gesetze. Der Perfektionist Josiah Warren hatte um diese Zeit erste utopische Erfahrungen in Robert Owens New Harmony gesammelt und das Scheitern dieser Kommune auf den institutionellen Formalismus zurückgeführt. Seiner Ansicht nach konnte die wahre Utopie nur entstehen, wenn jedermann die Bindungen zu anderen Menschen löste und sich gleichsam zum Despoten über sich selbst aufwarf. Individualität war nur möglich, wo Mitmenschen nicht beteiligt, nicht einmal tangiert wurden.[29]

Anarchismus als Ideologie ist der Versuch, Gleichheit, Gerechtigkeit und Freiheit zu erlangen, indem man den Staat beseitigt. Benjamin Tucker bestimmte Anarchismus als »das Gesetz von der gleichen Freiheit, mit dem Selbstinteresse als oberstem Gesetz für den Menschen, die Abschaffung des Staates durch Erziehung und passiven Widerstand«. Tucker, von Proudhon herkommend, gab die Zeitschrift *Liberty* heraus, das Organ des philosophischen Anarchismus, der den Mißbrauch der Macht als Grundübel der Gesellschaft ansah.

In den beiden letzten Jahrzehnten des Jahrhunderts verlagerte sich die Stoßrichtung des Anarchismus von individuellen zu kollektiven Aktionen; passiver Widerstand machte Aufrufen zur Gewalt Platz; statt alteingesessener Amerikaner beherrschten nun Einwanderer das Feld. Emma Goldman, die erfolgreichste anarchistische Agitatorin, kam aus Rußland. Der Herausgeber der Anarchistenzeitschrift *Freiheit*, Johann Most, stammte aus Augsburg. Ebenfalls auf anarchistische Vorstellungen eingeschworen war die *Freie Arbeiter Stimme*, ein Sprachrohr osteuropäischer Juden. Trotz ideologischer Unterschiede gehörten Anarchisten und Sozialisten oftmals denselben Organisationen an. Aus der *Workingmen's Party* entstand 1877 die *Socialist Labor Party*. Einer ihrer Führer war Daniel DeLeon aus Curaçao, ein Gegner des gemäßigten Gomperismus, der sich zunächst den *Knights of Labor* angeschlossen hatte und später die *Industrial Workers of the World* mitbegründete. Von der Socialist Labor Party spaltete sich die *Revolutionary Socialist Party* ab. Sie forderte lose organisierte Produktionseinheiten, weil sich der Staat ihrer Ansicht nach überlebt hatte. Dem westlichen Flügel der Partei mit Sitz in Chicago gehörten zahlreiche deutsche Auswanderer an. Das Parteiorgan *Alarm* und die *Arbeiterzeitung* verkündeten das Ziel, über intensive Gewerkschaftsarbeit zur idealen Gesellschaft zu gelangen. Der östliche Flügel in New York verpflichtete sich unter Johann Most auf die »Propaganda der Tat«. 1882 war Most in den USA eingetroffen, im folgenden Jahr half er bei der Gründung der *International Working People's Association* und 1885 veröffentlichte er ein Buch über Sprengstoffherstellung für Anarchisten: »Revolutionäre Kriegswissenschaft – ein Handbüchlein zur Anleitung betreffend Gebrauchs & Herstellung von Nitroglyzerin, Dynamit, Schießbaumwolle, Knallquecksilber, Bomben, Brandsätzen, Giften usw., usw.« Mehrmals sperrte man ihn ins Gefängnis auf Blackwell's Island. Zur Finanzierung seiner anarchistischen Zeitschrift *Freiheit* gründete er eine Schauspielertruppe und hoffte auf Rückkehr nach Europa, weil er in den USA keine revolutionäre Begeisterung wecken konnte.[30]

Arbeitskampf und Arbeitskrieg

Ein anonymer Autor konstruierte in einer anarchistischen Schrift mit dem Titel *The Almighty Dollar!* (1847) eine Killergesellschaft, deren erklärtes Ziel es war, einen Vernichtungskrieg gegen die Aristokraten zu führen, ihren Besitz zu plündern und zu verbrennen. Einer der ersten »Herolde des rabiaten Terrorismus« war der Deutsche Karl Heinzen, der nach einem abenteuerlichen Leben in Amerika gelandet war. Heinzen hatte früh seine Mutter verloren. Von der Universität Bonn wurde er wegen Randalierens relegiert, worauf er sich nach Java einschiffte. Nach seiner Rückkehr schlug er sich eine Weile als Steuereintreiber durch. Die Polizei hatte ihn als wortgewaltigen Verfasser oppositioneller Pamphlete und als Stellvertreter von Karl Marx bei der Rheinzeitung ständig drangsaliert. Über Brüssel floh er nach London, von dort aus ging er ins freiwillige Exil nach Amerika, wo er als Publizist ohne Rast zum bewaffneten Klassenkampf aufrief, die Anwendung von Gewalt empfahl und dabei auf Nitroglyzerin und andere technische Errungenschaften nicht verzichten wollte. Der »kriminelle Syndikalismus« beschränkte sich nicht auf Sabotage gegen Werkseinrichtungen. Ein deutsch-amerikanisches Flugblatt ließ keine Zweifel daran, wem der Einsatz von Dynamit zu gelten hatte: »Steckt ein paar Pfund davon in ein Rohr ... Verstopft die beiden Enden, setzt einen Deckel mit einer Lunte drauf, stellt das Ganze in die Nähe von ein paar Nichtstuern, die vom Schweiß der Arbeiter leben, und zündet die Lunte an.«[31]

Ein Geheimbund irischer Bergarbeiter, die *Molly McGuires,* brandschatzte in den Jahren nach dem Bürgerkrieg die pennsylvanischen Kohlefelder. Aufseher wurden geschlagen oder zu Tode geprügelt. Privatdetektive spürten die Terroristen auf, zwanzig von ihnen wurden gehenkt. Die *Molly McGuires* waren nur lose organisiert. Wahrscheinlich sind nur einige militante Aktivisten des *Ancient Order of Hibernians,* eines Selbsthilfevereins für irische Einwanderer, für die Gewalttaten verantwortlich gewesen. Obwohl sie als Arbeiterorganisation atypisch waren, haben sie der Gewerkschaftsbewegung erheblich geschadet.

Arbeiterführer und Unternehmer provozierten sich gegenseitig zur Gewalt. »Ich hatte immer einen Grundsatz«, sagte ein New Yorker Geschäftsmann nicht ohne Genugtuung, »wenn ein Arbeiter seinen Kopf rausstreckt, hau ich drauf.« Vor allem die großen Firmen waren interessiert an einem gespaltenen Arbeitsmarkt, auf dem es zwei Gruppen von Arbeitern gibt; solche, die ihre Arbeit billig und solche, die sie teuer verkaufen. Chinesische Arbeiter wurden in den Staat Mississippi gebracht, um freie Schwarze auf dem Arbeitsmarkt zu unterbieten und das Selbstbewußtsein der schwarzen Bevölkerung zu dämpfen. Der Haß der Gruppe, die auf einem Minimallohn besteht, richtet sich stets gegen die Gruppe, durch die ihre Forderung unterlaufen wird. Der Eisenbahnspekulant Jay Gould drückte den Sachverhalt so aus: »Ich kann die eine Hälfte der Arbeiterklasse einstellen, um die andere Hälfte umzubringen.« Die Firmenleitungen setzten sich mit schwarzen Listen, einstweiligen Verfügungen, Streikbrechern, Aussperrungen gegen Arbeitsniederlegungen und eine organisierte Arbeiterschaft zur Wehr. Als die Eisengießer der Firma McCormick mit Streik drohten, entließ man die Gewerkschafter und stellte ungelernte Arbeiter dafür ein. In den *yellow dog contracts* mußte sich ein Arbeiter vor der Einstellung vertraglich verpflichten, keiner Gewerkschaft beizutreten. Großunternehmer, wie Andrew Carnegie zum Beispiel, beschäftigten Privatdetektive als Spitzel, deren Aufgabe es war, die »Arbeitszufriedenheit« in der Belegschaft auszukundschaften, Rädelsführer namhaft zu machen und kollektive Aktionen im Keim zu ersticken. Bei einem Aufflammen des Protests sind private und öffentliche Miliztruppen gegen Arbeiter eingesetzt worden. Streikende Arbeiter wurden geschlagen, eingesperrt und gelyncht. Die New Yorker *Sun* empfahl in den 1870er Jahren eine »Bleidiät für hungrige Streikende«.[32]

Streiks hat es auf nordamerikanischem Boden seit Beginn der Kolonialzeit gegeben. 1619 legten in Virginia deutsche Glasbläser die Arbeit nieder, weil sie sich unterbezahlt fühlten. 1636 streikten Fischer in Maine. Wenige Jahre nach der Revolution streikten die Zimmerleute von Philadelphia für den Zehnstundentag, weil sie an langen Sommertagen mit Tageslöhnen, an kurzen Wintertagen im Stücklohn bezahlt wurden. Philadelphias Seilmacher setzten 1799 nach neunwöchiger Arbeitsniederlegung eine Lohnerhöhung durch. 1836 traten in Lowell (Massachusetts) fünfzehnhundert Fabrikarbeiterinnen wegen Lohnkürzungen in den Ausstand.

Der erste größere Streik auf Bundesebene fand im Jahr 1877 statt, nachdem die Eisenbahngesellschaft Pennsylvania Railroad eine zehnprozentige Lohnkürzung verfügt hatte. Die Eisenbahner reagierten mit Protesten, gegen die Unruhen in Baltimore und Pittsburgh wurden Truppen eingesetzt. Eine Schlagzeile der *New York Times* meldete »The City in Possession of Communists«. Arbeiterversammlungen in Turnhallen wurden von der Polizei gewaltsam aufgelöst. Die *Workingmen's Party*, mit zwei Dritteln deutschsprachiger Mitglieder, ergriff in St. Louis

Die Forderung nach einem gesetzlich geschützten Achtstundentag

kurzfristig die Macht und brachte das Wirtschaftsleben zum Stillstand. Der Streik dehnte sich bis an die Westküste aus, und dies ohne Steuerung durch eine zentrale Gewerkschaft.[33]

Einen Streik um die Einführung des Achtstundentags beantwortete die Firma McCormick mit Aussperrung. Ein Scharmützel zwischen Streikenden und Streikbrechern kostete vier Arbeitern das Leben. Die Chicagoer *Arbeiterzeitung* druckte Flugblätter, forderte Rache und rief die Arbeiter zu den Waffen. Bei einer Kundgebung am 4. Mai 1886 auf dem Haymarket Square in Chicago wurde eine Bombe in einen Polizeikordon geworfen, worauf die Polizei in die Menge schoß. Es gab etwa zweihundert Verletzte. Die Zahl der Toten – Polizisten und Demonstranten – blieb unbekannt, auch, ob ein Anarchist oder ein Provokateur die Bombe geworfen hatte. In der Redaktion der Arbeiterzeitung wurde Sprengstoff gefunden. Sieben Arbeiterführer wurden wegen Verschwörung zum Tode verurteilt. Louis Lingg beging vor seiner Hinrichtung Selbstmord, zwei Verurteilte begnadigte man zu lebenslänglicher Haft. August Spies, Adolph Fischer, George Engel und Albert Parsons wurden aufgehängt. Amerikanische Sozialisten und Kommunisten feiern sie heute noch als Märtyrer. Fischer rief unter dem Galgen: »Hoch die Anarchie!«, und Spies glaubte bis zuletzt, sein Schweigen werde mächtiger sein als seine Stimme. Das Haymarket Riot hat dem Einfluß der Anarcho-Syndikalisten auf die Arbeiterbewegung praktisch ein Ende gesetzt.

Die Einführung des Achtstundentags zum Lohn von zehn Stunden wurde um eine Generation hinausgeschoben, obwohl anarchistische Gruppen, *Knights of Labor* und die *American Federation of Labor* sich in dieser Forderung einig waren. Der Achtstundentag war bereits 1836 von der Zeitschrift *National Laborer* gefordert worden, als die durchschnittliche Arbeitszeit noch zwölf Stunden betrug. Die großen Streiks von 1875 und 1877 hatten sich hauptsächlich gegen Lohnsenkungen gerichtet, in den Jahren vor dem Haymarket Riot stand die Arbeitszeitverkürzung von zehn auf acht Stunden bei vollem Lohnausgleich im Vordergrund. Im »Eight-Hour-Song« der amerikanischen Arbeiterbewegung hieß es:

> We're sure that God has willed it,
> and we mean to have eight hours …
> Eight hours for work, eight hours for rest,
> eight hours for what we will.*

Jetzt setzte man in den Bergwerken von Cripple Creek (Colorado) die Arbeitszeit sogar wieder um eine Stunde hinauf. In Cœur d' Alene (Idaho) sahen sich die

---

* Wir wissen Gott hinter uns,
und wir wollen jetzt acht Stunden …
Acht Stunden Arbeit, acht Stunden Ruhe,
acht Stunden wonach uns gerade ist.

urteilte zwei Jahre nach dem Haymarket Riot, jeder Mensch habe das Recht, seine Arbeit zu dem von ihm bestimmten Preis zu verkaufen – eine gegen Gewerkschaften auslegbare Entscheidung. Die herrschende Rechtsauffassung gegen Ende des 19. Jahrhunderts war nur scheinbar eine starre, axiomatische Summe von Präzedenzfällen. Die unternehmerfreundliche oberste Rechtsprechung erwies sich als flexibel genug, den Gleichheitsgrundsatz zu relativieren, wie er im 14. Zusatz zur Verfassung niedergelegt war. Diese Bestimmung, hieß es 1883, beziehe sich lediglich auf die Einzelstaaten, nicht auf Personen, und als Personen galten im rechtlichen Sinne auch Firmen. Die politischen und sozialen Vorstellungen der Richter flossen in die Urteile ein. Der *Sherman Act* wurde uminterpretiert und sollte sich fallweise nur auf den Warenhandel, nicht auf die Warenfabrikation beziehen. Dies erleichterte die Monopolbildung in der Industrie, ohne damit den Gewerkschaften mehr Spielraum zu geben. Noch mehrfach wurde der *Sherman Act* zur Bekämpfung gewerkschaftlicher Aktionen herangezogen, so gegen die Hutmachergewerkschaft, die zum Boykott eines Betriebes aufgerufen hatte. Erst in der Zeit des New Deal sind die *yellow dog contracts* und gerichtliche Verfügungen nach dem *Sherman Act* als Waffe gegen Gewerkschaften endgültig verboten worden.[36]

Zwischen 1880 und 1900 zählte man über 38000 Streiks. Allein im Jahr 1894 befanden sich eine dreiviertel Million Arbeiter im Ausstand. Angesichts dieser Zahlen wäre es falsch, gewerkschaftliche Organisation und Arbeitsniederlegungen von Haus aus als unamerikanisch einzustufen. Freilich war es nicht schwer, mit diesem Vorwurf ein Echo zu finden. Die *New York Times* erklärte um die Jahrhundertwende, der *open shop* sei die »Seele des wahren Amerikanismus«.[37] Edwin Godkin stellte sich in seiner liberalen Zeitschrift *The Nation* auf den Standpunkt, Streikende würden den Reichen ihren Besitz und den Armen ihr Recht auf Arbeit wegnehmen. Als der Republikaner William McKinley am 3. November 1896 zum Präsidenten gewählt wurde, stieß die *New York Tribune* ein erleichtertes »Thank God« aus. Man hoffte, daß mit ihm Ruhe und Stabilität einkehrten. Die radikalen Reformer büßten Zulauf ein. Powderly, der ehemalige Führer der *Knights of Labor* nahm einen Regierungsposten an.[38] 1904 waren erst sieben Prozent der Erwerbstätigen gewerkschaftlich organisiert.

VIII. Kapitel

LANDWIRTSCHAFT – DIE POPULISTISCHE REFORMBEWEGUNG

Die Stadt New York umfaßte bis 1874 lediglich Manhattan Island. Viele Quartiere trugen noch bäuerlichen Charakter. Edgar Allen Poe hatte mit seiner Frau im Jahr 1844 Unterkunft bei einem Bauern an der Ecke Broadway und 84. Straße gefunden, nach zwei Jahren bezog er ein Cottage in dem Dorf Fordham, das erst später von der expandierenden Metropole aufgesogen wurde. New York und Philadelphia erreichten vor dem Bürgerkrieg über eine halbe Million Einwohner. An New Yorks Lower Eastside sollen 1855 pro Quadratmeile 290000 Menschen gelebt haben. Diese Schätzung wird zu hoch gegriffen sein, doch unbestritten ist, daß noch vor dem Einsetzen der Masseneinwanderung die Immigrantenviertel schrecklich überfüllt waren. Reputierliche Bürger störten sich an der von Einwanderern und armen Leuten erzeugten Enge. Ein New Yorker Rechtsanwalt beobachtete 1854 angeekelt einen Brand an der Elizabeth Street, bei dem ein paar primitive Behausungen in Flammen aufgingen und »eine unglaubliche Anzahl Kubikfuß irischer Menschheit und dreckiger Federbetten aufzehrten.«[1]

Landbewohner mußten nicht lange dazu ermuntert werden, mit den großen Städten entweder Schmutz und Armut oder Luxus, Reichtum und Laster in Verbindung zu bringen. Im Wahlkampf von 1840 wurde Van Buren als verzärtelter Städter hingestellt, der auf weichen Kissen ruhe und sich den Wein in silbernen Karaffen reichen ließe. William Harrison dagegen, der ein großes und bequemes Haus in Ohio besaß, hockte für politische Zwecke auf einer Holzbank vor einem astreichen Blockhaus und trank Apfelschnaps.

Die Moral, so meinte man, entsprang dem Boden. Doch der agrarische Mythos vom glücklichen Bauern, der sich und seine Familie selbst versorgt, auf fremde Hilfe nicht angewiesen ist und den Gang zur Bank scheut wie die Cholera, dieser

Mythos hatte immer weniger mit der Realität gemein. Mochten die ersten agrarpolitischen Interessenverbände wie die *Berkshire Agricultural Society* in Pittsfield (Massachusetts) oder die ersten landwirtschaftlichen Fachzeitschriften noch dem Jeffersonschen Ideal vom geistig und materiell autonomen Bauern anhängen – die wirtschaftliche Entwicklung zeigte in eine andere Richtung. Die Preise für Grundstücke und Agrarprodukte, zu Kolonialzeiten relativ stabil, gerieten in Bewegung. Der Bauer mußte sein Augenmerk stärker auf den pekuniären Ertrag lenken als bisher. Im Süden konzentrierten sich die Farmer auf den Anbau der »great staples«, auf die vermarktbaren Produkte Tabak, Reis, Zucker und Baumwolle. Das Problem bei der Baumwollproduktion war lange Zeit die Ernte gewesen. Der Plantagenbesitzer hatte sich beim Anbau nach seiner Erntekapazität zu richten, denn eine Arbeitskraft konnte in der gleichen Zeit doppelt so viel anbauen wie ernten. Technische Neuerungen vereinfachten Erntevorgang und Verarbeitung. Nach der Erfindung der Baumwollentkernungsmaschine (*cotton gin*) durch Eli Whitney (1793) wurde Baumwolle zum rentabelsten *cash crop.*

Zu der Zeit, als amerikanische Maler damit begannen, die bäuerliche Arbeitswelt als Idylle hinzustellen – Jerome Thompsons »Apple Gathering« (1856) oder Eastman Johnsons »Corn Husking« (1860) –, waren Rationalisierung und Mechanisierung der Landwirtschaft in vollem Gang. 1837 war der erste Stahlpflug aufgetaucht. Die Mähmaschine kam in Gebrauch, neun Arbeitskräfte konnten damit die Leistung von vorher 14 oder 15 vollbringen. Die Dreschmaschine ersetzte das Dreschen mit der Hand oder mit Pferden und Ochsen. In Fachzeitschriften wie dem *American Farmer* (1819) aus Baltimore, dem *Plough Boy* (1819) aus Albany oder dem *Farmers' Register* (1833) aus Virginia wurde guter Rat angeboten, wie man die Arbeit auf den Feldern verbessern, die Erträge erhöhen könne. Die agrarökonomischen Fachbücher *The Farmer's Companion* und *The Farmer's Instructor* (beide 1839) von Jesse Buel empfahlen intensive Düngung, Tiefpflügen und Fruchtwechsel. Die Chemie hielt ihren Einzug, Justus von Liebigs Werk über die Agrikulturchemie fand auch in Amerika zahlreiche Leser.[2] 1857 wurde in Michigan eine Landwirtschaftsschule gegründet, 1862 ein Bundesministerium für Agrikultur ins Leben gerufen.

Fast monoton erklingt das Loblied auf den Bauern deutscher Herkunft: sorgsam bei der Bodenwahl, umsichtig als Viehzüchter, schonend im Umgang mit Bäumen und unerreicht beim Einmachen von Konserven. Ein deutscher Viehzüchter soll erstmals eine Herde über die Alleghenies nach Baltimore getrieben haben. Dem deutschstämmigen Farmer wurden aus Tradition positive Eigenschaften zugeschrieben, egal, ob er sich dem Anbau von Alfalfa, dem »ewigen Klee«, widmete, ob er auf Long Island Obst kultivierte, als Winzer nach Missouri ging, in Maryland Getreide neben Tabak zum Hauptexportartikel machte, in New Orleans Gemüsegärtnereien anlegte oder in Ohio und Kentucky Kartoffeln anpflanzte. Es ist nachgewiesen, daß die Deutschen in Texas intensiver und produktiver wirtschafteten als ihre angloamerikanischen Nachbarn und auch weniger mobil waren als diese. Sie kauften in der Regel ihren Grund statt ihn zu pachten. Allweil sparsam und ordentlich, sauber und anständig, so steht der deutschamerikanische Bauer in den Geschichtsbüchern da. Bei der Lektüre zeitgenössischer Quellen ergibt sich ein weniger geschöntes Bild. Dort wurde der Deutsche in Amerika oftmals als faul, herrisch, stur und trinkfreudig charakterisiert. Luise Weil schämte sich ihrer ehemaligen Landsleute, »indem diese am Sonntag scharenweise in die Wirtshäuser ziehen und durch Lärmen und unmäßiges Trinken für die Amerikaner ein Gegenstand des Ärgernisses und der Verachtung werden«. Selbst die vielgepriesene Assimilationsbereitschaft der Deutschen hatte ihre Schattenseiten. Deutsche Bauern in Virginia und in anderen Südstaaten hielten sich Sklaven zur Mithilfe in Haus und Feld. In der Personenbeschreibung eines entlaufenen Sklaven hieß es in einem Zeitungsinserat: »he generally speaks the German language.«[3]

Deutsche »Bauern mit Latein«, die nach 1848 in Amerika ihr Glück versuchten, scheiterten öfter als weniger gebildete Landwirte und kehrten als Lehrer, Ärzte, Rechtsanwälte und Journalisten in ihre alten Berufe zurück. Die angloamerikanischen »gentlemen farmers« sahen sich dem Neid der »working farmers« ausgesetzt, da sie angeblich mehr Regierungsprämien und landwirtschaftliche Preise einheimsten als sie verdienten. Im Süden sah sich Edmund Ruffin, der Herausgeber des *Farmers' Register*, genötigt, die »book farmers« gegen Vorurteile in Schutz zu nehmen. Den »book farmers« und anderen gebildeten Südstaatlern mit landwirtschaftlichen Interessen erschienen in der Vorkriegsepoche die ausgelaugten Felder in den östlichen Teilen der Region als Symbol für den Zustand der südstaatlichen Kultur. Eine ganze Reihe von Intellektuellen hat sich ehrgeizig dafür eingesetzt, den Boden mit Mergel wieder fruchtbar zu machen, um das Schlimmste zu verhüten.[4] Der Schriftsteller William Gilmore Simms aus Charleston malte das Schicksal der römischen Republik an die Wand: deren Niedergang habe dann eingesetzt, als die Römer Getreide importieren mußten.

Der *Homestead Act* (1862) sollte die Erschließung und Besiedlung des Westens fördern, sozialer Unzufriedenheit ein Sicherheitsventil auftun und Engpässe auf dem Arbeitsmarkt der Oststaaten beseitigen. Für jeden Siedler waren gegen einen symbolischen Betrag 160 acres öffentliches Land vorgesehen, das nach fünf Jahren in seinen Privatbesitz überging. Die Besitzrechte konnten gegen eine Bezahlung von 1,25 Dollar pro acre bereits nach sechs Monaten erworben werden. Zwischen 1866 und 1900 verdoppelte sich die Zahl der Farmen, die Anbaufläche wuchs erheblich. Agrarprodukte erreichten 76 Prozent des Exportanteils und sorgten für eine aktive Handelsbilanz. Trotzdem war der *Homestead Act* letztlich ein Mißerfolg. Erstens bemächtigten sich Landspekulanten des Geschäfts und sorgten mit Hilfe von Strohmännern für falsche Einträge in den Grundbüchern. Auf jede von einem Farmer erworbene Heimstätte kamen neun Parzellen, die sich Spekulanten, Eisenbahngesellschaften, private oder öffentliche Körperschaften sicherten. Zweitens hatte die industrielle Revolution bereits die Landwirtschaft erreicht. Mit dampfgetriebenen Traktoren und Landmaschinen bearbeitet, erwiesen sich 160 acres besonders auf den Great Plains des Westens als zu klein, um rentabel zu sein.

In den mythologischen Vorstellungen der Zeit galten Grund und Boden noch als etwas Heiliges. Der Bauer war es, der seit jeher alle ernährte, ohne ihn gab es kein Leben. In einem Lied der Grangers, einer 1867 gegründeten Farmerorganisation, hieß es über den Bauern, er habe seinen Freibrief schon im Paradies erhalten.

Auf einer Protestversammlung der Grangers 1873 in Illinois werden höhere Erzeugerpreise und niedrigere Politikergehälter gefordert

Auf Jefferson beriefen sich die Verteidiger des Agrarstaates nach wie vor. Jefferson war der Ansicht gewesen, Amerika sei groß genug, um seinen Menschen Platz zu bieten bis in die abertausendste Generation. Der agrarische Mythos hat politische Ideale bestimmt, aber er wurde in der gesellschaftlichen Wirklichkeit fortlaufend widerlegt. Allein das Scheitern des *Homestead Act* zeigt, daß die Idee absurd war, ein Amerika aus kleinen Farmern bauen zu wollen.

1870 lebten 23 Prozent der Bevölkerung von der Landwirtschaft. Eine unabhängige Bauernschaft, eine »yeomanry«, gab es zu dem Zeitpunkt kaum noch; Jeffersons Ideal war am Ende. Prosperierende Großfarmer und Großgrundbesitzer und ein wachsendes landloses Proletariat bestimmten mehr und mehr das Bild. Die Landbesitzer verpachteten ihre Felder, der Pächter durfte dafür einen Teil der Ernte behalten. Dem »Sharecropper« konnte vorgeschrieben werden, welches

Produkt er anzubauen hatte. Im Süden war dies meist Baumwolle, die sich als »cash crop« am leichtesten vermarkten ließ. Cash crops behinderten die Diversifikation der südstaatlichen Agrikultur und nahmen dem Farmer die Möglichkeit des Anbaus zum Eigenkonsum für sich und seine Familie. Oft hatte ein Pächter seinen Ernteanteil schon vor der Einbringung gegen Lebensmittel, neues Saatgut, Geräte

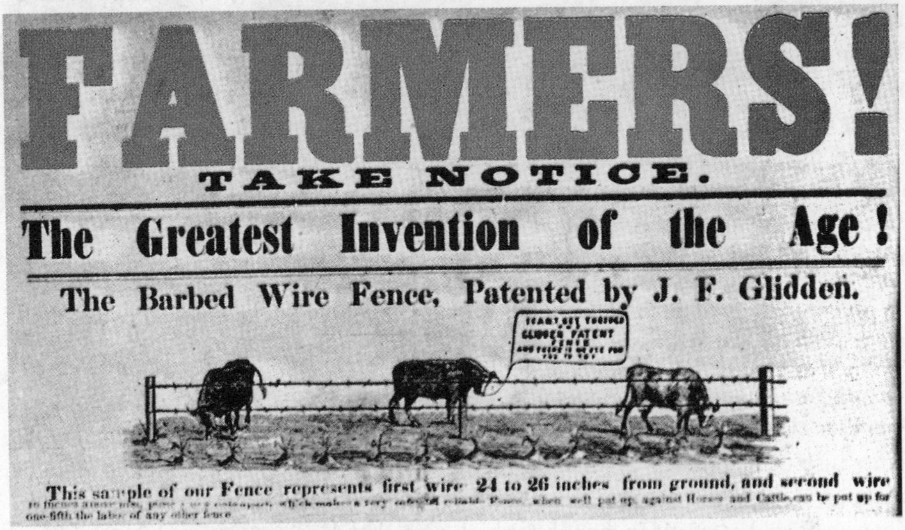

Stacheldraht – eine Erfindung von Joseph Glidden (1874)

und Maschinen verkauft oder verpfändet. Karl Marx stellte im Vorwort zum *Manifest* von 1882 fest, daß kleine und mittlere Farmen in den USA der Konkurrenz der Riesenfarmen erliegen; die Autonomie des Bauern, der sein eigenes Land frei von Grundrente bewirtschaftete, war dahin. Lenin hatte es zunächst begrüßt, daß durch den amerikanischen Bürgerkrieg die großen Latifundien zerstört wurden, kam aber zu einer realistischeren Einschätzung, nachdem er die Daten der Volkszählung von 1910 studiert hatte. Immerhin konnte er der Existenz bedrängter Kleinfarmer und verarmter schwarzer Sharecroppers noch etwas Positives abgewinnen: die Verschärfung der Klassengegensätze.[5]

Zwischen 1870 und 1897 fielen die Preise für Agrarprodukte. Die landwirtschaftliche Produktion wuchs schneller als der Nahrungsmittelbedarf der Bevölkerung. Getreide wurde anstelle von Kohle verheizt. Die durch betrügerische Aufblähung des Aktienvolumens überkapitalisierten Eisenbahngesellschaften waren zur Befriedigung ihrer Aktionäre auf hohe Tarife angewiesen. Sie wußten die Notlage der Farmer auszunutzen und verlangten ihnen höhere Frachtkosten ab als anderen Kunden. Der Farmer mußte die geforderten Kosten zahlen oder seine

Ware verschimmeln lassen. In seinen Augen plünderten die Eisenbahnmonopolisten den agrarischen Süden und Westen des Landes aus. Dieser Eindruck verstärkte sich durch die Existenz der »elevators«, der Getreidespeicher an den Bahnlinien, die zum Teil den Eisenbahngesellschaften gehörten. Der »elevator man« bestimmte von sich aus die Qualität des Getreides und damit den Preis. Der Farmer hatte weder Einspruchsrecht noch eine andere Absatzmöglichkeit. Es konnte geschehen, daß ein Waggon Weizen unterwegs wie von Zauberhand qualitativ aufgewertet wurde und am Bestimmungsort wesentlich höhere Preise erzielte, die durch die Marge der »middlemen«, die Zwischenhändler, noch weiter anstiegen.

Der Farmer hatte also selbst den geringsten Einfluß auf den Verkaufspreis. Zudem mußte er sich im Einkauf mit den von der Industrie diktierten Preisen abfinden. Monopole wie der »plow trust« erlaubten kein Ausweichen auf billigere Erzeugnisse. Einfuhrzölle schützten heimische Industrieprodukte, aber der Farmer mußte sich dem Wettbewerb mit den Freihandelsländern stellen. Eine Folge schlechter Ernten in den Dürrejahren zwischen 1887 und 1897 verschlimmerte die Verschuldung. Hypotheken mit hohen Zinsen lasteten auf Hab und Gut. Mit der »foreclosure«, der Rechtsausschließung oder Verfallserklärung, konnte einem Farmer die Tilgung einer Hypothek unmöglich gemacht werden; er verlor sein Anwesen. Unter dem System des »crop-lien« mußten im Süden kleine Farmer ihre Ernte bis zur Bezahlung der Schuld ihren Gläubigern überlassen. Eine Politik des knappen Geldes führte dazu, daß verschuldete Farmer mehr zurückzahlen mußten als sie geborgt hatten. Manche fühlten sich sogar bei der Besteuerung benachteiligt. Ein allseits sichtbarer Besitz erlaubte keine Steuerhinterziehung.

Gegen die empfundenen Mißstände und Benachteiligungen schlossen sich amerikanische Farmer in den 1890er Jahren zu einer Protestbewegung zusammen. Proteste dieser Art hatte es schon früher gegeben, sagte John Hicks, der erste wichtige Historiker des Populismus. Nur war jetzt die Frontier geschlossen, und so wirkten sich die Probleme gravierender aus als zuvor. Denn die Unzufriedenen konnten nicht mehr weiter nach Westen ziehen, um dadurch ihre wirtschaftliche Lage und die der Zurückbleibenden zu verbessern. Richard Hofstadter aus der nächsten Historikergeneration hielt dieses Argument für ein unergiebiges Überbleibsel aus der Zeit der Frontierthese. Die eher statisch orientierten Farmer im Süden seien nämlich in ihrem Protest genauso artikuliert und oft noch radikaler gewesen als die Farmer im Westen. Hofstadter wies außerdem darauf hin, daß die Unzufriedenheit unter den Farmern eine internationale Angelegenheit war und in Ländern wie England, Frankreich, Deutschland oder Italien auftrat, die keine innere Frontier hatten und folglich nicht unter ihrer Schließung leiden konnten. Obendrein war selbst nach dem offiziell verkündeten Ende der Frontier noch genügend freies Land vorhanden. Zwischen 1890 und 1900 wurden über eine Million neue Farmen eingerichtet, eine halbe Million mehr als im Jahrzehnt zuvor. Die Interpretationen von Hicks, der das Ende der Frontier in den Mittelpunkt stellte, und von Hofstadter, der von einer rückwärtsgerichteten Utopie sprach, lassen sich wohl unter einen Hut bringen. Die Farmer brauchten ja nur zu *glauben*, daß die Landvorräte erschöpft wären. Und auch Hofstadter mußte einräumen, daß es »Spekulantenwüsten« gab, weite Landstriche, die der Kultivierung entzogen blieben, solange die Besitzer auf steigende Preise warteten. Dadurch wurden Farmer auf der Suche nach billigem Land noch weiter nach Westen getrieben.[6]

Der wirkliche oder vermutete Mangel an freiem Land war nicht das einzige Motiv der rebellierenden Farmer. Sie forderten die Eindämmung der Macht des Großkapitals, eine inflationäre Geldpolitik zur Erleichterung der Schuldenrückzahlung, die Zerschlagung des Eisenbahnmonopols, die Bekämpfung der Bodenspekulation und mehr direkte Demokratie. Die Proteste richteten sich gegen die Banken, die Monopole, die Plutokraten. »Wall Street owns the country« lautete der Tenor. Die rauhe Sprache und die wenig zimperliche Wortwahl entsetzte im Nordosten die »Politiker in Seidenstrümpfen« und andere, die sich angesprochen fühlen mußten. Mary Lease, die den Beinamen »Python von Kansas« trug, forderte die Farmer auf, »to raise less corn and more hell«. Die Protestbewegung, im Wesen agrarisch, fand Anklang auch bei Arbeitern, zum Beispiel in den Silberbergwerken. Anhänger des christlichen Sozialismus à la Edward Bellamy zog es ebenfalls zu den Populisten hin.

Die Grangers hatten als Vorläufer der Populisten bereits Maßnahmen gegen die hohen Frachtgebühren verlangt und in einigen Staaten auch durchgesetzt. Im Verbund mit der *Greenback Labor Party* gelangen einige Siege gegen den Goldstandard und die Papiergeldverknappung. Zur eigentlichen organisatorischen Grundlage der Populisten wurden die *Farmers' Alliances* mit zwei großen Untergruppierungen im Süden und im Westen des Landes und einer separaten *Colored Alliance*, die, 1886 in Houston gegründet, die Interessen der schwarzen Farmer vertreten sollte. Aus den *Farmers' Alliances* und einigen Arbeiterorganisationen erwuchs die *Populist Party* oder *People's Party*, die 1892 in Omaha (Nebraska) ihren ersten Parteitag abhielt. Der Wohlstand solle dem gehören, der ihn schafft, meinten die Delegierten, nur so sei größere soziale Gerechtigkeit zu erzielen, denn bis jetzt gebäre Amerika zwei große Massen: Tramps und Millionäre. James Weaver aus Iowa wurde zum Präsidentschaftskandidaten gewählt. Weaver hatte sich schon 1880 als Greenbacker ums Weiße Haus beworben. Bei den Wahlen von 1892 erhielt er eine Million Stimmen und die Mehrheit in North Dakota, Kansas, Nevada, Colorado und Idaho. Zwei Jahre später, bei den Zwischenwahlen zum Kongreß, erhöhte sich der Stimmenanteil der Populisten auf anderthalb Millionen; sie schickten sechs Senatoren und sieben Abgeordnete nach Washington.

Die Partei der Populisten war zu einem ernstzunehmenden Konkurrenten geworden. Wie so oft in der amerikanischen Geschichte übernahmen die etablierten Parteien Ideen der »Third Parties« in ihr eigenes Programm. Dies galt 1896, vor den nächsten Wahlen, besonders für die Demokraten. Sie gerierten sich als radikale, agrarische und den Problemen des Westens aufgeschlossene Partei, als wahre Alternative zu den konservativen, merkantilen Interessen der Republikaner. Damit nahmen sie den Populisten den Wind aus den Segeln. William Jennings Bryan, der den Populisten ideologisch ohnehin nahestand, schrieb sich die Forderung nach »Free Silver« aufs Panier und hielt auf dem Parteikonvent der Demokraten eine furiose, im biblischen Idiom vorgetragene Rede gegen den Goldstandard, die in dem Satz gipfelte: »You shall not crucify mankind upon a cross of gold«, man solle die Menschheit nicht an ein Kreuz aus Gold schlagen. Die Populisten fühlten sich bei Bryan gut aufgehoben und verzichteten diesmal auf einen eigenen Präsidentschaftskandidaten, um den republikanischen Bewerber William McKinley nicht unnötig zu stärken. Thomas Watson, ein baptistischer Rechtsanwalt aus Georgia und einer der ihren, wurde als Kandidat für die Vizepräsidentschaft Bryan an die Seite gestellt. Bryan verlor knapp. »Free Silver« konnte Parteiversammlungen begeistern, war aber als Reformidee zu eng, um tragfähig zu sein. Vier Jahre später hatten sich die Populisten in zwei Lager gespalten. Die einen wollten es wieder mit Bryan, die anderen mit einem selbständigen Kandidaten versuchen, der aber nur noch 50000 Stimmen auf sich vereinigen konnte. Tom Watson wurde als nächster Bewerber ins Rennen geschickt, sein Stimmenanteil ging zwischen 1904 und 1908 von rund 120000 auf 30000 Stimmen zurück. Dies waren nur noch Rückzugsgefechte. Die agrarische Reformbewegung hatte durch die geschickte Politik der Demokraten und den Einsatz des charismatischen Bryan schon nach den Wahlen von 1896 ihren Impetus verloren.

Man hat versucht, die populistischen Kreuzzügler der Tradition des radikalen Liberalismus in Amerika zuzuordnen und sie auf eine Stufe mit Carl Schurz, Henry George, Clarence Darrow oder Robert LaFolette zu stellen. Dabei wird vergessen, daß Politiker wie Bryan und Watson radikal nur in der Währungsfrage waren. In anderen Bereichen dachten sie orthodox, verpflichteten sich dem biblischen Fundamentalismus, traten als strenge Moralisten auf, witterten in den Metropolen das versammelte Übel in der Gestalt verderblichen Reichtums, der zu Lasterhaftigkeit und Freidenkertum führen mußte.[7] Populisten waren im allgemeinen einwandererfeindlich, und zwar aus wirtschaftlichen wie aus sittlichen Erwägungen. »Der Abschaum der Menschheit wird bei uns abgeladen«, schrieb Tom Watson, »was hat diese Goten und Vandalen an unsere Ufer gebracht?«

Die Haltung zu schwarzen Amerikanern war zwiespältig. Die Historiker konnten sich lange nicht einig werden, ob die Populisten eher feindlich oder freundlich gegenüber Schwarzen waren.[8] Als herrschende Meinung schält sich jetzt heraus, daß die weißen Populisten den schwarzen Wählern und der *Colored Alliance* Avancen machten, um ihre Bataillone zu stärken, daß sie aber mindestens ebenso rassistisch dachten wie andere Zeitgenossen. »Auf gesellschaftlicher Ebene will ich keine Rassenmischung«, hatte Tom Watson erklärt.[9] Aus seinen Tagebüchern sprechen die Ängste, die er mit einer Integration der Rassen verknüpfte.

Die Populistenpartei schien Watson das geeignete Instrument zu sein, emanzipierte Schwarze unter Kontrolle zu halten. Die Doktrin vom weißen Supremat hatte nach dem Bürgerkrieg Anhänger in allen Teilen des Landes gefunden, Akademiker aller Disziplinen, darunter der Anthropologe Louis Agassiz, hielten die Afrikaner für halbe Barbaren, die zur Selbstorganisation nicht fähig seien. Der Vorbehalt gegen soziale Gleichheit entwertete die verbalen Bekenntnisse zur politischen Gleichheit der Rassen. In der Erziehungspolitik und beim Wahlrecht zum Beispiel, bei der auf Gleichheit zielenden *Blair Education Bill* und der *Lodge Federal »Force« Bill,* versagten Populisten der Bundesregierung die Unterstützung.

Zum Bild vom Populismus als einer einheitlichen Bewegung will ferner der antisemitische Grundzug nicht passen, so sehr man auch versucht hat, ihn herunterzuspielen. Die Macht des Großkapitals wurde in populistischen Kreisen wie selbstverständlich mit dem jüdischen Einfluß gleichgesetzt: der konspirierende Jude bringe den aufrechten Bauern um den Lohn harter Arbeit. Die *Farmers' Alliance* in Nebraska druckte antisemitische Lieder. Wie bei der Negrophobie spielten beim Antisemitismus sexuelle Motive mit hinein. Tom Watson hielt es für ausgemacht, daß wollüstige Juden mit fast ebenso großer Energie hinter christlichen Mädchen her seien wie Schwarze hinter weißen Frauen.[10]

Richard Hofstadter hat vor allem die negativen Merkmale der Populisten herausgestellt, ihren Nationalismus, den Nativismus, den mit Anglophobie gepaarten Antisemitismus, der sich etwa gegen die Rothschilds in London richtete. Für ihn repräsentierte der Populismus eine in die Vergangenheit gerichtete Utopie, die mit unzureichenden Mitteln soziale Harmonie anstrebte, nämlich durch die Entmachtung einer kleinen, kapitalkräftigen Minderheit an der Ostküste. »Er zertrümmerte Plymouth Rock mit den Felsen aus dem Westen«, hieß es in einem Gedicht Vachel Lindsays auf William Jennings Bryan, der den Ehrennamen »the Great Commoner« trug. Hofstadter schätzte den sozialen Dualismus der Populisten als zu naiv ein, den Dualismus zwischen Kapital und Arbeit, Plutokraten und Bürgern, Räubern und Beraubten. Gemeinsam mit Historikern wie Oscar Handlin, die ihre Geschichtsbetrachtung mehr auf Konsensus als auf Konflikt abstellten, wollte er den Populismus als retrogressive, antisemitische, nativistische und letztlich irrationale Bewegung abtun. Kritiker unterstellten dieser Interpretation das Interesse am Status quo und die Ablehnung sozialer Reformen und sozialen Protestes gleich in welcher Form.[11] Gerade weil der Populismus inhaltlich nicht eindeutig zu bestimmen ist, konnte er nachwirken auf Politiker unterschiedlicher Anschauungen: auf George Wallace, den Gouverneur von Alabama, auf Jimmy Carter, den Präsidenten aus Georgia, auf Intellektuelle der linksliberalen Zeitschrift *Village Voice,* die auf dem Höhepunkt des Vietnamkriegs mit einem *New Populist Manifesto* hervortraten, und auf Lyndon B. Johnson. Johnsons Großvater war Populist gewesen. Sein Enkel gelobte, ihm nachzueifern, als er erstmals in den Kongreß gewählt wurde, und stets ein Abgeordneter des Volkes zu bleiben.[12]

IX. Kapitel

LITERATUR ZWISCHEN BÜRGERKRIEG UND JAHRHUNDERTWENDE

Der kulturelle Schwerpunkt verlagerte sich in der Zeit nach dem Bürgerkrieg vom gesprochenen zum geschriebenen Wort, von Pastoren und Politikern zu Philosophen, Wissenschaftlern und Schriftstellern. Ein Geistlicher in William Dean Howells' Roman *The Rise of Silas Lapham* (1885) ist sich der Situation schmerzlich bewußt: »Ich glaube nicht, daß es je eine Zeit gegeben hat, in der Romane das Geistesleben von mehr Leuten geprägt hätte. Sie richten mehr Schaden an als je.« Howells, der Autor, verteidigte die Lesewut seiner Landsleute: »Ein Grieche erwarb sich Kultur durch Reden und Sehen, und einem Pariser ist dies teilweise heute noch vergönnt. Aber wir, die wir so fern von der Geschichte und ihren Denkansätzen leben, wir müssen lesen oder der Barbarei anheimfallen.«[1]

Die Werke von Rudyard Kipling und Mark Twain erzielten beträchtliche Auflagen. Von den Geschichten Guy de Maupassants wurden über eine halbe Million Exemplare verkauft. Von den bekannten amerikanischen Autoren lebten nach Appomattox noch Emerson, Lowell, Longfellow, Oliver Wendell Holmes, Emily Dickinson und Walt Whitman. William Dean Howells, Henry James und Mark Twain bildeten das beherrschende Dreigestirn in der Prosaliteratur, aber sie mußten sich gegen die aufkommende zweite Garnitur, gegen den Geschmack der »middlebrows« zur Wehr setzen, ohne ihrem Einfluß ganz entgehen zu können. Thomas Bailey Aldrich, Edward Sill oder Edmund Stedman erreichten letztlich nur mittelmäßiges Niveau. Im Süden blieb Sidney Lanier zunächst ohne Echo. Die Romantik und der Romantizismus machten einem größeren Realismus Platz, obgleich es hier viele Ausnahmen gab und zwischen beiden Strömungen sich unschwer eine historische Brücke schlagen läßt.[2] Realismus – das ist mitunter ganz wörtlich zu nehmen. Cassius M. Clay griff auf seinen Erfahrungsschatz zurück und veröffentlichte eine Studie über die »Technique of Bowie Knife Fighting« (1869).

Walt Whitman führte heftige Klage über Hohlheit und Hochmut der Literaten, über belanglose Konversation und Kulturverlust. Der einstmals propagierten *Democracy en masse* schwor er entschieden ab. In Amerika sah er eine ausgedörrte Sahara, ein schäbiges und vulgäres Land ohne moralische Identität, ohne Heroismus, ohne lohnende Ziele. Die Demokratie hatte seiner Ansicht nach den Massen einige materielle Vorteile gebracht und eine gewisse oberflächliche Bildung. Aber Demokratie war schlecht für jede höhere Regung. Auf sozialem Gebiet, in der Religion und in der Moral, in der Literatur und in der Kunst hatte das demokratische System nach seinen Vorstellungen »fast vollständig versagt«. Umsonst sei die Annektion von Texas, Kalifornien und Alaska gewesen, schrieb er in *Democratic Vistas* (1871), umsonst die territorialen Gelüste auf Kuba und Kanada. »Es ist, als wären wir irgendwie mit einem großen und immer besser ausgerüsteten Körper versehen, aber mit wenig oder gar keiner Seele.«[3] Aus Whitman sprach auch persönliche Enttäuschung. Leser und Kritiker gaben zweitklassigen Schriftstellern wie Bayard Taylor, Richard Gilder oder Will Carleton den Vorzug.[3]

Das literarische Monopol des Nordostens war nun endgültig gebrochen. George Washington Cable schrieb über die Kreolen in Louisiana.[4] Joel Chandler Harris brachte 1879 seine erste Geschichte um Uncle Remus heraus. James Whitcomb Riley verfaßte volkstümliche Gedichte im Hoosier-Dialekt Indianas. Ambrose Bierce erprobte seinen aggressiven Witz in *Nuggets and Dust Panned Out in California* (1872). Bret Harte ließ sich in »The Luck of Roaring Camp« (1868) vom goldenen Herzen des rauhen Westlers beflügeln. Seine Ballade vom »Heathen Chinee« (1870) wurde allseits gefeiert, und seine Reise von San Francisco an die Ostküste geriet zu einem vielbesprochenen Ereignis in den Zeitungen. Kunst und Literatur war nun weniger denn je das Privileg einer besitzenden oder gebildeten Klasse. Der literarische Erfolg wurde abhängig vom Echo in den ersten Massenzeitungen und vom Zugang zu populären Magazinen.

Der historische Roman war vor dem Krieg eine Domäne akademischer Historiker wie John Motley gewesen, der in *Merry Mount* (1849) die Provokation der frühen Puritaner durch Thomas Morton abgehandelt hatte. Jetzt bemächtigten sich Amateure unterschiedlicher Güte dieses Genres. Die Kinderbuchautorin Jane Austin beschäftigte sich in *Standish of Standish* (1889) mit den Pilgervätern der Plymouth-Kolonie. Der unitarische Geistliche Edward Everett Hale zeichnete in *East and West* (1892) die frühe Besiedlung von Ohio nach. Lily Dougall befaßte sich mit dem Sektengründer Joseph Smith und Katherine Brown mit der Ikarier-Siedlung in Nauvoo. Mit Themen aus dem europäischen Mittelalter war nach wie vor schriftstellerischer Lorbeer zu erringen. Emma Lazarus schilderte in *Songs of a Semite* (1882) das Leben thüringischer Juden im 12. Jahrhundert. Mark Twain verlegte die Handlung seines Romans *The Mysterious Stranger* ins Österreich des

6. Jahrhunderts. Selbst der nach dem Krieg geborene Frank Norris mochte sich der Thematik nicht entziehen. Seine mittelalterlichen Romanzen betrachtet man heute als Jugendsünden. Zu den auflagenstärksten Büchern zählte Charles Majors Roman *When Knighthood Was in Flower* (1898), der im England des 16. Jahrhunderts spielt. Ein Tanzmeister erzählt dort die Liebesgeschichte zwischen Queen Mary und Charles Brandon.[5]

»In Amerika setzen alle Bücher, die Romane nicht ausgenommen, züchtige Frauen voraus, und niemand erzählt darin Liebesabenteuer«, hatte Tocqueville geschrieben.[6] Zumindest mußten diese Liebesabenteuer historisch verbrämt werden, Episoden aus der Gegenwart wurden als zu riskant empfunden. Mark Twain hat bei aller Detailgenauigkeit kein Wort über die Prostitution auf den Mississippidampfern verloren. Als die Schriftstellerin Kate Chopin, die selbst mit einem Kreolen verheiratet war, in ihrem Roman *The Awakening* (1899) von Mischehen und Ehebruch erzählte, bereitete öffentliche Entrüstung ihrer literarischen Karriere ein Ende.[7] An die *domestic novel*, die gängigste Literaturgattung von und für Frauen seit 1840, wurden strenge moralische Maßstäbe angelegt, strengere jedenfalls als an die künstlerische Form. Das galt sogar für die gebundene Sprache. Ein holpriges Versmaß war verzeihlich, so nur die Moral stimmte. Julia Moore, eine Hohepriesterin des Kitsches, beweinte die Opfer einer Eisenbahnkatastrophe in einer Ballade:

> Destruction lay on every side,
> Confusion, fire and despair;
> No help, no hope, so they died,
> Two hundred people over there.[8]

Die *consolation literature* bot reale oder fiktive Szenen am Sterbebett oder schilderte Kontaktaufnahmen mit dem Jenseits. *Stepping Heavenward* (1869), ein Tagebuchroman aus dem Leben einer gottesfürchtigen Frau, zählte zu dieser Form der Nachkriegsliteratur. Die Verfasserin Elizabeth Prentiss, Pfarrerstochter und Pfarrersfrau, hatte ihren Vater, einen Sohn und eine Tochter durch frühen Tod verloren. Sie fühlte sich aufgerufen, anderen Hinterbliebenen Trost zu spenden und schien an dieser Aufgabe einen morbiden Gefallen gefunden zu haben. Ein nekrophiler Zug in der Literatur der Zeit ist unverkennbar, in *Uncle Tom's Cabin* oder *Ten Nights in a Barroom*, die mit dem Tod eines kleinen Mädchens enden, oder in den *Letters of Life* (1867) von Lydia Sigourney. Elizabeth Stuart Phelps malte ihren Lesern in *Gates Ajar* (1868), *Beyond the Gates* (1883) und *Between the Gates* (1887) die Lebensfreuden im Jenseits aus. Es ist ein antikalvinistischer Himmel, voller Wärme, Häuslichkeit und klavierspielender Töchter. Gefallene Soldaten plaudern mit dem erschossenen Abraham Lincoln. Das Jenseits wird amerikanisiert, hinter den geöffneten Himmelspforten sieht es aus wie in Kansas. Die Trostliteratur wandte sich an die Enttäuschten und Erfolglosen. »Der Himmel könnte ein Platz für die Versager auf Erden sein«, schrieb Phelps, die sich mit ihren

Romanen ein beträchtliches Vermögen erschrieb. Religiös bestimmte Literatur war gefragt. Charles Sheldons Roman *In His Steps* (1896) – ein Geistlicher tritt die Nachfolge Jesu an – wurde millionenfach aufgelegt und in mehrere Sprachen übersetzt.

Der Beginn des literarischen Realismus in Amerika wird gern in die Epoche nach dem Bürgerkrieg verlegt, aber die wenigsten Autoren setzten sich mit den Realitäten der amerikanischen Gegenwart auseinander. Mit Ausnahmen wie Owen Wisters *The Virginian* (1902) bevorzugten die Bestsellerautoren der Jahrhundertwende historische Themen, wobei der Revolutionskrieg besonders beliebt war[9], beliebter noch als der Bürgerkrieg[10], sofern man sich nicht ins Mittelalter oder ins Reich der Phantasie zurückzog.[11] Charles Majors Erfolgsroman *When Knighthood Was in Flower,* das wußte der Käufer, handelte nicht von den »Knights of Labor«, einem Gewerkschaftsbund. Das amerikanische Publikum, stellte Howells fest, wollte anscheinend von Rittern und Millionären hören, nicht von der Welt der Arbeit. Ob aber die Belletristik tatsächlich die Wünsche und Träume der Leser spiegelte, ist zweifelhaft. Die Verlage befaßten sich ab jetzt nämlich mit dem Problem, »wie den Verbrauchern ein bestimmter Geschmack beigebracht wird«.[12] Die Popularität der »dime & nickel novels« und der »pulp westerns« in Erastus Beadles Dime Library, Pocket Library, Half Dime Library oder Deadwood Dick Library erklärt sich auch aus ihrem niedrigen Preis und ihrer leichten Verfügbarkeit. Ein Kaufhaus in Los Angeles inserierte einhundert »Standardromane« zu zehn Cents das Stück: »Diese Bücher befinden sich jetzt im Angebot in unserer Musselinunterwäscheabteilung.«

William Dean Howells

Man hat ihn den Vater des amerikanischen Realismus genannt. Seine Bücher sollten nach eigenem Bekunden nicht schockierender sein als die Wirklichkeit. William Dean Howells ist in häuslicher Geborgenheit aufgewachsen. Außer einer leichten Neigung zur Hypochondrie war er frei von den seelischen Anfechtungen, wie wir sie von anderen amerikanischen Schriftstellern kennen. Er erlernte, wie sein Vater, das Buchdruckerhandwerk, ging seiner autodidaktischen Leidenschaft fürs Lesen nach, schrieb als junger Mann für das *Ohio State Journal* und verfaßte eine Wahlkampfbiographie für Lincoln (1860), die ihm den Posten eines Konsuls in Venedig einbrachte. In *Venetian Life* (1866) und *A Foregone Conclusion* (1875) hat er seine italienischen Erfahrungen verarbeitet. Nach dem Bürgerkrieg trat er in Boston der Redaktion des *Atlantic Monthly* bei, zehn Jahre lang hat er diese einflußreiche Kulturzeitschrift als Chefredakteur betreut. Sein Gesamtwerk umfaßt an die hundert Bücher, darunter 35 Romane und eine Biographie über Rutherford B. Hayes, eines weiteren siegreichen Präsidentschaftskandidaten.

Im Gegensatz zu literarischen Vorgängern und Zeitgenossen wurde Howells nie von Zweifeln gequält, was die grundsätzliche Stimmigkeit des amerikanischen Systems anging. Im Jahr der Schlacht von Gettysburg ließ er einen Amerikaner in Venedig verkünden, er komme aus einem Land, »wo sich alles, moralisch und materiell gesehen, in gutem Zustand befindet«. Im Chaos der Nachkriegszeit vertrat er den Standpunkt, die amerikanische Nation habe sich zu einer nie erreichten Höhe aufgeschwungen. Kaum zu erschüttern war sein Glaube an den historischen Fortschritt, an die praktischen und ideellen Möglichkeiten der Angloamerikaner. In seinem ersten Roman, *Their Wedding Day* (1872), taucht die legendäre Frontiergestalt Sam Patch auf, die nach dem Motto »Manches läßt sich genauso vollbringen wie anderes« zweimal über die Niagarafälle springt, eine Heldentat, die ganz der kollektiven Mentalität des »go ahead« entsprach. Kein Wunder, daß Turgenjew – in englischer Sprache – über Howells' erste Romane urteilte: »Ich spüre hier die spezielle Signatur Amerikas.«[13]

Freilich, gar so naiv war Howells' nationales Glaubensbekenntnis nicht. Er wußte wohl, wie man auf ironische Distanz geht. In Howells' Roman *A Modern Instance* (1882) ist ein in Ehren ergrauter Neuengländer bereit zuzugeben, daß man ein Christ und trotzdem ein guter Mensch sein kann. Mit diesem Roman wandte sich Howells realistischen Charakterstudien und der Auseinandersetzung mit ethischen Problemen zu. Die Hauptfigur ist Bartley Hubbard, ein Journalist aus der Provinz, der in Boston ohne große Skrupel den Erfolg sucht. »Up-and-coming« ist dieser junge Gentleman. Hubbard findet sich in der Bostoner Gesellschaft rasch zurecht, im Herrenclub wird er gleich akzeptiert. Als Menschenverächter hat er keine Schwierigkeiten, sich unter Fremden entspannt zu geben und oberflächliche Freundschaften zu pflegen. Zum Schein vermag er sich jeder Situation eine Weile anzupassen. Rückschläge steckt er nonchalant weg. Beschwingt verläßt er die Redaktionsstube, nachdem einer seiner Artikel abgelehnt wurde. Ein Rivale charakterisiert ihn so: »Solche Burschen trifft man beim nächsten Mal im Kongreß oder im Zuchthaus.« Seiner Frau Marcia, die er über alle Widerstände hinweg erobert hat, wird er bald müde. Ohne Vorwarnung setzt er sich ab vom häuslichen Herd, geht nach Indiana und betreibt von dort aus die Scheidung. Seine Flucht rechtfertigt er damit, daß nach drei Jahren die Ehe nicht funktioniert hat – »we couldn't make it go« – und wie eine Fessel wirkte. Von Indiana zieht er weiter nach Arizona, wo er eine neue Existenz gründen will. Dort stirbt er eines gewaltsamen Todes. Gore Vidal sah in der Figur des Bartley Hubbard den archetypischen Amerikaner, »der liebenswerte, lässige Schurke, der sich nichts dabei denkt zu nehmen, was anderen gehört«.[14].

The Rise of Silas Lapham (1885), Howells' bekanntester Roman, beschreibt den Konflikt eines Aufsteigers mit den Etablierten der Bostoner Gesellschaft. Lapham war zu Beginn seiner Karriere als Selfmademan eines klar: »Ich wollte ein Amerikaner der Extraklasse sein, und zwar vom Start weg!« Er geht nach Texas, kehrt in seinen Heimatstaat Vermont zurück, findet auf seinem Grundstück Mineralien und schafft sich mit der Herstellung von Mineralfarben ein Vermögen an. Er hält sich für einen Individualisten – »I've played it alone« –, will sagen, er hat einen Geschäftspartner beizeiten ausmanövriert. Seinen Reichtum glaubt er nicht dem Glück, sondern rastloser Tätigkeit zu verdanken. Mehr als einmal fällt der Satz »Ich lasse unter meinen Füßen kein Gras wachsen.« Während er einem Reporter seine Erfolgsgeschichte erzählt, stellt er angelegentlich seinen Fuß aufs Fensterbrett. Auch den drohenden Konkurs will er allein durchstehen, zumal er keine Kredite mehr auftreiben kann. Bostons feine Kreise beneiden und verachten den neureichen Fabrikanten. Der Architekt seines Hauses gibt ihm den milden Rat, kein schwarzes Walnußholz zu verwenden, schwarzes Walnußholz sei nicht mehr in Mode. Der gebildete, aber nicht besonders bemittelte Aristokrat Corey vermag sich den gesellschaftlichen Umgang mit Leuten wie Lapham auf Dauer nicht vorzustellen: »Aber Leute, die nie ein Diner gegeben haben, wie soll die Gesellschaft sie assimilieren?« Corey ist nie einer geregelten Arbeit nachgegangen. Als die Dinge schlimm stehen und eine von Laphams Töchtern als Schwiegertochter ins Haus steht, wird er von existentiellen Zweifeln befallen. Schließlich ist Boston eine Stadt, in der seit zweihundertfünfzig Jahren die großen Familien nur unter sich geheiratet haben.[15]

Lapham muß sich am Ende technisch versierten Konkurrenten beugen. Er büßt sein Vermögen ein, aber er bewahrt Haltung. Als echtem neuenglischen Yankee trifft ihn der Verlust seines Hauses besonders hart. Doch als er seinen Besitz schließlich den Gläubigern übereignet hat, als seine Niederlage besiegelt ist, läßt er sich frohen Mutes zum Abendbrot nieder. Der Unternehmer geht lieber in den Bankrott, als einen Kunden übers Ohr zu hauen. Der Neureiche will auf humanistische Werte nicht verzichten. Hier liegen die Grenzen des Howellsschen Realismus.

Howells hat in nachfolgenden Romanen das Problem der Mischehen aufgegriffen, einen Ausflug in die utopische Literatur unternommen und mit sozialistischen Ideen à la Henry George geliebäugelt. Bei aller Kritik an der amerikanischen Wirtschaftsordnung geht ein optimistischer Grundzug durch seine Werke, der Glaube an die egalitäre Demokratie.[16] Im Alter frischte er Themen seiner frühen Jahre auf und verlor sich in Jugenderinnerungen an der Frontier am Ohio.

Henry James

Die Söhne von William James dem Älteren sollten keine frühen Wurzeln schlagen: »Der erste und vornehmste Dienst, den Eva dem Adam erwiesen hat, war, ihn aus dem Paradies zu werfen.«[17] Henry James war gerade ein Jahr alt, als ihn die Eltern zum ersten Mal mit nach Europa nahmen. Als Zwölfjähriger wurde er erneut nach

Europa gebracht. Die Familie lebte einige Jahre in Genf, London, Paris, Bologna und Bonn. Der Vater legte Wert darauf, daß seine Kinder mit den Sprachen und mit der Kultur Europas vertraut werden; in Amerika könne man keine »sinnfällige Erziehung« erhalten. Nach der Rückkehr studierte Henry James in Harvard die Rechte. Am Bürgerkrieg konnte er wegen einer Verletzung nicht teilnehmen. Über die Art dieser Verletzung ist nichts Näheres bekannt. Sie soll ihn jedenfalls daran gehindert haben, jemals zu heiraten. Nach dem Krieg lebte er meistens in Europa, behielt jedoch zunächst seinen Wohnsitz im neuenglischen Cambridge bei. Die amerikanische Gesellschaft kam ihm zu diesem Zeitpunkt provinziell und uninteressant vor. 1875 ging er endgültig nach England, kurz vor seinem Tod wurde er britischer Staatsbürger.

Seine Werke drehten sich seit der Erzählung »A Passionate Pilgrim« (1871) um ein großes Thema: die Faszination, die Europa auf Amerikaner ausübt. Für Henry James war Europa mit seiner vielschichtigen Vergangenheit der dichtere, reichere, wärmere Kontinent, dessen komplexen und rätselhaften Gestalten er als Romancier mehr abgewinnen konnte als seinen eigenen Landsleuten: »Es braucht eine alte Kultur, um einen Romancier in Bewegung zu setzen.« Gelegentlich hat er auch die Reaktion von Europäern auf die amerikanische Kultur beschrieben (*The Europeans*, 1878). Sein eigentliches Metier war aber die Konfrontation des mehr oder weniger naiven, mehr oder weniger unschuldigen Amerikaners mit Europa.

Christopher Newman, die Hauptfigur des Romans *The American* (1878), hat im Alter von 36 Jahren sein Vermögen schon gemacht. Newmans Grundhaltung ist entspannt, die Struktur seiner Persönlichkeit wird als »lässig« beschrieben. Nur wenn er sich strafft, sieht er aus wie ein Grenadier bei der Parade. Den wirtschaftlichen Erfolg verdankt er der praktischen Fähigkeit, Dinge zu Ende zu führen. Den Kapitalismus begreift er als sportlichen Wettkampf oder als Glücksspiel mit hohen Einsätzen. Er ist stolz auf das Privileg, ein amerikanischer Bürger und ein Selfmademan zu sein, der am Anfang ohne einen Penny dastand. Ein Schlüsselerlebnis verändert sein Leben. Urplötzlich verspürt er den ganz fremden Drang in sich, einen hohen Geldbetrag in den Wind zu schießen: »Die Vorstellung, diese sechzigtausend Dollar zu verlieren, sie einfach sausen zu lassen und nie wieder davon zu hören, kam ihm plötzlich als die attraktivste Sache der Welt vor.« Er kehrt Wall Street den Rücken, läßt sich von New York aus aufs offene Land chauffieren, sehnt sich nach einer anderen Welt. Übermächtig der Wunsch, neue Erfahrungen zu sammeln, seiner Existenz eine breitere Dimension zu geben. Und so macht er sich denn nach Europa auf, um dort seinen Geist zu bilden.

Im Pariser Louvre hat er seine erste Begegnung mit europäischer Kunst. Er knüpft Kontakte mit adeligen Franzosen. Ab und an verfällt er in sein altes Tempo, zum Beispiel zeigt er eine Aversion gegen langsame Arten der Fortbewegung. Ansonsten findet er sich in seinem neuen Leben ganz gut zurecht, auch wenn er es nicht lassen kann, in seiner respektablen Wohnung nach amerikanischer Sitte die

Beine aufs Balkongeländer zu legen. Die Wende kommt, als er einer jungen Witwe einen abrupten Eheantrag unterbreitet. Der Umworbenen bleibt vor Überraschung der Mund offenstehen, ihre Familie sträubt sich heftig gegen die Verbindung. Newman sieht darin keine unüberwindlichen Hindernisse. Bisher hat er alle seine Ziele erreicht. Mit Siebenmeilenstiefeln jagt er hohe Minne. Er mobilisiert seine Eigenschaft, Freundschaft simulieren und Personen, die er haßt, das Gefühl geben zu können, er betrachte sie als gute Kameraden.

Die Familie bleibt hart. Die Angebetete zieht sich entnervt zu den Karmeliterinnen in der symbolträchtigen Rue d'Enfer zurück. Ein letzter Erpressungsversuch schlägt fehl. Newman sinnt auf Rache. Doch die alte Gräfin manövriert ihn aus. In ihr hat er seinen Meister gefunden, er muß seine Niederlage akzeptieren. Sein Bewegungsdrang läßt vorübergehend nach, er denkt daran, nach England zu gehen, läßt es aber sein. Am Ende fängt er sich wieder, gewinnt sein altes Selbst zurück, verbrennt den Erpresserbrief und macht sich elastischen Schritts davon. Seine Haushälterin sagt angesichts gepackter Koffer: »Ich dachte, Sie würden für immer bleiben.« Worauf er erwidert: »Ich dachte, ich würde für immer wegbleiben.«[18]

Christopher Newman hat Europas kulturellen Code ebensowenig verstanden wie die junge Amerikanerin Daisy Miller, der ein römischer Gigolo namens Giovanelli zum Verhängnis wird. Der Italiener in *Daisy Miller* (1879) spricht ein recht passables Englisch, hat er es doch oft genug an jungen amerikanischen Erbinnen ausprobiert. Schnurrbartzwirbelnd und augenrollend, lächelnd und dienernd präsentiert er sich der halb unschuldigen, halb frivolen Daisy als Fremdenführer und Mitgiftjäger. Daisy verfällt dem Cicerone total, zeigt einem wertvolleren jungen Amerikaner die kalte Schulter, gerät nächtlicherweil ins Forum Romanum, einem bekannten Malarianest, stirbt am »römischen Fieber« und wird auf dem kleinen protestantischen Friedhof begraben. Der Papagallo reagiert mit der erwarteten Schäbigkeit.[19]

Henry James dem literarischen Realismus zuzuordnen wäre falsch. Man kann ihn aber wegen seiner einfühlsamen Porträtierung seelischer Zustände und Konflikte als einen psychologischen Realisten bezeichnen. »Ich habe große Achtung vor *Sachen*«, sagt Madame Merle, die Europäerin in *Portrait of a Lady* (1881). Die Amerikanerin Isabel Archer denkt weniger materiell. »Nichts, was mir gehört, gibt einen Maßstab für mich ab; im Gegenteil, alles ist eine Grenze, eine Hürde, und eine ziemlich willkürliche.«[20] Ihre Kleider sagen nichts über ihre Person aus, und das hält sie auch für ganz richtig. James hat Europa gleichzeitig romantisch verklärt und diabolisiert. Er fand weder in der einen noch in der anderen Kultur ein Zuhause. Sein Roman *The Bostonians* (1886) über Reformer, Philanthropen und eine neurotische Feministin erntete gehässige Kritiken. Mark Twain gab sich gelangweilt. Henry James hatte Grund, über mangelndes Echo und niedrige Verkaufszahlen zu klagen. Die Verleger, schrieb er 1888, wollten nichts mehr von ihm wissen.

Henry James war der Chronist der »umgekehrten Wanderung« von Amerika nach Europa. Am Ende hatte er es bereut, sein Land verlassen zu haben, ohne sich damit schon vorbehaltlos zu Amerika zu bekennen. Er bereiste im Alter den tiefen Süden und den fernen Westen, bekräftigte in späten Werken den Mythos der Frontier; in seinen letzten Romanen näherte er sich der mythischen Orientierung Coopers, Hawthornes oder Melvilles, war aber seiner Heimat doch fremd geblieben. Das amerikanische Eden kam ihm verdorben vor, seine Bewohner hatten alles Edle und Gesunde ins Häßliche, Kranke und Schamlose pervertiert (*The American Scene*, 1907). Er blieb der Exilschriftsteller, selbst wenn er seinen Abstand wahrte zum bevölkerten Europa.[21] Die Mischung der Kulturen Europas und Amerikas hatte sich zuletzt als unverträglich erwiesen.

Mark Twain

Mark Twain führte die Kunst der komischen Übertreibung zur Vollendung, sein Werk ist die Krönung des Frontierhumors. Er benutzte Motive aus erprobten Geschichten der *backwoodsmen*. Figuren wie der »Corpse-Maker« und das »Child of Calamity« in *Life on the Mississippi* (1883) oder »King« und »Duke« in den *Adventures of Huckleberry Finn* (1884) gehören zu den großmäuligen Aufschneidern, die stets mehr sagen als sie leisten. Die schiere Lust an bildkräftigen Vergleichen ist ein Merkmal dieser Art des Geschichtenerzählens. Mark Twain war der Erbe der *literary comedians* zur Bürgerkriegszeit, von Josh Billings und Petroleum V. Nasby, vor allem aber von Artemus Ward, seinem Vorbild und Mentor, der mit 33 Jahren an Tuberkulose und Trunksucht starb. Anders als seine Vorläufer war Mark Twain nicht auf deren gängigstes Stilmittel angewiesen, die falsche oder phonetische Rechtschreibung. Um echt zu klingen, durfte Sprache nicht so geschrieben werden, wie sie gesprochen wurde. Dies war seine große Entdeckung, und daraus erklärt sich die Wirkung seines Humors. Einmal hatte er, ganz konsequent, die Veröffentlichung eines Interviews untersagt, weil das Gesprochene sich nicht fürs Gedruckte eigne.[22]

Dieser Meister der kurzen, witzigen Pointe ebenso wie der lang ausgesponnenen, nie endenwollenden, ewig mäandernden Geschichte – in »How to Tell a Story« hat er den Unterschied erklärt – bewunderte den Humor seines Zeitgenossen William Dean Howells, einen Humor, der alles durchdringt, der ohne bestimmtes Ziel dahinfließt und dann und wann überschwappt. Das Unverträgliche und das Absurde zusammenzubringen – »in a wandering and purposeless way« – das war für ihn das A und O des amerikanischen Humors. Das Genre, das er meinte, ist der *yarn*, das Garn, einer spinnt und das weder Anfang noch Ende hat.

Als Samuel Langhorne Clemens wurde Mark Twain in dem Ort Florida im Staat Missouri geboren. Wenige Jahre nach seiner Geburt zog seine Familie in das ebenfalls in Missouri gelegene Hannibal um. Sein Vater, ein Virginier, starb 1847. Sam war mit elf Jahren Halbwaise. Er lernte das Druckereihandwerk, zog als Handwerksbursch in den Osten und in den Mittelwesten, überlegte einmal, ob er in Südamerika sein Glück versuchen sollte, heuerte statt dessen auf einem Mississippidampfer an, um dort den Beruf des Steuermanns zu erlernen. In *Life on the Mississippi* hat er seine Lehrzeit auf dem Fluß beschrieben, der laut William Faulkner mehr ist als bloß die geologische Nabelschnur des Landes. Der junge Clemens mußte schnell vergessen, was er auf der Sonntagsschule gelernt hatte, der Fluß machte ihn mit dem wirklichen Dasein bekannt; er barg ihm alle Geheimnisse, war ihm Quelle des Lebens, der Phantasie, des Humors; das schlammige Mississippiwasser war gesund, das bezeugte die üppige Vegetation des Friedhofs von St. Louis. Bäume wuchsen dort aus den Mägen der Toten, anders als im sterilen Osten: »ein Leichnam aus Cincinnati reichert den Boden überhaupt nicht an.« Mark Twain hat dem Mississippi ein unvergängliches literarisches Denkmal gesetzt, er sah den Fluß als Symbol für Leben und Tod.

Zu Beginn des Bürgerkriegs schloß er sich auf der Seite der Konföderierten einer Gruppe Freiwilliger an. Nach zwei Wochen war seine Begeisterung für die Sache der Sklavenstaaten abgeflaut; er desertierte. Mit seinem Bruder reiste er im Regierungsauftrag nach Nevada, an die vorderste Siedlungsgrenze. Auf dem Weg dorthin, in Utah, begegnete er dem Mormonenführer Brigham Young. Die Mormonen waren immer eine dankbare Zielscheibe für den Witz der Frontiersleute gewesen. Artemus Ward hatte auf die Eintrittskarten zu einem Vortrag über Mormonen den Vermerk drucken lassen: »Gilt für den Kartenbesitzer und Eine Frau«. Die Vielweiberei, an sich eine *tall tale*, regte die Vorstellungskraft zu stets neuen Übertreibungen an. Mark Twain beschäftigte sich in dieser Tradition ausführlich mit der Polygamie, den vermeintlichen Schlafgewohnheiten der Mormonen, der Breite ihrer Betten und so fort. In *Roughing It* (1872), Mark Twains Bericht über seine Reise in den Westen, gibt Brigham Young verschiedene altkluge Sprüche seiner »Zweijährigen« zum Besten.

Mark Twain schilderte die Bedingungen an der Frontier anhand von »Typen«. Da ist der deutschstämmige Ollendorff, der behauptet, einen »inneren Kompaß« zu haben, worauf man sich schrecklich verirrt. Da ist der alte Goldgräber, der auf Schritt und Tritt unangebrachte Fremdwörter verwendet. Da ist ein Mr. Harris, der Meinungsverschiedenheiten mit sechsschüssigen Revolvern austrägt.

Mark Twain arbeitete fern vom Bürgerkrieg als Journalist in Virginia City, traf in Kalifornien mit Artemus Ward und Bret Harte zusammen. Dort hörte er den Ruf der Literatur, wie er ironisch schrieb, »Literatur einer niederen Ordnung – d.h. humoristisch«.[23] 1865 machte er sich mit der Geschichte »The Celebrated Jumping Frog of Calaveras County« einen Namen. Im Juni 1867 überquerte er auf der »Quaker City« inmitten einer ausgesuchten Reisegesellschaft den Atlantik und bereiste Europa und Palästina. Seine Reiseerfahrungen legte er in *Innocents Abroad*

(1869) nieder, ein Buch, das er mit enormem Tempo fertigstellte, einmal schaffte er 200000 Wörter in zwei Monaten. Wo Henry James die naiven Amerikaner auf Europareise nur beobachtet hatte – Mark Twain war einer von ihnen, und er spielte seinen Part gut.[24]. Venedig kam ihm vor wie ein Paradies für Krüppel, weil man seine Beine nicht gebrauchen muß. Die Geschicklichkeit der Gondoliere bewunderte er mehr als die Paläste an den Kanälen. Seine Fremdenführer nannte er Ferguson, egal in welchem Land. Nach langen Erläuterungen über eine historische Figur trieb er sie mit der Frage »Is he dead?« zur Verzweiflung. Zwischen Afrika und Spanien wurde er von patriotischen Gefühlen ergriffen, als er fern der Heimat das Sternenbanner erblickte. In den Hotels und Badestuben vermißte er, wie jeder gute amerikanische Tourist, einen Artikel besonders schmerzlich: Seife. In Athen schlich er sich trotz einer Quarantäne heimlich an Land. Über Konstantinopel und Odessa führte der Weg seiner Reisegruppe ins Heilige Land. Nach seiner Heimkehr schrieb er einen gehässigen Bericht für den *New York Herald:* »Der Vergnügungsdampfer war eine Synagoge und die Vergnügungsreise ein Leichenbegräbnis ohne Leichnam.«

Mark Twain hätte ungeniert eingeräumt, daß sein Humor von der Schadenfreude lebt. Es sei schön, bei Mondlicht auf Deck spazierenzugehen, schrieb er auf der »Quaker City«, schön auch, beim Schein der Kapitänslaterne eine Partie Whist zu spielen. Dies alles aber reiche nicht an das Vergnügen heran, das Elend seiner seekranken Reisegefährten zu beobachten. Humor reduziert sentimentale Empfindungen auf ein erträgliches Maß. »Nichts macht eine Landschaft schöner als eine Portion Schinken und Eier«, heißt es in *Roughing It.*[25] Der Humorist ist von Haus aus ein Ikonoklast, um Konventionen schert er sich nicht. In Bayreuth wünschte sich Mark Twain die Werke Richard Wagners als Pantomime; die Musik fand er schrecklich. Der Gesang in Lohengrin klang in seinen Ohren, als brenne ein Waisenhaus nieder. Ohne Selbstironie ist sein Humor nicht zu denken, aber typischer ist die Verwendung des Witzes als Waffe, als Mittel der Selbstbehauptung, als Instrument des Sieges im Umgang mit anderen. Bei einer Audienz im Weißen Haus setzt er seinen Ehrgeiz darein, den Präsidenten Ulysses Grant zum Lachen zu bringen.

1888 verlieh ihm die University of Yale einen Ehrenmagister. Bei dieser Gelegenheit erklärte er seine Pflichten, so wie er sie verstand. Aufgabe des Humoristen sei es, die Schwindler zu verspotten, das Prätentiöse bloßzustellen, den dummen Aberglauben durch Gelächter zu vernichten. Der egalitäre Impuls ist hier unverkennbar. Für Mark Twain war ein Humorist »der natürliche Feind der Monarchen und Adeligen, von Privilegien und sonstiger Schwindelmanöver, der natürliche Bundesgenosse menschlicher Rechte und menschlicher Freiheiten«. Diese programmatischen Sätze wußte Mark Twain wie kein zweiter in Literatur umzusetzen. »Nur Könige, Leitartikelschreiber und Leute mit Bandwurm haben ein Recht auf das majestätische Wir.« Dem Lachen, meinte er, vermöge nichts zu widerstehen. Selbst in seinem tief pessimistischen Werk *The Mysterious Stranger* hielt er an dieser Überzeugung fest. Der Menschheit, sagt der Satan, steht nur eine wirksame Waffe zur Verfügung, das Gelächter.[26]

Der Sozialkritiker Mark Twain richtete anfangs seinen Zorn gegen korrupte Politiker und unfähige Beamte. *Roughing It* ist unter anderem eine Anklage gegen den lähmenden Bürokratismus Washingtons. Die Kongreßmitglieder nannte er Amerikas ureigenste kriminelle Klasse, während er Gesetzlosigkeit und Gewalt an der Frontier noch mit einiger Sympathie betrachtete. Später schwand sein Glaube an Fortschritt und Demokratie, an allgemeines Wahlrecht und Geschworenengerichte. Zusammen mit Charles Dudley Warner verfaßte er *The Gilded Age* (1873), ein Roman, in dem er seiner Empörung über die gesellschaftliche Entwicklung in der Zeit nach dem Bürgerkrieg Luft verschaffte, ein schonungsloser Angriff auf Spekulantentum, Banausenhaftigkeit und nackte Geldgier, eine Pornographie des Dollars sozusagen.[27]

Mark Twain hat immer und überall von der Armut Notiz genommen. In Italien empfand er die Pracht der Kathedralen angesichts der Scharen von Bettlern als Hohn, die glücklichen, wohlversorgten Priester wollten ihm nicht zur allgemeinen Not passen. In »King Leopold's Soliloquy« (1905) rechtfertigte der belgische Monarch die Ausbeutung der schwarzen Afrikaner im Kongo und küßt dabei ein Kruzifix. In anderen Ländern und in anderen Epochen hat Mark Twain vergeblich nach Modellen einer gerechteren Gesellschaft gesucht. Hank Morgan, die Hauptfigur in *A Connecticut Yankee in King Arthur's Court* (1889), sieht sich ins England des 6. Jahrhunderts versetzt und beginnt dort nach Art der Yankees voller Fortschrittsgläubigkeit und Selbstvertrauen sein Reformwerk. Er gründet eine Zeitung und ein Patentamt und ist fest entschlossen, Armut und Dummheit für immer den Garaus zu machen. Die Utopie wird zur Gegenutopie, das Millenium endet in der Apokalypse. Amerikanische Technik samt Torpedobomben und elektrisch geladenen Stacheldrahtzäunen vernichten eine mittelalterliche Kultur. Hank Morgan steht am Ende vor einem Leichenberg.[28]

Der junge Mark Twain hatte seine Menschenverachtung auf bestimmte Gruppen gelenkt, auf portugiesische Katholiken oder syrische Araber, die seiner Ansicht nach fortschrittsfeindlich, bigott und von Natur aus faul waren. Die amerikanischen Indianer hat er gehaßt. Er schimpfte sie Koyoten, Ratten, Gorillas, aasfressende Raben, widerliche Bettler, die ihren Dreck monatelang aufbewahrten. Später hat er seine Verachtung auf das ganze Menschengeschlecht ausgedehnt. Der Mensch war ihm jetzt »das niedrigste Tier«, »das einzige Lebewesen, das errötet beziehungsweise Grund dazu hat«. Ein Hund, dem man das Leben rettet, wird einen nie beißen; anders der Mensch. In seinem misanthropischen Essay »What Is Man?« (1906) heißt es, der Geist des Menschen sei nicht mehr als eine Maschine, die von unkontrollierbaren Kräften bedient wird. In späten Werken wie »The Man that Corrupted Hadleyburg« (1900) oder *The Mysterious Stranger* (posthum 1916) trieb er die Menschenverachtung auf die Spitze. Der geheimnisvolle Fremde, nämlich der Satan, sucht um das Jahr 1600 das österreichische Eseldorf auf und korrumpiert die Bewohner. Die jungen Burschen in Eseldorf sind keine Tom Sawyers, keine Huck Finns. Sie haben nicht den Mut, sich gegen Aberglauben zur Wehr zu setzen. Die Welt versinkt im Nichts. »Nichts existiert außer dir. Du bist nur ein Gedanke – ein vagabundierender Gedanke, ein nutzloser Gedanke, ein obdachloser Gedanke, der hilflos zwischen leeren Ewigkeiten hin- und herwandert!« Einer der besten Kenner der amerikanischen Kultur fühlte sich bei dieser Passage an Emersons transzendentalistische Philosophie in *Nature* und »Self-Reliance« erinnert.[29] Zwei der markantesten Amerikaner des 19. Jahrhunderts erweisen sich somit als Nihilisten.

Man hat Mark Twains pessimistische Lebenshaltung auf persönliche Schicksalsschläge zurückgeführt, auf den Tod seines Bruders, seiner Tochter, auf finanzielle Krisen. Trotz beträchtlicher materieller Erfolge ist er immer wieder in Schulden geraten. Anfangs kamen seine Werke erst heraus, wenn genügend Besteller zusammengekommen waren. Sein Verlagshaus ging bankrott, die Investition in eine technisch unterlegene Setzmaschine fraß seine Honorare auf, er mußte Konkurs anmelden, sprach von Selbstmord: »Wüßte ich meine Familie in einem netten Armenhaus, würde ich mich umbringen.« Widerwillig begab er sich auf Vortragstournee, um seine Schulden abzuarbeiten. Die tieferen Gründe für seine Verzweiflung liegen freilich nicht in der prekären Finanzlage. Zu Beginn seiner literarischen Karriere hatte er sich eine Pistole an die Schläfe gesetzt. Noch im Alter bedauerte er, nicht abgedrückt zu haben. Der Todeswunsch ließ sich nie mehr ganz verdrängen. Nach seiner ersten Europareise schrieb er aus San Francisco: »Ich *werde* eines Tages seßhaft und sei es auf einem Friedhof.« Er beneidete die Toten: Warum freuen wir uns bei einer Geburt und trauern bei einer Beerdigung? Weil wir nicht die Hauptperson sind. Meistens wußte er seinen Todeswunsch humorvoll zu umkleiden, aber hinter seinem klassisch gewordenen Telegramm an den Londoner Korrespondenten des *New York Journal* – »Die Nachricht von meinem Tod war eine Übertreibung« – stand eben mehr als ein Witz. In seiner Autobiographie machte er dem Hausarzt seiner Kindheit Vorwürfe, ihm mehrfach das Leben gerettet zu haben: »Trotzdem, er war ein guter Mann und wollte das Beste.« Gegen Ende seines Lebens plante er einen Roman über die inzwischen 60jährigen Tom Sawyer und Huck Finn. Sie haben ihre Reise hinter sich gebracht, es hat sich nicht gelohnt, darin stimmen sie überein. Gemeinsam wollen sie sterben. Man kann dies nicht als Wunschvorstellung eines resignierenden alten Mannes abtun. Bereits in *Tom Sawyer* (1876) – Mark Twain ist knapp über 40 – beobachten die jungen Ausreißer heimlich ihre eigene Beerdigung.[30]

Mark Twains Biograph Bernard de Voto wollte die morbide Veranlagung aus traumatischen Erlebnissen des jungen Samuel Clemens erklären, der Begegnung mit Magie und Aberglauben der schwarzen Sklaven, der Gewalttätigkeit auf den

Straßen seines Heimatorts Hannibal.[31] Ein alter Mann wird auf der Main Street erschossen, ein Sklave wegen einer Bagatelle erschlagen. Ein Auswanderer ersticht einen Kameraden, zwei junge Männer versuchen, ihren Onkel umzubringen. Ein Tramp verbrennt im Gefängnis, der junge Sam hatte ihm Streichhölzer gegeben. Einmal übernachtet er im Büro seines Vaters, man hatte einen Leichnam mit einer klaffenden Wunde dort aufgebahrt. Eine traumatische Wirkung zeigten diese Erlebnisse sicherlich. Mark Twain hat sich zeitlebens am Tod anderer Menschen schuldig gefühlt. Unerklärt bleibt bis dahin, warum gerade er mit besonderer Verletzlichkeit auf Geschehnisse reagierte, die in der damaligen Umgebung zwar nicht alltäglich, aber auch nicht ungewöhnlich waren.

Mark Twain kam als Siebenmonatskind zur Welt. Er kränkelte in den ersten Lebensjahren, war zart gebaut, empfindlich, scheu, ein schwieriges Kind, als sonderbar hatte man ihn eingestuft, als »queer«. Während der ersten sieben Lebensjahre brauchte er ständig Medikamente. Er fürchtete sich davor, Fremde etwas zu fragen, zeigte Berührungsängste, hat sich auch später der landesüblichen Jovialität entzogen. Als erwachsener Mann fragte er seine Mutter, ob er wirklich ein Sorgenkind war: »Angst, daß ich nicht überlebe?« Und er erhielt die grausame Antwort: »Nein, im Gegenteil.« Die Mutter hatte ihn geliebt und umsorgt, ihn aber auch vielfach enttäuscht und zurückgestoßen, wenigstens hat er das so empfunden. Die ungleichmäßigen Erziehungssignale hatte er nicht verkraftet, Urvertrauen konnte nicht entstehen, er mußte sich, so ungerecht es war, für die Kränkungen rächen: »Meine Eltern waren arm, aber unehrlich.« Seine Mutter hatte von dem Mann, den sie liebte, den Laufpaß erhalten und aus Trotz Vater Clemens geheiratet. Daß Mark Twain ihren Verdruß miterlitt, ist wahrscheinlich. Der Vater hielt es für richtig, zu seinen Kindern auf emotionelle Distanz zu gehen. Das Verhältnis zwischen ihm und seinem Sohn war äußerst reserviert. Es ist möglich, daß Mark Twains neurotische Veranlagung auf ein Schlüsselerlebnis zurückging. Die Familie Clemens war zum Besuch einer Farm aufgebrochen, die eine Tagesreise entfernt lag. Der Vater wollte am nächsten Morgen mit dem kleinen Sam nachkommen. Das tat er auch, stellte aber bei seiner Ankunft fest, daß er seinen Sohn vergessen hatte. Ein Verwandter mußte ihn holen. Das hungernde und heulende Kind war also mindestens 24 Stunden allein.[32] Aus der Entwicklungspsychologie weiß man, daß länger anhaltendes Alleinsein bei Kleinkindern Verhaltensstörungen bewirkt, die nicht mehr reparabel sind, sobald eine bestimmte Dauer der Trennung überschritten wurde.

Zu diesen Verhaltensstörungen zählen Fluchtphantasien, ein unwiderstehliches Verlangen, alle Bindungen zu lösen, um neue Enttäuschungen auszuschließen. »Ich wollte halt nur gern irgendwo anders hin«, bekennt Huck Finn gleich zu Beginn von Mark Twains berühmtestem Roman, »Abwechslung war alles, was ich wollte, ich war nicht wählerisch.« Hucks Vater ist ein Säufer, der sich im Rausch mit den Schweinen sielt und seinen Sohn schlimm mißhandelt. Es ist aber nicht nur der gewalttätige Vater, der ihn zum Fortlaufen veranlaßt. Er fühlt sich beengt und schläft so oft er kann draußen im Wald. Schließlich verläßt er das Haus seines Vormunds, einer gutmütigen Witwe. Er will sich nicht mehr »einzwängen und zivilisieren lassen«. Zusammen mit dem schwarzen Sklaven Jim nimmt er Reißaus und tritt eine abenteuerliche Floßreise auf dem Mississippi an. Er ist stolz auf seine Fertigkeiten als Fischer und Bootsmann, stolz auch, daß er mit seinen unfreiwilligen Bordgästen, den beiden Gaunern King und Duke, umzugehen weiß. Zu den frühesten Erinnerungen Mark Twains gehörte die Begegnung mit wandernden Komödianten. King und Duke zählen zu dieser Spezies, sie schlagen sich als Prediger, Schausteller, Hellseher, Phrenologen und Erbschleicher durchs Leben, sie verstehen sich darauf, ein paar rasche Dollars zu verdienen, die sie ebenso rasch wieder einbüßen, ohne groß darob zu trauern. Huck gelingt es, die beiden für eine Weile abzuschütteln. Vor Freude über das gelungene Täuschungsmanöver springt er in die Höhe und aus Übermut knallt er in der Luft die Hacken zusammen.[33] Huck Finn ist, genau wie die legendären Frontierhelden, ein leidenschaftlicher Akrobat. Er liebt den Zirkus, die Balanceakte auf Pferden, den Clown, der nicht weniger als siebzehn Schichten Kleider von sich wirft. Die Trennung von Objekten ist ihm ebenso ein Bedürfnis wie die Loslösung von Personen.

Gegen Ende der Geschichte taucht Tom Sawyer auf. Er hat sich die Befreiung des Sklaven Jim in den Kopf gesetzt, obwohl er weiß, daß Jim per testamentarischer Verfügung bereits frei ist. Er handelt aus purer Abenteuerlust, die Entführung muß auf möglichst riskante Art vonstatten gehen. Er arbeitet mit mysteriösen Briefen, er bringt Schlangen und Ratten ins Spiel und treibt es solange, bis fünfzehn bewaffnete Farmer die ganz unnötige Befreiung zu vereiteln suchen, und Tom verfällt angesichts der gefährlichen Übermacht in Euphorie. Die meisten Literaturwissenschaftler haben in den Schlußepisoden des Romans eine Kompositionsschwäche Mark Twains gesehen, ein albernes und überflüssiges Anhängsel. Nur, dieser Teil hat seine eigene Funktion, die Angstlust herauszustellen, von der die jungen Helden in ihren Freiheitsgelüsten vorangetrieben werden.

Mark Twains Biographie trägt viele Züge der Rastlosigkeit, der Flucht, des Unbehaustseins. Er brauchte das Gefühl der Weite, die Illusion der Endlosigkeit, wie er sie auf dem Mississippi fand, wo die Ufer »wundervoll weit« entfernt lagen. Den »stagecoach drivers« im Westen brachte er eine schwärmerische Verehrung entgegen. Ihn faszinierten die Pferde, die davonschießen »wie ein Telegramm«. In Italien ließ er sich von neuen Fernstraßen und Eisenbahnen mehr begeistern als von Museen und Galerien. In Palästina stellte er mit Herablassung fest, daß Jesus nie weiter gereist war als 100 oder 120 Meilen und seine Wunder im Umkreis eines Gebiets vollbracht hatte, das nicht größer war als ein normales amerikanisches County. Jede Form der Bewegung, jede Ortsveränderung schien ihm willkommen, ein kleiner Ausflug aufs Land hob seine Stimmung sofort. Die Bewegung auf dem Wasser wußte er besonders zu schätzen. 1878 schiffte er sich wieder ein, um

die freie Luft Europas zu atmen, wie er sagte. Von Heidelberg aus unternahm er Floßfahrten auf dem Neckar. Im Alter reiste er rastlos zwischen dem Festland und Bermuda hin und her, um Ruhe zu finden, wie er meinte.[34] Zuletzt plante er ein Buch mit dem Titel *The Innocents Adrift*.

Und doch wäre es falsch, in Mark Twain einen Nomaden zu sehen. In Europa notierte er nicht ohne Sympathie die Heimatliebe der Franzosen. Der Konservierungsinstinkt der Europäer blieb ihm nicht verborgen. Er selbst war ein Typ, der nie etwas verlor und ungern etwas wegwarf. Im Bois de Boulogne inspizierte er einen Baum, in dem eine auf den russischen Zaren abgefeuerte Kugel steckte und meinte dazu: »In Amerika würde man diesen Baum umhauen und binnen fünf Jahren vergessen, doch hier weiß man ihn zu schätzen.« In Mailand beobachtete er mit unverhohlener Bewunderung die physische Nähe der Italiener zueinander, das entspannte Promenieren auf den abendlichen Straßen. Er wünschte sich, etwas davon in seine hektische, energieverzehrende Heimat exportieren zu können. So sehr er sich anfangs über europäische Trägheit mokiert hatte, nach einigen Wochen begann er anders über eine Haltung zu denken, die ihm vorher wie pure Faulheit erschienen war.[35]

Nachdem er die Tochter eines reichen Kohlenhändlers geheiratet hatte, wurde er seßhafter und näherte sich im Lebensstil den Werten der Oberschicht. Seine Zeit als Bohemien und Vagabund schien vorbei zu sein. Nach der großen Fahrt auf der »Quaker City«, so sagte er, habe sich seine Reiselust verloren. Er unternahm danach noch über vierzig größere Reisen, darunter eine Weltreise, nach eigenen Angaben jedoch widerwillig und mit Bitternis im Herzen. Sein Ruhm gründete sich wohl auf Reisebücher im weitesten Sinn, aber als er ein Buch über Diamantensucher plante, schickte er einen Freund nach Südafrika, um für ihn das Material zu sammeln.

Die quälende Unsicherheit, ob er gehen oder bleiben, flüchten oder standhalten sollte, ist das zentrale Charakteristikum der Persönlichkeit Mark Twains. Mark Twain wollte, aber konnte sich nicht von seiner Umgebung distanzieren. Er zeigte die bekannten zentrifugalen Neigungen und war doch unfähig, auf Dauer die Haltung der »aloofness« einzunehmen; er suchte Nähe und Ferne in einem. Siamesische Zwillinge und das Doppelgängermotiv haben ihn fasziniert.[36] Er war eben Sam Clemens *und* Mark Twain.

Sein Pseudonym hat er so sehr gehaßt, daß er oft dessen bloßen Anblick nicht ertragen konnte. Seine Stimmungen wechselten abrupt von Euphorie zu Niedergeschlagenheit. Nach seinem ersten literarischen Erfolg verfiel er in eine wochenlange Depression, trank, erregte öffentliches Ärgernis und landete in einem New Yorker Gefängnis. Sein Leben war geprägt von persönlichen Ausfällen und peinlichen Vendettas gegen harmlose Mitmenschen, von Bitterkeit, Selbstzweifeln, Schuldgefühlen und Angst vor Impotenz. Keinesfalls darf er als eine in sich

◀ Mark Twain im Jahr 1906

ruhende Gestalt gesehen werden, die mit genialem Humor überlegen lächelt und alles versteht. Dazu waren die Widersprüche in seiner persönlichen Entwicklung zu übermächtig: der Südstaatler, der in den Westen ging und sich an der Ostküste niederließ, bis zu einem bestimmten Grad »desouthernized« war, aber ewig zwischen Statik und Dynamik schwankte; der Frontierhumorist, der sich im spätpuritanischen Neuengland zu arrangieren wußte, aber von den Aristokraten Bostons nie ganz akzeptiert wurde; der Amerikaner, der die Traditionen der Alten Welt bespöttelte und sich doch zu ihnen hingezogen fühlte, den sechsten Teil seines Lebens in Europa verbrachte und in seine Werke oft genug die Geschichte des Mittelalters einbrachte. Die Jagd nach Geld verachtete er und war doch unablässig hinter schnellem Reichtum her. Er kritisierte die Räuberbarone des »Gilded Age« und pflegte Freundschaft mit Andrew Carnegie. Er hielt Politiker für unmoralisch und umwarb Ulysses Grant. Er geißelte den technischen Fortschritt und investierte in alle möglichen Erfindungen. Seine Lust an Erfindungen ließe sich notfalls mit seinem genialen Humor zusammenbringen. Humorist und Erfinder haben die Gabe gemeinsam, zwei Dinge oder Einsichten miteinander zu kombinieren, deren Kombinationsfähigkeit einfallslosen Personen bis dahin entgangen ist. Ein Stück weitergedacht ist Mark Twains Humor der erfolgreiche Versuch, dem Gefühl der Perplexheit zu entrinnen, einen Ausweg aus zwiespältigen Erfahrungen zu finden, der Beengung zu entkommen, die ihm das eigene Ich auferlegen wollte. Humor ist immer auch die Reaktion auf nicht eindeutige Beziehungen.[37]

Zu seinen Lebzeiten sind die Kritiker mit Mark Twain mitunter recht harsch umgesprungen. In England war er zeitweise populärer als in der eigenen Heimat. Aber H. L. Mencken und Ernest Hemingway verehrten ihn als den Vater der amerikanischen Nationalliteratur. Andere wollen nur *Huckleberry Finn* als literarische Höchstleistung anerkennen, vielleicht noch den ersten Teil von *Life on the Mississippi* und einige Abschnitte aus *Pudd'nhead Wilson* (1894), gegen die der *Connecticut Yankee, Tom Sawyer* und *Innocents Abroad* in der Qualität bereits abfallen.[38]

Mark Twain kam aus der Tradition des Frontierhumors, aber er antizipierte Neues. Die Humorforscher Walter Blair und Hamlin Hill sehen in Mark Twain den Vorläufer des modernen, existentialistischen, schwarzen Humors, dessen Figuren bei Joseph Heller oder Kurt Vonnegut wieder auftauchen. Die einfachen, erprobten, hausgemachten Lebensrezepte verschlagen nichts mehr. Im Gegenteil, sie werden tödlich. Menschen können keine Beziehungen mehr zueinander aufnehmen. Religion und Politik sind Gegensätze geworden oder verbünden sich zu mörderischen Zwecken. In seinem 1905 geschriebenen und erst 1923 veröffentlichten »War Prayer« stellte Mark Twain die grausame Logik hinter der Bitte um militärische Siege bloß.[39]

Man findet bei Mark Twain Anklänge an Kafka: Ein Mann beobachtet unter dem Mikroskop einen Wassertropfen, dann schläft er ein. Im Traum reist er auf einem

Schiff, das in einem Wassertropfen schwimmt. Es werden nur noch bedeutungslose, unentzifferbare Worte gesprochen. Der Schlafende drängt beim »Oberaufseher für Träume« darauf, geweckt zu werden und erhält zur Antwort: »Du hast dein ganzes Leben auf diesem Schiff verbracht. Und dies ist dein *wirkliches* Leben. Dein anderes Leben war ein Traum.« Daß sich im Spätwerk des Humoristen Mark Twain das Phantastische ausbreitete, ist kein Zufall. Der Humor ist, wie der Traum, »eine andere Art, ins Irreale einzutreten«.[40]

Literarische Utopien

Etwa ab 1870 verlagerte sich das Schwergewicht von der realen Utopie auf das literarische Nirgendwo, etwa in Bulwer Lyttons *The Coming Race* (1871) oder in Samuel Butlers satirischen Abhandlungen *Erewhon* (1872) und *Erewhon Revisited* (1901). In der amerikanischen Literatur ist hier an erster Stelle Edward Bellamys *Looking Backward* (1888) zu nennen. Bellamys Rückblick aus dem Jahr 2000 auf das Jahr 1887 ist vor dem Hintergrund der sozialen Zustände im »Gilded Age« zu sehen, der Vorherrschaft der Plutokraten, der allgemeinen Bonanza ohne Rücksicht auf die Verlierer, der Existenz von Kinderarbeit und der schweren Wirtschaftskrise von 1873. In einem künftigen Amerika dominierte nach Bellamys Vorstellungen ein christlicher Sozialismus, das Land hatte seinen pastoralen Charakter zurückgewonnen, das Leben spielte sich in einer parkähnlichen Landschaft ab, in der es fast keine Industrie mehr gab.

Edward Bellamy, 1850 in Massachusetts als Sohn eines Baptistenpfarrers geboren, 1898 an Tuberkulose gestorben, war als Achtzehnjähriger nach Deutschland gereist, wo er sich besonders für die dort herrschenden sozialen Mißstände interessierte. Nach seiner Heimkehr studierte er Jura, gab den Rechtsanwaltsberuf nach seinem ersten Klienten auf und wurde Journalist. 1880 gründete er in Springfield (Massachusetts) eine Tageszeitung. 1886 machte er sich gezielt daran, eine neue Wirtschaftsordnung zu entwerfen, zwei Jahre später erschien *Looking Backward*. Auf die Frage, ob er seine sozialistischen Ideen in Deutschland aufgesogen (*imbibed*) habe, erwiderte er: »Sir, the only thing I learned to imbibe in Germany was beer.«[41] Sozialistische Ideen waren auch in Amerika in Umlauf, bei den Grangers, bei den *Knights of Labor*, in der Abhandlung *Progress and Poverty* (1879) des Henry George, den das Elend in Kalkutta tief angerührt hatte. *Looking Backward* wurde hinter *Uncle Tom's Cabin* zum meistverkauften amerikanischen Buch des Jahrhunderts. Landesweit formierten sich Bellamy-Clubs und eine *Nationalist Party* zur Propagierung christlich-sozialistischer Ideen. Bellamys Version eines Staatskapitalismus hat bis in den New Deal hineingewirkt. In den 1930er Jahren wurden einige dieser Schriften neu herausgegeben. Aus *Edward Bellamy Speaks Again!* (1937) und *Talks on Nationalism* (1938) glaubten einige seiner Bewunderer, einen Vorgriff auf das Wirtschaftsprogramm Franklin Roosevelts herauslesen zu können.

Looking Backward besteht im Kern aus einem Dialog zwischen Julian West aus dem Boston des 19. Jahrhunderts und Dr. Leete aus einer idealen Gesellschaft des 21. Jahrhunderts – die beiden trennen 113 Jahre. In der Gesellschaft des Dr. Leete ist der Wettbewerb abgeschafft, es gibt keine Klassen mehr. Die Plutokratie hat der Demokratie Platz gemacht, die Bürger leben in Frieden miteinander, ein Existenzkampf findet nicht mehr statt. Die Erwerbstätigen sind nach dem Muster europäischer Armeen organisiert. In den straff geführten Wirtschaftsverbänden hat jeder vom 21. bis zum 45. Lebensjahr zu dienen, danach ist er frei. Je härter die Arbeit, desto geringer die Stundenzahl. Für Schwangere und besonders Begabte werden Ausnahmen gemacht. Wer sich mit der Hälfte der Pension zufriedengibt, darf schon mit 33 aus dem aktiven Erwerbsleben ausscheiden. Ein zweiter Beruf ist Pflicht. Angehörige geistiger Berufe müssen einen dreijährigen Grundarbeitsdienst ableisten. Widerspenstige werden zur Rechenschaft gezogen, in Bellamys Nachfolgeband *Equality* (1897) sogar in Reservate verbannt.

Edward Bellamy hat eine rückwärtsgerichtete Utopie entworfen, deren hervorstechendes Merkmal eine antiindustrielle Haltung ist.[42] Industriearbeiter werden als Bedrohung empfunden, weil sie keine »culture« mehr ihr eigen nennen. Die in *Looking Backward* geschilderten Arbeitsplätze befinden sich in einem Restaurant, in einem Geschäft und in einer Art Supermarkt; Fabriken kommen nicht vor. Das Leben in der Stadt erzeugt Angst, die neue Kommunalität findet in der Natur statt, die Natur ist der wirksamste soziale Katalysator. Daß die Reise in die Vergangenheit ging, hätte Bellamy nicht einzusehen vermocht. In seiner Utopie ist ausdrücklich vom Aufbruch nach vorn die Rede, vom »pressing forward«, von der »dazzling future«, von offenen Himmeln, die vor der Menschheit liegen.

Zwischen 1880 und 1900 erschienen in den USA mindestens 160 utopische Romane, die auf ihre Weise die Sehnsucht nach einer anderen, besseren Welt zum Ausdruck brachten. Realutopien waren für die erste Hälfte des Jahrhunderts typisch gewesen, jetzt begnügte sich das Utopieverlangen mit der schriftstellerischen Phantasie. Epigonen Edward Bellamys traten auf den Plan mit Titeln wie Looking Ahead, Looking Beyond, Looking Within, Looking Forward, Looking Further Forward oder Looking Further Backward. Die Zeit der ungehinderten Expansion, des unaufhaltsamen Aufstiegs war vorbei, das fühlte man. Desto verzweifelter und dringlicher meldete sich der Wunsch nach einem allgemeinen »uplift«. Utopie war die letzte Chance. Einer der Utopisten erhob ein ganzes Volk zu christusähnlichen Helden – »ein großer Sprung nach oben, und jetzt sind wir alle Erlöser«.[43]

Mark Twain hatte zu der Zeit, als Bellamy von einem glücklichen Amerika träumte, den Glauben an eine gerechte Gesellschaft schon verloren. Sein utopischer Roman *A Connecticut Yankee in King Arthur's Court* (1889) ist die

»klassische Version des Mittelalters als Antiutopie«.[44] Das Amerika des Jahres 1988 stellte sich der Populistenführer Ignatius Donnelly vor. Er sah nur Schreckliches. In *Caesar's Column* (1891) wird das Land von einigen Nabobs beherrscht. Das Volk, genetisch bereits stark geschädigt, lebt im Elend. Jüdische Bösewichte und ein teuflischer Volksaufwiegler mit Namen Caesar, der die Oligarchie mit Gasbomben ausrottet, sie zerstören die Kultur der Amerikaner in einer nihilistischen Orgie.[45] Nur wenige Aufgeklärte entkommen dem Holocaust per Luftschiff.

COMING

SWALLOW & MARKLE'S

NEW GRAND

FLOATING PALACE

M. O. SWALLOW, TREASURER. W. R. MARKLE, MANAGER.

SEATING CAPACITY 1200

AT THE RIVER.

PADUCAH

Wednesday, July 20

TICKETS ON SALE ALL DAY AT THE TICKET OFFICE.

THE DONALDSON LITHO. CO., NEWPORT, KY. PRINTING DEPT.

X. Kapitel

THEATER UND ZIRKUS

Schon vor dem Bürgerkrieg hatte es spezielle Theaterzeitschriften wie den *Theatrical Censor* oder den *Thespian Monitor* gegeben. Um 1860 existierten in allen größeren Städten feste Bühnenensembles. Mit Martha Morton trat die erste berufsmäßige Bühnenautorin in Erscheinung. Einem Qualitätsvergleich mit der Prosaliteratur der Zeit hält das Drama allerdings nicht stand. Henry James blieb als Dramatiker erfolglos. Die 36 Bühnenstücke von William Dean Howells, darunter dramatisierte Fassungen von *Silas Lapham* und *Forgone Conclusion,* fallen hinter seiner Leistung als Romancier zurück. Howells plädierte auch als Dramatiker für eine moralische und wahrhaftige Darstellung des Lebens. In seinen Stücken kam unter anderem ein Phonograph und eine Cholera-Epidemie vor.

Lokale Theatergesellschaften mußten sich der Konkurrenz von Tourneetheatern erwehren, die meistens mit der Eisenbahn reisten. Bei großer Nachfrage waren mehrere Ensembles mit demselben Stück unterwegs. Das Ehedrama *Hazel Kirke* (1880) des Schauspielers und Autors Steele MacKaye wurde von vierzehn Ensembles gleichzeitig gespielt. Die Stücke der Tourneetheater wurden an einem Ort inszeniert, hauptsächlich in New York, das seit der Jackson-Zeit zum Theaterzentrum des Landes geworden war. Management und Inszenierung wurden in verschiedene Hände gelegt. Die örtliche Konzentrierung war der Kreativität abträglich, die Mehrfachinszenierungen erzeugten Fließbandprodukte. Trotz verschiedener Parallelen zur industriellen Entwicklung kann man nicht gerade von einem Aufblühen des Theaterlebens sprechen, wenn man damit herkömmliche Formen meint. Religiöse Vorurteile gegen Schauspiele waren noch nicht ganz ausgeräumt. In New York setzten Kirchen und Synagogen der Aufführung eines Passionsspiels heftigen Widerstand entgegen.[1]

Zur Aufführung kamen romantische Melodramen und Farcen, Burlesken und Minstrels. Die Pantomime wurde nie so populär wie in England, wo sie gespielt wurde, ist sie mit Varieténummern angereichert worden, mit Seiltänzern, Rollschuhläufern oder »Tiroler Exzentritäten«.[2] Die Melodramen waren darauf angelegt, *thrill* und andere starke Gemütsregungen hervorzurufen. Eines der Schlüsselworte hieß »Saved!« und signalisierte Rettung aus höchster Gefahr. Europäischen Künstlern blieb der Hang des amerikanischen Publikums zum Wunderbaren nicht verborgen. Der Zuschauer, der aus Augustin Dalys Stück *Under the Gaslight* (1867) kam, sprach vor allem von der Szene, in der ein Mann an Eisenbahnschienen gefesselt wurde und erst in letzter Sekunde gerettet ward. Erste Anklänge an den literarischen Realismus sind nicht zu verkennen: Daly brachte einen einarmigen Bürgerkriegssoldaten auf die Bühne. Das Bürgerkriegsgeschehen hat noch lange für dramatische Stoffe gesorgt, die trotz sentimentaler Einfärbung mitunter recht wirklichkeitsnah inszeniert wurden.[3]

Der Realismus der »local color«-Schule bestand vornehmlich in der Wahl des Handlungsortes. James Hernes *Drifting Apart* (1888) spielte unter neuenglischen Fischern, Denman Thompsons *The Old Homestead* (1886) unter den Yankees der Ostküste, Joseph Arthurs *Blue Jeans* (1891) im ländlichen Indiana und Augustin Dalys *Horizon* (1871), eine dramatisierte Kurzgeschichte von Bret Harte, im fernen Westen. Beinahe eine eigene Gattung bildeten die Scheidungsdramen. Dalys Schauspiel *Divorce* (1871) wurde überall im Land aufgeführt, in der New Yorker Theatersaison von 1871/72 allein zweihundertmal. Neben den *divorce plays* erfreuten sich die *business plays* großen Zuspruchs. Bronson Howard schilderte in *Young Mr. Winthrop* (1882), wie ein übereifriger Geschäftsmann sein eheliches Glück aufs Spiel setzt, und in *The Henrietta* (1887), wie der Geschäftsgeist die Werte der Religion, der Liebe und Freundschaft zersetzt.

Die Welt der Arbeiter wurde nicht ganz ausgespart. *The Sewing Machine Girl* (1871) von Charles Foster behandelte den Vierzehnstundentag einer Näherin und ihren Hungerlohn. In Leonard Grovers Stück *Lost in New York* (1887) sagt eine Arbeiterin: »Manchmal arbeite ich achtzehn Stunden am Tag, nur um zu überleben. Es heißt, die Sklaverei sei abgeschafft, aber es gibt unter New Yorker Näherinnen mehr Sklaverei als jemals unter Negern.«[4] In Stücken wie *The Strike* (1877) oder *The Workingmen's Strike* (1881) sind Proteste der Arbeiterschaft gegen ihre Arbeitsbedingungen zur Sprache gebracht worden. Steele MacKaye befaßte sich in *Anarchy* (1887) mit dem unfairen Prozeß nach dem Haymarket Riot.

David Belasco interpretierte die Forderung nach mehr Realismus als theatergerechte Imitation der Natur, brachte der Detailtreue wegen echten Schlamm aus North Carolina auf die Bühne und erwarb das schäbige Mobiliar einer Slumwohnung als Kulisse. Die Grenze zum Naturalismus überschritt James Herne, ein New Yorker Schauspieler und Dramatiker. In *Margaret Fleming* (1890), einem Stück über eheliche Untreue, macht die betrogene Ehefrau Anstalten, das uneheliche Kind zu säugen, das ihr Mann, ein selbstvergessener Fabrikbesitzer, mit einer

Deutschen namens Lena Schmidt gezeugt hat. »Kunst um der Wahrheit willen« hieß die Parole von James Herne, und die Wahrheit ist nicht immer schön gewesen.

In New York existierten eine Reihe deutscher Liebhaberbühnen. Das Irvin Place Theater eiferte den Meiningern nach und führte unter Heinrich Conried nur klassische oder literarisch wertvolle Dramen auf. Ibsen, Strindberg, sogar Shaw erlebten ihre amerikanische Uraufführung in deutscher Sprache. Conried, der spätere Direktor der Metropolitan Opera, unternahm mehrere Versuche, ein Repertoiretheater einzurichten, was ihm mit dem *New Theater* (1909) erst spät gelang und auch nur für kurze Zeit. Charles Frohman, der Sohn eines Darmstädters, war von 1890 bis zu seinem Tod auf der Lusitania der führende Theatermanager an der Ostküste.

Showboats und Minstrelshows

»Die Geschichte einer amerikanischen Institution« nannte Philip Graham sein Werk über die *Showboats,* die seit den 1830er Jahren auch unter den Bezeichnungen *drama barges, floating theaters* oder *floating operas* bekannt waren. In der Regel ließ man das Publikum zur Vorstellung aufs Boot kommen und sparte sich so die Mühe, Kulissen und Requisiten aus- und einladen zu müssen. Die größeren Schiffe, wie der Grand Floating Palace, boten mehreren tausend Zuschauern Platz und wurden mit Schleppern zu den Anlegestellen an Mississippi und Ohio, an Wabash und Allegheny gebracht. Der Floating Palace Circus gab täglich eine eigene Zeitung heraus, das Palace Journal. Augustus Byron French, einer der aktivsten Showboatbesitzer, war unweit von Mark Twains Geburtsort geboren und früh in den Sog des großen Flusses geraten.

William Dunlaps Version von Kotzebues *Menschenhaß und Reue* (1789) und Beecher-Stowes *Uncle Tom's Cabin* waren die gefragtesten Stücke auf den Showboats. Eugene Eisenbarth, seines Zeichens »Wunderheiler und Entertainer«, verspürte nach seiner Heirat mit Susan Henderson den Drang, dem Volk nur noch seriöse Kunst zu bieten. Auf seinem Boot, das er in aller Unschuld »Temple of Amusement« genannt hatte, spielte er eine Zeitlang flußauf flußab Goethes Faust, dazu Konzerte mit Werken von Meyerbeer, Verdi und Rossini. Andere, weniger puristisch gesinnte Theaterdirektoren umrahmten ihre Theaterstücke mit Varieténummern und ließen Luftakrobaten, Minstrelsänger oder Calliope-Spieler mit Dampforgeln auftreten. Gegen Ende des Jahrhunderts ließ das Geschäft nach. Als Edna Ferber ihren melodramatischen Roman *Showboat* (1926) schrieb, waren noch ein rundes Dutzend flottierender Theater unterwegs.[5]

Nach lebendem Vorbild, einem hinkenden schwarzen Stallburschen, schuf Thomas Rice um 1830 die Figur des »Jumping Jim Crow«, der singt und tanzt und unter komischen Sprüngen seine Späße macht. Minstrelsongs waren in den 1820er

Jahren als Neuheit aufgetaucht, und zwar als Zwischenakte in den Theaterpausen. Weiße Männer färbten sich ihr Gesicht mit angekohltem Kork ein und unterhielten hinter dieser Theatermaske das Publikum mit Liedern, Tänzen und Witzen, die sie für typisch negroid hielten. Das Minstrel war ursprünglich eine rassische Karikatur, eine Übertreibung der schwarzen Sprache und Mentalität. Das *plantation minstrel* gab vor, wahrhaft »äthiopische« Bilder auf die Bühne zu bringen. Weiße Männer schlüpften in Frauenkleider und spielten junge schwarze Kokotten. Das weiße städtische Publikum hätte echten Schwarzen nicht applaudiert. Ab 1840 wurde diese Unterhaltungsform ausgesprochen populär. Thomas Rice, Dan Emmett und E. P. Christy waren die bekanntesten Minstrels. Ensembles wie die Ethiopian Serenaders, die Virginia Minstrels oder die Christy Minstrels bereisten die Städte. Seit dem Ende des Bürgerkriegs durften auch schwarze Darsteller auftreten.

Eine komplette Minstrelshow bestand aus drei Teilen. Im ersten Teil tauschten die beiden »endmen« einer halbkreisförmigen Runde von Schauspielern und Musikanten mit dem »interlocutor« in rascher Folge allerlei Rätsel, Pointen und Malapropos aus. Der »interlocutor« fungierte als eine Art pompöser Zeremonienmeister. Die »endmen« hießen Tambo – von Tambourin – und Bones – nach den knöchernen Kastagnetten, mit denen sie ihre Worte und Lieder untermalten. Tambo und Bones waren die beiden Witzbolde, die um so größere Lacherfolge erzielten, je dümmer sie sich zu stellen wußten. Das »olio«, der zweite Teil der »nigger show«, wie man auch sagte, gehörte Banjospielern, Dresseuren und anderen Varietékünstlern. Im dritten Teil folgte oft eine Slapstick-Komödie, etwa eine Parodie auf *Macbeth*.[6]

Thomas Rice gilt als der Vater der Minstrelshow. Sein Lied von Jim Crow blieb lange populär. Stephen Foster hat eine Reihe von »äthiopischen Songs« für dieses Genre komponiert, ebenso der schwarze Komponist James Bland, der mit einer Minstreltruppe die USA und England bereiste. Die Minstrelsänger waren vielleicht die ersten genuinen Unterhaltungskünstler Amerikas. Die Sport- und Varietézeitschrift *Clipper* feierte die Minstrelshow als »Einrichtung des Volkes« und die Minstrelgruppen als »wahrhaft demokratische Verbände«.[7] Zeitweise übertrafen die Minstrelsänger die Zirkusakrobaten an Popularität:

> There was a time when standing on
> The head was all the go,
> But t'other end is righted – we're
> Again upon the toe.[8]*

Um die Jahrhundertwende ging die Minstrelshow im Vaudevilletheater und in der Musikkomödie auf.

---

* Es gab mal eine Zeit, da war der Kopfstand der letzte Schrei, aber jetzt kommt das andere Ende zu seinem Recht, wir stehen wieder auf Zehenspitzen.

Eine Minstrelshow aus dem Jahr 1899

P. T. Barnum

Barnums Vater war nacheinander Farmer, Schneider, Innkeeper, Dorfkrämer und Pferdestallbesitzer und in keinem dieser Berufe besonders erfolgreich gewesen. Als er starb, war Phineas Taylor Barnum, ein Sohn aus zweiter Ehe, fünfzehn Jahre alt. Am Sterbebett des Vaters überkam ihn das Gefühl totaler Verlorenheit.[9] Bei der Nachbarsfamilie, die ihn aufgenommen hatte, hielt er es nicht lange aus. Er verdingte sich als Ladengehilfe, versuchte als Kneipenwirt und Lotterie-Inhaber Fuß zu fassen. Mit 19 hatte er geheiratet, ohne seine Mutter oder andere Verwandte zu informieren. Als Journalist scheiterte er. Die antiautoritären Attacken in seiner Zeitung *Herald of Freedom* brachten ihm mehrere Verhaftungen ein, einmal saß er sechzig Tage im Gefängnis.

Mit einer alten Schwarzen, die er als George Washingtons Kindsmagd ausgab, erzielte Barnum seine ersten Einkünfte in einer Branche, die man später Show Business nannte. Barnum war in der Tradition des Yankee-Humors aufgewachsen, in dem der »hoax«, die Täuschung, die Fopperei, eine angestammte Rolle hatte. Sein Großvater war ein Meister dieses Fachs, der Enkel machte damit Geld und schrieb ein Buch über *The Humbugs of the World* (1865). Zu den herausragenden Attraktionen in Barnums »American Museum« gehörte eine tote Meerjungfrau, die in mehr als einem Sinn präpariert war.

Barnum definierte sich als »Manager und Showman«. Er hatte früh erkannt, daß ein Unternehmen mit der Reklame steht und fällt und daß Sensationen ständig durch neue ersetzt werden müssen. Er ließ eine Frau als »menschliches Projektil« aus einer Kanone schießen und von einem Artisten auffangen, der sich per Trapez herbeischwang. Vielleicht gab es Grenzen im Geschäft mit der Schaulust, hat er einmal gesagt, aber er war nie an sie gestoßen.[10]

An Abendschulen und beim Christlichen Verein junger Männer hielt er oftmals seinen Standardvortrag zum Thema »Success in Life«. Nach seiner Lebensphilosophie war auf dem Weg nach oben jedes Hindernis überwindbar, so einer nur Mut, Ausdauer und ein großes Ziel im Visier hatte. Begeistert schilderte er die Fernsicht vom Mount Washington. Seine Autobiographie erweckt durch die rasche Abfolge von Episoden den Eindruck, als wollte er dem Leser einen Blick über den ganzen Kontinent eröffnen.[11]

Ehe er 50 Jahre alt wurde, wollte er in den Ruhestand treten, sah aber bald, daß jeder Versuch, seine Vitalität in Ketten zu legen, vergeblich war. Dem Kapitel in seiner Lebensbeschreibung, das diese Phase schildert, gab er den Titel »Rest Only Found In Action« (Ruhe findet man nur in Aktion), Seereisen waren die einzige Erholung, die er genießen konnte. Einmal überredete er einen Fahrdienstleiter, ihn im Bremserhäuschen eines Güterzugs mitfahren zu lassen, um einen Termin zu halten. Die vor ihm fahrenden Züge mußten seinetwegen auf Nebengleisen warten. Eine Hurrastimmung überfiel ihn da, er fühlte sich wie Caesar auf dem Triumphzug durch Rom. Immer wieder mußte er betonen, wie sehr ihn die Kritiker schätzten, wie groß die Zahl seiner Freunde war und wie herzlich ihn alle Menschen liebten. »I'm Mister Barnum«, rief er mal um mal durchs Megaphon, und nur zu gern erzählte er, daß ihn Briefe mit der Anschrift »Mr. Barnum, America« anstandslos erreichten.

Seine Verdienste als Pionier auf dem Unterhaltungssektor sind unbestritten. Barnum hat etliche Jahre vor Buffalo Bill Cody die erste Wildwestshow zusammengestellt. Die Großen der Zeit, darunter Mark Twain, haben ihn aufgesucht. Horace Greeley (»Go West, young man!«) gehörte zu seinen Freunden. Und doch wollte er seine Bedeutung ständig attestiert haben. Pedantisch hielt er fest, daß ihm in England ein Platz nur wenige Fuß von der königlichen Loge entfernt zugewiesen wurde. Sein Egoismus war schamlos, sein Verlangen nach Selbstbestätigung kannte keine Grenzen.

Er sei spekulativ veranlagt, hatte er von sich selbst gesagt. Als junger Mann gab er eine Tätigkeit rasch wieder auf, wenn sie nicht zum Spekulieren taugte. Später konnte er sich nur wundern, daß das Personal in einem englischen Hotel immer noch das gleiche war wie vor zehn Jahren und daß seine Freunde in London und Liverpool nach wie vor in denselben Häusern lebten und ihren alten Berufen nachgingen. Die Umstände beim Tod seines verschuldeten Vaters weckten die Geldgier in ihm, aber er verschleuderte sein Geld nach dem Motto »easy come, easy go« ebenso rasch, wie er es verdient hatte. Geld an sich war uninteressant, der Reiz lag in der Art und dem Tempo des Erwerbs. Darin war er ganz amerikanisch.[12] Es blieb immer Zeit für einen Neubeginn. Insgesamt fünfmal sind seine Museen, Schaupaläste und Zirkuszelte niedergebrannt. Er hat diese Nachrichten ohne sichtbare Gemütsregung hingenommen. Die erste Brandkatastrophe wurde ihm per Telegramm gemeldet, als er gerade vor dem Parlament von Connecticut stand; ungerührt setzte er seine Rede fort. Er hätte binnen einer Woche keine Zeit, sagte er, traurig zu sein. Bei seinem fünften Brand war er nach wenigen Minuten wieder eingeschlafen. Hunderte von Tieren sind bei diesen Bränden jämmerlich ums Leben gekommen; Mitleid schien ihm nicht angezeigt. Seine Agenten in aller Welt lieferten rasch Ersatz, schickten Giraffen und weiße Elefanten, Straußenvögel im Dutzend, schwarze Trakehner aus Deutschland und eine Geiß, die reiten konnte. Von der Isle aux Coudres im Lorenzstrom beschaffte er weiße Wale, die wenige Tage nach ihrer Ankunft in New York eingingen. Tierschützer protestierten, weil er seine Boa constrictors mit lebenden Tieren fütterte – das alles hat ihn nicht bekümmert. Verluste durften nicht betrauert, Schicksalsschläge nicht als solche empfunden werden. In seiner 875 Seiten starken Autobiographie schilderte er den Tod seiner Tochter in fünf Zeilen. Am tiefsten scheint ihn noch der Tod des Riesenelefanten Jumbo getroffen zu haben, dem er zwei Seiten widmete. P.T. Barnum verdankte seinen Erfolg der Fähigkeit, Hindernisse aus dem Weg räumen, umgehen oder einfach ignorieren zu können. Als Bürger von Bridgeport legte er großzügige Straßen durch seinen Grundbesitz. Verweigerte einer der Nachbarn die Baugenehmigung, übersprang er dessen Grundstück und führte die Straße nach einer Unterbrechung weiter, als sei nichts gewesen.

Der Schriftsteller Hamlin Garland erinnerte sich, daß in seiner Kindheit im Iowa der 1870er Jahre die Zirkusvorstellung das bedeutendste Ereignis des Jahres gewesen war, wichtiger noch als der 4. Juli.[13] Die erste vollständige Zirkusaufführung hatte 1793 in Philadelphia stattgefunden. Reisende Tierschauen – eine nannte sich »Zoologisches Institut« – zogen in den nächsten Jahrzehnten über Land. Der Showman Seth Howes eröffnete in New York das erste amerikanische Hippodrom (1853) und betrieb mehrere Zirkusunternehmen. P.T. Barnums »Römisches Hippodrom« (1874) faßte zehntausend Zuschauer, die neben dressierten Pferden auch Seiltänzer und japanische Athleten bewundern konnten. Barnums »Amerikanisches Museum« glich eher einem Zirkus oder einem Kuriositätenkabinett als einem Museum. Jongleure und Bauchredner traten dort auf, Riesendamen, Liliputaner und fette Knaben, Albinos und Zigeuner, Indianerhäuptlinge und Kannibalen von den Fidschi-Inseln. Panoramen, Diaramen und Städtebilder sollten den Gesichtskreis der Besucher erweitern. In der Menagerie waren Kameloparden, Riesenschlangen, Grizzlybären, Orang-Utans und Rhinozerosse ausgestellt.

Etwa seit der Mitte des Jahrhunderts reisten die Zirkusunternehmen per Bahn. Auch Barnum stellte seine »reisende Weltausstellung« auf Schienen. Die »größte Schau der Welt« bestand aus Museum, Menagerie, Caravan, Hippodrom und Zirkus. Der Transport erforderte an die siebzig Güter- und sechs Personenwaggons. Die drei Zelte des Winterquartiers in Brooklyn bedeckten eine Fläche von 12000 Quadratmetern. Eine amerikanische Spezialität war die Verdoppelung oder Verdreifachung der Arenen in einem Zirkus. Barnums Zirkusgala bei der Eröffnung des Madison Square Garden (1881) fand in drei Ringen statt. Die Besucher mußten sich entscheiden, ob sie einem Balanceakt, zwanzig dressierten Elefanten oder einer Gruppe tollkühner Springer zusehen wollten. Dieses Arrangement beeinträchtigte die intime Beziehung zwischen Zuschauer und Akteur. Die Betonung lag auf dem Spektakel, artistische Feinheiten gingen verloren.[14]

Barnum fusionierte kurz vor dem Bankrott mit seinem Rivalen James Bailey, der sich ebenfalls aus kleinen Anfängen zum Zirkusdirektor hochgearbeitet hatte. Das Verhältnis zwischen den beiden Selfmademen war recht stürmisch. Bailey war als Junge von zu Hause ausgerissen und hatte seinen Namen geändert. Die bloße Erwähnung seines Vaternamens McGinnis konnte ihn zur Weißglut bringen.[15] Nach seinem Tod ging der Zirkus Bailey & Barnum in die Hände der Ringling Brothers über, fünf Brüder deutscher Abstammung aus Wisconsin, die einmal Rungeling geheißen und mit einer Railroad Show von sich reden gemacht hatten.

Die mobilen *medicine shows* verkauften Seife und Salben, Wurmpulver und indianische Kräutersäfte mit Musik, Slapstick und Einlagen am Trapez. Die

Plakat für »die größte Show der Welt« (1897)

Schauelemente des Zirkus finden sich nach der Jahrhundertwende in den großen städtischen Vergnügungsparks wieder. »Dreamland« auf Coney Island präsentierte einen Wilden aus Borneo, bärtige Damen, Frühgeburten im Inkubator und ein Dorf mit dreihundert Zwergen. Todesräder und Achterbahnen unter einem millionenfach beleuchteten Turm vervollständigten die Revolte gegen den feinen Kulturgeschmack, die in den 1920er Jahren ihren Höhepunkt fand und die mit den circensischen Sensationen und Kuriositäten ihren Anfang genommen hatte.[16]

XI. Kapitel

ANFÄNGE EINER EIGENEN MUSIKTRADITION

»Was die meisten amerikanischen Komponisten des 19. Jahrhunderts anbetrifft, so hätte Columbus die Neue Welt ebensogut nicht zu entdecken brauchen.«[1] In der Musik hat das weiße Amerika später als in anderen Künsten seine eigene, unverwechselbare Identität gefunden. Europäische Vorbilder blieben das ganze Jahrhundert hindurch übermächtig. In den Anfangsjahrzehnten waren die ersten Orchester gegründet worden. In Boston fand sich die Händel-Haydn Society (1815) zusammen. Deutsche Einwanderer versuchten redlich, mit gemischten Chören und Liedertafeln die musikalische Szene zu beleben. Gesangvereine wie der Männerchor von Philadelphia (1835) oder der Liederkranz von Baltimore (1836) statteten sich gegenseitig Besuche ab, führten Sommernachtsfeste bei Bier und Gesang durch und stritten bei Sängerfesten um Ehrenpreise. Wenn sich irgendwo auf der Welt sechs oder sieben Deutsche begegnen, so lautete das Klischee, gründen sie gleich einen Chor.[2] Die Militärmusikzüge der Armee bestanden überwiegend aus Deutschen. Daß es darüber hinaus einen Bedarf an guter Musik gab, beweist die triumphale Konzerttournee der »schwedischen Nachtigall« Jenny Lind, die mit P.T. Barnum als Impresario ab 1850 die Vereinigten Staaten bereiste.

Die Komponisten Anthony Philip Heinrich, William Henry Fry und George Bristow finden heute nicht so sehr als Musiker Beachtung, sondern weil sie dem erwachenden Nationalbewußtsein in der Musik des Antebellum das Wort redeten.[3] Heinrich wurde von einem Bostoner Kritiker flugs zum Beethoven Amerikas ernannt. Bristow wählte für seine Oper *Rip Van Winkle* (1855) ein amerikanisches Sujet. Fry, der Komponist der ersten amerikanischen Oper (*Leonora,* 1845), forderte seine Landsleute auf, sich nicht mehr sklavisch an europäische Vorbilder zu halten – und komponierte selbst à la Bellini und Donizetti. Nur mit viel Wohlwollen kann man argumentieren, daß die ungezählten Adaptionen als Amerikanisierung zu sehen sind und die mehr oder weniger freien Übernahmen die Einzigartigkeit der amerikanischen Musik ausmachten.[4] Diese These gilt am ehesten noch für indianische, afrikanische und lateinamerikanische Elemente, die in die Musik der weißen Nordamerikaner Eingang fanden.

Der Pianist und Komponist Louis Moreau Gottschalk wurde in New Orleans geboren. Sein Vater schickte den Zwölfjährigen zur Ausbildung nach Paris. Er gab Konzerte in Frankreich, der Schweiz und in Spanien. 1853 kehrte er nach Amerika zurück, ging auf Tournee, besuchte entlegene Frontierdörfer, wo man hauptsächlich seine Fingerfertigkeit bewunderte. Zwischen 1857 und 1862 vagabundierte er durch die karibische Inselwelt: »Ich wanderte aufs Geratewohl, überließ mich träge den Launen von Fortuna, gab ein Konzert, wo ich gerade einen Flügel fand, schlief dort ein, wo die Nacht mich überraschte ...«[5] Die letzten Jahre vor seinem Tod verbrachte er in Peru, Chile, Uruguay, Argentinien und Brasilien. Er starb in Rio de Janeiro.

Die Herkunft aus New Orleans und die lateinamerikanischen Reisen haben Gottschalks Kompositionen geprägt. *La Bamboula* (1845), das er als 15- oder 16jähriger komponierte, lebt von der Musik der Kreolen. *Souvenir de Porto Rico* beruht auf einem puertorikanischen Weihnachtslied. Die kubanischen Tänze *Ojos Criollos* und *Dí que si* mischen synkopierte Habanera- und Cakewalk-Rhythmen. Gottschalk, der auch unter Pseudonymen wie Seven Octaves komponierte, hatte der musikalischen Stimmung den Vorrang vor der strengen Form gegeben. »Wenn ich komponiere, durchquert meine Phantasie den Raum auf den Schwingen der Iris und zeigt mir das Märchenland.« Der Kontrapunkt war nicht seine Sache, eine Abneigung, die er mit anderen amerikanischen Komponisten teilte. Zweifel an den eigenen Fähigkeiten haben ihn nie losgelassen. Als Amerikaner, der den größten Teil seines Lebens im Ausland verbrachte, als Südstaatler, der die Unionstruppen unterstützte, konnte er nie sein inneres Gleichgewicht gewinnen. Seine wilde Vagabundenzeit auf den Antillen hatte er am Ende bereut: »Sechs Jahre wild vergeudet, in den Wind gestreut.«[6]

Einem Tagebuch ist zu entnehmen, wie ihn mitunter das Verlangen packte, in Regionen unvergleichlicher Erhabenheit vorzustoßen und wie er sich dann wieder an die tiefste Realität gefesselt fühlte. Seit seiner Kindheit war er an das hektische Leben eines Konzertpianisten gewöhnt worden. Aber aus seiner Sehnsucht nach dem ruhenden Punkt und nach überschaubaren Dimensionen sprach die Kulturtradition des Südens.[7]

»Es ist wirklich eigenartig«, schrieb der Musikhistoriker Gilbert Chase, »daß die [weißen] amerikanischen Musiker erst 1893 durch Antonin Dvořák auf die Möglichkeit, die amerikanische Negermusik zur Schaffung von ›Lokalkolorit‹ zu verwenden, aufmerksam gemacht werden mußten, wenn man bedenkt, daß

Gottschalk ihnen schon seit 1845 Beispiele hierfür gegeben hatte.«[8] Dvořák war 1892 in New York angekommen und hatte kurz danach die Arbeit an der Symphonie *Aus der Neuen Welt* (Nr. 5, e-Moll) aufgenommen. Dvořák zeigte sich sehr beeindruckt von Stephen Fosters Liedern, und einer seiner Schüler am Nationalen Konservatorium, der Schwarze Henry Thacker Burleigh, sang ihm oftmals Spirituals vor. In Dvořáks Symphonie sind deutliche Anklänge an Spirituals wie »Swing Low, Sweet Chariot«, »Somebody's Knockin'«, »Seeking for a City«, »Roll, Jordan, Roll« und »Didn't My Lord Deliver Daniel« herauszuhören. Das Largo ist ein schwarzes Wiegenlied. Bei den einheimischen Komponisten stieß diese freie Art, mit der Volksmusik umzugehen, nicht unbedingt auf Zustimmung.

Edward MacDowell, Musikprofessor an der Columbia Universität und einer der angesehensten Komponisten, brachte wenig Verständnis für die Hinwendung zur Folklore auf. Dvořáks Ermunterung, aus dem ethnischen Fundus eine nationale Musik zu schaffen, betrachtete er als böhmische Anmaßung. MacDowell hatte zwölf Jahre in Deutschland studiert und komponiert und war auf deutsche Vorbilder eingeschworen. Obwohl er sich selbst einmal von der Leipziger Dissertation des Amerikaners Theodor Barker »Über die Musik der Nordamerikanischen Wilden« (1882) inspirieren ließ und eine *Indian Suite* schrieb, hielt er nichts davon, ein Navaho-Thema zu stehlen, wie er sich ausdrückte, und es zu amerikanischer Musik umzuformen. Melodien der Schwarzen hatten seiner Ansicht nach mit dem Amerikanismus in der Kunst nichts zu tun. Der jugendliche Optimismus, die Vitalität der amerikanischen Menschen müsse sich auf andere Weise ausdrücken lassen.[9]

Musikalische Vitalität entsprang nach MacDowells Überzeugung der Idee, nicht der Form. Der formale Aufbau einer Komposition war von zweitrangiger Bedeutung, sei es Kontrapunkt, Fuge oder Kanon. Den Kontrapunkt an sich empfand er als pueriles Zahlenspiel. Johann Sebastian Bach habe seine Mission gegen die kontrapunktische Mode seiner Zeit erfüllt und nicht in ihr. Das Geheimnis der Musik erschloß sich MacDowell aus der Suggestion einer Dimension – »ideal suggestion« –, die sich weder mit Worten noch mit bestimmten Notierungen, die sich mit Formen überhaupt nicht fassen ließ.[10]

Seit 1835 hatte es am Oberlin College in Ohio einen Lehrstuhl für Sakrale Musik gegeben. Nach der Gründung des Oberlin Conservatory (1865) wurden auch in anderen Städten Konservatorien eingerichtet. John Knowles Paine baute seit 1862 in Harvard die erste amerikanische Fakultät für Musik auf, und zwar gegen den Widerstand von Kollegen aus anderen Fächern, darunter des berühmten Historikers Francis Parkman. Paine komponierte im Stil der deutschen Romantik (*Ocean Fantasy*). Viele Musikliebhaber hielten Deutschland nach wie vor für die wahre Heimat der Musik.[11] Der aus Breslau stammende Leopold Damrosch dirigierte den Männergesangverein »Arion« und gründete die New Yorker Oratoriengesellschaft (1872). Sein Sohn Walter Damrosch schrieb das wagnerianische Musikdrama *The*

Scarlet Letter (1894) nach dem Roman von Hawthorne. Das Boston Symphony Orchestra spielte bei seinem ersten Auftritt im Jahr 1881 Beethoven, Gluck, Haydn, Schubert und Weber. Im Metropolitan Opera House (1883) in New York wurden in den Anfangsjahren am liebsten Potpourris aus französischen, italienischen und deutschen Opern gegeben, und selbst als nach und nach amerikanische Komponisten Fuß faßten, blieb das Repertoire eher konventionell und von Imitationen abhängig.[12] Oscar Hammersteins Manhattan Opera House (1892) mußte nach zwei Aufführungen – eine davon *Fidelio* – schließen. Hammerstein wagte erst 1906 mit Werken von Debussy, Jacques Offenbach und Richard Strauss einen neuen Anfang. Für Komponisten außerhalb der Akademien und der großen Konzertsäle reichte der Ertrag der Kunst kaum zum Überleben. Stephen Foster verkaufte die Aufführungsrechte an seinen Liedern pauschal für zehn Dollar pro Stück an die Christy Minstrels. Ein Musikverleger gab ihm für »Oh! Susanna« ganze hundert Dollar. »Der Verleger steckt alles ein«, klagte der Liederkomponist und Dichter John Hill Hewitt, »und bereichert sich am Hirn des armen Narren, der diesem ignis fatuus nachjagt, dem Ruhm.«[13] Der schwarze Komponist James Bland schlug sich als Mitglied einer Minstrel Group durchs Leben. Er komponierte an die 700 Lieder, darunter so bekannte wie »Carry me Back to Old Virginny« (1875) oder »In the Evening by the Moonlight« (1880). Musikhistorische Standardwerke nahmen nicht einmal Notiz von ihm.

Sidney Lanier kam oft nur knapp am Hungertod vorbei. Er starb mit 39 Jahren und hinterließ drei unvollendete Symphonien. Laniers Flötensoli – *Sacred Melodies* (1868), *Fieldlarks and Blackbirds* (1873), *Longing* (1874), *Wind-song* (1874) – gehören zu den originellsten musikalischen Schöpfungen der Zeit. »Er war der wahrhafte Künstler unter den amerikanischen Musikern des 19. Jahrhunderts, der einzige, den man als Genie bezeichnen kann«, schrieb der Musikhistoriker Gilbert Chase.

Lanier stammte aus Georgia, wo er Privatschulen besuchte. Als Freiwilliger meldete er sich zu den Konföderierten, zum Skelett abgemagert und tief deprimiert kam er nach viermonatiger Gefangenschaft aus dem Bürgerkrieg zurück. Ein in Heidelberg geplantes Studium blieb ihm kriegshalber versagt, also holte er Deutschland nach Amerika. In seinem Roman *Tiger Lilies* (1867) spukt ein deutscher Transzendentalist namens Paul Rübetsahl herum. Die heutige Literaturwissenschaft beurteilt den Roman reserviert, aber die lyrischen Passagen über Musik sind nach wie vor lesenswert. Die Musik, sagte Lanier, bringe den Menschen der Unendlichkeit näher als die Poesie, »because it *is* less rigorously formulated«. Am Ende der Nachkriegszeit stand Lanier immer noch ohne Arbeit und Einkommen da. Er kam zu der Überzeugung, daß auf der Welt kein Platz für ihn war und hätte sich ob der empfundenen Nutzlosigkeit das Leben genommen, »wenn es den Monat Mai nicht gäbe«. Er starb an Tuberkulose. Erst spät nahm man von dem Komponisten Lanier Notiz.[14]

Die erfolgreichste Musikkomödie *The Black Crook* (1866) zehrte von Webers Freischütz und Goethes Faust. Als selbständigen Beitrag könnte man höchstens den »high kick« der Chorsängerinnen betrachten, die mit dem Ruf »How's that for high!« ihre Beine in die Luft warfen. Die Musikkomödien von Edgar Rice sind zwischen Burleske und Musical, zwischen Opéra-bouffe und amerikanischer »Extravaganza« anzusiedeln, eine Bezeichnung, die fast immer treffend war. *Evangeline* (1874) spielt in Afrika, Louisiana und Akadien und beschreibt eine Ballonreise nach Arizona. Wie im Black Crook machte das Werfen der Beine einen wesentlichen Bestandteil des Erfolgs aus. Die Vorläufer des Musicals (*The Brook*, 1879; *The Tourists in the Pullman Palace Car*, 1879) hatten noch keine eigene Musik, sie lebten vom Eklektizismus.[15]

Die Komische Oper unterschied sich von der Musical Comedy durch ihr höheres musikalisches Niveau. Nachdem die englische Oper *H.M.S. Pinafore* in der amerikanischen Theatersaison von 1878/79 großen Zuspruch gefunden hatte, kamen auch andere europäische Opern und Operetten aus London, Paris und Wien zur Aufführung, darunter Werke von Offenbach und Millöcker, sowie einige amerikanische Inszenierungen wie zum Beispiel *The Little Tycoon* (1886), *The Lady or the Tiger* (1888) oder *Castles in the Air* des deutschen Einwanderers Gustav Kerker.[16]

Schwarze Spirituals wie »Gabriel's Trumpet« oder »Jehovah Hallelujah« wurden ab den 1860er Jahren auch in weißen Kirchen gesungen, berichten die Herausgeber der 1867 erstmals erschienenen *Slave Songs of the United States.* Im selben Jahr druckte das *Atlantic Monthly* eine Sammlung schwarzer »Sorrow Songs«. Die Fisk Jubilee Singers gingen 1871 auf eine triumphale Europatournee und hielten sich acht Monate allein in Deutschland auf.

Nach Form, Inhalt und Rhythmus modernisierte Spirituals faßte man unter dem Begriff *Gospel Music* zusammen. Gospel Songs werden meist von namhaften Interpreten gesungen, Spirituals sind ihrem Ursprung nach anonyme Volksmusik. Die Mehrzahl der Musikologen schreibt dem Spiritual den Haupteinfluß bei der Entstehung des Jazz zu, diesem »Mississippi der amerikanischen Musik« mit seinen beiden Nebenflüssen Ragtime und Blues.[17] W.C. Handy erklärte 1931, seine Blueskompositionen seien durch Spirituals angeregt worden. Der Bluessänger John Lee Hooker und der Schriftsteller Richard Wright sahen die Quelle des Blues und der schwarzen Musik ebenfalls im Spiritual. Allerdings hat sich das zwölftaktige Schema des Blues auch unabhängig von der religiösen Musik herausgebildet, etwa aus den »field hollers« in der Sklavenzeit.

Pianofassungen von Spirituals wurden früh im Ragtimerhythmus gesetzt, so das 1883 notierte Stück »Good Lord'll Help Me on My Way«. Die charakteristischen Synkopen des Ragtime fanden sich bereits in den Minstrelsongs und in einigen Liedern Stephen Fosters.[18] Die Pianisten des Ragtime synkopierten vor allem mit der rechten Hand, sie verlagerten die Betonung vom schweren auf den leichten Taktteil in erster Linie bei der Melodieführung. In den 1890er Jahren, den »Gay Nineties«, wurden Ragtimes tausendfach als »sheet music« auf illustrierten Notenblättern in Umlauf gebracht: der Mississippi Rag (1897), der Harlem Rag (1897) oder der Maple Leaf Rag (1899) von Scott Joplin, den man den König des Ragtime nannte.

XII. Kapitel

MALEREI – ABBILD UND VISION

Die Gründungen des Bostoner Museum of Fine Arts (1870) und des Metropolitan Museum of Fine Arts (1879) in New York signalisierten das steigende Interesse an der Kunst. Die Nachfrage nach Wandgemälden in privaten und öffentlichen Gebäuden nahm zu. New York wurde zum Zentrum der bildenden Künste, weil man in Boston wenig Sinn für neue Experimente zeigte und weil Philadelphia – trotz des Wirkens von Thomas Eakins an der Pennsylvania Academy of Fine Arts – zu bürgerlich blieb. Junge Maler aus allen Landesteilen zog es in das künstlerisch beweglichere New York. Eine Art Aufbruchstimmung machte sich breit, die Gewißheit, daß es mit der Kunst vorwärtsgehen würde und daß man weder bei den patriotischen Motiven der Gründerzeit noch bei den Idealen der *Hudson River School* stehenbleiben müsse. Die *Society of American Artists* (1877) rebellierte gegen die ästhetischen Diktate der *National Academy of Design*. Das Akademiesystem wollte sich auf Dauer für amerikanische Verhältnisse nicht eignen.[1] Aber trotz vielfältiger Impulse ist zwischen Bürgerkrieg und Jahrhundertwende eine autochthone amerikanische Schule in der Malerei und Bildhauerei nicht entstanden.

Die künstlerische Gesamtszene präsentierte sich als eine kaum trennbare Mischung aus Luminismus, objektivem und romantischem Realismus, Impressionismus und Naturalismus. Erastus Field reicherte in den 1870er Jahren alte patriotische Themen mit Elementen der modernen Technik an. Sein *Historical Monument of the American Republic* bestand aus riesigen Türmen undefinierbaren Stils, die mit eisenbahnbefahrenen Stahlbrücken verbunden waren. Die Luministen John Kensett, Worthington Whittredge, M.I. Meade und Sanford Gifford widmeten sich seit der Mitte des Jahrhunderts der künstlerischen Darstellung des Lichts. Meade war wie viele seiner Kollegen auf ewiger Wanderschaft, er bereiste weite Teile der USA, Europas und Lateinamerikas. Gifford stieß auf der Suche nach lohnenden Motiven bis zum Nil vor. Freunde haben beschrieben, wie abrupt ihn die Reiselust packte: Er schnürte sein Ränzel und schloß nicht einmal das Atelier hinter sich ab. *In the Wilderness* (1861) demonstrierte mit seinem transparenten Himmel die ätherische Qualität der luministischen Malweise. Der romantische Realismus in Bildern wie *Thunderstorm in the Rockies* (1859) machte den deutschstämmigen Einwanderersohn Albert Bierstadt populär. Bierstadt fand mit seiner Malerei ein gutes Auskommen, bis er gegen Ende des Jahrhunderts bei der Kritik in Ungnade fiel. *Last of the Buffalo* (1909) – die Indianer sind es, die dem Bison den Rest geben – wurde als zu altmodisch empfunden.

Inzwischen hatte über Frankreich der Impressionismus seinen Einzug gehalten. George Inness (*Delaware Water Gap,* 1861) war schon vorher und anscheinend unabhängig auf impressionistische Malformen gestoßen. Malerei verstand Inness als einen Appell ans Gefühl, nicht an Verstand oder Moral: »Die Absicht des Malers besteht einfach darin, anderen den Eindruck zu vermitteln, den eine Szene auf ihn gemacht hat.«[2] Der impressionistische Stil der bewegten, changierenden, interpretierbaren Formen und Farben, bei dem vertraute Linien und Umrisse aufgehoben wurden, kam amerikanischen Malern wie John Twachtman, Childe Hassam, J. Alden Weir oder Theodore Robinson besonders attraktiv vor. Nur ließ sich der aus Frankreich importierte Stil nicht ohne weitere auf Amerika übertragen. So eifrig sich Robinson auch bemühte – die intime impressionistische Technik war nur schwer mit den Lichtverhältnissen und den Dimensionen amerikanischer Landschaften zu vereinbaren.[3]

Die Aufteilung in Luministen, Realisten, Impressionisten und so fort bringt nicht viel. Zu sehr überschneiden sich die Stilarten bei amerikanischen Malern. Die Luministen Meade und F.E. Church tendierten zum Naturalismus, Eastman Johnson (*In the Fields*) schwankte zwischen Luminismus und objektivem Realismus, George Inness zwischen Luminismus und Impressionismus, Frederic Remington (*The Scout*) zwischen objektivem Realismus und Allegorie. Aus John Singer Sargent wurde nie ein echter Impressionist, und Mary Cassatt stand zwischen Impressionismus und der von Dégas vertretenen Richtung. Sinnvoller ist eine Gruppierung, die der Kunsthistoriker E. P. Richardson vorgenommen hat. Er unterschied – neben den mit der Frontier verhafteten Naiven – die Kosmopoliten, die sich gewandt in der internationalen Kunstszene ihrer Zeit zu bewegen wußten; dazu zählten Benjamin West, Washington Allston, James Whistler und Sargent. Die autonomen Individualisten, die in ihrer Kunst nach einer persönlichen, eng mit Amerika verbundenen Interpretation des Lebens suchten, reichen von Winslow Homer, Thomas Eakins oder dem »visionären Idealisten« Albert Ryder bis zu Edward Hopper im 20. Jahrhundert.[4]

Kosmopoliten

Amerikanische Maler verstreuten sich, besonders ab 1875, über ganz Europa, studierten und arbeiteten in London, München und vor allem in Paris. Die Düsseldorfer Richtung war nach dem Krieg außer Mode geraten; sie wurde als zu formell und statisch empfunden. »Bei der Düsseldorfer Schule schlägt es immer Zwölf«, sagte ein Künstler. »Man sieht den Pinsel und die Palette, aber nicht den Geist und die Seele des Malers.«[5] William Morris Hunt kehrte Düsseldorf den Rücken und studierte in Paris weiter. Nach seiner Heimkehr versuchte er einer widerstrebenden Bostoner Bourgeoisie die Vorzüge der modernen französischen Freilichtmalerei nahezubringen. »Geht hinaus in den Sonnenschein«, riet er seinen Schülern und montierte ein Atelier auf einen Pferdeschlitten, um winterliche Landschaften besser einfangen zu können. In seinem letzten Werk, *The Flight of Night* (1878) für das Capitol in Albany, fliehen die Mächte der Finsternis vor dem Licht der Zivilisation.

Der Münchner Schule war der allgemeine Eindruck eines Bildes wichtiger als die Detailgenauigkeit. Frank Duveneck ließ sich an der Münchner Akademie von der gleichzeitig realistischen und visionären Stimmung ansprechen, von der kühneren Strichführung, die es gestattete, sich über formale Umrisse und Abmessungen hinwegzusetzen. Allerdings wollten die dunklen, warmen Töne des Münchner Stils nicht so recht zur amerikanischen Szenerie passen. Münchens »braune Soße« mußte helleren Farben und mehr Licht Platz machen. Auch William Merritt Chase, der einige Jahre in München gelebt hatte, gab nach seiner Rückkehr die Brauntöne auf. Chase, ein sehr von sich überzeugter Eklektiker, der am liebsten in blütenweißen Anzügen vor die Staffelei trat, machte unter Zeitgenossen durch sein atemberaubendes Maltempo von sich reden. »Nehmt Euch genug Zeit für Euer Bild«, sagte er seinen Schülern, »wenn's sein muß zwei Stunden.«[6]

Der bedeutendste Maler unter den amerikanischen *expatriates* der 1870er Jahre war James McNeill Whistler. Whistler, Sohn eines Armeeoffiziers, ist in verschiedenen europäischen Städten aufgewachsen, unter anderem in St. Petersburg. Er absolvierte die Offiziershochschule Westpoint und ging mit 21 Jahren für immer nach Europa. Den größten Teil seines Lebens hat er in London verbracht. Sein Bild *Nocturne in Black and Gold* (ca. 1874), die Impression eines Feuerwerks, löste einen Skandal aus. John Ruskin fühlte sich zu einer wüsten Polemik herausgefordert: Der Maler habe sich erdreistet, nicht nur dem Publikum einen Farbtopf ins Gesicht zu schleudern, sondern auch noch Geld dafür zu verlangen. Whistler klagte, gewann den Prozeß und zog sich beleidigt für eine Weile nach Venedig zurück. In seiner elitären Kunstauffassung perfektionierte Whistler die luministische Technik. Bilder wie *Little White Girl* erinnern an den französischen Impressionismus, aber anders als die Franzosen zeigte er wenig Neigung, sich liebevoll in Einzelheiten zu vertiefen. Überflüssiges wurde weggelassen, wichtig war ihm die

Perspektive der distanzierten Beobachtung, die sich auf Gewöhnliches, Alltägliches gar nicht erst einließ.[7]

Eine kühle Reserviertheit zeichnete auch die Bilder von John Singer Sargent aus. Er war in Florenz geboren, seine Familie hatte jahrelang Europa bereist, ehe sie sich in Paris niederließ. Sargent ging nach London. Sein *Portrait of Robert Louis Stevenson* (1885) fiel zu exzentrisch aus, um den Geschmack des porträtierten englischen Schriftstellers zu treffen. Stevenson strebt aus der Bildmitte fort, seine Frau verschwindet am äußersten Bildrand, im Zentrum gähnt eine offene Tür.

»Damn queer« sei diese Anordnung, befand Stevenson. Kunstsachverständige Kritiker nahmen Sargents Stil als Exempel für die angespannte Rastlosigkeit der Zeit. Sein schneller, spontaner Strich verlieh seinen Bildern Leben und Bewegung. Ähnlich Chase legte er beim Malen ein Tempo vor, als gälte es, einen Gartenzaun zu streichen. Ebendiese Leichtigkeit und der Mangel an Tiefe ist ihm zum Vorwurf gemacht worden, nachdem er sich mehr und mehr zu einem modischen Porträtmaler entwickelt hatte. Seine Bilder – wie auch die Mary Cassatts – waren dem amerikanischen Geschmack fast zu gefällig, zu »pretty«.[8]

Die amerikanische Malerei hatte nach der überschwenglichen nationalen Phase an Qualität gewonnen und an Selbstvertrauen verloren. Die Begegnung mit ausländischer Kunst, mit Europa und Japan, hob das künstlerische Niveau. Sargent und Whistler haben ihren festen Platz in der Geschichte der internationalen Kunst. Amerikanische Kunsthistoriker bedauerten aber, daß sich trotz großer Einzelleistungen die Entfernung zwischen dem Künstler und seiner eigenen Kultur zu vergrößern schien. »Neue Künstler, neue Ideen sind auf den Plan getreten, aber die starken Figuren stehen isoliert als Individuen oder Gruppen, wie einsame Bäume oder verstreute Haine, wo ein Wald gefällt wurde. Den Wald gibt es nicht mehr.«[9]

Autonome

Die *New York Times* griff 1877 ein Argument aus der Gründerzeit auf: Bei einem allzu ausgedehnten Europaaufenthalt könne ein amerikanischer Künstler nur Schaden nehmen.[10] Eine Handvoll amerikanischer Maler wurde dieser wiederbelebten Forderung nach kultureller Autonomie gerecht. Sie suchten, jeder für sich, nach einem eigenen Stil, einem unverwechselbaren Milieu, gingen in ihren Bildern von amerikanischen Erfahrungen aus und zeigten trotz der Bekanntschaft mit ausländischen Richtungen keine kosmopolitischen Neigungen. Thomas Hovenden aus Irland hatte in Cork, New York und Paris studiert, machte sich aber als Kunstlehrer an der Akademie in Philadelphia von der gängigen Salontechnik frei. Sein realistisch gemaltes Bild *Breaking Home Ties* war das am meisten beachtete Exponat bei der Chicagoer Weltausstellung von 1893.

Nach seiner Lehrzeit als Lithograph wurde Winslow Homer eine feste Stellung als Illustrator bei *Harper's Weekly* angeboten, aber er lehnte ab: Seit seiner Lehrzeit hätte er keinen Meister mehr gehabt und so wolle er es auch künftig halten. Er wurde schon zu Lebzeiten beachtet, auch wenn ihm die Zeitgenossen vorwarfen, seine Bilder seien nicht »fertig«. »Verdammenswert häßlich«, lautete das schnelle Urteil von Henry James. Weil Winslow Homer von der Malerei nicht leben konnte, zog er sich mit 45 Jahren an die spärlich besiedelte Felsenküste von Maine zurück. Dort wurde der Ozean sein liebstes Thema, der Kampf zwischen Mensch und Natur, die Macht und die Einsamkeit der See. Jedes Jahr brach er zu Reisen in die kanadischen Wälder oder nach den Westindischen Inseln auf. Er wußte in seinen Bildern realistische Sujets mit großen Emotionen zu paaren. Besonders in seinen Aquarellen ist es ihm gelungen, fließende Momente einzufangen und flüchtige Effekte.[11] Manche sehen in ihm den am meisten amerikanischen unter den Malern.

Thomas Eakins, der in Europa die spanischen Meister studiert hatte, unterrichtete in Philadelphia an der Pennsylvania Academy, mußte dort allerdings seinen Abschied nehmen, weil er einer weiblichen Klasse ein männliches Modell vorgesetzt hatte. Eakins war ein Maler, der in der Bewegung das innere Leben zum Ausdruck brachte und dem es bei aller realistischen Beobachtung um die Darstellung tieferer Wahrheiten ging.[12] Die frostige Einsamkeit seiner Figuren (*Baseball Players Practicing*, 1875; *The Gross Clinic*, 1875; *The Swimming Hole*, 1883) erinnert an die Malweise späterer Perioden.

Thomas Eakins, The Gross Clinic (1875)

Eakins fotografierte den Dichter Walt Whitman und benützte die Fotografie als Vorlage für ein Porträt (1887). Seit Daguerres Erfindung in Amerika bekanntgeworden war, hatte die Fotografie einen raschen Aufschwung genommen. Um 1850 richtete Charles Frederick in New York ein Atelier ein, das er »Temple of Photographic Art« nannte. Der Daguerrotypist Mathew Brady zog in den Bürgerkrieg – »ein Geist in meinen Füßen sagte Geh! und so ging ich.«[13] Er fertigte mehrere tausend Bilder an. Die Kriegsfotos von Brady (»Burnt District«, 1865), Alexander Gardner (»Home of a Rebel Sharpshooter«, 1863) und Timothy O'Sullivan zählen heute zu den lehrreichsten historischen Dokumenten.

An sozialen Themen zeigten amerikanische Maler nach dem Bürgerkrieg wenig Interesse. Winslow Homers Fabrikarbeiterinnen konnte man mit Melkerinnen verwechseln, die an einem klaren Morgen inmitten einer lieblichen Landschaft zur Arbeit streben (*Morning Bell,* 1873). J.G. Brown machte sich an eine bildliche Umsetzung der Romane von Horatio Alger und zeigte fröhliche Kinder bei der Arbeit. Einwanderer, Industriearbeiter, die Proletarier der Städte tauchten nur selten auf, am ehesten noch bei Malern deutscher Herkunft, bei Charles Frederick Ulrich oder Thomas Anshutz, Eakins' Nachfolger an der Pennsylvania Academy (*Ironworkers' Noontime,* ca. 1880). Im Jahr des Haymarket Riot malte Robert Koehler einen bleichen Aristokraten vor einer Gruppe entschlossener Arbeiter, von denen der eine oder andere einen Stein aufhebt (*The Strike,* 1886).

Visionäre Idealisten

Weite Landschaften wirken in der amerikanischen Malerei noch gewaltiger, noch dramatischer, noch geheimnisvoller als in der Natur.[14] Traumhafte und mystische Elemente zeigen sich bei heute kaum noch beachteten skurrilen Einzelgängern wie Robert Newman oder George Fuller, einem reisenden Porträtmaler, der sich als Farmer niederließ und eine Ausstellung organisierte, nachdem seine Tabakernte verdorben war. Die Suche nach einem universellen Prinzip, das hartnäckige Bestreben, Visionen sichtbar und das Unwirkliche real zu machen, zeichnete die Werke von John La Farge und Elihu Vedder aus, vor allem aber von Albert Ryder, den Lewis Mumford den ersten amerikanischen Maler nannte.

»Der Künstler sollte davor zurückschrecken, ein Sklave des Details zu werden«, sagte Ryder. »Was bringt eine nach Form und Farbe akkurate Sturmwolke, wenn der Sturm nicht in ihr ist?«[15] Ryder arbeitete in einem unglaublich verwahrlosten New Yorker Atelier. Der Unrat ließ einen schmalen Hohlweg frei zwischen Eingang und Staffelei. Dort entstanden Bilder wie *The Flying Dutchman, Death on a Pale Horse* oder *Toilers of the Sea.* Ryder war kein Freund europäischer Malerei, soll aber mehrmals nach London gereist sein, um nachts von Deck aus den Mond und die wogende See zu betrachten. Aus seinen mystischen und ekstatischen

Bildern spricht eine elementare Energie. Mit seiner Tendenz, sich von irdischen Gegebenheiten zu lösen, stand er ganz in der transzendentalistischen Tradition Amerikas: »Haben Sie je eine Raupe gesehen, die auf einem Blatt oder einem Zweig dahinkriecht und sich an dessen äußerstem Ende anklammert, sich in der Luft dreht und etwas Erreichbares fühlen will? So geht es mir. Ich will etwas finden, das jenseits dessen liegt, worauf ich stehe.«[16]

Albert Ryder, The Race Track

Gegen Ende des Jahrhunderts wurde der Impressionismus in Amerika als eine bloße Spielart des Realismus angesehen und damit als ungeeignet für das neue Zeitalter. Die Moderne brauchte Symbole, nicht Objekte. Henry James war die impressionistische Schule zu wenig imaginativ, und der mystisch orientierte Swedenborgianer George Inness, der einmal zu den Vorläufern dieses Stils gezählt hatte, meinte am Ende, die Impressionisten verwechselten das Materielle mit dem Realen. Der Künstler wurde begriffen als der Schöpfer und Bewahrer ewiger Wahrheiten, als die Verkörperung einer Idee, nachdem Priester, Könige und

Soldaten abgewirtschaftet hatten. Nicht Bilder, sondern »ideal suggestions« würden sein Atelier verlassen, verkündete William Morris Hunt. Ganz ähnlich hatte sich der Komponist Edward MacDowell geäußert. Den Materialismus einzudämmen und die spirituellen Qualitäten des Lebens herauszuheben, das war die vornehmste Aufgabe der Kunst. Für die Wiedergabe erhabener Gefühle schienen die Amerikaner, anders als andere Völker, besonders prädestiniert. Ein englisches Bild, urteilte das *Scribner's Monthly,* sei so bar jeder geistigen Bedeutung wie eine Wassermelone, mochte es noch so sorgfältig gemalt sein. Nur in Amerika könne es eine demokratisch-egalitäre Kunst geben, die gleichzeitig spirituell und selbstbezogen sei. »Die kultivierte Seele ist notgedrungen egoistisch«, meinte *Harper's Monthly.* Als Erben sämtlicher Zeitalter waren die Amerikaner aufgerufen, auch in der Kunst Großes und Neues zu schaffen.[17] Die alten Vorbilder hatten ihren Dienst getan, schrieb Hamlin Garland in *Crumbling Idols* (1893), ein Werk, das gleich nach der Chicagoer Weltausstellung erschien und im Sinne Walt Whitmans das Demokratische mit dem Individuellen verband: »Erhebt euch, ihr jungen Männer und Frauen Amerikas! Steht aufrecht! ... Die Vergangenheit hat keine Lebenskraft ... Bibliotheken schaffen keine großen Dichter und Künstler ... schafft nach dem Bild der Natur.«

Die Geschichte der amerikanischen Kunst im 19. Jahrhundert ist die Geschichte hochfliegender Pläne und schier unerfüllbarer Aspirationen. Daß aber die Hoffnung, dieses »Ding mit Federn«, wie die Dichterin Emily Dickinson sie nannte, daß die Hoffnung nicht ganz unbegründet war, bewiesen die amerikanischen Maler des nächsten Jahrhunderts.

Das Guaranty oder Prudential Building (1894–95) von Adler und Sullivan in Buffalo

XIII. Kapitel

ARCHITEKTUR – DIE ÜBERWINDUNG DES EKLEKTIZISMUS

Bis ins 20. Jahrhundert hinein haben Amerikas Architekten europäische Baustile nachgeahmt und nach eigenen Vorstellungen umgeformt. Das Vassar College (1865) für Frauen in Poughkeepsie (New York) und die Bostoner City Hall (1865) waren dem Second Empire Frankreichs nachempfunden. Die Fassade des alten Außenministeriums (1871) zu Washington erinnerte an die Pariser Tuilerien. Philadelphias City Hall (1881) zeigte in der unruhigen, fragmentierten und die Vertikalen unterstreichenden Linienführung charakteristische Abänderungen französischer Vorbilder. John Ruskin beeinflußte mit seinen Schriften zur Architektur die »viktorianische Gotik«, die aus den verschiedensten Quellen schöpfte. Der venezianische Dogenpalast mußte der National Academy of Design (1871) in New York Modell stehen. Ein besonders abschreckendes Beispiel war das Haus des Zeitungsmagnaten Hearst, das mit seinen tausend Türmchen, Balkönchen und verschnörkelten Vorsprüngen wie ein riesiger Hochzeitskuchen wirkte. Das »Colonial Revival« in der Baukunst trat meist unter der Bezeichnung »Queen Anne-Stil« auf, obwohl auch Bauweisen unter späteren britischen Monarchen, bis zu Georg III., die Inspiration beflügelten.

Zu sklavischer Nachahmung mochten amerikanische Architekten sich nur selten entschließen. Die Entwürfe von Frank Furness aus Philadelphia kamen den Zeitgenossen »wild« und »furchtlos« vor, das Filigran an den Queen Anne-Häusern im »Gilded Age« haben Kritiker als Fälle von »disorderly conduct« gebrandmarkt. Es gab genügend Bauherren, für die Geld keine Rolle spielte. Die Familie Vanderbilt ließ sich von Richard Hunt an New Yorks Fifth Avenue ein Haus im Stil der Loire-Schlösser bauen und in North Carolina eine französische Renaissancevilla mit 250 Zimmern. Öffentliche Bauwerke wie das Metropolitan

Museum oder das Brooklyn Museum hatten vor allem imposant zu sein, als wollte man hinter pompösen Fassaden die Armut des neuen, städtischen Proletariats verbergen. Römische Amphitheater und Arenen standen dem ersten Madison Square Garden Pate, der vierzigtausend Zuschauern Platz bot. Opulente Bahnhöfe wie die Pennsylvania Station und die Grand Central Station in New York oder die Union Station in der Hauptstadt Washington gemahnten an römische Bäder und verliehen dem Reisenden ein Gefühl von Bedeutsamkeit. Die gewaltigen Hallen der New York Public Library weckten Ehrfurcht vor dem Wissen der Welt. Der hohe Lärmpegel und der verschenkte Raum für Lesesäle mußten als rein praktische Erwägungen hinter das Grandiose zurücktreten.[2]

Der unbekümmerte Eklektizismus war eine amerikanische Eigenart. Symbole, die in anderen Kulturen heilig waren, wurden ohne viel Federlesens für triviale Ornamente benutzt. An einem Bauwerk siebenerlei architektonische Spielarten zu entdecken, war nichts Ungewöhnliches. Ähnlich wie in der Musik wird heute in der Architektur die amerikanische Synthese aus verschiedenen Stilelementen und historischen Motiven als künstlerische Tugend interpretiert. Zudem gelang einigen Architekten der Sprung vom Eklektizismus zu architektonischer Eigenständigkeit. Dazu gehörte Henry Hobson Richardson, der aus dem Romanischen heraus einen eigenen, unverwechselbaren Stil entwickelte. Von der Bostoner Trinity Church (1873, mit Stanford White) über die Sever Hall (1878) in Harvard bis zum Marshall Field Wholesale Store (1887) in Chicago läßt sich Richardsons Abwendung vom Pomp und die Entwicklung zu immer einfacheren Linien verfolgen. Richardson hat damit einer genuin amerikanischen Bautradition seine Reverenz erwiesen, den glatten und kompromißlosen Fronten. Das Marshall Field-Warenhaus ähnelt zwar einem Florentiner Renaissancepalast, erinnert aber auch an die massiven und schnörkellosen Außenmauern, wie man sie in Amerika seit den Festungsbauten der Revolutionszeit immer wieder geschätzt hat.[3]

Amerikanische Wohnhäuser zeichneten sich durch einen flexiblen Grundriß aus. Sie konnten je nach Bedarf vergrößert oder aufgestockt werden. Seit den 1820er Jahren wurden ganze Gebäudeteile auf Rädern zu ihrem Standort gebracht. John Bogardus arbeitete um 1850 mit vorfabrizierten Teilen. Europäische Besucher wunderten sich über die großzügige Raumaufteilung, die sparsame Möblierung, die hellen Wände und Decken und die meist offenstehenden Schiebetüren in amerikanischen Häusern.[4]

Besonders im amerikanischen Westen und hier vor allem in Chicago bekundeten Architekten ihre Absicht, sich von europäischen Vorbildern zu lösen. Man studierte in Europa, am liebsten in Paris, und war doch zu Neuem bereit. Der ehrgeizige John Root, entschlossen, auf seinem Gebiet der Erste zu sein, sagte 1886 vor den Kollegen seiner Zunft: »Wir, die wir im vollen Licht des 19. Jahrhunderts leben, befreit vom Sklaventum selbst unserer weniger glücklichen Brüder überm Ozean – wir Männer der Western Association of Architects können tun, was wir wollen ... Dies ist das Zeitalter und dies ist das Land des großen ›Tut, was ihr wollt‹ für die Architekten.« Im gleichen Jahr verglich Dankmar Adler den Aufstieg der amerikanischen Architektur mit der Blüte der Literatur im Zeitalter Emersons: »So groß und glänzend auch der Aufstieg der amerikanischen Literatur war – die Entwicklung der amerikanischen Architektur ist noch wunderbarer.«[5] Adler war als Zehnjähriger mit seinem Vater, einem Rabbiner, 1844 aus Deutschland emigriert. Zusammen mit seinem Partner Louis Sullivan quartierte er sich symbolträchtig im Turm des Chicagoer Auditoriums ein, dem damals höchsten Punkt der Stadt. Adler und Sullivan hatten sich beim Entwurf des Auditoriums (1889) von Richardson und seinem Marshall-Field-Warenhaus inspirieren lassen. Die Zeichen für die Verwirklichung der Pläne selbständig denkender Baumeister schienen günstig zu stehen. Da brachte die Weltausstellung in Chicago, die Columbia Exhibition (1893), einen schweren Rückschlag. Bei der Auftragsvergabe heimsten die konservativen New Yorker Architekten den Löwenanteil ein. Der Sieg der »merkantilen Klassizisten« behinderte für mindestens drei Jahrzehnte die Entwicklung einer eigenständigen amerikanischen Architektur.

Parks, Brücken, Skyscrapers

Einer der ersten amerikanischen Architekten mit einer unverwechselbaren Handschrift war ein Landschaftsarchitekt. Frederick Law Olmsted entwarf den Central Park und den Riverside Park in New York, die Anlagen um das Capitol in Washington, das Bostoner Parksystem, den Campus der Universität Stanford in Kalifornien. Seine Entwürfe haben mehr mit der englischen Landschaftsarchitektur gemein als mit dem französischen Hofgarten. »Offene Räume« wollte er schaffen, die allen Schichten zugänglich waren und die »sowohl grenzenlos wie natürlich scheinen«.[6]

Olmsted hatte im Alter von drei Jahren seine Mutter verloren. Die Stiefmutter behandelte ihn mit äußerster Kälte, er entwickelte das hyperaktive Verhalten, wie man es bei fehlender Mutterbindung oft findet. Nach der Geburt eines weiteren Kindes schickte man ihn in Internate, bis er 16 war. Das Verhältnis zum Vater wurde distanziert und kühl. Die Hinwendung zur Natur könnte man mit Melanie Klein als symbolischen Ersatz für die verlorene Mutter werten. Als junger Mann reiste Olmsted nach China. Er schrieb passable Reisebücher, unter anderem über die Südstaaten. Zeitweilig sympathisierte er mit einer utopischen Kommune, war aber zu ehrgeizig, um sich ein Leben ohne Rivalität vorstellen zu können.

Seine landschaftsarchitektonischen Pläne, sagte er, seien nicht empirischen Überlegungen entsprungen, vielmehr dem inneren Bedürfnis nach »unfreiwilligem und unbewußtem Wachstum«.[7] Die Städte waren seiner Ansicht nach übervölkert. In Boston wollte es ihm vorkommen, er müßte ständig vor Zusammenstößen mit anderen Passanten auf der Hut sein. Ausgedehnte Parkanlagen in den Städten und die Schaffung großer Nationalparks sollten den bedrängten Amerikanern wieder mehr persönlichen Lebensraum geben und sein eigenes Verlangen nach Distanz und nach einem konfliktfreien Leben stillen. Den ersehnten harmonischen Zustand hat er nie erreicht. Ständig fühlte er sich dazu angestachelt, mehr in Angriff zu nehmen, als er bewältigen konnte: »Ich habe das Sein für das Tun verkauft.« Unter der Last des selbstauferlegten Aktivismus brach er acht Jahre vor seinem Tod seelisch zusammen.

Der aus Thüringen stammende John Roebling hatte die Vorlesungen Hegels in Berlin wörtlich genommen: Die Zukunft lag jenseits des Atlantik. Nach dem Studium nahm er eine Stelle als Ingenieur in Westfalen an, wollte sich aber auf Dauer nicht mit den Hindernissen abfinden, die eine schwerfällige Bürokratie deutschen Baumeistern bei der Verwirklichung eines Projekts in den Weg legte; 1830 wanderte er aus. In Amerika, meinte er, gebe es keine »unnatürlichen« Beschränkungen.

Roebling hat in verschiedenen amerikanischen Städten moderne Kabelbrücken geplant oder gebaut, darunter sein Meisterwerk, die Brooklyn Bridge (1883). Das Prinzip der Hängebrücke erschien ihm als »amerikanische Notwendigkeit«. Der weitgespannte Bogen machte Stützpfeiler im Wasser überflüssig. Tausende von Seiten hat Roebling vollgeschrieben, um seinen technischen Erfindungen und Berechnungen einen philosophischen Hintergrund zu geben. Besonders intensiv haben ihn die Schriften der Transzendentalisten Channing und Emerson und der Swedenborgianer beschäftigt. Als Techniker und als Metaphysiker war er auf der Suche nach einer unendlichen Harmonie. Einmal würde sich, davon war er überzeugt, der Lebensstrom unvermeidlich in den großen Ozean der Universalität ergießen. Seine Brückenbauten sind für ihn immer auch spirituelle Taten gewesen.[8]

John Roebling hat die Vollendung der Brooklyn Bridge nicht mehr erlebt; er starb 1869 an den Folgen eines Arbeitsunfalls. Sein Sohn Washington Roebling beaufsichtigte die Bauarbeiten. Bei der Eröffnungsfeier nach vierzehnjähriger Bauzeit wurde die Brücke als Beispiel für die uramerikanische Fähigkeit genommen, die Umwelt unter Kontrolle zu bekommen, »to get things done«. Mit wissenschaftlichen und technischen Mitteln war es gelungen, ein Hindernis auf dem Weg New Yorks zu nationaler Größe zu überwinden. Nun konnten die Einwanderer aus den übervölkerten Quartieren Manhattans leichter nach Brooklyn abziehen, das bis 1930 einen Ausländeranteil von fünfzig Prozent erreichte. Die Brücke sei eine »Trophäe des Triumphes über ein Hindernis der Natur«, sagte ein Festredner, und ein Pfarrer ergänzte: »Es ist in der Tat nicht abwegig zu sagen, daß die Zukunft des Landes offen vor uns liegt, da wir sehen, was technisches Können und bloßer Wille vermögen, Hindernisse zu überspringen und die Natur menschlicher Planung zu unterstellen«.[9]

Beim Brückenbau lernte man, mit Eisenträgern große Entfernungen zu überbrücken. Diese Erfahrung war eine der Voraussetzungen für den Bau von Wolkenkratzern. Die traditionelle Stein- und Ziegelbauweise erwies sich als ungeeignet für Gebäude mit mehr als sieben Stockwerken, denn die Dicke der Stützmauern hätte im unteren Teil bis zu einem Viertel der Grundfläche aufgebraucht. Und in den Innenstädten ging es ja gerade um die intensive Nutzung unbebauter Parzellen. Ein Gebäude mit zwanzig Stockwerken hätte eine Mauerdicke von über zwei Metern erforderlich gemacht. John Bogardus experimentierte seit 1848 mit Eisensäulen, die statt der Außenmauern das Gebäude trugen.[10] Seit Gustave Eiffel der Statue of Liberty mit einem diagonal eingezogenen Rahmen den nötigen Windwiderstand verliehen hatte, wußte man, daß die statischen Probleme hoher Bauten mit Stahl- oder Eisenkäfigen zu bewältigen waren. Das Problem der Personenbeförderung konnte als gelöst gelten, seitdem auf der Erfindermesse im New Yorker Crystal Palace (1853) die ersten brauchbaren Personenaufzüge vorgestellt worden waren.

Das Verdienst, den ersten richtigen Wolkenkratzer gebaut zu haben, wird heute Major Le Baron Jenney zugesprochen. Jenney befestigte die Außenwände des zehnstöckigen Home Insurance Company Building (1885) an einem Stahlgerüst. Ab dem sechsten Stockwerk verwendete er Träger aus Bessemerstahl statt der bis dahin gebräuchlichen schmiedeeisernen Träger. Ab jetzt, so sagten Überschwengliche, bildete der Himmel die obere Grenze. In der *Chicago Tribune* vom 13. Januar 1889 tauchte erstmals der Begriff »skyscraper« auf. Chicago hatte den alten Rivalen New York bei der Entwicklung hoher Bürogebäude um eine Nasenlänge geschlagen, John Root vollendete bis zu seinem frühen Tod das feuersichere Montauk Building (1882), das Rookery Building (1886) und den Monadnock Block (1891), den er liebevoll seinen »Jumbo« nannte.Im Architekturbüro Daniel Burnhams wurde das Reliance Building (1894) entworfen, das mit großflächigen Glasscheiben den Eindruck der Leichtigkeit erweckte und den Stil der um 1950 modernen Wolkenkratzer vorwegnahm. In die Breite gezogene Fenster, die »Chicago windows«, mit einem festen Mittelteil und beweglichen Seitenflügeln, waren ein Kennzeichen der *Chicago School,* dazu kamen die eisernen Skelette, die Einzelpfeiler an der Außenfront und spezielle Fundamente (»floating foundations«) wegen des schwammigen Untergrunds der Stadt.[11]

Gegner der Wolkenkratzer sahen dunkle und feuchte Straßenschluchten voraus und drangen auf eine Begrenzung der Bauhöhe. David Burnham konterte mit dem Argument, die moderne Technik sei in der Lage, etwaige Nachteile mit künstlichem Licht und Ventilationsmaschinen auszugleichen. In einer Zeit fieberhaften Wachstums blieben die Kritiker auf verlorenem Posten. Ende der 1880er Jahre wurde ein Patent für ein Gebäude mit 28 Stockwerken vergeben, gegen Ende des Jahrhunderts waren 30 Stockwerke tatsächlich erreicht. »Unsere Zivilisation schreitet wunderbar vorwärts«, schwärmte ein New Yorker Lokalpatriot, »wir müssen weiterbauen und wir müssen nach oben bauen.«[12] Und so geschah es. Das Pulitzer Building (1892) überragte die Trinity Church (1846), das bis dahin höchste Gebäude Manhattans. Das originelle Flatiron Building (1903) am Madison Square, der Times Tower (1904) und das Singer Building (1908) mit seinem abgewandelten Second Empire-Stil konkurrierten mit den Wolkenkratzern Chicagos. Das Woolworth Building (1913) wirkte in seiner »gotischen« Stilvermischung und mit 60 Stockwerken wie eine riesige Kathedrale des Handels. 1906 war ein Phantast mit der Idee aufgetreten, ein hundertstöckiges Bauwerk zu errichten. Das New Yorker World Trade Center (1973) übertraf diesen Traum um zehn Stockwerke. Zuletzt holte sich Chicago den Ruhm zurück, das höchste Gebäude der Welt zu besitzen. Der Sears Tower (1976) schlug den New Yorker Rekord um gute dreißig Meter.

Louis Sullivan

Der erste Wolkenkratzer war »a little building made big«, eine Aufeinanderschichtung von Stockwerken. Ein anderes Konzept verfolgte Louis Sullivan, der eine Art Theorie des Skyscrapers entwickelt hat. Nach seinen Vorstellungen mußte ein Wolkenkratzer groß und hoch sein, und zwar Zentimeter für Zentimeter. Seine Größe bedurfte keiner Tarnung, im Gegenteil, die nach oben strebende Bewegung sollte den Zweck des Gebäudes unterstreichen. Die »loftiness«, die stolze Erhabenheit, war für Sullivan das Hauptmerkmal hoher Bauten, sie machte ihren Reiz aus, versetzte die Künstlernatur gewissermaßen in Erregung. Jedes Detail eines Gebäudes hatte den Eindruck des Erhabenen zu unterstützen, schrieb Sullivan in seinem programmatischen Aufsatz »The Tall Office Building Artistically Considered« (1896). »Bis ins kleinste muß es stolz und jubelnd sein, daß es vom Boden bis zum höchsten Punkt eine Einheit bildet, in der keine einzige Linie von der Richtung abweicht – daß es die frische, unerwartete, ausdrucksvolle Überwindung der nüchternsten, finstersten, abstoßendsten Verhältnisse darstellt.«[13] Der statische Charakter der Pfeiler wird durch den Träger in bewegte Form umgewandelt, der Bogen repräsentiert den Triumph über den Abgrund.

Sullivans berühmte Maxime »Die Form folgt der Funktion« ist zur Rechtfertigung moderner Zweckbauten herangezogen worden. Damit hat man ihm Unrecht getan. Denn Sullivan wollte mit seiner Formel zum Ausdruck bringen, daß das innere Wesen das Äußere bestimmt, der Geist den Körper. In der Natur war es nicht anders, und wenn sich die Architekten dessen bewußt würden, könnte aus der Architektur wieder eine lebendige Kunst werden. Das Innere eines Gebäudes, seine Seele, mußte in der äußeren Erscheinung sichtbar werden. Sullivan wählte für seine Hochbauten meist eine dreiteilige Gliederung: die beiden untersten Etagen, die Reihen des mittleren Büroteils und das abschließende oberste Stockwerk mit dem Dach. Die Gestaltung der Front signalisierte die unterschiedliche Nutzung verschiedener Gebäudeteile, hatte aber nichts mit der praktischen Nutzung eines Gebäudes zu tun. Die Ornamente an der Außenfront, die nun wirklich nicht utilitaristisch gedeutet werden können, müssen »aus der Ebene der Nebensächlichkeit zur Höhe des dramatischen Ausdrucks« emporgehoben werden und den Geist freisetzen, der die Baumasse beseelt. Die Aufgabe der Architektur als Kunst bestand für Sullivan darin, ein so tiefes und wahres Gefühl zu erzeugen, »daß alle einengenden Formalitäten, alle starren Richtlinien, alle erstikkenden Fesseln der Schule es nicht in uns abzutöten vermögen«. Ein Mensch, der Großes in der Baukunst leisten wollte, mußte gleichsam erst einmal ausgewickelt werden, er mußte seine kulturellen Verpackungen ablegen, um sich selbst zu finden.[14]

Louis Sullivans Familie hat ihm die Selbstfindung nicht leicht gemacht. Die Familiengeschichte beginnt mit einem verwitweten Iren, der auf einem Volksfest verlorenging und nie mehr gesehen wurde. Der Sohn schlug sich fortan alleine durch, ging über London und Paris nach Amerika, wo er als Tanzlehrer sein Geld verdiente und zwei Söhne zeugte, Louis Sullivan und seinen Bruder Albert. Louis hat in seiner Autobiographie den Vater mit gehässigen Worten charakterisiert: egoistisch, ohne Humor, völlig gefühllos, mit abstoßenden kleinen Augen, den »Augen eines Schweins«, ein Typ, der seinen Sohn ins Wasser warf, als er ihn das Schwimmen lehren wollte. Seine um 17 Jahre jüngere Frau habe er als »Aktivposten« betrachtet. Louis entwickelte sich zu einem sensiblen, einsamen, schwierigen Kind. Einmal rührte das Klavierspiel der Mutter den Dreijährigen zu Tränen, dann wieder wurde er von Tobsuchtsanfällen heimgesucht und war als »heulender Derwisch« kaum zu beruhigen. Er schloß Freundschaft mit einer Esche, das war »sein« Baum. Als die Eltern nach Chicago umzogen, ließen sie den dreizehnjährigen Louis bei den Großeltern zurück. Die Trennung von der Mutter schmerzte ihn, vom Vater nahm er erleichtert Abschied. Zwei Jahre später starb die Großmutter, der Großvater ging nach Philadelphia, Louis wurde, wie ein Haustier, bei Nachbarn untergebracht. In der Schule blieb er ein Einzelgänger, er fühlte sich gefangen, beschwerte sich später über die »vielen toten und kalten Dinge«, die man ihm beibringen wollte. Die Lateinstunden an der Highschool in Boston kamen ihm überflüssig vor. Das Erlernen einer alten Sprache hielt nur auf, man könne sie höchstens im Leben nach dem Tod verwenden, er hingegen wolle seine Ziele auf dem kürzesten Weg erreichen.[15] Als Student am Massachusetts Institute of Technology fand er einen »Friedhof von Regeln und Stilen« vor. Ein Intermezzo an der École des Beaux Arts in Paris dauerte nicht viel länger als ein Semester, dann hatte er die Enge des Ateliers satt, des »verdammten Schweinestalls«. Eine Kunstreise durch Italien – eine Woche Rom – absolvierte er im Eiltempo. Egal, was Lehrer und Kollegen sagten: Sullivan war entschlossen, mit den Lehrsätzen und Traditionen seines Metiers zu brechen, vertraute Konstruktionsmuster und puren Aberglauben aus dem Weg zu räumen.

Das Gesamtwerk von Louis Sullivan umfaßt 126 Bauten. Mit dem Dexter Building (1887) hatte er sich endgültig von Richardson gelöst, er wollte jetzt sein »eigener Primitiver« werden. Sein erstes Meisterstück, das Wainwright Building (1891) in St. Louis, besticht durch die vertikale Einheit, die »vertical continuity«, wie Sullivan das nannte. Der schichtenförmige Aufbau älterer Wolkenkratzer ist verschwunden. Zurückgesetzte Paneele verstärkten die Wirkung der aufragenden Pfeiler. Das Wainwright Building, schrieb ein Architekturkritiker, sei nicht bloß hoch, »it is *about* being tall«. Nichttragende Attrappen wechseln sich mit tragenden Pfeilern ab, um die senkrechten Linien zu vermehren und die Bewegung nach oben gleichsam zu beschleunigen. Denselben Kunstgriff verwendete er beim Guaranty oder Prudential Building (1895) in Buffalo, das mit seinen dreizehn Stockwerken noch mehr wie ein Turm wirkt. Die großen Fenster im Parterre neigen sich im oberen Teil nach hinten, wodurch der Eindruck entsteht, als schwebe die Konstruktion in der Luft. Mit Sullivans Transportation Building (1893) für die Chicagoer Weltausstellung beginnt für viele die moderne Architektur. Beim Chicago Stock Exchange (1894), einem Musterbeispiel für die dreiteilige Gliederung, scheint das Dach über den Mauern zu schweben, und die Mauern geben die Illusion, sie würden sich an den Ecken nicht berühren, sondern wie durchsichtige Tafeln frei im Raum hängen.[16]

Sullivan hat eine Reihe weiterer, architektonisch vorbildlicher Bauten entworfen, so das Bayard oder Condict Building (1898) in New York, in Chicago das Gage Building (1899), das Kaufhaus Schlesinger und Meyer (1899–1904), später Carson-Pirie-Scott. Aber nach 1900 wurden die Aufträge spärlicher und blieben am Ende ganz aus. Er baute eine Reihe von kleineren Banken in Provinzstädten, die National Farmer's Bank (1908) in Owatonna (Minnesota), die Merchant's National Bank (1914) in Grinell (Iowa) oder die Farmers' and Merchants' Union Bank (1919) in Columbus (Wisconsin) mit manchmal recht absonderlichen Ornamenten. Sullivans letztes Werk, der William Krause Music Store (1922), ein kleiner Musikladen, war der ironische Schlußpunkt in der Laufbahn eines Architekten, der einmal, zusammen mit Dankmar Adler, das gewaltige Chicagoer Musikauditorium gebaut hatte.

Sullivans Niedergang ist einmal auf den Triumph der »merkantilen Klassizisten« zurückzuführen, zum anderen auf seine persönlichen Eigenarten. Er hatte ein besonderes Talent, Mitarbeiter und prospektive Auftraggeber vor den Kopf zu stoßen. Bei Gesprächen im Kollegenkreis ließ er nur eine Meinung gelten, seine eigene. Frank Lloyd Wright, seinen begabtesten Schüler, warf er im Zorn hinaus; der Bruch dauerte zwanzig Jahre. Von Adler schied er im Unfrieden. Mit Bruder und Schwägerin hatte er sich entzweit, von seiner Frau trennte er sich nach wenigen Jahren Ehe. Berufliche Mißerfolge quittierte er mit erhöhtem Alkoholkonsum, und er trank am liebsten alleine. Seit seiner Kindheit war er unfähig, mit anderen zu trauern. Den rastlosen Menschen – allein während seiner frühen Chicagoer Jahre ist er siebenmal umgezogen – kam die Verurteilung zur Untätigkeit besonders hart an. Der chronische Auftragsmangel zwang ihn, sich immer billigere Unterkünfte zu suchen. Die Verwaltung des Auditoriums wies ihm nach und nach immer schlechtere Büros zu, bis man ihm schließlich kündigte. Er starb in tiefer Armut, krank und enttäuscht. Seine wahre Bedeutung für die Baukunst ist erst später erkannt worden.

Sullivan wollte der Walt Whitman der amerikanischen Architektur sein. Er war das Kind, das hinauszog, das ständig einen neuen Anfang suchte und das Leben mit ewig hungrigen Augen betrachtete. Der Welt die Augen öffnen, das hieß Demokratie. Louis Sullivan schwärmte von der »Democratic Vista«, als Whitman dafür nur noch Sarkasmus übrig hatte. Die Erhabenheit der Berkshire Mountains gab ihm das Gefühl der Macht, der Seele taten sich ungeahnte Perspektiven auf. Mochte Amerika häßlich und selbstsüchtig sein, die Zeit für einen Wechsel war gekommen. Noch war der menschliche Geist in einen Kokon eingesponnen, jetzt würde er sich entpuppen. Sobald die jungen Architekten sich von den Imitatoren gelöst hatten und nach Eigenem strebten, konnte der Mensch sich frei entfalten. Denn nur in Amerika, meinte Sullivan, gab es eine Tradition ohne Fesseln, nur da war die Freiheit zu verwirklichen: »Es ist vom Schicksal gewollt, daß hier der letzte Akt der Befreiung des Menschen sich vollzieht – die Befreiung seiner Seele.«[17]

In einem bestimmten Sinn hat Sullivans hausgemachte Philosophie ihre Wirkung nicht verfehlt. Viele seiner Bauten sind im Land des ewigen Neuanfangs Spitzhacke und Sprengstoff zum Opfer gefallen: darunter das Walker Warehouse und das Schiller-Theater in Chicago und die Union Station in New Orleans. Man muß sich die lange Liste zerstörter Gebäude vergegenwärtigen, um zu erkennen, daß amerikanische Bauherren im Verein mit den Stadtvätern unter der historischen Bausubstanz gewütet haben wie in Europa die Bomberpiloten.[18]

Der auf Technik spezialisierte Kulturhistoriker Sigfried Giedion besuchte 1939 die Stadt St. Louis. Dort war man gerade dabei, die historischen Riverfront Houses abzureißen. Giedion konnte den Vorgang nicht begreifen, denn viele Häuser machten ihm einen durchaus erhaltenswürdigen Eindruck. Wäre es nicht logisch, fragte er, ein kommerzielles Gebäude aus dem 19. Jahrhundert als einen ebenso wichtigen Zeugen zu betrachten wie ein beliebiges Château aus dem 17. Jahrhundert? Logisch vielleicht, aber die Geschichte der Architektur entwickelte sich nicht nach den Gesetzen der Logik, am wenigsten in den USA. Über das 1931 abgerissene Home Insurance Building, den ersten Wolkenkratzer, schrieben Architekturhistoriker in aller Unschuld, die herausragende historische Bedeutung des Gebäudes habe sich beim Abbruch bestätigt.[19]

XIV. Kapitel

ERFINDER UND ERFINDUNGEN

In den ersten Jahrzehnten des 19. Jahrhunderts hatte eine kleine Gemeinde in Connecticut den Plan gefaßt, in ihrer Kirche einen eisernen Ofen aufzustellen. Der Pfarrer sprach sich gegen diese unorthodoxe Neuerung aus. Seiner Ansicht nach würde die Kälte von der Wärme in die Ecken getrieben werden und sich dort verdreifachen. Technischer Fortschritt, gleich welcher Art, ist zu allen Zeiten in Opposition zu herkömmlichen Vorstellungen von den Naturgesetzen zustandegekommen. Bemerkenswert für Amerika ist die Tatsache, daß neue Erfindungen in erster Linie Autodidakten und nicht Akademikern zu verdanken waren. Der *Scientific American* war vor dem Bürgerkrieg eine Wochenzeitschrift nicht für Naturwissenschaftler, sondern für Amateurerfinder. Ein Mormone erfand auf dem Weg nach Westen einen primitiven Kilometerzähler. Der anarchische Utopist Josiah Warren kam selbständig auf die Zylinderpresse. Die Sekte der Shakers fertigte in der Abgeschiedenheit diverse nützliche Geräte an, darunter einen Schraubenpropeller, einen Rotationspflug, eine automatische Feder, eine Wasserturbine, eine Kreissäge, eine Erbsenschälmaschine und eine selbsttätige Käsepresse.

Auf der großen Erfindermesse von 1853 im New Yorker Kristallpalast war ein breites Angebot von Pumpen und Pressen, von Motoren und Patentschlössern, von holz- und metallverarbeitenden Maschinen zu besichtigen. Der Plan für eine »elevated railroad« über dem Broadway wurde vorgestellt, die einige Jahre später – über der 9. Avenue – auch gebaut wurde. Die Akzente der Ausstellung lagen auf der rascheren Ausbeutung natürlicher Ressourcen, auf der Absicherung von Hab und Gut, vor allem aber auf der Beschleunigung der Verkehrsmittel, der Kommunikation und der Produktionsprozesse.[1] Ein guter Yankee schien ständig darüber nachzugrübeln, wie man Muskelkraft sparen, wie ein Mann die Arbeit von zwanzig tun kann. Eine Nagelfabrik in Pittsburgh stieß 50 Nägel pro Minute aus.

Eine Dachplattenfabrik fertigte 10 000 Dachplatten, eine Uhrenfabrik 4500 Uhren pro Tag. Die Herstellung von Streichhölzern wurde ebenso maschinisiert wie die von Schuhriemen. Die Melkmaschine kam in Gebrauch, die Schleifmaschine, die Schuhputzmaschine und die Eierschaumrührmaschine. Dinge, die man seit Menschengedenken mit der Hand verrichtet hatte, wurden jetzt per Maschine erledigt. Elias Howe kam auf den genialen Gedanken, das Ör der Nähnadel nicht mehr oben sondern unten zu bohren – 1846 ließ er sich die Nähmaschine patentieren. Zeitgenossen berichten, daß amerikanische Arbeiter auf die neuen Maschinen nicht eifersüchtig waren, sie vielmehr als Arbeitserleichterungen begrüßten.[2]

Zwei Jahre nach dem Ende des Unabhängigkeitskriegs war der Erfinder John Fitch zu General Washington gekommen und hatte dessen Unterstützung für eine neuartige Maschine erbeten, die Schiffe »by means of a steam«, also »mittels eines Dampfes« vorantreiben sollte.[3] Von da an hat das Bemühen, sich schneller fortzubewegen, nicht mehr nachgelassen. Es dauerte nicht lange, bis die Flußschiffkapitäne mit ihren Steamers gegeneinander Rennen veranstalteten – ohne Rücksicht auf explodierende Kessel und gefährdete Passagiere. Der amerikanische Tausendsassa Phineas Barnum beschwerte sich auf einer Europareise über das langsame Tempo eines Rheindampfers und drohte dem Kapitän halb im Scherz, eine amerikanische Konkurrenzlinie aufzuziehen. Die Antwort des Deutschen kam ihm unfaßbar vor: »Das können Sie nicht! Die Regierung wird Ihnen nicht mehr als neun Meilen pro Stunde bewilligen.«[4]

Die ersten Eisenbahnen beflügelten die Phantasie der Amerikaner. »Sie läuft und wird nie müde«, schrieb im Jahr 1840 das *Business Magazine* über die Lokomotive.[5] William Dean Howells stellte sich in seiner Utopie »Altruria« bereits stromlinienförmige Massenverkehrsmittel vor. Die Erie Railroad Polka, der Southern Railway March und der Union Pacific Galop sind ins amerikanische Liedgut eingegangen. Verschiedene Erfindungen wie der Telegraph (1857) von Samuel Morse und die Luftdruckbremse des deutschstämmigen George Westinghouse haben den Ausbau des Eisenbahnnetzes erleichtert und das Reisen sicherer gemacht. Die Amerikaner konstruierten ihre Eisenbahnwaggons nach eigenen Bedürfnissen. Typisch waren ab 1840 die nichtabgeteilten Durchgangswagen, die Bewegung innerhalb der Bewegung ermöglichten und die Reisenden nicht dazu verurteilten, einander starr gegenüberzusitzen wie in Europa. »Ein Amerikaner könnte sich kaum an unsere Art zu reisen gewöhnen«, berichtete G. T. Poussain im Jahre 1845, »an den permanenten Sitzplatz in einem engen und obendrein noch zugeschlossenen Wagen; er würde in Atemnot geraten und zu ersticken glauben.«[6] Trotz unbestrittener Vorzüge der amerikanischen Bauweise blieben die Europäer lange bei ihren engeren und ruhigeren Abteilen.

Die Suche nach neuen, schnellen und bequemen Fortbewegungsmitteln hielt das ganze Jahrhundert hindurch an. Das Fahrrad wurde mit zwei gleichgroßen Rädern ausgestattet (1889). Henry Ford stellte sein erstes Automobil auf die Straße (1893).

In Boston ist noch vor der Jahrhundertwende die erste amerikanische Untergrundbahn eröffnet worden (1897).

Charles Goodyear erdachte ein Verfahren zur Vulkanisierung von Gummi (1839). Benjamin Silliman entdeckte die Verwendung von Petroleum als Betriebsmittel für Lichtquellen (1855). Die künstliche Konservierung von Lebensmitteln machte rasche Fortschritte; etwa ab 1870 gab es Gemüsekonserven. Der Journalist Christopher Sholes verkaufte die Rechte an der von ihm gemeinsam mit Carlos Glidden entwickelten Schreibmaschine an den Waffenfabrikanten Remington. 1873 wurde die Produktion aufgenommen. Mark Twain wußte die Vorteile dieses Geräts zu schätzen, weil es keine Tintenkleckse machte. Er ist wahrscheinlich der erste Schriftsteller gewesen, der seinem Verleger ein maschinengeschriebenes Manuskript ablieferte.

Ottmar Mergenthaler erfand die Linotypemaschine (1885), wenige Jahre später brachte George Eastmans Firma die Rollfilmkamera Kodak auf den Markt. Um die Jahrhundertwende waren bereits 800 000 Telefone in Betrieb. Der Schotte Alexander Graham Bell, seit 1871 in Amerika, hatte das von ihm gebaute Telefon 1876 erstmals der amerikanischen Öffentlichkeit vorgestellt. Der Naturphilosoph Joseph Henry war einige Jahrzehnte davor auf die Idee gekommen, elektrische Drähte zu isolieren (1828). Henry wurde zum ersten Direktor der Forschungsanstalt Smithsonian Institution (1846) ernannt. Den rudimentären Elektromagneten, mit dem er gelegentlich experimentierte, hatte er noch für ein »philosophisches Spielzeug« gehalten. Thomas Edison erfand in rascher Folge den Mimeographen (1876), den Phonographen (1877) und die Glühbirne (1879). Der aus Breslau gebürtige Karl August Steinmetz entwickelte die Bogenlampe und einen Blitzableiter für elektrische Geräte.

Es ist problematisch, eine neue Erfindung jeweils nur einem Erfinder zuzuordnen. Ob Robert Fulton, John Fitch, Oliver Evans oder etwa ein Engländer das Dampfschiff erfunden hat, ist nach wie vor strittig. Daß Orville Wright der erste Motorflug gelungen sei, ist immer wieder in Zweifel gezogen worden. Vielleicht hat der aus dem fränkischen Leutershausen stammende Gustav Weißkopf die Amerikaner wirklich um zwei Jahre geschlagen. Offenkundig ist die Tendenz, den erfinderischen Lorbeer immer nur einer Person zu verleihen. Edison hat von diesem Bedürfnis nach »Eponymen« nicht unbedingt profitiert.[7] Aber sein Name steht auf der ganzen Welt stellvertretend für amerikanischen Erfindergeist.

Nicht weniger als 1093 Patente sind auf seinen Namen eingetragen. Edison erfand die Kohlefadenglühlampe, den Phonographen, den Vervielfältigungsapparat, er entwickelte den Börsentelegraphen und die Filmkamera, verbesserte Telefon, Mikrofon, Schreibmaschine und Hunderte anderer Dinge. »Improvement« war ein Schlüsselbegriff in seinem Leben. Insofern erscheint er als typischer Yankee. Man hat einmal gesagt, ein neugeborener Amerikaner würde gleich die Wiege inspizieren, ob sie sich nicht verbessern lasse.

Edisons Vorfahren hatten sich als gute Loyalisten am Ende des Revolutionskriegs nach Kanada abgesetzt. Sein Vater wiederum mußte in umgekehrter Richtung in die USA fliehen, nachdem er gegen die königlich-kanadische Regierung rebelliert hatte. Als letztes von sieben Kindern, von denen drei überlebten, kam Edison in Milan, einem kleinen Ort in Ohio, zur Welt. Er wurde als schwächliches, problematisches, sonderbares Kind beschrieben. Im Alter von sechs Jahren zündete er die Scheune seines Vaters an, »um zu sehen, was passiert«. Der Vater verprügelte ihn für die Missetat in aller Öffentlichkeit auf dem Marktplatz. Im Jahr darauf zog die Familie nach Port Huron in Michigan. Der junge Edison galt weiterhin als merkwürdiges, hyperaktives Kind, das viele seltsame Fragen stellte. Nachbarn hielten ihn für einen Dummkopf, ein Lehrer nannte ihn wirrköpfig, worauf er den Spaß an der Schule verlor. Einer seiner Spielkameraden ertrank, Edison ging nach Hause, ohne ein Wort über die Tragödie zu verlieren.

Der Vater war ein ewig strebender, ewig erfolgloser Mann, der auf verschiedene Arten versuchte, zu Geld zu kommen, der aber nie zu dem wurde, was man einen guten Ernährer nennt. Einmal errichtete er in seinem Garten einen Aussichtsturm, von dort konnte man gegen Bezahlung durch ein Teleskop die Landschaft betrachten. Vater und Sohn hatten zeitlebens eine schlechte Meinung voneinander. Seine Mutter, die er sehr verehrt hat, starb geistig umnachtet.[8] Um sich dem Vater und der Schule zu entziehen, arbeitete der zwölfjährige Edison bei einer Eisenbahnlinie als Zeitungsboy. Rückblickend hat er diese Phase die glücklichste Zeit seines Lebens genannt. Als Fünfzehnjähriger verteilte er in den Zügen ein selbstverfaßtes und selbstgedrucktes Nachrichtenblatt, den *Weekly Herald*. Der Jugendbuchautor Horatio Alger hat sich vermutlich von Edison zu seinen sentimentalen Romanen inspirieren lassen. Edison wollte partout auf eigenen Beinen stehen, seine einzelgängerische Haltung wurde durch Schwerhörigkeit noch verstärkt. Sein Leiden, das an Taubheit grenzte, war offenbar eine Mittelohrschwerhörigkeit, denn er konnte die Töne von Musikinstrumenten wahrnehmen, wenn er auf den Klangkörper biß und die Schwingungen über die Knochen das Innenohr erreichten.[9]

Einige Jahre arbeitete der junge Edison als wandernder Telegrafist, ließ sich in zehn verschiedenen Städten nieder, provozierte oftmals seinen Hinauswurf und befriedigte seinen enormen Wissensdurst, wo er konnte, als Autodidakt. 1869, im Alter von 22 Jahren, entschloß er sich zur Existenz eines freien Erfinders. In diesem Jahr meldete er sein erstes Patent an, einen telegrafischen Stimmenauszähler. Für einen verbesserten Börsentelegraphen erhielt er einen Mut machenden Auftrag über 1200 Stück. Kapitalanleger begannen, sich für seine Arbeit zu interessieren. In Menlo Park (New Jersey) richtete er sich ein Labor ein. Dort machte er seine wichtigsten Erfindungen mit einem Team, das er immer wieder neu zu begeistern und anzuspornen wußte. 1877 schaffte er den Durchbruch bei der Erfindung der

Den Lesern der populären Presse wird nahegebracht, wie der junge Edison einen brauchbaren Glühfaden herstellte

Sprechmaschine. »Mary had a little lamb ...« – Kinderreime wurden der Überlieferung zufolge als erste Worte vom Phonographen aufgezeichnet. Edison scheint den Wert dieser Erfindung erst nicht voll erkannt zu haben. Nach anfänglichem Desinteresse stieg mit einem verbesserten Modell die industrielle Nachfrage – zum Kummer der Stenographen.[10] 1879 gelang Edison seine wohl größte Erfindung. Mit einem verkohlten Baumwollfaden stellte er die erste brauchbare Glühbirne her. Er erwies sich als Pionier auf dem Sektor der allgemeinen Stromversorgung. In Manhattans Pearl Street richtete er ein prototypisches Kraftwerk ein. New Yorks Reiche ließen sich als erste ihre Häuser elektrifizieren, die elektrischen Drähte wurden der Einfachheit halber um die alten Gasleitungen geschlungen.

Wie andere seines Schlages war Edison besessen von der Idee, Zeit zu sparen. Als Zeitungsboy war ihm aufgefallen, daß ein Träger mehr leistete als zwei. Die Automatisierung von Betrieben kam ihm schon deswegen wünschenswert vor, weil dann keine Zeit mehr mit Schwatzen vertan würde. Schlaf hielt er für »eine Absurdität, eine schlechte Angewohnheit«.[11] Er selbst arbeitete – auch unter Konkurrenzdruck – nächtelang durch. In seiner Vorstellung wollte er alle zehn Tage eine kleine Erfindung machen, alle halbe Jahre etwas Größeres. Für die Erfindung der Glühbirne hatte er ganze sechs Wochen eingeplant.

Seinem vielzitierten Diktum nach bestand Genie zu einem Prozent aus Inspiration und zu 99 Prozent aus Perspiration. Seine Arbeitswut, die Unbeugsamkeit, die Unermüdlichkeit bis ins hohe Alter hinein summierten sich zu einer gigantischen Leistung. Im Laufe seines Lebens hat er rund zweieinhalbtausend Notizbücher mit Forschungsproblemen und Forschungsergebnissen vollgeschrieben. »Telephone perfected this morning at 5 A. M.«, hieß es lakonisch unter dem Datum des 17. Juli 1877. Edison definierte sich als Handelnder, nicht als Theoretiker. »Wir können nicht so sein wie der deutsche Professor, der, solange er sein Schwarzbrot und sein Bier hat, zufrieden damit ist, den Rest seines Lebens damit zuzubringen, den Flaum auf einer Biene zu studieren.« Wie sein Epigone Henry Ford begegnete er akademisch Geschulten mit gelinder Verachtung. Mathematiker beäugte er mit Argwohn. Sie fanden nie etwas Neues, meinte er, weil sie sich zu eng an bestehende Regeln hielten. Welche Regeln in seinen Laboratorien herrschten, fragte ein Besucher. Keine, erwiderte Edison, er wolle schließlich etwas zuwegebringen.[12]

Bestechend war die Einfachheit seiner Erfindungen. Der Phonograph arbeitete zehnmal einfacher als die Nähmaschine, bemerkte ein Zeitgenosse, man müsse sich wundern, daß nicht längst jemand draufgekommen war. Über die Glühbirne sagte Edison selbst, ihr Prinzip sei derart einfach, »daß ein Stiefelputzer es verstehen könnte«.[13] Er war nämlich auf den Gedanken gekommen, den Durchmesser des Glühfadens stark zu reduzieren, dadurch den Widerstand zu erhöhen, die Stromstärke herabzusetzen und ein Verglühen des Fadens zu verhindern.

Edison beschäftigte auf dem Gipfel des Erfolgs in seinen Labors und Fabrikhallen mehrere tausend Menschen. Er hat es immer wieder verstanden, Geld für

Investitionen herbeizuschaffen. Unter anderem kaufte sich die Deutsche Bank für ihren Kunden Siemens & Halske bei der Firma Edison General Electric ein. Der Großbankier J. P. Morgan hatte sich erst beteiligt, als kein finanzielles Risiko mehr bestand. Dann verkaufte beziehungsweise fusionierte Morgan die Firma über Edisons Kopf hinweg, dessen Name aus der Firmenbezeichnung verschwand, was ihn zutiefst getroffen hat.[14]

Von Wall Street kaltgestellt, wandte Edison sich einem anderen Projekt zu, der Eisenerzgewinnung durch Zertrümmerung von Felsen mit dampfgetriebenen Maschinen. Das Unternehmen erwies sich vom Abraumgebiet und der Methode her als unrentabel, Edison verlor einen Millionenbetrag. Das Geld sei weg, kommentierte er den Fehlschlag, »aber wir hatten höllisch viel Spaß beim Ausgeben«. Er sei zu sehr Sanguiniker, sagte er bei einer anderen Gelegenheit, um Geld in Einzelhaft halten zu können.[15] Sich von Rückschlägen nicht entmutigen zu lassen, gehörte zu seinem Persönlichkeitsbild. Die endlosen gerichtlichen Auseinandersetzungen um Patentrechte hätten andere zermürbt. Als 1914 Fabrik und Laboratorium in West Orange (New Jersey) abbrannten, machte sich der beinahe 70jährige anderntags an den Wiederaufbau. Auf eine Fotografie, die den Brand unbeschädigt überstanden hatte, schrieb er die mehrdeutigen Worte »Never touched me«.

Sein Einsamkeitsbedürfnis aus Kindheit und Jugend hatte er fast problemlos überwunden. In den Betrieben war er ein respektierter, wenn nicht beliebter Chef. In der Öffentlichkeit trat er als passionierter Geschichtenerzähler auf. Die Lust an allen möglichen Streichen – meist mit sadistischem Einschlag – verging ihm nie. Wenn sich der Arbeitswütige einmal Erholung gönnte, wußte er sie mit pionierhaften Erlebnissen zu kombinieren. Auf einer Eisenbahnreise in den Westen fuhr er auf dem »cowcatcher« der Lokomotive mit. Die Strecke von Omaha bis ins Tal des Sacramento legte er auf diese exponierte Weise zurück – »ohne daß Staub oder sonst etwas den Blick getrübt hätte«, wie er begeistert schrieb.

Reporter wußten seine Direktheit, seine pointierten Formulierungen und seinen Humor zu schätzen. Die hektische Zeit in seinen Anfangsjahren als Erfinder und Fabrikant hatte er mit dem Satz quittiert: »Hauptsache, ich verspürte keinen *ennui.*« Er kaute Tabak, wollte aber auf einen Spucknapf verzichten. Er benützte den Fußboden, den »trifft man immer«. Einem Pfarrer, der ihn gefragt hatte, ob für den Kirchturm ein Blitzableiter zu empfehlen sei, wurde die Antwort zuteil: »Auf alle Fälle, denn die Vorsehung ist leicht mal geistesabwesend.« Als Agnostiker bewunderte er Thomas Paine, und zum Entsetzen frommer Mitbürger leugnete er ein Leben nach dem Tode.

Anflüge von Sadismus wurden mehr als deutlich, als er zu Demonstrationszwecken streunende Hunde und Katzen in seinen Labors mit Stromstößen à 1000 Volt ums Leben brachte. Nicht verantwortlich zu machen ist er dagegen für eine Erfindung eines seiner ehemaligen Assistenten. H. P. Brown entwickelte einen mit

Wechselstrom beschickten »elektrischen Stuhl«. Das Parlament von New York schuf 1888 die gesetzliche Grundlage für die Hinrichtung mit Strom anstelle des Strangs. Zwei Jahre später fand die erste Exekution statt.

Gut ausgebildet war Edisons Fähigkeit zu Selbstdramatisierung und Eigenwerbung. Einmal inszenierte er eine weltweite, publicityträchtige Suche nach dem geeigneten Material für Glühfäden, eine Suche, die sich bis zum oberen Amazonas erstreckte. Edison war aber auch fähig, zu sich selbst auf ironische Distanz zu gehen. Über das Geplärr einer neugeborenen Tochter schrieb er: »Es kann noch verbessert werden, ist aber als erstes Experiment nicht schlecht.«

Mit zunehmendem Alter verlangsamte sich sein Arbeitstempo nicht wesentlich, aber die Erfolge wurden rarer. Sieben Jahre verbrachte er mit der mißglückten Eisenerzgewinnung, zehn Jahre vergingen über der Entwicklung einer brauchbaren Batterie. Seine Energie und sein Hang zur Selbstdarstellung blieben ungebrochen. Als Journalisten ihm zum Geburtstag gratulierten und sich artig nach seinem Befinden erkundigten, wirbelte er herum, räumte mit einem »high kick« die Utensilien auf seinem Arbeitstisch ab, setzte seinen Fuß wieder auf den Boden und antwortete: »Fein wie Seide.«

Edison war groß als Erfinder und als Vermarkter seiner Ideen. Als Staatsbürger legte er mitunter eine gewöhnliche Engstirnigkeit an den Tag, gab sich als Moralist, Sexist und Fremdenfeind zu erkennen. Zu seinen Söhnen aus erster Ehe hielt er Distanz und wollte doch ihren Lebensweg bestimmen. Sein ältester Sohn beging später Selbstmord.[16] Zeit seines Lebens pflegte Edison einen antiakademischen Affekt und gelegentlich erwies er sich als wahrer Kulturbanause. »Wer hat Ihnen gesagt, daß Sie ein Klavierspieler sind?« schleuderte der Taube einem konsternierten Rachmaninow entgegen, »ein Hämmerer wie Sie, jawohl, ein Hämmerer.«[17] Trotz mancher Entgleisungen wirkte er gebildeter als sein Bewunderer Henry Ford, der dem 16 Jahre älteren, vielseitigen, ewig lesehungrigen Edison nur als Unternehmer überlegen war.

Die Welt hat Edison mit Ehrungen überschüttet. Er könne seine Orden pfundweise zählen, hatte er einmal gelästert. In Amerika sagte man ihm fast übernatürliche Eigenschaften nach. Er war der fleischgewordene Erfindungsgeist, der amerikanische Prometheus, der im Ansehen gleich hinter Washington und Lincoln rangierte.

Der Name seines Rivalen Nikola Tesla ist so gut wie vergessen. Tesla sollte 1915 zusammen mit Edison den Nobelpreis erhalten. Er lehnte ab, weil er als Entdecker neuer Prinzipien den Preis nicht mit einem bloßen Erfinder teilen wollte. Tesla, ein Kroate, war 1884 wie ein Bilderbuchimmigrant in die USA gekommen – mit vier Cents und ein paar Gedichten in der Tasche. Als Kind hatte er den Tod seines älteren Bruders mitansehen müssen. Dieses Unglück hatte nachhaltige Konsequenzen für den damals Fünfjährigen, der nichts tun konnte, ohne die Eltern an ihren Verlust zu erinnern und entsprechend wenig Selbstvertrauen entwickelte.[18] Die

Studienjahre brachte er mit Glücksspielen und am Billardtisch hinter sich. Eine Ehe ging er nicht ein, weil er offenbar keine Kinder wollte. Persönliche Eigenheiten wie sein Handwaschzwang deuten auf Phobien hin, wie man sie auch bei anderen philobatischen Erfindern antrifft. Wie Howard Hughes reinigte Tesla sauberes Geschirr und Besteck mit einer Serviette nach und vermied das Händeschütteln, wo er nur konnte.

Zu Teslas Erfindungen auf dem Sektor Elektrizität zählen der Wechselstromgenerator, der Induktionsmotor, eine Glühbirne, verschiedene Kühlsysteme, laserartige Strahlen, die Fernbedienung und roboterartige Geräte. Sein auf Wechselstrom basierendes Vielphasensystem ist von anderen Erfindern kopiert, wenn nicht geplündert worden. Seine Patente verkaufte er für einen hohen Betrag an den Westinghouse-Konzern und wandte sich neuen, immer größeren Visionen zu. Er wollte die elektronischen Ströme in der Erde nutzen, elektrische Türme nach Windmühlenart errichten, ein globales drahtloses Nachrichtensystem aufbauen und die Welt in künstliches Tageslicht tauchen. Nachdem er sich in die buddhistische Philosophie versenkt hatte, verkündete er, elektrische Impulse aus dem außerirdischen Raum erhalten zu haben. Jetzt, so glaubte er, sei die Zeit gekommen, die interplanetarische Kommunikation voranzutreiben. Seine Glaubwürdigkeit nahm Schaden, sein Ruhm verblaßte. J.P. Morgan, der Finanzier seiner Projekte, ließ ihn fallen, nachdem die Konkurrenz schneller und Marconi den ersten Buchstaben über den Atlantik gemorst hatte ...

Der Amerikaner Coquillet kam auf den Gedanken, der Natur mit Blausäuredämpfen zu Leibe zu rücken und mit dieser Methode Zitronen- und Orangenbäume von der Schildlaus zu befreien (1886).[19] Kritiker am Umgang des Menschen mit der Natur meldeten sich zu Wort. Fourier hatte sich bereits zu Beginn des Jahrhunderts darüber beschwert, »daß selbst das Brot heute mit Sulfaten vergiftet ist«. Der neuenglische Diplomat und Sprachforscher George Marsh zog in *Man and Nature* (1865) eine Bilanz der Umweltschäden und unterbreitete Vorschläge, wie man sie wieder beheben könne.[20] Für Melville war das Gegenbild zum Wal die neuenglische Textilfabrik. Mark Twain stellte dem friedlichen Dahingleiten auf dem Strom den Zusammenstoß mit einem Dampfschiff gegenüber. Emerson betrachtete das heraufziehende Maschinenzeitalter mit Reserve:

Things are in the saddle
And ride mankind.*

Henry Adams gab dem jungfräulichen, in sich ruhenden Lebensprinzip des europäischen Mittelalters den Vorzug vor dem amerikanischen Dynamo. Freilich ist die Technikfeindlichkeit amerikanischer Schriftsteller überinterpretiert wor-

* Die Dinge sitzen im Sattel
und reiten die Menschheit.

den. Der Amerikanist Leo Marx mußte sich vorhalten lassen, in seiner Dokumentation *The Machine in the Garden* (1964) nur die halbe Wahrheit zitiert zu haben. Aus Hawthornes Erzählung »Sleepy Hollow, 1844« konnte man eine technikfeindliche Einstellung herauslesen, aber Hawthorne selbst hatte seine Freude an Eisenbahnfahrten, die ihn ins schöne Neuengland hinausführten. Die Eisenbahn, heißt es im *House of the Seven Gables* (1851), »spiritualisiert das Reisen«. Thoreau würdigte in den Pfeiftönen der Lokomotive die »aufregende Natürlichkeit« der Technik. Im *Walden* werden die Passagiere satirisiert, nicht der Zug, denn Thoreau glaubte, die gewaltige Technik hätte bessere Helden verdient.[21] Adams ergab sich in sein Schicksal und erlernte als älterer Mann immerhin noch die Kunst des Radfahrens. Emerson und Whitman hießen bei allen Vorbehalten gegen die Industrie die Eisenbahnen, den Telegrafen und das Dampfschiff willkommen, trugen sie doch die amerikanische Idee bis zum Pazifik. In Scott Fitzgeralds Roman *The Great Gatsby* erinnert sich der Erzähler an den Mittleren Westen seiner Jugend nicht als Land des Weizens und der Prärien, sondern als Land der großen Eisenbahnen und an den »thrill«, der von ihnen ausging.

Geschwindigkeit ist für Amerikaner ein Wert an sich. Ein New Yorker Historiker verweist heute noch mit Stolz darauf, daß man mit der eleganten amerikanischen Axt Bäume dreimal schneller fällen konnte als mit der plumperen europäischen Version.[22] Englische Pflüge, so behauptet ein anderer Wissenschaftler, schneiden wegen ihrer verschnörkelten Form bei einem Vergleich mit amerikanischen Pflügen schlecht ab: »Die amerikanischen Geräte suggerieren die reinen, gleichförmigen Linien weiter Felder und Prärien, während die englischen Pflüge anscheinend dazu bestimmt sind, enge kleine Ecken aufzugraben.«[23]

Die Einstellung zur Technik verrät die ideologische Grundhaltung. Spätestens seit der Erschließung des Landes durch Eisenbahnen gehörte die Begeisterung für technologische Errungenschaften zum Amerikanismus. Bei der Einweihung der Baltimore & Ohio Railroad im Jahr 1828 sprach Charles Carroll, einer der Gründungsväter der USA: »Ich halte dies für eine der wichtigsten Handlungen meines Lebens, davor kommt nur die Unterzeichnung der Unabhängigkeitserklärung.«[24] In John Calhouns Forderung nach einer Erschließung des Landes ist die weltanschauliche Färbung des Südstaatlers zu erkennen: große Entfernungen würden die Menschen einander entfremden, deshalb müßten Straßen und Kanäle die Republik zusammenbinden. Calhouns Vorschlag, die Verkehrswege aus den Erträgen der Zweiten Bundesbank zu finanzieren, fand damals noch keine Mehrheit. Wohl stimmten die Abgeordneten aus den mittleren und westlichen Staaten für die *Bonus Bill* (1817), aber die Vertreter der älteren Landesteile befürchteten Bevölkerungseinbußen und eine politische und wirtschaftliche Schwächung des Ostens und Südostens. Ihr Widerstand ließ sich nicht lange aufrechterhalten. Henry Clays »American System« sorgte wenig später für den rapiden Ausbau des Verkehrsnetzes. Ohne neue Transporwege kam auch der

Süden nicht mehr aus. Eli Whitneys »cotton gin« (1793), vielleicht die erste wichtige Erfindung eines Amerikaners, hatte den Baumwollanbau profitabel gemacht, die Expansionsbestrebungen verstärkt und die Indianervertreibung zwischen 1820 und 1830 zu einem anscheinend unabweisbaren Bedürfnis gemacht.

Die Wirtschaftshistoriker wissen heute, daß die Maschine ein Instrument des wirtschaftlichen Wettbewerbs ist und die Monopolbildung erleichtert. Die technikbegeisterten Ideologen des 19. Jahrhunderts sahen das anders. Für sie waren die USA ein riesiges technisches Labor, ein gewaltiges Experiment, in dem der naturwissenschaftliche Geist sich mit der Mythologie vermählte, die Kräfte der Natur und die Maschine eine Einheit formten und so das Paradies in die Reichweite aller Menschen rückte. Nicht nur utopische Schriftsteller nährten die Erwartung, die Technik würde den Abstand zwischen Arm und Reich verringern und zu ewiger Glückseligkeit führen. Die *United States Review* gestattete 1853 ihren Lesern einen Blick in die nächsten fünfzig Jahre: »Maschinen werden alle Arbeiten erledigen – Automaten werden sie steuern. Die Menschheit muß nur noch lieben, studieren und glücklich sein.« Für den Pfarrer Washington Gladden lagen alle arbeitssparenden Maschinen, egal ob Dampfmaschine, Nähmaschine oder halbautomatischer Webstuhl, im Plan göttlicher Vorsehung: die Menschen voranzubringen und zur Vollkommenheit zu führen. Samuel Morse funkte als erste Nachricht den Satz »What hath God wrought?« über seinen Telegrafen. Die *North American Review* erwartete sich von der Telegrafie mehr Frieden für alle; ab jetzt würden die Herrscher der Welt sich leichter über Länder und Meere hinweg verständigen und auf diese Weise den Ausbruch von Kriegen verhindern können.[25]

Ästhetisch orientierte Amerikaner ordneten Brücken und andere technische Bauten bei den Kunstwerken ein.[26] Die Überbrückung von Entfernungen an sich wurde als »schön« empfunden. Der Historiker Brooke Hindle hält es keineswegs für einen Zufall, daß Samuel Morse dem Metier nach Maler, Kunstprofessor und Präsident der Nationalen Kunstakademie war und sein Vater, Jedidiah Morse, als Geograph ebenfalls in optisch-räumlichen Begriffen gedacht hatte. Die räumliche Vorstellungskraft des Malers Morse hing mit der Phantasie des Erfinders Morse zusammen. Morse vermochte sich die sofortige Übermittlung von Nachrichten über jede beliebige Entfernung vorzustellen. Er sah keinen Grund, warum diese Übermittlung mit Hilfe von Elektrizität nicht möglich sein sollte. Wahrscheinlich teilen Künstler mit Erfindern die Eigenschaft, eher räumlich mit der rechten Gehirnhälfte zu denken als logisch-diskursiv mit der linken. Das optisch-räumliche Denken des Technologen beschäftigt sich mit Objekten auf nichtverbale Weise. Der visuell Begabte kann auf eindeutige verbale Fixierungen von Gegenständen und ihrer Eigenschaften verzichten. Dies ist eine der Voraussetzungen des kreativen Erfinders. Warum nun in den USA das räumliche Denken so stark vorherrschte, warum gerade dort eine regelrechte Erfindungswut ausbrach, wo Westeuropa damals doch weiterentwickelt und wohlhabender war – es ist vielen ein

Rätsel geblieben. Hindle verläßt den eben erst eingeschlagenen neurophysiologischen Pfad wieder und wendet sich sozialen Faktoren zu, dem Chancenplus und so fort. Variiert man das ursprüngliche Denkmodell, so läßt sich sagen, daß der amerikanische Typ als Erfinder τεχνή besaß, das heißt *skill*, und das ist laut Balint eine der grundsätzlichen Eigenschaften des Philobaten, desjenigen Typs also, der ständig nach neuen Wegen sucht, die bisherige Lebenserfahrung zu transzendieren.

XV. Kapitel

PHILOSOPHEN UND IKONOKLASTEN

Agnostizismus und Zivilreligion

Der Jurist und Vortragsreisende Robert Ingersoll war seinen Zeitgenossen als »der große Agnostiker« bekannt. Ingersoll stammte aus einer alten amerikanischen Familie. Sein Urahn war 1629 mit den ersten Siedlern nach Salem gekommen. Sein Vater John Ingersoll aus Vermont diente als Geistlicher abwechselnd in kongregationalistischen und presbyterianischen Kirchen. In seinen freidenkerischen Vorträgen mit Titeln wie »Aberglaube« oder »Einige Fehler von Moses« nahm er seit dem Bürgerkrieg die Autorität der Bibel und die Anmaßungen des Klerus ins Visier. Die Frage nach dem Woher und Wohin, so sagte er bei einer Leichenrede, könne der arme Barbar genauso einsichtig beantworten wie der Priester. Die Menschen haben sich die Götter nach ihrem Bild geschaffen, nicht umgekehrt.[1]

Ingersoll war nicht ohne Einfluß, konnte aber in seinem Land keine dauerhafte agnostische Tradition begründen. Unbedeutend blieben auch die Satanisten, die sich in Amerika und Europa seit den 1880er Jahren dem Teufel zuwandten, weil Gott die Menschen verraten habe. Eine wesentlich typischere Strömung in der amerikanischen Religionsgeschichte des 19. Jahrhunderts und darüber hinaus ist eine Theologie, die man als geistigen Ikonoklasmus bezeichnen kann. Auf dem Höhepunkt der zweiten Erweckungsbewegung forderte Theodore Weld dazu auf, alle religiösen Theorien fallenzulassen und die direkte Begegnung mit der unendlichen Reinheit und Liebe Gottes herzustellen. Die *Disciples of Christ* des Alexander Campbell, die es von 1832 bis zum Beginn des 20. Jahrhunderts auf eine Million Gläubige brachten, verwahrten sich gegen alle »menschlichen Überzeugungen als einigendes Band«. Theodore Parker, der »Yankee Luther«, plädierte für die Abschaffung aller Riten und Bräuche, aller Institutionen und Überlieferungen, aller Glaubenslehren und Ausdrucksformen. Die Neigung, mit der überlieferten

Josiah Royce (1855–1916)

William James (1842–1910)

Charles S. Peirce (1839–1914)

John Dewey (1859–1952)

Dogmatik aufzuräumen, läßt sich weiterverfolgen bis zur Gründung der Zeitschrift *The Iconoclast* (1895) des Texaners William Brann, Sohn eines presbyterianischen Geistlichen.

Walt Whitman mochte sich den Quäkern und ihrer göttlichen Inspiriertheit verwandt gefühlt haben, am Ende hat er alle Dogmen über Bord geworfen und einen noch direkteren Weg zu Gott gesucht. William James Sr. schickte seine begabten Söhne reihum in diverse Kirchen, auf daß sich die Dogmen gegenseitig aufhöben. Der Romancier Edward Eggleston, ein ehemaliger Wanderprediger der Methodisten, gründete 1874 in Brooklyn seine eigene *Church of Christian Endeavor*, eine Gemeinde, die sich als »glaubenslos« verstand. Zwei Jahre später rief Felix Adler, der Sohn eines Rabbiners, die *Society of Ethical Culture* ins Leben, eine Gemeinschaft ohne Gebete, ohne Musik und ohne einen bestimmten Glauben. »Der Pfad zur Rechtschaffenheit ist offen«, verkündete Adler, »und kann direkt begangen werden ohne Umweg durch das Land des Glaubens und der Philosophie.«[2]

Die radikale Zertrümmerung des Dogmatischen hat eine erkennbare, wenn auch schwächere Gegenbewegung erzeugt, die Hinwendung zum Katholizismus. Berühmte Amerikaner von Hawthorne bis T.S. Eliot haben mit der katholischen oder anglokatholischen Lehre sympathisiert. Orestes Brownson konvertierte nach vierzigjähriger, rastloser Wanderschaft zwischen den Sekten zum römisch-katholischen Glauben, weil er sich mit den zentrifugalen Bestrebungen der protestantischen Kirchen nicht mehr abfinden konnte: »Der Irrtum des Protestantismus bestand darin, mit der Tradition zu brechen, mit der Vergangenheit zu brechen und sich vom Leib Christi auszuschließen und damit von den Kanälen, durch die christliches Leben fließt.« Der Fortschritt muß langsam vonstatten gehen, erläuterte der vormals presbyterianische, universalistische, separatistische und unitarische Geistliche, ein Fortschritt ohne Hast und ohne das gewaltsame Einreißen alter Lehrgebäude, denn menschliches Denken entsteht aus dem Zusammenspiel von Subjekt und Objekt.[3]

Orestes Brownson blieb ein Außenseiter, das Konservative, im Wortsinn, paßte nicht in den *mainstream* Amerikas. Gegen Ende des 19. Jahrhunderts initiierte Ralph Waldo Trine, der mit Emerson mehr gemeinsam hatte als die beiden Vornamen, das *New Thought Movement.* In seiner Schrift *In Tune With the Infinite* (1897) zog er den nun schon vertrauten Schluß von der Allmacht Gottes auf die unbegrenzten Möglichkeiten des Menschen: »Und wenn die Gottesmächte grenzenlos sind, folgt daraus nicht, daß die einzigen Grenzen des Menschen die Grenzen sind, die er sich selbst setzt, weil er sich nicht kennt?« Die Anthropomorphisierung Gottes und die Humanisierung der Theologie seit den Gründerjahren und seit dem zweiten Great Awakening bahnte der amerikanischen »Zivilreligion« den Weg. Die Apotheose George Washingtons war die erste wichtige Manifestation dieser Vergöttlichung des Landes und seiner Bewohner. Tugendhaftigkeit,

Mut und Patriotismus, schrieb einer der Biographen Washingtons, sind die drei Sprossen auf der himmlischen Jakobsleiter. Der göttlich inspirierte Nationaldichter löste den Priester ab, sprach *pro domo* Walt Whitman. Der junge Lincoln hatte eine »politische Religion« gefordert, die auf dem Selbstbestimmungsrecht der Verfassung gründete. Der Lyriker Richard Hovey nationalisierte die Gottheit und deifizierte die Nation. Der Verfasser einer *American Bible* glaubte, ein Werk ohne »Mysterium, Mythos, Mirakel oder Metaphysik« geschaffen zu haben, »ein Common Sense-Buch für blutvolle Leute, die nicht andere für sich denken lassen«.[4]

Idealismus

»Die Ökonomie schafft nichts a novo«, erläuterte Friedrich Engels, »sie bestimmt aber die Art der Abänderung und Fortbildung des vorgefundenen Gedankenstoffes, und auch das meist indirekt, indem es die politischen, juristischen, moralischen Reflexe sind, die die größte direkte Wirkung auf die Philosophie üben.« Die Situation nach dem Bürgerkrieg veranlaßte amerikanische Denker mehr als zuvor, sich mit Begriffen wie Staat und Gemeinschaft auseinanderzusetzen. Der Philosophie des Idealismus kam hier eine besondere Rolle zu. Die Schule der Pragmatisten behielt, entgegen landläufiger Meinung, starke idealistische Züge. John Dewey sah in Hegel die »Quintessenz des wissenschaftlichen Geistes«.

Der Historiker George Bancroft hatte es noch für Zeitverschwendung gehalten, dem Schwall »unverständlicher Wörter« zu folgen, als er 1820 in Berlin bei Hegel in der Vorlesung saß. Jetzt glaubte man, bei Hegel wesentliche Wahrheiten entdecken zu können. »Nur Hegel eignet sich für Amerika«, schwärmte Walt Whitman, nur Hegel sei »groß genug und frei genug«. Damit erwiderte Whitman ein Kompliment, das Hegel den Amerikanern gemacht hatte. Amerika war zwar noch nicht reif genug, ins dialektische System aufgenommen zu werden, aber es war das Land der Zukunft, »ein Land der Sehnsucht für alle die, welche die historische Rüstkammer des alten Europa langweilt«.[5]

In St. Louis scharte der deutsche Einwanderer Henry Brokmeyer aus Minden, ein Neffe Bismarcks, eine Reihe von Anhängern um sich und hielt in Faust's Bierlokal schwungvolle Vorträge über die idealistische Philosophie. Die St. Louis-Hegelianer des Mittelwestens verstanden sich als Antithese zur philosophischen Tradition Neuenglands. Hegels logisches Schema schien sich trefflich dafür zu eignen, Ursachen und Folgen des Bürgerkriegs zu erklären. Da waren die Nordstaaten dann eben die These, die Südstaaten die Antithese und die Emanzipation der Sklaven die Synthese. Brokmeyer begründete zusammen mit den gleichgesinnten William Harris und Denton Snider die *Philosophical Society* (1866) und das *Journal of Speculative Philosophy* (1867) mit Übersetzungen deutscher Philosophen, Beiträgen zur Ästhetik und Veröffentlichungen später so bekannter Philosophen wie William James, Charles Peirce, Josiah Royce und John Dewey.[6]

Von St. Louis aus fand die Philosophie des Idealismus in ihren voluntaristischen, intellektualistischen und personalistischen Spielarten Eingang an den Universitäten der Ostküste und Kaliforniens. In Harvard begab sich der Philosophieprofessor Josiah Royce auf die Suche nach der »absoluten Person«. Eine breitere Perspektive als das eigene Ich sollte solipsistische Haltungen unterbinden und Kommunalität herstellen. »Handle so, als wärest du gleichzeitig du und dein Nachbar«, lautete die Roycesche Fassung des kategorischen Imperativs, womit er den Schritt von der Individualethik zur Sozialethik vollziehen wollte.[7] In seinem Hauptwerk *The World and the Individual* (1900/01) legte Royce in der Nachfolge Kants die Prinzipien eines »absoluten Idealismus« nieder.

Josiah Royce ist in Grass Valley, einer kalifornischen Goldgräberstadt, geboren. Seine Eltern stammten aus dem »burned-over district«, der von religiösen Sekten aller Schattierungen heimgesuchten Region im westlichen Teil des Staates New York. Der Vater war auf der Suche nach dem Glück über Iowa nach Kalifornien gekommen. Man hat ihn als rastlos beschrieben, als exzentrisch und als Versager. Die Mutter wäre lieber an der Ostküste geblieben. Auf dem Treck nach Westen war die Familie vom Trail abgekommen, Zugtiere starben, man dachte an Umkehr. Josiah kannte diese Geschichte aus Familienerzählungen. Nicht nur in seinen kindlichen Träumen, auch in seinem Denken als Philosoph sollte der unbehauste Wanderer in der Wüste eine gewichtige Rolle spielen.[8]

Josiah Royce wurde in Abwesenheit des Vaters fast ausschließlich von der Mutter erzogen. Als die Familie 1866 nach San Francisco zog, war er elf Jahre alt, ein ausgesprochen kontaktscheues, mit wenig Selbstvertrauen ausgestattetes Kind. Seine spätere Lust an der Polemik könnte frühen Unzulänglichkeitsgefühlen entsprungen sein. Er betrachtete sich als »geborenen Nonkonformisten«, liebte den einsamen Sport des Bergsteigens, entwickelte eine gründliche Abneigung gegen seinen Heimatstaat Kalifornien und zog nach dem Studium an der Universität Berkeley für immer an die Ostküste. Sein Leben lang wurde er von Schlaflosigkeit und Depressionen geplagt.[9]

In den 1880er Jahren trat Royce das Erbe Emersons als amerikanischer Repräsentant des philosophischen Idealismus an. Anders als Emerson erwarb der Quäker Royce Selbstvertrauen nicht in transzendentaler Abgeschiedenheit, sondern durch soziale Erfahrung. Nicht »Nachahmung war Selbstmord«, sondern unsolidarisches, unloyales Verhalten. Als Kind hatte Royce Angst vor der Endlosigkeit von Raum und Zeit, ein Gefühl der Verlassenheit empfunden. Ein Schulaufsatz des Achtjährigen endete mit der Moral »There is no place like home«. Als reifer Philosoph hatte er sich dazu durchgerungen, die Ewigkeit als anheimelnd und tangibel zu begreifen: »Royce ... sonnte sich förmlich im Unendlichen und sah darin nichts Gefährliches, sondern vielmehr den Grund aller Sicherheit.«[10]

Gemeinschaft (*community*) wird zur Zentraltugend in der Philosophie von Royce. Den »Sinn für Gemeinschaft« erhob er zur »*obersten* Notwendigkeit für die Menschheit«. Nur selbstbewußte Menschen könnten Gemeinschaft pflegen und die wohlverstandene Gemeinschaft ließe der Person ihre Selbständigkeit. Das Ich habe sich loyal der Gemeinschaft hinzugeben. Der Loyalitätsbegriff wird im Denken von Royce so zentral, daß er sogar eine »Loyalität zur Loyalität« postulierte.[11] Zur praktischen Umsetzung seines Gemeinschaftsbegriffs entwarf Royce eine Versicherungsgemeinschaft, eine Rechtsgemeinschaft, eine Bankiersgemeinschaft und eine *Great Community,* die Risiken weltweit abdeckt und in einem von Loyalität bestimmten Weltstaat mündet.

Royce hätte sich gern für einen Pragmatisten gehalten, schließlich sei die Ewigkeit »eines unserer tiefsten praktischen Bedürfnisse«. Aber die Schule des Pragmatismus ging auf Distanz, Dewey kritisierte ihn, Peirce empfahl ihm, Logik zu studieren. William James, Kollege in Harvard und selbst erst spät zum Pragmatismus gekommen, hielt sich zurück, lief ihm aber mit dem Werk *Pragmatism* (1907) den Rang ab.[12]

Der aus Kanada stammende James Edwin Creighton lehrte an der Universität Cornell im Staat New York die soziale Natur des Erfahrungsprozesses. Erfahrung war nach seiner Auffassung nur als Mitglied in einer sozialen Gemeinschaft zu erwerben. Creighton gab lange Jahre die *Philosophical Review* (1892) heraus und präsidierte der *American Philosophical Association* (1902). Die Gesellschaftstheorie, wie er sie in den *Studies in Speculative Philosophy* (postum 1925) niedergelegt hat, unterschied sich von der persönlichen Identitätssuche, die Borden Parker Bowne und andere amerikanische Idealisten betrieben. Selbst Royce hat weniger sozial gedacht, als es auf den ersten Blick scheint. Denn der Dienst am Nachbarn sollte den Dienst am Universum ausdrücken, diesem »weiten Ozean des Lebens«, in dem konkrete Beziehungen kaum noch möglich sind. Der Dienst am Nächsten durfte außerdem das Individuum nicht beeinträchtigen, individuelle Begabungen nicht einengen. Der »Eine Wille« der absoluten Person war keineswegs einseitig, sondern gestattete Vielfalt – mit allen Widersprüchen. Ganz ähnlich propagierte Alfred Henry Lloyd an der Universität von Michigan einen »dynamischen Idealismus«, der eine mechanische Beziehung zwischen Bewußtsein und Umwelt in Abrede stellte. Die Beziehungen des Ichs zu den Dingen sind wandelbar, sagte Lloyd, die Welt der Erfahrung kennt keine festen Punkte, »das Objekt ist nur das Ich und damit eben wieder das Subjekt«.[13]

Das dynamische Prinzip findet sich im philosophischen Pragmatismus wieder. William James schätzte den deutschen Philosophen Hermann Lotze, weil der sich gegen eine »fertige und vollständige Welt« ausgesprochen und den Menschen mehr auf seine Bestimmung hin als aus seiner Herkunft heraus interpretiert hatte. Der »aktivistische Idealismus« von Rudolf Eucken war für amerikanische Denker deswegen so attraktiv, weil er die »Erhöhung des vorgefundenen Daseins«

postulierte und dem Menschen als Schöpfer den Vorrang vor dem Menschen als Geschöpf einräumte.[14]

Pragmatismus

Das Wort Pragmatismus kommt vom griechischen πράγμα, die Tat, die Handlung, das Geschäft; pragmatisch heißt geschäftskundig. Der Aspekt des Handelns spielt bei allen Denkern der pragmatischen Richtung eine Rolle. Charles Peirce, der Schöpfer des Begriffs, hatte sich an Alexander Bain orientiert, der die Überzeugung (*belief*) eines Menschen definierte »als das, wonach wir zu handeln bereit sind«. Bei allen Pragmatisten lag der Akzent auf dem Werden, nicht auf dem Sein, auf der Entwicklung, nicht auf der Struktur der Welt – eine Denkhaltung, die mindestens seit Darwin vorherrschend geworden war. John Dewey stellte die Lehre von der natürlichen Zuchtwahl in den Dienst einer sozialen Evolutionstheorie, die dem Menschen Handlungsspielraum gibt. William James wehrte sich gegen die Deterministen, die das Universum als einen »ehernen Block« betrachteten. Ihm bot sich die Welt nicht als eine unverrückbare Einheit von Tatsachen dar, sondern als ein Meer von Möglichkeiten.[15] Die Welt des William James war unfertig und in Bewegung, sie offerierte Chancen und Herausforderungen. Nur so konnte seiner Ansicht nach ein Leben entstehen, das zu leben lohnte.

Die Veränderbarkeit und Formbarkeit des menschlichen Daseins war eines der wichtigsten Postulate der pragmatischen Schule. »Die Welt ist plastisch«, sagte auch der englische Pragmatist F. C. S. Schiller. Gerade die amerikanischen Pragmatisten neigten dazu, die Vergangenheit abzuhaken und das Betreten von Neuland zum Prinzip zu erheben. Charles Peirce, der selbständigste Philosoph im großen pragmatischen Dreigestirn Peirce – James – Dewey, hat diesen nach vorne orientierten Aspekt nie beiseitegelassen und behauptet, daß »die vernünftige Bedeutung jeder Hypothese in der Zukunft liegt«.[16]

Charles Sanders Peirce, dem Sohn eines angesehenen Harvardprofessors für Mathematik, blieb eine erfolgreiche akademische Karriere versagt. Er hat nur gelegentlich Philosophie unterrichtet, seinen Lebensunterhalt verdiente er bei der Bundesbehörde für Küstenvermessung. Nach der Scheidung von seiner ersten Frau heiratete er eine Französin und zog sich auf eine Farm in Pennsylvania zurück. Unter Mitbürgern galt er als Exzentriker. Er war aufbrausend und ungesellig, mit einem starken Unabhängigkeitsgefühl ausgestattet und auf Einsamkeit versessen: »Ich habe an sozialen Dingen kein Interesse und weiß nicht, was mit so etwas gemeint ist.«[17]

Eine Hypothese war für Peirce dann sinnvoll, wenn sie wahrnehmbare Folgen in der Form verifizierbarer Voraussagen zeigte. Ideen sind Handlungspläne. Unsere Vorstellung von den Dingen richtet sich nach den »praktischen Konsequenzen«, die diese Dinge haben werden. Das machte den Kern seiner Lehre aus, deren operationale und zukunftsorientierte Elemente vielfach mißdeutet und verflacht wurden. Denn Peirce hat den Begriff »praktisch« nicht materiell verstanden. Das Praktische im üblichen und das Pragmatische in seinem Sinn lagen weit auseinander wie zwei Pole. Dem praktischen Materialismus setzte er einen pragmatischen oder experimentellen Idealismus entgegen.[18]

Der Erkenntnistheoretiker Peirce ging von der Unzuverlässigkeit der Sinne aus, die es dem Menschen nicht erlauben, zwischen Prämissen und Schlußfolgerungen zu unterscheiden. Durch Intuition lassen sich mittelbar und unmittelbar gewonnene Erkenntnisse nicht auseinanderhalten. Der Logiker Peirce rechnete zu den »vorlogischen Wissenschaften« neben Ethik und Ästhetik die Phänomenologie, weil sie Erscheinungen nur inventarisieren, nicht aber auf ihren Wahrheitsgehalt überprüfen kann, die Mathematik, weil sie den Wert ihrer eigenen Argumente nicht zu analysieren vermag, und die Logik selbst, sofern sie sich an der Erstellung einer Lehre von der Logik versucht.[19]

Wie also kann der Mensch Klarheit über seine Vorstellungen erlangen? Mit der pragmatischen Methode, die Peirce in seinem Aufsatz »How to Make Our Ideas Clear?« (1878) erstmals geschlossen ausformulierte. Descartes hatte zwei wichtige Schritte getan, um zu klaren und bestimmten Vorstellungen zu kommen. Klarheit leitete sich nicht von traditionellen Autoritäten her, sondern aus der Introspektion, dem eigenen Denken. Zum anderen mußte die Forderung des *clare et distincte* durch dialektische Überprüfung erfüllt werden. Peirce war damit nicht zufrieden, weil die cartesianischen Ideen anscheinend von Anfang an klar zu sein hatten und weil der dialektische Test offenbar keine dunklen Punkten zutage fördern durfte. Deshalb tat Peirce einen weiteren Schritt, die »dritte Stufe der Klarheit«, wie er sie nannte: »Erwäge, welche Wirkungen, die eine denkbare praktische Tragweite haben, wir unserem Objekt beilegen. Dann ist unser Begriff dieser Wirkungen die Gesamtheit unseres Begriffs vom Gegenstand.«[20] Peirce hat an dieser genau durchdachten Formulierung festgehalten. Klarheit über unsere Vorstellungen erhalten wir weder durch radikale Zweifel wie im Rationalismus noch durch die Sinneserfahrung wie im Empirismus. Nach der pragmatischen Methode ist »unsere Vorstellung von den Folgen ... alles, was wir uns unter einem Gegenstand vorstellen können«. Sinn und Bedeutung eines Gedankens erschließen sich aus der Handlungsweise, die er hervorruft.[21]

Im Gegensatz zu vulgären Auslegungen ist damit jedoch der Denkprozeß nicht zu Ende. Denn »das Ziel des Gedankens ist eine Handlung nur insofern, als das Ziel der Handlung ein weiterer Gedanke ist«. Peirce hat stets mit Herablassung von Personen gesprochen, denen es nur ums Praktische ging und die nur dann aktiv waren, wenn sie auf ausgetretenen Pfaden wandeln konnten. Das Ausprobieren der Wahrheit wollte er, anders als William James, nicht mit direkten praktischen Konsequenzen gleichgesetzt wissen, nicht mit isolierten Experimenten, sondern mit experimentellen Phänomenen allgemeiner Art, über deren Klarheit die wissenschaftliche Gemeinde urteilt. Um sich vor Fehlinterpretationen zu schützen, hat Peirce seine Denkmethode in Pragmatizismus umbenannt und gehofft, der Begriff sei »häßlich genug, um Kidnapper fernzuhalten«.[22]

Charles Peirce, in der Nähe von Concord aufgewachsen, wollte für sich nicht ausschließen, daß einige »cultured bacilli« der transzendentalistischen Philosophie in ihm überlebt hatten. Es ist richtig, seine Kosmologie stand in der Tradition älterer amerikanischer Denkschulen, von Jonathan Edwards bis zu Emerson und Thoreau, und mit Swedenborgianern oder Idealisten verband ihn mehr als mit Pragmatisten der hausbackenen Sorte. Er opponierte gegen jede mechanistische Weltauslegung, hielt am Prinzip der ewigen Kontinuität fest, dem Glauben an Universalien, an einer absoluten Instanz, die es dem Menschen unmöglich machte, die Naturgesetze bis in alle Einzelheiten zu ergründen. Der positivistisch anmutenden, pragmatischen Methode hat er sich deshalb verschrieben, weil wenige klare Ideen wahrscheinlich wertvoller waren als viele verworrene. In fast wörtlicher Übereinstimmung mit Thoreau fand er es ganz in Ordnung, sich *erst* Luftschlösser zu bauen und ihnen nachher ein festes Fundament einzuziehen. Wie Emerson stellte er sich die Natur nicht fixiert, sondern fließend vor. Auch für Emerson war die Tat die Präambel des Gedankens. Die Ähnlichkeiten zwischen beiden Systemen dürfen freilich nicht übertrieben werden. »Wir erkennen die Wahrheit, wenn wir sie schauen«, hatte Emerson in der »Oversoul« (1841) geschrieben, eine Behauptung, die Peirce nie unterschrieben hätte. Umgekehrt wäre Emerson mit der Abhängigkeit der Wahrheit vom Urteil der »scientific community« kaum einverstanden gewesen, und der Satz von Peirce, daß »Individualismus und Falschheit ein und dasselbe sind«, hätte schwerlich seine Zustimmung gefunden. Charles Peirce faßte Gott als eine Art kosmischen Sheriff auf, der kraft seines Amtes die Naturgesetze dirigiert. Dieses Konzept entsprach seinen philosophischen Forderungen nach wahrnehmbaren Folgen und verifizierbaren Voraussagen, nach kreativem Fortschreiten vom Gedanken zur Tat und wieder zum Gedanken, es entsprach auch seiner kosmologischen Vorstellung eines ständig sich neu schöpfenden Universums.[23]

Man ist mit seinem umfangreichen und komplizierten Gesamtwerk noch längst nicht zu Rande gekommen. Er selbst hat falschen Auslegungen seines Denkens Vorschub geleistet. Einmal bekannte er sich nachdrücklich zum Realismus von Duns Scotus, dann wieder rückte er von den scholastischen Realisten ab. Möglich auch, daß Peirce seine Leser manchmal absichtlich täuschte. Sein früher Essay »The Fixation of Belief« (1871) weckt in manchen Passagen den Verdacht, als wolle er sich bloß einen Jux machen. Aber gerade dieser Aufsatz enthält im Entwurf die pragmatische Philosophie, wie Peirce sie verstanden haben wollte: »Es gibt so etwas wie Wahrheit, die sich von der Falschheit einfach dadurch unterscheidet, daß sie uns zu dem angepeilten Ziel führt, wenn wir nach ihr handeln, und nicht in die Irre.«[24]

Henry James Sr. wollte seine Söhne lehren, »sich dem väterlichen Bann zu entziehen«, beweglich und frei zu werden, offen für alle neuen Erfahrungen: »Das echte Leben besteht darin, daß man rückgängig macht, was man gelernt hat.« Das erzieherische Credo des Vaters führte dazu, daß William James von klein auf mit seinen Eltern zwischen verschiedenen amerikanischen und europäischen Städten hin- und herreiste und sich am Ende nirgendwo zu Hause fühlte: »Ich bin ein Motor, ich brauche Abwechslung, ich werde schnell gelangweilt.« Er litt unter Magen- und Sehbeschwerden, Hypochondrie, Depressionen und dachte an Selbstmord. Die Entscheidung, einen Beruf zu ergreifen, schob er lange vor sich her. Er schwankte zwischen Kunst und Naturwissenschaften, unterbrach ein medizinisches Studium, um mit dem Naturforscher Agassiz nach Brasilien zu gehen, verbrachte wieder ein Jahr in Europa, promovierte schließlich 1869 in Harvard zum Doktor der Medizin. In der Medizin entdeckte er »viel Humbug«; er verspürte keine Lust zu praktizieren. Daß die Mutter den ein Jahr jüngeren Henry vorzog, hat seine Identitätskrise verschärft.[25]

Lange Zeit blieb er ohne eigenes Einkommen. Als er heiratete, war er 36 Jahre alt. Seine Sexualität hat er mit zweifelhaftem Erfolg sublimiert. In einem zweibändigen Werk über die Grundsätze der Psychologie widmete er der menschlichen Sexualität gerade eine Seite: »These details are a little unpleasant to discuss ...« Der Schatten des Vaters blieb übermächtig auch nach dessen Tod. Das väterliche Vermächtnis machte es ihm zur Pflicht, niemals stillzustehen. Die kataleptische Haltung eines Epileptikers versetzte ihn in Angstzustände, gegen die er sich energisch wehren wollte. In einem Vortrag über »The Brain and the Mind« (1878) machte er seinen Zuhörern und sich Mut zu einer aktiven Existenz: ein echter Kämpfer müsse man sein in der Arena des Lebens, nicht paralysierter Zuschauer.[26]

Als Dozent in Harvard bot William James Seminare über physiologische Psychologie und über die Evolutionstheorie an, die sich auf Texte von Herbert Spencer stützten. Er zeigte sich beeindruckt vom psychophysischen Parallelismus Gustav Fechners, stand aber dem Materialismus der experimentellen Psychologie insgesamt kritisch gegenüber. Wie Franz von Brentano begriff er das Bewußtsein als Strom. Das menschliche Denken sei »in flux« und sprachlich nur schwer zu fassen. »Wenn wir sagen könnten, ›es denkt‹, so wie wir sagen ›es regnet‹, würden wir damit die betreffende Tatsache mit einem Minimum an Hypothesen konstatieren.« Das persönliche Bewußtsein, das Denken, das subjektive Leben ist ein Kontinuum. Der Mensch kann dies erkennen, wenn sein Denkfluß aufgehalten wird. Sobald das Hindernis beseitigt ist, stellt sich das Wohlbefinden wieder ein. Menschliche Gewohnheiten bilden sich heraus, wenn bestimmte Nervenbahnen wiederholt befahren werden. Der Bewußtseinsstrom muß in Fluß bleiben, sich neuen Erfahrungen anpassen und den Bedarf an motorischer Energie erspüren können. Das Bewußtsein, daß im Strom konkrete Objekte schwimmen, setzt die motorische Energie frei. So kann die Person ihre Gewohnheiten selbst formen.

William James hat an den *Principles of Psychology* (1890) zwölf Jahre lang geschrieben und sich dann davon distanziert: Er wünschte, das Buch nie geschrieben zu haben. 1899 hörte er ganz damit auf, Psychologie zu unterrichten und wandte sich, weit über 50 Jahre alt, der Philosophie zu. Der Zusammenhang zwischen seinen psychologischen Erkenntnissen und seinen philosophischen Theoremen ist nicht zu verkennen. Weil die Erfahrung »vollkommen fließend« zu sein scheint, weil die menschlichen Empfindungen aus flüchtigen, kursorischen, unbeständigen Dingen bestehen, werden Beziehungen nicht als permanent empfunden. Die Dinge treten in Beziehung zueinander, lösen sie wieder auf, changieren endlos. Das Universum ist offen, die Möglichkeiten der Lebensgestaltung sind unbegrenzt, der Vielförmigkeit religiöser Erfahrung werden keine Schranken gesetzt. Ewige, festgefügte, klassische Weltanschauungen haben sich erledigt. In der psychologisch begründeten Ethik des William James steht das Gute in keinem Kodex, nicht auf steinernen Gesetzestafeln. Ethisch handeln heißt Tabus mißachten und auf eine »Entschränkung« des Individuums hinarbeiten. Jede de facto vorgebrachte Forderung zieht die Verpflichtung nach sich, sie zu erfüllen. Deshalb muß es der oberste Leitsatz der Ethik sein, so vielen Forderungen nachzukommen wie nur eben möglich. Das Wahre und das Gute lassen sich nicht voneinander trennen. »Sollten wir nicht das glauben, was zu glauben *für uns besser* ist?«[27]

In seinem Essay »The Will to Believe« (1897) nahm William James die Denkmuster seines philosophischen Hauptwerks *Pragmatism* (1907) vorweg. Die dem Menschen zur Verfügung stehende Evidenz wird nie vollständig sein. Deshalb tut er besser daran, eine Option wahrzunehmen, statt endlos darauf zu warten, bis alle Entscheidungskriterien eingegangen sind. Die Wahrheit, so sie vorläufig begriffen wird, ist machbar, nur unter dieser Voraussetzung gibt es gesellschaftliche Veränderungen. Denn unsere Überzeugungen sind nichts anderes als Handlungsanweisungen. Da sich keine Überzeugung denken läßt, die nicht irgendwo für absolut wahr, irgendwo anders für absolut falsch gehalten würde, muß sich jeder mit der Vorläufigkeit zufriedengeben, der nicht in Handlungslosigkeit erstarren will.

Der biographische Hintergrund seiner Thesen ist nicht zu übersehen. William James konnte sich nie für einen bestimmten Beruf entscheiden und oszillierte zwischen Medizin, Physiologie, experimenteller Psychologie und Philosophie. Mit dem Bekenntnis zum freien Willen wollte er die freie Wahl wenigstens als abstraktes Prinzip etablieren. Kulturell betrachtet lieferte er die philosophische Begründung für die in Amerika bereits bestehende Meinungs- und Sektenvielfalt nach.

1898 verwendete er in einer Vorlesung erstmals den von Charles Peirce entlehnten Begriff Pragmatismus. 1907 faßte er seine methodologischen Überlegungen unter dem Titel »What Pragmatism Means« zusammen. Der Pragmatist kehrt altertümlichen Denkgewohnheiten, festen Prinzipien, geschlossenen Systemen, aprioristischen Denkmustern und vermeintlich absoluten Erkenntnissen und Ursachen den Rücken. Er wendet sich den konkreten Tatsachen zu, der Handlung, der Macht. Er denkt gewissermaßen an der frischen Luft, läßt Dogmen, gekünstelte Verbalkonstruktionen und den Glauben an die Endgültigkeit der Wahrheit hinter sich. Eine Sache auf den Begriff gebracht zu haben – Gott, Stoff, Vernunft, Kraft – beeindruckt den Pragmatiker gar nicht. Ihm ist es nicht genug, einen Terminus zu finden und sich darauf auszuruhen. Im Gegenteil, sobald ein Begriff gefunden ist, beginnt nach der pragmatischen Methode erst die richtige philosophische Arbeit. Denn jedes Wort muß daraufhin untersucht werden, ob es einen »practical cash-value« besitzt, ob man damit arbeiten kann, ob es sich dazu eignet, die Realität zu verändern. »Theorien werden somit zu Instrumenten, nicht zu Antworten auf Rätsel, auf denen wir uns ausruhen können. Wir lehnen uns nicht an sie an, wir bewegen uns vorwärts und erschaffen manchmal mit ihrer Hilfe die Natur von neuem.« Der Pragmatismus löst alte Theorien aus ihrer Erstarrung. Eine Vorstellung ist dann wahr, wenn sie assimiliert, verifiziert oder nutzbar gemacht werden kann. James wollte mit seinem Entwurf noch keine spezifischen Lösungen anbieten, sondern erst einmal das philosophische Arbeitsklima ändern, eine allgemeine Orientierung vorgeben, nämlich »wegzuschauen von ersten Dingen, Prinzipien, ›Kategorien‹, angeblichen Notwendigkeiten; sich hinzuwenden zu letzten Dingen, Ergebnissen, Folgen und Tatsachen.«[28]

Die Wahrheit ist kein ruhender Besitz. Sie stagniert nicht, sie geschieht. Sie stößt einer Idee zu. Eine Idee wird wahr durch die nachfolgenden Ereignisse. James faßte den menschlichen Geist als »einen im Wesen teleologischen Mechanismus« auf, verspürte aber wenig Neigung, sich in metaphysische Paradoxa zu verstricken oder die Widersprüche der abstrakten Vernunft mit sich herumzuschleppen. Er gab die Suche nach dem Absoluten probeweise auf, nahm einen »moralischen Urlaub«, um dadurch das Feld für die Suche nach Gott zu vergrößern. Wo der Rationalist sich an die Logik klammerte und ans Empyreum, wo der Empirist auf die Sinneswahrnehmung schwor, erklärte der Pragmatist seine Bereitschaft, es mit allem zu versuchen.

Bei Charles Peirce entschied der Konsensus von Experten über die Wahrheit einer Idee, bei James wurden die Konsensusmöglichkeiten fast unbeschränkt ausgedehnt. Wo es Peirce um verallgemeinerte Folgen ging, nahm James praktische, konkrete, besondere Auswirkungen ins Visier. Ein Unterschied, der keinen Unterschied machte, war für James kein Unterschied. Seine Denkmethoden waren weniger streng als die von Peirce, aber beide lagen nicht so weit auseinander, wie man dies im nachhinein behauptet hat. Dem Einfluß von Emerson konnte James sich ebensowenig entziehen wie Peirce.[29]

James hatte seinen »moralischen Urlaub« genommen, aber die Vorstellung nie ganz aufgegeben, daß es doch ein übergeordnetes, transzendentales Bewußtsein gibt. Nur ist Gott nicht allmächtig, er muß dann und wann gegen Hindernisse ankämpfen und bedarf dazu sogar menschlichen Beistands.[30] In der Metaphysik des William James sind alle Elemente miteinander verknüpft, nur sind manche Werte quasi nur an einem Ende angebunden. Der Mensch lebt in einer endlichen, sich wiederholenden Welt und muß deshalb seine Möglichkeiten auf ein außerirdisches Dasein projizieren.

»Lieber Chaos in alle Ewigkeit«, sagte William James, »als die Ordnung eines philosophischen Geheges.« In diesem Chaos sind »kriegerische Tugenden« gefragt, der Kampfesmut, die Lust am Risiko, das Heroische. James unterschied zwei Typen, die »tender-minded« und die »tough-minded«, die Sanften und die Robusten, »die, welche sich anlehnen, und die, welche sich auf eigene Beine stellen«. Den ersten Typ fand er unter den Bostoner Leisetretern vor; mit ihnen wollte er sich nicht identifizieren. Der zweite Typ – »hart wie die Rocky Mountains« – dürstet nach Freiheit, reißt Tabus ein und schätzt das Risiko. Diesem Typ fühlte sich James verwandt. In seiner Phantasie war er ein dem Abenteuer zugeneigter Augenmensch. Der heroische Typ ist aufgerufen, Götter, Gebote und eine aus der Logik abgeleitete Moral als »versteckte Tyranneien« hinter sich zu lassen. Die Anarchie war allemal besser als die Tyrannei. Dies, erkannte Ludwig Marcuse, sei zwar nicht amerikanische Wirklichkeit, »aber eine sehr amerikanische Stimmung«. Politische Anarchisten wie Benjamin Tucker oder Josiah Warren sind Randfiguren geblieben in den USA. Aber die Anarchie als Geisteshaltung, nicht als sozialen Entwurf, hat William James als der zu seiner Zeit am meisten geachtete amerikanische Philosoph propagiert.[31] Das Ziel des Jamesschen Denkens lag in der Befreiung von der Form. Die Welt sollte dezentralisiert und unkontrolliert sein, ein Polyversum, nicht ein Universum. James hat mit dem mystischen Dichter und Philosophen Benjamin Blood korrespondiert, der eigenen kosmischen Vorstellungen mit Narkotika aufhalf. Aus der Veränderbarkeit der Wahrheit folgte in der Philosophie von William James die Beweglichkeit des Menschen. Das Glück bestand darin, in nichtumschriebenen Räumen zu wachsen und über experimentelle Stationen zu immer neuen Erkenntnissen zu kommen: »Auf unserer Suche nach der Wahrheit springen wir von einer schwimmenden Eisscholle auf eine andere – in dem grenzenlosen Meer.«[32]

Die Philosophen des Pragmatismus haben sich gegenseitig interpretiert und korrigiert. Peirce fühlte sich von William James gründlich mißverstanden. John Dewey versuchte zu erklären, was Peirce und James mit dem Begriff »praktisch« tatsächlich gemeint haben und verfälschte dabei ihre Gedanken. Dewey nannte seine Lehre Instrumentalismus. Die Philosophie sollte in der Hand des Menschen zu einem Instrument sozialer Aktion werden. Der Prüfstein der Wahrheit sind ihre ästhetischen, moralischen und politischen Konsequenzen. Rivalisierende Erklärungen verlieren ihre Bedeutung, solange der Streit nur um Worte geht. Dem Bewußtseinsstrom, wie William James ihn verstand, nahm er seinen subjektiven Charakter. Bewußtsein stand für ihn in der Nähe zu sozial bedingtem Handeln.

Aus einem isolierten Individuum, das sich den Maßstäben der Intelligenz unterwirft, wird ein sozialisiertes Individuum. Intelligenz sozialisiert Bedürfnisse und blockt egoistische Impulse ab. Die philosophische Ethik, so sie praktisch sein will, muß ihre Werturteile ohne Ausnahme auf eine wissenschaftliche Basis stellen, das heißt, ethische Urteile haben sich der experimentellen Überprüfung zu unterwerfen. Das Recht ist eine Summe konkreter Forderungen, die wir zur Kenntnis zu nehmen und wenigstens annäherungsweise zu erfüllen haben.[33]

Eine exakte Ausdeutung der Philosophie von John Dewey ist kaum möglich. Zu groß sind die Widersprüche in seinem Denken. Als Logiker präsentierte er die naturwissenschaftlichen Gesetze einmal als universell, dann wieder mußten sie empirisch getestet werden. Einmal pries er den Wert des Individuums, um es kurz darauf komplett zu sozialisieren. Vieles blieb unbestimmt, vage, willkürlich. Ein rundes Dutzend seiner Bücher trägt ein »and« im Titel, als ließen sich Begriffe beliebig kombinieren.[34] Auf weite Strecken philosophierte er nicht mehr, sondern erging sich in programmatischen Aufrufen.

Der Pragmatismus wurde – zuerst in Europa – als Philosophie des Optimismus, der Anpassung und des Strebens nach Erfolg verstanden. Die pragmatischen Lehren schienen sich zwanglos in die amerikanische Ideologie einfügen zu lassen. Eine Gesellschaft, die auf Durchlässigkeit der Klassen pochte und auf soziale Mobilität, hatte anscheinend keinen Bedarf an ewigen Wahrheiten. In der Erziehung der jungen Amerikaner wurden Handarbeit und Kopfarbeit nie so rigoros getrennt wie in Europa, also mußte eine Anschauung, in der sich Theorie und Praxis gegenseitig durchdrangen, auf fruchtbaren Boden fallen.[35] Der Pragmatist ging von gegebenen Voraussetzungen aus, die er – instrumentalistisch – immer wieder neu behandelte. Wenn sich die Wahrheit im Prozeß zeigte und an dem Nutzen bemaß, den sie erbrachte, war es dann nicht logisch, daß der Selfmademan sich seine eigene Wahrheit zurechtzimmerte?

Die Front der Gegner des Pragmatismus reicht von dem Thomisten Mortimer Adler bis zu den Ideologen der sowjetischen Staatslehre. Julien Benda erhob nach dem Zweiten Weltkrieg den Vorwurf, der Pragmatismus habe die Moral der westlichen Welt untergraben. Dewey mußte gegen die Unterstellung in Schutz genommen werden, durch ethischen Relativismus und planloses Herumexperimentieren eine oberflächliche Massenkultur und schließlich sogar Hitler und Hiroshima mitverursacht zu haben.[36]

Führte die pragmatische Haltung nicht zu einem erstaunlichen Dogmatismus, zu Selbstüberschätzung und Hybris und dann und wann zu einem bösen Erwachen, wenn die menschlichen Rezepte versagten? Bertrand Russell, der diese Fragen gestellt hat, riet zu mehr Skepsis, um die übergroßen Erwartungen der Pragmatisten zu dämpfen. Peirce, James und Dewey kann er damit nicht gemeint haben, denn sie hätten sich freiwillig niemals für ein plattes Erfolgsdenken einspannen lassen. Peirce war überzeugt davon, daß alles von Menschenhand

Geschaffene irgendwann einmal zusammenbricht. Der außerweltlich orientierte William James war sich bewußt, daß die Tragik des Irdischen wirkliche Verluste und wirkliche Verlierer kennt. Dewey hatte Hegel gut genug verstanden um zu wissen, daß sich im dialektischen Prozeß die endlichen Bestimmungen aufheben und in ihr Gegenteil umschlagen. Die auf praktischem Wege in den Dingen auffindbaren Schwierigkeiten, sagte Dewey, seien schon vor dem Denken dort, sie lägen in der »Natur der Dinge«. Folglich könne es eine rein praktisch-zeitliche Lösung der Problematik des Daseins nicht geben.[37]

Der Pragmatismus ist aus der Überlegung entstanden, daß der Zweifel über die Grundlagen des Wissens und der Erkenntnis nicht zu einer Lähmung unserer Handlungen führen dürfen. Die Berechtigung solcher Zweifel wurde dadurch nicht negiert, der Zweifel lediglich suspendiert. Das pragmatische Wechselspiel zwischen Denken und Handeln, Handeln und Denken führte zu einer Vorwärtsorientierung und nicht zu einer retrospektiven Einstellung wie im britischen Empirismus. Das Objekt und sein Begriff sind nicht identisch, die Dinge verändern sich durch das Gewußtwerden. Deshalb setzte der Pragmatist die Erfahrung der Wirklichkeit mit Wandel, Wachstum, Bewegung und Entwicklung gleich. Auf dem Weg von einer unbefriedigenden zu einer stärker befriedigenden Realität mußten Objekte überwunden werden. Ein Objekt wurde etymologisch genau definiert als »that which objects, or obstructs«, als das, was einem den Weg versperrt.[38] In diesem Punkt dachten die pragmatischen Philosophen wirklich sehr amerikanisch.

XVI. Kapitel

BEWEGUNG UND FORTSCHRITT

In der amerikanischen Geschichte hat jedes Jahrhundert sein Thema, im 17. Jahrhundert den Puritanismus, im 18. Jahrhundert Aufklärung und Revolution, im 20. Jahrhundert die Etablierung der Vereinigten Staaten als Weltmacht. Das 19. Jahrhundert scheint die Epoche ohne Generalthema zu sein. Die Industrialisierung konzentrierte sich auf den Nordosten. Aus Regionalismus und Abolitionismus, Transzendentalismus und Pragmatismus, Sozialdarwinismus und Utopismus läßt sich nicht die eine Strömung aussondern, die wichtiger gewesen wäre als die andere. Nun ist die Aufteilung in Jahrhunderte nicht mehr als ein Behelf, der manchmal etwas Einfältiges hat. Quer durch die Jahrhunderte setzte sich ein Leitgedanke fort, die Vorstellung von Amerika als Tor zu einer neuen, besseren Welt.

Die Puritaner hatten ihre Indianerpolitik mit dem Argument gerechtfertigt, der amerikanische Kontinent sei ein *vacuum domicilium* und wie geschaffen für die Errichtung eines exemplarischen Gemeinwesens. Jonathan Edwards, der Spätpuritaner, sah eine neue, große Zeit heraufziehen und hielt es für wahrscheinlich, daß diese Zeit in Amerika ihren Anfang nehmen würde. In der vorrevolutionären Phase wurde das millenialistische Denken säkularisiert. John Adams definierte Amerika im Jahr des *Stamp Act* »als den Beginn eines gewaltigen Entwurfs«. Das Ideal der Gründerväter war eine von Europa unabhängige Gesellschaft, Schriftsteller und Künstler strebten nach kultureller Eigenständigkeit. Cooper wollte kein amerikanischer Scott sein. Melville erklärte kategorisch: »Wir wollen keine amerikanischen Miltons«, und schuf mit der Figur des Pierre einen amerikanischen Hamlet, mit Ahab einen amerikanischen Faust, für den die Wahrheit keine Grenzen hat. Einen herablassenden englischen Kritiker stoppte Melville mit dem Satz: »Und es wird der Tag kommen, da wird man sagen, wer liest schon ein Buch von einem Engländer, das modern ist?«[1] Der Maler Thomas Cole, in England geboren, gab den jungfräulichen Panoramen seiner neuen Heimat Amerika den Vorzug vor den abgedroschenen und von Hunderten von Bleistiften abgewetzten Landschaften Europas.

Amerika war »die letzte, beste Hoffnung auf Erden«, vermutete Lincoln. Wenn es nur gelänge, die befreiten Sklaven zu demokratischen Bürgern zu erziehen – und Optimisten zweifelten nicht daran – würden Millionen geknechteter Europäer die Amerikaner endgültig als ihre Erlöser ansehen.[2] Mit der Sklavenemanzipation schien das letzte Hindernis auf dem Weg zu einer geschlossenen Union gefallen. Die Erschließung des Landes hatte vorher schon die Erwartung geweckt, die verschiedenen Staaten und Regionen würden enger zusammenwachsen. Bei der Eröffnung des Erie-Kanals (1825) sang man mit vereinten Kräften:

All hail! to a project so vast and sublime!
A bond, that can never be sever'd by time ...*

Den Kolonien, schrieb der Historiker Michael Kammen, hatte gewissermaßen ein symbolisches Rückgrat gefehlt, sie waren in sich unbeständig und in ihren Beziehungen zueinander äußerst wechselhaft. Dies habe sich nach der Unabhängigkeit geändert als die neugegründeten Staaten ihre Labilität ablegten und sich zu einem »kollektiven Individualismus« zusammenfanden. Kammen entwertete sein Argument wenige Seiten später: durch die geographische Ausdehnung und die verstärkte Einwanderung sei Amerika im Zeitalter Jacksons heterogener geworden als Jefferson oder andere Gründerväter es sich in ihren wildesten Träumen vorzustellen gewagt hätten. Das gesamte Jahrhundert hindurch glich die Nation eher einer losen Kette von Inseln, deren Bewohner nichts dabei fanden, sich in ihrem Archipel mal da, mal dort anzusiedeln und dabei ureigenste Interessen zu verfolgen. Der Virginier Robert Beverley hatte der revolutionären Rhetorik nie getraut. Mochten sich die Kolonien auch verbrüdert haben im Affekt gegen England und um gemeinsam ihre Ziele besser verfolgen zu können – die Einigkeit war nur für den Augenblick gemacht. Bald würden sich Neid, Übelwollen und Zwist breitmachen und innerhalb der Union zu größeren Gegensätzen führen als zwischen dem Mutterland und den ehemaligen Kolonien. In den 1840er Jahren sah sich der Journalist und Reformer Albert Brisbane umgeben von Krieg und Sklaverei, von Blutvergießen und Verwüstung, von Armut und Haß, von gesetzlich sanktioniertem Betrug in Handel und Gewerbe, von Familienzerwürfnissen und persönlichem Hader, von millionenfacher Ausbeutung, von Laster, Verbrechen, Trunkenheit und Hurerei, von Armenhäusern und Gefängnissen – von einer sozialen Hölle. Zum fin-de-siècle verglich der utopische Schriftsteller Sutton Griggs die Welt mit einem hingestreckten Tier, dem das Blut aus allen Wunden troff.[3]

* Glück auf einem so gewaltigen und erhabenen Projekt!
Ein Band, das von der Zeit nie durchtrennt werden kann ...

Reformwillige Bürger schlossen sich den verschiedenartigsten sozialen Kreuzzügen an, von Dauer war das Engagement meist nicht. Die Reformgruppen sind in der Mehrzahl nach wenigen Jahren wieder auseinandergebrochen. Emerson stellte sich eine Weile hinter das sozialistische Experiment auf der Brook Farm, hielt es dann aber doch für besser, wenn sich die wertvollsten Menschen verteilen und die Gesellschaft als Sauerteig durchdringen. Wie anders hätte das Denkresultat eines Philosophen ausfallen können, der ein Leben in Ekstase wollte und dessen pädagogisches Ziel ein »flying perfect« war?[4]

Der Drang zur Selbstvergrößerung vertrug sich schlecht mit kommunalen Lebensformen. In den Realutopien erwies sich die Verpflichtung auf das »ewige Jetzt« als zu eintönig und nicht haltbar. Folklore und Literatur verherrlichten heroische Einzelleistungen und persönliche Superlative. Der Frontiersman in James Pauldings *The Lion of the West* (1831) wollte entweder der Beste oder tot sein. Mark Twains »Connecticut Yankee« zeigte einen Hang zur Selbstdramatisierung, der es ihm nicht erlaubte, irgendetwas auf eine unauffällige Weise zu tun – »es muß theatralisch sein oder es interessiert mich nicht«. Die Niederlage des Helden wurde von Mark Twains Lesern schlicht nicht zur Kenntnis genommen, man wollte Sieger.[5]

Die literarische Dutzendware spiegelte das »Einzigartige« der amerikanischen Gefühlswelt oft getreuer wider als die Hochliteratur. Der Verkaufserfolg der Groschenromane leitete sich davon her, daß der jeweils schnellste und treffsicherste Cowboy am Ende auch die Oberhand behielt. Der selbstmörderische Todesspringer Sam Patch, der Sprünge aus vierzig Metern Höhe absolvierte, wurde zum Volkshelden und zu einer gefeierten Bühnenfigur. Was für natürliche Hindernisse galt, galt für wirtschaftliche und soziale Probleme: man übersprang sie, statt sie zu lösen. Die Goldfunde am Klondike, meinte man, würden die Beschränkungen durch den Goldstandard in der Währung erledigen, neue Ölreserven in Texas das Rockefellermonopol erschüttern und die Verbreitung des Automobils einmal das Monopol der Eisenbahngesellschaften brechen.[6] In manchen Gegenden war das *claim jumping* gesetzlich sanktioniert. Ein Erzschürfer, der nicht binnen sechzig Tagen fündig wurde, verlor sein Territorium an andere Glücksritter. In Nebraska sicherten sich findige Pioniere das Vorkaufsrecht unter dem *Homestead Act*, indem sie eine fahrbare Hütte von Grundstück zu Grundstück rollten und anschließend beeideten, sie hätten einen festen Wohnsitz aufgeschlagen. Man adoptierte ein Kind, vermehrte dadurch seinen Gebietsanspruch – und annullierte hinterher die Adoption. Der Aktive und Einfallsreiche wurde belohnt, wer sich aus Redlichkeit an den Buchstaben des Gesetzes hielt, ging leer aus.

»Ich kann nicht verstehen«, schrieb Emerson, »wie jemand seinen Nerven oder seinem Mittagschlaf zuliebe auf eine Aktion verzichten mag, an der er teilnehmen kann.« Das aktive Leben betraf nicht nur Männer. Margaret Fuller interpretierte sich als »Pilger und Wanderer auf Erden«, persönliches Wachstum als ihr einziges

Ziel. Die Amerikanerin, sagte sie, sei nicht in dem Maße an Brauchtum und Konventionen gekettet wie die Frauen anderer Länder. Eine Frau aus Missouri hat in ihrer eigenen Orthographie einen ausführlichen Bericht hinterlassen, wie sie mit ihrer Familie ins Indianerterritorium Oklahoma aufbrach, von dort aus weiterzog auf der Suche nach Glück und Gottes eigenem Land, nicht weniger als fünfmal den Standort wechselte, in Oregon landete, immer noch dachte »that persuit was beter than posession«, und schließlich in Oklahoma zum zweitenmal einen neuen Anfang machte.[7]

Frederick Jackson Turners These von der Formung des amerikanischen Nationalcharakters aus dem Geist der Frontier wurde deshalb so populär und einflußreich, weil sie erstens nicht ganz neben der Wirklichkeit lag und zweitens Platz ließ für Mythen und Heldensagen. Die ersten Chronisten der »overland migration« präsentierten Ausdauer und Tapferkeit der Pioniere, die zwischen 1840 und 1860 gen Westen gezogen waren, als unerreicht in der menschlichen Geschichte. 2500 Meilen hatten die *overlanders* hinter sich gebracht. Daneben verblaßten die wenigen hundert Meilen, die Moses beim Exodus für sich buchen konnte, außerdem hatte er Jahre dafür gebraucht. Ebensowenig vermochte Xenophon mit den Amerikanern zu konkurrieren, steuerte der doch einen sicheren Hafen an. Und Napoleon war mit seinem Gefolge auf nicht mehr als 1500 Meilen gekommen. Leistung bemaß sich an der zurückgelegten Wegstrecke. Zu Helden wurden Figuren wie der »lone prospector«, der frei war von Habgier, sich nahm, was er brauchte, und weiterzog. Der Frontiermythos verbrämte mit Erfolg asoziale Eigenschaften der Pioniere. Man weiß heute, daß die Overlanders zumindest gelegentlich versuchten, den Nachfolgenden den Weg zu verbauen.[8]

Der Amerikanist Leo Marx sah in der »symbolischen Bewegung« von der Zivilisation zu natürlicher Einfachheit die wichtigste Metapher in der Literatur der Zeit.[9] Aber erstens, und das beweist nicht bloß die Geschichte der Frontier, war die Bewegung mehr als symbolisch. Zweitens werden mit der Zielangabe »natürliche Einfachheit« die politischen Konsequenzen mobilen Verhaltens verharmlost. Melville schuf in einem seiner weniger bekannten Romane eine Figur, die ihm wie der amerikanische Prototyp vorkommen wollte: John Paul Jones ist »menschenscheu, ohne feste Grundsätze, waghalsig, räuberisch, von grenzenlosem Ehrgeiz, nach außen zivilisiert, aber im Herzen ein Wilder ...« War Amerika vielleicht der John Paul Jones unter den Nationen? Oder zumindest auf dem Weg dorthin?[10] Sieht man sich die geopolitischen Phantasien seiner Zeitgenossen an, ist man versucht, Melvilles Befürchtung zu teilen. Ein Abgeordneter aus Illinois erklärte 1852 im Kongreß: »Sir, wir wollen Ellbogenraum – den Kontinent – den ganzen Kontinent – und nichts als den Kontinent. Und wir werden ihn kriegen. Dann wird Onkel Sam seinen Hut auf Kanada legen, seinen linken Arm auf die Küste von Oregon und Kalifornien stützen und seinen rechten auf die Ostküste, und während er die britische Macht zurückstutzt, wird er sein Bein, nach Art eines freien

Mannes, auf Kap Hoorn ausruhen.«[11] Ein verschmitzter Patriot aus Kentucky wollte überhaupt keine irdischen Grenzen mehr anerkennen. Für ihn waren die USA im Norden begrenzt von der Aurora borealis, im Osten von der aufgehenden Sonne, im Süden von den Äquinoktien, im Westen vom Jüngsten Gericht. Mit anderen Worten: »the sky's the limit«, eine Wendung, die Tausenden von lokalen *boosters* mit einiger Selbstverständlichkeit über die Lippen kam, wenn es darum ging, die Entwicklungsmöglichkeiten ihrer Gemeinde ins rechte Licht zu rücken. Ein Engländer, der sich in Amerika gut umgesehen hatte, kam zu dem Schluß: »Auf unserer Seite des Wassers haben wir es mehr mit Beef und Ale zu tun als mit Träumen.«[12]

Nüchterne Beobachter mußten feststellen, daß es ein fruchtloses Unterfangen war, die extravaganten Erwartungen der Zwischendeckpassagiere auf den Auswandererschiffen dämpfen zu wollen.[13] Die Vorstellung, jedermann habe den Marschallstab im Gepäck, war zu Ende des Jahrhunderts in Amerika stärker verbreitet als irgendwo anders. In Europa, schrieb die *North American Review,* werde einem jungen ehrgeizigen Mann der Aufstieg so gut wie unmöglich gemacht. Zu lange mußte er dienen, um eine einflußreiche Position zu erringen, zu groß war die Zahl seiner Mitbewerber. Die Regierung warf ihm so viele Hindernisse in den Weg, daß er die besten Jahre seines Lebens schlicht vergeudete. Anders in Amerika. Dort reifte der Jüngling flugs zum Mann und wenn es Hindernisse gab, dann lagen sie in ihm selbst.[14]

Der typische Auswanderer ließ sich von seinem Entschluß nicht mehr abbringen. Umsonst riefen ihm seßhafte Mitbürger, in Schwaben zum Beispiel, die Worte aus dem 37. Psalm nach: Bleibe im Lande und nähre dich redlich. Der Auswanderungstrieb erwies sich als unwiderstehlich. Hoffmann von Fallersleben hat das Lied eines Handwerksburschen nach der mündlichen Überlieferung rekonstruiert, der auf dem Weg nach Galveston sein Wanderbuch ins Meer warf und sang:

Raus, raus, raus und raus,
Aus Deutschland muß ich raus:
Ich schlag mir Deutschland aus dem Sinn
Und wandre jetzt nach Texas hin …

Die Auswanderung erfolgte aus religiösen, sozialen, politischen und persönlichen Motiven. Die Frage war, ob sich hinter dieser Binsenwahrheit näher definierbare Eigenschaften ausmachen lassen, die den Auswanderertyp vom seßhaften Typ unterscheiden. Finden sich bei Amerikaauswanderern wiederkehrende Persönlichkeitsmerkmale, egal ob es sich um religiöse Schwärmer oder um »gewalttätige Condottiere-Naturen« handelte, um sozial Geknechtete oder politisch Verfolgte? Der Auswanderer mußte imstande sein – manchmal wurde er auch dazu gezwungen –, alte Bindungen persönlicher, familiärer, gesellschaftlicher Art zu lösen, einen neuen Anfang zu wagen und sein Schicksal selbst in die Hand zu nehmen. Aus den Lebensläufen von Auswanderern ist regelmäßig der Wunsch abzulesen, die bisherige Lebenserfahrung zu transzendieren. Der Schachmeister Wilhelm Steinitz hat seine Siege mit der Fähigkeit erklärt, sich nicht sklavisch ans Überlieferte zu halten: »Soll man sich nicht ärgern, wenn man sieht, wie unselbständig an veralteten Methoden festgehalten wird, bloß damit man nicht in seiner Bequemlichkeit gestört wird?« Steinitz ließ sich in seiner Bequemlichkeit stören und wanderte aus Prag über England nach Amerika aus.[15]

Auswanderer wollten eine neue Perspektive gewinnen. Ein Emigrant, der zum erstenmal Kalifornien erblickte, fühlte sich wie Moses, der vom Berge Hermon ins Land Kanaan hinabschaut – ein Vergleich, den bereits die ersten puritanischen Siedler in Neuengland gezogen hatten. Nicht die natürliche Einfachheit ist zur auffälligsten Metapher in der Literatur geworden, sondern der Berg, der den Blick auf unbekanntes Terrain freigibt. Emerson war der Philosoph, der auf ewigen Berggipfeln Selbstgespräche führte. George Henry Morton, der dichtende Sklave, wollte seine Werke wie Adler über Bergtürmen schweben sehen. Edward Bellamy plante eine Geschichte, die den Ausblick von einer Bergspitze übers ganze Land zum Thema hat. Die Hauptfigur ist ein Invalide, dessen einziges Vergnügen ein Fernrohr ist. Sehen hieß Verstehen, im Englischen bedeutet »I see« so viel wie »I understand«. Worauf der Blick sich richten sollte, blieb unbestimmt. Die Vision war wichtiger als ihr Objekt, die Aspiration mußte nicht unbedingt konkretisiert werden. Wenn überhaupt, so ließ sie sich aus ihrem Gegenteil heraus beschreiben, und da war fern besser als nah, oben besser als unten. Die Autoren der Trivialliteratur hatten da keine andere Botschaft mitzuteilen als die Philosophen des Transzendentalen.[16]

Es wäre ein Irrtum zu glauben, das Zentrifugale hätte keine Gegenkräfte geweckt. Josiah Royce gründete sein Denkgebäude auf den Begriff der Gemeinschaft. Der Baumeister und Landschaftsarchitekt Andrew Jackson Downing verstand seine Entwürfe als Kontrapunkt zur Rastlosigkeit und Sprunghaftigkeit seiner Landsleute, denen er in einer »Theorie der Assoziation« statt des Erhabenen das Pittoreske verordnen wollte. »We are an in-doors people«, behauptete der Verfasser einer Schrift über das *Home Life in America*. Das amerikanische Heim sollte seiner Ansicht nach eine Oase, eine Arche Noah, ein unverletzbares Refugium sein. Bei näherem Hinsehen ergab sich freilich, daß hinter dieser Forderung ein »horror of crowding« stand. Die Angst vor Überfüllung könnte auch das Motiv eines Sonderlings namens John Cleves Symmes gewesen sein, der seine Zeitgenossen mit der These überraschte, die Erde sei hohl und von innen bewohnbar. Jedenfalls scharte Symmes einige Kolonisten um sich und zog fürs erste von New Jersey an den Ohio.[17]

Die *North American Review* in Boston, die eben noch die einmaligen Aufstiegschancen der Einwanderer gerühmt hatte, beklagte die elenden Zustände in den New Yorker Emigrantenvierteln und die soziale Kluft zwischen Wanderern und Siedlern, Vagabunden und Bürgern, Nomaden und Zivilisierten. Womöglich rührte diese xenophobische Haltung von der Angst her, die Einwanderermassen würden den Einheimischen den Weg verbauen. Gleichwohl war man in Neuengland als einem der am frühesten besiedelten Landesteile am ehesten geneigt, in der Seßhaftigkeit eine Tugend zu erkennen. Die *American Antiquarian Society* (1812) in Worcester hat sich anderthalb Jahrhunderte dagegen gesträubt, eines ihrer Exponate westlich von Massachusetts zu zeigen. Der *Society of Mayflower Descendants* waren Genealogie und historisches Bewußtsein wichtiger als ein ungestümer Fortschrittsglaube. Die geschichtsfeindlichen Thesen von Horace Bushnell mußten den Abkömmlingen der Mayflowersiedler ein Greuel sein. Bushnell, ein protestantischer Theologe und gewiß kein ungebildeter Mann, hatte die Geschichte als Abfall hingestellt, gut für Würmer und Mönche vielleicht, aber nichts für lebenskräftige Menschen.[18]

Eine stärkere politische Zentralisierung ist im Verlauf des Jahrhunderts nicht zu übersehen. Der Präsident im Weißen Haus erfüllte die Sehnsucht nach dem ruhenden Punkt, wenngleich diese Sehnsucht in Amerika nicht so stark ausgeprägt war wie in europäischen Monarchien. Die Gerichte wachten eifersüchtig darüber, die Kompetenzen der Zentralgewalt in Washington nicht zu groß werden zu lassen. Das System der *checks and balances* verhinderte, daß die Regierungsmaschine auf zu hohen Touren lief. Trotzdem erweckte die politische Betriebsamkeit den Eindruck, als bewege man sich rasch vorwärts. James Bryce wählte den Vergleich mit einer Kutsche, die lärmt und stößt und rattert und ihre Passagiere ordentlich durchschüttelt – und doch nicht mehr als drei Meilen pro Stunde zurücklegt.[19] Im Jahre 1843 hatte ein New Yorker Rechtsanwalt eine seltsame Begegnung. Er traf auf ein menschliches Wesen, das noch nie auf einem Dampfschiff gereist war. Angesichts der nomadischen Gewohnheiten seiner Landsleute empfahl er dieses Unikum der Aufmerksamkeit der wissenschaftlichen Welt. Die Anekdote lehrt, welch kulturelle Bedeutung der Bewegungsfähigkeit beigemessen wurde. Die Bewegung hatte linear zu sein, ein rhythmisches Pendeln zwischen *yang* und *yin*, wie in der chinesischen Kultur, blieb dem Amerikaner fremd.[20] Fortbewegung und Fortschritt sind miteinander identifiziert worden. Einspruch gegen Neuerungen wurde dann erhoben, wenn sie die Bewegungsfreiheit einschränkten. Der Historiker Francis Parkman führte bittere Klage über die Zerstückelung der endlosen Weideflächen des Westens durch Stacheldrahtzäune. Der Protest gegen das Vorrücken der Zivilisation war auch ein Protest gegen die Störung der großen Horizontalen.

»Hurrah for the Flag« – eine Fotografie aus patriotischem Überschwang (1902)

XVII. Kapitel

AUFBRUCH INS 20. JAHRHUNDERT

Drei Jahre vor der Jahrhundertwende komponierte John Philip Sousa den Marsch »The Stars and Stripes Forever«. Ewig sollte es flattern, das Sternenbanner, meinte der amerikanische Marschkönig, und sein Chauvinismus war so wenig zu überhören wie die Töne, die aus dem nach ihm benannten Sousaphon quollen, ein Blechblasinstrument von gewaltigen Ausmaßen.[1] Optimismus und Zuversicht bestimmten die Jahre bis zum Weltkrieg. Der Fortschritt würde sich durchsetzen, glaubten viele, die Verwirklichung sozialer Gerechtigkeit sei eine Frage der Zeit. Der Soziologe Lester Ward skizzierte eine lineare Entwicklung der Menschheitsgeschichte von der Anarchie über gesellschaftliche Aggregate und Nationalstaaten zu einer universellen Gemeinschaft. Der Ökonom Richard Ely baute ein System mit sieben Stufen, deren höchste ein wahrhaft christliches Commonwealth brächte. Solange Philanthropie einen Gewinn abwarf, war dem Zirkusdirektor P.T. Barnum um das Wohl der Gesellschaft und sein eigenes nicht bange. Mißstände ließen sich beseitigen, solange man nur entschlossen genug ans Werk ging. Eine Frau mit dem sprechenden Namen Carry A. Nation zog mit einer Axt bewaffnet über Land und zerlegte das Mobiliar der Whiskeysaloons, um auf diese Weise die Menschheit vom Übel des Alkohols zu erlösen.

Gesellschaftliche Tatsachen, die Zuversicht und Fortschrittsglauben hätten abträglich sein können, wurden möglichst nicht zur Kenntnis genommen. Die Ermordung dreier Präsidenten – Lincoln, Garfield, McKinley – hatte kaum einen Schatten auf das Weiße Haus geworfen. »Amerika hat das Tragische immer leicht genommen«, beobachtete Henry Adams.[2] Einem Autor namens Guy Carryl waren die Märchen der Gebrüder Grimm zu düster, weshalb er sie umschrieb und unter dem wortspielerischen Titel *Grimm Tales Made Gay* (1903) neu herausbrachte.

Mochte Theodore Dreiser in tragischen Epen sein Land als eine von Routine, Konventionen, Materialismus und Stumpfsinn beherrschte Welt rügen – die

Zensur rückte die Dimensionen wieder zurecht, während in der »by-gosh-school-of-fiction« der unverbindliche Yankee-Humor fröhliche Urständ feierte. Der Kulturkritiker Van Wyck Brooks stellte in *The Wine of the Puritans* (1909) die These auf, das puritanische Erbe und die materialistische Ausrichtung seiner Landsleute verhinderten das Entstehen einer hochrangigen Ästhetik. Die amerikanische Kultur gebe im Vergleich zu Europa ein armseliges Bild ab, sei ohne Tradition, ohne Bindungen, ohne Bodenständigkeit. Nur Geduld, mahnte Herbert Croly in *The Promise of American Life* (1909), das Ästhetische würde noch kommen, die kulturellen Höchstleistungen sich noch einstellen. Selbst der kritische Van Wyck Brooks sah in der Zukunft eine kulturelle Blüte entstehen: »Es wird der Tag kommen, da die Namen von Denver und Sioux City eine traditionelle und antike Würde ausstrahlen wie Damaskus oder Perugia.«[3]

Nicht weniger als fünfzig experimentelle Bühnen, die »little theaters«, waren vor dem Ersten Weltkrieg übers ganze Land verstreut. George »Jig« Cook aus Iowa versammelte 1915 die Provincetown Players um sich und erklärte: »Ich rufe die vitalen Schriftsteller Amerikas auf, eine höhere Kultur zu erringen ...«[4] Seinem Ruf folgte Eugene O'Neill, der eine wechselvolle Karriere als Seemann, Strandläufer und Goldsucher in Lateinamerika hinter sich hatte. Harriet Monroe gründete 1912 in Chicago die Zeitschrift *Poetry.* »New Poets« wie Sara Teasdale, Robinson Jeffers, Marianne Moore und Wallace Stevens brachen in ihrer Lyrik mit gängigen romantischen Vorstellungen. In der New Yorker Zeitschrift *Others* (1915–19) publizierten Ezra Pound, T. S. Eliot, Amy Lowell und Conrad Aiken freie Verse und Themen, die auf den verständnislosen Journalisten Walter Lippmann wirkten wie Bilder, die in einem Museum in den Keller gestellt werden. Die neue Dichtung wurde rasch so populär, daß sie die Parodisten herausforderte.[5] Aus den Literaturzeitschriften *The Seven Arts* und *The Soil,* sprach ein erstarktes Selbstbewußtsein, das sich mit Namen wie Sherwood Anderson, Robert Frost, John Gould Fletcher oder Edgar Lee Masters schmücken konnte. »Es ist unsere Überzeugung«, hieß es in *The Soil,* »und die Überzeugung von vielen, daß wir in den ersten Tagen einer Renaissance leben, einer Zeit, die Amerika das nationale Selbstbewußtsein bringen wird, das den Beginn wahrer Größe markiert. In solchen Epochen sind die Künste keine Privatsache mehr; sie werden nicht nur zum Ausdruck des nationalen Lebens, sondern die Instrumente zu seiner Überhöhung.«[6]

Das neue Selbstbewußtsein hatte nichts blind Nationalistisches an sich, wenigstens nicht unter Künstlern. Die deutsche Abstammung wurde Dreiser vor dem Krieg als Plus angerechnet, weil er als echter Bindestrichamerikaner die angloamerikanische Dominanz ausbalancierte. Die bildenden Künste reagierten rascher auf europäische Strömungen, ohne gleich in Nachahmung zu verfallen. Die Wortführer einer neuen, konkurrenzfähigen Nationalkultur hatten nicht vor, sich von internationalen Entwicklungen abzukapseln, im Gegenteil. Die Armory Show (1913) war modelliert nach der Ausstellung des Kölner Sonderbunds (1912) und ein

Protest gegen die provinziellen Auswahlkriterien der National Academy of Design. Unabhängige Maler mieteten sich eine Garnison an Manhattans Lexington Avenue und stellten dort die Arbeiten von dreihundert Künstlern aus, darunter Cézanne, van Gogh, Gauguin, Picasso, Braque, Duchamp, Matisse, Rouault, Vlaminck und Duffy. Die Exponate heimischer Künstler fielen gegenüber dieser illustren Auswahl ab, aber darauf kam es nicht an. Dem amerikanischen Publikum sollten die Möglichkeiten moderner Kunst vorgeführt werden. Mochte ein bornierter Theodore Roosevelt erklären, moderne Gemälde würden wohl auch von Verrückten gemalt: mit der Armory Show hatte der Modernismus in Amerika Einzug gehalten.

Eine der treibenden Kräfte hinter der Armory Show war Alfred Stieglitz gewesen, ein in Hoboken (New Jersey) geborener Avantgardist, der sich am Berliner Polytechnikum zum Fotografen hatte ausbilden lassen. In seiner Galerie an der New Yorker Fifth Avenue stellte er Picasso und Cézanne aus, in der Zeitschrift *Camera Work* (1903) versuchte er eine Kombination aus Fotografie, Malerei und Literatur zuwegezubringen. *291*, eine nach der Galerie benannte und im wesentlichen dadaistische Publikation, veröffentlichte Arbeiten von Francis Picabia. Stieglitz hat den künstlerischen Modernismus in Amerika entscheidend gefördert.

Eskapismus und Radikalismus

Die Zeit zwischen Jahrhundertwende und Erstem Weltkrieg als Phase gesellschaftlicher und künstlerischer Zuversicht zu charakterisieren, gibt nicht das ganze Bild wieder. Ein Zeitgenosse diagnostizierte in dieser Periode eine Häufung neurasthenischer Verhaltensweisen, labile Stimmungen, flüchtige Impulse, Angst vor Verpflichtungen, eine Abneigung, sich mit anderen Menschen einzulassen.[7] Ambrose Bierce verschwand, seiner zivilisierten Mitmenschen überdrüssig, spurlos in Mexiko.

Romantische *escape novels* wie Eleanor Porters *Pollyanna* (1913) oder Harold Bell Wrights *The Winning of Barbara Worth* (1911) entwickelten sich zu Bestsellern für Frauen. James Cabell siedelte seine manierierten, halbgebildeten Romane in dem mittelalterlichen Phantasieland Poictesme an.[8] David Belascos und John Longs 1904 aufgeführte Tragödie *Adrea* spielte im 5. Jahrhundert auf einer adriatischen Insel. Der Architekt Ralph Cram setzte sich für eine Wiederbelebung des »gotischen« Baustils des Mittelalters ein.[9] Henry Adams schwärmte von *Mont-Saint Michel & Chartres* (1905).

Zu den Bestsellern für Männer zählten *Tarzan of the Apes* (1914) von Edgar Rice Burroughs und *Riders of the Purple Sage* (1912) von Zane Grey. Der Sprachkritiker H. L. Mencken beschimpfte diese Art von Literatur als Massenverdummung, unübersehbar ist jedoch, daß mit primitiven Abenteuern ein millionenfach aufgetretenes Bedürfnis zu befriedigen war. Der aus Chicago gebürtige Burroughs, der nie in Afrika war, behauptete, er habe ursprünglich mit Tarzangeschichten seine eigene Schlaflosigkeit bekämpft. Clarence Mulford, der Verfasser populärer Romane um den Cowboyhelden Hopalong Cassidy, besuchte den Westen erst, nachdem er seine Bücher geschrieben hatte. Dutzende von Balladen und Groschenromanen rankten sich um den Gangster Jesse James, der als amerikanischer Robin Hood vorgestellt wurde. Der pennsylvania-deutsche Romancier Owen Wister verband in *The Virginian* (1902) mit der Idealisierung des Cowboys eine sozialdarwinistische Botschaft. Der Beste soll gewinnen, und in diesem Fall wird der Sieg erreicht, indem der Cowboy einen alten Freund an den nächsten Baum knüpft. Vor dem »cowboy western« à la Wister war der »army western« entstanden. Charles King verfaßte zwischen 1882 und 1909 an die vierzig Romane dieser Sorte.[10]

Ein gemeinsames Merkmal kalifornischer Utopisten um die Jahrhundertwende war ihre eskapistische Einstellung. Ein neuer Anfang sollte die alte Gesellschaft vergessen machen, man wollte dem komplexen Charakter der kapitalistischen Wirtschaftsordnung entgehen, sich und den Nachkommen das Diktat des Profitmotivs ersparen. Eskapistisch veranlagte Personen waren freilich in einer *konkreten* Utopie selten am richtigen Ort. Kooperative Systeme lassen es nicht zu, bestimmten Menschen aus dem Weg zu gehen. Der Führer der utopistischen Kolonie »Kaweah« sehnte sich zeitweise nach der Anonymität einer Großstadt zurück, in der man seinen nächsten Nachbarn nicht kennt, und empfand schließlich die Konkretion seiner Ideale als Last. Das soziale Gewissen, klagte er, ließ ihn nicht einmal in Ruhe träumen.[11]

Ausdruck von Rastlosigkeit und Nervosität um die Jahrhundertwende waren neue Tanz- und Musikformen wie Cakewalk, Onestep, Twostep, besonders aber der Ragtime, wie Pianist Scott Joplin ihn schuf – *Maple Leaf Rag* (1897) –, eine Musik, die an die Sinne appellierte und nie stillzustehen schien. Kurz vor Kriegsbeginn brach eine regelrechte Tanzwut aus, es entstanden halb erotische, halb verrückte Tänze wie Bunny Hug, Turkey Trot, Crab Step, Kangaroo Dip, Camel Walk oder Chicken Scratch. Debussy und Strawinsky haben später die Taktform des »off-beat« kopiert, die eingefahrene rhythmische Schemata hinter sich ließ. Die Tänzerin Isadora Duncan machte klar, daß es ihr um mehr ging als um ästhetische Figuren: »Ich habe nie im Leben einen Schritt getanzt. Ich hasse Tanzen. Bei dem, was die Leute Tanzen nennen, sehe ich nur ein zweckloses Schütteln von Armen und Beinen ... Ich bin keine Tänzerin. Was mich interessiert, ist eine neue Lebensform zu finden und zum Ausdruck zu bringen.«[12]

Das große Fluchtverlangen personifizierte ein »escape artist« namens Houdini alias Erich Weiss, der aus allen denkbaren Behältnissen und Gefängnissen scheinbar mühelos ausbrach, ohne Schloß und Riegel zu beschädigen, ein Mann, der sich durch eine bloße Bewegung der Arme sechs Fuß über den Boden erheben und Weingläser aus seinen Händen verschwinden lassen konnte. Houdini hat sich so oft lebendig begraben lassen, daß man nicht weiß, ob sein Todeswunsch oder seine Sehnsucht nach Wiedergeburt dominierten.

Eugene O'Neill, der führende Dramatiker der Provincetown Players, stöberte in Benjamin Tuckers Buchladen an New Yorks Sixth Avenue in anarchistischer Literatur. Ein Literaturkritiker fühlte sich aufgerufen, Goethes bekanntestes Werk nach sozialistischen Kriterien zu bemessen und kam zu dem Schluß, im *Faust* herrsche ein bürgerlicher Besitzbegriff vor und die Hauptfigur spreche nicht für die ganze Menschheit. Die Gewerkschaft der Industriearbeiter brachte während eines Streiks das Streikgeschehen als Festspiel auf die Bühne des Madison Square Garden, mitsamt roter Fahnen, proletarischer Gesänge, Polizisten und Streikposten.[13]

Jack London und Eugene Debs zählten zu den Autoren von *The Comrade*, einer 1901 gegründeten Zeitschrift für sozialistische Kunst und Literatur. Alexander Berkman, der seit 1906 zusammen mit Emma Goldman die radikale Zeitschrift *Mother Earth* herausgab, mußte sich in neuerer Zeit vorwerfen lassen, er interessiere sich mehr für Revolution als für Kunst, was er wahrscheinlich als Kompliment genommen hätte.[14] Max Eastman leitete das linksgerichtete Magazin *The Masses* (1911–18), das sich in der Aufmachung an der *Jugend* und am *Simplicissimus* orientierte und einen scharf antibürgerlichen Kurs fuhr. Das Titelbild vom Juni 1914 zeigt John Sloans Version des Ludlow-Massakers in Colorado mit einem Arbeiter, der sich mit der Waffe in der Hand verteidigt. Bei aller Sympathie für die Arbeiterbewegung bestand das Problem für *The Masses* darin, daß das Magazin von den Massen gerade nicht gelesen wurde.

Die *radical novels* der Zeit, von denen viele bei Macmillan erschienen, beschäftigten sich mit bürgerlichen Formen der Unterdrückung, mit Streiks und gewerkschaftlicher Organisation und der Bekehrung von Söhnen aus wohlhabendem Hause zum Sozialismus.[15] Mit der Ausbeutung Prostituierter befaßten sich aus sozialistischer Perspektive Estelle Bakers *The Rose Door* (1912) und R.W. Kauffmans *The House of Bondage* (1910). Kauffman, dessen Roman binnen zwei Jahren 16 Auflagen erlebte, identifizierte die käufliche Liebe als industrielles Nebenprodukt. Eine seiner Figuren, ein deutschstämmiger Sozialist, hat die Lösung parat: »Do avay vith poverty. Reorganize de whole of de instustrial system; gif effery man and voman a chance to vork ...«[16] Wieder einmal sollten die zentrifugalen Tendenzen stärker sein als die Treue zu einer bestimmten Idee. Am Ende von Ernest Pooles proletarischem Einwandererroman *The Harbor* (1915) heißt es ganz à la Whitman: »Macht Platz für mich. Macht Platz, ihr kleinen Leute. Macht Platz, ihr Gewohnheiten und Institutionen, ihr kleinen Religionen und Götter. Denn ich bin der Beginn der Reise – übers Meer in die Länder der Heiden! Und ich breche immer aufs neue auf und nehme Euch mit mir! ... Ich bin die strahlende Leidenschaft der Hoffnung – ich bin ein grimmiger Henker! Ich bin die Wirklichkeit, ich bin das Leben. Ich bin das Buch ohne Ende.«[17]

Naturalismus

Als »pessimistischen Realismus« charakterisierte der Kulturhistoriker V. L. Parrington die naturalistische Auffassung von der Welt.[18] William Dean Howells, angeblich der realistischen Schule zugehörig, hatte Gewalt und Armut in seinen Romanen nicht zeigen wollen; dies kam ihm »unnatürlich« vor. Nicht so bei den Naturalisten. Stephen Crane verbrachte eine Nacht im Obdachlosenasyl, um nach diesem »Experiment im Elend« zu wissen, was Armut ist. Die Greuel des Krieges zeichnete er in *The Red Badge of Courage* (1895) in allen Einzelheiten nach. E. W. Howe, ein Provinzredakteur, schilderte in *The Story of a Country Town* (1883) das Leben in einer Kleinstadt des Mittelwestens in so bitteren und zynischen Tönen, daß man ihn als einen frühen Naturalisten bezeichnet hat. Als literarische Strömung setzte der Naturalismus in den USA erst in den 1890er Jahren ein, dreißig Jahre später als in Europa. Jack London, Frank Norris, Stephen Crane und Theodore Dreiser präsentieren ihre Figuren als von Instinkten getriebene Lebewesen, die jede Kontrolle über ihre Umwelt verloren haben und zu Opfern mechanischer Abläufe, ökonomischer Gesetze oder biologischer Entwicklungen werden. Zivilisation ist nur ein dünner Anstrich. Das »darwinistische« Vokabular nimmt überhand: primitiv, brutal, wild, getrieben, zyklopisch, wölfisch, äffisch; Bestie, Erbübel, Kampf ums Dasein, Stärke. Natürliche Kräfte, einschließlich der Chemie, bestimmen das Schicksal der Menschen, die sich wie Figuren auf einem Schachbrett verhalten. Als absolut Abhängige dürfen sie Belohnung für moralisches Verhalten nicht erwarten, ebensowenig sind sie für Fehlverhalten verantwortlich zu machen. Stephen Cranes Figur »Maggie« in der gleichnamigen, von Flaubert beeinflußten Erzählung ist schuldlos an ihrem traurigen Ende. Aufgewachsen in einem Milieu des Elends, der Gewalt und des Alkoholismus, ausgenutzt von einem skrupellosen Mann, verkommt Maggie als Prostituierte und begeht Selbstmord.[19] »McTeague«, den Helden in Frank Norris' Roman gleichen Titels (1899), trifft keine Schuld an seinen schauerlichen Untaten, ist er doch erblich belastet und von Haus aus dumm.

Norris und seine Schriftstellerkollegen Hamlin Garland, Edgar Lee Masters und Theodore Dreiser ließen sich von Herbert Spencers *First Principles of Philosophy* (1862) faszinieren, ein Werk, das bis zur Jahrhundertwende in den Vereinigten Staaten in über 350000 Exemplaren verkauft wurde, Raubdrucke nicht gerechnet. Jack London drehte einen Lehrsatz Spencers kurzerhand um: Nicht vom Einfachen zum Komplizierten entwickelt sich die Natur, sondern vom Komplizierten zum Einfachen, Primitiven, Animalischen. Theodore Dreiser betrieb die Reduktion bis zu physikalischen Gesetzen und chemischen Bestandteilen. Liebe war dann eine Sache des Elektromagnetismus und Erfolg abhängig von chemischen Reaktionen. Frank Norris, Upton Sinclair und später auch John Steinbeck führten ihre Figuren in extreme Lagen, in denen sie nur noch instinkthaft reagieren konnten. Jack London setzte in seinem Roman *Martin Eden* (1909) soziale mit naturwissenschaftlichen Gesetzen gleich. Ein Rekurs auf rassische Erklärungen war unter diesen Voraussetzungen kaum zu umgehen. Man findet sie in Londons *The Iron Heel* (1907) ebenso wie in Romanen von Frank Norris.[20]

Norris vereinigte in seinem Roman *The Octopus* (1901) einige der wichtigsten Strömungen der Zeit, so widersprüchlich sie auch waren: die Zuversicht in eine neue Ästhetik, den literarischen Radikalismus, den pessimistischen Naturalismus und einen zuweilen recht aggressiven, rassistisch unterlegten Glauben an die Zukunft der Menschheit. Sein Vater, ein presbyterianischer Sonntagsschulprediger, hatte ihn früh nach Europa mitgenommen, damit er dort die großen Maler studiere. Die Begabung von Frank Norris lag freilich auf schriftstellerischem Gebiet. Er arbeitete für *McClure's Magazine* und berichtete vom Krieg auf Kuba. Seine Eltern ließen sich scheiden, der Vater enterbte ihn. Mit 32 Jahren starb Norris an einer Blinddarmoperation. Der Dichter, wie Norris ihn zu Beginn von *The Octopus* vorstellt, begibt sich auf die Suche nach dem großen, bewegenden Epos, findet jedoch nur »unbewegliche Fakten« vor, nämlich Weizenpreise, Frachttarife und dergleichen banale Dinge, jedenfalls nicht die »wahre Romanze«, die er sich erhofft hat. Nach einer Weile dämmert ihm jedoch, daß das »ursprüngliche, epische Leben« in der Natur liegt, und daß der Mensch dies auch erkennen könne, sobald er sich über irrelevante Details hinwegsetzt und das große »beyond« anvisiert – das Wort kommt allein siebenmal in einem Absatz vor. In der grenzenlosen Offenheit, wo nur die Krümmung der Erde den Blick aufhält, wird man die epische Qualität des Westens wiedererkennen. Profane Gemüter, mit ihrem »verengten Blickwinkel«, etwa der radebrechende Deutschamerikaner Hooven, tun sich schwer in dieser Landschaft. Auch Frauen haben ihre Probleme mit den endlosen Weiten, verspüren manchmal sogar Angst davor. Die rechte Farmersbraut aber wird sich in der Stadt nicht wohlfühlen und inmitten der Häuserenge eine unendliche Sehnsucht verspüren nach der einsamen Ranch zwischen den Horizonten und dem weiten, schweigenden Ozean des Weizens.

In seiner »kosmisch ausgreifenden Breitwandinszenierung« wirkt Norris streckenweise wie ein verspäteter Whitman. Das Neue bei ihm ist die Charakterisierung der Eisenbahn als Monster, das die Freiheit, das Streben nach Glück und das Leben zermalmt. Erbarmungslos mäht die Lokomotive eine Schafherde nieder, das schwarze Blut blinkt im Mondlicht, tropft murmelnd zwischen die Schottersteine – Norris hat sich alle Mühe gegeben, das Untier Eisenbahn so scheußlich wie möglich zu zeichnen, als seelenlosen Koloß, der sich an die Erde klammert, als

Polypen mit Abertausenden von Saugnäpfen, als Leviathan, der sich zwischen die Farmer und ihre Vision vom freien Leben schiebt und den alten Ruf nicht hören will: »Let my people go.« Statt die Besiedlung und den Fortschritt zu erleichtern, wie in der Generation davor, haben bürokratisierte und profitgierige Eisenbahngesellschaften die Bewegungsfreiheit eingeschränkt. Frachtgüter müssen zum Zorn praktisch denkender Farmer einen Umweg machen, ehe sie entladen werden dürfen.

Die wirtschaftliche Ausbeutung der Armen wollte Frank Norris ursprünglich anprangern – wie in Zolas *Germinal.* Aber letztlich waren es nicht perfide Ausbeuter, die seine im übrigen recht wohlhabenden Farmer in die Knie zwingen. Es sind »Kräfte« wie die Eisenbahn und der Weizen, die mit »kolossaler Gleichgültigkeit« wirken und jedes menschliche Atom naturnotwendig zerschmettern, das sich ihnen in den Weg stellt. Menschen sind nichts, reine »Animalküle«, bei denen sich im Augenblick des Versagens nur noch tierische Instinkte wie der Hunger regen. Der Sieg gehört der Natur, sie versagt nie. Der Weizen geht auf, die Erde ist fruchtbar, ewig verläßlich, sie wirft einen transzendentalen Schein. Die Krise hatte ihr Gutes. Menschen sind bloß Motten im Licht, aber der Weizen wird bleiben, wird sich unwiderstehlich ausbreiten, sich wie eine Flut bis zum Himalaya ergießen, Inder und Chinesen ernähren: »Der Einzelne leidet, aber das Volk marschiert weiter.«[21]

Zwei Grundströmungen entdeckte der Kritiker Van Wyck Brooks in der amerikanischen Kultur: die transzendentale Denkweise à la Jonathan Edwards und den billigen Opportunismus wie Benjamin Franklin ihn repräsentierte. Beide Einstellungen wollten ihm »gleichermaßen unsozial« vorkommen. Die europäischen Literaten würden sich mehr und mehr mit den Realitäten des Lebens auseinandersetzen, während die amerikanische Literatur zunehmend »windiger« würde. Mystizismus gebe es auch in Europa, gewiß, aber der europäische Denker habe sich das Recht auf den Höhenflug durch eine Lehrzeit mit beiden Füßen auf der Erde verdient. Die Amerikaner dagegen neigten dazu, »in der Luft zu beginnen und in der Luft zu bleiben«.[22]

Gleichwohl sind zwischen Jahrhundertwende und Erstem Weltkrieg einige Werke von kulturgeschichtlichem Rang in Amerika erschienen.[23] In Europa wurden diese Leistungen eher beiläufig registriert. Von den beiden Denktraditionen nahm man am liebsten den Opportunismus, nicht den Transzendentalismus wahr. Georges Clemenceau, der eine zeitlang als Schullehrer in Connecticut unterrichtete und mit einer amerikanischen Frau verheiratet war, glaubte, der Wahrheit auf den Grund gekommen zu sein, als er sagte: »Amerikaner können nicht abstrakt denken und machen schlechten Kaffee.« Henry Adams stellte immerhin soviel Abstraktionsvermögen unter Beweis, sich im Jahr 1900 den Weltuntergang vorstellen zu können: Die Naturwissenschaft würde eines Tages fähig sein, die Welt in die Luft zu jagen.

Zu Beginn des Jahrhunderts veröffentlichte der britische Journalist W. T. Stead eine alarmierende Botschaft unter dem Titel *The Americanization of the World* (1902). Ihm war aufgefallen, daß sein gesamter Alltag von amerikanischen Produkten und Moden bestimmt war. Morgens rasierte er sich mit einem amerikanischen Sicherheitsapparat, zog seine Uhr aus Massachusetts auf, schnürte seine Stiefel aus Boston, aß Brot aus Prairiemehl, Speck aus Kansas City und zündete sich eine Zigarette aus Virginia an, während er sich in seinem Kippstuhl aus Nebraska zurücklehnte. Materiell gesehen schienen die Vereinigten Staaten der übrigen Welt vorauszueilen und immer mehr Beweisstücke für eine ihrer Lieblingsvorstellungen präsentieren zu können, nämlich »better off« zu sein als andere Völker. Der Erste Weltkrieg hat diese Haltung nur verstärkt. Ein Soldat schrieb aus Frankreich nach Hause, die Europäer seien fünfhundert Jahre hinterher, und ein anderer meinte: »Diese Leute sind wirklich zu langsam, um schnell einzuschlafen.«

XVIII. Kapitel

IMPERIALISMUS

Die Angst vor einer wirtschaftlichen Stagnation im Inland beförderte expansionistische Bestrebungen. Die Außenpolitik, hieß es, solle mit der Wirtschaftspolitik Schritt halten.[1] Die 1895 gegründete *National Association of Manufacturers* forderte eine Ausweitung der Warenexporte. Bei steigender Industrieproduktion und wachsendem Kapitalexport vermehrte sich der amerikanische Anteil am Weltmarkt, aber das Land besaß keine Kolonien. Nach marxistischer Interpretation werden solche Disparitäten mit Gewalt beseitigt. In der klassischen Wirtschaftstheorie von Adam Smith dient die territoriale Expansion der Lösung nicht nur wirtschaftlicher sondern auch sozialer Konflikte. Mit Blick auf China sagte Senator William Frye: »Wir brauchen den Markt, oder wir kriegen eine Revolution.«

Im politischen Sprachgebrauch erscheint der Imperialismus gerne als die Erhaltung des Zugangs zu den Weltmärkten. Nach der amtlichen Schließung der Frontier wurde es als besonders dringlich empfunden, sich diesen Zugang freizuhalten. Der Westen war zwar noch nicht erschlossen. Zwischen 1890 und 1900 sind über eine Million neue Farmen entstanden, mehr als im Jahrzehnt davor. Frederick Jackson Turner behauptete jedoch unverdrossen, der Zug in den Westen sei zum Stillstand gekommen, jetzt brauche man eine »energische Außenpolitik« und »die Ausdehnung des amerikanischen Einflusses auf vorgelagerte Inseln und angrenzende Länder«. Die Expansion in Richtung Fernost sei nur »das logische Ergebnis« des Marsches zum Pazifik. Ähnlich erklärte sich Henry Cabot Lodge vor dem Senat in Washington. Die Philippinen lägen im Einzugsbereich der machtvollen Bewegung nach Westen.[2]

Der Expansionsdrang ließ sich um so leichter rechtfertigen, je mehr man von der Überlegenheit der eigenen Gesellschaft überzeugt war und je nachdrücklicher man die Apotheose des eigenen Systems betrieb. Der Ruhm Amerikas in aller Welt, so formulierte der Soziologe Franklin Giddings, stelle sich so natürlich ein wie der Frühling nach dem Winter. Für Außenminister John Hay war der Imperialismus »eine edle Manifestation des amerikanischen Geistes«.[3] In St. Louis gab der Geschichtsprofessor John Fiske dem *Manifest Destiny* eine globale Dimension. Nicht nur den Kontinent zu erobern sei die offenkundige Bestimmung der Amerikaner, sondern die gesamte Erdoberfläche, sofern sie noch nicht von einer »alten Kultur« besetzt sei. Die Angloamerikaner, sagte Fiske, seien als legitime Nachfahren der englischen Rasse beauftragt, die Sprache Shakespeares zur Weltsprache zu erheben. Bald seien vier Fünftel der Erdbevölkerung englischsprachig. Europa strebe zwar eine Union an, um mehr Macht im Interesse der überlegenen Staaten zu gewinnen, aber die Eifersüchteleien zwischen den Europäern, ihre sprachliche und ethnologische Zersplitterung mache einen Staatenbund schwierig. Deshalb müßten sich die Amerikaner, von denen es im Jahr 1980 rund 600 Millionen geben werde, als Bannerträger der zivilisierten Nationen zur Verfügung stellen.

Politische, rassische und religiöse Begründungen des imperialistischen Anspruchs gingen Hand in Hand. In den vielgelesenen Schriften des Geistlichen Josiah Strong war von der »exclusiveness« der amerikanischen Nation die Rede, von der Koppelung der Wirtschaftsinteressen an die Vorsehung und von der Auserwähltheit der Amerikaner. Mexiko, Mittel- und Südamerika hießen die neuen Ziele, dann die Inseln des Ozeans, dann Afrika »and beyond«. Die Welt würde in finstere Barbarei zurückfallen, befürchtete Senator Albert Beveridge, gäbe es die Amerikaner nicht, denn sie waren dazu auserwählt, die Erneuerung der Welt in die Wege zu leiten. Die »anglo-israelische« Position hatte oftmals einen teutonischen Einschlag. Herbert Baxter Adams von der Johns Hopkins Universität unterstrich den »germanischen« Beitrag zur Besiedelung Amerikas. Die pangermanische Schule des John Burgess trat mit der These hervor, ausschließlich arische Völker hätten demokratische Staaten geschaffen. Burgess lehrte an den Universitäten Amherst und Columbia. Theodore Roosevelt hat bei ihm studiert.[4]

Die Wortführer des Imperialismus kamen meist aus begütertem Hause, waren angelsächsischer Abkunft und hatten angesehene Universitäten besucht. Die so stolz behauptete Verwandtschaft mit den Teutonen geriet in den Hintergrund, je mehr sich die Konkurrenzsituation mit Deutschland verschärfte. Die USA verfügten um die Jahrhundertwende erst über einen Bruchteil dessen, was Deutschland, Frankreich und Großbritannien im Ausland investiert hatten. Man war zuversichtlich, dies bald ändern zu können. Denn Deutschland sei nicht imstande, sein Gebiet und seine Bevölkerung mit demselben Tempo zu vergrößern wie die Amerikaner, erklärte Brooks Adams. Die Leistungsfähigkeit der amerikanischen Wirtschaft wurde allerorten beschworen und einfallsreich dokumentiert. Auf der Chicagoer Weltausstellung im Jahre 1893 bewunderten die Besucher des kalifornischen Pavillons eine Reiterstatue aus getrockneten Pflaumen. Kalifornien wollte damit zeigen, daß es seine Produkte siegreich und zum Nachteil anderer Länder in alle Welt exportierte.[5]

Expansion und Gewalt

Die Kriegsmarine der USA war 1889 schwächer als die der neun europäischen Hauptmächte und rangierte noch hinter der Chinas und der Türkei. Wollte Amerika Weltgeltung erlangen, mußte es sich eine größere Flotte zulegen. So wenigstens lautete die Grundthese des Marineoffiziers Alfred Thayer Mahan. Seine Vorlesungen am Naval War College in Newport kamen 1890 unter dem Titel *The Influence of Seapower Upon History 1660–1783* heraus, ein Werk, das viele prominente Leser fand und mehrfach übersetzt wurde. Seemacht – das bedeutete für Mahan Kriegsmarine plus Handelsmarine plus Marinestützpunkte. Aus historisch angelegten Forschungen zog er den Schluß, daß das Geschick einer Nation von seiner Marine abhinge und daß die Seemächte in der Vergangenheit immer siegreich geblieben seien. Weil in den internationalen Beziehungen nach dem Gewaltprinzip gehandelt werde, sei es unabdinglich für die USA, mehr Schlachtschiffe zu bauen, neue Marinestützpunkte zu errichten und Kolonien zu erwerben. Die Nation habe sich der »region beyond« zuzuwenden, entfernte Märkte gelte es zu erobern, jetzt sei die Zeit gekommen, sich mit den Großmächten um die Weltherrschaft zu streiten.[6] Der Plan von Ferdinand Lesseps, einen Kanal durch den Isthmus zu legen, lieferte ihm ein zusätzliches Argument. Durch den Kanal würden europäische Seefahrernationen leichter in den karibischen Raum eindringen können, um den Amerikanern dort Konkurrenz zu machen.

Ab 1889 begannen die USA mit dem Bau von schweren Schlachtschiffen. Mahan beeinflußte die imperialistischen Überlegungen von John Hay, Cabot Lodge und Brooks Adams. Er war befreundet mit Theodore Roosevelt, der 1897 zum Staatssekretär im Marineministerium ernannt wurde. Mahan unterstützte die Kriegsvorbereitungen gegen Spanien. Man könne es nicht anderen überlassen, in den spanischen Besitzungen Ordnung zu schaffen. Während des Krieges fungierte er als Berater und das Ergebnis übertraf seine Erwartungen. Die Bewohner der eroberten Gebiete spielten in seinem Denken keine Rolle: »Das Barbarentum hat keine Rechte, die die Zivilisation respektieren müßte.«[7] Die USA setzten nach dem Krieg den Bau von Kriegsschiffen fort und besaßen 1906 nach Großbritannien die größte Kriegsflotte der Welt.

Die 1890er Jahre erlebten die Renaissance eines Gedankens, der in den Indianerfeldzügen der Puritaner eine Rolle gespielt hatte: die moralische Erneuerung durch Gewalt. Henry Adams kritisierte die pazifistischen Neigungen Jeffersons. Der Krieg machte Männer zwar brutal, aber er machte sie auch stark und mobilisierte diejenigen Eigenschaften, auf die man im Lebenskampf nicht verzichten konnte.

Oliver Wendell Holmes bekannte, der Bürgerkrieg habe ihm die Augen fürs Leben geöffnet: Wenn alle Werte rundum zusammenbrechen, gibt es doch noch das erhebende Schauspiel, wenn ein Soldat in blindem Gehorsam sein Leben wegwirft.[8]

Die *New York Sun* hielt den diplomatischen Dienst für einen kostspieligen Humbug, einen Schwindel, der niemandem nütze. Am besten sei es, die amerikanischen Botschafter in anderen Ländern abzuberufen. Der Feuilletonchef dieser Zeitung forderte die Leser auf, zu spartanischen Tugenden zurückzufinden. Der martialische Geist stufte Verhandlungsbereitschaft, pazifistische Strömungen und die Stimmung des fin-de-siècle als Symptome für kulturelle Blutarmut ein. Das wirtschaftliche Wachstum galt an sich als eine gute Sache, aber seine Folgen wurden als schädlich empfunden. Denn das Bürgertum sei im Wohlstand erschlafft, sei »flabby« geworden, passiv, träge, ohne Nerv, und bedürfe dringend der Regeneration. Es mehrten sich die Stimmen, die eine innere Selbstreinigung im Kampf gegen äußere Feinde zuwegebringen wollten. Die *North American Review* stellte Überlegungen an, ob man die durch Muße und Luxus hervorgerufene »flabbiness« nicht durch einen großen Krieg erfolgreich bekämpfen könne. Die Zeitschrift *Century* verschrieb den Krieg als eine »moralische Medizin«, als Purgativum in einer überzivilisierten Welt.[9]

Militärische Gewalt wurde zu dieser Zeit auch von Europäern wie Kipling, Sorel und Pierre de Coubertin als Gegengift empfohlen, mit dem man einer übermäßigen Intellektualisierung und einer dekadenten Verfeinerung der Sitten Herr zu werden vermochte. Eine amerikanische Spezialität scheint es indessen gewesen zu sein, Gewalt anhand mittelalterlicher Vorbilder zu verklären. Bereits die Offiziere der US-Kavallerie an der Frontier waren dem Ideal der Ritter an König Artus' Tafelrunde angehangen. Die amerikanischen Epigonen von Sir Walter Scott priesen das freie und gesunde Leben ihrer berittenen Helden. Der Ritter, der Gralssucher, der Kreuzzügler verdienten Bewunderung, weil sie höhere Ziele verfolgten und irdischen Freuden entsagten, um das göttliche Recht auf Leiden wahrzunehmen. Frauen ließen sich vom mittelalterlichen Geist ebenso faszinieren wie Männer. Die in einem katholischen Konvent erzogene Schriftstellerin Agnes Repplier erblickte in den alten Rittersagen eine Gelegenheit, einer schwerfälligen, undurchschaubaren Gegenwart zu entrinnen und zu den einfachen Tugenden einer Vergangenheit zurückzukehren, in der die Menschen unverzagt vorwärtsstrebten, Willensstärke statt »flabbiness« zeigten und ein klares Ziel vor Augen hatten.[10]

Scheinbar zwanglos ließ sich der romantische Idealismus mit einer imperialistischen Politik in Einklang bringen. Frank Norris verherrlichte in seinen frühen Werken die Gewalt und schilderte das moderne Leben als unromantisch, da bar jeden Abenteuers. Zu einer Versöhnung mit der Industriegesellschaft war er unter der Voraussetzung bereit, daß sich die Angelsachsen wieder auf die Suche nach neuen Grenzen begäben und die übrigen Völker ihnen folgten, und zwar blind.

Der martialische Geist paarte sich mit nordischem Gedankengut und offenem Antisemitismus. Brooks Adams erklärte die Wirtschaftskrise von 1893 mit einer Verschwörung der Plutokraten an der Wall Street gegen das amerikanische Volk. Die Plutokraten, das waren »die verderbten, geschlechtslosen, betrügerischen, lügenden Juden vertreten durch J. P. Morgan«. Als kulturelles Gegensymbol stellte Brooks Adams den mittelalterlichen Soldaten vor, der höhere Mächte fürchtete, aber persönlichen Kampfesmut an den Tag legte. »I am for war«, erklärte der Dichter Richard Hovey, denn im Frieden verliere der Mensch seine hohen Tugenden, seinen Edelmut, er verkümmere und werde wie die Auster zu einem einzigen Magen. Hovey machte sich im Vorfeld des Krieges gegen Spanien über die »müßigen Platitüden des Friedens« lustig und brach nach der Kriegserklärung in Triumphgeschrei aus. Anders als die Europäer hätten die Amerikaner jetzt bewiesen, keine »seelenlosen Geldsäcke« zu sein.[11]

Theodore Roosevelt

Die Vorfahren seines Vaters waren holländischer Abstammung. Als Kaufleute, Bankiers und Importeure sind sie in New York zu Wohlstand und gesellschaftlichem Ansehen gekommen. Theodore Roosevelt durfte sich zum Geldadel rechnen. Im vornehmen Oyster Bay auf Long Island hat er später eine standesgemäße Villa errichtet. Seine Mutter, eine gesundheitlich labile Südstaatenlady, konnte oder wollte sich um ihren Sohn nicht kümmern. Wenige Minuten nach seiner Geburt war er in die Obhut der Großmutter gegeben worden. Kinderschwestern hatten den kränkelnden Jungen behütet, der bald eine psychogene Form von Asthma entwickelte. Der Vater hatte seine eigenen therapeutischen Vorstellungen. Er wollte seinen Sohn zur Gesundheit zwingen und behandelte Krankheit mit Strafen; nach einem Asthmaanfall ließ er ihn eine Zigarre rauchen. Trotz seines schwächlichen Körpers wurde Roosevelt zu einem passablen Reiter, Boxer und Schützen, der es darauf anlegte, an die Grenzen des menschlichen Leistungsvermögens zu gehen und seine Gefährten in die Erschöpfung zu treiben. Eine ideale Gesellschaft hatte sich nach seinen Begriffen in ständiger Bewegung zu befinden, mußte »progressiv« sein. Stärke war besser als Nachgiebigkeit, jedes Ziel ließ sich erreichen, solange man es hartnäckig genug verfolgte und gewillt war, das »strenuous life« zu leben. Seine politischen Gegner forderte er mit dem Satz heraus, er fühle sich stark wie ein »bull moose«, wie ein Elch. Sein knabenhafter Enthusiasmus und seine Neigung, auch kleine Dinge zu dramatisieren, seine Selbstgerechtigkeit und Eitelkeit, vor allem aber die politischen Konsequenzen seiner persönlichen Disposition haben auch solche Historiker nach psychologischen Erklärungen suchen lassen, die der Psychohistorie sonst mit Reserve begegnen.[12]

Roosevelt absolvierte Harvard College, zog ins New Yorker Staatsparlament ein und veröffentlichte das erste seiner vielen Bücher. Im Februar 1884 verlor Roosevelt binnen weniger Stunden seine Mutter und seine Frau. Kurz darauf lieferte eine politische Niederlage den Anlaß, für zwei Jahre als Rancher in den Westen zu ziehen. Nach seiner Rückkehr bewarb er sich vergeblich um das Amt des New Yorker Bürgermeisters, wurde nach Washington berufen, amtierte danach einige Jahre als Chef der New Yorker Polizeibehörde, bis er unter Präsident McKinley als Staatssekretär im Marineministerium wieder in die Bundeshauptstadt ging. Bei Ausbruch des Krieges gegen Spanien im Mai 1898 legte er sein Amt nieder und wurde Soldat.

Roosevelt hatte den Krieg herbeigesehnt und als Staatssekretär unverhohlen die Admiralität zum Losschlagen aufgefordert. Seine militärischen Vorstellungen, etwa Barcelona und Cádiz zu überfallen, gingen weit über die Absichten der Regierung hinaus. Der Krieg schuf die Gelegenheit, vermeintlich uramerikanische Tugenden zu beleben. Roosevelt bekannte sich als Anhänger der »alten Frontiermaxime«, nie zu bluffen und nur zu zielen, wenn man auch wirklich schießen will. Den sozialen Radikalismus der 1890er Jahre hätte er am liebsten mit der Methode beantwortet, ein Dutzend Rädelsführer an die Wand zu stellen und totzuschießen. In einem Brief an einen republikanischen Parteifreund hat er seine Lust am Töten beschrieben, die freudige Erregung, die ihn packte, als er eigenhändig einen Spanier erschoß. Manche haben aus seiner Kriegswut einen Todeswunsch herausgelesen. Deutlicher sichtbar ist etwas anderes: Im Krieg bestätigt der Mann seine Sexualität. Die Kriegserfahrung, meinte Roosevelt, sei für Männer so natürlich wie für Frauen die Mutterschaft. Seine Reden sind gespickt mit Gegensatzpaaren wie hart und weich, schlaff und potent. Im Krieg gegen Spanien sah er die Chance, seine »eigene kleine Kerbe in den Stock zu schneiden, der als Maßstab in jeder Familie steht«.[13]

Roosevelt kehrte als Volksheld aus Kuba zurück. Mit dem Nimbus des tollkühnen Kavalleristen wurde er zum Gouverneur des Staates New York gewählt. Er verschreckte in diesem Amt seine politischen Ziehväter, weil er gegen korrupte Machenschaften vorging und seine Politik mit einiger Selbstherrlichkeit betrieb. Um den allzu Tüchtigen loszuwerden, lobten ihn die republikanischen Parteigewaltigen ins Amt des Vizepräsidenten fort. McKinley wurde ermordet, Roosevelt trat im September 1901 seine Nachfolge an. Er war 42 Jahre alt.

Roosevelt erweiterte die Machtbefugnisse des amerikanischen Präsidenten, um mit neugewonnener Macht ein höheres Maß an gesellschaftlicher Ordnung zu erzielen. Sein Kurs war ein Mittelweg zwischen Sozialismus und Plutokratie, zwischen den »Bösewichtern von großem Wohlstand«, wie er sie nannte, und jakobinischen Elementen, zu denen er Leute wie Eugene Debs zählte. Die Republikanische Partei befürwortete in seiner Amtszeit einen »wohlregulierten Individualismus« und Roosevelt selbst hielt den Individualismus für die beste Eigenschaft der Amerikaner, die es vor Sozialisten und Monopolisten in Schutz zu nehmen galt. In seiner selbstgewählten Rolle als »steward of the people« war er mutig genug, in der Finanzpolitik gegen Männer wie J. P. Morgan und Edward Harriman aufzustehen. Er warf dem Zeitungsmagnaten Joseph Pulitzer vor, den guten Namen des amerikanischen Volkes zu beschmutzen. Den Arbeitnehmern versprach er einen »square deal«, einen reellen Handel, und in seinen Reden wußte er stets den Eindruck zu erwecken, mit seiner Politik den kleinen Mann zu begünstigen. »Teddy the Trustbuster« war ein Image, an dem er sorgsam arbeitete: Roosevelt als unerschrockener Krieger gegen die »kriminelle Klasse der Wohlhabenden«.

Auf Roosevelts Betreiben wurde die *Northern Securities Association* aufgelöst, die den *Sherman Act* umgangen hatte. Insgesamt jedoch zeigte er bei allem persönlichen Draufgängertum wenig politische Entschlossenheit, gegen die Monopolherren ernsthaft einzuschreiten. Er kritisierte die schwerreichen Übeltäter und wies fast im selben Atemzug seinen Justizminister an, die Trusts nicht gar so rigoros zu verfolgen. Der zeitgenössische Humorist Finley Peter Dunne hat Roosevelts halbherzige Wirtschaftspolitik treffend ironisiert, wenn er den Präsidenten sagen läßt:

> Th' thrusts are heejous monsters
> built up by th' inlightened intherprise
> iv th' men that have done so much
> to advance progress in our beloved
> counthry. On wan hand I wud stamp
> thim undher foot; on th' other hand
> not so fast.[14]*

Das ist ein Merkmal amerikanischer Reformer: daß sie mitten in der Reform haltmachen aus Angst, die Substanz des Amerikanismus zu beschädigen.

Die meisten der innenpolitischen Vorhaben Roosevelts sind erst unter seinem Nachfolger William Howard Taft verwirklicht worden.[15] Daß er trotzdem zu den großen Präsidenten gerechnet wird, ist hauptsächlich seinen außenpolitischen Aktivitäten zuzuschreiben. Der Sieg gegen Spanien, eine Aufstockung des militärischen Potentials und große Wählermehrheiten erlaubten es ihm, das amerikanische Prestige in der internationalen Politik hervorzukehren. Als Nationalist verbat er sich die Einmischung von Europäern in der westlichen Hemisphäre, sei es Papst, Zar oder Kaiser. Mit seiner aggressiven Haltung gegenüber Lateinamerika bekräftigte und erweiterte er die Monroedoktrin. Isolationistisch gefärbte Kritik konterte er mit dem Argument, die USA könnten sich nicht mehr innerhalb der eigenen Grenzen zusammenkauern und tatenlos zusehen, wie die Großmächte die Welt

* Die Trusts sind abscheuliche Monster. Sie wurden von aufgeklärten Wirtschaftsführern aufgebaut, von Männern, die den Fortschritt in unserem geliebten Land herbeigeführt haben. Einesteils würde ich sie gerne zertrampeln, andererseits nicht so schnell.

unter sich aufteilen. Die USA repräsentierten die »bewaffnete Gerechtigkeit«, und zur Durchsetzung des Amerikanismus sei es gestattet, mit dem »big stick« zu drohen und den Prügel gelegentlich auch niedersausen zu lassen. Als sich Carl Schurz gegen expansionistische Bestrebungen verwahrte, mußte er sich von Roosevelt einen »schwafelnden Ausländer« nennen lassen – Schurz, der seit einem halben Jahrhundert amerikanischer Bürger war und seinem Land als Botschafter und Innenminister gedient hatte.[16]

Roosevelt glaubte an die Überlegenheit der Angelsachsen und deren Fähigkeit, andere Völker zu regieren. Er bewunderte die Schriften Rudyard Kiplings und verteidigte den Primat der zivilisierten gegenüber angeblich barbarischen Nationen. Die wertvollsten Gebiete der Neuen Welt, Hawaii zum Beispiel, wollte er der weißen Rasse reservieren und nicht den Chinesen, deren Zuwanderung er aktiv bekämpfte. Seine akademischen Lehrer, seine engsten Berater und führende Intellektuelle der Zeit betrachteten die dominante Stellung der angelsächsisch-teutonischen Rasse als eine unvermeidliche Tatsache, unvermeidlich war deshalb die Erweiterung des »Manifest Destiny« auf außeramerikanische Regionen. In der Ideologie des Imperialisten stellte die »soziale Effizienz« eines Volkes das Maß aller Dinge dar. In der Praxis war immer das eigene Volk das am meisten effiziente. Logische Konsistenz rentierte sich nicht. Roosevelt schätzte die starken und fleißigen, eben »effizienten« Japaner, ins Land lassen wollte er sie trotzdem nicht.[17]

Da die Zeit drängte, rief Roosevelt die zivilisierten Staaten auf, in die brachliegenden Räume, die »waste spaces« der Welt einzudringen und die Barbaren mit den historisch gewachsenen Errungenschaften der angloteutonischen Rasse bekanntzumachen. Politische und militärische Mißgriffe seien wegen der moralischen Rechtschaffenheit der amerikanischen Nation auszuschließen. Erst nach der Expansion käme der Friede, der feigen und furchtsamen Gemütern für immer versagt bliebe.[18] Theodore Roosevelt blieb nicht der letzte Kriegstreiber, der mit dem Friedensnobelpreis belohnt wurde.

Der Krieg von 1898

Die Namensbezeichnung bereitet Schwierigkeiten. In den USA spricht man meist vom Spanisch-Amerikanischen Krieg oder vom Krieg von 1898. Andere Bezeichnungen lauten Kubanischer Unabhängigkeitskrieg, Kubanisch-Spanischer Krieg oder Guerra Hispano-Cubano-Americana. Bei Fidel Castro heißt er auch der Krieg von 1895. Für die USA dauerte der Krieg 113 Tage, für Kubaner und Spanier über drei Jahre, für die Filipinos fand der Konflikt über den Friedensschluß hinaus als Guerillakrieg seine Fortsetzung. Der US-Außenminister John Hay hatte einen »splendid little war« erlebt, während der amerikanische Maler James Whistler von

London aus einen »wonderful and beautiful war« beobachtet haben wollte, in dem die Spanier sich wie Gentlemen benommen hätten.[19]

Amerikanische Politiker hatten schon lange vor der gewaltsamen Eroberung des Festlandes ihre Fühler in den karibischen Raum ausgestreckt. John Quincy Adams sagte 1823 als Außenminister, Kuba und Puerto Rico seien die natürlichen Anhängsel des nordamerikanischen Kontinents. In den 1840er Jahren betrieben kubanisch-kreolische Plantagenbesitzer aus Furcht vor einer Sklavenrevolte den Anschluß an die USA. Dem damaligen Außenminister James Buchanan paßte dieser Wunsch ins Konzept. Er wollte Kuba annektieren, damit es nicht in die Hände Großbritanniens falle. Der Gouverneur von Mississippi, John Quitman, rüstete 1853 ein Expeditionskorps aus, wurde aber von Präsident Franklin Pierce aus innenpolitischen Gründen gestoppt. Nach dem Ausbruch der ersten großen Rebellion gegen Spanien, die in einen zehnjährigen Krieg mündete (1868–78), wollte der Kongreß den Kubanern zu Hilfe kommen, was diesmal Außenminister Hamilton Fish zu unterbinden wußte. Die Aufständischen wurden niedergekämpft, José Martí, einer der Anführer, nach Spanien deportiert.

1895 wurde im östlichen Teil der Insel erneut der Ruf nach einem »Cuba libre« laut. José Martí organisierte Revolutionsausschüsse und agierte unter kubanischen Emigranten in den USA. Ein Zentrum der revolutionären Aktivität befand sich in Florida. Dort schlossen sich kubanische Gruppen, die *juntas*, zur *Partido revolucionario cubano* zusammen. Die Helden aus dem zehnjährigen Krieg, Máximo Gomez und Antonio Maceo, beteiligten sich an der neuen Rebellion gegen die spanischen Kolonialherren. Die USA waren indirekt mitverantwortlich für den Ausbruch des Unabhängigkeitskrieges. Washington hatte ein Jahr zuvor einen hohen Zoll auf Zuckereinfuhren erlassen. Die kubanischen Exporte sanken drastisch und stürzten die Insel in eine wirtschaftliche Krise, die den revolutionären Impuls verstärkte.

Imperialistisch denkende US-Amerikaner hatten den Gedanken nie aufgegeben, die Insel doch noch in ihre Hand zu bekommen. »Kuba würde einen der schönsten Staaten der Union abgeben«, schrieb treuherzig die *Detroit Free Press.* Henry Cabot Lodge war der Ansicht, die Annektierung der dünn besiedelten und so überaus fruchtbaren Insel würde für die USA zu einer »Notwendigkeit« werden, ein Verzicht käme einem schweren außenpolitischen Fehler gleich. Daß man dazu Gewalt anwenden müsse, schälte sich jetzt mehr und mehr heraus. Im ersten Jahr des Aufstands entstand am *Naval War College* ein Exposé mit dem Titel »Situation in the Case of War With Spain«. Ein Jahr später hieß ein ähnliches Dokument, das an derselben Institution entstanden war, bereits lapidar »War with Spain«. Ziel des projektierten Krieges müsse es sein, Kuba von spanischer Herrschaft zu befreien.[20]

Drei Entwicklungen und Ereignisse lieferten den Anlaß zum Eingreifen: die *reconcentración,* das Zusammentreiben der Kubaner in Lager, die indiskrete Veröffentlichung eines Diplomatenbriefes, von dessen Inhalt sich Präsident

McKinley zu Recht beleidigt fühlen konnte; und die Versenkung eines amerikanischen Schlachtschiffs im Hafen von Havanna.

Unter dem Kommando des spanischen Generals Valeriano Weyler wurden vor allem die *guajiros*, die Kleinbauern und ihre Familien, in die Städte und in die Nähe militärischer Stützpunkte getrieben. Um den Aufständischen die Versorgung zu entziehen, evakuierte man ganze Dörfer. Viele überlebten nicht die unhygienischen Zustände in den Lagern oder starben am Hunger. Konservative Schätzungen sprechen von 100000, andere von 400000 Toten oder einem Viertel der Bevölkerung. Im Konzentrationslager bei der Küstenstadt Matanzas starben täglich bis zu 46 Personen, zumeist Frauen und Kinder. Zum Teil wurden in der US-Presse gefälschte Fotos veröffentlicht, aber das Ausmaß des Elends konnte kaum übertrieben werden.[21]

Verhandlungen zwischen den USA und Spanien über eine Auflösung der Lager und über politische Zugeständnisse an die Rebellen gerieten ins Stocken, als ein Brief von Dupuy de Lôme, des spanischen Botschafters in Washington, einer amerikanischen Zeitung zugespielt wurde. Der Spanier äußerte sich darin abfällig über den Präsidenten der USA. De Lôme wurde abberufen. McKinleys republikanische Berater, die bis dahin zurückhaltend taktiert hatten, steuerten jetzt entschlossen auf Kriegskurs. Eine Woche nach dem diplomatischen Eklat, am 15. Februar 1898, flog die »Maine« in die Luft, ein amerikanisches Schlachtschiff, das zu einem »Freundschaftsbesuch« im Hafen von Havanna angelegt hatte. 260 amerikanische Matrosen kamen ums Leben. Die moralische Entrüstung über die Spanier fand neue Nahrung. Ab jetzt konnte damit argumentiert werden, der Krieg in Kuba gefährde das Leben amerikanischer Bürger und bedrohe amerikanisches Eigentum, ohne damit bloß den »Sugar Trust« zu meinen oder andere US-Firmen, die sich längst auf der Insel etabliert hatten. Obwohl unklar war und bis heute ungeklärt geblieben ist, wer das Schiff gesprengt hatte, wurde den Spaniern die Schuld zugewiesen. »Remember the Maine – to Hell With Spain« ertönte als Schlachtruf, wie weiland »Remember the Alamo« im Krieg gegen Mexiko oder wie später »Remember the Pueblo«. Der Slogan erschien auf über 600000 Biskuits, die ein patriotischer Bürger aus St. Louis dem Heer zur Verfügung stellte. McKinley verlangte für Verteidigungszwecke die Bereitstellung von 50 Millionen Dollars, die ihm der Kongreß ohne Gegenstimme bewilligte.

Spanien hatte nach Beginn des Aufstands bekundet, seine Kolonie auf keinen Fall preisgeben zu wollen. Unterschwellig machte sich freilich das Gefühl breit, daß die Karibikinsel über kurz oder lang verlorengehen würde. Als der spanische Kolonialminister die Forderung nach einem »ehrenvollen Frieden« aufstellte, reagierte Stewart Woodford, der amerikanische Botschafter in Madrid, mit dem Vorschlag, Kuba an die USA zu verkaufen. Dies jedoch hätte den spanischen Nationalmythos beschädigt, wonach die Überseebesitzungen ein göttlicher Lohn für die *reconquista* waren, die Vertreibung der Moslems von der iberischen

Halbinsel. Nachdem sich die Verkaufsverhandlungen zerschlagen hatten, forderten beide Häuser des Kongresses am 19. April in einer gemeinsamen, einen Tag später von McKinley unterzeichneten Resolution die Spanier auf, sich zurückzuziehen, notfalls wollten die USA mit Waffengewalt eingreifen. In einem von Senator Henry Teller (Colorado) eingebrachten Zusatz zu dieser Entschließung erklärten die Vereinigten Staaten, keine anderen Absichten als die Befriedung Kubas zu verfolgen. Sobald diese Befriedung eingetreten sei, wolle man die Autonomie der Insel respektieren. Zur Betrübnis der Annektionisten wurde damit der kubanische Wunsch nach Unabhängigkeit praktisch anerkannt.

Am 23. April erklärte Spanien den Krieg, die USA zogen zwei Tage später nach, datierten ihre Kriegserklärung aber auf den 21. April zurück, um die inzwischen erfolgte Blockade Kubas zu »legitimieren«. Eine Einmischung anderer europäischer Mächte stand nicht zu fürchten. Wilhelm II. hatte zwar im September 1897 gelobt, den Spaniern beizustehen, als es aber dann soweit war, erklärten Deutschland und andere europäische Mächte, sich neutral verhalten zu wollen. Vor der Bucht von Manila kreuzten einige europäische und japanische Schiffe, die aber keine Interventionsabsicht zeigten. Admiral Dewey gab seinen berühmt gewordenen Befehl »You may fire when ready, Gridley« und kartätschte die spanische Flotte.[22]

Es ist nicht zu bestreiten, daß die Hearst-Presse für den Kriegsausbruch mitverantwortlich war. Das *New York Journal* hatte der Explosion auf der »Maine« eine Woche lang täglich acht Zeitungsseiten gewidmet und war in dem Bestreben, stets aktuell zu bleiben, mit bis zu 40 Ausgaben pro Tag herausgekommen, worauf sich die Auflage mehr als verdoppelte. Hearst entsandte auf seiner Privatyacht den Zeichner Frederic Remington nach Kuba. Als der den Wunsch äußerte, zurückzukehren, weil er die Lage ruhig vorfand, soll sein Auftraggeber mit einem Telegramm reagiert haben: »Sie liefern die Bilder, ich liefere den Krieg.« Die so erzeugte »war hearsteria« ist mehr als ein Wortspiel gewesen, doch haben auch andere Zeitungen das Kriegsfieber hochgetrieben: Pulitzers *World*, die *Chicago Tribune*, die *Sun* und der *Herald*. Die *Associated Press* rührte ebenfalls die Kriegstrommel und war ganz eingestimmt auf den »Sonntagmorgenkrieg«, den die Agentur selbst produziert hatte, wie es in einem Spottgedicht hieß.[23]

Der Krieg fand Unterstützung bei einer Reihe von Provinzzeitungen und bei Zeitschriften mit ganz unterschiedlichen Leserkreisen. Das *Atlantic Monthly*, vielleicht die angesehenste Kulturzeitschrift, mutmaßte während des Krieges, die lateinamerikanische Rasse sei dekadent im Vergleich zu den virilen Nordamerikanern. Das Organ des sozialistischen »Fabians« begrüßte die Unterwerfung Kubas und der Philippinen als einen Beitrag zum Fortschritt. In sozialdarwinistischer Manier schrieb die Autorin Charlotte Perkins Gilman im *American Fabian*, der Krieg befördere die natürliche Zuchtwahl, weil die Starken und Mutigen überlebten.[24]

Gegen den Krieg sprachen sich verschiedene Gewerkschaftszeitungen aus. Sie äußerten den Verdacht, der Arbeiter werde nur als Kanonenfutter gebraucht und müsse nach Kriegsende die Rechnung bezahlen. Aber der *Paterson Labor Standard,* ein Organ des Gewerkschaftsbundes in New Jersey, sah im Krieg eine Chance, Solidarität zu schaffen. Nord- und Südstaatler würden wieder zueinander finden und im gemeinsamen Kampf die Ressentiments aus dem Bürgerkrieg vergessen.

Das amerikanische Berufsheer stand in den Jahren vor dem Krieg nicht im besten Ansehen. Zivilisten schienen davon auszugehen, so klagte das *Army and Navy Journal,* daß die Truppe aus Straffälligen bestand, die auf der Flucht vor der Justiz waren. Nach Kriegsausbruch meldeten sich mehr Freiwillige als man brauchen konnte. Buffalo Bill Cody bot seine und die Dienste von dreitausend indianischen Kriegern an. Der Bruder von Jesse James wollte mit einer Schar Cowboys einrücken. Eine Frau aus Colorado machte sich erbötig, ein weibliches Reiterregiment aufzustellen. Das *New York Journal* regte an, ein Regiment aus prominenten Sportlern zu bilden. Angenommen wurden acht- bis zehntausend Kriegsfreiwillige. Vier Regimenter bestanden aus Berufssoldaten schwarzer Hautfarbe unter Führung weißer Offiziere. Den Schwarzen aus den Südstaaten kam besondere Bedeutung zu, weil sie nach damaligen medizinischen Erkenntnissen als immun gegen Seuchen galten. In Tampa (Florida) wurden die Truppen zur Verschiffung zusammengezogen. Dort kam es bald zu Spannungen und Gewalttaten zwischen schwarzen und weißen Einheiten.[25]

Das Kriegsgeschehen spielte sich für die US-Truppen hauptsächlich in der Region um Santiago de Cuba im Südosten der Insel ab. Theodore Roosevelt operierte als stellvertretender Kommandeur der »Rough Riders«, einer Kavallerietruppe, die auch unter den Bezeichnungen »Cowboy Regiment« oder »Teddy's Terrors« bekannt war. Die »Rough Riders« eroberten, allerdings zu Fuß, den Kettle Hill im Gebirgszug San Juan, eine Heldentat, aus der Roosevelt gehöriges politisches Kapital zu schlagen wußte und über die er ein Buch geschrieben hat.[26]

In zeitgenössischen Quellen figurierten die spanischen Kolonialherren als Bösewichter, Parasiten und Schlächter. Die Kubaner wurden zunächst in Schutz genommen. Die Spanier, nicht die aufständischen Kubaner, bezeichnete ein amerikanischer Chronist als Guerillas, während er dem Rebellenführer José Martí zugestand, einen »heiligen Krieg« zu führen. Die Kräfteverhältnisse machen die Verteilung der Sympathien verständlich. Die Spanier waren mit modernen Kanonen – von Krupp – ausgerüstet, die kubanischen *mambises* kämpften oft nur mit Macheten bewaffnet oder mit bloßen Händen.[27]

Die anfängliche Zusammenarbeit mit den Rebellen, etwa bei der Blockade des Hafens von Santiago, bekam jedoch Risse. Amerikanische Soldaten ließen Kubaner ihre Abneigung spüren und übertrugen ihnen die weniger heroischen Tätigkeiten. Kubanische Emigranten, meist Zigarrenmacher aus Florida, die sich freiwillig gemeldet hatten, wurden zum Ausheben von Schützengräben, als Träger oder für andere subalterne Arbeiten eingesetzt. Der kubanische General Calixto García mußte darauf hinweisen, seine Leute seien keine Packesel. Die US-Militärs neigten dazu, Niederlagen den Kubanern anzulasten und Siege an die eigenen Fahnen zu heften. García wurde weder an den Kapitulationsverhandlungen beteiligt noch durfte er bei der förmlichen Kapitulation anwesend sein. Nach dem Fall von Santiago wurde kubanischen Soldaten der Zutritt zur Stadt verboten. Als die spanischen Beamten bis auf weiteres im Dienst belassen wurden, reichte García seinen Abschied ein.

McKinley weigerte sich anfänglich, die kubanische Regierung anzuerkennen und hielt die Insel besetzt. Eine Annektion wurde ausgeschlossen, weil man dann die spanischen Schulden in voller Höhe hätte übernehmen müssen, der schwarze Bevölkerungsanteil sehr hoch war und weil man befürchtete, in diesem Fall im Senat keine Mehrheit für den Friedensvertrag zu erhalten. Bei den Friedensverhandlungen in Paris waren die USA hauptsächlich mit imperialistisch orientierten Delegierten vertreten. Spanien verpflichtete sich zum Rückzug aus Kuba, trat Puerto Rico, die Philippinen sowie Guam an die Vereinigten Staaten ab und erhielt als Entschädigung die Summe von 20 Millionen Dollar, die offenbar gegen die Übernahme der spanischen Schulden auf Kuba verrechnet wurden. Der Vertrag erreichte die erforderliche Zweidrittelmehrheit im Senat nur mit Mühe.

Kubaner und Filipinos waren nicht nach Paris eingeladen worden. Die herrschende Meinung sprach ihnen die Fähigkeit ab, ihre Angelegenheiten selbst zu regeln. Kubanern, die eigene Rechte forderten, wurden der Undankbarkeit geziehen. In einem Zusatz zur kubanischen Verfassung, dem *Platt Amendment* (1901), behielten sich die USA das Interventionsrecht auf der Insel vor. Der Sugar Trust erhöhte daraufhin sein Grundkapital, während den Kubanern erklärt wurde, der Zusatz würde ihre Unabhängigkeit nicht mindern, sondern stärken.[28] Das *Platt Amendment* wurde 1934 widerrufen, die Marinebasis Guantánamo blieb allerdings bestehen.

Man sei fremden Völkern aus humanitären Gründen zu Hilfe gekommen, sagten manche nach Kriegsende, nun sei es genug. Andere stellten sich auf den Standpunkt, jetzt, da man »ausländische Interessen« habe, müsse man sie auch wahrnehmen. McKinley sträubte sich zu Beginn gegen eine »large policy«, legte aber unter dem Einfluß seiner Berater einen wachsenden Appetit an den Tag und wollte den USA schließlich den gesamten philippinischen Archipel und nicht nur einige Inseln einverleiben. Der Kongreß autorisierte nach dem Friedensschluß eine Verdreifachung der Truppenstärke und eine Verdoppelung des Kriegsschiffbaus. Als Motiv für die Annektierung der 7000 philippinischen Inseln wurde auch die notwendige Christianisierung einer allerdings bereits zum größten Teil katholischen Bevölkerung ins Feld geführt. Die Rebellion gegen die Besetzung ist über zwei Jahre hinweg niedergehalten worden. Die Amerikaner griffen dabei zu

Methoden, wegen derer sie gegen Spanien in den Krieg gezogen waren. Sie errichteten nach dem Muster General Weylers Konzentrationslager, erschossen Gefangene, brachten Kinder um und preßten Geständnisse durch Folterung ab. Bei der »Wasserfolter« wurden Verdächtige solange mit Wasser gefüllt, bis sie zu platzen drohten. Die Prozedur wurde wiederholt, indem man sich den Opfern auf den Bauch kniete – bis sie sprachen oder starben. Hohe US-Militärs schätzten das brutale Vorgehen gegen die philippinischen Rebellen als einen »unheiligen Krieg« ein. Aus der Kenntnis der Verhältnisse kamen sie zu dem Schluß, die Filipinos hätten mehr gute Gründe zum Aufstand als die Kolonisten zur Zeit des amerikanischen Unabhängigkeitskrieges.[29]

Antiimperialisten und die Erweiterung der Monroe-Doktrin

Gegner des Imperialismus kamen aus allen politischen Lagern: die beiden ehemaligen Präsidenten Grover Cleveland und Benjamin Harrison, die Politiker Carl Schurz, Tom Watson, William Jennings Bryan und die »Silberdemokraten«, Senator John Spooner aus Wisconsin, Tom Reed, der Sprecher des Repräsentantenhauses, der Harvardpräsident Charles Eliot, die Professoren Charles Francis Adams, William Graham Sumner und William James, der nach einem »moralischen Äquivalent« des Krieges suchte, die Sozialreformerin Jane Addams und der Journalist Edwin Godkin, der Bostoner Finanzier Henry Lee Higginson und der Stahlmagnat Andrew Carnegie, die Schriftsteller William Dean Howells, Hamlin Garland, Ambrose Bierce, Edgar Lee Masters, E. A. Robinson. Sieben Wochen nach Kriegsbeginn wurde in Boston eine Antiimperialistische Liga gegründet. Den Gründungsmitgliedern war klargeworden, daß ein moralischer Feldzug in ein imperialistisches Abenteuer auszuarten drohte. Mark Twain machte den sarkastischen Vorschlag, die Sterne auf der US-Flagge durch einen Totenkopf und gekreuzte Gebeine zu ersetzen.

Aus Chicago, dem Hauptquartier der Liga, war zu hören, man vertrete 150000 Mitglieder. Der Krieg und die Expansion wurden in millionenfach verschickten Broschüren als »unamerikanisch« verurteilt. Godkins Zeitschrift *The Nation* sowie einige größere Tageszeitungen unterstützten diese Haltung, darunter die *Evening Post* in New York, die *Sun* in Baltimore, die *Times* in Richmond, die drei Bostoner Zeitungen *Transcript, Herald* und *Post* und das Sozialistenblatt *The Coming Nation.*

Die treibenden Kräfte der Liga begriffen sich als Erben der isolationistischen Tradition des Landes. Washington, Jefferson und Thomas Paine hatten nach dem Unabhängigkeitskrieg dringend davor gewarnt, in europäische Händel verwickelt zu werden. Populisten witterten eine militante Verschwörung von europafreundlichen Wallstreetbankiers. Andrew Carnegie wollte nur Dollars ins Ausland schicken und hielt die Entsendung von Soldaten für »archaisch«. Südstaatliche Pflanzer fürchteten die Konkurrenz von Kolonialwaren auf dem Agrarmarkt, Zuckerrübenbauern schwante der Import von kubanischem Rohrzucker. Carl Schurz hätte einer friedlichen Expansion den Vorzug gegeben. Eine Annektierung der umkämpften Inseln lehnte er ab, weil er glaubte, damit kehrten tropische Zustände in die amerikanische Politik ein. Schurz charakterisierte die Kubaner als einen trostlosen Haufen, Samuel Gompers, dem Chef der *American Federation of Labor,* kamen Puertorikaner und Filipinos wie halbe Barbaren vor.[30] Antiimperialisten hatten also keineswegs ein Monopol auf die moralischen Argumente. Auf gewerkschaftlicher Seite zeigte man sich besorgt, eine Annektierung Hawaiis würde »billigen asiatischen Arbeitskräften« die Schleusen öffnen.

Antiimperialistische Politiker erkannten in Hawaii einen gefährlichen Präzedenzfall. Champ Clark, der spätere Gegenspieler von Woodrow Wilson in der Demokratischen Partei, diskreditierte die Politik der »offenkundigen Bestimmung« als einen bloßen Vorwand von Profiteuren. Gleichwohl wurde Hawaii noch vor der spanischen Kapitulation annektiert. Die Annektionisten hatten sich die Kriegsbegeisterung zunutze gemacht, mehr Durchsetzungsvermögen bewiesen, mit strategisch-militärischen, wirtschaftlichen und rassistischen Argumenten eine gemeinsame Entschließung des Kongresses durchgesetzt und damit die von der Verfassung vorgeschriebene Zweidrittelmehrheit des Senats unterlaufen. Hawaii wurde in den Status eines Territoriums erhoben.

Die Aktivitäten der Imperialismusgegner blieben am Ende wirkungslos. Die pazifistischen Pamphlete, die Edward Atkinson den amerikanischen Truppen auf den Philippinen zukommen lassen wollte, wurden vom Kriegsministerium aufgefangen. Die führenden Köpfe der Antiimperialistischen Liga waren um die 70 Jahre alt oder darüber. Lenin hat sie als »die letzten Mohikaner bürgerlichen Denkens« bespöttelt. Der Versuch, eine neue Partei zu gründen, scheiterte. Carnegie hatte seine Zusage auf finanzielle Unterstützung nicht eingehalten. Nach der Wiederwahl McKinleys im November 1900 kam das »Third Ticket Movement« zum Erliegen.

Im September des Jahres 1901 wurde McKinley erschossen. Sein Amtsnachfolger Theodore Roosevelt setzte die expansionistische Politik fort, die immer mehr Anhänger fand. Henry Teller revidierte seinen isolationistischen Standpunkt. Charles Bonaparte, ein ehemaliges Mitglied der Antiimperialistischen Liga, trat ins Kabinett ein. Champ Clark, der das *Manifest Destiny* einmal als Betrug hingestellt hatte, wünschte sich, die amerikanische Flagge möge über ganz Kanada bis zum Nordpol wehen. Brooks Adams legte unter dem Eindruck von Roosevelts Amtseinsetzung seinen Kulturpessimismus ab und schöpfte neue Hoffnung für

Amerika. Die Dichterin Louise Guiney bewunderte trotz ihrer antiimperialistischen Einstellung den Heroismus Roosevelts auf Kuba und Deweys vor Manila. Der Sieg gegen Spanien überzeugte diejenigen Geschäftsleute, die einer internationalen Ausdehnung bisher reserviert gegenübergestanden waren. Die *American Federation of Labor* stellte sich hinter die Annektierung Hawaiis, Puerto Ricos und der Philippinen.

Theodore Roosevelts Politik des »Big Stick« in der Karikatur (1906)

Das in der Monroe-Doktrin niedergelegte Prinzip der Nichteinmischung hatte politische Vorrechte der USA faktisch nie ausgeschlossen. »Amerika den Amerikanern« bedeutete im Zweifelsfall so viel wie »Amerika den Nordamerikanern«. Diese Maxime wurde im *Roosevelt Corollary* (1904) quasi festgeschrieben. Die USA nahmen sich das Recht, in lateinamerikanischen Staaten zu intervenieren. Roosevelt hatte bereits in seiner ersten Botschaft an den Kongreß verkündet, er könne keinen Staat vor Bestrafung schützen, der sich nicht ordentlich aufführte. Wenn wir zu den Europäern »Hände weg« sagten, so argumentierte der Präsident, so folge daraus, daß die Amerikaner selbst für Ordnung sorgen müßten. Das Interventionsrecht sei dann gegeben, wenn ein lateinamerikanischer Staat »chronisches Fehlverhalten« an den Tag lege und seine Schulden nicht bezahle oder aus »Unvermögen« die Konventionen einer zivilisierten Gesellschaft gefährde. Roosevelts Erweiterung der Monroedoktrin beherrschte bis 1930 die Lateinamerikapolitik der Vereinigten Staaten und erwies sich als brauchbares Instrument, europäischen Nationen beim Eintreiben ihrer Außenstände zuvorzukommen und den USA genehme Regierungen einzusetzen. Die Reaktion der amerikanischen Wirtschaft drückte Zustimmung aus. Die US-Investitionen in Lateinamerika nahmen zwischen 1900 und 1910 stark zu, sie verdoppelten sich in Mexiko und verdreifachten sich in der Karibik.[31]

In den »Banana Wars« von 1900 bis 1930 wurde die neuformulierte Monroedoktrin militärisch umgesetzt. Amerikanische Truppen schalteten in Nicaragua die Opposition aus; das Außenministerium erklärte, das Land werde jetzt von einer legal konstituierten Regierung verwaltet. Durch die Einnahme von Vera Cruz, die Invasion auf Haiti und der Dominikanischen Republik, die Wiederbesetzung Kubas, den *Sandino War* in Nicaragua (1927–31) schufen sich die USA eine Kette von Protektoraten. Von der Einrichtung eines Kolonialministeriums sah man ab, weil man nicht den Eindruck erwecken wollte, ein überseeisches Reich gegründet zu haben. Erst 1934 wurde im Innenministerium eine »Abteilung für Territorien und insulare Besitzungen« gebildet. Statt von Kolonien sprach man von Amts wegen von inkorporierten Territorien wie Hawaii oder von nichtinkorporierten Gebieten wie Guam oder Puerto Rico. Nach Kriegsende hatte sich die Frage gestellt, welche Rechte den Bewohnern eroberter Gebiete zukämen, ob die Verfassung der Flagge folge, wie eine vielgebrauchte Formel lautete. Der Supreme Court entschied 1901, die Zugehörigkeit zu den USA und die Rechte der annektierten Einwohner seien zwei Paar Stiefel. In den folgenden Jahrzehnten war der Oberste Gerichtshof immer wieder mit der Aufgabe befaßt, unterschiedliche Rechtsabstufungen zwischen Vollbürgern der USA, Bewohnern inkorporierter oder nichtinkorporierter Gebiete vorzunehmen. Die Puertorikaner erhielten 1917 die Staatsbürgerschaft der Vereinigten Staaten und durften sich ab 1952 als »freies Commonwealth« der USA selbst verwalten. Hawaii wurde 1959 in die Union aufgenommen. Andere Eroberungen hießen lange Zeit und zum Teil heute noch

»Besitzungen«: die Virgin Islands, Samoa, Wake Island, die Midway-Inseln, die Ryukyu-Inseln oder bis vor kurzem die Panamakanalzone.

Die große Ausflucht

Zwischen 1800 und 1934 landeten amerikanische Kriegsschiffe mindestens einhundertachtzigmal an fremden Küsten, um die Jahrhundertwende allein siebenunddreißigmal. Das Jahr 1898 markierte eine strategische Zäsur, weil die USA nach dem Ende der Indianerkriege nun erstmals einen größeren bewaffneten Konflikt außerhalb nordamerikanischen Bodens austrugen. Von einem historischen Bruch in der Entwicklung der territorialen Ausdehnung und der geopolitischen Machtansprüche der USA kann man jedoch nicht sprechen. Die Vereinigten Staaten haben ihr Territorium zwischen 1776 und 1900 verzehnfacht. Im Vergleich zu den kontinentalen Gebietserweiterungen – Louisiana Territory, Texas, Neumexiko, Kalifornien, Oregon, Florida, Alaska – nehmen sich die maritimen Eroberungen im Zuge des Kriegs gegen Spanien eher bescheiden aus.[32]

Die erste Euphorie über den Sieg machte einer seltsamen Ernüchterung Platz, als sich herausstellte, daß es mühsamer Kleinarbeit bedurfte, den vermeintlichen Barbaren die Segnungen der eigenen Zivilisation nahezubringen. Die vormals so kriegsfreudige New Yorker *World* druckte eine vielsagende Parodie auf Kipling:

> We've taken up the white man's burden
> Of Ebony and brown;
> Now will you tell us, Rudyard,
> How we may put it down?*

Die unaufhörlichen »Bananenkriege« im ersten Drittel des Jahrhunderts erwiesen sich bei aller militärischen Effizienz als politische Fehlschläge, weil den USA das Gespür für die kulturellen Werte der Völker abging, die zu reformieren sie sich vorgenommen hatten. Zum Verdruß Washingtons entwickelten Kubaner und Filipinos eigene Vorstellungen, wie ihre Staaten beschaffen sein sollten. Die »Politik der offenen Tür« machte die Chinesen zu Schutzbefohlenen der USA, aber die *Saturday Evening Post* vermutete, daß Asien sich wohl nicht sehr rasch amerikanisieren lasse.[33]

Waren die politischen und reformatorischen Motive nicht ohnehin nur ein Vorwand für wirtschaftliche Expansion? Profitierte nicht die Zuckerindustrie vom Krieg auf Kuba? Haben Missionare aus den Vereinigten Staaten auf Hawaii sich nicht als raffinierte Bodenspekulanten entpuppt? Diente die »Open Door Policy«

* Wir haben uns die schwarze und braune Last des weißen Mannes aufgebürdet; kannst du uns sagen, Rudyard, wie wir sie wieder loswerden?

nicht dazu, den Großmächten »Einflußsphären« zur ungehinderten Ausbeutung Chinas freizuhalten? Es wäre naiv, die wirtschaftlichen Faktoren zu verkennen. Jedoch blieben die meßbaren Erträge der imperialistischen Politik für die USA gering. Wohl schwärmten Produzenten aus den USA von einer Bonanza mit 400 Millionen chinesischen Kunden. Aber der Handel mit China kam nie über zwei Prozent der amerikanischen Auslandsgeschäfte hinaus. Puerto Rico und die Philippinen absorbierten nicht mehr als zweieinhalb Prozent der überseeischen Investitionen. Während der Depressionsjahre entwickelten sich die Philippinen zu einer ökonomischen Belastung, man leitete die politische Unabhängigkeit ein, die 1946 Wirklichkeit wurde. »Die Vereinigten Staaten haben sich mehr von den Inseln befreit, als daß sie die Inseln befreiten.«[34]

Die amerikanische Version des Imperialismus war von einem starken immateriellen Moment geprägt. Die Notwendigkeit, Überschußproduktion auszuführen, war keineswegs zwingend. Eine Bedrohung der Landesgrenzen, die Vorstöße über diese Grenzen erklärbar gemacht hätte, war nicht gegeben. Der Historiker Robert Wiebe interpretierte den imperialistischen Drang als schiere Lust an der Macht, als Wille zur Beherrschung der Welt. Sein Kollege W. A. Williams verstand die militärische, wirtschaftliche und politische Expansion der USA als eine »great evasion«, eine Ausflucht angesichts nationaler und kommunaler Aufgaben. Am Imperialismus verdarb die Chance auf eine gerechtere amerikanische Gesellschaft. Um die Konfrontation mit den in menschlichen Gemeinschaften entstandenen Problemen zu meiden, wurden die wirksamsten Impulse jenseits der inneren Frontier in ein überseeisches Reich abgeleitet, von dort in den Weltraum verlängert und von da aus »buchstäblich in die Unendlichkeit projiziert«.[35]

»Little Italy« um 1900

Lewis Hine fotografierte Einwanderinnen bei der Heimarbeit (1911)

XIX. Kapitel

SOZIALE MISSSTÄNDE UND SOZIALE AKTION

»New Immigration«

In den letzten drei Jahrzehnten des 19. Jahrhunderts waren vierzehn Millionen Einwanderer in die Vereinigten Staaten gekommen, und die Zahlen stiegen. 1907 wurde mit 1285349 Einwanderern der absolute Höhepunkt erreicht. In der Terminologie der Dillingham Commission (1907) sprach man jetzt von der New Immigration aus Ost- und Südeuropa im Gegensatz zur Old Immigration aus zentral- und nordeuropäischen Ländern. Besonders scharf war diese geographische Trennung nicht. Die Wanderung der Finnen zum Beispiel fiel zeitlich in die Phase der New Immigration. Der amerikanische Süden erschien den Einwanderern nach wie vor weniger attraktiv als die übrigen Landesteile. Dort lag der Anteil der Manufaktur am Wirtschaftsaufkommen um 1900 noch unter dem Niveau von 1860, das Durchschnittseinkommen war im Vergleich zur Vorbürgerkriegszeit gesunken, die Urbanisierung um ein Drittel zurückgegangen.[1] Zum Teil wurden Einwanderer auch aktiv aus den Südstaaten ferngehalten. Sie machten im Jahr 1910 lediglich zwei bis vier Prozent der südstaatlichen Bevölkerung aus, während sich die Quote in den Great Plains und am Pazifik bereits auf zwölf Prozent belief.

Die Industriestädte an der Ostküste zogen Frankokanadier an, die ihre unrentablen Farmen aufgegeben hatten. Schottische Einwanderer, die manchmal ihre eigenen Webstühle mitbrachten, fanden Arbeit in den neuenglischen Textilfabriken. Die *contadini*, die italienischen Bauern, ließen sich nur in solchen Gegenden als Farmer nieder, die einen Vergleich mit mediterranen Bedingungen aushielten: in der Umgebung von New Orleans, von San Francisco und in einigen texanischen Landstrichen. Das beste »freie« Land war schon vergeben, die Umstellung von der *zappa,* der Harke, auf moderne Landmaschinen fiel schwer, und viele wollten sich nicht ans Land binden, da sie keine permanenten Auswanderungsabsichten hegten. In den Städten ersetzten *Little Italies* die alten dörflichen Gemeinschaften. Der Gruppenzusammenhalt erschwerte die Assimilation. Der Schriftsteller Mario Puzo mußte später seine literarischen Ambitionen außerhalb der Gruppe verwirklichen.[2]

Eine ähnliche sozialpsychologische und assimilationshemmende Konstellation ergab sich bei polnischen Emigranten und Wanderarbeitern, die nach 1860 ins Land kamen. Polnische Kleinbauern wanderten in erster Linie aus materiellen Gründen aus, *za chlebem,* fürs Brot. In Polen verfügten zwei Drittel der Bauern nur über drei Prozent des Landes. Der durchschnittliche Grundbesitz sank bei zunehmender Bevölkerungsdichte von fünfeinhalb Hektar (1850) auf drei Hektar (1930). Weitere Motive waren die Angst vor dem Militärdienst, die Flucht vor der Sozialistenverfolgung der 1890er Jahre und die Gefährdung der Radikalen im Zuge der Arbeiterunruhen und Streiks von 1905 in Warschau. Etwa 400000 »deutsche« Polen verließen hauptsächlich zwischen 1860 und 1890 ihr Land, nach 1890 folgten 800000 galizisch-österreichische und über zwei Millionen »russische« Polen. Polnische Landarbeiter verdienten in den USA mindestens das Achtfache ihres früheren Lohns. Polnische Auswanderer waren gute Sparer, sie schickten so hohe Beträge in die alte Heimat, daß sich die Einwanderungskommission der amerikanischen Regierung über den Kapitalabfluß beschweren zu müssen glaubte. Polnische Lebensgewohnheiten erregten das Mißfallen alteingesessener Amerikaner. Sich in den Städten Kleinvieh am Haus zu halten, entsprach nicht amerikanischen Gepflogenheiten. Die Verehrung der schwarzen Madonna von Częstochowa und anderer Heiligenfiguren weckte antikatholische Ressentiments. Die Goralen aus dem Vorgebirge der Tatra wichen mit ihren im alpenländischen Stil erbauten Häusern ganz deutlich von der Norm ab. In polnischen Familien wurde darauf geachtet, daß die Kinder einen Arbeitsplatz in der Nähe der Eltern fanden. In Chicago und Milwaukee schlossen sich die Kaschuben eng zusammen.

Die ausgeprägte ethnische Fraternisierung schien amerikanischen Idealen zuwiderzulaufen. Allein in Chicago gab es zeitweise an die viertausend polnische Vereine. Regionale und nationale Organisationen, von den militaristischen Falken bis zum Bund Polnischer Sozialisten, weckten Mißtrauen, ebenso die mangelnde Tolerierung anderer Minderheiten. Nach der Einsetzung eines irischen Bischofs verließen polnische Christen scharenweise die römisch-katholische Kirche und wurden altkatholisch. Die Beteiligung am politischen Prozeß hielt sich in Grenzen. Polnisch-amerikanische Bürger wählten meist demokratisch, haben aber ihr passives Wahlrecht kaum wahrgenommen. Mit Ausnahme der Bergarbeiter war das Engagement für die Gewerkschaften gering, was zum Teil auf den Widerstand der *American Federation of Labor* gegen ungelernte Arbeiter zurückging.[3] Die Anpassungsschwierigkeiten führten zu einer hohen Rückwanderungsquote. Fast jeder dritte polnische Emigrant kehrte in die alte Heimat zurück. Viele wollten sich mit der nervösen Rastlosigkeit des amerikanischen Lebens nicht abfinden und zogen die Armut einer Auflösung der Familienbeziehungen vor.[4]

Der jüdische Bevölkerungsanteil stieg zwischen 1877 und 1917 von einem halben auf über drei Prozent, wobei die höchste Zuwachsrate zwischen 1888 und 1896 lag. Armut und Verfolgung waren sicherlich maßgebliche Ursachen für den Auswanderungsentschluß osteuropäischer Juden, etwa im Gefolge der russischen Pogrome von 1881. Allerdings zeigte eine Untersuchung am Yiddish Scientific Institute, daß auch psychologische Gründe mit im Spiel gewesen sein müssen. Eine Analyse von 250 autobiographischen Niederschriften jüdischer Emigranten hat ergeben, daß vor allem der individualistisch orientierte Typ nach Amerika ging, Menschen, die keine engen Beziehungen zu ihrer Familie und zu ihrer Umgebung hatten oder persönlichen Schwierigkeiten und Spannungen zu entgehen trachteten. Als Grundmuster ergab sich das Streben nach sozialem Aufstieg und nicht nur das Verlangen, einer extremen Notlage zu entgehen. Amerika erschien als Alternative zur Enge, Monotonie und Statik der osteuropäischen Dörfer. Die große Mehrzahl der befragten Juden hat ihren Entschluß nicht bereut. Spürbare Anzeichen von Entfremdung traten nur in einem zentralen Bereich auf, der Beziehung zur nächsten Generation. In den wenigsten Fällen fühlten Eltern und Kinder sich einander nahe, was wohl auch darauf zurückgeht, daß die aufstiegsbewußten Eltern ihre Kinder unnachsichtig zu Höchstleistungen antrieben.[5]

Abraham Cahan, Redakteur des sozialistischen *Jewish Daily Forward*, machte in seinem ersten Roman *Yekl – A Tale of the New York Ghetto* (1899) den jüdischen Neuankömmling zum Helden. Sein literarisches Meisterwerk, *The Rise of David Levinsky* (1917), ist das jüdische Pendant zu Howells' *The Rise of Silas Lapham.* Levinsky versteht es, sich rasch an die geforderten Erfolgsmuster und Verstellungskünste anzupassen, er lernt den »unsmiling smile«, das Lachen mit den Zähnen, das ihm in seiner russischen Heimat nie begegnet war, und schafft einen scheinbaren Aufstieg, scheinbar, weil sein unstillbarer Ehrgeiz und das Erreichte ewig auseinanderklaffen.[6] Die Erfahrung der Einwanderer hat sich in einem noch kaum erforschten Umfang in der Literatur niedergeschlagen, zum Beispiel bei dem ungarischen Arbeiterdichter Lájos Egri, dem Italiener Eduardo Migliaccio, der die neapolitanische Theatertradition fortführte, oder den polnischen Dramatikern Antoni Jax und Jakób Zieliński. Viele der ethnischen Theaterstücke sind nie gedruckt worden, sie wurden von Hand zu Hand unter Einwanderern weitergegeben.

Das Kulturleben der acht Millionen (1910) deutschstämmigen Bürger spielte sich vor allem in den Vereinen ab, die von der vaterländisch gesinnten *Deutsch-Amerikanischen Allianz* (1901) unter Kontrolle gehalten wurden. Brauer und Schnapsbrenner waren die Geldgeber dieses Dachverbands, der folgerichtig gegen die Anfänge der Prohibition Front machte und dessen Loyalität zu den USA vom amerikanischen Senat kritisch unter die Lupe genommen wurde.

Die Rolle des Billigarbeiters war im 18. Jahrhundert den Deutschen zugefallen, weil sie, wie Benjamin Franklin meinte, keine großen Ansprüche stellten und deshalb die Engländer auf dem Arbeitsmarkt unterbieten konnten. Später hat man den Chinesen als hervorstechendes Merkmal die Bedürfnislosigkeit zugeschrieben. Aus rassistischen Gründen wurden sie im *Chinese Exclusion Act* (1882) von der Einwanderung ausgeschlossen, bereits eingewanderten Chinesen die »Naturalisierung« verweigert. In Rock Springs (Wyoming) sind drei Jahre später 28 Chinesen gelyncht worden, in New Orleans ereilte 1891 neun Italiener das gleiche Schicksal, eine Vielzahl ähnlicher Fälle ist historisch belegt. Japanische Kinder sind ab 1906 in den Schulen getrennt unterrichtet worden. Die Einwanderung osteuropäischer Juden weckte judenfeindliche Tendenzen. Antisemitische Witze waren durchaus gesellschaftsfähig. Abraham Cahan sah sich aufgerufen, die Ostjuden in einem Essay als gesetzestreu, sparsam und häuslich zu charakterisieren. Eine Verstärkung des Antisemitismus ergab sich durch die Mordsache Leo Frank; er war ein Fabrikbesitzer aus Atlanta (Georgia), den man verdächtigte, eine junge Arbeiterin mißbraucht und getötet zu haben; er wurde gelyncht, nachdem sein Todesurteil in eine lebenslängliche Strafe umgewandelt worden war. Der Populistenführer Tom Watson stellte sich auf den Standpunkt, die Lynchjustiz sei besser als gar keine Justiz, solange dieser »satyrgesichtige New Yorker Jude« nicht seiner gerechten Strafe zugeführt sei. Frank war in Texas geboren, in Brooklyn aufgewachsen. Seine Mörder kamen aus reputierlichen südstaatlichen Kreisen.[7]

Der Widerstand gegen die Einwanderung konnte relativ milde Formen annehmen wie bei dem Anthropologen Franz Boas, der bestimmten Rassen größere Talente zuerkannte als anderen. Der Historiker Frederick Jackson Turner war der Meinung, die ost- und südeuropäischen Einwanderer importierten Sozialismus und Syndikalismus und trieben die Verbrechensraten in die Höhe. Brutalere Töne schlug der vielgelesene Schriftsteller Owen Wister an: Ein Schwarm von Ungeziefer sei über das Land hergefallen, es ginge jetzt darum, die Ratten in ihre Löcher zurückzutreiben.[8] Nach dem Haymarket Riot und nach dem Attentat auf Präsident William McKinley sahen sich Deutsche, Böhmen, Polen, Russen, Ungarn und Italiener dem Vorwurf ausgesetzt, Amerika mit Gewalt und Anarchie zu überziehen. Die russische Emigrantin Emma Goldman wurde verdächtigt, die Ermordung McKinleys inszeniert zu haben. Die Dillingham Commission zitierte angeblich wissenschaftliche Erkenntnisse, wonach italienische Einwanderer mit einem angeborenen kriminellen Trieb ausgestattet seien und Polen zu Persönlichkeitsstörungen neigten. Zu diesem Zeitpunkt wurde unerwünschten Ausländern die Einreise bereits verwehrt.

Der Wirtschaftsprofessor Francis Walker von der Universität Yale war einer der ersten gewesen, die vor einer Rassenmischung gewarnt hatten, weil sie »das Blut verschmutzte«. Während und nach dem Ersten Weltkrieg legten Professoren der Universitäten Yale, Harvard und Columbia systematische Abhandlungen gegen die Bedrohung durch sogenannte Untermenschen vor. Burton Hendrick behauptete, polnischen Juden sei der Handelsinstinkt schon ins Spermienplasma eingepflanzt worden. Madison Grant wies ebenfalls den Juden aus Polen die Hauptschuld am Untergang des nordischen Menschen zu, weil sie kleinwüchsig, selbstsüchtig und habgierig seien. Grant übernahm die in europäischen Köpfen entstandene Vorstellung von Amerika als der Latrine Europas: »New York ist im Begriff, eine *cloaca gentium* zu werden, die viele Rassenmischlinge und einige ethnische Schreckgestalten produzieren wird, welche künftige Anthropologen nicht mehr zu enträtseln vermögen.« Amerika habe seine große Zeit bereits hinter sich, meinte Grant. Es sei ein Fehler gewesen, die Bürgerkriegsverluste durch Neueinwanderer und befreite Sklaven wettmachen zu wollen. Grant war Mitglied der *American Breeders Association* und der *Eugenics Research Association*, hielt aber wenig von einer Aufkreuzung der Rassen, denn das minderwertige Erbgut würde sich immer wieder durchsetzen – »ein Jude bleibt ein Jude«. Der dritte im Bunde der einflußreichsten Rassisten war Lothrop Stoddard von der Harvard Universität. Minderwertige Einwanderer verursachten seiner Ansicht nach eine fortschreitende Mongolisierung der USA. Zu den Untermenschen zählte er Asiaten, Indianer und Neger, die in ebenso intelligenten wie treulosen Juden gefährliche Führer fanden. Stoddard hatte anders als Grant noch nicht jede Hoffnung aufgegeben. Durch Sterilisation sei eine »Säuberung der Rasse« zu erzielen. Alfred Rosenberg hat Stoddard gelobt, Stoddard wiederum rühmte nach einem Deutschlandbesuch die angewandte Eugenik der Nationalsozialisten, die ihm allerdings nicht weit genug ging.[9]

Charles Sheldon schlug in seinem Bestsellerroman *In His Steps* (1896) vor, Ordnung in den Einwandererslums zu schaffen und die »menschlichen Bestien« durch Frömmigkeit, Musik und edle Frauengestalten in die Zivilisation zu führen. Gerade aus dem christlichen Lager waren Stimmen zu hören, die davor warnten, mehr Einwanderer hereinzulassen als das Land absorbieren konnte. Am besten wäre es, schrieb ein Mitglied der *Church of Christ*, nur assimilationsfähige Nationen zu berücksichtigen, andere aber – nach wissenschaftlicher Prüfung – ganz auszuschließen. Das Büro für Eugenik am *Carnegie Institute* befaßte sich mit menschlicher Zuchtwahl und kam zu dem Ergebnis, daß bestimmte Gruppen sich nicht assimilieren ließen. Dem Einwanderungsausschuß des Repräsentantenhauses wurde geraten, restriktive Einwanderungsgesetze zu befürworten, denn der amerikanische Schmelztiegel scheide zu viel Schlacke aus.[10]

Der *melting pot*, so benannt nach einem Bühnenstück des englischen Autors Israel Zangwill, hat eine Reihe von Kritikern auf den Plan gerufen, die nicht von rassistischen Motiven bewegt wurden. Der deutschstämmige Philosophieprofessor Horace Kallen forderte als einer der ersten die Selbstbehauptung der ethnischen Gruppen. Der Jurist Louis Brandeis, der einmal gesagt hatte, es dürfe keine Bindestrich-Amerikaner geben, trat später für die Bewahrung der spezifischen

Tradition der Juden in Amerika ein. Der Literat Randolph Bourne wollte ein »transnationales Amerika« mit einer reichen, vielfältigen, polyglotten Kultur. Europäische Beobachter betrachteten die Schmelztiegelphilosophie mit Argwohn. »Die Assimilation ist wie eine Dampfwalze«, schrieb der französische Amerikanist André Siegfried, »rücksichtslos zerdrückt sie die feinsten Blüten älterer Zivilisationen.« Freilich war das Motto »conform or starve« nie so ganz wörtlich zu nehmen. Eine kollektive Identität ließ sich nicht per Dekret herstellen. Die Elemente der Einwandererkulturen konnten von der Hauptkultur nicht so leicht geschluckt und verdaut werden, wie Jane Addams und andere Sozialreformer sich das vorgestellt hatten. »Selbst weitgehende Kulturangleichung an die Wirtsgesellschaft führt nicht notwendig zum Verschwinden einer Minorität, sondern dient oft gerade ihrer Selbsterhaltung.«[11]

Rassentrennung

Mischehen blieben nach Verabschiedung des 14. Zusatzes zur Verfassung, der die Gleichheit aller Bürger garantierte, untersagt. Eine Diskriminierung lag nach herrschender Rechtsauffassung nicht vor, denn Schwarz und Weiß würden ja bei einer Übertretung des Eheverbots gleichermaßen bestraft. Clarence King, führender Geologe der damaligen Zeit, war nie verheiratet; er hatte fünf Kinder mit einer Schwarzen. Die Einzelstaaten unterlegten ihren Eheverbotsklauseln die unterschiedlichsten Definitionen. Diese Definitionen gingen davon aus, daß die Erbanlagen nicht in den Genen, sondern im Blut weitergegeben werden. Die einzelnen Staatsgesetze operierten mit einem Viertel oder einem Achtel oder mit jedem nachweisbaren Quantum an Erbanteilen. Personen mit einem Viertel schwarzer Erbanteile wurden als *quadroons,* mit einem Achtel als *octoroons* klassifiziert. Der gebräuchlichere Begriff für *quadroons* war seit der Kolonialzeit *mulatto.* Als »Mulatten« sind aber auch generell Rassenmischlinge unterschiedlichen Grades bezeichnet worden. Sie wurden in Nordamerika anders als im Dreikastensystem Lateinamerikas zu den Schwarzen gerechnet.[12] Für Vermischungen zwischen Schwarzen und Indianern ist manchmal die Bezeichnung *sambo* oder *zambo* verwendet worden. Die Gruppe der »near whites«, der besonders hellhäutigen Mischlinge, ging graduell in der weißen Mehrheitsbevölkerung auf, ein Vorgang, den man mit dem Ausdruck »passing« belegte. Die Schiffahrtslinien beschäftigten *negro spotters,* deren Aufgabe es war, Schwarze ausfindig zu machen, die sich als Weiße ausgaben.

Der Anteil von Mischlingen an der schwarzen Bevölkerung stieg seit dem Bürgerkrieg an, wenn auch, wie es scheint, nicht linear. Dunkelhäutige Schwarze neigten zeitweise dazu, hellhäutigere Afroamerikaner zu verspotten und sie wegen des unmoralischen Verhaltens ihrer Mütter an den Pranger zu stellen. Auf der anderen Seite empfanden Weiße ein Gefühl von Schande, wenn in ihrer Ahnenliste ein Schwarzer entdeckt wurde.

In der Wiederaufbauphase nach dem Bürgerkrieg war in den Südstaaten an Schulen und in öffentlichen Verkehrsmitteln die Rassentrennung eingeführt worden. Der Staat Mississippi verlangte ab 1890 eine Wahlsteuer, Meldebescheinigungen und den Nachweis, daß einer lesen und schreiben konnte, um schwarze Bürger von der Wahl auszuschließen. Außer in Maryland, Kentucky und Tennessee verloren zwischen 1895 und 1907 in allen Südstaaten die Schwarzen das Wahlrecht. Der Senator Ben Tillman aus South Carolina versuchte, seine Zuhörer in Nord und Süd auf das Prinzip der *white supremacy*, die Vorherrschaft der Weißen, zu verpflichten. Der baptistische Pfarrer, Lyzeumsredner und Schriftsteller Thomas Dixon aus North Carolina mobilisierte mit seinen Romanen *The Leopard's Spots* (1902, *The Clansman* (1905) und *The Traitor* (1907) tiefsitzende Rassenvorurteile. Der *Clansman* diente als Vorlage für den Film *The Birth of a Nation* (1915), der dem rassistischen Geheimbund Ku Klux Klan Auftrieb gab und die aggressive Spannung zwischen den Rassen verschärfte.

Ein Grundstücksmakler in Arkansas warb um neue Siedler mit dem Slogan: »Kein Frost, keine Neger, keine Kneipen, keine Mosquitos.« Mit offenen Drohungen suchte man Schwarze von den Gemeinden fernzuhalten. »Nigger, sieh zu, daß du bei Sonnenuntergang die Stadt verläßt«, stand auf einem Schild zu lesen. Diffamierungen und gewalttätige Übergriffe nahmen überall im Lande zu. In mehreren Städten kam es zu schweren Rassentumulten. Seit der Sklaverei hatten die schwarzen Amerikaner nicht so gelitten wie in den Dekaden um die Jahrhundertwende. Zwischen 1882 und 1927 sind mindestens 3500 Schwarze gelyncht worden.[13]

Der *Civil Rights Act* von 1875 war 1883 vom Obersten Bundesgerichtshof für verfassungswidrig erklärt worden. 1896 fiel eine weitere höchstrichterliche Entscheidung mit schwerwiegenden gesellschaftlichen Folgen. Das Gericht stellte sich im Fall *Plessy vs. Ferguson* auf den Standpunkt, die im 14. Verfassungszusatz garantierte Gleichheit vor dem Gesetz werde nicht verletzt, solange diskriminierende Einrichtungen gleichwertig sind. Es stünde nicht in der Macht des Gesetzgebers, rassische Instinkte zu beseitigen. Diese Doktrin des *separate-but-equal*, die sich ursprünglich auf die Personenbeförderung im Staat Louisiana bezogen hatte, legitimierte und ermöglichte eine Vielzahl von Gesetzen zur Etablierung der Rassentrennung nicht nur im Transportwesen, sondern auch in Schulen und Kirchen, in Hotels und Theatern, in Schwimmbädern und auf Parkbänken. Nach einer alten Negerballade nannte man diese diskriminierenden Vorschriften *Jim-Crow*-Gesetze. Der Grundsatz *separate-but-equal* blieb bis 1954 rechtsgültig.[14] Die Einzelstaaten fühlten sich ermutigt, schwarze Bürger rechtlich zu benachteiligen. Mit der »Großvaterklausel« wurden die Garantien des 15. Verfassungszusatzes unterlaufen, der eine Diskriminierung aufgrund von Rasse, Hautfarbe oder früherem Sklavenstatus untersagte. In Louisiana, Alabama, Georgia, North und South Carolina, Virginia und Oklahoma durften nur solche Personen wählen, die das Wahlrecht bereits vor 1868 oder 1866 innegehabt hatten, beziehungsweise damals wahlberechtigte Vorfahren nachweisen konnten, was auf ehemalige Sklaven und deren Nachkommen natürlich nicht zutraf.

Die Rechtsprechung verfestigte bereits bestehende Alltagsnormen und war nicht etwa ein willkürliches Oktroy. Daß die Segregation der Rassen nicht erst in den 1890er Jahren durch Richterspruch angeordnet worden ist, beweist die Verteilung der Wohnbevölkerung in den Städten. Die freien Schwarzen von Cambridge (Massachusetts) lebten bereits um 1860 zu 70 Prozent in einem der fünf Stadtbezirke, in den beiden exklusivsten Vierteln waren sie nur mit zwei bis drei Prozent vertreten. Mitunter haben Hausbesitzer schwarzen Mietern den Vorzug vor Einwanderern gegeben, weil es hieß, sie seien sauberer und ordentlicher und gingen schonender mit der Einrichtung um. Jedoch im ganzen gesehen wurden Schwarze auf dem Wohnungsmarkt und in anderen Bereichen stärker benachteiligt als andere Gruppen.[15]

Bereits vor dem Ersten Weltkrieg setzte die Abwanderung von Schwarzen aus den Südstaaten ein, die im Norden wirtschaftlicher Not und gesellschaftlicher Zurücksetzung zu entgehen wähnten. Die Artikel und Inserate in dem 1905 gegründeten *Chicago Defender* ermutigten zu diesem Schritt. Zeitungen und Zeitschriften für Schwarze gewannen jetzt erstmals seit der abolitionistischen Kampagne wieder an Bedeutung. Das *Colored American Magazine* würdigte verdiente schwarze Geschäftsleute und Soldaten und berichtete von Freimaurern schwarzer Hautfarbe.

Die Herausgeber von *The Crisis*, dem Organ der 1909 gegründeten *National Association for the Advancement of Colored People* (NAACP), erklärten im Leitartikel der ersten Ausgabe, Ziel ihrer Publikation sei es, die Gefahren des Rassenvorurteils aufzuzeigen. Verantwortlich für die Zeitschrift zeichnete William E. Burghardt DuBois, damals das einzige schwarze Mitglied der NAACP. DuBois war 1896 in Harvard über die Unterdrückung des afrikanischen Sklavenhandels promoviert worden und hatte anschließend die Lebensumstände der Schwarzen in Philadelphia analysiert. Sein Werk *The Souls of Black Folk* (1903) gilt als Meilenstein für die Selbstdefinition der Schwarzen. DuBois stellte die seither vielzitierte These vom »double consciousness« der Afroamerikaner auf, ein doppeltes Bewußtsein, das ständig dazu verleitet, sich selbst durch die Augen anderer zu betrachten. Das »talented tenth« sollte der schwarzen Rasse Selbstvertrauen geben, die unterwürfige Verstellung in Gegenwart von Weißen absurd machen und schließlich der Diskriminierung die Grundlage entziehen.[16]

Sein Gegenspieler Booker T. Washington war bescheidener aufgetreten: »Wir müssen am Fuße des Lebens beginnen, nicht an der Spitze.«[17] Schwarze sollten sich in direkter Konkurrenz zu Einwanderern als Arbeiter, Farmer und Handwerker bewähren. Der Abwanderung in die Städte des Nordens stand er skeptisch gegenüber. Im ländlichen Süden läge der Schwarzen »beste Chance«. So äußerte sich auch die unter seinem Einfluß stehende Zeitung *New York Age*. Die *Southern Negro Anti-Exodus Association*, 1905 in Virginia gegründet, stieß ins selbe Horn.

Die Verbesserung der Lebensbedingungen wurde am häufigsten als Motiv für den Zug nach Norden genannt. Die Abwanderung war nicht aufzuhalten, weil die Städte an der Ostküste und im Einzugsgebiet der Großen Seen einfach als Orte galten, die mehr Freiheit brachten. Selbst diejenigen, die vor dem Moloch Stadt warnten, wie der Lyriker und Romancier Paul Laurence Dunbar – *The Sport of the Gods* (1902) – drückten diese Sehnsucht nach Freiheit aus, und zwar in einer Form, die in Amerika eine lange Tradition hat: als Flugphantasie in den weiten Regionen eines grenzenlosen Himmels. Die Autobiographien prominenter schwarzer Amerikaner, von Booker T. Washingtons *Up From Slavery* (1901) bis zu Mahalia Jacksons *Movin' On Up* (1966), zeugen von dem Verlangen nach Aufstieg und Freiheit, einer uramerikanischen Tradition, die das weiße Amerika für sich reserviert haben wollte.

Neue Frauenrollen

Lange hielt sich in Neuengland die Vorstellung, der Name einer Frau habe nur dreimal in der Zeitung zu erscheinen, bei Geburt, Heirat und Tod. Tocqueville hatte wie zur Selbstberuhigung geschrieben, die amerikanische Frau mische sich nicht in Dinge, die außerhalb der Familie liegen, und überlasse politische und geschäftliche Angelegenheiten den Männern. Die jüngeren europäischen Beobachter Amerikas kamen jetzt zu anderen Schlüssen. Die Amerikanerin würde zwar nicht direkt ins öffentliche Rampenlicht treten, aber auch für sie seien die USA das Land der Hoffnung und des Aufstiegs, weshalb sie nicht daran denke, die zweite Geige zu spielen.

Der amerikanische Soziologe Lester Ward erhoffte sich von der Gleichheit der Geschlechter eine Regeneration der Menschheit und vertrat mit seiner »gynäkozentrischen Theorie« die Ansicht, Frauen seien entwicklungsgeschichtlich gesehen die überlegenen Lebewesen. Charlotte Perkins Gilman griff in *Women and Economics* (1898) im Anschluß an Engels und Bachofen die These vom Niedergang des Matriarchats auf: weil es der Frau verwehrt worden war, für ihre Ernährung selbst zu sorgen, gerate sie in Abhängigkeit vom Mann und über die Ernährung auch in sexuelle Abhängigkeit; weil die Frau kochte, würden Essen und Sexualität miteinander vermischt. Familien sollten nur noch außer Hauses essen, damit die Hausfrau nicht länger »cupid-in-the-kitchen« spielen müsse. Den traditionellen Familienhaushalt empfand sie als die tiefststehende gesellschaftliche Institution.[18] Upton Sinclair gründete 1906 in New Jersey die Helicon Home Colony für junge

Schriftstellerinnen. Die Haushaltsarbeiten und die Kindererziehung wurden dort kooperativ bewältigt, aber die Kolonie überlebte die Angriffe von außen nicht viel länger als ein Jahr.

»Von allen Seiten wurde ich von allen möglichen Männern belagert«, klagte die Tänzerin Isadora Duncan. »Was wollten sie überhaupt? Heute weiß ich, daß ihre Gefühle dieselben waren, die sie gegenüber einer Flasche Whiskey empfanden.« Der neue Frauentyp wollte sich mit seinem Dasein als Konsumartikel nicht mehr abfinden. Im New Yorker Künstlerviertel wurde die *new woman* mit Bubikopf, Sandalen und Mehlsackkleidern propagiert. In einem finnisch-amerikanischen Sozialistenclub diskutierten die Frauen darüber, ob sie beim Grüßen wie die Männer den Hut abnehmen sollten, ließen es dann aber wegen der Hutnadeln sein.

Ein Wahlkontor in Cleveland: die Männer werden aufgefordert, den Frauen das Wahlrecht zu gewähren (1912)

Emma Goldman stellte in ihrer Zeitschrift *Mother Earth* (1906–18) die Ehe in Frage und forderte sexuelle Freizügigkeit für beide Geschlechter. Margaret Sanger, die dem Sexualaufklärer Havelock Ellis und dem Gewerkschaftsführer Big Bill Haywood nahestand, verlangte im *Woman Rebel*, später *Birth Control Review*, eine wirksame Empfängnisverhütung. Mary Austin verfaßte einen Ratgeber für wahlberechtigte Frauen und schilderte in *A Woman of Genius* (1912), wie eine junge Frau aus ihrem tristen Alltag ausbricht und als Schauspielerin Karriere macht. Mit den Zielen der *new women* identifizierten sich Künstler, Schriftsteller und Publizisten. Nicht erst in den 1920er Jahren, sondern bereits vor dem Ersten Weltkrieg mehrten sich die Stimmen, die gegen das herkömmliche Rollenverständnis der Frau aufbegehrten.[19]

Die dramatische Literatur war vielfach noch von Stereotypen geprägt. Edward Sheldon charakterisierte in *The High Road* (1912) eine Frau niedriger Herkunft, die ihren Mann so hartnäckig bearbeitet, bis er sich um die Präsidentschaft bewirbt. In Eugene O'Neills Einakter *Before Breakfast* (1916) bringt sich ein Mr. Rowland, ohne überhaupt die Bühne zu betreten, im Badezimmer ums Leben, weil er den Redefluß von Mrs. Rowland nicht mehr ertragen kann. In der Romanliteratur wurde wiederholt die Frage angesprochen, ob es überhaupt noch möglich sei, eine harmonische Ehe zu führen.[20]

Im letzten Viertel des 19. Jahrhunderts war ein Streit entstanden, ob die Art der Scheidungsgesetzgebung die Scheidungsraten beeinflußte. Das liberale Connecticut hatte mehr Scheidungen aufzuweisen als das konservative Massachusetts. Andererseits lag in Delaware mit sechs legalen Scheidungsgründen die Quote niedriger als in Maryland oder New Jersey, die nur zwei Gründe anerkannten. Verschiedentlich wurde versucht, die Gewalt über Ehe und Scheidung per Verfassungszusatz dem Bund zu übertragen und eine einheitliche Gesetzgebung zu erzwingen. Franklin Roosevelt hat am Anfang seiner politischen Karriere einen Vorstoß in dieser Richtung unternommen, der wie viele gleichgeartete erfolglos blieb. Im Westen gelegene Staaten machten sich die Rechtslage zunutze. Nevada erkannte sieben verschiedene Scheidungsgründe an und verlangte eine Aufenthaltsdauer von sechs Monaten. Im Territorium Dakota war es zeitweise mit drei Monaten Aufenthalt getan. Nach anfänglichem Widerstand lernten ansässige Bürger die Vorteile der »migratory divorce« und des Scheidungstourismus schätzen. Ein Hotelbesitzer aus North Dakota plädierte in South Dakota für ein strenges Eherecht, auf daß in seinem Staat das Geschäft mit der Scheidung blühe. Zu den gefragtesten Scheidungsparadiesen der 1890er Jahre zählten Oklahoma und Wyoming. New Yorker Anwälte machten Kanzleien in der Präriestadt Cheyenne auf. »Viele reiche Klienten verbrachten den Sommer von 1899 damit, die großen, weiten Ebenen zu genießen.«[21]

Liberalisierungstendenzen in den Beziehungen zwischen Mann und Frau blieben nicht ohne Gegenreaktion. Die Stadt New York unterband 1906 die Aufführung des Theaterstücks *Sappho,* weil die Darstellerin ins obere Stockwerk getragen wurde – ein suggestiver Akt. Im selben Jahr bezog Langdon Mitchell in seinem Stück *The New York Idea* gegen das Frivole in Liebe und Ehe Stellung. In einem Pittsburgher Hotel forderte ein Schild die Gäste auf, ihre Zimmertüren offen zu lassen, solange sie Damenbesuch empfingen. Im Staate Washington kam ein Autor vor Gericht, weil er unter dem Titel »The Nude and the Prude« Badeanzüge für überflüssig erklärt hatte; der Oberste Bundesgerichtshof bestätigte die Verurteilung. Die Sexualerziehung behielt ihren altertümlichen Charakter bei. Zwischen 1860 und 1932 erteilte die Bundesregierung rund drei Dutzend Patente für mechanische Selbstbefriedigungsverhinderungsapparate.

William Graham Sumner schrieb in seinem einflußreichen Werk *Folkways* (1906) weltlichen Regierungen zwei wichtige Aufgaben zu: die Verteidigung des Privatbesitzes und der weiblichen Ehre. Die Journalistin Ida Tarbell, die auf anderen Gebieten so fortschrittlich war, empfahl den Frauen, als Gegengewicht zur Welt der Männer häuslich und unpolitisch zu bleiben, denn der zentrale Punkt im Leben einer Frau sei von Natur aus das Kind und ihre Domäne der Haushalt. Von dort aus könne sie in die Gesellschaft hineinwirken und sich durch Boykotts gegen die Monopole zur Wehr setzen. Ein 1911 uraufgeführtes Theaterstück von Rachel Crother handelt von einem Bildhauerehepaar. Sie ist die Erfolgreichere, heimst einen begehrten Preis ein, besinnt sich aber nach der Geburt einer Tochter auf ihre Mutterpflichten. Anna Jarvis kämpfte nach dem Tod ihrer Mutter für die Einführung eines nationalen Muttertages, der durch Kongreßbeschluß 1914 Wirklichkeit wurde und in anderen Ländern Nachahmung fand. Den Historikern blieb eine ironische Note nicht verborgen. Das Verhältnis zwischen Anna Jarvis und ihrer Mutter war, solange diese noch lebte, von äußerster Feindseligkeit geprägt.[22]

Pädagogische Programme

In vielen katholischen Familien blieb die Empfängnisverhütung verpönt. Eine kanadische Textilarbeiterin, die in Neuengland eine zweite Heimat gefunden hatte, brachte sechzehn Kinder zur Welt, immer »eins in der Krippe und eins im Ofen«, wie sie selbstironisch sagte. Die Anpassung an neue Umstände ging oft zu Lasten der Kinder. Unaufgeklärte Mütter fütterten ihre Kleinkinder im neuen Land mit Kohl, Sardinen in Essig, fetter Wurst und eingelegten Gurken. Die soziale Lage der Einwanderer hat die Verbreitung der Milieutheorie in der Erziehung begünstigt. Wenn auf der Welt etwas bewegt werden soll, schrieb Charlotte Perkins Gilman, dann brauchen wir bessere Menschen, und bessere Menschen wird es geben, wenn die Umwelt verbessert wird, und zwar noch ehe die Menschen Kinder in die Welt setzen, denn laut Darwin konnten erworbene Eigenschaften vererbt werden. Das Kind rückte in den Mittelpunkt gesellschaftlicher Überlegungen. »Wir haben es aufgegeben, einen Jungen dem System angleichen zu wollen«, erklärte ein Regierungsbeamter, »wir versuchen jetzt, das System dem Jungen anzugleichen.« Reformwilligen ging es nicht darum, eine Jugend nach Art der Väter zu reproduzieren, sondern die Erziehung antizyklisch anzulegen und auf »fließenden Fortschritt« zu pochen.[23]

»Man braucht die Universitäten«, meinte Woodrow Wilson, »um die jungen Herren ihren Vätern so wenig ähnlich wie nur möglich zu machen.« Der

Nachwuchs sollte im Rahmen einer »kinderzentrierten Erziehung« nicht mehr bloß die Eltern, sondern die ganze Nation befreien oder erlösen. Jeder Bericht über eine erfolgreiche Amerikanisierung konnte mit Zustimmung rechnen. Eine Reporterin, die sich in New Yorker Schulklassen umsah, glaubte beobachten zu können, daß die Kinder binnen weniger Tage ihr fremdländisches Aussehen verlieren und rasch homogen würden. Die Kinder der zweiten Generation wurden zu den kulturellen Eltern ihrer biologischen Eltern. Die Schule war der wichtigste Katalysator bei diesem Prozeß. Denn ehe die Eltern »unamerikanische« Fehler machten, übten sie lieber Nachsicht. Hier liegt einer der Ursprünge der permissiven Erziehung. Die Eltern – und nicht nur unter Einwanderern – wurden direkt oder indirekt aufgefordert, zu ihren Kindern auf emotionelle Distanz zu gehen, eine Forderung, die seit den Puritanern erhoben und immer wieder mit neuen Begründungen unterlegt worden ist. Jetzt hieß es zum Beispiel, elterliche Zuwendung wäre der Verstandesbildung abträglich: »Seelen voller Liebe erzeugen auch Köpfe voller Dummheit.«[24]

Bereits vor dem Bürgerkrieg waren die ersten Froebelschen Kindergärten in Amerika eröffnet worden, zuerst ein deutschsprachiger, 1855 in Wisconsin, dann die englischsprachigen, 1860 in Boston, 1883 im kanadischen Toronto. Reformer wie Luella Palmer wollten den Kindergarten ausdrücklich als Gegengewicht zur Familie verstanden wissen. Ein fünfjähriges Kind sei alt genug, den Schritt von der familiären Umgebung in die Gesellschaft zu tun, dies könne seiner Intelligenz und seiner Moral nur nützen.

Das beherrschende Symbol Amerikas war lange Zeit nicht die Freiheitsstatue, sondern »Miss Columbia«, eine eigenartige Mischung aus »Indianerprinzessin und klassischer Göttin«. Sie bewachte die freiheitlichen Tugenden der Amerikaner und sorgte dafür, daß die Assimilation der Neubürger im »kleinen roten Schulhaus« Fortschritte machte. Das kleine, aus Ziegeln erbaute Schulhaus, das ebenfalls zum Symbol wurde, weckte Assoziationen an kleinstädtische, unproblematische Werte inmitten einer homogenen, von Protestanten weißer Hautfarbe bevölkerten Umwelt. Die gesellschaftlichen Kräfte wiesen zu diesem Zeitpunkt längst in eine andere Richtung, der Verwendbarkeit der genannten Symbole hat dies aber keinen Abbruch getan. Viele Amerikaner haben sich später positiv über die öffentlichen Schulen ihrer Kindheit geäußert. Dort war ein Hort der Sicherheit und Freundlichkeit, ein Platz, an dem ein verstörtes Einwandererkind ein Minimum an Selbstvertrauen erwerben konnte.[25] Der Pädagoge und Psychologe G. Stanley Hall, Begründer des Children's Institute (1909) an der Clark University in Massachusetts, richtete flammende Appelle an die Erzieher, dem Kind bei seiner Entwicklung nicht länger im Wege zu stehen. Pädozentrisch hatte die Erziehung zu sein, nicht scholiozentrisch. Man mußte wegkommen vom ABC-Fetischismus, vom Einmaleinslernen, von der Bücherwut. Wer Studienpläne oktroyierte, legte den Kindern Zwangsjacken an und durchkreuzte einen natürlich-göttlichen Plan. Ein

Kind würde sich aus eigener Kraft und analog der Menschheitsgeschichte von tierähnlicher Primitivität zur Zivilisation vorarbeiten. Nur bei größtmöglicher Zurückhaltung sei es möglich, »die Rasse zur höchstmöglichen Reife zu führen«.[26]

John Dewey hatte in Baltimore bei G. Stanley Hall studiert. Auch er wollte das Kind von den Fesseln der Vergangenheit, der Kultur, der Geschichte befreien. In *Democracy and Education* (1916) setzte er Erziehung mit Wachstum gleich. Wachsen soll das Kind und mit ihm die Gesellschaft. Dem Kind müssen dabei Anteile an der eigenen Erziehung belassen werden, sonst tritt Stagnation und eine bloße Reproduktion des Bestehenden ein. Die humanistischen Fächer haben keinen unmittelbaren praktischen Wert, es sei denn als Unterhaltungswert für Privilegierte. Deswegen sind die Naturwissenschaften »humanistischer als der angebliche Humanismus, der seine erzieherischen Vorstellungen auf die Spezialinteressen einer Klasse von Müßiggängern gründet«. Weil es die Kinder sind, die einen regenerativen und innovativen Beitrag leisten, müssen die Autorität des Lehrers und die Strenge des Stundenplans zurückgenommen werden. Ein Lehrer, der den Impulsen der Kinder Platz schafft und ihre Anlagen freilegt, erfüllt den göttlichen Willen und wird zum Propheten eines wahren Gottes. Unter Deweys Einfluß wurden Unterrichtspläne erweitert und »praktisch« gemacht: Töpfern, Drachenbau, Hotelmanagement, Salesmanship, Eiskremherstellung, Ausbildung zur Modistin.[27]

Das seit der Jahrhundertwende florierende *Arts & Crafts Movement* legte Wert auf die Herausbildung der taktilen Anlagen. Ellen Gates Starr, die Mitbegründerin des *Hull House* in Chicago, versuchte, den Arbeitern den Trost der Kunst und die Wiedergewinnung kreativer Fähigkeiten zu vermitteln. Jane Addams interpretierte das *Hull House Labor Museum* im Sinne Deweys als Rekonstruktion persönlicher Erfahrung. Ebenfalls in der Nachfolge Deweys stand Randolph Bourne, der für flexiblere, lebensnahe Unterrichtsformen plädierte. In der Abwendung von akademischen Lehrmethoden fand die Ablehnung europäischer Vorbilder ihre Fortsetzung. Ausnahmen stellten die affinen erzieherischen Vorstellungen Maria Montessoris dar oder die Kinderbücher von Lucy Perkins, die Verständnis für europäische Nationen und deren Beitrag zur amerikanischen Kultur wecken wollte. Insgesamt glaubte man jedoch, von den Europäern keine nachhaltigen Impulse mehr erwarten zu dürfen.[28]

Lenin bewunderte das amerikanische Erziehungssystem, lobte die Gehälter der Lehrer, das Bibliothekswesen. Der New Yorker Public Library und ihren frei verfügbaren Buchbeständen hat er einen eigenen Artikel gewidmet. »So werden die Dinge in New York gemacht. Und in Rußland?«[29] Neuere amerikanische Kritiker stehen den Errungenschaften der Erziehungsreform weniger positiv gegenüber. Der Historiker Richard Hofstadter meinte, Deweys Lehre habe sich für allerlei anti-intellektuelle Pervertierungen geeignet, weil die Bedeutung des kulturellen Erbes in den Hintergrund rückte und die Erziehungsziele nur vage definiert waren.

Hofstadter vergißt in diesem Moment, daß in der amerikanischen Tradition der Weg wichtiger war als das Ziel. Man muß ihm aber zustimmen, daß einige von Deweys Maximen alles andere als pädagogisch hilfreich waren, wenn er etwa sagte: »Das Ziel der Erziehung besteht darin, den Einzelnen zu befähigen, seine Erziehung fortzusetzen.« Bei der Musterung zu Beginn des Ersten Weltkriegs stellte sich heraus, daß Tausende von Wehrpflichtigen noch nie etwas von Lincoln gehört hatten. Der Kulturkritiker Van Wyck Brooks vermutete, daß die progressive Erziehung zwei extreme gesellschaftliche Typen erzeugte, den *high brow* und den *low brow* – mit einem großen Vakuum dazwischen.[30]

Das »Progressive Movement«

Das Progressive Movement war eine soziale Reformbewegung, die um 1890 ihren Anfang nahm und in den 1920er Jahren wieder verebbte. Eine genaue zeitliche Eingrenzung ist nicht möglich. Die Ursprünge dieser Reformbewegung lassen sich im Sozialdarwinismus ansiedeln, falls man bereit ist, einen gedanklichen Umweg zu gehen. Denn in Amerika wurde Darwins Lehre gewissermaßen rückwärts gelesen: die Umwelt hat sich der Art anzupassen, nicht umgekehrt. Diese Lesart machte das Nachdenken über instrumentalistische Methoden notwendig, über Experimente, Planung und Reform.[31] Vom Begriff her ergibt sich eine Verbindung zur liberalen Fraktion der Republikanischen Partei in der Nachbürgerkriegszeit. Carl Schurz führte seinen Wahlerfolg auf den »liberalen und progressiven Geist« seiner Wähler zurück. Der geistige Vorläufer der Bewegung war Henry George und sein privat gedrucktes Werk *Progress and Poverty* (1879). Henry George hatte als junger Matrose in Kalkutta die entsetzliche Kluft zwischen Arm und Reich gesehen und später, im amerikanischen Westen, die Armut am eigenen Leibe verspürt. Der Ausverkauf des Landes an wenige Wohlhabende war seiner Ansicht nach Hauptursache für die Mißstände seiner Zeit. Um Abhilfe zu schaffen, schlug er die Erhebung einer *single tax* vor, einer Besteuerung unverdienter Gewinne aus dem Wertzuwachs von Grund und Boden. Denn dieser Wertzuwachs entstand laut George nicht durch eine Verbesserung der Grundstücke, sondern durch die steigende Nachfrage bei wachsender Bevölkerung. Von einer gezielten Steuer erhoffte er sich die Eindämmung der Bodenspekulation und ein Mehr an sozialer Gerechtigkeit.

Allgemein genommen war das Progressive Movement eine Reaktion auf den Übergang zu einer urbanen, industrialisierten Gesellschaft und die dabei entstandenen Probleme, obwohl bei dieser Gelegenheit auch ältere Mißstände, die Kinderarbeit zum Beispiel, aufgegriffen wurden. Ein Zentrum der Bewegung lag in den Städten und Staaten des Mittleren Westens. Um 1900 hatte der Reformimpuls das ganze Land erfaßt. Von einer homogenen, organisierten Kampagne kann man nicht sprechen. Die Reformbemühungen richteten sich gegen die Trustbildung, die politische und wirtschaftliche Korruption, die Parteiklüngel und die Denaturierung des demokratischen Prozesses. Man verlangte eine Dezentralisierung der Wirtschaft, die Entmachtung korrupter Parteiapparate und Stadtverwaltungen, die Verbesserung der Arbeitsbedingungen in den Fabriken, die Auflösung der Slums, direktere Beziehungen zwischen Wählern und Gewählten und die Wiederherstellung des freien Wettbewerbs.

Robert LaFollette Sr. aus Wisconsin kämpfte mit seiner Zeitschrift *The Progressive* (1909) vor allem gegen die Übermacht der Monopole an. Um 1900 gab es nicht weniger als 300 Trusts. Zentrale Industrien wurden von großen Konglomeraten beherrscht: Kohle, Öl, Stahl, Papier, Zucker, Tabak und Rindfleischverarbeitung, dazu kamen die Versicherungs- und Eisenbahnkonzerne. Quer durch die Industrien erweiterten die Banken ihre einflußreiche Stellung. Der Finanzkapitalismus nahm jetzt seinen Anfang. Das Haus Morgan war auf dem Gipfel seiner Macht mit 341 Direktoren bei 112 Firmen vertreten. Die Konzerne wandten sich von der Wettbewerbsideologie ab, drosselten die Produktion, sobald das Preisniveau in Gefahr geriet und bekannten sich zur Kooperation untereinander, wenn damit größere Gewinne zu erzielen waren. Unter dem *Sherman Anti-Trust Act* wurden zwischen 1890 und 1901 nur 18 Anklagen wegen Handelsbeschränkungen durch Kartellbildung erhoben, davon vier gegen Gewerkschaften. Kleinere Geschäftsleute, die mit großen Versandhäusern wie Sears, Roebuck & Co. oder Kaufhausketten wie A&P nicht mithalten konnten, verlangten eine Erweiterung des *Sherman Acts,* der freilich ihre eigenen Preisabsprachen unangetastet lassen sollte.[32]

Henry Demarest Lloyd warf in *Wealth Against Commonwealth* (1894) Monopolisten vom Schlage Rockefellers vor, sie würden ihren eigenen Wohlstand über das Gemeinwohl stellen. Der Wirtschaftstheoretiker Thorstein Veblen attackierte in *The Theory of the Leisure Class* (1899) die Konsumgewohnheiten und die Verschwendungssucht der Geldelite. »Der auffällige Konsum wertvoller Güter bringt den Gentlemen mit Muße einen Distinktionsgewinn.« Reiche Nichtstuer, spazierstockschwingende Finanzaristokraten und selbstgefällige Herrenreiter hätten die protestantische Arbeitsmoral untergraben, die amerikanische Grundidee verraten und weniger bemittelte Amerikaner in Versuchung geführt, kommerziellen Werten den Vorrang zu geben. Der Theologe Walter Rauschenbusch wollte dem Wirtschaftsegoismus mit einem erneuerten Sozialevangelium begegnen. Die Front gegen die Konzentration wirtschaftlicher Macht war breit und alles andere als einheitlich.[33]

Das Progressive Movement war in seiner Wirkung abhängig vom Journalismus. Schonungslose Recherchen vor allem der Zeitschriftenpresse legten Bestechung, Erpressung und Schiebung in Politik, Verwaltung und Wirtschaft bloß. Den »muckrakers«, wörtlich den Mistharkern, ging es ursprünglich um die Aufdekkung politischer und sozialer Mißstände. Die Zeitschrift des aus Irland stammenden Samuel McClure spielte unter den »muckraking magazines« eine führende Rolle. Die Artikel in *McClure's* waren sorgsam recherchiert und recht objektiv geschrieben. Ida Tarbell veröffentlichte dort ab 1902 in Serie ihre *History of the Standard Oil Company* (1904), eine nüchterne Analyse der Methoden Rockefellers, an der sie jahrelang gearbeitet hatte. Lincoln Steffens, der zeitweilige Chefredakteur von *McClure's*, deckte die Korruptheit der Verwaltungsapparate in den wichtigsten Großstädten der USA auf – »The Shame of Minneapolis« oder von St. Louis, Pittsburgh, Chicago, Philadelphia und New York. Der Stil von *McClure's* wurde rasch nachgeahmt. Ray Stannard Baker berichtete im *American Magazine* von den dubiosen Geschäftspraktiken der Eisenbahngesellschaften. *Collier's* brachte Artikel von Samuel Hopkins Adams über die Betrügereien beim Verkauf von Patentmedizinen und von Upton Sinclair über die Machenschaften der fleischverarbeitenden Industrie. Bei *Collier's* wurde ein Muckraker definiert als jemand, der es wagte, »den amerikanischen Schlammgott Erfolg« in Stücke zu schlagen. Es konnte nicht ausbleiben, daß oberflächliche Effekthascher die Grenze zum Sensationsjournalismus überschritten. Mit Thomas Lawsons Enthüllungsstory »Frenzied Finance« über die Tricks der Börsenspekulanten erzielte die Zeitschrift *Everybody's* eine enorme Auflagensteigerung. William Randolph Hearst stieg mit seiner Zeitschrift *Cosmopolitan* ins Geschäft ein und publizierte reißerische Artikel wie »Verrat im Senat« von David Graham Phillips. Präsident Theodore Roosevelt nahm Anstoß und hielt der Presse vor, des Guten zuviel zu tun.[34]

Die Mehrzahl der Muckrakers ließ es mit der Beschreibung isolierter Mißstände sein Bewenden haben, nur wenige, wie Lincoln Steffens, fragten selbstkritisch nach den Ursachen der Misere. Warum, wollte Steffens wissen, saßen so viele *bad guys* in einflußreichen Positionen? Lag es vielleicht daran, daß korrupte Regierungen am Ende doch repräsentativ waren? Es mußte am Amt selbst liegen, vermutete Steffens, nicht an den Inhabern. Denn wenn man die Schufte auf die Straße jagte, würden aus ihren Nachfolgern bald wieder Schufte. Die Frage, ob er Adam die Schuld am Sündenfall gebe, konterte Steffens mit dem Satz: »Nein, es war der Apfel.«

Historische Gründe für aktuelle gesellschaftliche Probleme stellte Gustavus Myers in seiner *History of Tammany Hall* (1909–10) heraus. Van Wyck Brooks schob in *The Wine of the Puritans* (1909) dem puritanischen Erbe die Schuld an der materiellen Ausrichtung der amerikanischen Kultur zu. Charles Beard rechnete mit den Gründervätern ab, die sich seiner Ansicht nach beim Entwurf der Verfassung mehr von wirtschaftlichen Eigeninteressen als von abstrakten Ideen hatten leiten lassen. Walter Clark, der Oberste Richter des Staates North Carolina, wagte sich mit der These hervor, die Verfassung der USA sei im Grunde undemokratisch.[35] Herbert Croly, der Begründer der Zeitschrift *The New Republic*, rechnete in *Progressive Democracy* (1914) mit den traditionellen politischen

Grundlagen des Staates ab, mit dem grundsätzlichen Mißtrauen der Amerikaner gegen ihre Regierungen und mit dem ökonomischen Individualismus. Hamiltons Wirtschaftspolitik habe die Privilegierung der Oberschicht zementiert, die Ideen Jeffersons seien unbrauchbar, weil zu romantisch.

In den »muckraking novels« oder »reform novels« trat immer ein Einzelkämpfer gegen ein korruptes System an, etwa in Booth Tarkingtons *The Gentleman from Indiana* (1899). Winston Churchill ließ in *Mr. Crewe's Career* (1908) einen korrupten Boß gegen die hochherzigen Reformer unterliegen. David Graham Phillips bearbeitete in *Light-Fingered Gentry* (1905) einen Versicherungsskandal. Theodore Dreiser stellte in *The Financier* (1912) und *The Titan* (1914) die Geldgier eines Großkapitalisten an den Pranger, kapitalistische Ausbeutung und ihre Folgen waren das Thema in Jack Londons *The Iron Heel* (1908).

Zum meistdiskutierten Enthüllungsroman des Progressivismus wurde *The Jungle* (1906) von Upton Sinclair, die Geschichte eines Arbeiters litauischer Abstammung in den Schlachthöfen Chicagos. Jurgis Rudkus wird schamlos ausgebeutet und bekennt sich schließlich zum Sozialismus. Ein Schlachthofboss hat die Armut von Frau Rudkus ausgenutzt und sie verführt. Jurgis fällt rächend über ihn her, gräbt die Zähne in sein Gesicht. Als man ihn wegreißt, hängen blutige Fleischfetzen aus seinen Mundwinkeln; er ist zum Tier geworden. Sinclair verfolgte mit seiner extrem naturalistischen Darstellung zwei Absichten. Einmal wollte er auf die Lage der Arbeiterschaft am Rande des Existenzminimums aufmerksam machen. Zum anderen ging es ihm darum zu zeigen, daß in den Schlachthöfen verdorbenes Fleisch verarbeitet wurde. Die Leser waren hauptsächlich an dieser zweiten Aussage interessiert. Theodore Roosevelt zitierte nach der Lektüre den Verfasser herbei, um sich die Tatsachen bestätigen zu lassen. »Ich habe auf das Herz des Publikums gezielt und versehentlich den Magen getroffen«, sagte Sinclair, aber ganz so zufällig war dieser Effekt nicht zustandegekommen: Schlachthofarbeiter in *The Jungle* kippen Abfall, rostige Nägel und abgestandenes Wasser in die Behälter mit Frischfleisch, das als Konserve auf den amerikanischen Frühstückstisch kommt. Die Rinder sind alt und krank, manchen spritzt beim Schlachten der Eiter aus den Beulen. Ein Mann stirbt an tuberkulösem Schweinefleisch, das nur für den Inlandsmarkt freigegeben war.[36] Es stimmte: Nur für Exportfleisch war eine Fleischbeschau *vor* der Schlachtung obligatorisch. Noch im Erscheinungsjahr von *The Jungle* verabschiedete der Kongreß ein Fleischbeschaugesetz, ein Lebensmittel- und Medikamentengesetz. Die Konsequenz des Gesetzgebers haben wohlmeinende Liberale als beruhigendes Beispiel dafür zitiert, daß man vom Schreibtisch aus die Welt verändern kann. Upton Sinclair selbst schätzte die Wirkung seines Romans nüchtern ein: er hätte zur Verabschiedung der Gesetze kaum etwas beigetragen.

»Es tut den Kindern nichts«, versicherte ein Süßwarenfabrikant, der seine Kokosriegel mit Knochenmehl streckte, »sie mögen es!«[37] Um Mißstände in der

Wirtschaft abzustellen, brauchte der Verbraucher mehr Macht. Mehr Macht konnte ihm nur dann zufallen, wenn die Beziehungen zwischen Wählern und Gewählten wieder enger wurden. Die Politiker sollten sich um die wahren Belange und Bedürfnisse der Bürger kümmern. In den größeren Städten wurde die Klage laut, man werde von provinziellen Volksvertretern regiert, die kein Interesse für urbane Probleme aufzubringen vermochten. Deshalb wurden im Zuge des Progressive Movement die demokratischen Instrumente der Wählerinitiative, des Volksentscheids (*referendum*) und der Abberufung (*recall*) kultiviert: Bei der Wählerinitiative, die nur auf lokaler oder einzelstaatlicher Ebene erlaubt ist, entwirft eine Gruppe von Bürgern ein Gesetz, sammelt Unterschriften und reicht den Gesetzentwurf als Petition bei einer bestimmten Behörde ein; die Behörde setzt die Gesetzesvorlage bei der nächsten Wahl auf den Stimmzettel oder leitet einen Volksentscheid ein; durch Abberufungspetitionen können kriminelle oder inkompetente Beamte oder Politiker unter Nennung einer Ersatzperson aus dem Amt entfernt werden. In Los Angeles (1903) und in Oregon (1908) wurde von dieser Möglichkeit Gebrauch gemacht, die im allgemeinen nur selten angewendet wird.[38] Als Erfolg der Progressiven ist der 17. Verfassungszusatz gewertet worden, der die direkte Wahl der Senatoren durch das Volk und ohne den bisherigen Umweg über Wahlmänner vorschreibt. Die geheime Wahl – umständlich mit »Australian ballot« umschrieben – setzte sich mehr und mehr durch.

Eines der dringlichsten Ziele für den Gesetzgeber war die Regulierung der großen Monopole. Im *Elkins Act* (1903) und im *Hepburn Act* (1906) wurde den Eisenbahngesellschaften die Gewährung von Tarifermäßigungen verboten, weil sie den Wettbewerb verzerrten. Rockefellers Standard Oil Company handelte sich wegen Verletzung der Rabattbestimmungen eine Geldstrafe in Höhe von 29 Millionen Dollar ein. Der Effekt war, daß Tarifnachlässe als »rauchloser Rabatt« versteckt gewährt wurden. Die Monopolisierung stellte progressive Gouverneure wie Robert LaFollette in Wisconsin, Albert Cummings in Iowa, Charles Evans Hughes in New York oder Hiram Johnson in Kalifornien vor fast unlösbare Aufgaben. Zerschlagene Trusts entstanden in etwas anderem Gewand neu. Monopole, die auf einem Patent basierten, waren so gut wie unangreifbar. Die in der Regel unternehmerfreundliche Rechtsprechung machte weniger die Größe eines Konzerns als wettbewerbsschädliche Geschäftsmethoden zum Kriterium.

Die herrschende Rechtsmeinung löste sich nur widerstrebend von dem Glauben an die selbstregulierenden Kräfte der Wirtschaft. Der Oberste Bundesgerichtshof legte einer wirksamen Sozialgesetzgebung Stein um Stein in den Weg. Die Kampagne arbeitender Frauen für Arbeitszeitverkürzung und Mindestlöhne kam nur langsam voran. Ein Gesetz zur Einschränkung der Kinderarbeit, der *Keating-Owen Act* von 1916, wurde vom Supreme Court für verfassungswidrig erklärt, weil er die Rechte der Einzelstaaten tangierte und – die Freizügigkeit der Kinder einschränkte. Das Child Labor Movement hatte seit der Jahrhundertwende

Lewis Hine, Breaker Boys (1911)

versucht, auf die Probleme arbeitender Kinder aufmerksam zu machen. Die Dichterin Sarah Cleghorn faßte den krassen Widerspruch zwischen der Kinderarbeit und dem Müßiggang der Reichen in sarkastische Verse:

The golf links lie so near the mill
That almost every day
The laboring children can look out
And see the men at play.*

Armen Familien blieb meist nichts anderes, als ihre Kinder zur Arbeit zu schicken. In New Hampshire gab ein Vater seiner zehnjährigen Tochter den Geburtsschein einer älteren, verstorbenen Schwester mit in die Textilfabrik, damit sie eingestellt wurde.[39]

* Der Golfplatz liegt so nahe bei der Fabrik, daß fast jeden Tag die arbeitenden Kinder die spielenden Männer sehen können.

Der Richter Ben Lindsey kämpfte in Denver für die Errichtung eines Jugendgerichtshofs, um dauerhafte Schäden bei jugendlichen Straftätern abzuwenden. Louis Brandeis forderte eine soziologisch orientierte Jurisprudenz: »Ein Rechtsanwalt, der nicht Wirtschafts- und Sozialwissenschaften studiert hat, wird leicht

Alfred Stieglitz, The Steerage (1907) – enttäuschte und abgekämpfte Rückwanderer auf dem Weg nach Europa

zum Staatsfeind.« In den Jahren vor dem Ersten Weltkrieg entwickelte sich eine wahre Epidemie sozialer Umfragen oder »surveys«, die als Grundlage für kompensatorische Maßnahmen des Gesetzgebers gedacht waren. Denn gezielte Eingriffe des Staates sollten jetzt soziale Probleme lösen und die Opfer des Systems entschädigen, nachdem mit wahllos verstreuter Philantropie und erbaulichen Sprüchen das Elend anscheinend immer größer geworden war. Führende Psychiater planten auf einer Konferenz im Jahre 1918 ein sozialpsychologisch fundiertes Fürsorgesystem.[40]

Der blinde Fleck im Sozialprogramm der Progressiven war ihre Einstellung zu ethnischen Minderheiten. Wohl setzte sich Jacob Riis für eine Verbesserung der Lebensverhältnisse von Einwanderern in den Mietskasernen an Manhattans Lower East Side ein. In Chicagos »Hull House« (1889) bemühte sich Jane Adams um Einwanderer, die in Amerika zu scheitern drohten. Nicht zu verkennen ist jedoch die Tendenz unter progressiven Autoren, auf eine Beschränkung der Einwanderung hinzuarbeiten, die nach dem Krieg auch kam. Der progressive Reformer Robert Hunter bekannte in seinem einflußreichen Werk *Poverty* (1904), er verspüre kein Mitleid mit arbeitslosen Ungarn oder Böhmen und fühle sich in den Einwandererkolonien wie in einem fremden Land. Der dem Progressive Movement zugerechnete Soziologe E. A. Ross von der Universität Wisconsin glaubte, handfeste Beweise für seine antisemitischen Vorurteile zu haben.[41]

Die Umformung der progressiven Bewegung zu einer politischen Partei kam vor den Präsidentschaftswahlen im Jahr 1912. Kandidaten »dritter« Parteien werden durch das amerikanische Wahlrecht eindeutig benachteiligt. Sie müssen entweder bei einer vorhergehenden Wahl einen festgesetzten Stimmenanteil erzielt haben oder auf dem Petitionsweg eine bestimmte Unterschriftenzahl erreichen. Die Gebühren für die Registrierung sind hoch, die Echtheit der Unterschriften muß beschworen, in Indiana sogar notariell beglaubigt werden, was bei acht- bis zehntausend Unterschriften keine Kleinigkeit ist. So gut wie chancenlos ist die Methode des »write-in«, bei der die Wähler den Namen des Bewerbers auf dem Stimmzettel eintragen. Trotz dieser Hindernisse haben sich Dritte Parteien immer wieder und vor allem in Phasen fallender Preise und wirtschaftlicher Rezession zur Wahl gestellt: die Antifreimaurerpartei, die Locofocos, die Freesoilers, die Greenbackers, die Populisten. Ideell war die *Progressive Party* mit diesen Parteien durch die Forderung nach Chancengleichheit und einer Korrektur der Besitzrechte verbunden. Wahltechnisch ergab sich eine an sich günstige Konstellation. Theodore Roosevelt war die Nominierung von den eigenen Republikanern verweigert worden; er stellte sich den Progressiven als Präsidentschaftskandidat zur Verfügung. Dies war bereits der parteipolitische Kulminationspunkt der Bewegung. Roosevelt erhielt mehr Stimmen als der Republikaner, landete aber weit abgeschlagen hinter dem Demokraten Woodrow Wilson. Die *Progressive Party* fiel auseinander und spielte bei den nächsten Wahlen keine Rolle mehr. Eine historische

Erfahrung hatte sich bestätigt. Die beiden großen Parteien übernehmen einige Programmpunkte der »Third Party« und blasen ihr damit das Lebenslicht aus.[42]

Das Progressive Movement ist gedeutet worden als eine Antwort auf den Niedergang des Jeffersonschen Agrarianismus und des Individualismus à la Jackson. Die progressiven Reformer machten sich keine Illusionen mehr: der Businessman regierte Amerika und der Finanzkapitalist bediente sich zur Ausübung seiner Macht anderer Leute Geld.[43] Die »Pujo-Kommission« (1913) des Repräsentantenhauses warnte vor der Konzentration des Kapitals beim »money trust« an der Wall Street. Die Verfassungsgebende Versammlung habe selbst den Grundstein der Plutokratie gelegt, behauptete Charles Beard in seiner Neuinterpretation der Constitution. Beard und andere Progressive waren in einem Widerspruch befangen. Als historische Realisten erkannten sie, wie in der Geschichte Ideen den Interessen untergeordnet wurden. Als Reformer fühlten sie sich aufgerufen, Ideen den Vorrang einzuräumen.[44] Wie sollte der Staat die Freiheiten sichern, die sich der einzelne Bürger aus eigener Kraft nicht mehr holen konnte? War es mit einer mäßigen Steigerung der Regierungsmacht getan? Manche hielten es für ausreichend, wenn der Staat die Monopole zerschlägt und sich dann aus dem freien Spiel der Kräfte wieder zurückzieht. Andere, wie Theodore Roosevelt, waren für fortdauernde regulative Eingriffe der Staatsgewalt. Herbert Croly meinte in *Progressive Democracy*, mit einer Wiederherstellung des Wettbewerbs sei es nicht mehr getan. Louis Brandeis, der in jüngeren Jahren kräftig mitgeholfen hatte, Monopole aufzubauen, wollte jetzt sowohl den Wettbewerb wie die Monopole reguliert wissen.

Der Historiker Richard Hofstadter interpretierte den Progressivismus in *The Age of Reform* (1955) als eine Statusrevolte, als einen Kampf der Unorganisierten gegen die Organisierten, derjenigen, die sich unerwartet als politisch heimatlose »Mugwumps« vom ehemaligen Reformflügel der Republikanischen Partei zwischen den Fronten der Gewerkschaften und der Mammutkorporationen befanden. Der Klerus hatte am meisten Macht eingebüßt. Geistliche konnten sich nicht mehr als die natürlichen intellektuellen Führer der Nation gebärden. Insofern war das Progressive Movement auch eine protestantische Wiedererweckungsbewegung, ein Feldzug moralischer Entrüstung, hinter dem persönliche Enttäuschung stand. Die Professoren, an sich eine aufsteigende Klasse, sahen sich sozialen Spannungen ausgesetzt und waren unsicher, wo ihr Platz in der Gesellschaft sein sollte. Die Juristen standen im Konflikt zwischen Selbständigkeit und der Abhängigkeit von den großen Konzernen, die bei ihren Expansionsbestrebungen Rechtsanwälte als »cheap labor« mißbrauchten. Die akademischen Berufe boten immer noch Aufstiegschancen, aber die Errungenschaften der oberen Mittelschicht verblaßten neben den Reichtümern der Rockefellers, Carnegies und Vanderbilts. Das beklemmende Dilemma zwischen kapitalistischem Paternalismus und Staatssozialismus erzeugte Unzufriedenheit, und Unzufriedenheit erzeugte Reformwünsche. Wie andere amerikanische Reformbewegungen, so argumentierte Hofstadter, blieb das progressive Reformwerk wirkungslos, weil im Grunde nur die kleinen Kapitalisten gegen die großen Kapitalisten antraten.[45]

Hofstadter verkannte, daß die Reformer neben subjektiven Beweggründen altruistische Motive hatten und für die Beseitigung objektiv krasser Mißstände stritten. Das Progressive Movement griff populistische Initiativen auf und führte einige von diesen zu Ende – im Wahlrecht, auf dem Währungssektor, im Bankwesen und bei der Regulierung von Wirtschaftsmonopolen. Die Reformen brachten mehr direkte Demokratie, eine höhere Umsatz- und Gewerbesteuer, eine Stärkung der Gewerkschaften und wenigstens tendenziell mehr Schutz für Frauen und Kinder im Erwerbsleben. Banken, Eisenbahnen, der Binnenhandel, die Nahrungsmittelindustrie mußten sich gesetzliche Eingriffe gefallen lassen. In kurzer Zeit sind vier Verfassungszusätze durchgesetzt worden, nämlich die direkte Wahl der Senatoren, das Frauenwahlrecht, die Bundeseinkommensteuer und die Prohibition.[46] Waren dies nicht Beweise für eine erfolgreiche Reform?

Kritiker der Bewegung machten geltend, der Konjunkturzyklus sei intakt geblieben und damit das größte Hindernis auf dem Weg zu mehr sozialer Gerechtigkeit. Gabriel Kolko meinte sogar, in der Epoche scheinbar progressiver Reformen habe der Konservativismus einen seiner größten Triumphe gefeiert. Denn das Kapital bediene sich des Staates, um eigene Interessen durchzusetzen. Nicht Upton Sinclair und die Reaktion der Verbraucher auf *The Jungle* veranlaßten strengere Nahrungsmittelgesetze, sondern die fleischverarbeitende Industrie selbst, um sich gegen ausländische Produkte behaupten zu können. Banken und Handel verstünden es, sich mit den Regierungen Roosevelt und Wilson zu arrangieren. Aus Theoriemangel sei das Progressive Movement nicht imstande, so schloß Kolko, die Dominierung politischer und ethischer Werte durch die Wirtschaft zu revidieren. Der »politische Kapitalismus« würde verfestigt, weil die Progressiven eine Alternative zum Status quo nicht anzubieten hätten.[47]

Die These vom Triumph der Konservativen bei der Bewahrung des Status quo widerlegt sich selbst. Denn wenn es den Kapitalinteressen gelang, den Initiativen der Reformer immer ein Stück voraus zu sein und den Staatsapparat in ihre Dienste zu stellen, so ist damit gesagt, daß es beiden Gruppen um Wachstum und Veränderung ging. Die Oberschicht dachte gar nicht daran, sich mit aristokratischer Kurzweil zufriedenzugeben, wie Veblen gemeint hatte. Sie führten ein tätiges Leben und widmeten sich einer aktiven Politik zur sozialen Kontrolle der Massen. Auf der Gegenseite analysierten progressive Reformer die Zusammenhänge zwischen Arbeit und Familie, Gesellschaft und Recht, körperlicher und seelischer Gesundheit und gelangten dabei auf bisher unerforschtes Terrain. Die Reformbemühungen waren von einem expansiven Geist getragen, und so nimmt es nicht wunder, daß Progressivismus und Imperialismus in Amerika gleichzeitig zur Blüte kamen.[48]

Es gab Kontakte zwischen amerikanischen Progressiven und britischen Fabians, Sozialisten und Liberalen. George Bernard Shaw berichtete, von Henry George auf den »ökonomischen Pfad« gebracht worden zu sein. Sozial engagierte Amerikaner registrierten die Einführung der Unfallversicherung im Bismarckdeutschland, die im eigenen Land immer noch per *common law* geregelt war. Falsch wäre es jedoch, eine enge Verwandtschaft zwischen Amerikas Progressiven und europäischen Sozialdemokraten konstruieren zu wollen. Hier fehlte den Amerikanern allein schon die Vorstellung von einer internationalen Solidarität. Zu deutschen Marxisten bestanden so gut wie keine Verbindungen. Jane Addams traf 1896 in London mit Karl Liebknecht zusammen und beurteilte ihn als einen »altmodischen orthodoxen Sozialisten«. Von Eduard Bernsteins neuen Wegen nahm man keine Notiz. Lincoln Steffens leitete den korrupten Zustand der Städte von schlimmen europäischen Beispielen her. Mochte Pittsburgh eine Hölle mit offenem Deckel sein – Venedig war noch ärger, eine Stadt heruntergekommener Paläste, schmutziger Diebe, intelligenter Ratten und stehender Abwässer voller Gestank. Wenn nicht bald etwas geschah, würde Amerika ebenfalls auf die schiefe Ebene geraten, »down to Rome, Egypt, or China«.[49] Die Alte Welt lag jenseits aller Hoffnung auf Errettung, ein Gedanke, der seit den ersten puritanischen Siedlern lebendig geblieben war. Die Amerikaner wollten ihren Weg alleine gehen.

Die »Industrial Workers of the World«

Im Zuge der wachsenden Industrialisierung arbeiteten am Ende des Ersten Weltkriegs zwei Drittel aller Lohnempfänger in Betrieben mit mehr als einhundert Beschäftigten. In den Textilfabriken von Massachusetts verdienten die Arbeiter kaum mehr als ihre englischen Kollegen. Die neuenglischen Textilstädte wiesen die höchste Sterbequote des Landes auf, die am meisten verbreitete Todesursache waren Infektionen der Atemwege. Arbeitende Kinder erhielten oftmals nur ihren halben Lohn, die andere Hälfte wurde zinslos am Jahresende ausbezahlt oder überhaupt nicht. Auf diese Weise kamen Wochenlöhne von unter zwei Dollar zustande. Weil die *American Federation of Labor* (AFL) sich fast ausschließlich den Interessen von Facharbeitern und Handwerkern widmete und weil die brutale Bekämpfung der Bergarbeitergewerkschaft im amerikanischen Westen vielen Betroffenen den Glauben an eine friedliche Koexistenz zwischen Unternehmern und Arbeitern genommen hatte, kam es 1905 in Chicago zur Gründung eines neuen Gewerkschaftsbundes, den *Industrial Workers of the World* (IWW). Die »Wobblies«, wie man sie nannte, verstanden sich als Gegenorganisation zur AFL, die ihrer Ansicht nach keine echte Arbeiterbewegung darstellte, weil sie den Klassenkampf ablehnte.

Zu den Gründungsmitgliedern der IWW zählten Eugene Debs, William Haywood, Daniel DeLeon und Father Thomas Hagerty, ein radikaler Priester, der die Vereinbarkeit von Katholizismus und Marxismus predigte und der die Geduld mit den »slowcialists« verloren hatte. Eugene Debs versuchte, den radikalen Republikanismus seines Landes mit den wirtschaftlichen Vorstellungen des internationalen Sozialismus zusammenzubringen.[50] Lenin nannte ihn den »amerikanischen Bebel« und brachte ihm Sympathie entgegen, im Gegensatz zu *trade unionists* wie Samuel Gompers oder »gefühlsmäßigen Sozialisten« wie Upton Sinclair, an dem er jedes theoretische Training vermißte. An der aktiven Arbeit der neuen Gewerkschaft nahm Debs allerdings wenig Anteil.

Zu einer legendären Figur innerhalb der Gewerkschaftsbewegung wurde William »Big Bill« Haywood, ein Mann von enormen Leibeskräften, trinkfreudig, auf einem Auge blind, im Shakespeare belesen und empfänglich für Lyrik. Haywoods Mutter war eingewandert. Sein Vater, der sich beim Pony Express verdingt hatte, stammte aus einer alten amerikanischen Familie. Nach dem frühen Tod des Vaters kam Haywood auf einer Farm unter, wo man ihn ausbeutete und mißhandelte. Im Alter von zwölf Jahren wurde er Zeuge eines Lynchmords an einem Schwarzen. Er trampte durch den Westen, wurde Bergarbeiter in Idaho, Schatzmeister und Streikführer der *Western Federation of Miners* und einer der am häufigsten verhafteten Wobblies. Jack London hat ihm in *The Iron Heel* (1908) ein literarisches Denkmal gesetzt.

Daniel DeLeon schrieb in die Verfassung der IWW den kategorischen Satz: »Die Arbeiterklasse und die Klasse der Arbeitgeber haben nichts gemeinsam.«[51] Die Kompromißbereitschaft der AFL ging den Wobblies zu weit, Gompers und seine Anhänger wurden als »Arbeiteraristokraten« oder »Arbeiterleutnants« verhöhnt. Die eigene Organisation sollte alle Werktätigen gleich welcher Ausbildung aufnehmen. Der programmatische Schwerpunkt lag auf der Solidarität aller Arbeitnehmer. »Solidarity Forever« hieß das am meisten angestimmte Lied im vielfach aufgelegten *Little Red Song Book.* Unter Titeln wie *Solidarity* oder *One Big Union Monthly* erschienen die Presseorgane der Gewerkschaft, die außerdem Periodika für die verschiedenen Einwanderergruppen herausbrachte: den italienischen *Proletario,* die spanische *Solidaridad,* den deutschen *Klassenkampf,* die jüdische *Industrial Arbeiter Schtime,* dazu Blätter in ungarischer, russischer, bulgarischer, litauischer und finnischer Sprache. Die IWW strebte eine Versöhnung an zwischen Einwanderern und Einheimischen, zwischen schwarzen und weißen Arbeitern im Süden, sie organisierte Asiaten an der kalifornischen Küste und Holzfäller in den Waldgebieten des Nordwestens. Wobblies riefen die Belegschaften der großen Textilfabriken in Massachusetts und New Jersey zum Streik auf. In einer südstaatlichen Fabrik führten sie 1906 den ersten *sitdown strike* in der Geschichte der USA durch. Sie protestierten gegen die Beschleunigung des Tempos am Arbeitsplatz, den Taylorismus. Durch radikale Ansprachen an den Straßenecken provozierten

Wobblies ihre Verhaftung mit dem Ziel, die Gefängnisse zu überfüllen und dadurch ihren Anspruch auf Redefreiheit zu unterstreichen.[52] Eine der bekanntesten *soapboxers* war Elizabeth Gurley Flynn, die rednerisch begabte Tochter irischer Einwanderer und, wie Haywood, eine Befürworterin »direkter Aktion«. Sie sorgte für eine neue Übersetzung von Emile Pougets »Anleitung zur Sabotage«.

In einigen Städten stand die Verbreitung von Informationsmaterial oder Liedtexten der IWW unter Strafe. Eine Reihe von Gewerkschaftern sind als Anstifter von Streiks zu Gefängnisstrafen verurteilt worden. Der Funktionär Frank Little handelte sich für das öffentliche Verlesen der Unabhängigkeitserklärung dreißig Tage Haft ein. Arturo Giovannitti, der im Alter von 16 Jahren seinen Eltern und den heimatlichen Abruzzen den Rücken gekehrt hatte, hielt die Zustände in den Gefängnissen in einem Prosagedicht fest. Hinter Ralph Chaplin, dem Verfasser von »Solidarity Forever«, schlossen sich die Tore des Zuchthauses Leavenworth.[53] Maxim Gorki, zu Besuch in Amerika, schickte Grußtelegramme an zwei inhaftierte Arbeiterführer und mußte daraufhin das Land verlassen.

Nicht ohne Grund bangten die Unternehmer um ihre Interessen. Überall entstanden sozialistisch orientierte Zeitschriften, der *Alaska Socialist,* der *Jefferson County Agitator* in Arkansas, der *Western Comrade* in Kalifornien, die *Voice of the Toilers* in Iowa; Kampfblätter für Armenier, Böhmen, Slowenen, Finnen und Litauer; die New Yorker *Zukunft* mit 70000, der *Jewish Daily Forward* mit 150000 Exemplaren Auflage. Die Trade Unions konnten die Arbeiter und Arbeiterinnen in den Fabriken nicht mehr ignorieren, wollten sie nicht erhebliche Mitgliedereinbußen erleiden. Die *Women's Trade Union League* gab eine Fibel für Einwanderinnen heraus, in der Sprachunterricht mit praktischen Ratschlägen für Arbeitnehmer verknüpft wurden.[54]

Bei einem Textilstreik in Lawrence (Massachusetts) wurden Spione in die Gewerkschaft der Industriearbeiter eingeschleust. Die Lokalzeitungen druckten falsche oder erfundene Nachrichten über den Streikverlauf. Mitunter wurden Filialen geschlossen, während man anderswo mit Hochdruck weiterarbeitete. Mindestens einmal unterbreitete die AFL das Angebot, einen Streik der IWW zu brechen, wenn die Firma im Gegenzug eine Gewerkschaft anerkennen würde, die ausschließlich aus gelernten Arbeitskräften bestand. Nach einem gescheiterten Streik in Paterson (New Jersey) begann ab 1913 der Niedergang der IWW. Im Vorfeld des Ersten Weltkriegs, als große Nachfrage auf dem Arbeitsmarkt bestand, konnte dieser Niedergang vorübergehend aufgefangen werden. 1917 hatte die IWW nahezu 100000 Mitglieder. Nachdem die USA in den Krieg eingetreten waren, ergab sich endgültig die Gelegenheit, den Wobblies den Garaus zu machen. In Massenprozessen in Chicago und anderen Städten sind 1918 die Führer der IWW zu hohen Gefängnisstrafen verurteilt worden.

Die IWW ist ein Opfer institutionalisierter Macht und ungezügelter Gewaltakte geworden, sie ist aber auch an ihrem eigenen Programm zerbrochen. Das Prinzip der Klassensolidarität ließ sich in Amerika noch weniger durchsetzen als anderswo. Ein Unternehmer erklärte bündig, die Gewerkschaft der Industriearbeiter sei für ihn keine amerikanische Organisation. Die Amerikaner verspürten im Grunde keine Neigung, der Welt sozialrevolutionäre Vorhut zu bilden, und der propagierte Anarcho-Utopismus entsprach nicht der ökonomischen Realität. Das dynamische und flexible Wirtschaftssystem vergrößerte die inneren Konflikte der

PITTSBURGH

Robert Minors Protest gegen Gewalt erschien 1916 in der Zeitschrift *The Masses*

Industriegewerkschaft. »Warum gibt es in den Vereinigten Staaten keinen Sozialismus?« hatte Werner Sombart im Jahre 1906 gefragt. Weil dort »alle sozialistischen Utopien an Roastbeef und Applepie zuschanden« werden. Sombart erwartete, daß der Sozialismus in Amerika »im nächsten Menschenalter aller Voraussicht nach zu vollster Blüte gelangen wird«, womit er sehr irrte. Die sozialistische Ideologie ist nicht zum Individualismus des 20. Jahrhunderts geworden, wie J. A. Wayland oder Jack London sich das vorgestellt hatten.[55]

Der Klassenkampf war schwer zu führen in einem Land, in dem fast jedermann von der Sehnsucht bewegt wurde, in die nächsthöhere Klasse aufzusteigen. Die soziale und die geographische Mobilität beeinträchtigten den Zusammenhalt der Klassen und schwächten die organisierte Durchsetzungskraft. Industriearbeiter wechselten im Schnitt alle drei Jahre den Arbeitsplatz, die meisten aus eigenem Antrieb: weil sie einen besseren Job gefunden hatten oder aus allgemeiner Unzufriedenheit. Oft tauchte als Begründung für den Wechsel ein lakonisches »leaving town« auf. Ein Sozialhistoriker bezeichnet ein Siebtel der Arbeiterschaft als »zwanghaft rastlos«.[56] Joe Hill, der verehrte Liederdichter und einer der Märtyrer der IWW, schrieb in seinem letzten, als Vermächtnis gemeinten Gedicht:

My will is easy to decide,
For there is nothing to divide,
My kin don't need to fuss or moan –
»Moss does not cling to a rolling stone.«*

Joe Hill war als Joel Hägglund aus Schweden eingewandert, einige Jahre als trampender Dichter und Wanderarbeiter durchs Land gezogen. In Utah stellte man ihn unter Mordverdacht vor ein Erschießungskommando.

Frank Little wurde hinter einem Auto hergeschleift, dann aufgehängt, Wesley Everest von Mitgliedern des Veteranenverbandes kastriert und erschlagen. Father Hagerty endete in einem Chicagoer Elendsviertel. Elizabeth Gurley Flynn, das »rebel girl« aus der Frühzeit der Bewegung, wandte sich von der Gewerkschaft ab und trat der Kommunistischen Partei bei. Big Bill Haywood floh nach Rußland. Die Regierung in Washington komplettierte den Vernichtungsfeldzug, indem sie anordnete, die gewerkschaftseigenen Archive zu zerstören.[57] Einige überlebende Splittergruppen der IWW sind nach dem Zweiten Weltkrieg als subversiv eingestuft worden.

* Über mein Testament ist rasch entschieden, denn es gibt nichts zu teilen. Meine Verwandten brauchen weder ein Getue zu machen noch groß seufzen – »an einem rollenden Stein sammelt sich kein Moos.«

XX. Kapitel

ERSTER WELTKRIEG

»Es wäre eine Ironie des Schicksals«, sagte Woodrow Wilson wenige Tage vor seiner Amtseinführung, »wenn sich meine Regierung mit auswärtigen Angelegenheiten befassen müßte.« Am Ende stand er als der größte Interventionist der amerikanischen Geschichte da.[1]

Woodrow Wilson

Als Sohn eines presbyterianischen Geistlichen in Virginia und Nachfahre schottischer Protestanten, die unter Cromwell nach Irland gegangen waren, glaubte Woodrow Wilson an die kalvinistische Vorherbestimmung und an die Steuerung des Universums durch göttliche Vorsehung. Kurz nach seiner Wahl zum Präsidenten schrieb er in sein Tagebuch: »Vergiß nicht, daß Gott dich zum nächsten Präsidenten der USA bestimmt hat.«[2] Mit dem so gewendeten Prädestinationsglauben versuchte sich ein Mann Selbstgewißheit zu verschaffen, den von Kind an tiefe Zweifel an seiner eigenen Befähigung und Berufung bewegten. Die Bibel, die er bei der Ablegung des Amtseids küßte und die seiner Ansicht nach jedermann eine liberale Erziehung vermitteln konnte, gab ihm Halt, und mit dem Streben nach Macht stellte er die Selbstachtung wieder her, die in der Kindheit beschädigt worden war. Sein Vater war fordernd und gleichzeitig ironisch, mokierte sich über den Sohn, wenn er an die Standards der Erwachsenen nicht heranreichte. Wilson fühlte sich seinem Vater auch noch nach dessen Tod unterlegen. Seine private und politische Existenz war ein fortwährender Kampf gegen das Gefühl der Unzulänglichkeit, das ihm im Elternhaus eingeimpft wurde. Im Kindesalter galt er als »langsam«, zeitweise übte er Lernverweigerung. Als Student war er einzelgängerisch, frauenscheu, schüchtern. Bis zu einem gewissen Grad konnte Wilson

Demütigungen durch den Vater mit Machtbesitz und Reformeifer kompensieren. Er verschrieb sich moralischen Assoluta und unterwarf sich dem Diktat rastlosen Schaffens. Die schwierige, ambivalente Beziehung zum Vater, den er gleichzeitig haßte und verehrte, führte zu einer Art Messiaskomplex, der seine spätere Politik verständlicher macht.[3]

Wilson promovierte an der Johns Hopkins-Universität mit einer Dissertation über den Kongreß, wobei er sich das britische Parlamentssystem zum Vorbild nahm. Als Professor für Jura und Wirtschaftspolitik an der Universität Princeton veröffentlichte er mehrere politikwissenschaftliche und verfassungsrechtliche Werke sowie eine fünfbändige Geschichte der USA.[4] Mit 45 Jahren wurde er Präsident von Princeton, der erste christliche Laie, der dieses Amt bekleiden durfte. Seine Rednergabe, seine sozialen und pädagogischen Reformen an der Hochschule und seine reservierte Haltung gegenüber Gewerkschaften empfahlen ihn für politische Ämter. 1910 wurde er Gouverneur von New Jersey, anderthalb Jahre später machte ihn die Demokratische Partei nach langem Tauziehen und nicht weniger als 46 Wahlgängen zu ihrem Präsidentschaftskandidaten. Seine Wahl zum Präsidenten verdankte er der Spaltung der Republikaner in Taft- und Rooseveltanhänger. Die Sozialisten unter Eugene Debs vereinigten weitere sechs Prozent der Gesamtstimmen auf sich.

Die Führungsspitze der Demokratischen Partei sah in Wilson ein attraktives Aushängeschild, einen guten Redner, einen Mann von Stil und Bildung, der mehr über Geschichte und politische Theorie wußte als seine Amtsvorgänger, mit Ausnahme vielleicht der Präsidenten aus dem Hause Adams. Zur Überraschung der Parteibosse machte sich Wilson daran, die Reformpläne der Progressiven unter dem Schlagwort »New Freedom« in konkrete Gesetze zu fassen.[5] Während seiner ersten Amtsjahre wurden durch den *Underwood Act* (1913) Schutzzölle gesenkt oder ganz aufgehoben. Das *Federal Reserve System* (1913) brachte eine wirksamere Kontrolle der Banken und der Währung. Die *Federal Trade Commission* (1914) sollte gegen unfaire Wettbewerbsformen im zwischenstaatlichen Handel einschreiten. Der *Clayton Antitrust Act* (1915) führte schärfere Bestimmungen gegen Monopole ein, nachdem der *Sherman Act* von den Gerichten aufgeweicht worden war. Der 16. Zusatz zur Verfassung (1913) regelte die Bundeseinkommensteuer, die nun pro Kopf und nicht mehr proportional zur Einzelstaatsbevölkerung erhoben wurde. Das 17. Amendment (1913) schrieb die Direktwahl der Senatoren vor. Den Seeleuten der Handelsmarine gestand der *La Follette Seaman's Act* (1915) größere Rechte zu. Noch vor Ablauf von Wilsons erster Amtszeit wurde im Sommer und im Herbst 1916 die Kinderarbeit eingeschränkt, der Achtstundentag für Eisenbahnarbeiter eingeführt, den Farmern bessere Kreditmöglichkeiten gewährt, die Regierungsangestellten gesetzlich versichert, die Straßenbaufinanzierung verbessert, die Anlage von Nationalparks vorangetrieben – kurz: Wilson war es binnen vier Jahren gelungen, ein beachtliches innenpolitisches Programm zu absolvieren.

Die außenpolitischen Entscheidungen der ersten Jahre erscheinen in einem weniger günstigen Licht. Wilson bekannte sich im August 1913 gegenüber Mexiko zu einer Politik des »watchful waiting«. Eine große Nation wie die USA könnten es sich leisten, erklärte er in einer Botschaft an den Kongreß, gegenüber kleineren Ländern mit Zurückhaltung aufzutreten. Dies war nicht viel mehr als politische Rhetorik, denn zur selben Zeit äußerte sich Wilson ganz im Sinne der interventionistischen Maximen Theodore Roosevelts: »Ich werde die südamerikanischen Republiken lehren, gute Leute zu wählen!«[6] Wilson übte Druck auf lateinamerikanische Länder aus, mit einer US-amerikanischen statt mit einer britischen Investmentgesellschaft Verträge abzuschließen. Kolumbien erhielt eine finanzielle Entschädigung für die Panamakanalzone zugesprochen, im selben Monat aber, im April 1914, besetzten Marinesoldaten Vera Cruz, weil die USA keineswegs vorhatten, gegenüber der mexikanischen Revolution eine Haltung des »watchful waiting« einzunehmen. Amerikanische Investoren erkannten die Bedrohung, die von Zapatas »Plan de Ayala« für sie ausging, eine Aufteilung des Landes in *ejidos* mit kommunaler Bewirtschaftung. Der US-Botschafter in London, Walter Page, empfahl die Anwendung von Gewalt. Notfalls müßten die Mexikaner »in die Selbstverwaltung hineingeschossen« werden. Ein wohlinszenierter Überfall auf den Grenzort Columbus in Neumexiko wurde Pancho Villa in die Schuhe geschoben und lieferte den Vorwand für eine auch amtlich so bezeichnete »Strafexpedition« unter Brigadegeneral John Pershing im März 1916. Pershing wurde knapp ein Jahr später zurückbeordert, seine Jagd auf mexikanische Rebellen als »perishing«, als krepierende Expedition bespöttelt. Wilson erkannte die Regierung Carranza an, obwohl Mexiko nach dem Abfangen des Zimmermanntelegramms als Kriegsgegner in Frage kam.[7]

Von der Neutralität zur Kriegserklärung

Unmittelbar nach Ausbruch des Ersten Weltkriegs hatte Wilson erklärt, die USA wollten »unparteiisch in Gedanken wie in Taten« sein. Diese Einstellung bekundete er öffentlich auch nach der Torpedierung der »Lusitania« im Mai 1915 und der »Sussex« im März 1916. Amerika sei zu stolz, um zu kämpfen. Bei seiner Wiederaufstellung als Präsidentschaftskandidat der Demokraten im Juni 1916 sagte er allen den Kampf an, die seinen Neutralismus kritisierten. Dies richtete sich besonders gegen die fremdsprachige, interventionistisch gesinnte Presse, gegen die »Bindestrichamerikaner« und deren Spezialinteressen, denen Wilson einen übergreifenden Amerikanismus entgegenzusetzen gelobte. Einer seiner Parteigänger beschwor die amerikanische Tradition, sich nicht einmal durch Provokationen zu einem Krieg verleiten zu lassen. Wilson sei der Mann gewesen, der die USA bisher aus dem Krieg herausgehalten habe, und so solle es bleiben. »He kept us out of war« wurde zu einem zugkräftigen Wahlkampfslogan. Einer Friedenseuloge auf Wilson spendete der Parteikonvent zwanzig Minuten Applaus.[8]

Amerika distanzierte sich nach 1914 von einem unmoralischen Europa. Wilson verglich den Krieg mit einer »trunkenen Rangelei in einem Freudenhaus«. Seine Regierung achtete auf strikte Neutralität. Als nach der Versenkung der »Lusitania« der in London lebende amerikanische Maler John Sargent seine deutschen Ehrungen zurückgeben wollte und die US-Botschaft in Washington telegraphisch anfragte, wie man verfahren solle, schickte der neubestallte Außenminister Robert Lansing dem Botschafter eine grobe Antwort: »Sargent soll Botschaft für Ihr Telegramm entschädigen und diese Antwort zahlen. Fünf Dollar. – Lansing.«[9]

Die britische Blockade gegen Deutschland verursachte eine Hungersnot, in deren Folge mindestens eine halbe Million Menschen an Unterernährung starben. Im März 1916 forderte das Deutsche Reich die Amerikaner auf, die Briten zum Abbruch der Blockade zu zwingen, andernfalls werde der U-Boot-Krieg wieder aufgenommen.[10] Die Amerikaner waren zu diesem Zeitpunkt noch nicht bereit, ihren neutralen Standpunkt aufzugeben. Der Isolationismus wurde eher noch verstärkt, als die Briten im April 1916 den großen irischen Aufstand niederschlugen und Roger Casement aufhängten.

Wenige Wochen nach seiner Wiederwahl unterbreitete Wilson den kriegführenden Mächten ein Friedensvermittlungsangebot, von dem kein Gebrauch gemacht wurde. Ende Januar 1917 erklärte Deutschland den uneingeschränkten U-Boot-Krieg und versenkte Anfang Februar die amerikanische »Housatonic«. Die USA brachen daraufhin die diplomatischen Beziehungen zu Deutschland ab. Der britische Premierminister David Lloyd George gab zu verstehen, jetzt seien die »Kränkungen« gegeben, auf die Wilson gewartet habe.

Die meisten Historiker stimmen darin überein, daß es ohne den U-Boot-Krieg nicht zum amerikanischen Kriegsbeitritt gekommen wäre. Das vom britischen Geheimdienst abgefangene Zimmermanntelegramm hatte einen weiteren Kriegsgrund geliefert. Demnach sollte Mexiko als deutscher Verbündeter gewonnen werden, im Gegenzug wollte Deutschland den Mexikanern behilflich sein, den USA die Staaten Texas, Neumexiko und Arizona wieder abzunehmen. Mit der russischen Märzrevolution war ein Argument jüdischer Kriegsgegner entfallen. Man würde sich jetzt nicht mehr mit dem antisemitischen Zarenregime verbünden müssen. Wilson begrüßte die Vorgänge in Rußland als »wonderful and heartening«.[11] Er konnte noch nicht wissen, daß Lenin den Kriegsbeitritt der USA schonungslos verurteilen sollte.

Politisch einflußreiche Amerikaner hatten bereits nach dem Krieg gegen Spanien mit der Möglichkeit eines neuen Krieges gerechnet. Hohe Offiziere wie der ehemalige Stabschef Leonard Wood wandten sich direkt an die Bevölkerung und riefen sie zu Wachsamkeit und zur Demonstration militärischer Stärke auf. Die patriotische »Navy League« zählte zu ihren Mitgliedern Vertreter großer Stahlfirmen, wie Midvale, Bethlehem Steel und Carnegie, die Panzerplatten herstellten. Herbert Croly hatte in seinem vielgelesenen Werk *The Promise of American Life* (1909) fünf Jahre vor Kriegsausbruch die Meinung vertreten, wenn Amerika den Frieden wolle, müsse es sich geistig und materiell auf den Krieg vorbereiten. »Preparedness« war lange vor Sarajewo im politischen Leben der USA zu einem Schlagwort geworden, das nicht immer einen defensiven Beiklang hatte. Ein Weltreich zu schaffen, hieß es 1915 in der Zeitschrift *Seven Seas,* sei das logische und natürliche Ziel jeder Nation. Pazifismus und Humanitarismus zeugten nur von Dekadenz. Legitim sei es, mit geeigneten Mitteln wie – in dieser Reihenfolge – Waffengewalt, Handel und Diplomatie Kolonien zu gründen und Reichtümer zu erwerben.

Woodrow Wilson hatte sich mit seiner Äußerung, Amerika sei »too proud to fight« von Roosevelt vorhalten lassen müssen, ein byzantinischer »logothete« zu sein, ein Schnellschreiber, den sämtliche pazifistischen Dummschwätzer unterstützten. Wilsons erster Außenminister, der isolationistisch eingestellte William Jennings Bryan, hatte 30 Friedensverträge mit anderen Staaten entworfen, von denen 22 ratifiziert wurden. Die Gegner des Antialkoholikers Bryan bespöttelten die Verhandlungen als Grapefruitsaftdiplomatie und meinten sarkastisch, es sei äußerst beruhigend, sich gegen die Schweiz, Dänemark oder Uruguay vertraglich abgesichert zu haben. Bryan trat zurück, weil ihm die Protestnote gegen die Versenkung der »Lusitania« zu scharf ausgefallen war. Nachdem Wilson erneut zum Präsidentschaftskandidaten gewählt worden war, vergaß er die alten Differenzen mit ihm, offenbar des Glaubens, daß es unter Wilson gelingen würde, dem Krieg fernzubleiben.

Der Präsident hatte sich allerdings bereits im Lauf des Jahres 1915 zu verstärkter Aufrüstung entschlossen. Anfang 1916 bereiste er den amerikanischen Westen, um dort für »preparedness« zu werben. Wilsons Meinungsänderung geht zum Teil auf die Tätigkeit des US-Botschafters in London zurück, der intensiver mit dem britischen Außenministerium zusammenarbeitete als mit der eigenen Regierung. Dazu kamen wirtschaftliche Faktoren. Der Krieg brachte, noch ehe die USA ihm beitraten, der amerikanischen Industrie einen spürbaren Produktionszuwachs. Die kapitalgeschwächten europäischen Nationen benötigten Kredite. Amerikanische Bank- und Handelshäuser konnten schon zwischen 1914 und 1917 beachtliche Kriegsgewinne ausweisen. Eine Gesetzesvorlage zur Bewaffnung von Handelsschiffen lag im Interesse derjenigen Wirtschaftsführer, die sich vom europäischen Krieg neue Märkte erhofften.[12]

Die Wirtschaftselite stellte sich jedoch keineswegs geschlossen hinter die Kriegsvorbereitungen. Zwischen Großunternehmen und aggressiven militärischen Lobbyisten gab es seit langem Spannungen. Man hat sogar von einem »business pacifism« gesprochen. Henry Ford entsandte in schöner Naivität Jane Addams und andere Pazifisten auf einem Friedensschiff nach Europa, um die Beendigung des

Krieges zu erwirken. Der antimilitärischen Friedensbewegung gehörten zwischen 1905 und 1916 angesehene Richter und Abgeordnete, ehemalige Außenminister und Präsidenten an. Trotz pazifistischer Initiativen und einer weitverbreiteten Kriegsunwilligkeit in der Bevölkerung war bis zum März 1917 aus der Neutralität eine »bewaffnete Neutralität« geworden.

Die deutschen U-Boote gaben ein ständiges Irritans ab. Mitte März 1917 wurden weitere amerikanische Schiffe versenkt, die »City of Memphis«, die »Illinois« und die »Vigilancia«. Der Druck auf Wilson nahm zu. Am 2. April bat er den Kongreß um die Kriegserklärung. Auf dem Capitol wurde er mit Tumulten begrüßt. Die Stimmung war gereizt. Im Senatsgebäude boxte der 66jährige Henry Cabot Lodge einem Pazifisten ins Gesicht. Robert LaFollette gelang es, die Zustimmung des Senats um einen Tag hinauszuschieben. Ein Senatorenkollege warf ihm vor, seine Antikriegsrede sei eines Bethmann-Hollweg im Reichstag würdig gewesen, nämlich prodeutsch, beinahe progotisch und provandalisch, sicherlich aber antiamerikanisch. Am 4. April stimmte der Senat für den Kriegsbeitritt, das Repräsentantenhaus folgte zwei Tage später. Sechs von 88 Senatoren und 50 von 423 Abgeordneten stimmten mit Nein, darunter Jeanette Rankin, die erste weibliche Abgeordnete im Kongreß. Der Krieg hatte wahrscheinlich mehr Gegner als die Zahlen ausdrücken. Aber manche der Volksvertreter hängten ihre Fahne nach dem Wind, andere gaben zu, unwillkürlich von der Kriegsstimmung ergriffen worden zu sein. Wilson vertrat am Schluß den Standpunkt, ein deutscher Sieg hätte die internationale Machtbalance gestört. Wer sich an einer universellen Neuordnung beteiligen wolle, könne dies nicht als Neutraler tun. Das englische Satiremagazin *Punch* meinte, die USA seien nun »proud to fight too«, während sich die Amerikaner daran machten, antibritische Textstellen in ihren Schulbüchern zu tilgen.

Kriegsbegeisterung und Kriegsgegner

Wilsons Kriegsminister hatte die Frage, ob er Pazifist sei, mit dem Satz beantwortet: »So sehr, daß ich für den Frieden kämpfen würde.« Mit rhetorischen Mitteln ließ sich jedes Argument in die passende Form bringen. Aus den Kreisen der *Carnegie Peace Foundation* war zu hören, eine Friedensstiftung könne sich am besten um den Frieden verdient machen, indem sie helfe, den bewaffneten Konflikt zu einem triumphalen Ende zu führen. Ein kongregationalistischer Pfarrer erklärte sich bereit, den Deutschen zu vergeben, sobald man sie alle erschossen habe. Auf einer kirchlichen Veranstaltung in Neuengland forderte ein Redner, den deutschen Kaiser zu ergreifen und in Öl zu sieden. Gebildete Amerikaner, Hochschulabsolventen und Studenten ließen sich besonders leicht vom Kriegsfieber anstecken. In Princeton sah sich die Universitätsleitung genötigt, die überschäumende Begeisterung kriegsfreiwilliger Studenten zu dämpfen. Vielen Amerikanern fehlte der

Begriff von der tödlichen Grausamkeit des Krieges. Andere fühlten sich gerade von der Todesgefahr angezogen. Binnen eines Jahres erreichte ein Werk eine Auflage von 350000 Exemplaren, in dem der Krieg als vergnügliches, spannendes Abenteuer geschildert wurde, ein Fest, bei dem man sportlich sterben konnte. William Langer, der spätere Vorsitzende des amerikanischen Historikerverbandes, erinnerte sich, wie er als junger Mann im Krieg eine unwiederbringliche Chance sah, große Aufregungen und Risiken zu erleben. Ähnlich empfand Dos Passos. Er hatte Verständnis für die Motive der Kriegsdienstverweigerer, »aber verdammt, ich wollte die Show sehen«, und die fand in Europa statt. Dos Passos, Hemingway, Malcolm Cowley, E. E. Cummings meldeten sich beim *American Ambulance Field Service* und anderen freiwilligen Sanitätsverbänden, um in die Nähe der Kriegsschauplätze zu gelangen. Hunderte von Ambulanzwagenfahrern kamen von den großen Universitäten. Anders als einige desillusionierte Schriftsteller blieben sie in der Mehrzahl auch nach dem Krieg von ihren Idealen überzeugt.[13]

Der mit Idealismus unterlegte Kriegstaumel markierte den Höhepunkt und gleichzeitig das Ende der progressiven Reformbewegung.[14] Nach anfänglichem Widerstand glaubte eine Reihe von reformwilligen Intellektuellen an den Krieg als den Vater einer gerechteren Gesellschaft. Walter Lippmann wähnte, der Krieg würde Energien freisetzen und als spirituelle Kraft wirken, die Welt erneuern und die Gründung eines Weltbundes ermöglichen. John Dewey hielt den Krieg für eine historische Gelegenheit: hinterher würde sich die Welt nach den Maßstäben der Vernunft formen lassen. Dieser Auffassung widersprach ganz entschieden Randolph Bourne, ein ehemaliger Schüler Deweys. Bourne hatte im März 1917 zusammen mit Max Eastman eine Volksabstimmung über den Kriegsbeitritt verlangt, die sicherlich in seinem Sinne ausgefallen wäre. Seiner Ansicht nach hatten die Intellektuellen den Konflikt bewußt herbeigeführt und dabei vergessen, daß der wirkliche Gegner nicht das Deutsche Reich, sondern der Krieg war. In der Zeitschrift *Seven Arts* richtete er schwere Angriffe gegen Dewey, dessen Version des Pragmatismus versagt habe. Er erinnerte an den Philosophen William James, der vor seinem Tod nach einem moralischen Äquivalent des Krieges gesucht hatte, weil in einer friedlichen Utopie der Mann keine Gelegenheit fand, Heroismus und Kraft zu zeigen. James hatte jungen Männern Disziplin und körperliche Arbeit empfohlen, damit ihnen die kriegerischen Instinkte vergehen und sie trotzdem ihre Männlichkeit nicht einbüßen.[15]

Zu den Kriegsgegnern zählten Deutsche, Iren, Sozialisten, unabhängige Reformer und Feministinnen. Jane Addams, die Mitbegründerin der *Women's Peace Party*, Rabbi Stephen Wise und andere Liberale fanden sich in der *American Union Against Militarism* zusammen. Die Sozialistische Partei der Vereinigten Staaten distanzierte sich in ihrem »St. Louis Manifesto« vom Kriegsbeitritt, denn moderne Kriege überdeckten den Kampf der Arbeiter für Freiheit und soziale Gerechtigkeit. Der Krieg diene dazu, den Kapitalisten »kalte Profite« zu verschaffen. Durch die

Attacken der deutschen U-Boote sei die Solidarität mit den europäischen Genossen nicht verlorengegangen. Zu den Unterzeichnern des Manifests gehörte Victor Berger, der später zu einer hohen Gefängnisstrafe verurteilt wurde, ebenso wie Kate Richards O'Hare, die in einer Rede der Regierung vorwarf, sie degradiere amerikanische Frauen zu Zuchtsauen, deren Kinder in Europa zu Kunstdünger verarbeitet würden.

Reformerisch eingestellte Kriegsgegner entwickelten sich zu entschlossenen Feinden der Achsenmächte. Rabbi Wise und Paul Kellogg ließen sich umdrehen und interpretierten den Krieg plötzlich als Chance für wirtschaftliches Wachstum, demokratische Zustände und einen liberalen Frieden. Der reaktionäre Volksprediger Billy Sunday war bei Kriegsausbruch der Ansicht gewesen, in Europa würden sich eine Menge Narren gegenseitig umbringen, um die Ambitionen einiger dekadenter Throninhaber zu befriedigen. Nach dem Untergang der »Lusitania« bekehrte er sich zum Eingreifen der Amerikaner. Wenn man die Hölle auf den Kopf stellt, meinte Sunday, steht unten »Made in Germany« drauf. Die Versenkung der britischen »Lusitania« hatte 1200 Menschen, darunter 124 Amerikanern das Leben gekostet. Zwischen dieser Schiffskatastrophe vor der irischen Küste und dem amerikanischen Kriegsbeitritt lagen fast zwei Jahre. Trotzdem blieb die »Lusitania« in der öffentlichen Meinung der Hauptanklagepunkt gegen das Deutsche Reich. Dabei spielte keine Rolle, daß die Deutsche Botschaft amerikanische Bürger in der Presse davor gewarnt hatte, sich unter britischer Flagge ins Kriegsgebiet zu begeben. Die »Lusitania« fuhr unter geheimer Order, auftauchende deutsche U-Boote sofort zu rammen. Als Robert LaFollette, einer der letzten standhaften Progressivisten, der Fairneß halber und um der historischen Wahrheit willen darauf hinwies, daß amerikanische Bürger unter hohem Eigenrisiko auf der Munition führenden »Lusitania« mitreisten, quittierte die Nachrichtenagentur »Associated Press« seine Rede mit der maliziösen Überschrift: »Wir hatten keinen Grund zur Klage.«[16]

Zuständig für Propaganda und Zensur war das *Committee on Public Information.* Der Leiter dieser Behörde war George Creel, zu den Mitarbeitern gehörten Ida Tarbell und andere ehemalige »muckrakers«. Was die Zensur anlangte, so ist Creel seine Tätigkeit im Rückblick ziemlich absurd erschienen. Den Zeitungen wurde untersagt, den Standort einer Flugzeugfirma zu nennen, auch wenn die Firma im Telefonbuch stand. Was die Presse erfahren konnte, wußten die Spione schon lange. Der Propaganda kam größere Bedeutung zu. Jeder dritte Amerikaner war im Ausland geboren oder hatte zumindest einen ausländischen Elternteil (1910). Das waren 32 Millionen Menschen. Zehn Millionen davon hatten heimatliche Bindungen an die Achsenmächte. Im Jahr 1914 war nicht einmal jeder tausendste für den Kriegsbeitritt. Noch 1917 ergab eine Stichprobe aus dem Staat Minnesota, daß dort 90 Prozent der Einwohner gegen den Krieg waren.[17] Creel und seiner Behörde oblag die Aufgabe, einen gewaltigen Meinungsumschwung herbeizuführen. Daß es dabei auf die Wahrheit nicht so genau ankam und man auch mit Fälschungen arbeitete, hat Creel nachträglich in seinem Bericht *How We Advertised America* (1924) eingestanden.

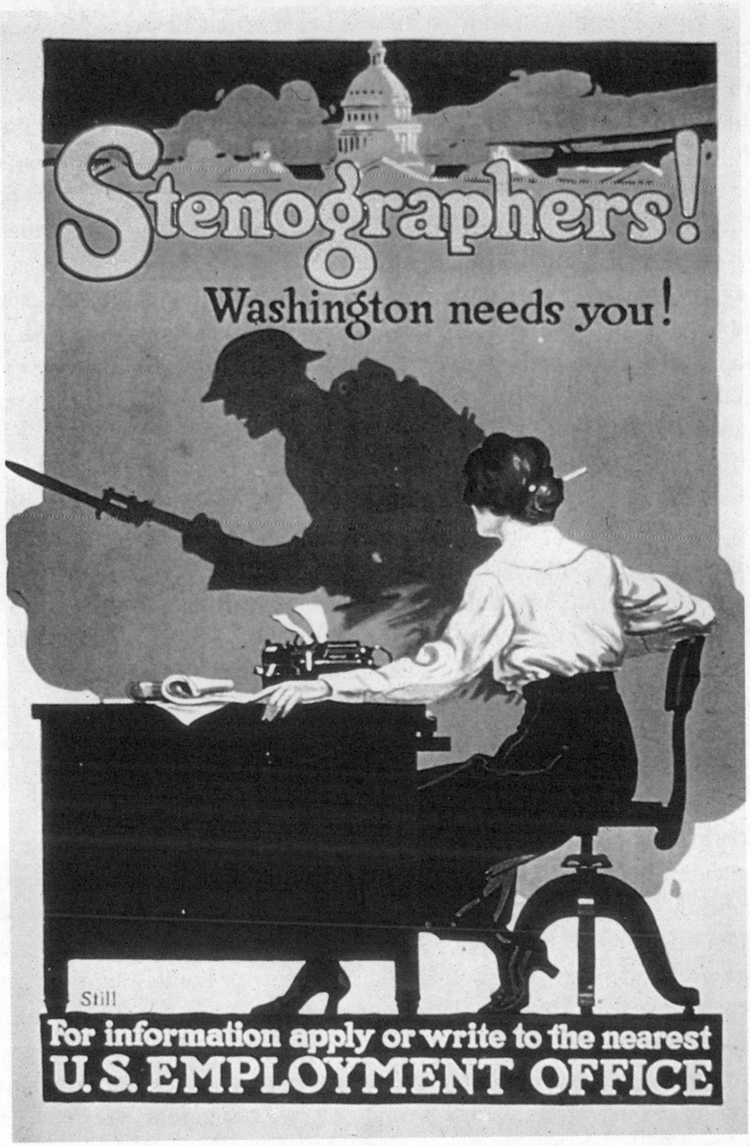

Gesucht an der »Heimatfront«: weibliche Arbeitskräfte

Das *Committee on Public Information* belieferte Fabriken mit patriotischen Plakaten, verteilte über 75 Millionen Broschüren und schickte über 75 000 Redner durch die Lande, um für den Krieg zu werben. Die nach der Dauer ihrer Vorträge »Four-Minute-Men« genannten Redner hielten über 750 000 Ansprachen ans Volk. Ebenfalls vier Minuten dauerten die Gesangseinlagen, zu denen sich patriotische Amerikaner zusammenfanden. »There's a Long, Long Trail« und »Pack up your Troubles« gehörten zu den beliebtesten Liedern. Das *Committee* propagierte weizenlose Montage, fleischlose Dienstage und stellte sich hinter die Forderung von Ernährungsminister Herbert Hoover, die Teller leerzuessen. Der »War Industries Board« als zentrale Beschaffungsstelle ließ unter der Überschrift »Gas the Fiendish Huns« einen Aufruf ergehen, kein Papier zu verschwenden, man brauche die darin enthaltenen Chemikalien zur Giftgasherstellung. Propagandafilme wie *Pershing's Crusaders, Our Colored Fighters* oder *The Kaiser, the Beast of Berlin* wurden von der Regierung finanziert.[18]

Die aggressiv betriebene Propaganda polte eine in der Mehrheit kriegsunwillige Bevölkerung zu Patrioten um. Kriegshysterie löste binnen weniger Monate die isolationistische Grundhaltung ab. Wer sich der Kriegsstimmung zu entziehen trachtete, mußte mit Repressalien rechnen. Mit Ausnahme der Vorbürgerkriegszeit ist weder vor noch nach dem Ersten Weltkrieg ein ähnlich violentes Klima der Unterdrückung Andersdenkender entstanden, nicht einmal während des McCarthyismus. Präsident Wilson scheint diese Entwicklung vorausgesehen zu haben. Wenige Stunden, ehe er den Kongreß um die Kriegserklärung bat, soll er zu Reportern gesagt haben, nach dem Kriegseintritt würde die Toleranz auf der Strecke bleiben. Bereits im Juni 1917 schrieb Max Eastman in der sozialistischen Zeitschrift *The Masses,* die bald darauf verboten wurde: »Statt Preußen zu demokratisieren, werden wir wahrscheinlich selbst verpreußen.«[19]

»To make the world safe for democracy«, war Wilsons erklärtes Kriegsziel. Gleichzeitig wurden die demokratischen Rechte der Amerikaner drastisch eingeschränkt. Die Columbia-Universität entließ friedliebende Professoren. Charles Beard, einer der angesehensten Wissenschaftler, trat aus Protest zurück, aber die New York Times, die sich beim Kriegseintritt vor Begeisterung überschlagen hatte, spendete der Maßregelung offenen Beifall. Am 4. Juli 1917 verteilte ein Mann auf den Straßen New Yorks die Unabhängigkeitserklärung und fragte, ob deren Prinzipien noch gelten. Er erhielt 90 Tage im Arbeitshaus zudiktiert, um über die Antwort nachzudenken. Die politischen Mythen des Landes sind vorher schon eifersüchtig bewacht worden. 1916 war der Verfasser eines Zeitungsartikels bestraft worden, weil er Kritisches über George Washington geschrieben hatte.[20] Jetzt entstand der Ausdruck vom hundertprozentigen Amerikanismus, und der nahm bis übers Kriegsende hinaus immer gewalttätigere Formen an. Der als deutschfreundlich geltende Senator LaFollette ist *in effigie* verbrannt worden. Ein alter Mann wurde niedergeschlagen, weil er im Vorbeigehen nicht den Hut vor der amerikanischen Flagge gezogen hatte.[21] Sanktionen mußte jedermann erwarten, der irgendeine mit dem Krieg in Verbindung stehende Sache mißachtete, kritisierte oder auch nur gelinde verspottete, sei es die Flagge, die Regierung oder die dreizehn Knöpfe an den Hosen amerikanischer Matrosen.[22]

Bei Ausbruch des Krieges versahen deutsche Einwanderer im Norden Chicagos ihre Häuser mit Fahnenschmuck. Der Chicagoer Schwabenverein benutzte ausgerechnet einen Faschingsball dazu, die »wirklichen Anstifter des gegenwärtigen Krieges« bloßzustellen und eine als »Eisernes Korps« verkleidete Kostümgruppe mit Jubel zu empfangen. Die deutschsprachige New Yorker *Staats-Zeitung* bezichtigte Wilson des Verrats, rief zu Sabotageakten auf und drohte der englischstämmigen Bevölkerung mit gewalttätigen Repressalien.[23] Deutschamerikaner haben also die in den Anfangsjahren erwünschte Neutralität sehr wohl verletzt. Dic Behörden sind aber in ihrem Bemühen, deutschstämmige Bürger zu disziplinieren, weit übers Ziel hinausgeschossen. In Kentucky überführte die Polizei mit Hilfe eines Diktographen drei ältere Deutschamerikaner, die in einem Schusterladen gegen die Regierung räsoniert und sich gegenseitig zu deutschen Siegen gratuliert hatten; sie erhielten hohe Gefängnisstrafen. Zahlreiche Haftstrafen wurden auch gegen diejenigen Deutschamerikaner verhängt, die Zweifel an der Klugheit – nicht einmal an der Berechtigung – des amerikanischen Kriegsbeitritts geäußert hatten.

Einen wesentlichen Anteil bei der Entstehung antideutscher Ausschreitungen hatte die britische Propaganda. Der »Bryce Report« und andere Berichte des britischen Geheimdienstes versorgten die Presse mit Nachrichten von angeblichen deutschen Greueltaten, von abgehackten Händen belgischer Kinder und von toten deutschen Soldaten, die zu Dünger verarbeitet würden. Zeitungen wie das *Providence Journal* (Rhode Island) druckten diese Meldungen ab und erfanden neue hinzu. Bald entstand das Gerücht, die Deutschen würden die Lebensmittelvorräte der amerikanischen Truppen vergiften. Eine Karikatur zeigte ein Paket mit der Aufschrift »To Baron Snitzelspeier, U.S.A., via Mexico«, eine Anspielung auf das Zimmermanntelegramm. Snitzelspeier, ein Preuße mit Pickelhaube, packt eine Giftampulle aus und ruft: »Warum sollten wir noch lange kämpfen, wenn dies hier so leicht ist – und preiswert?«

Thorstein Veblens Buch *Imperial Germany and the Industrial Revolution* (1915) wurde vom Postminister konfisziert und durfte fortan nicht mehr mit der Post verschickt werden, weil darin lobende Worte über deutsche Effizienz gefallen waren. Der Geiger Fritz Kreisler durfte nicht mehr öffentlich geigen. Der Schauspieler Gustav von Seyfferitz änderte seinen Namen in C. Butler Clonebaught um. Das Sauerkraut wurde in »liberty cabbage«, der Hamburger in »liberty sandwich« umbenannt. In Cincinnati gab es plötzlich keine Brezeln mehr zu kaufen. An den Schulen wurde Deutsch, die bis dahin populärste Fremdsprache, abgeschafft. Die kalifornische Schulaufsichtsbehörde meinte, in dieser Sprache würden nur Haß und Brutalität verbreitet. An der Johns Hopkins Universität, die so sehr auf deutsche Tradition gebaut hatte, erklärte ein Professor, Deutsch sei eine barbarische Sprache ohne kulturellen Wert und wirtschaftliche Bedeutung. Unter der Ägide des *Committee on Public Information* verfaßten Wallace Notestein und Elmer Stone ein Pamphlet mit dem Titel *Conquest and Kultur*. Darin wurde mit vielen Zitaten der Nachweis geführt, daß die Deutschen den Krieg schon immer verherrlicht haben.

Der *Espionage Act* (1917) stellte Äußerungen und Handlungen unter Strafe, die den Kriegsanstrengungen abträglich waren. Die verfassungsrechtliche Vorschrift in puncto Spionage war sehr eng gefaßt. Niemand durfte wegen dieses Deliktes bestraft werden, der nicht vor Gericht ein Geständnis abgelegt oder nach Aussage von zwei Zeugen eine bestimmte Tat begangen hatte. Wegen des genau umgrenzten Tatbestands sahen sich die Gerichte genötigt, ein kompliziertes Netz juristischer »Tests« zu knüpfen, um Verurteilungen zu legalisieren. Auf diese Weise konnte eine enge Definition breit ausgelegt werden. Von der Verfassung her mußte ein Staatsbürger alles unterlassen, was dazu dienen konnte, dem Feind zu helfen oder ihn in Sicherheit zu wiegen. Dieser Grundsatz erstreckte sich bald auf jede Kritik an der eigenen Regierung. Die Zeitschrift *Literary Digest* forderte ihre Leser auf, Material auszuschneiden und einzusenden, das ihnen unter dem Spionagegesetz verdächtig vorkam. Fast 900 Personen sind wegen ihrer in Wort oder Schrift geäußerten Meinung verurteilt worden. Ein Geistlicher aus Vermont erhielt wegen pazifistischer Äußerungen fünfzehn Jahre Gefängnis. Er wurde nach einem Jahr begnadigt. Kate Richards O'Hare, die Mitunterzeichnerin des sozialistischen Manifests gegen den Krieg, mußte von ihrer fünfjährigen Haftstrafe etwas über ein Jahr absitzen. In Minnesota wurde ein Mann als Defätist verurteilt, der zu strickenden Frauen gesagt hatte: »Kein Soldat bekommt diese Socken je zu Gesicht.«[24]

Der Paragraph 12 des Spionagegesetzes richtete sich gegen Presseerzeugnisse, die dazu angetan schienen, die Durchführung des Krieges zu gefährden. Kritische Periodika wurden vom Versand ausgeschlossen. Das Justizministerium rechtfertigte diesen Eingriff in die Postgewalt mit besonderen amerikanischen Verhältnissen: In einem Land, das von der öffentlichen Meinung regiert werde, sei Propaganda besonders gefährlich. Das Oberste Bundesgericht vertrat den Standpunkt, Pressefreiheit dürfe nicht mit Fehlverhalten verwechselt werden. Etwa einhundert Zeitungen und eine noch größere Zahl von Zeitschriften, Broschüren und Büchern sind unter dem Spionagegesetz von der Postbeförderung ausgeschlossen worden. Redakteure deutschsprachiger, sozialistischer und irischer Zeitungen wurden zu Haftstrafen verurteilt, weil sie den Krieg in Frage gestellt oder »falsche und verzerrte« Berichte vom Kriegsgeschehen gebracht hatten. Zehn Jahre Gefängnis erhielt Jacob Frohwerk, weil er in der *Missouri- und Staats-Zeitung* die Verfassungsmäßigkeit der allgemeinen Wehrpflicht und die Berechtigung des Krieges in Zweifel gezogen hatte.[25]

Dem von Victor Berger herausgegebenen *Milwaukee Leader* wurden zunächst die verbilligten Portogebühren gestrichen. Diese häufig verwendete Maßnahme war vom Gesetz nicht vorgesehen, nach Ansicht des Postministeriums aber darin »impliziert«. Später wurde die Zeitung ganz vom Postversand ausgeschlossen, was den Verlust von 15000 Abonnenten zur Folge hatte. Der Herausgeber erhielt die Höchststrafe, zwanzig Jahre Gefängnis. Das Urteil wurde wegen eines Formfehlers aufgehoben. Berger ist 1878 aus Österreich in die USA eingewandert, hatte die Sozialistische Partei mitbegründet und war vor Kriegsausbruch zum ersten sozialistischen Kongreßabgeordneten gewählt worden. Er hatte, wie Wilson, bis 1916 für einen neutralen Kurs plädiert. Ein Krieg sei nur nach einer Invasion gerechtfertigt. Dem *Milwaukee Leader* wurde zum Verhängnis, daß er die Wehrpflicht kritisiert, von nervenkranken Soldaten berichtet und das Lebensmittelkontrollgesetz unter der Überschrift »Kaisering America« angegriffen hatte. Von der Wehrpflicht stand tatsächlich nichts in der Verfassung, es sind tatsächlich 7000 Soldaten im Krieg seelisch zusammengebrochen und das *Food Control Law* ist tatsächlich für verfassungswidrig erklärt worden.[26] Die New Yorker Postbehörde konfiszierte wenige Monate nach dem amerikanischen Kriegsbeitritt die Augustausgabe der Zeitschrift *The Masses* wegen Artikeln, Karikaturen und Gedichten gegen den Krieg und weil Emma Goldman, die wegen Wehrkraftzersetzung im Gefängnis saß, als freiheitsliebende Person vorgestellt worden war. Der Postminister in Washington entzog der Zeitschrift den verbilligten Portosatz für die Septemberausgabe, da durch den Ausfall der Augustnummer kein Periodikum mehr vorläge.

Der Postzensur fielen ferner anheim das bei Boni & Liveright erschienene Buch *Men in War* des Österreichers Andreas Latzko, worin er die Schrecken des Krieges beschrieb, Scott Nearings *The Great Madness,* veröffentlicht von der *American Socialist Society,* und ein im New Yorker Verlag Huebsch erschienener »Offener Brief an David Lloyd George« des Inders Lajpat Rai, der die Armut in Indien beklagte. Weil die USA mit England verbündet waren, wurde diese Kritik als unangemessen empfunden. Ähnlich erging es dem *Freeman's Journal and Catholic Register,* das wie einstmals Jefferson dafür eintrat, Irland solle eine selbständige Republik sein. Der Film *The Spirit of '76* von Robert Goldstein über die Amerikanische Revolution wurde beschlagnahmt, weil er englische Soldaten beim Massakrieren von Frauen und Kindern zeigte. Der Richter bezweifelte die historische Authentizität nicht, seiner Meinung nach hatte aber niemand das Recht, das verbündete England zu verunglimpfen. Goldstein erhielt in einem Prozeß, der pikanterweise unter der Bezeichnung »United States versus The Spirit of '76« geführt wurde, zehn Jahre Haft, die später auf drei Jahre ermäßigt wurden.[27]

Die Spionageabwehr diente als Vorwand, innenpolitische Gegner niederzuhalten und eine Diskussion über die Einkommens- und Güterverteilung zu unterbinden. Eine von der New Yorker Rand School nachgedruckte Übersetzung *The Soviets at Work* wurde für »nicht versendbar« erklärt, obwohl Lenin darin das System des Taylorismus guthieß. Die *Industrial Workers of the World* (IWW) sind während des Krieges als gewerkschaftliche Macht ausgeschaltet worden. Die *New York Times* stellte die Wobblies als deutsche Spione hin; in der Öffentlichkeit waren sie als »Imperial Wilhelm's Warriors« verschrien. Der *San Francisco Chronicle* schrieb, die Wobblies seien Verräter und schlimmer als die Deutschen.[28] Omar Bradley, damals Major, rückte mit Truppen in Butte (Montana) ein und räumte das Hauptquartier der IWW. Streiks wurden als kriminelle Verschwörung hingestellt, Streikbrecher als amerikanische Helden gefeiert. Radikale und pazifistische Gewerkschafter sind mit einem Seil um den Hals über die Mainstreet geführt, geteert und gefedert oder mit gelber Farbe bestrichen worden, um ihre Feigheit augenfällig zu machen. Als es am 1. April 1918 in Chicago zu einem Massenprozeß gegen die IWW kam, hatte die Vorverurteilung in der Öffentlichkeit längst stattgefunden. Richard Ely, Professor an der ehemals fortschrittlichen Universität von Wisconsin, bezichtigte die 113 angeklagten Wobblies des Verrats. In letzter Minute baten John Dewey, Thorstein Veblen und Helen Keller per Anzeige in der Zeitschrift *The New Republic* das Gericht darum, den Angeklagten einen fairen Prozeß zu machen. Doch der Justizminister war zur Härte entschlossen. Er forderte die Redaktion ultimativ auf, die Anzeige nicht ein zweitesmal erscheinen zu lassen.

Jedem der Angeklagten sind mehr als hundert einzelne Vergehen angelastet worden. Den Geschworenen wurden Abschnitte aus der Satzung des IWW, aus der Gewerkschaftszeitung *Solidarity* und aus einer Schrift über Sabotage vorgelesen. Nach einstündiger Beratung sprach die Jury einhundert Angeklagte schuldig. 35 von ihnen erhielten fünf Jahre, 33 fünfzehn Jahre, Big Bill Haywood und einige andere zwanzig Jahre Zuchthaus. In anderen Staaten sind ähnliche Gerichtsverfahren gegen die Industriegewerkschaft geführt worden. Eine Dame aus gutem Hause, die in Sacramento (Kalifornien) Kaution für verhaftete Wobblies stellen wollte, wurde verhaftet und einer medizinischen Überprüfung unterzogen, wie sie normalerweise für Prostituierte vorgesehen ist. Einen Protest Präsident Wilsons beantwortete der Justizminister mit dem Satz, es wäre bekannt, daß radikale Gewerkschafter sexuell promiscue seien.[29]

Im August 1918 schickte die Regierung amerikanische Truppen nach Wladiwostok und Murmansk. Gegen diese Maßnahme protestierte ein Mann namens Abrams durch die Verteilung von Flugblättern auf den Straßen Manhattans: Wilsons feiges Schweigen zu dieser Intervention beweise die Heuchelei der plutokratischen Bande in Washington und Umgebung. Sieben junge russische Einwanderer aus Ostharlem, darunter eine Frau, hatten die Flugblätter hergestellt. Eine Verurteilung unter dem Spionagegesetz erwies sich als problematisch, da die USA mit Rußland nicht im Krieg lagen. Deshalb mußte bewiesen werden, daß durch die Flugblattaktion die Heimatfront geschwächt und der Krieg gegen Deutschland erschwert würde. Die Einlassung der Verteidigung, die Intervention in Rußland habe sich nicht gegen Deutschland gerichtet, wurde vom Gerichtsvorsitzenden vom Tisch gewischt. Die *New York Times* lobte den Richter ob seiner Verhandlungsführung; er verdiene den Dank der Stadt und des Vaterlandes. Die Angeklagten, darunter zwei Buchbinder, ein Kürschner, ein Hutmacher und eine Hemdennäherin, erhielten zwischen drei und zwanzig Jahren Zuchthaus. Der Oberste Gerichtshof bestätigte das Urteil mit zwei Gegenstimmen. Die Häftlinge wurden 1921 mit der Auflage entlassen, auf eigene Kosten in die Sowjetunion zurückzukehren.[30]

Bundesrichter Oliver Wendell Holmes stimmte im Fall Abrams gegen eine Verurteilung, hatte aber einige Monate zuvor im Fall Schenck die Rechtsgrundlage dazu geliefert. In diesem Verfahren waren Charles Schenck, Generalsekretär der Sozialistischen Partei, und Elizabeth Baer zu hohen Freiheitsstrafen verurteilt worden. Sie hatten Wehrpflichtige zum Widerstand aufgerufen, weil der Krieg ihrer Ansicht nach im Interesse von Wall Street geführt werde. Bei einer unmittelbar bevorstehenden Gefahr, urteilte Holmes, sei es nur logisch, das Recht auf freie Meinungsäußerung einzuschränken. Denn schließlich könne es niemandem erlaubt werden, in einem überfüllten Theater »Feuer« zu rufen und eine Panik auszulösen. Eine Woche später wurde in letzter Instanz Eugene Debs als prominentestes Opfer des Spionagegesetzes zu zehn Jahren Haft verurteilt. Er hatte seinen Zuhörern in einer Rede zugerufen, sie seien zu etwas besserem als Kanonenfutter bestimmt; er hatte damit den Wehrwillen geschwächt und die Maxime der »clear-and-present danger« erfüllt. Bei den Präsidentschaftswahlen des Jahres 1920 entfielen eine Million Stimmen auf den Häftling Debs. Präsident Harding verfügte ein Jahr später seine Entlassung aus der Strafanstalt, ohne allerdings seine Bürgerrechte wiederherzustellen.[31]

Das Spionagegesetz blieb auch nach dem Krieg in Kraft, die Zensur, ursprünglich von der allgemeinen Kriegsstimmung getragen, setzte sich als Verwaltungsakt unter neuen Vorzeichen fort. Die Redaktion der *Seattle-Union Record* mußte schließen, weil sie Arbeiter aufgefordert hatte, gegen die Interessen der Unternehmer zu stimmen. Dreizehn Monate nach dem Waffenstillstand sind der *New York Call* und der *Milwaukee Leader* immer noch nicht mit der Post befördert worden. In Syracuse (New York) handelten sich drei Männer eine Freiheitsstrafe ein, weil sie auf einem Flugblatt eine Amnestie für politische Gefangene verlangt und zur Bekräftigung ihrer Forderung aus dem 1. Amendment, die Redefreiheit betreffend, zitiert hatten. Sie wurden – vierzehn Monate nach Kriegsende – wegen »disloyal language« zu anderthalb Jahren Gefängnis verurteilt.[32]

Das scharfe Spionagegesetz verfehlte seinen eigentlichen Zweck. Weder wurde ein wichtiger deutscher Spion ergriffen noch ein Radikaler bei einem Sabotageakt oder direkter Kollaboration mit dem Feind ertappt.[33]

Kriegsdienstverweigerer, Wehrpflichtige und Freiwillige

Ein ehemaliger Kriegs- und Außenminister der USA machte den Vorschlag, Pazifisten bei Sonnenaufgang hinauszuführen und zu erschießen. Theodore Roosevelt verteufelte Pazifisten, Sozialisten, Wobblies und das »ganze Gesocks geschlechtsloser Kreaturen«.[34] Ein großer Teil der Kriegsdienstverweigerer gehörte religiösen Sekten an. Sie lehnten aus Gewissensgründen den Dienst mit der Waffe ab oder weigerten sich, eine militärische Uniform auch nur anzuziehen: Quäker, Mennoniten, Plymouth-Brüder, Adventisten, Duchoborzen, Christadelphier, Pentecostals, Internationale Bibelforscher, Angehörige der Church of God, der Church of Christ, der Kirche vom Apostolischen Glauben oder des Kommunistischen Hauses David. Christliche Sektenmitglieder sind in Auffanglager gebracht worden, wo sie nichtmilitärische Arbeiten verrichten mußten und dem Spott und dem Sadismus des Wachpersonals ausgesetzt waren. Mennoniten ließ man in glühender Hitze stundenlang stramm stehen. Quäker und russische Duchoborzen sind vor versammelter Mannschaft kalt abgeduscht worden, damit ihnen die Gewissensgründe vergehen. Es ist nicht schwer, hinter der Demütigung von Pazifisten exorzistische Absichten zu erkennen: ihre Gesinnung wurde wie eine krankhafte Besessenheit behandelt, die sich mit Gewalt oder zumindest mit einer Roßkur austreiben ließ. Im Militärlager Fort Riley (Kansas) wurden pazifistische Sozialisten und Gewerkschafter am Hals aufgehängt bis sie rot anliefen, dann abgelassen und bis zur Ohnmacht mit Eiswasser angestrahlt oder nackt ausgezogen und mit Wurzelbürsten abgeschrubbt. Die Gebrüder Hofer und Jakob Wipf, Hutterer ihres Glaubens, wurden im Zuchthaus Alcatraz halb im Wasser stehend in Dunkelhaft gehalten. Zwei überlebten die Prozedur nicht und starben im Gefängnishospital. Eine der Leichen ist in eine Uniform gesteckt und der Hutterergemeinde übergeben worden.

Zu den »Absolutisten« unter den Kriegsdienstverweigerern, also Soldaten, die jeden militärischen Befehl verweigerten, zählten die Molokanen, auch »Holy Jumpers« genannt, weil sie auf- und niederhüpften, wenn der Heilige Geist sie ergriff. Die Molokanen oder »Milchesser« leben als Sekte in der Fastenzeit nur von Milchspeisen und verwerfen Taufe und Abendmahl. Sie waren wegen ihrer gewaltlosen Einstellung in vielen Ländern verfolgt worden und wie die Hutterer, die Mennoniten und die Duchoborzen aus Rußland nach Amerika ausgewandert, um dem Wehrdienst zu entgehen. In Arizona hatten sie eine kleine Kolonie nach ihren Vorstellungen gegründet. Molokanen wurden im Zuchthaus Leavenworth bis zu neun Stunden täglich an die Gitter ihrer Zellen gekettet. In Fort Riley traten sie aus Protest gegen ihre Behandlung in einen Hungerstreik. In den Internierungslagern weigerten sie sich strammzustehen. Zur Strafe legte man sie in eiskalte Bäder oder zupfte ihnen die Behaarung an den Beinen aus. Ein Bericht darüber stammt von einem Mithäftling, dem deutschstämmigen Ernest Meyer, der wegen seiner pazifistischen Haltung von der Universität Wisconsin geflogen war. Er kam als Kriegsdienstverweigerer zunächst in ein Lager in Kentucky, dann in ein Lager in Ohio, von dort ins Zuchthaus Leavenworth, danach in ein Lager in Kansas. Wieder in Freiheit wollte sich Meyer an den Wiederaufbauarbeiten der Quäkersekte in Frankreich beteiligen, erhielt jedoch als Sohn deutscher Eltern keinen Reisepaß.[35]

20000 oder weniger als ein Prozent der einberufenen Wehrpflichtigen waren Kriegsdienstverweigerer. 16000 davon haben ihre Meinung in den Auffanglagern geändert, darunter Alvin York, der ein gefeierter Kriegsheld wurde, weil er an einem einzigen Tag nahezu 150 Deutsche außer Gefecht setzte. Von den 4000 standhaft gebliebenen Kriegsunwilligen wurden 1300 im Dienst ohne Waffe eingesetzt; 1200 wurden auf Farmen verschickt, wenn sie einer anerkannten Sekte angehörten, die das Tragen von Uniformen ablehnte; 99 sind Wiederaufbaueinheiten zugeteilt worden; 450 fanden keine Anerkennung und wurden verurteilt. 17 Todesurteile und 142 Verurteilungen zu lebenslänglicher Haft sind in kürzere Freiheitsstrafen umgewandelt worden. Die übrigen erhielten Haftstrafen zwischen fünf und dreißig Jahren.[36]

Im Mai 1917 wurde der *Selective Service Act* als Wehrpflichtgesetz auf der Grundlage einer Quotenregelung verabschiedet. Schon vor dem amerikanischen Kriegsbeitritt war von Militärs wie von Zivilisten zur Einführung der allgemeinen Wehrpflicht geraten worden. So verschiedenartige Zeitschriften wie die *New Republic* und das *Cavalry Journal* empfahlen eine umfassende militärische Ausbildung als Instrument der Amerikanisierung, der Demokratisierung, der sozialen Hygiene, der Verbrechensbekämpfung und der Volksgesundheit. Theodore Roosevelt glaubte an die assimilatorische Kraft des Militärdienstes, der den Bindestrich aus den Bindestrichamerikanern herauskatapultieren würde. Die *New York Times* begrüßte das Wehrpflichtgesetz als längst fällige Maßnahme zur Disziplinierung der aufsässigen ausländischen Elemente im Lande.[37]

Die Einberufungsbehörden unter dem *Selective Service Act* wurden lokal verwaltet und mit Zivilisten besetzt. Damit wollte man Tumulten vorbeugen, wie sie während des Bürgerkriegs stattgefunden hatten. Insgesamt sind zehn Millionen junge Amerikaner gemustert worden. Bei der Freistellung vom Kriegsdienst verfügten die Einberufungsbehörden über einigen Ermessensspielraum. In manchen Gemeinden wurden Verheiratete freigestellt oder zurückgestellt, was hie und da zu Schnellehen führte. Je nach Staat sind zwischen 6 und 38 Prozent der Verheirateten eingezogen worden. Ausgenommen von der Wehrpflicht waren »non-declared aliens«, solche, die noch keine Antragspapiere für die Einbürgerung besaßen. Im New Yorker Stadtteil Brooklyn hatte ein Viertel der wehrtüchtigen Bevölkerung, meist russische Immigranten, diesen Status. Dies machte böses Blut bei anderen jungen Männern, die nun in größerer Zahl eingezogen wurden, um die Quote aufzufüllen. In der Folge sind Einwanderern ihre Naturalisierungspapiere beschleunigt ausgehändigt worden, damit sie einberufen werden konnten. Nach

Schätzungen stellten Einwanderer, die manchenorts in separaten Ausbildungskompanien zusammengefaßt wurden, etwa ein Fünftel der Streitkräfte.[38]

Es gab mehr Freiwillige als man haben wollte oder gebrauchen konnte. Die regulären Truppen wurden mit Freiwilligen auf Kriegsstärke gebracht, nicht aber

»Ein Geschenk für den Kaiser« (1918)

die neuaufgestellte »National Army«, die das Hauptkontingent der Streitmacht ausmachte. Der großen Zahl von Kriegsfreiwilligen stand eine mindestens ebenso große Zahl von *draft evaders* gegenüber, die sich, anders als die Kriegsdienstverweigerer, nicht bei den Einberufungsbehörden meldeten. Im September 1917 führten Polizisten und Soldaten im Raum New York eine Großrazzia durch, bei der 50000 Personen überprüft wurden. Insgesamt sind an die 170000 Amerikaner als »slackers« oder Drückeberger bestraft worden. Ab Mai 1918 sollten Arbeitslose unter der Parole »work-or-fight« sofort eingezogen werden.

Wer sich von der Wehrpflicht einen Beitrag zur sozialen Hygiene erhofft hatte, wurde nicht ganz enttäuscht. Bei der Musterung entdeckte man überraschend viele Syphilitiker, vom Hakenwurm befallene Schwarze aus den Südstaaten und Bergarbeiter mit chronischem Rheumatismus. Kranke und analphabetische Wehrpflichtige, zum Beispiel polnische und litauische Einwanderer, sind in besondere Lager gebracht worden, wo sie ärztlich behandelt oder im Lesen und Schreiben unterwiesen wurden. In den regulären Ausbildungscamps warnten Plakate mit Aufschriften wie »Eine deutsche Kugel ist sauberer als eine Hure« vor Geschlechtskrankheiten. Den Vorschlag mitfühlender französischer Militärs, hinter der Front ärztlich kontrollierte Bordelle auch für Amerikaner einzurichten, ist abgelehnt worden. Amerikanische Soldaten, die sich angesteckt hatten, wurden bestraft.[39]

Die Leser der Zeitschrift *Crisis*, dem Organ der NAACP, wurden nach Kriegsbeitritt von Chefredakteur W. E. B. DuBois aufgefordert, innenpolitische Anliegen zurückzustellen und angesichts der außenpolitischen Entwicklung »die Reihen zu schließen«. Der Verband schwarzer Collegeabsolventen ersuchte Präsident Wilson um die Errichtung eines Ausbildungszentrums für schwarze Offiziere. Aus patriotischen Gründen wollte man sich mit rassisch segregierten Garnisonen zufriedengeben. Der von freigelassenen Sklaven gegründete Staat Liberia wurde dazu gedrängt, sich den Alliierten anzuschließen, obwohl die Liberianer lieber neutral geblieben wären; man unterhielt ausgezeichnete Handelsbeziehungen zu Deutschland.[40]

In den USA stand die weiße Gesellschaft dem Patriotismus der Schwarzen reserviert gegenüber. Die regulären schwarzen Einheiten wurden komplettiert, darüber hinaus sind keine schwarzen Freiwilligen angenommen worden. Die allgemeine Rassendiskriminierung fand in der Armee ihre Fortsetzung. Im texanischen Houston zettelten schwarze Soldaten im August 1917 eine Meuterei an und erschossen siebzehn weiße Bürger. Dreizehn schwarze Aufrührer wurden gehenkt. Ab September 1917 sind schwarze Wehrpflichtige einberufen worden. Dies geschah eher schleppend. Ein New Yorker Hotel stellte vermehrt schwarze Kellner ein, weil weiße Angestellte rascher einberufen wurden. Trotzdem und nur scheinbar paradox stellten die schwarzen Amerikaner am Ende proportional mehr Soldaten als die weißen, nämlich dreizehn Prozent bei einem Bevölkerungsanteil von rund zehn Prozent. Über ein Drittel der schwarzen, aber nur ein Viertel der weißen wehrfähigen Männer wurden eingezogen. Der höhere Anteil hatte verschiedene Gründe. Da kaum schwarze Freiwillige angenommen wurden, erhöhte sich das Reservoir schwarzer Wehrpflichtiger. Schwarze hatten geringere Möglichkeiten, sich als unabkömmlich freistellen zu lassen, weil sie größtenteils in ungelernten Berufen arbeiteten. Schließlich konnten viele keine wirtschaftlichen Nachteile geltend machen, weil das Familieneinkommen ironischerweise oft unter dem Wehrsold lag. Der amerikanische Generalstab hielt die Masse der schwarzen Truppen für ungeeignet zum Kampfeinsatz. Nur jeder fünfte schwarze Soldat ist nach Europa geschickt worden. Das französische Oberkommando befahl den eigenen Truppen per schriftlichem Militärerlaß, sich nicht zu eng mit den Kampfgefährten schwarzer Hautfarbe einzulassen, um die weißen Amerikaner nicht zu verärgern.[41]

Stellungskrieg und Bewegungskrieg

Nach der Verfassung war der Einsatz amerikanischer Truppen in Übersee verboten. Die Milizen sollten nach dem Willen der Gründungsväter dazu dienen, die Gesetze der Union durchzusetzen, Aufstände zu unterdrücken oder eine Invasion abzuwehren. Aber diese Beschränkungen hatte man schon im Krieg gegen Spanien mißachtet. Gesetzliche Vorschriften nehmen oft phantomartigen Charakter an. Um anzudeuten, daß man trotz der Beteiligung am Krieg nicht völlig in europäische Händel verwickelt sei, bezeichneten sich die USA nicht als Alliierte, sondern als Assoziierte Macht.

Vor der Ankunft der *American Expeditionary Force* (A. E. F.) hatten die europäischen Nationen in den Schlachten von Arras, Ypern und bei der Nivelleoffensive bereits Hunderttausende von Soldaten verloren. Allein die fünfmonatige Belagerung von Verdun kostete 350 000 Franzosen und 350 000 Deutschen das Leben. Zwischen Juli und Oktober 1916 forderte die Somme-Schlacht eine Million Tote. Am 3. November 1917 fiel der erste Amerikaner.

In einem Fachbuch heißt es: Die amerikanische Kampfgruppe war eine der »fröhlichsten Armeen, die je marschiert sind«.[42] Frankreichs Zivilbevölkerung hatte die unverbrauchten, idealistischen und naiven Amerikaner oft mehr ins Herz geschlossen als die eigenen Poilus. Sie sangen »Over There«, »It's a Long Way to Tipperary« und »Mademoiselle from Armantière« und warfen sich mit Kampfgeschrei in die Schlacht wie in ein Footballmatch.

'twas a hell of a war as I recall
But a damn sight better than no war at all.*

Der Oberkommandierende der amerikanischen Truppen, General John Pershing, bestand auf separaten Kampfeinheiten und weigerte sich, mit seinen Soldaten die dezimierten französischen und britischen Bataillone zu verstärken. Dafür gab es mehrere Gründe. Einmal wäre Pershing bei einer Fusion ein General ohne Armee gewesen. Zweitens würden allein erkämpfte Siege die Position der USA nach Kriegsende stärken. Schließlich, und das war wohl der wichtigste Grund, unterschied sich die amerikanische Strategie von der europäischen.

Pershing hatte die Militärakademie Westpoint durchlaufen. Persönlich zeichnete er sich durch eine fast unmenschliche Selbstbeherrschung aus. Die Nachricht, daß seine Frau und seine drei kleinen Töchter bei einem Brand umgekommen waren, hatte er ohne sichtbare Regung aufgenommen. Als Regimentschef eines schwarzen Kavallerieregiments auf Kuba war ihm im Krieg gegen Spanien der Spitzname »Black Jack Pershing« angehängt worden. Im Einklang mit den an der

* Es war nach meiner Erinnerung ein höllischer Krieg,
aber immer noch besser als überhaupt kein Krieg.

Offiziersschule Westpoint gelehrten Prinzipien suchte er die offene Frontalattacke, den »knock-out-blow« mit frischen Truppen, nicht den langsamen Aderlaß in den Schützengräben. Sein Ziel war ein Vernichtungsfeldzug, nicht ein Zermürbungskrieg, ein Bewegungskrieg, nicht ein Stellungskrieg. Insofern, schrieb David Kennedy, hat Pershing sich als durch und durch amerikanischer Stratege erwiesen. Einen Sieg erringt man nicht durch langwierige und kostspielige Abnutzung, sagte Pershing, »sondern indem man den Feind aufs offene Feld hinaustreibt und einen Bewegungskrieg mit ihm führt«. Die alliierten Strategen waren ihm zu vorsichtig, zu furchtsam, zu wenig aggressiv. Sie scheuten sich, Linien zu durchbrechen, wo es Pershings Meinung nach notwendig gewesen wäre, zu offener Kriegsführung überzugehen. Bei der Schlacht von Belleau Wood (1918) lehnten die Amerikaner den Rat französischer Kameraden ab, sich einzugraben oder den Rückzug anzutreten, als die Gefechtslage aussichtslos schien. »Rückzug?« fragte ein US-Hauptmann, »verflucht, wir sind doch grade erst eingetroffen.« Ein Sergeant rief seinen Leuten zu: »Auf, ihr Hurensöhne, wollt ihr ewig leben?« – worauf die Soldaten ins Maschinengewehrfeuer stürmten; mehr als die Hälfte überstand den Angriff nicht.[43]

Der Einsatz der Amerikaner war kriegsentscheidend. Ein amerikanischer Militärhistoriker meinte, die Entscheidung wäre noch rascher gefallen, hätte Pershing nicht doch hie und da auf den Rat englischer und französischer Generale gehört. Die Entente wiederum brachte Bedenken gegen die amerikanische Art der Kriegsführung vor. Bei den Amerikanern mangelte es bei allem Kampfeseifer vor allem an der Organisation des Nachschubs. Der französische Oberbefehlshaber intervenierte bei Präsident Wilson, Pershing abzulösen. Auch im britischen Kabinett wurden schwere Vorwürfe gegen die chaotische Logistik, das Tohuwabohu auf den Transportwegen und gegen unzureichend ausgebildete amerikanische Truppen erhoben. Die US-Einheiten verfügten über einige hervorragende Scharfschützen, und der von Schweizern abstammende Pilot Eddie Rickenbacker avancierte mit »26 kills« zum Kriegshelden. Dies konnte nicht darüber hinwegtäuschen, daß die Ausbildung der *doughboys,* wie die US-Infanteristen genannt wurden, starke Mängel aufwies. Die Dauer der Ausbildung hatte im Durchschnitt nur vier Monate betragen. Manche Rekruten hatten nie ein Gewehr abgefeuert, ehe sie an die Front kamen. Dort sind ganze Infanteriekompanien reihenweise umgemäht worden, weil es an Erfahrung und Führung fehlte und weil der persönliche Mut die mangelnde Ausbildung nicht wettmachen konnte. Manche Einheiten sind so rasch vorgerückt, daß die Versorgungskompanien nicht rechtzeitig nachkamen und den Soldaten nichts anderes übrigblieb als zu plündern, wenn sie nicht verhungern wollten. Mitunter haben Amerikaner die deutschen Linien überrannt und mußten plötzlich feststellen, daß sich deutsche Soldaten in ihrem Rücken befanden. Ein Militärhistoriker vertrat die Ansicht, Pershings mobile Strategie wäre gescheitert, hätte er nicht immer neue Reserven zur Verfügung gehabt. Die Rivalität zwischen amerikanischen Truppengattungen hatte mitunter tragische Folgen. Die Eroberung von Sedan wurde zu einem Wettlauf zwischen Truppenteilen. Eine Formation geriet dabei ins Schußfeld der eigenen Linien. Franzosen mußten übereifrigen Amerikanern mit Artilleriefeuer drohen. Der junge Douglas MacArthur ist von einer US-Patrouille aufgegriffen und eine Weile festgehalten worden.[44]

Die Kriegserzählungen amerikanischer Soldaten waren angereichert mit Gleichnissen von ritterlichen Taten und erinnerten an die Sprache Sir Walter Scotts. »Besser als Ivanhoe« sei der Krieg, meinte Heywood Broun, der Korrespondent der *New York Tribune*. Nicht umsonst hatten Woodrow Wilson und die Propaganda von einem »Kreuzzug« gesprochen. Die Anspielungen auf mittelalterliches Heldentum traten so deutlich hervor, daß sie die Parodie herausforderten. Wo in den britischen Kriegserzählungen Resignation vorherrschte, waren die Berichte der Amerikaner voller Begeisterung und »peptomism«. In den Liebesbriefen eines Rekruten an seine *Dere Mable* (1918) von Edward Streeter erschien der Krieg als eine höchst vergnügliche Angelegenheit. Frankreich wurde zu einer Art freiem Territorium, in das man sich wie weiland Huckleberry Finn flüchten konnte, um gesellschaftlichen Zwängen zu entgehen. In Willa Cathers preisgekröntem Roman *One of Ours* (1922) geht der Held, ein Farmer, nach Frankreich, weil es keinen Westen mehr gibt wie zu Kit Carsons Zeiten. Die Auflehnung gegen militärische Disziplin war in der US-Truppe ziemlich verbreitet. In den Romanen und Kurzgeschichten der ehemaligen Kriegsteilnehmer E. E. Cummings, Dos Passos, Hemingway und William March überwiegen die Bilder der Flucht und der Rebellion gegen die Gesellschaft. Der Protest gegen jede Form von Autorität nimmt fast mehr Platz ein als die Schilderung von Gewalt und Kriegsleid.[45]

Versailles und Völkerbund

Im Januar 1918 hatte Wilson in 14 Punkten die amerikanischen Kriegsziele umrissen und eine globale Neuordnung entworfen. Nach dem Waffenstillstand am 11. November 1918 entschloß er sich als erster amtierender Präsident, nach Europa zu reisen und an den Versailler Friedensverhandlungen teilzunehmen. Er war überzeugt davon, daß seine persönliche Gegenwart das Verhandlungsergebnis günstig beeinflußen und er als Amerikaner entscheidend dazu beitragen würde, die Leiden der Alten Welt zu heilen. Die Reaktionen der Europäer, die ihn nicht bloß wie einen Sieger, sondern wie einen Propheten willkommen hießen, haben ihn in diesem Glauben bestärkt. Von britischer Seite war zu hören, die Amerikaner trügen als einzige unter den Konferenzteilnehmern nicht die Last der Erbsünde mit sich herum. Die Polen feierten den amerikanischen Präsidenten als den Befreier ihres Landes und begrüßten sich gegenseitig mit dem Ruf »Wilson!« Ein italienischer Arbeiter meinte, Wilson genieße so viel Prestige, daß er leicht einen protestantischen Nachfolger für den Papst ernennen könne. Noch Alfred Döblin psalmodierte, der »neue Weltenrichter« Wilson, der »große Vernünftige«, sei wie eine Perle an den europäischen Strand gespült worden.[46]

Heute neigt die Geschichtsschreibung eher zu der Ansicht, daß Wilsons diplomatische Mission ein Mißerfolg war. Nur vier der 23 Prinzipien in den 14 Punkten blieben vollständig intakt. Die Tradition des nationalen Selbstinteresses, des *sacro egoismo,* blieb auf Kosten der Verlierer am Leben. Wilson stimmte, entgegen seiner ursprünglichen Absicht, der Abtretung des Rheinlandes zu. Die Grenzen Italiens wurden nicht, wie in Punkt 9 vorgesehen, zwischen klar erkennbaren Nationalitäten gezogen. Die globale Neuordnung scheiterte zudem an der Existenz von Geheimverträgen, die sich gegenseitig widersprachen oder ausschlossen. Wilson selbst war nicht frei von Doppelzüngigkeit. Er hatte erklärt, sein Land strebe keine zusätzlichen Gebiete an, gleichzeitig setzte er Dänemark zu, den USA die Jungferninseln abzutreten. Wilson gelang es letztlich nicht, einen gangbaren Mittelweg zwischen dem proklamierten moralischen Absolutismus und einem Friedensdiktat der Siegermächte zu finden. In Lloyd George und Clemenceau saßen ihm versierte Unterhändler gegenüber, die seine Unkenntnis europäischer Verhältnisse ausnutzten und ihm nie verziehen hatten, daß er es versäumt hatte, sie vom ersten Kapitulationsangebot der Deutschen zu unterrichten. Außerdem erlitt Wilson während der Verhandlungen einen schweren körperlichen Zusammenbruch, der wahrscheinlich von einer Gehirnerkrankung herrührte.[47]

Nach fünfmonatigen Verhandlungen wurde der Versailler Vertrag am 28. Juni 1919 unterzeichnet, zwei Wochen später dem US-Senat zur Ratifizierung vorgelegt. An den Friedensvertrag gekoppelt war der Vertrag über den Völkerbund, und ab da begannen sich vor Wilson unüberwindliche Probleme aufzutürmen. Die Republikaner unter Henry Cabot Lodge weigerten sich, die beiden Vertragswerke in der vorgelegten Form zu akzeptieren, verschleppten die Beratungen und brachten Dutzende von Änderungsvorschlägen ein. Wilson erlitt einen Schlaganfall, während er auf einer ausgedehnten Redetour für den Vertrag warb. Im Januar 1920 erhob John Maynard Keynes in *The Economic Consequences of the Peace* schwere persönliche und politische Vorwürfe gegen den amerikanischen Präsidenten. Wilson habe die Zeichen der Zeit nicht erkannt und trotz vieler Vorschußlorbeeren in Versailles keineswegs die Rolle des »Philosophenkönigs« gespielt, sich vielmehr wie ein presbyterianischer Pfarrer gegeben. Sein Denken sei eher theologisch als intellektuell ausgerichtet, seine Vorstellungen nebulös und nicht zu Ende gedacht, sein Intellekt zu träge und zu wenig anpassungsfähig, sein Informationsstand über europäische Verhältnisse unzureichend gewesen. Wilsons Versagen in Versailles, schrieb Keynes, der an der Konferenz teilgenommen hatte, würde international und vor allem in Deutschland katastrophale wirtschaftliche Konsequenzen haben.

Der isolationistische Senator William Borah verlas Passagen aus der Schrift von Keynes im Senat und stärkte damit die Opposition gegen den amerikanischen Beitritt zur *League of Nations*, dem Völkerbund. Ein Kritiker empörte sich über diese »League of Denationalized Nations«. Liberale Autoren wie Harold Stearns oder Thorstein Veblen diskreditierten den Völkerbund als eine Allianz zur Ausbeutung schwacher Völker, ein Instrument zu imperialistischen Zwecken, eine Einladung, den Frieden mit Krieg und Wirtschaftskrieg zu erhalten, anstatt die Ursachen von Kriegen zu beseitigen. Verfassungsrechtler erhoben juristische Bedenken. Ethnische Gruppen sprachen sich gegen den Beitritt aus. Alles schien darauf hinzudeuten, daß die Amerikaner es leid waren, als Erretter der Welt aufzutreten.[48]

Wilson trug durch kompromißloses Verhalten und unpolitisches Agieren dazu bei, daß der Friedensvertrag im Senat nicht die erforderliche Zweidrittelmehrheit erreichte. Die Rivalitäten zwischen den Parteien und die wiedererstarkte isolationistische Stimmung hatten sich als mächtiger erwiesen als Wilsons Appelle ans Volk. Die Parteien hatten bereits während des Krieges nationale Einheit nur nach außen demonstriert, in Wahrheit aber jeden parteipolitischen Vorteil aus der Krise zu ziehen gesucht. Überzeugt von der Unwiderstehlichkeit seiner Sendung, hatte Wilson politische Realitäten nicht mehr wahrgenommen. Im letzten Teil seiner Amtszeit wirkte er wie ein Somnambulist.[49] Im März 1920 lehnte es der Senat endgültig ab, den Versailler Vertrag zu ratifizieren, und im November wählten die Amerikaner mit großer Mehrheit einen republikanischen Präsidenten.

Kriegsfolgen

»Wie viele gottverdammte Narren man doch braucht, um einen Krieg zu führen!«, sagt einer der Soldaten in dem Schauspiel *What Price Glory* (1924) von Laurence Stallings und Maxwell Anderson. In der amerikanischen Bevölkerung machten sich Ernüchterung und Enttäuschung über den Kriegsausgang breit. Upton Sinclair gab seiner Kriegserzählung *Jimmie Higgins* (1919) einen pazifistischen Schluß. Thomas Boyd schilderte in dem Roman *Through the Wheat* (1923) wie der Krieg nicht Helden, sondern gefühllose Kampfmaschinen hervorbringt. William Faulkner beklagte sich in *Soldier's Pay* (1926) über den Undank des Vaterlandes.

Ein Senator brachte eine Entschließung ein, wonach jeder Krieg für ungesetzlich erklärt werden sollte. In verschiedenen Staaten wurden englandfreundliche Stellen aus den Schulbüchern entfernt. Um die Engländer zu ärgern, unterstützte der Kongreß eine Resolution für die Sache des irischen Sinn Fein. Ansonsten war man eher dafür, die Europäer im eigenen Saft schmoren zu lassen: »Let Europe stew in its own juice« wurde zu einem gängigen Ausspruch. Dies bedeutete jedoch nicht, daß sich die USA total isolierten. Im Gegenteil, der Krieg hatte neue politische und wirtschaftliche Interessen geschaffen, die es wahrzunehmen galt. In den Konferenzen des Völkerbundes saßen ab 1922 amerikanische Beobachter, und obwohl die USA nicht Mitglied des Weltgerichtshofes waren, amtierten vier Amerikaner in Den Haag als Richter. Der Senat stimmte unter anderem dem Viermächte-Pazifikabkommen (1921), dem Fünfmächte-Marineabkommen (1922) sowie dem Neunmächteabkommen (1922) zu, das die Politik der »Offenen Tür« in China bekräftigte.

Die USA gingen wirtschaftlich gestärkt aus dem Krieg hervor und wurden nun als Thronprätendenten in der Nachfolge Großbritanniens gehandelt, die sie allerdings erst nach dem Zweiten Weltkrieg antraten. Die enge Zusammenarbeit zwischen Politik und Wirtschaft hatte sich bezahlt gemacht. Mitgliedern der *National Security League,* wie den Großunternehmern Cornelius Vanderbilt, Henry Frick und Simon Guggenheim waren die Vorteile einer solchen Kooperation nicht verborgen geblieben. Während des Kriegs beschlagnahmte die Regierung deutsche Patente und verkaufte sie günstig an amerikanische Firmen weiter, etwa in der Chemiebranche. Deutsche Wirtschaftsinteressen in Nord- wie in Südamerika sollten erklärtermaßen für immer und nicht nur für die Dauer des Kriegs usurpiert werden. Sogar britische Unternehmen hatten Grund zu der Befürchtung, daß Amerikaner den Krieg nutzten, ihnen ihre lateinamerikanischen Geschäfte streitig zu machen. Nach dem Waffenstillstand sind gerade amerikanische Unternehmer dafür eingetreten, die kriegszeitlich bedingten Wirtschaftskontrollen noch eine Weile beizubehalten.[50]

Bei Kriegseintritt im Jahr 1917 war in der amerikanischen Wirtschaft ein Chaos ausgebrochen, weil keine funktionierenden Pläne für die Umstellung auf Kriegsproduktion existierten. Erst nachdem Bernard Baruch, der »einsame Adler« aus der Wall Street, im März 1918 den Vorsitz des *War Industries Board,* der zentralen Beschaffungsstelle, übernommen hatte, begannen sich die chaotischen Zustände aufzulösen. Ursprünglich war vorgesehen, den Krieg zur einen Hälfte aus Steuern, zur anderen aus Krediten zu finanzieren. Das *Wall Street Journal* befürwortete aus Patriotismus eine Herabsetzung des steuerfreien Betrags von 4000 auf 1000 Dollar. Letztlich konnten die Kriegskosten aber nur zu einem Fünftel aus Steuermitteln bestritten werden. Trotz Anhebung der Gewinnsteuer gingen den großen Unternehmen kaum Profite verloren. Wilson war bereits 1916 für eine Lockerung der Antitrustbestimmungen eingetreten. Die Savage Arms Corporation erzielte 1917 einen Gewinn von 60 Prozent. Die Bethlehem Schiffswerft verachtfachte während des Kriegs ihre Profite und die Firma DuPont konnte ihre Dividenden um das Sechzehnfache steigern.[51]

Die Gewerkschaften gingen geschwächt aus dem Krieg hervor, weil selbst die gemäßigte *American Federation of Labor* mit radikalen Strömungen identifiziert wurde. Allein im Januar 1920 sind im Zuge der »Palmer Raids« 2500 Anarchisten, Sozialisten, Bolschewisten und andere politisch Mißliebige verhaftet worden.

Justizministerium und Arbeitsministerium gaben sich gegenseitig Amtshilfe. Die Namen der Sistierten wurden oft erst nachträglich in die Haftbefehle eingetragen, politisch verdächtige Ausländer in ihre Heimatländer abgeschoben. Justizminister Mitchell Palmer ließ 1919 eine Studie über afroamerikanische Zeitschriften anfertigen, um radikalen und landesverräterischen Elementen in der schwarzen Bevölkerung auf die Spur zu kommen. In Harlem erscheinende Zeitschriften wie *Challenge, Crusader, Emancipator* oder *Negro World* sind daraufhin unter die Lupe genommen worden. Ein Untersuchungsausschuß im Staat New York erklärte den 1917 von A. Philip Randolph gegründeten *Messenger* zur gefährlichsten aller Publikationen schwarzer Amerikaner. Der *Messenger* war das Gewerkschaftsorgan der Schlafwagenschaffner. In New Jersey wurde ein Gesetz erlassen, wonach in Schulbüchern keine kritischen Äußerungen über die Vorgeschichte des Unabhängigkeitskriegs noch über alle anderen amerikanischen Kriege fallen durften. John Dewey mußte sich selbst revidieren: Der Krieg hatte nicht, wie von ihm erwartet, ein höheres Maß an Vernunft bewirkt, sondern einen »Kult des Irrationalen« befördert.[52]

Gegen Ende des Krieges hatte die Zeitschrift *Atlantic Monthly* ein Gedicht mit dem Titel »The New Death« von Winifred Kirkland veröffentlicht. Die toten Helden, hieß es da, hätten sich Unsterblichkeit erworben, sofern sie auf alliierter Seite gefallen waren. Die USA hatten viereinhalb Millionen Soldaten mobilisiert, rund eineinhalb Millionen sind zum Kampfeinsatz gekommen. Von diesen wurden 49000 an der Front getötet, 57000 starben an Krankheiten, ein großer Teil davon bei einer verheerenden Grippeepidemie. Ein Militärhistoriker hat errechnet, daß der Erste Weltkrieg die Amerikaner weniger Opfer gekostet hat als der Bürgerkrieg. Die meisten Kriegstoten sind in Frankreich beerdigt worden. 1930 lud die amerikanische Regierung 30000 Angehörige ein, die französischen Soldatenfriedhöfe zu besuchen. Vier von zehn Einladungen kamen als unzustellbar zurück.[53]

Die Fremdenfeindlichkeit erhielt mit Versailles und der Debatte um den Völkerbund neuen Auftrieb. Die Massendeportation unerwünschter Ausländer begleitete der Bundeskongreß der Farmer mit einer Empfehlung ans Justizministerium, jedem Deportierten ein Mal auf die Haut zu brennen, um jeden Wiedereinreiseversuch unmöglich zu machen. Aus Japan stammenden Personen wurde der Erwerb der Staatsbürgerschaft untersagt, Chinesen unterlagen zusätzlich einem Heiratsverbot. Der Vorsitzende des Einwandererausschusses im Repräsentantenhaus, Albert Johnson, vertrat die populäre Ansicht, das beste »Bürgermaterial« komme aus Nord- und Westeuropa. Der Hintergedanke war, den Zustrom südeuropäischer Katholiken und osteuropäischer Juden aus den vom Krieg gebeutelten Ländern zu stoppen. Die Beschränkung der Einwanderung ist von einer breiten Mehrheit getragen worden. Der *Johnson Act* oder *Emergency Quota Act* (1921) fand im Senat nur eine Gegenstimme. Ab jetzt sollten von jeder Nationalität nur noch drei Prozent der anno 1910 in den USA gezählten Vertreter einwandern dürfen. Der *Immigration Quota Act* (1924) verlegte das Stichjahr auf 1890 zurück und setzte die Quote auf zwei Prozent herab. Was wie Willkür aussah, hatte Methode. Die Masseneinwanderung aus Süd- und Osteuropa war erst nach 1890 dramatisch angestiegen. Infolge der Quotengesetzgebung durften nach 1924 jährlich 3000 Franzosen und 5000 Italiener, aber 25 000 Deutsche und 65 000 Briten einreisen. 1919 war die Steubengesellschaft gegründet worden, um den Deutschamerikanern ihr verlorengegangenes Prestige wiederzugeben. Man gab sich patriotisch und vermied es, das Deutschtum allzu penetrant herauszustellen.[54]

Der Glaube an den Sinn einer absoluten Amerikanisierung geriet ins Wanken. Zweifel an der Schmelztiegelphilosophie hegten alteingesessene Yankees ebenso wie Einwanderer selbst. Eine »Amalgamierung« durch Heirat war unvermeidlich, wie unter anderem das tausendfach aufgeführte Theaterstück *Abie's Irish Rose* (1924) von Anne Nichols zeigen wollte: Der jüdische Kriegsheld freit die irische Schöne aus Kalifornien, die Väter von Braut und Bräutigam werden mit Zwillingen besänftigt: Joseph Patrick Levy und Rebecca Levy. Aber von einer forcierten *kulturellen* Angleichung unterschiedlicher Traditionen wurde jetzt erstmals gewarnt.[55] Wer dies tat, setzte sich allerdings dem Vorwurf der Nativisten aus, unassimilierbar zu sein.

Der stärkste nativistische Verband der 1920er Jahre war der 1915 von William Simmons in Atlanta (Georgia) wiederbegründete Ku-Klux-Klan, der sich vom Süden in den nördlichen und mittleren Westen ausbreitete und schätzungsweise zwei Millionen Mitglieder zählte. Dieser neue Geheimbund hatte mehr mit der *Know-Nothing-Party* zu tun als mit dem Ku-Klux-Klan der Nachbürgerkriegszeit, dem es vor allem um die weiße Vorherrschaft im Süden gegangen war. Mit dem alten Klan hatte man einige Rituale gemeinsam, der Terror jedoch wurde weiter ausgedehnt und traf neben Schwarzen auch Juden, Katholiken, Pazifisten, Kosmopoliten, Bolschewisten, Darwinisten, mißliebige Einwanderer, soziale Versager oder solche, die man dafür hielt. Bei den Versammlungen des Klans im »Lyric Theater« von Memphis (Tennessee) zogen die Redner vor allem gegen Rom und das internationale Judentum vom Leder, ohne genau sagen zu können, ob dessen gefährlichster Repräsentant Rothschild oder Trotzki war. Nach Meinung des Klans waren die Juden zu »clannish«, derselbe Vorwurf traf die Katholiken, die außerdem als parasitär diffamiert wurden, als zu wenig pionierhaft und aufbauend und als Teil einer papistischen Verschwörung zur Untergrabung des protestantischen Amerika. Die Mitglieder des Ku-Klux-Klan umgaben ihre Tätigkeit mit einer geheimnisvoll klingenden Sprache, ernannten sich gegenseitig zu Imperial Wizards, King Kleagles, Grand Dragons, Ghouls, Goblins und Cyclopses, schöpften ihre Weisheit aus einem »Buch des unsichtbaren Reiches« und gaben in Indianapolis eine Zeitschrift mit dem Titel *The Fiery Cross* heraus. In Indiana bedienten sich Politiker der Anhängerschaft des Klans, um in höhere Ämter zu gelangen. Dasselbe geschah in Texas, Louisiana, Oklahoma, Maine, Kansas und in einigen anderen Bundesstaaten. Korruptionsaffären und die Vergewaltigung einer jungen Frau führten zu einem Machtverlust und zum Niedergang dieses Geheimordens, dessen Mitglieder sich eher aus den unteren Schichten rekrutierten.[56]

Antikatholizismus und Antisemitismus waren auch in besseren Kreisen beinahe selbstverständliche Standpunkte. Die Wahlen von 1928 gerieten zu einer antikatholischen Manifestation. Hoover gewann gegen den katholischen Alfred Smith, der aus den New Yorker Slums stammte und sich gegen die Anwürfe etablierter protestantischer Kräfte, er sei eine Marionette Roms, nicht erfolgreich zur Wehr setzen konnte.[57]

Ab Mai 1920 erschien in Henry Fords Hauszeitschrift *The Dearborn Independent* eine Serie antisemitischer Attacken mit dem Tenor, jüdische Finanziers regierten die Welt, nebst Seitenhieben auf jüdische Alkoholschmuggler wie den Kanadier Samuel Bronfman. Der Automobilkönig Ford, dem die Öffentlichkeit lauschte wie einem Orakel, ließ seine Schreiber weit in die Geschichte zurückgreifen, um seine Thesen zu beweisen – bis zu den angeblich jüdischen Komplizen des Benedict Arnold, der die Amerikanische Revolution verraten habe. Ab November 1920 druckte man unter dem Titel *The International Jew* die »Protokolle der Weisen von Zion« nach. Die erfundenen Protokolle waren vermutlich während des Ersten Weltkriegs in die USA gebracht worden. An ihrer Verbreitung waren amerikanische Armeeoffiziere beteiligt. Der *Independent*, mit einer Auflagenhöhe bis zu 700000 Exemplaren, legte den Juden die Kriegsschuld vor die Füße. Herausgeber William Cameron schürte die Angst vor einer Judaisierung Amerikas. Gesetz und Ordnung würden unter jüdischem Einfluß allerorten zusammenbrechen, Toleranz und Liberalismus ihr scheußliches Haupt erheben, unter Jugendlichen mache sich eine hedonistische »Coney Island«-Mentalität breit, Luxus, Vergnügungssucht und Alkoholismus griffen um sich, kurz, »der Jude« sorge für die Unterminierung altamerikanischer Werte. Unter dem Druck jüdischer Boykottdrohungen entschuldigte sich Ford 1927 für die Veröffentlichungen.[58]

Antisemitische Vorfälle ereigneten sich bei Arbeitsvermittlungsstellen und Handelskammern, an Schulen und in Krankenhäusern, bei Zeitungen, vor Gericht, an Konsulaten und in den Parlamenten bis hinauf zum Kongreß. Universitäten führten Zulassungsquoten für jüdische Studenten ein und folgten damit einer Forderung, die Harvardpräsident Lawrence Lowell in einer Rede im Juni 1922 aufgestellt hatte. Die Anzeigenabteilung der *New York Times* nahm zwischen den Kriegen Stellenangebote an, die mit der Auflage »Christians only« versehen waren. Ein protestantischer Geistlicher rief dazu auf, die Filmindustrie in Hollywood »aus den Händen des Teufels und 500 unchristlicher Juden« zu erretten.[59] Angesehene Verlage wie Doubleday oder Putnam kamen mit antisemitischen Werken heraus. F. Scott Fitzgerald erschuf in *The Great Gatsby* (1925) den gerissenen, kriminellen Meyer Wolfsheim, der eine »tragische Nase« im Gesicht trägt und nur »Oggsford« sagen kann wenn er Oxford sagen will. Ernest

Hemingway zeichnete den Juden Cohn in *The Sun Also Rises* (1926) so negativ es irgend ging, und William Faulkner ließ in *Sanctuary* (1930) einen unsympathischen jüdischen Rechtsanwalt auftreten.

Als »die unerfreulichste Rasse« erschienen Juden dem Journalisten und Sprachforscher H. L. Mencken, der auch anderen, neueingewanderten Minderheiten nicht viel abgewinnen konnte. Bei ihm mischten sich für die Nachkriegszeit nicht untypische sozialdarwinistische und nietzscheanische Gedankenbruchstücke mit der aktuellen Angst vor Überfremdung. Die Masseneinwanderung aus Europa, befand Mencken, habe aus den USA ein »Commonwealth drittklassiger Menschen« gemacht, aus solchen nämlich, die es in ihrer alten Heimat zu nichts gebracht hatten. Und so sei aus den Amerikanern das furchtsamste, wehleidigste, feigste und schandbarste Volk unter der Sonne geworden, dem nur mit energischen Maßnahmen geholfen werden könne.[60]

Das Woolworth Building – eine Kathedrale des Konsums

XXI. Kapitel

DAS FORMBARE ZEITALTER

Griffige Bezeichnungen sind für die 1920er Jahre erfunden worden: die *Golden Twenties*, die *Roaring Twenties* oder das *Jazz Age*. Nach einem populären Roman nannte man die Dekade auch das *Plastic Age*, wobei plastisch so viel wie formbar bedeutete. Die Amerikaner waren nach dem Weltkrieg der »bedeutenden Anliegen« müde, sie verlangten nach mehr Leben und weniger Weltgeschichte. Die Zeitungen weckten und befriedigten die Nachfrage nach Spektakeln und Sensationen, seien es Mordprozesse, eingeschlossene Höhlenmenschen, Ozeanflüge, Entführungen, Boxkämpfe oder ein neuer Rekordversuch im Fahnenstangensitzen. Die tiefe Wesentlichkeit, die aus jedem Satz von Wilson zu sprechen schien, hatte ausgedient. Das Triviale und Bizarre war angesagt, und ein Schuß Frivolität vervollständigte die Mischung. Wer Geld verdiente, glaubte mehr damit anfangen zu können als je. Die Verbraucher gaben allein 1921 rund 750 Millionen Dollar für Kosmetika, eine Milliarde für Süßigkeiten und 50 Millionen für Kaugummi aus. Freizeit wurde erstmals zu einer Art Grundrecht. Der Durchschnittsbürger stand später auf als die Generation vor ihm, Fabriken und Büros setzten den Arbeitsbeginn eine oder eine halbe Stunde später an. Die Ärzte, die von 7–9 Uhr eine morgendliche Sprechstunde angesetzt hatten, gab es nicht mehr. Neue, herrlich belanglose Moden kamen und gingen. Das chinesische Mah Jong-Spiel konnte zeitweise gar nicht rasch genug importiert werden, und die Kreuzworträtselwut nahm vorübergehend dramatische Formen an. Eine Eisenbahngesellschaft sah sich veranlaßt, Lexika in die Zugabteile zu legen. In Pittsburgh ordnete ein Pfarrer seine geschriebene Predigt in Gitterform an, und in New York wurde ein Mann verhaftet, der sich auch nach vier Stunden noch geweigert hatte, ein Lokal zu verlassen, weil es ihm nicht geglückt war, ein Rätsel vollständig zu lösen.[1]

Amerikaner haben sich, nicht ohne Grund, gerne für Idealisten gehalten. Präsident Wilson war sogar der Ansicht, die USA seien die einzige idealistische

Nation der Welt. Die idealistische Haltung wurde nun gewissermaßen suspendiert. In einigen konkreten Fällen war man nach wie vor bereit zu helfen, etwa als die sowjetische Regierung wegen einer Hungersnot die USA um Unterstützung bat. Aber den Völkerbund und seine Organe behandelten die amerikanischen Diplomaten mit ausgesuchter Überheblichkeit und legten deren Korrespondenz oft ungeöffnet zu den Akten. Zu groß war die Enttäuschung über die Ergebnisse des Krieges.[2] General Pershing riet dringend zur Abrüstung, wolle man nicht in die Barbarei zurückfallen. Auf der Washingtoner Abrüstungskonferenz verpflichteten sich die USA und vier weitere Nationen, einen zehnjährigen »naval holiday« einzuhalten. Die Amerikaner bombardierten einen Teil der eigenen Flotte aus der Luft und versenkten vor der Küste Virginias ein nagelneues Schlachtschiff, weil Schlachtschiffe ohnehin außer Mode kamen, wie skeptische Gemüter meinten.

Die Republikanische Partei stellte ihren Wahlkampf im ersten Jahr nach dem Krieg unter das Schlagwort »Amerikanismus«. Dieses Wort hatte einen guten Klang, selbst wenn niemand anzugeben wußte, was es genau bedeutete, es sei denn Einigkeit darüber, sich nicht wieder in Konflikte zwischen europäischen Nationen verwickeln zu lassen. »We do not mean to be *entangled*«, erklärte Warren Harding, Wilsons republikanischer Nachfolger im Weißen Haus, und gebrauchte damit dasselbe Schlüsselwort wie weiland George Washington. Hardings Amtsnachfolger Calvin Coolidge griff den neoisolationistischen Ton auf: »Insbesondere sind wir entschlossen, uns nicht in die politischen Kontroversen der Alten Welt hineinziehen zu lassen.« Isolationistische Proklamationen amerikanischer Regierungen haben noch nie wörtlich gegolten, für Lateinamerika noch weniger als für Europa. Unter Coolidge landeten US-Truppen in Nicaragua, Haiti und San Domingo, während das Weiße Haus verlautbaren ließ, in lateinamerikanischen Ländern nicht intervenieren zu wollen.[3]

Das Wort »Reformer« nahm vorübergehend eine derogative Bedeutung an. Die Rückkehr zur Normalität unter dem Slogan »Back to Normalcy« setzte die Eliminierung radikaler Elemente voraus. Die Massenhysterie hielt bis übers Kriegsende hinaus an. Viele der politischen Gerichtsurteile wurden *nach* dem Krieg bestätigt. Die Ursachen für die Hysterie bestanden nämlich fort. Daß man militärisch bestehen konnte, wußte man jetzt. Ob es ein »gerechter« Krieg gewesen war, blieb zweifelhaft. Die Amnestie nach Kriegsende kam nur schwer in Gang. Die letzten politischen Häftlinge sind erst zu Weihnachten 1923 entlassen worden. Es zeigte sich, daß sich innenpolitische Dissidenten auch im Frieden mit dem außenpolitischen Kalkül erledigen ließen. Bei den nach Justizminister Mitchell Palmer benannten *Palmer Raids* (1919/20) wurden vor allem Ausländer ergriffen und deportiert. Der Geheimdienst war angewiesen, in den Büros und Versammlungslokalen radikaler Gruppierungen sämtliche Unterlagen, inklusive der Plakate an den Wänden, zu konfiszieren. Der an sich leere Begriff Amerikanismus konnte jetzt inhaltlich angereichert und als der beste Impfstoff gegen Bolschewismus ausgegeben werden. D. W. Griffiths Film *Orphans of the Storm* (1921) behandelt die Französische Revolution, war jedoch vom Regisseur als ein Stück antibolschewistischer Propaganda gemeint. Benjamin Gitlow, Anhänger einer radikalen Splittergruppe, erhielt fünf bis zehn Jahre Schwerarbeit zudiktiert, weil er in einer obskuren Zeitschrift zum Sturz der Regierung aufgerufen hatte. Antibolschewismus gehörte zwischen den Kriegen zu den außenpolitischen Prinzipien. Ein Massaker unter Tausenden von Nahautl-Indianern in El Salvador wurde diplomatisch in Kauf genommen, wenn nur die antikommunistische Richtung stimmte.[4]

Von den drei republikanischen Präsidenten, die zwischen 1921 und 1933 im Weißen Haus saßen, wurde erwartet, den Status quo *ante bellum* wiederherzustellen, die Einkommensteuer zu senken, die Gewinnsteuer abzubauen, die Schutzzölle anzuheben und einen ausgeglichenen Haushalt herzustellen. Warren Harding, der von einem unbekannt gebliebenen Schelm auf die Idee gebracht worden war, guter rhetorischer und literarischer Stil sei direkt abhängig von der Zahl der verwendeten Stabreime, bestritt seinen Wahlkampf mit programmatischen Deklamationen wie dieser: »Not heroism but healing, not nostrums but normalcy, not revolution but restoration, not agitation but adjustment, not surgery but serenity, not the dramatic but the dispassionate, not experiment but equipoise, not submergence in internationality but sustainment in triumphant nationality.« Harding, ein ehemaliger Provinzredakteur aus Ohio, gab einen passablen Pokerspieler, einen standfesten Trinker und einen erfolgreichen Liebhaber ab, ließ jedoch unter seiner Präsidentschaft Augen Korruption in erstaunlichem Umfang zu. Seine politischen Kumpane aus Ohio plünderten den Staatssäckel, Innenminister Albert Fall landete im Gefängnis. Hardings Biographen sind sich weitgehend einig darin, daß keiner ihm so rasch den Platz als schlechtester Präsident der USA streitig machen kann. Er starb im August 1923, noch ehe Unfähigkeit und Korruption weiter um sich greifen konnten. Die ganze Wahrheit über ihn wird nicht mehr ans Licht kommen, da die Präsidentengattin wohlweislich ein beträchtliches Quantum Dokumente verbrannte. Der spitzzüngige H. L. Mencken stufte Harding als provinziellen Betonschädel ein. Samuel Hopkins Adams' Roman *Revelry* (1926) spielt in Hardings Amtszeit, schildert Vetternwirtschaft und Finanzskandale und läßt den Präsidenten im Selbstmord enden. Das Buch wurde in Washington verboten.[5]

Hardings Nachfolge trat Vizepräsident Calvin Coolidge an, um dessen angebliche Einsilbigkeit sich bald Legenden rankten. Tatsächlich war es mit seiner Wortkargheit nicht so weit her. Er hat mehr Reden gehalten als jeder andere Präsident, und seine Stimme klang durchs Mikrophon weniger flach als in Natur. Ganz unzeitgemäß forderte er bei seinen öffentlichen Auftritten zum Maßhalten auf, was ihm seine konsumseligen Zeitgenossen nicht weiter übelnahmen. Nachdem ihn Herbert Hoover im Weißen Haus abgelöst hatte, zog er sich aus der aktiven Politik zurück und verfaßte täglich eine Zeitungskolumne von genau zweihundert Wörtern Länge.[6]

Das Zweiparteiensystem schien klare Alternativen bereitzustellen. Nach der Maxime »werft die Lumpen raus« konnte die Wählerschaft eine unfähige Mannschaft abwählen und der Opposition eine Chance geben, es besser zu machen. Trotz dieser klaren Verhältnisse haben beide Parteien im Wahlkampf von 1928 mehr als es ihre Pflicht war für den Sieg aufgewendet. Bei einer Wahlveranstaltung der Demokraten in Kentucky drehten die Republikaner die Saalheizung so stark auf, daß der demokratische Gegenkandidat Alfred Smith seine Rede in Schweiß gebadet vollenden mußte. In Maryland erhielten die Republikaner die höchste Gesamtstimmenzahl, doch die Demokraten schickten die doppelte Anzahl von Volksvertretern nach Washington. Sie hatten sich als Meister in einem politischen Spiel erwiesen, das man *gerrymandering* nennt, gebildet aus dem Eigennamen Gerry und dem Wort Salamander. Gouverneur Elbridge Gerry war schon zu Beginn des 19. Jahrhunderts in Massachusetts auf die Idee gekommen, Wahldistrikte zum eigenen Vorteil so einzuteilen, daß keine »überflüssigen« Stimmenmehrheiten entstanden, selbst wenn ein Bezirk damit merkwürdige, salamanderförmige Konturen annahm. Gute Rechner brachten auch andere Formen zustande: ein Telefon, Schnürsenkel, eine Satteltasche, einen Tomahawk, einen Totenschädel, Würmer, den Löwen von Metro-Goldwyn-Mayer oder sogar Figuren aus den populärsten Comic Strips.[7]

Hoover gewann die Wahl mit über sechs Millionen Stimmen Mehrheit und meinte, eine nicht allzu schwierige Amtszeit vor sich zu haben. Bei seiner Nominierung hatte er gesagt: »Wir in Amerika sind heute dem endgültigen Triumph über die Armut näher als jedes Land in der bisherigen Geschichte.« Am Tag seines Wahlsiegs erreichte Franklin Roosevelt sein Ziel, demokratischer Gouverneur des Staates New York zu werden. Die Demokratische Partei profitierte langfristig von der zunehmenden Verstädterung. Mehr als die Hälfte aller Amerikaner lebte inzwischen in Orten mit mehr als 2500 Einwohnern. Großstadtwähler schwenkten 1928 zu den Demokraten um. Bei traditionsbewußten Amerikanern löste die fortschreitende Urbanisierung Kritik aus. Lewis Mumford, einer der ersten *urban historians*, interpretierte die Großstadt als eine neue Wildnis, in der Roheit, nicht Menschlichkeit herrschte.[8]

Business-Kult

Nach Kriegsende waren die USA wenn nicht die politischen so doch die ökonomischen Herren der Welt.[9] Der Humanitarismus und der von Wilson getragene Progressivismus traten in den Hintergrund. Die Progressive Partei stellte sich 1924 noch einmal zur Wahl und löste sich hernach selbst auf. »Back to Normalcy« lautete die nicht nur sprachlich eigenartige Parole Präsident Warren Hardings, der bei den Wahlen von 1920 seinen demokratischen Gegenkandidaten mit einem riesigen Wählervorsprung aus dem Feld geschlagen hatte. Zurück zur Normalität – das bedeutete eifriges Streben nach Glück, das hieß »sharp bargaining« und »hard selling«, das meinte »getting ahead« und »keeping up with the Joneses«. Die Regierungsausgaben erhöhten sich, die Kreditaufnahme wurde erleichtert, das Lohnniveau stieg, ebenso der Konsumgüterverkauf. Statt Krieg, Reform und Weltrichtertum wollten die Amerikaner jetzt als Ziel eine möglichst langanhaltende Prosperität ins Auge fassen.

Die Exporte nahmen zu. Kapital- und Produktionsüberschüsse, die vom inländischen Markt nicht absorbiert werden konnten, gingen ins Ausland. Die USA entwickelten sich von einer Schuldner- zu einer Gläubigernation, die in der Reparationsfrage zunächst allerdings abhängig war von den Forderungen der Alliierten an Deutschland. Die Kommission für Reparationen verpflichtete die Deutschen im Mai 1921 zur Zahlung von 33 Milliarden Dollar. Obwohl sich die USA auf den Standpunkt stellten, zwischen Reparationen und Kriegsschulden bestünde kein direkter Zusammenhang, stellten die Alliierten ihre Rückzahlungen an die USA ein, nachdem Deutschland mit den Reparationen in Verzug geraten war. Schon deswegen sah sich Washington genötigt, in die internationale Finanzstruktur einzugreifen. Der Dawes Plan (1924) ermäßigte die jährlichen Raten, die das Deutsche Reich zu entrichten hatte, nicht aber die gesamte Zahlungsverpflichtung. Eine Anleihe sollte die deutsche Währung stützen. Amerikanisches Geld floß nach Deutschland, von dort zu den Alliierten, von da wieder zurück in die USA. Hohe Schutzzölle machten den Europäern die Rückzahlung ihrer Schulden schwer. Wenn sich die amerikanische Regierung zur Senkung von Einfuhrzöllen entschloß, dann für so unbedeutende Artikel wie Pinselstiele, Baumwachteln und Cresylsäure.[10]

Wo die US-Regierung nicht mit Krediten helfen wollte, sprang die Wirtschaft ein. Der Erste Weltkrieg hatte die Finanzen Liberias ruiniert, der Senat weigerte sich, dem afrikanischen Staat eine Anleihe in Höhe von fünf Millionen Dollar zu gewähren. Dies tat einige Jahre später die Firma Firestone, die bei dieser Gelegenheit die Verfügungsgewalt über ein Gebiet von mehr als einer halben Million Hektar Land erwarb. In der Bauindustrie wurden kriegsbedingte Baubeschränkungen aufgehoben. Die Automobilhersteller verkauften am Ende des Jahrzehnts jährlich 23 Millionen Fahrzeuge, die Radioindustrie fünf Millionen Empfänger. Die Filmbranche, die chemische Industrie und die Elektroindustrie lagen ebenfalls im Aufwind. Die Geschäftswelt wandte sich aus alter Gewohnheit gegen eine Regierungskontrolle, nicht aber gegen die Profite, die ihr durch planwirtschaftliche Maßnahmen während des Krieges zugefallen waren. Den »Übeln des Wettbewerbs« wurden sie Herr durch Fusion zweier oder mehrerer Firmen, durch die Kontrolle der Aktienpakete in einer Holdinggesellschaft, durch Handelsverbände, Patentmonopole, Preisabsprachen, Marktverteilung via Gentlemen's Agreement und durch die »interlocking directorates«, das heißt die mehrfache Mitgliedschaft in Vorständen und Aufsichtsräten. Samuel Insull saß in mehr als 80 industriellen Leitungsgremien, P. A. Rockefeller in 68, Patrick Crowley in 70, Richard Mellon in beinahe 50. Der Chemiekonzern DuPont hatte Vertreter bei General Motors und in verschiedenen Banken sitzen, Lamont war bei Eisenbahngesellschaften, Verlagen, Kohlebergwerken repräsentiert.[11]

Tausende von Aktionären besaßen keine oder wenig Macht. Nachdem ein Sitz an der New Yorker Börse um die 100000 Dollar kostete, bestand die Macht des Kleinaktionärs über sein Eigentum darin, es zum Marktpreis veräußern zu dürfen. Der Konzern AT&T hatte 1929 etwa 470000 Aktionäre. Der größte bei einer Einzelperson vereinigte Anteil lag bei 0,6 Prozent. Eine Gruppe, die zehn Prozent auf sich vereinigte, hatte bereits die Möglichkeit, den gesamten Konzern zu dirigieren. Eine andere Möglichkeit, die wirtschaftliche Macht in den Händen weniger zu halten, bestand in der Ausgabe von A- und B-Aktien. Die erste Sorte, die Stimmrecht in der Aktionärsversammlung verlieh, wurde an Insider verkauft, die zweite an die nicht stimmberechtigte Allgemeinheit. Der Besitz war somit demokratisch gestreut, aber die Entscheidung, was damit geschehen sollte, fiel mehr und mehr dem Management zu. Um 1930 kontrollierten etwa 2000 Personen in 200 Großkonzernen – Banken nicht gerechnet – etwa die Hälfte des amerikanischen Wirtschaftskapitals.[12]

Mitglieder schwerreicher Familien wie Rockefeller, Ford, Guggenheim, Mellon oder Vanderbilt konnten sozialer Kritik an der Vermögenskonzentration ein Alibi entgegenhalten: Sie verdankten ihren Reichtum der guten Tradition des Selfmademan. Schließlich hatte Meyer Guggenheim den Grundstock zu seinem Vermögen mit dem ambulanten Verkauf von Herdputzpaste gelegt. Unternehmer gingen dazu über, gemeinsame Front gegen den Konsumenten zu machen um sich nicht gegenseitig zu ruinieren.[13] Niedrige, also verbraucherfreundliche Einfuhrzölle unter dem *Underwood Act* wurden revidiert, lagen teilweise höher als in der Zeit vor Wilson und stellten eine vom Verbraucher zu zahlende Subvention für die Hersteller dar. Die Gewinnsteuer wurde 1921 widerrufen, die Einkommenssteuer im Verlauf der nächsten fünf Jahre abgebaut. Die *Federal Trade Commission*, deren Aufgabe es war, den freien Wettbewerb zu erhalten, tat in Wirklichkeit das Gegenteil und ging mit dem Unternehmertum eine inoffizielle Partnerschaft ein. Auch in anderen staatlichen Aufsichtsbehörden saßen Personen, deren Wirken eigentlich beaufsichtigt werden sollte.

Ein monetärer Approach in der Bedürfnisbefriedigung griff Platz. Die materielle Ungleichheit nahm zu, der Dollar bestimmte die Hierarchie. Wer nach dem Preis einer Yacht fragen muß, höhnte J. P. Morgan, kann sich keine leisten. »Das Geschäft des Tages«, schrieb John Dos Passos in *The Big Money* (1936), »bestand darin, Besitz und Profite mit allem Brauchbaren aus der christlichen Ethik und der Wirtschaftslehre des 18. Jahrhunderts abzustützen.« Präsident Harding gruppierte um sich ein Kabinett reicher Männer. Finanzminister wurde Andrew Mellon, ein

Banken- und Aluminiummillionär, der den Großunternehmen, darunter seiner eigenen Firmengruppe, beachtliche Steuerrückzahlungen genehmigte. Mellon war der Ansicht, man solle »Wohlstand in der Entstehungsphase« nicht mit Steuern belasten, worunter dann auch steuerfreie Schenkungen zur Umgehung der Erbschaftssteuer fielen.[14]

Auf dem Konsumgütersektor stellte sich eine Preis- und Qualitätsangleichung ein. Der Verbraucher sah sich nahezu identischen Produkten mit fast identischen Preisen gegenüber. Dadurch fiel der Werbung und dem Verkaufsgespräch erhöhtes Gewicht zu. Die Werbebranche kam gewaltig auf, nachdem ihr die Kriegspropaganda unter George Creel den Weg zum anerkannten Berufszweig geebnet hatte. An den Colleges wurden Kurse für *salesmanship* angeboten. Die Betriebsausgaben für Werbung verdoppelten sich. Die Hersteller eines Mittels gegen Mundgeruch versuchten jungen Mädchen einzureden, daß sie ohne Deodorant niemals einen Mann finden würden.[15]

Der geschäftliche Erfolg, die Ideale des Unternehmertums, die Mentalität des »get-rich-quick« entwickelten sich zu einer Art Nationalreligion, und wer dagegen aufbegehrte, geriet in den Verdacht, aus Neid zu argumentieren oder aus Enttäuschung, aus Unfähigkeit »to make good« wie die Erfolgreichen. Es sei an der Zeit, hieß es nach dem Krieg, daß ein anständiger Mann auch einen anständigen Profit einstecken dürfe. Die Möglichkeiten Geld zu erwerben, schienen unerschöpflich. Nachdem alle seine Bekannten Börsenmakler waren, sagte sich ein junger Mann in Scott Fitzgeralds *The Great Gatsby* (1926), würde dic Börse auch ihn noch ernähren können. Bürger, die einmal stolz darauf gewesen waren, sämtliche Einkäufe bar zu bezahlen, gingen jetzt wie selbstverständlich zur Kreditwirtschaft über.[16]

Business und Christentum sind nahe verwandt, verkündete Bruce Barton in seiner Schrift *The Man Nobody Knows* (1925), die zum meistverkauften Sachbuch avancierte. Barton war Chef einer Werbeagentur als er auf die Idee kam, Jesus Christus als den erfolgreichsten Geschäftsmann seiner Zeit zu interpretieren, als einen jovialen Herrn, der Organisationstalent besaß und sich von einem modernen Rotarier nicht allzusehr unterschied. War Jesus nicht der beliebteste *dinner guest* seiner Zeit? Ein *outdoor man*, wie man ihn in Amerika gerne sah? Ein *top executive*, der ganz unten angefangen hatte, ein Werbegenie, das mit zwölf Mann ein weltweites Unternehmen aufgezogen hatte? Barton vergaß nicht, sich aufs Evangelium zu berufen und das in der englischen Übersetzung entscheidende Wort hervorzuheben: »Wist ye not that I must be about my Father's *business?*«[17]

Die Autoren einer einflußreichen Studie über die sozialen Verhältnisse in einer Stadt mittlerer Größe teilten die Bevölkerung in zwei Klassen auf, in eine *working class* und in eine *business class* im Verhältnis von etwa 7:3. Der Automobilhersteller Henry Ford hatte eine andere soziologische Einteilung vorgenommen: »Wir haben Menschen, die arbeiten, und Menschen, die nicht arbeiten wollen. Meist sind die ›Klassen‹, von denen wir lesen, eine reine Fiktion.«[18]

Fabrikarbeiter verbrauchten sich bei ihrer monotonen Tätigkeit an schnellaufenden Maschinen rasch; schon ab 40 begann der Abstieg. Neunzehnjährige produzierten nach kurzer Anlernzeit – eine Lehrzeit entfiel – mehr als die Generation vor ihnen. Bezahlter Urlaub stand meist nur Vorarbeitern zu. Die anderen nahmen aus Angst um ihren Arbeitsplatz gewöhnlich nicht mehr als zwei Wochen Urlaub, meist dann, wenn der ganze Betrieb schloß. Die Zahl der Beschäftigten richtete sich nach der Auftragslage und fluktuierte stark im Jahresablauf. Wann man mit Entlassung zu rechnen hatte, war ungewiß.[19] Eine staatliche Regulierung des Verhältnisses zwischen Arbeitgebern und Arbeitnehmern war noch weitgehend unbekannt. Unter dem Stichwort »Wohlfahrtskapitalismus« blieb es den Unternehmern überlassen, in welchem Umfang sie für hygienische Verhältnisse am Arbeitsplatz sorgen, eine betriebsinterne Arbeitslosen- und Rentenversicherung einrichten oder Prämien zahlen wollten, wenn die Firmenaktien stiegen.

Die Automobilfabriken von Henry Ford gaben ein Musterbeispiel für angewandten Taylorismus ab: die maximale Beschleunigung des Herstellungsverfahrens. Ein Schüler von Frederick Taylor, Frank Gilbreth, bediente sich einer Filmkamera, um die Bewegungsabläufe bei der Arbeit genau zu erfassen. Seine Frau und Mitarbeiterin Lillian Gilbreth erdachte den *speed boss,* der den übrigen Arbeitern das Tempo vorgibt. In Arbeitspausen, sogenannten *happiness minutes,* durften die Werktätigen darüber nachdenken, wie gut es ihnen eigentlich ging. Die Zerlegung des Arbeitsprozesses in kleine und kleinste Einheiten fand in der Sowjetunion Nachahmung und wurde dort *Fordizatsia* genannt. In Deutschland bildete sich ein »Reichsausschuß für Arbeitszeitermittlung«, der die Serienfabrikation vorantreiben sollte. Deutsche Bewunderer amerikanischen Knowhows rieten dazu, Techniker und Volkswirtschaftler nach Amerika zur Ausbildung zu schicken.[20]

Mit »Paul Bunyan« wurde den Amerikanern ein Volksheld geschenkt, der mit Kraft und Geschick ein enormes Arbeitspensum in kürzester Frist bewältigte. Im wirklichen Arbeitsleben entließ eine Textilfirma jeden Verkäufer, der nach einem dreiviertelstündigen Verkaufsgespräch nichts verkauft hatte. Auch am Privatleben ging die Beschleunigungsmanie nicht vorbei. Das Wochenblatt *Liberty* offerierte seinen Lesern eine »short short story«, die auf einer Seite Platz fand, und gab bei allen Geschichten und Artikeln die erforderliche Lesezeit an. Ein Psychologieprofessor an der Columbia-Universität entwickelte ein Schnelleseverfahren.[21]

Die Gewerkschaftsbewegung wurde nach der Ausschaltung der Industriegewerkschaft IWW mehr denn je vom Voluntarismus beherrscht, wie Samuel Gompers ihn sich vorgestellt hatte, das hieß, die Gewerkschaften sollten sich ihre Positionen selbst erkämpfen und nicht die Hilfe der Regierung in Anspruch nehmen. Der gewerkschaftliche Einfluß ging in den zwanziger Jahren zurück, die Mitgliederzahlen sanken von 5 Millionen (1920) auf 3,4 Millionen (1929), der relative Anteil von gewerkschaftlich Organisierten an der Gesamtzahl der

Erwerbstätigen nahm im selben Zeitraum von 12 auf 7 Prozent ab. Der Tag der Arbeit (*Labor Day*), um 1890 ein Großereignis, wurde kaum noch wahrgenommen, es sei denn als arbeitsfreier Tag. Trotz verminderter Gewerkschaftsmacht kam es zum Teil zu substantiellem Lohnzuwachs, der in einzelnen Branchen real bis zu 26 Prozent ausmachte.[22]

Ein Bergarbeiterstreik in Indiana wurde mit Hilfe eines Gesetzes unterbunden, das die Behinderung der Kohleförderung in Kriegszeiten verbot – ein Jahr nach dem Krieg. Ein Ausstand von 300000 Stahlarbeitern wurde mit Bundestruppen und unter Berufung auf das Kriegsrecht aufgelöst. Die Presse schlug sich auf die Seite der Unternehmer und charakterisierte streikende Arbeiter als Radikale, als Ausländer oder als radikale Ausländer. Die Zahl der Streiks nahm im Verlauf der Dekade ab. 1919 waren über 4 Millionen Arbeiter an rund 3600 Streiks beteiligt, zehn Jahre später knapp 300000 Arbeiter an 921 Streiks. Als arbeiterfeindliche Maßnahmen bewährten sich die Einstweilige Verfügung gegen Gewerkschaftsführer, Aussperrung, der Einsatz von Streikbrechern, *labor spies* und bewaffneten Rowdies. In *yellow dog contracts* mußten Neueingestellte sich verpflichten, keiner Gewerkschaft beizutreten. Bei einem Streik in der Textilfabrik Amoskeag wurde die Nationalgarde angewiesen, Streikende nicht auf den Rücken zu schlagen – das mache Märtyrer aus ihnen – sondern aufs Gesäß. Nach einem Großstreik transferierte die Firmenleitung Kapital in eine Holdinggesellschaft. Bei Krisen konnte dieses Geld nicht investiert werden. Die Belegschaft wußte von dieser Manipulation, war aber ohnmächtig dagegen und mußte schließlich zusehen, wie der Betrieb geschlossen wurde. Der Nordosten verlor als Folge von Streiks Manufakturbetriebe an den Süden, eine Region mit moderneren Maschinen und weniger aufgeklärten Arbeitskräften.[23]

Calvin Coolidge war durch seine kompromißlose Haltung gegen streikende Bostoner Polizisten bekannt geworden. Anfang der zwanziger Jahre hatte er antikommunistische Artikel veröffentlicht. Als Präsident nahm er sich vor, seine Macht zurückhaltend auszuüben, Recht und Ordnung aufrechtzuerhalten und im übrigen das freie Unternehmertum zu stützen. Zur Begründung sprach er einen Satz, der den zwanziger Jahren gern als Motto vorangestellt wurde: »After all, the chief business of the American people is business.«[24]

Nicht ohne Grund wurde behauptet, daß in der Epoche des Businesskults die Wirtschaft auf eine nicht gerade kompetente Weise geführt wurde und die Prosperität sich bei näherem Hinsehen als äußerst dünn erwies. Die Zahl der Arbeitslosen blieb stets über der Millionengrenze. Coolidge stand der Misere ebenso kalt wie hilflos gegenüber: »Wenn Leute keine Arbeit haben, heißt das Resultat Arbeitslosigkeit.« Herbert Hoover, sein Nachfolger im Weißen Haus, glaubte noch, des Problems mit Nachbarschaftsethik und freiwilligen Hilfsvereinen Herr werden zu können. Die Löhne vieler Berufsgruppen, seien es Geistliche, Angestellte im öffentlichen Dienst oder Bauarbeiter, stiegen ab 1920 nur zäh.

Landarbeiter mußten sogar Einbußen hinnehmen. In Chicago füllten die als *Hobos* bekannten Saison- und Wanderarbeiter ein ganzes Stadtviertel an der West Madison Street. Dort, in »Hobohemia«, fanden sich billige Kneipen und Schlafstellen, Pfandleiher, Kinos und Varietébühnen, Bücherläden und »Barber Colleges« für angehende Friseure, wo man umsonst rasiert werden konnte. Kinderarbeit war im fischverarbeitenden Gewerbe in Texas und an der übrigen Golfküste noch stark verbreitet. Auf den Zuckerrübenfeldern in Colorado, beim Baumwollpflükken in Arkansas, in den Barytbergwerken von Missouri arbeiteten Kinder unter zehn Jahren gemeinsam mit ihren Eltern. Hobos nahmen ihre Kinder in die Erntegebiete mit, zum Beispiel auf die Gemüsefarmen von New Jersey.[25]

In der Landwirtschaft folgte dem kurzen Nachkriegsboom mit erhöhter Nachfrage ein Verfall der Agrarpreise. Farmer schlossen sich zur *American Farm Bureau Federation* zusammen, um gemeinsam eine bessere Vermarktung ihrer Produkte zu erzielen und als Lobby den »Farmblock« im Kongreß zu beeinflussen, die Abgeordneten aus dem Süden und aus dem damaligen »Cornbelt«, den maisproduzierenden Staaten Minnesota, Wisconsin, Illinois, Ohio, Missouri, Kansas, Nebraska und Iowa als Zentrum. Ein großer Teil der Farmer war nicht in der Lage, sich selbst zu behaupten. Die Regierung half, unkoordiniert und nicht besonders effektiv. 40 Prozent aller Farmer waren Pächter, die manchmal ihre Pacht noch mit Ernteanteilen entrichteten. Viele waren verschuldet und unterernährt. Präsident Coolidge posierte bei der Heuernte für Fotografen, war im übrigen jedoch der Meinung, Farmer seien immer schon arm gewesen und man könne nicht viel dagegen tun. Farmergewerkschaften dachten an Streik. In Iowa wurde 1932 ein »Farm holiday« ausgerufen, an dem man durch Untätigkeit zeigen wollte, wie sehr die Gesellschaft auf den Nährstand angewiesen war.

Das Beispiel der Farmer hätte eigentlich zeigen müssen, daß der ökonomische Individualismus des laisser-faire einer Revision bedurfte, aber die zwanziger Jahre waren keine besonders günstige Zeit, diesen Gedanken unter die Leute zu bringen. Henry Ford, der Automobilkönig, lehnte es öffentlich ab, für wohltätige Zwecke zu spenden, weil er glaubte, durch Investitionen mehr fürs Gemeinwohl tun zu können. Soziale Leistungen wie etwa die Altersrente wurden von vielen noch als Eingeständnis betrachtet, daß das gesellschaftliche System nicht funktionierte. Der *rugged individualism,* wie Herbert Hoover ihn propagierte, schien den Prinzipien des *American way of life* bestens zu entsprechen. Dem Philosophen John Dewey blieb allerdings nicht verborgen, daß Idee und Praxis nicht mehr viel miteinander zu tun hatten. In seinem Büchlein *Individualism Old and New* (1930) beschwerte sich Dewey darüber, daß die traditionelle amerikanische Individualität besonders auffällig im wirtschaftlichen Bereich verlorengegangen und von korporierten Strukturen abgelöst worden war.[26] Zu dem Zeitpunkt war der prekäre Wohlstand der zwanziger Jahre mit einem Finanzkrach zu Ende gekommen.

Prohibition und Kriminalität

Am 16. Januar 1920, um Mitternacht, trat der 18. Zusatz zur Verfassung in Kraft. Ab da waren Herstellung, Verkauf und Transport berauschender Getränke absolut verboten. Bereits zwischen Ratifizierung und Inkrafttreten der Verfassungsänderung konnte man merken, daß auf Polizei und Staatsanwaltschaften gewaltige Probleme zukommen würden. In Zeitungsanzeigen wurde empfohlen, sich noch rechtzeitig mit Spirituosen einzudecken.

Ein gesondertes Gesetz, der *Volstead Act*, erläuterte im Detail das allgemeine Alkoholverbot. Als berauschend wurde jedes Getränk definiert, das mehr als ein halbes Prozent Alkohol enthielt. Weder der Verfassungszusatz noch das Bundesgesetz vermochten jedoch den Korken auf der Flasche zu halten. In Butte (Montana) war die Prohibition nicht vollziehbar, da die harte Arbeit in den Kupferbergwerken nach herrschender Meinung einen alkoholischen Ausgleich erforderte. Eine Ausnahmeregelung gestattete kalifornischen Winzern das Keltern von 200 Gallonen Wein für den Haustrunk; worauf sich Kaliforniens Weinanbaufläche binnen weniger Jahre versiebenfachte. Der Handel mit Grappa gewann an Bedeutung. Normaler Traubensaft kam mit minuziösen Anweisungen in den Handel, was man tun mußte, damit *kein* Wein daraus entstand.

Das Alkoholverbot war der protestantischen Tradition entsprungen. Schließlich hatte auch Calvin die Kneipen von Genf zusperren lassen. Katholische Italiener und Polen wanderten wegen der Prohibition von den regierenden Republikanern zur Demokratischen Partei ab. Man muß jedoch hinzufügen, daß Angehörige aller christlichen Kirchen gleichermaßen bereit waren, das Alkoholverbot zu übertreten. Europäische Besucher stellten fest, daß ihre Gastgeber recht gerne über die Prohibition diskutierten – zu gesalzenen Nüssen und einer Flasche Wein. Einem Sprichwort zufolge war Prohibition und Schnaps besser als keine Prohibition und kein Schnaps. Eigentlich hätte rundum Zufriedenheit herrschen müssen, denn die »drys« hatten ihr Gesetz und die »wets« ihren Alkohol. Eine besonders spitze Zunge meinte, die Amerikaner würden jederzeit einem Befürworter der Prohibition ihre Stimme geben, solange sie noch zur Wahlurne torkeln konnten.

Der Genuß von Alkohol war tief in der Kultur verankert. Niemand durfte ernsthaft erwarten, mit einem Federstrich das Abstinenzlertum einführen zu können. Einige der produktivsten Amerikaner waren Alkoholiker oder starke Trinker: Eugene O'Neill, Sinclair Lewis, Eugene Debs, Senator Brewster, Isadora Duncan, Ernest Hemingway, William Faulkner. Scott Fitzgerald wurde durch die Prohibition bei einer seit drei Wochen andauernden Sauftour gestört. Daneben nahm sich das Häuflein abstinenter Schriftsteller, darunter Upton Sinclair, dessen Vater Alkoholiker war, oder Edith Wharton, ziemlich bescheiden aus. Dazu kam die konträrsuggestive Wirkung der Prohibition: es wandten sich Leute intensiver dem Alkohol zu, die vor dem staatlichen Verbot keinen oder wenig Geschmack gefunden hatten. Der »Badewannengin«, den man sich zu Hause herstellte, bestand aus zwei Teilen Alkohol, drei Teilen Wasser, einigen Tropfen Wacholder und Glyzerin. Schwarzbrenner und Alkoholschmuggler versorgten Privathaushalte und *speakeasies* mit illegal gebranntem Schnaps. Kanadische Unternehmer lieferten Whiskey en gros, und die heimische Landwirtschaft beantwortete die gestiegene Nachfrage mit der vermehrten Produktion von Maiszucker. Einige Destillerien wurden demontiert und in Mexiko geschwind wieder aufgebaut. Der Schlager »I see you in C-U-B-A« spielte auf die Schickeria an, die sich eigens zum Rumtrinken auf die Karibikinsel begab.

Kriminelle Syndikate waren schon um die Jahrhundertwende entstanden. Die Prohibition machte das Geschäft mit Prostitution und Glücksspiel noch lukrativer, kurbelte die Erpressung von Schutzgeldern durch *racketeers* an und eröffnete mit dem Alkoholschmuggel eine sprudelnde Einnahmequelle. Gangster John Torrio und sein Leutnant und späterer Nachfolger Al Capone verlegten 1918 ihr Operationsgebiet von New York nach Chicago und lieferten Bier für 50 Dollar pro Faß inklusive Schutzgeld. Die *Chicago Tribune* identifizierte unter den stadtbekannten Gangstern besonders viele mit italienischen, irischen und jüdischen Nachnamen. Neben Johnny Torrio und Capone zählten Hymie Weiss und Dion O'Banion zu den »Großen Vier«. Gewöhnliche Kriminelle fungierten als »Front« für ehrenwerte Brauereibesitzer, die vom *Volstead Act* hart getroffen worden waren und lieber im Hintergrund blieben. Zwischen verschiedenen Gangs brach ein Machtkampf ums Biermonopol und um Einflußsphären aus, der zu zahlreichen Terrorakten führte. Al Capones Konkurrenten nahmen sein Hauptquartier, das Hawthorne Hotel in Chicagos Stadtteil Cicero unter Beschuß. Der *Chicago Herald Examiner* wußte zu berichten, daß einer der Angreifer sein Maschinengewehr handhabte wie einen Gartenschlauch. Capone selbst bewegte sich in einem gepanzerten Wagen mit Vor- und Nachhut durch die Stadt. »There goes Al«, murmelten die Passanten mit einigem Respekt, wenn er vorbeifuhr. Capone wurde von der Justiz nicht wegen seiner Hauptverbrechen belangt – dazu reichte ironischerweise das Belastungsmaterial nicht –, sondern wegen unerlaubten Waffenbesitzes und Steuerhinterziehung. Von einer 1931 verhängten Freiheitsstrafe saß er acht Jahre ab. Mit Alkoholschmuggel, Spielsalons und Bordellen hat er mehrere hundert Millionen Dollar erwirtschaftet. Zu seiner Verteidigung brachte er vor, daß er nicht zu den Radikalen gehöre und gegen das amerikanische System überhaupt nichts einzuwenden habe. Daß man ihn einen gewöhnlichen Alkoholschmuggler nannte, hatte ihn bedrückt, weil seine vornehmen Kunden sich derweil mit seiner Ware den Ruf gepflegter Gastfreundschaft erwarben.[27]

Der *Boston Globe* mutmaßte nach einer blutigen Abrechnung unter Gangstern am Valentinstag des Jahres 1929, bald würde es überall in den Vereinigten Staaten so zugehen wie in Chicago. Die Ursachen der Kriminalität gaben der Öffentlichkeit Rätsel auf. Erzeugte die Prohibition Kapitalverbrechen? Warum hatten die

Südstaaten dann eine zweieinhalbfach höhere Mordrate als der Bundesdurchschnitt, wo dort die Prohibition doch schon viel länger eingeführt war als in anderen Landesteilen. War es nicht vielmehr so, daß die Bürger die Prohibition mißachteten und dadurch die Kriminalität förderten? Ein methodistischer Pfarrer in Manhattans Arbeiterviertel Chelsea machte vor allem die Reichen für die Misere verantwortlich, deren Trinkgewohnheiten ein Heer von Kriminellen am Leben hielt.[28]

Alkoholvernichtung von Staats wegen

Vor dem Justizausschuß des Repräsentantenhauses wartete ein Journalist mit niederschmetternden Ergebnissen auf. Er hatte eigene Recherchen zum *Volstead Act* angestellt und dabei herausgefunden, daß es in der Bundeshauptstadt Washington vor der Prohibition 300 Saloons gegeben hatte, nach Einführung des Alkoholverbots aber 700 *speakeasies* existierten, die von 4000 Schmugglern beliefert wurden; daß man in sehr guten Hotels anstandslos Alkohol aufs Zimmer serviert bekam und vom Etagenkellner gleich gefragt wurde, ob man eine Lebedame dazu wünsche, und daß sich in der Stadt Detroit Gouverneur, Polizeichef, Richter und Polizisten zu einem fröhlichen Gelage mit Schmugglern, Spielern und anderen Existenzen der Unterwelt zusammengefunden hatten. In einem Staat wie Kansas galt lange vor der Verfassungsänderung ein Gesetz, das eine Person nur für den Besitz von Alkohol drei Jahre ins Gefängnis bringen konnte. Aber Bundesstaaten und Gemeinden fühlten sich seit dem *Volstead Act* nicht mehr zuständig für die Überwachung von Alkoholverboten. Sollte der Bund dafür sorgen, daß das Bundesgesetz eingehalten wird. Jugendliche kamen leichter an Spirituosen heran, weil der Jugendschutz nicht mehr griff. Die Sterblichkeitsquote als Folge von Alkoholmißbrauch stieg an.[29]

Die Bundesregierung gab jährlich für den Vollzug des *Volstead Act* zehn Millionen Dollar aus und nahm zwischen 1920 und 1930 nicht weniger als eine halbe Million Verhaftungen vor, die zu 300000 Verurteilungen führten. Trotzdem ließ sich der Alkoholverbrauch nicht eindämmen. Die 3000 Meilen lange Grenze zwischen den USA und Kanada war zu durchlässig, um eine effektive Kontrolle zuzulassen. Der Chef der Aufsichtsbehörde zur Einhaltung der Prohibition trat entnervt zurück. Aus Bermuda wurde Scotch angeliefert, kanadischer Whiskey kam von den Nova Scotia vorgelagerten französischen Inseln. Die Polizeibehörden waren zu oft bereit, heiße Ware unbehelligt zu lassen und von den Schmugglerschiffen, die den Hudson hinuntertrieben, keine Notiz zu nehmen. Ein weiterer Verfassungszusatz hob im Dezember 1933 die Prohibition auf nationaler Ebene wieder auf. Das »edle Experiment« war gescheitert.

Harry Daugherty, der Justizminister persönlich, war in den Verdacht geraten, sich am Alkoholschmuggel bereichert oder doch einige Verstöße gegen das Prohibitionsgesetz allzu nonchalant verfolgt zu haben. Zusammen mit FBI-Chef William Burns mußte er zurücktreten, sein engster Mitarbeiter beging Selbstmord, ebenso wie der Rechtsberater von Charles Forbes, dem Chef des Amts für Kriegsteilnehmer, der über zweihundert Millionen Dollar öffentliche Gelder veruntreut hatte. Den größten Skandal verursachte Innenminister Albert Fall. Er ließ sich vom Marineminister staatliches Land mit Ölvorkommen in Elk Hills (Kalifornien) und Teapot Dome (Wyoming) ausweisen und vergab die Bohrrechte ohne Ausschreibung an zwei Privatunternehmer. Fall wurde vor Gericht gestellt und zu einem Jahr Gefängnis sowie 100000 Dollar Geldstrafe verurteilt, das entsprach der Höhe der Bestechungssumme.

Im Gefängnis von Charleston (Massachusetts) wurden am 22. August 1927 und über sieben Jahre nach ihrer Verhaftung zwei Männer italienischer Abkunft wegen eines doppelten Raubmords hingerichtet. Selten hat ein Strafprozeß derart heftige und nachhaltige Reaktionen hervorgerufen. Nicola Sacco war Angestellter in einer Schuhfabrik und ein Anhänger des philosophischen Anarchismus, der zweite, der Fischhändler Bartolomeo Vanzetti, ein radikaler Agitator. Die dem Gericht vorgelegten Beweise für ihre Schuld oder Unschuld waren nicht eindeutig, und so entstand der Verdacht, daß die beiden nicht des Raubmords, sondern ihrer politischen Überzeugungen wegen exekutiert wurden. In Boston hatten prominente Schriftsteller für die Angeklagten demonstriert, ein Bürgerkomitee hatte vergeblich um einen Freispruch gekämpft. Ein vom Gouverneur ernannter Ausschuß mit den Präsidenten der Universität Harvard und des Massachusetts

Institute of Technology überprüfte das Urteil und kam zu dem Schluß, die Hinrichtung gehe schon in Ordnung.

Das Schicksal von Sacco und Vanzetti ist viele Male in Literatur und Kunst behandelt worden: von Upton Sinclair in seinem Roman *Boston* (1928), von Bernard De Voto in *We Accept With Pleasure* (1934), von John Dos Passos, der dem Bürgerkomitee angehört hatte, in *Facing the Chair* (1927) und *The Big Money* (1936), von James Farrell in *Bernard Clare* (1946), in den Theaterstücken *Gods of the Lightning* (1928) und *Winterset* (1935) von Maxwell Anderson, in mehr als hundert Gedichten wie etwa »Justice Denied in Massachusetts« (1927) von Edna St. Vincent Millay und in zwei Dutzend Bildern des sozialen Realisten Ben Shahn. Zur Erinnerung an Sacco und Vanzetti nannte ein Elternpaar seinen Sohn Sacvan. Die Hinrichtung wurde von radikalen Kritikern als Kriegserklärung der Herrschenden im Klassenkampf verstanden und trug zur Polarisierung in den dreißiger Jahren bei.[30]

Ebenfalls großes Aufsehen erregte der Mordprozeß gegen zwei junge Männer aus gutem Hause. Nathan Leopold und Richard Loeb hatten das Kind Bobby Franks entführt und ermordet, nur um zu beweisen, daß sie das perfekte Verbrechen begehen konnten. Clarence Darrow, dem besten Strafverteidiger des Landes, gelang es mit Finessen und einem zwölfstündigen Plädoyer, die beiden vor einem Todesurteil zu bewahren. Die Angeklagten hatten die öffentliche Meinung gegen sich, weil sie zynisch, intellektuell überheblich geplant und in bewußter, wenn auch pubertärer Opposition zur herrschenden Moral gehandelt hatten.[31]

Schwarzamerikanisches Selbstbewußtsein

Das berühmte Gedicht »If We Must Die« (1919) des schwarzen Schriftstellers Claude McKay war ein Protest gegen die brutalen Übergriffe von Weißen auf Schwarze nach dem Krieg. In den Südstaaten wurden zehn Kriegsheimkehrer schwarzer Hautfarbe gelyncht, manche von ihnen steckten noch in Uniform. In Chicago kam es zu bürgerkriegsähnlichen Zuständen, nachdem weiße und schwarze Bürger bewaffnet übereinander hergefallen waren. Die eine Woche währenden Gewaltakte forderten an die vierzig Tote und Hunderte von Verletzten. In den Medien der Weißen kam es zu gezielten Versuchen, brisante Situationen zu kaschieren. Im Rundfunk wurden Begriffe wie *lynching*, *race riot* oder *segregation* möglichst gemieden, die Beteiligung schwarzer Gewalttäter an Rassenunruhen stark hervorgehoben.[32] Ernest Hemingway sprach in seinem Roman *Fiesta* und in seinen Briefen verachtungsvoll von Niggern. Scott Fitzgerald glaubte in Italien beobachten zu können, wie sich das Negroide langsam ausbreite und die nordische Rasse besudele.[33] Ein schwarzer Volkslieddichter quittierte die fortdauernde Erniedrigung mit den Zeilen:

Slabery an' freedom
Dey's mos de same
No difference hahdly
Cep' in de name.*

Daß die Teilnahme schwarzer Soldaten am Krieg das Ansehen der Schwarzen nicht gehoben hatte, weckte Enttäuschung. In den Städten verschärfte sich die soziale Situation durch den Zustrom von Schwarzen aus dem ländlichen Süden. Die Wohnverhältnisse wurden beengter, die Konkurrenz auf dem Arbeitsmarkt größer. Die Benachteiligung durch die weiße Mehrheitsgesellschaft, der offene Rassismus des neubegründeten Ku-Klux-Klan und die akute Gefährdung von Leib und Leben ließen diejenigen nach anderen Lösungen Ausschau halten, denen der Kampf um eine verbesserte Rechtsstellung schwarzer Bürger, wie die *National Association for the Advancement of Colored People,* ihn betrieb, zu langsam voranging. Der Ruf »Back-to-Africa« wurde lauter, und als unversehens ein schwarzer Moses auftauchte, der den Exodus anzuführen gelobte, fand er Tausende von Anhängern.[34]

Als letztes von elf Kindern wurde Marcus Garvey auf Jamaika geboren. Sein Vater, ein Maurermeister, galt als Sonderling, der sich von anderen Dorfbewohnern absetzte und sich von jedermann, auch von Frau und Kindern, mit »Mr. Garvey« anreden ließ. Den größten Teil seines Vermögens büßte er ein, weil er in einer Mischung aus Rechtsbewußtsein und Rechthaberei einen Prozeß riskiert hatte, den er verlieren mußte. Marcus war katholisch erzogen worden. Seine Schulbildung blieb fragmentarisch. In Kingston erlernte er das Druckerhandwerk, er beteiligte sich an Streiks, kam auf eine schwarze Liste der Arbeitgeber und gründete als Dreiundzwanzigjähriger seine erste Zeitschrift, *Garvey's Watchman.* Er bereiste verschiedene lateinamerikanische Länder und versuchte mehrfach, dort Zeitungen zu gründen und gegen die Ausbeutung und Diskriminierung von Schwarzen anzugehen. Stark beeindruckte ihn die Autobiographie *Up From Slavery* des ehemaligen Sklaven und erfolgreichen Pädagogen Booker T. Washington. 1914 gründete Garvey auf seiner Heimatinsel die *Universal Negro Improvement Association* (UNIA) mit dem erklärten Ziel, die Völker der schwarzen Rasse zueinanderzuführen und eine weltumspannende Bruderschaft schwarzer Menschen innerhalb einer einzigen Nation zuwegezubringen.[35]

Weniger als ein Jahr nach Gründung der UNIA ging Garvey in die USA, um dort Anhänger zu finden, was auch gelang. Er reiste werbend durch die Staaten, gab ab 1918 die Zeitung *Negro World* heraus, richtete Handwerksbetriebe, Geschäfte und ein Restaurant für schwarze Kunden und Gäste ein, gründete mit

* Sklaverei und Freiheit sind so ziemlich dasselbe, es gibt kaum einen Unterschied, außer dem Namen nach.

der Black Star Line ein kommerzielles Seefahrtsunternehmen, dessen Aktien nur an Schwarze ausgegeben wurden, propagierte eine Religion mit einem schwarzen Gott, einem schwarzen Schmerzensmann und einer schwarzen Madonna und machte sich für eine separate Entwicklung der schwarzen und der weißen Rasse stark. Als Präsident Harding in einer Rede eine Rassenmischung brüsk ablehnte, schickte Garvey Glückwünsche. Sein Bestehen auf der biologischen Trennung der Rassen brachte ihm den Beifall des Ku-Klux-Klan ein. Die Verhinderung der Rassenmischung war eines der Motive hinter der *Back-to-Africa*-Bewegung. Wo der Klan an Deportation dachte, plante Garvey eine geordnete Auswanderung zumindest eines Teils der Schwarzen. Ein schwarzes Zion war nach Garveys Meinung auch deshalb angezeigt, weil zwei fähige und auf Wettbewerb eingestellte Rassen auf Dauer nicht nebeneinander leben könnten. Zum Ziel des Exodus wurde jedoch Liberia erklärt. Dort wollte Garvey einen neuen Anfang setzen und mit einer Elite aus schwarzen Pionieren die strukturellen Voraussetzungen für einen schwarzen Zentralstaat schaffen. England und Frankreich hintertrieben die Aktion. Die Liberianer lehnten dankend ab und sprachen für Garveyanhänger ein Einreiseverbot aus.[36]

Inzwischen hatte sich die kleine Flotte der Black Star Line zu einem nautischen und kommerziellen Disaster ausgewachsen. Garvey wurde angeklagt, die Post für betrügerische Zwecke benutzt, nämlich Aktien und Schiffsplätze für einen nicht existierenden Dampfer angeboten zu haben. Er erhielt fünf Jahre Haft, saß zwei davon im Zuchthaus von Atlanta ab, ehe er von Präsident Coolidge begnadigt und als unerwünschter Ausländer abgeschoben wurde.

Garveys Anhänger, etwa 80000 mögen es insgesamt gewesen sein, waren vor allem ehemalige, in die Städte des Nordens abgewanderte Südstaatler und Emigranten aus der Karibik. Zu seinen Gegnern zählten einige der tonangebenden Schwarzen der Zeit, wie der Gewerkschaftsführer A. Philip Randolph vom *Messenger* oder Robert Abbott vom *Defender* in Chicago. W. E. B. DuBois von der NAACP witterte Konkurrenz für seine eigenen panafrikanischen Bestrebungen, umgekehrt verteufelte Garvey die NAACP als sinistres Instrument zur Auslöschung der schwarzen Rasse. Die Vorbehalte gegen Garvey basierten auch auf dem Umstand, daß er Ausländer war und sich anmaßte, aufgeklärten Schwarzen zu erläutern, was ihre Rechte seien. Claude McKay, der selbst aus Jamaika stammte, beschimpfte Garvey als westindischen Scharlatan. Manchen kam Garveys Auftreten in einer Phantasieuniform samt Degen, Helm und Federbusch zu lächerlich vor. Mitentscheidend war, daß vielen Schwarzen die Formel »Back-to-Africa« nicht einleuchten wollte, wo sie doch noch nie dort gewesen waren. Und schließlich konnte man die Bereitschaft zum Exodus auch als Flucht oder Kapitulation deuten.[37]

Seine unmittelbaren Ziele hat Garvey verfehlt, die langfristige Wirkung seiner Ideen ist jedoch nicht geringzuschätzen. Der afrikanische Staatsmann Nkrumah bekannte, neben den Werken von Marx, Engels, Lenin und Mazzini sei er am meisten von Garveys gesammelten Reden und Aufsätzen beeinflußt worden. Die moderne Rasta-Bewegung auf Jamaika, die sich von dort aus in die schwarzen Slums englischer und amerikanischer Städte ausbreitete, berief sich ideell auf Garvey. Seine Ideologie des rassischen Nationalismus und seine Forderung nach *Lebensraum* – amerikanische Historiker verwenden das deutsche Wort – hat dazu beigetragen, Schwarzen in den USA neuen Stolz zu geben und Vertrauen auf autonomes Denken. Er war der erste, der das Wort *Negro* systematisch mit Großbuchstaben schrieb.[38]

Die Lebensumstände des »country Negro« sind immer wieder geschildert worden, zum Beispiel die tragische Existenz der Gullahs an den Küsten South Carolinas und Georgias. Jetzt hatte sich ein neuer Typ herauskristallisiert, der »city Negro«. An ihn knüpften sich die Erwartungen derer, denen es um kulturelle Selbstbehauptung ging. Bereits vor dem Krieg waren in den Städten informelle Kulturzentren für Schwarze entstanden, etwa das New Yorker YMCA. Im Norden Manhattans entwickelte sich der Stadtteil Harlem zu einer schwarzen Metropole. Dort lebten etwa 175 000 Schwarze und damit mehr als an jedem Ort der Südstaaten. Der Schriftsteller James Weldon Johnson ernannte Harlem zur Kulturhauptstadt, wo Schwarze in relativer Sicherheit ihre Rechte als Amerikaner wahrnehmen und geistig wie wirtschaftlich produktiv sein konnten. »Harlem spricht amerikanisch, liest amerikanisch, denkt amerikanisch.« Noch gab es Rassendiskriminierung, aber wenn die Gleichheit je käme, dann zuerst in Harlem. In den Zeitschriften *Opportunity, Fire!!, Harlem* und *Challenge* erschallte der Ruf nach einer autonomen schwarzen Kultur. Harlem bildete den kulturellen Nährboden für Schriftsteller, Sänger, Musiker, Tänzer und Schauspieler, so daß man von einer »Harlem Renaissance« sprach. Jean Toomer, Absolvent der New York University und vielleicht der bedeutendste schwarze Dichter, hat um diese Zeit zu schreiben begonnen.[39]

»Wir müssen uns angewöhnen, die Schönheit des Schwarzen zu sehen«, schrieb die Zeitschrift *Crisis* im Oktober 1920, und das Echo kam vielfältig zurück. Der Schriftsteller Langston Hughes erklärte lapidar: »Ich bin ein Neger – und schön.« Alain Locke stellte in seinem Essay »The New Negro« (1925) einen kulturell gereiften Menschen vor, der modern und doch vergangenheitsbewußt war und sich selbstgewiß auf die Suche nach einer neuen Seele begab. Die alte Scheidung in Diskriminierung oder Paternalismus wurde nicht mehr hingenommen. Der neue Neger fühlte sich nicht als einer, den man entweder unterdrückte und notfalls mit Gewalt in seine Schranken wies oder dem man »aufhelfen« mußte. Vielmehr strebte er mit neuer Selbstachtung nach seiner »spirituellen Befreiung«. Locke räumte dieser Befreiung gute Chancen ein, denn er glaubte, die härtesten rassischen Vorurteile hätten sich erledigt, weswegen Schwarze nun als Gruppe in eine dynamische Phase eintreten konnten. Schwarze würden sich nicht wie bisher wegen ihrer gemeinsamen Leidenserfahrung als Rasse fühlen, sondern aus einem kollektiven Bewußtsein heraus.[40]

Eine Generation vorher hatte Sutton Griggs in seinem Roman *Imperium in Imperio* (1889) den »new Negro« noch als utopische Forderung begriffen, als erstrebenswertes Ideal. Seine selbstsicher gewordenen, furchtlos auf ihre Rechte pochenden Helden wählen die Freiheit oder den Tod und nehmen sich vor, in Texas ein von den USA separates Reich zu begründen, um Entrechtung und Lynchjustiz zu entgehen und nicht durch Rassenmischung von den Weißen aufgesogen zu werden. Die intellektuellen Schwarzen der zwanziger Jahre verlegten das Imperium der Schwarzen nicht aufs flache Land, auch nicht auf den afrikanischen Kontinent, sondern ins Zentrum einer Millionenstadt. Dort sahen sie die besten Chancen, sich als Gruppe zu verwirklichen und Selbstbestimmung zu erreichen.[41]

Frauenrechte, Ehe und Moral

Der 19. Verfassungszusatz brachte den Amerikanerinnen im Jahr 1920 bundesweit das Wahlrecht. Zu den 17,5 Millionen bereits wahlberechtigten Frauen kamen 9,5 Millionen hinzu. Das war zweifelsohne eine Genugtuung für alle Suffragetten, die oft schon in der zweiten Generation für ihre Sache gestritten hatten.[42] Aber dann machte sich Enttäuschung breit. Die Wahlbeteiligung der Frauen blieb gering, ihr Wahlverhalten unterschied sich nur unwesentlich von dem der Männer. Nicht das Geschlecht bestimmte die Entscheidung für eine Partei, sondern die soziale oder wirtschaftliche Lage. Mehr Altruismus kam wider Erwarten nicht in die Politik.

Von Arbeitnehmerinnen – eine Million waren in der Rüstungsindustrie beschäftigt – wurde nach dem Krieg erwartet, daß sie ihre Arbeitsplätze zugunsten der Männer räumen. Tatsächlich hatte jedoch nur jede zwanzigste weibliche Erwerbstätige vor dem Krieg noch nie gearbeitet. Schon 1910 standen 25 Prozent aller Frauen in einem Arbeitsverhältnis – ebensoviele wie 1940 –, auch wenn sie oft nur zwei Drittel des Lohnes für die gleiche Tätigkeit erhielten. Eine echte Amerikanerin, hieß es jetzt, müsse sich zu gut sein, um Männern auf dem Arbeitsmarkt Konkurrenz zu machen. Jeder Haushalt und sei er noch so klein, sagte der Gewerkschaftsführer Samuel Gompers, reiche aus, um den Geist und die Zeit einer Frau auszufüllen.[43] Romanciers und Dramatiker gaben sich alle Mühe, unsympathische Frauengestalten zu entwerfen: Sinclair Lewis schilderte in *Dodsworth* (1929) das verwöhnte Eheweib eines Automobilfabrikanten auf Europareise. In Eugen O'Neills *Desire Under the Elms* (1924) verführt eine habgierige junge Witwe ihren Stiefsohn, um einen Erben zu haben. Die despotische, nörgelnde, gefühlskalte Hauptfigur in George Kellys preisgekröntem Bühnenstück *Craig's Wife* (1925) steht am Schluß alleine da, weil niemand sie mag.

Frauenverachtung und Frauenhaß wurden von dem Argwohn genährt, daß die Frau es sei, die in Wirklichkeit das Regiment führe und als »herrschende Rasse« den Platz einnehme, den in anderen Ländern die Aristokratie beanspruchte. Auch unter schwarzen Amerikanern war die Meinung verbreitet, Frauen seien im Grunde die stärkeren Wesen. In der Werbebranche ging man davon aus, daß Frauen die Entscheidung träfen, wie das Familieneinkommen ausgegeben wird. Soziologen hielten es für ausgemacht, daß Frauen den gesellschaftlichen Ton bestimmen. Als Ehefrauen von Abgeordneten bildeten Frauen eine natürliche Lobby. In millionenfach gelesenen Kolumnen erteilte Dorothy Dix dem angeblich schwächeren Geschlecht wohlfeilen Rat, wie man Männer erfolgreich manipuliert. Um so dringlicher schien Männern die Aufgabe, die stille Macht der Frau durch enge Rollendefinitionen einigermaßen unter Kontrolle zu halten. Der Mann ging als Ernährer hinaus ins Leben, die Frau blieb daheim und zierte den Haushalt; so wollte es die Alltagsideologie in der Stadt Muncie (Indiana), die das Soziologenehepaar Robert und Helen Lynd als typische *Middletown* (1929) untersucht hatte. Dort lautete das Motto des Frauenvereins »Men are God's trees; women are his flowers.« Der Sprachforscher H. L. Mencken stellte fest, daß neugeborene Mädchen mit besonders blumigen Vornamen ausgestattet wurden – Luvander, Wheirmelda, Symphorosa, Eschscholtzia – während man Knaben kurz und bündig taufte. Frauen, die in die Welt der Männer eindringen wollten, verloren den Respekt der Gemeinde. Erfolg im Beruf und eheliches Glück galten nach wie vor als miteinander unvereinbar. Drei Viertel der Frauen, die zwischen 1877 und 1924 den Ph. D. erwarben, blieben unverheiratet. Frauen haben in den akademischen Berufen während der zwanziger Jahre kaum Fortschritte erzielt. Schöne Frauen sollten sich ganz besonders davor hüten, mahnte der Schriftsteller James Gould Cozzens, ein Opfer von *over-education* zu werden. Eine profilierte Frau wie die Kulturanthropologin Ruth Benedict vertraute ihrem Tagebuch an, Frauen würden »mit Hallelujah« jeden beruflichen Erfolg opfern, könnten sie nur dem richtigen Mann ein glückliches Heim bereiten.[44]

Spektakuläre Einzelleistungen, wie die Ozeanüberquerung der Amelia Earhart ein Jahr nach Lindbergh, täuschten nicht darüber hinweg, daß von der Frauenbewegung keine starken Impulse mehr ausgingen. Mit den kühnen Entwürfen, wie Gilmans nur von Frauen bewohnter Utopie *Herland* (1915), war es vorbei. Ida Tarbell meinte nach zehn Jahren Frauenwahlrecht, die Frau hätte eine Position aufgegeben und viel an indirekter Macht eingebüßt. Häuslichkeit sollte wieder großgeschrieben werden. Wissenschaftlich betriebene Hausarbeit könnte den Hausfrauen Erfüllung geben, meinte Lillian Gilbreth, die ihr Werk *The Homemaker and Her Job* (1927) mit den Ergebnissen von tayloristischen Bewegungsstudien anreicherte. Zwei ihrer Kinder haben das Familienleben der Gilbreths in *Cheaper by the Dozen* (1949) geschildert. Die Erhebung der Hausarbeit zur Haushaltswissenschaft konnte Monotonie, Einsamkeit und Selbstzweifel nicht unterbinden, und aus den Klagen tagträumender, unerfüllter, neurotischer Hausfrauen wurde beinahe ein medizinisches Syndrom.[45]

In Sinclairs Lewis Roman *Main Street* (1920) folgt die junge, hübsche und hoffnungsfrohe Carol Kennicott aus Minneapolis ihrem frisch angetrauten Mann in das Provinznest Gopher Prairie, wird unglücklich, sucht ihrem Schicksal zu entrinnen und schickt sich schließlich darein. Unmittelbar nach den Flitterwochen vermeint die immer schon etwas flatterhafte Carol, mit einem Fremden verheiratet zu sein. Sie lernt den örtlichen Bridgeclub kennen und den Lesezirkel »Thanatopsis«, dessen Damen die englische Literatur von Shakespeare bis Kipling im Geschwindschritt durchnehmen. Ihre Ortsverschönerungspläne scheitern am Geiz und an der Trägheit der Bürger. Als Carol sich einem neuen Projekt zuwendet, der Armenfürsorge, stößt sie auch hier auf unüberwindlichen Widerstand. Ein Theaterstück, mit ebensoviel Liebe wie Dilettantismus einstudiert, wird ein glatter Mißerfolg. Die Vorführungen im Kino öden sie an. Ihrem Mann mißfällt ihr Negativismus, außerdem fühlt er sich in seiner Arbeit nicht ausreichend gewürdigt. Nach einem heftigen Ehestreit besteigt sie samt Sohn den Zug nach Washington, wo sich freilich herausstellt, daß auch die Hauptstadt nicht ihren Vorstellungen entspricht: Sie hat Angst, dort als durchschnittliche Regierungsangestellte zu verwelken. Zwei Jahre später ist sie wieder in Gopher Prairie, bringt ein zweites Kind zur Welt, richtet sich auf ein Leben in Mittelmäßigkeit ein und hängt dem Gedanken nach, wenn nicht den moralischen, so doch den ideellen Sieg davongetragen zu haben.[46]

Carol Kennicott wirkte in ihrem krampfhaften Bemühen um »Kultur« auf manche wie eine Närrin. Sofort kam ein »Gegenbuch« auf den Markt. Dorothy Canfield Fisher, aus Kansas gebürtig, sang in *The Brimming Cup* (1921) ein Loblied auf häusliche Werte und frauliche Beständigkeit.[47] Die meisten Leser aber zeigten sich überzeugt von der Schilderung trostlosen Kleinstadtlebens – schließlich hatte Lewis Gopher Prairie nach seinem Heimatort Sauk Centre in Minnesota modelliert – und konnten sich in die Hauptfigur gut hineindenken. Eine Bühnenfassung und immer neue Buchauflagen zeigten, daß Lewis mit der intelligenten, unerfüllten Hausfrau inmitten einer sterilen Umwelt ein allgemein interessierendes Thema angeschnitten hatte.

Als einzig gültige Basis für eine erfolgreiche Ehe wurde in »Middletown« die »romantische Liebe« erachtet. Wohl schauten die bessergestellten Bürger darauf, daß sich die »richtigen Leute« gegenseitig heirateten, aber auch diese Kreise stellten die Liebe als etwas Mysteriöses hin, als eine Sache, gegen die man machtlos ist, weil sie einfach »passiert«.

Gleichzeitig zogen die Scheidungsraten an, zwischen 1890 und 1920 um 87 Prozent. Am häufigsten, bei fast einem Drittel, wurden »Temperamentsunterschiede« als Scheidungsgrund angegeben. Meist nahm der Mann die Schuld auf sich, weil er nach dem Gesetz ohnehin die Anwaltskosten zu tragen hatte. Die

Scheidungsgesetze in manchen Staaten waren so grotesk, daß sie den Satiriker animieren mußten. Die Gesetzgeber westlich gelegener Bundesstaaten zeigten sich wie eh und je kooperationsbereit, wenn es um den Dollar der Scheidungstouristen ging. Nevada setzte die erforderliche Aufenthaltsdauer auf drei Monate herab, Arkansas und Idaho zogen nach, Nevada konterte mit einer Reduzierung auf sechs Wochen.[48]

Benjamin Lindsey, Jugendrichter in Denver (Colorado), war dermaßen beunruhigt von Schnell- und Frühehen, die rasch wieder in die Brüche gingen, daß er die Ehe auf Probe vorschlug. Seiner Ansicht nach mußten die Informationsmöglichkeiten über Geburtenkontrolle erweitert werden. Vom Gesetz her galten sie nach wie vor als »filthy matter«, als Schmutz und Schund. Der Staat war aufgerufen, für Sexualerziehung vor und während der Ehe zu sorgen und die Scheidung für kinderlose Ehepaare zu erleichtern, sofern beide Partner zustimmten. Geschiedene, kinderlos gebliebene Ehefrauen sollten nach Lindseys Vorstellungen arbeiten und nicht bloß von den Alimenten leben.[49] Bertrand Russell führte einen Briefwechsel mit Lindsey und hielt in New York einen Vortrag über die Vorteile der »companionate marriage« und der vereinfachten Scheidung bei gegenseitiger Zustimmung.

Für Bertrand Russell war die Moral in Amerika immer noch vom Puritanismus à la Cromwell bestimmt. Warum aber ein verheirateter New Yorker seine Geliebte ungestraft über den East River mitnehmen durfte, nicht aber über den Hudson, warum die Puritaner in Jersey City hausten, nicht aber in Brooklyn, das wußte auch der britische Philosoph nicht zu erklären. Soziologen berichteten, das väterliche Auto werde von Heranwachsenden ganz unpuritanisch als Bordell auf Rädern verwendet. Scott Fitzgerald stellte die amerikanische Jugend in *This Side of Paradise* (1920) als promiscue und abgeklärt hin. Frauen legten mehr Rouge auf, die Röcke wurden kürzer, es wurde mehr getrunken, von Mann und Frau. Ein neuer Frauentyp, der »Flapper«, betrat die Szene, rauchte auf der Straße, trug einen Bubikopf und beanspruchte für sich das angestammte männliche Recht auf unkomplizierten Partnerwechsel. Frauen schrieben Romane, die sie früher nicht hätten lesen dürfen.[50]

Gegen die gelockerten Moralvorstellungen setzte eine heftige Reaktion ein. Die Reflektionen von Djuna Barnes über Liebes Freud und Leid in *Ryder* (1928) durften nur in gereinigter Form auf den Markt kommen. In Utah wurde eine Gesetzesvorlage eingebracht, die Frauen eine Geld- oder Gefängnisstrafe androhte, deren Rocksaum mehr als acht Zentimeter über dem Knöchel endete. Entsprechende Gesetzentwürfe lagen den Parlamenten von Virginia, New Jersey und Kansas vor, ohne daß man einen regionalen Schwerpunkt ausmachen könnte. In Ohio sollte ein Dekolleté fünf Zentimeter messen, nicht mehr. Ähnlich konzipierte Bekleidungsvorschriften der Schulbehörden und Eltern-Lehrer-Verbände wollten mode- und freiheitsbewußte Schülerinnen nicht kampflos hinnehmen:

I can show my shoulders
I can show my knees;
I'm a free-born American
And can show what I please.

Die Stadtväter von Norphelt in Arkansas wähnten die öffentliche Moral so stark gefährdet, daß sie ein Gesetz erließen, dessen erster Paragraph alle unverheirateten Paare anging: Fortan sollte es ungesetzlich sein, innerhalb der Ortsgrenzen »schuldhaft« den Geschlechtsverkehr auszuüben. Aber in den Buchläden tauchten *How-to-Books* auf, die mehr Freude am Geschlechtsverkehr verhießen und die mechanische Seite des Vorgangs enthüllten. James Thurber und E. B. White parodierten 1929 die pseudowissenschaftlichen Versionen der Aufklärungsliteratur unter dem Titel *Is Sex Necessary?* Der erste Wettbewerb für die Wahlen zur »Miss America« fand 1921 statt. Der Traum von der ewigen Jugend machte die

Die »Miss Yonkers« des Jahres 1924

Restaurierung und Konservierung von Schönheit zu einem eigenen Geschäftszweig. In den 1890er Jahren hatte es in »Middletown« noch keinen Schönheitssalon gegeben, in den 1920ern deren sieben.[51]

Robert und Helen Lynd räumten in einer Nachfolgestudie ein, das Ausmaß der Prostitution in »Middletown« unterschätzt zu haben. Zeitweise gab es in dieser Stadt von 48000 Einwohnern bis zu fünfzig Bordelle. Während der Wirtschaftsdepression boten sich Frauen für einen halben Dollar oder weniger auf der Straße an. Heruntergekommene Prostituierte oder solche, die in besseren Kreisen nie konkurrieren konnten, verdingten sich in den Elendsvierteln der Großstädte. Wanderarbeiter verlegten sich auf pädophile oder homophile Beziehungen, die sie für hygienischer und unkomplizierter hielten als Kontakte zu Frauen.[52]

Erziehung und Wissenschaft

Am exklusiven Vassar College für junge Frauen wurde ein Kurs in »Euthenik« angeboten, zur Vorbereitung auf die Mutterrolle. Kinderlose Ehen galten nach wie vor als »unvollständig«, doch wurden Kinder mehr und mehr als finanzielle Belastung empfunden. In Washington vergab das *Federal Children's Bureau* Forschungsaufträge über Kindersterblichkeit, Ernährung und Kinderschutzgesetzgebung, verteilte Informationsmaterial über die Möglichkeiten öffentlicher Unterstützung für Familien mit unmündigen Kindern und verwaltete den *Sheppard-Towner-Act* (1921), der Schwangere und junge Mütter auf sechs Jahre mit Bundesmitteln versorgte. Die Erziehungsautorität verlagerte sich von den Eltern auf andere Instanzen, auf Sportklubs, Theatergruppen, Pfadfinder und die Christlichen Vereine für junge Männer oder junge Frauen. Kinder schienen rascher erwachsen zu werden und nahmen Partnerschaftsbeziehungen wie selbstverständlich auf. Eltern schielten in Erziehungsfragen aus eigener Unsicherheit auf ihre Nachbarn, und Kinder wußten den sozialen Druck für sich zu nutzen. Der Erziehungsstil wurde großzügiger oder nachlässiger. Disziplin war nicht mehr ohne weiteres durchsetzbar. Mehr und mehr Eltern kapitulierten vor ihrer erzieherischen Aufgabe und suchten Expertenrat. Der Kulturanthropologin Margaret Mead kam die Entwicklung des Jugendalters in den USA so problematisch und störungsanfällig vor, daß sie sich nach Samoa aufmachte, wo sie meinte feststellen zu können, daß die Ureinwohner ihre Kinder mit großer Gelassenheit, ohne Leistungsdruck, sexualfreundlich und mit Hilfe mehrerer Bezugspersonen heranwachsen ließen – ein Trugschluß Meads, der auf mangelhafte Sprachkenntnisse und übergroßes Wunschdenken zurückging.[53]

Der Behaviorist John B. Watson setzte in *Psychological Care of Infant and Child* (1928) die Konditionierbarkeit des Kindes absolut: Noch ehe ein Kind sieben Jahre alt wurde, sei ihm die Zuwendung zu entziehen, denn Mutterliebe mache das Kind abhängig und hindere es daran, die Welt zu erobern. Übermäßige Liebkosungen schränkten das psychologische Wachstum und die späteren Erfolgschancen ein: »Felsbrocken liegen im Weg des übermäßig geküßten Kindes.« Nie solle eine

Mutter ihr Kind zu sich auf den Schoß nehmen, und wenn sie das Küssen schon nicht lassen könne, dann höchstens einmal pro Tag ein Gutenachtkuß auf die Stirn. Die Reinlichkeitserziehung müsse mit acht Monaten abgeschlossen sein. Watson propagierte eine Spezialkonstruktion, auf der das Kind hinter verschlossenen Türen festgeschnallt wurde, bis es seine Verdauung bewältigt hatte. Sich zu sehr an vertraute Personen zu gewöhnen, sei von Übel. Watson legte hierzu ein Fallbeispiel vor, das ihm selbst sehr imponierte. Ein Kind hatte in immer kürzer werdenden Abständen dreimal ein neues Kindermädchen bekommen und jedesmal weniger lang geheult. Watson wünschte nur, man könne auch die Mütter dann und wann rotieren lassen. Das Kind solle möglichst viel alleingelassen werden. Hat eine Familie kein Kindermädchen, könne die Mutter ihr Kind im Garten lassen und notfalls durch ein Guckloch oder mit einem Periskop beobachten. Wichtig sei, daß sie selbst vom Kind nicht gesehen wird.

Der Behaviorist in der Erziehung versuchte sich aus der alten Polarität zwischen Kindsverdammnis und dem Kind als Erlöser der Eltern herauszuwinden, indem er den Neugeborenen überhaupt keine Eigenschaften zuschrieb, weder moralische noch unmoralische. So war der Weg frei für beliebige Konditionierbarkeit. Das Hauptinstrument hierzu war der Liebesentzug. Indirekt war der Behaviorismus mit der Evolutionstheorie verwandt, mit Deweys funktioneller Psychologie und mit Raymond Cattells Kapazitätspsychologie. Den Überlebenskampf auch allein und unter wechselnden Bedingungen bestreiten zu können, war eine uramerikanische Idee, und Watson versuchte auf seine Weise, das Kind darauf vorzubereiten. Die »behavioristische Freiheit« Watsons unterschied sich nicht so sehr von den Freiheitsvorstellungen eines Ralph Waldo Emerson. Ein Universum sollte es sein, schrieb Watson in *Behaviorism* (1925), dessen Bewohner sich nicht von Geschichte, Folklore und närrischen alten Bräuchen und Konventionen in Ketten schlagen ließen.[54]

Ein Kritiker warf den Anhängern absoluter Konditionierbarkeit vor, sie würden Tiere und Kleinkinder wie eins und beide wie Maschinen behandeln. Ein Elternmagazin sah sich genötigt, irritierte Eltern zu beruhigen: »Lassen Sie sich von Watson keine Angst einjagen. Es ist völlig risikolos, seine Kinder zu lieben, wenn man das will.« Insgesamt jedoch löste Watsons Erziehungslehre nicht den Entrüstungssturm aus, den ein Europäer erwartet hätte. So radikal neu waren Watsons Ratschläge nicht. Ein Kind nicht zum Nesthocker werden zu lassen, traf sich mit der amerikanischen Erziehungstradition. Die Betonung, die in Amerika auf den »Selbstausdruck« des Kindes gelegt wurde, ist als einer der Unterschiede zur Erziehungspraxis in anderen Kulturen herausgestellt worden. Das Verlassen ausgetretener Pfade, die Abkürzung zum Ziel, das Überschreiten vorgegebener Standards machte beinahe schon wieder eine Norm aus.[55]

Ein außergewöhnlich erfolgreiches Handbuch zur sozialen Etikette ernannte die Freundlichkeit im Umgang mit anderen zur Grundlage aller guten Manieren.

Ein Ratgeber zur Persönlichkeitsbildung ging einen Schritt weiter: »Du kannst die Leute zwingen, dich zu mögen.«[56] Dieses Axiom ist von einem Rhetoriklehrer namens Dale Carnegie aufgegriffen und bis zur Perfektion ausgestaltet worden. Seine später zu einem Buch zusammengefaßten Vorträge halten viele für die erfolgreichste amerikanische Buchveröffentlichung überhaupt: *How to Win Friends and Influence People.* Carnegie war der Hohepriester des »getting along«. Wer vorwärtskommen wollte, mußte eine Reihe einfacher Regeln beachten. *Regel 1:* »Zeigen Sie aufrichtiges Interesse am Schicksal Ihrer Mitmenschen.« *Regel 2:* »Lächeln Sie.« Wer Freunde gewinnen wolle, müsse lächeln oder lachen; und zwar »direkt aus dem Herzen«. Wenn einem aber nicht nach Lachen zumute war? »Sie tun einfach so, als ob Sie glücklich sind, und das bringt Sie dann schon auf den Weg.« *Regel 3:* »Für jeden Menschen ist sein Name das schönste und bedeutungsvollste Wort seines gesamten Sprachschatzes.« Aus diesem Grund sei es wichtig, sich möglichst viele Eigennamen, insbesondere Vornamen einzuprägen und in die Anrede einen »netten vertraulichen Klang« hineinzulegen. *Regel 4:* »Seien Sie ein guter Zuhörer. Lassen Sie den anderen von sich selbst erzählen.« Diese wie alle anderen Regeln dienten dazu, sich seine Mitmenschen »gefügig zu machen«. Mit Lob und »aufrichtiger Anerkennung« wurde der Gesprächspartner auf den Leim geführt. Man gab ihm das Gefühl, er träfe seine Entscheidungen selbst, und hatte sie ihm doch abgeschmeichelt, hatte erreicht, was man wollte, ohne daß beim Verlierer »ein bitterer Nachgeschmack« zurückblieb. Der Weg für weitere Übervorteilungen blieb offen.[57]

Das Ziel des Kontakts bestand darin, sich mit den Problemen seines Gegenübers gerade *nicht* näher befassen zu müssen, so sehr man sich auch den Anschein gab. Soziologen der zwanziger Jahre beobachteten die auffällige Pose, das Leben unernst zu betrachten, vorzugeben, die Welt als riesigen Spaß zu nehmen, währenddessen man unerbittlich an der persönlichen Erfolgskarriere zimmerte. Für das Wohlergehen anderer blieb nur ein sehr oberflächliches Interesse. »Ich mag große Parties«, heißt es in Scott Fitzgeralds Zeitroman *The Great Gatsby.* »Sie sind so intim.«

In Knoxville wußten nur 15 von 1047 Studenten den Namen ihres Bürgermeisters, und in Massachusetts identifizierte ein angehender Lehrer den Namen Henry Cabot Lodge als »einen Ort, wo sich Vereine treffen«. Woran das kulturelle Niveau sich zu orientieren habe, war nicht einfach auszumachen. Mit Warren Harding diente ein Mann als Präsident, der es laut E. E. Cummings fertigbrachte, einen einfachen Aussagesatz mit sieben Grammatikfehlern auszustatten. Und sein Nachfolger Coolidge beantwortete die Frage, warum er keine Künstler ins Weiße Haus einlud, mit den mäßig inspirierenden Sätzen: »Ich kannte einen Dichter als ich nach Amherst ging; der Klassendichter, er hieß Smith ..., habe nie mehr von ihm gehört!« Am besten unter den drei republikanischen Präsidenten der Nachkriegszeit schnitt Herbert Hoover ab. Er war mit neun Jahren Vollwaise geworden. Seine Geschwister wurden unter Verwandte aufgeteilt, er selbst einem strengen Quäker als Adoptivsohn zugesprochen. Manchmal mußte er betteln gehen, wenn er essen wollte. Hoover setzte sich gegen widrigste Bedingungen durch, absolvierte die angesehene Universität Stanford als Bergwerksingenieur und schrieb später eine Reihe kluger Bücher.[58]

Erziehung wurde in der Gesellschaft der zwanziger Jahre zunehmend ein »magisches Symbol« für künftigen Erfolg, noch ehe man auf einen bestimmten Beruf hin plante. Jeder achte junge Amerikaner besuchte 1926 eine höhere Schule, damit lagen die USA mit Abstand an der Weltspitze. Auch die Studentenbevölkerung wuchs rasch an. Begabte und Ehrgeizige zog es in die Großstädte, um dort die besseren Bildungsmöglichkeiten wahrzunehmen.[59] Rein theoretisches Bildungsgut stieß nach wie vor auf starke Vorbehalte, weshalb auch an den *undergraduate colleges* Kurse über Schweinezucht, Straßenbau, Eiskremherstellung, Volkstanz und Pfadfindertum angeboten wurden. Der kanadische Schriftsteller und Wirtschaftswissenschaftler Stephen Leacock goß über die Professoren der klassischen Philologie Hohn aus und gab der informellen Erziehung den Vorrang vor Buchweisheit und Hörsaalwissen. »History is bunk«, entschied Henry Ford, womit er trockenen, toten Lehrstoff ohne praktische Nutzanwendung meinte.

Trotzdem waren intellektuelle Errungenschaften nicht zu verkennen und international durchaus konkurrenzfähig. Amerikaner heimsten 1923 und 1927 Nobelpreise ein. Die Leistungen auf geisteswissenschaftlichem Gebiet konnten sich sehen lassen und sind manchmal von den Europäern sogar zur Kenntnis genommen worden, wie Evelyn Underhills Werk über *Mysticism* (1927), das rasch ins Deutsche übersetzt wurde. Vernon Louis Parrington legte mit *Main Currents in American Thought* (1927–1931) eine ausführliche, auf zwei moralische Pole fixierte Interpretation der amerikanischen Geistesgeschichte vor. Charles und Mary Beard konzentrierten sich in *The Rise of American Civilization* (1927) auf die politische Geschichte. Walter Lippmann setzte mit *Public Opinion* (1922) einen Meilenstein der Kommunikationsforschung. Mit dem Tangiblen befaßten sich der Folklorist John Lomax, der eine umfangreiche Sammlung von Volksballaden zusammentrug, und die Studien der Soziologen Robert und Helen Lynd wurden richtunggebend in der modernen Feldforschung.

An Ethical Philosophy of Life (1918) bilanzierte die Weltanschauung des in Deutschland geborenen Philosophen Felix Adler, der sich mit der Gründung von »Gesellschaften für ethische Kultur« um die moralische Erziehung der Kinder bemüht und gegen ihre soziale Verwahrlosung angekämpft hatte. James Edwin Creighton, Kant-Experte und erster Präsident des amerikanischen Philosophenverbands, grenzte sich mit seiner »spekulativen Philosophie« von der empirischen Denktradition und vom »atomistischen Realismus« ab und postulierte die »Einheit von Existenz und Bedeutung« (*Studies in Speculative Philosophy*, 1925). In der

Nachfolge der Pragmatisten William James und John Dewey versuchte sich Ralph Barton Perry an einer Definition des Wertbegriffs innerhalb einer »naturalistischen« oder »neorealistischen« Ethik. Jedes Objekt von Interesse stellte demnach einen Wert dar. Demokratische Institutionen waren fähig, konfligierende Interessen zu harmonisieren. Wo dies nicht gelang, mußten sich Personen über ihre Interessen erheben oder sich ein neues Ziel suchen, das ihren »natürlichen« Voraussetzungen entsprach.

Im Juli 1925 fand in der Stadt Dayton ein Gerichtsverfahren statt, das als »Affenprozeß von Tennessee« in die Geschichte eingegangen ist. Tennessee war einer jener Staaten, in denen es gesetzlich verboten war, an öffentlichen Schulen die Entstehung des Menschen anders als nach der biblischen Genesis zu unterrichten. Gegen dieses Gesetz verstoßen hatte der mit hundertfünfzig Dollar im Monat besoldete Lehrer John Scopes. Das von ihm im Unterricht verwendete Lehrbuch *Civic Biology* von George William Hunter, kurz *Hunter's Biology* genannt, baute auf Darwins Lehren auf. Scopes verstieß somit gegen ein gültiges Rechtsstatut. Dieses und ähnliche Statuten in einem Musterprozeß zu Fall zu bringen, hatten liberale Kreise sich vorgenommen. Die Hauptkontrahenten waren auf der Seite der Ankläger William Jennings Bryan und im Team der Verteidiger Clarence Darrow. Bryan aus Nebraska, »the Great Commoner« wie man ihn nannte, war 1896 durch seine »Cross-of-Gold«-Rede berühmt geworden. Als Außenminister unter Wilson hatte sich der populistisch geprägte und anti-imperialistische Politiker geweigert, nach der Versenkung der »Lusitania« eine Protestnote an Deutschland zu unterzeichnen und war zurückgetreten. Darrow, der berühmteste Strafverteidiger seines Landes, hatte 1894 den Sozialisten Eugene Debs im Pullmanstreik verteidigt und sich seither für die Belange der *underdogs,* der sozial Benachteiligten, eingesetzt. Die Verteidigung plädierte auf »nicht schuldig«. Die Staatsanwaltschaft erläuterte die Anklageschrift. Nachdem Darrow einige Passagen aus den inkriminierten Lehrbüchern zitiert hatte, beantragte die Staatsanwaltschaft, die ersten beiden Kapitel der biblischen Genesis verlesen zu lassen und sie ins Protokoll aufzunehmen. Dem Antrag wurde stattgegeben. Als Zeuge der Verteidigung sagte ein Zoologieprofessor aus, er habe seinen Studenten die Evolutionstheorie *sub rosa* beigebracht, also ein Arrangement unter dem Siegel der Verschwiegenheit getroffen. Er erläuterte, daß praktisch alle Naturwissenschaftler inzwischen Anhänger der Evolutionstheorie seien, worauf das Gericht beschloß, dieser Teil der Aussage dürfe nicht in der Presse veröffentlicht werden.

Bryan wußte einen guten Teil des Publikums auf seiner Seite. Als er die Bibel pries, sagten mehrere Zuhörer laut »Amen«. Er und Darrow fanden keine gemeinsame Gesprächsgrundlage. Bryan hielt Darrow für einen gefährlichen Volksverhetzer, Darrow war unfähig, sich in Bryans fundamentalistische Welt hineinzudenken. Das letzte Viertel des Prozesses fand im Freien statt. Die Enge hatte katastrophale Ausmaße angenommen. Wenige Meter von der Geschworenenbank war eine Tafel mit der Aufschrift »Read the Bible« aufgestellt worden. Darrow wollte dieses Schild nur dulden, wenn ein anderes gleicher Größe mit der Aufschrift »Read your Evolution« aufgestellt würde oder »Read Hunter's Biology«. Das Gefecht zwischen Bryan und Darrow nahm an Erbitterung zu. Darrow wurde erlaubt, den Nebenkläger Bryan als Zeugen ins Kreuzverhör zu nehmen. Sie tauschten sich aus über Jonas und den Wal, über Josuah und die Sonne, über Adam und Eva im Paradies. Bryan wich keinen Fingerbreit von der wörtlichen Interpretation der Bibel ab und meinte, die Menschen hätten die biblische Sprache schon verstanden – bis Darrow geboren wurde.

Darrow nahm das Verhör wieder auf, fragte Bryan, ob er sich in der Religion von Buddha oder Konfuzius auskenne. Bryan wehrte die Attacke ab und verkündete publikumswirksam, ein Mensch solle nicht nach der Größe des College bemessen werden, das er absolviert hat, sondern nach seinem eigenen Wert. Und die Religion sei nun einmal nicht eine Sache des Intellekts. Gegen Ende wandten sich beide dem zentralen Gegenstand des Verfahrens zu, den wünschenswerten oder rechtlich möglichen Inhalten einer amerikanischen Erziehung. Bryan glaubte, den Sinn des Kreuzverhörs, dem Darrow ihn unterzogen hatte, durchschaut zu haben. Bryan: »Der Zweck besteht darin, alle lächerlich zu machen, die an die Bibel glauben.« – Darrow: »Wir haben die Absicht, Heuchler und Ignoranten daran zu hindern, die Erziehung der Vereinigten Staaten zu dominieren.« – Bryan: »Ich versuche lediglich, das Wort Gottes gegen den größten Atheisten oder Agnostiker der Vereinigten Staaten in Schutz zu nehmen.« Die Zuhörer reagierten mit langanhaltendem Beifall. Gericht und Staatsanwaltschaft glaubten zu dem Zeitpunkt nicht mehr, das Kreuzverhör könnte der Wahrheitsfindung dienen. Aber der Richter sah keine Möglichkeit, den Dialog zwischen den beiden zu beenden, der schließlich in einem kaum zu übertreffenden Scherzo über Eva, die Schlange und den Apfel kulminierte.

Darrow: »Glauben Sie, daß Eva die erste Frau war?« – Bryan: »Ja.« – Darrow: »Glauben Sie, daß sie im wörtlichen Sinne aus Adams Rippe geschaffen wurde?« – Bryan: »Jawohl.« – Darrow: »... Glauben Sie die Geschichte von der Versuchung Evas durch die Schlange?« – Bryan: »Ja ...« – Darrow: »Meinen Sie, daß deshalb die Schlange auf ihrem Bauch kriechen muß?« – Bryan: »Das glaube ich.« – Darrow: »Können Sie sich vorstellen, wie die Schlange sich vor dieser Zeit fortbewegte?« – Bryan: »Nein, Sir.« – Darrow: »Wissen Sie, ob sie vielleicht auf dem Schwanz ging?« – Bryan: »Nein, Sir. Wie soll ich das wissen?« Das Publikum lachte. Darrow machte einen letzten Versuch, Bryan in die Enge zu treiben, mußte ihm aber die Schlußpointe überlassen. Darrow: »Haben Sie je herausgefunden, wo Kain sein Weib herhatte?« – Bryan: »Nein, Sir. Ich überlasse es den Agnostikern, nach ihr zu suchen.«[60]

Anderntags erklärte der Vorsitzende, von einer weiteren Einvernahme Bryans seien keine neuen Aufschlüsse zu erwarten. Scopes wurde schuldig gesprochen und kam erstmals selbst zu Wort. Er halte die Strafe für ungerecht, sagte er, und wolle nicht ablassen, für die akademische Freiheit einzutreten. Am Schluß fragte einer der Verteidiger den Richter, ob er ihm die Werke Darwins zusenden dürfe. William Jennings Bryan starb fünf Tage nach dem Prozeß. Scopes wurde in der Berufung freigesprochen – wegen eines Formfehlers. H. L. Mencken mokierte sich über die »Neanderthaler« hinten in Tennessee, und der Humorist Will Rogers meinte: »In Tennessee behaupten sie, sie stammten nicht vom Affen ab, aber ihre Handlungsweise in diesem Fall beweist das Gegenteil.« Der Streit, ob Darwin an amerikanischen Schulen gelehrt werden darf oder nicht, ist bis heute nicht ausgestanden.

An der Clark University in Worcester (Massachusetts) präsentierte sich Sigmund Freud im Jahre 1909 mit vier Vorlesungen. Im Auditorium saßen der Präsident der Universität, G. Stanley Hall, der Anthropologe Franz Boas von der Columbia-Universität, James Putnam von der Medizinischen Fakultät der Universität Harvard sowie der Philosoph und Psychologe William James. Freud hat an sein Gastspiel immer nur mit unliebsamen Empfindungen zurückgedacht. Er kam mit der Sprache nicht zurecht, haßte die amerikanische Küche und glaubte, während des kurzen Aufenthalts habe sich seine Handschrift verschlechtert. Die Amerikaner hielt er für prüde, heuchlerisch und unselbständig, Amerika für einen gigantischen Fehler. Dort konnte seine Lehre nicht in besten Händen liegen.

Dabei waren unter den ersten Reaktionen ganz positive Stimmen. Der Soziologe Ernest Groves begrüßte die Psychoanalyse als willkommene Ergänzung zu gängigen soziologischen Persönlichkeitstheorien. Freuds Lehre sei dazu geeignet, den diversen Umwelttheorien Struktur und Tiefe zu geben. Die linksorientierten Zeitschriften *The Masses*, *Seven Arts* und *The New Republic* werteten die Psychoanalyse als brauchbares Werkzeug zur Befreiung von der viktorianischen Bourgeoisie. Bereits drei Jahre vor Freuds Amerika-Reise war in Boston mit dem *Emmanuel Movement* eine Art psychonanalytische Bewegung entstanden, die – wahrscheinlich ohne von Freud gehört zu haben – unterhalb des bewußten Daseins ein »unbewußtes oder unterbewußtes Selbst« vermutete, dessen Kräfte es stärker als bisher zu nutzen gelte. Die theoretische Verbindung zu Freud wurde erst später hergestellt. Eine eigene Art transzendentaler Umformung nahm James Putnam vor, der Freud 1909 in sein Sommerhaus eingeladen hatte und sich fortan als begeisterter, wenn auch nicht unbedingt orthodoxer Schüler zeigte. Wo Freud die grundsätzliche Spannung zwischen elementaren Trieben und kulturellen Zwängen ausmachte, erkannte Putnam den Ursprung von Neurosen in der Kluft zwischen irdischer Beschränkung und dem Unendlichen, mit anderen Worten, die Lehre vom Unbewußten sollte dazu benutzt werden, göttliche Prinzipien zu instrumentalisieren. Für andere frühe Anhänger war es ausgemacht, daß die Sublimierung in Amerika höheren Zielen zu dienen hatte als in Wien.[61]

Die *American Neurological Society* hörte 1910 aus einem Vortrag Putnams »pornographische Geschichten über reine Jungfrauen« heraus. Die Gegner Freuds begannen sich zu regen. William James erklärte die psychoanalytische Methode für unzulässig. Die einflußreichen Neuhumanisten Irving Babbitt und Paul Elmer More witterten in Freud eine Gefahr für ihre Ethik der Selbstkontrolle und der Selbstverleugnung. Positivistische Gelehrte in der Biologie und Psychologie verwiesen das Unbewußte in den Bereich der Metaphysik. Die naturwissenschaftliche Zeitschrift *Science* bezichtigte Freud des Spiritualismus, seine Lehre sei, abgesehen von suggestiven Heilkräften, ohne wissenschaftlichen Wert. Die Psychoanalyse rangierte unter positivistischen Dogmatikern auf einer Stufe mit Tiermagnetismus, Christian Science, *divine healing*, Yoga und Osteopathie. Victor Habermann tat in der Zeitschrift *Current Opinion* (1916) den Freudianismus als »psychologischen Humbug« ab, der vergleichbar sei mit der These von der Konsistenz des Mondes aus grünem Käse.[62]

Zu den wissenschaftlichen gesellten sich kulturelle Vorbehalte. Freuds Schlußfolgerungen vom Pathologischen auf das Gesunde wollte vielen Amerikanern unamerikanisch vorkommen. Vielleicht sei es in Europa angezeigt, vom Perversen und Degenerierten aufs Normale zu schließen, nicht aber in einer freiheitlichen Republik, die auf dem freien Willen ihrer Bürger gründete. Selbst Stanley Hall, der Freud eingeladen hatte, ängstigte der fließende Übergang vom Morbiden zum Alltäglichen. Er wandte sich ab 1914 Adler zu, der außerdem das Sexuelle weniger betonte. Susan Gaspell, ein Mitglied der avantgardistischen Provincetown Players, legte mit *Suppressed Desires* (1914) einen satirischen Einakter gegen die Psychoanalyse vor. H.L. Mencken, der Freud nicht rundweg ablehnte, verspottete wohlhabende Patienten, die an einem »complex complex of complexes« zu leiden vorgaben.

Die psychoanalytische Lehre beeinflußte Kulturanthropologen wie Margaret Mead oder Bronislaw Malinowski. Historiker machten sich daran, die »mentale Vergangenheit« ihrer Figuren zu durchleuchten. In der philosophischen Ethik führte die Natur des Über-Ichs zu einem neuen Verständnis des »Sollens«. Populärwissenschaftler bemächtigten sich der Methode und wandten sie auf berühmte Amerikaner an. Im Erziehungswesen und im Geschäftsleben, beim Militär und in der Religion, in der Diskussion der Rassenbeziehungen tauchten psychoanalytische Begriffe auf. Nur in der Jurisprudenz blieb der Einfluß geringer als in Europa. Die Psychoanalyse, oder was man dafür hielt, wuchs sich zum Slang der amerikanischen Kultur aus. Man findet diesen Slang in Biographien, Autobiographien und in der Belletristik vor. Herausragende Beispiele aus den 1920er Jahren und 1930er Jahren sind *The Island Within* (1928) von Ludwig Lewisohn; *Great Circle* (1933) und *King Coffin* (1935) von Conrad Aiken, Scott Fitzgeralds *Tender Is the Night* (1934) und die Dramen Eugene O'Neills.[63]

XXII. Kapitel

TECHNISCHE ERRUNGENSCHAFTEN

Auto

Von Europäern wurde es erfunden, aber amerikanische Ingenieure und Unternehmer machten das Auto zu einem Massenartikel. Zu Beginn des 20. Jahrhunderts waren die meisten Amerikaner davon überzeugt, daß Automobile das Pferd (allein in New York City fielen täglich über 1000 Tonnen Pferdeäpfel an) und die Kutsche ablösen würden. Mit künstlichen Pferdestärken ließen sich Steuern sparen und Kosten senken. Der hohe Aufwand für die Eisenbahn – Schienen, Schwellen, Tunnels – würde nach und nach entfallen. Im Jahre 1900 gab es in den USA 8000 Automobile, 1920 waren es acht Millionen und 1929 über 18 Millionen. Die neue Erfindung erwies sich als besonders attraktiv für Amerikaner wegen ihrer Begeisterungsfähigkeit für technische Dinge und weil sie glaubten, mit »automobility« den alten Individualismus pflegen und am Leben erhalten zu können. Das Auto war affin zu einer Kultur, die – in einer Formulierung von John Lukacs – verschwenderisch mit dem Raum und knauserig mit der Zeit umging. 1933 kam je ein Auto auf 5 Amerikaner, 20 Franzosen, 23 Engländer, 58 Deutsche und 108 Italiener.[1]

Politiker waren anfangs etwas unschlüssig, ob eine Fahrt im Automobil nicht doch Wählerstimmen kosten könnte, und Woodrow Wilson warnte in seiner Zeit als Hochschulpräsident die Studenten vor dem Autofahren, denn das Auto wecke sozialen Neid und riefe dadurch den Sozialismus hervor. Die rasche Verbreitung hat jedoch verhindert, daß aus dem Auto an sich ein Klassensymbol geworden ist. Was für die Technik im allgemeinen galt, traf auf das Auto im besonderen zu: es wurde »zum Gegenstand einer Art gemeinsamer Volksreligiosität gemacht«. Als Charles Sheeler den Auftrag erhielt, eine der großen Ford-Fabriken fotografisch darzustellen, waren ihm Maschinen und Gebläse wichtiger als Arbeiter; seine Bilder setzten die Tradition der idealisierten und grandiosen Landschaften in der landesüblichen Malerei des 19. Jahrhunderts fort.[2]

General Motors erhob den jährlichen Modellwechsel während der zwanziger Jahre fast in den Rang eines Glaubensartikels. Der Autoexport holte den Export von Baumwolle ein, bis dahin Amerikas führender Ausfuhrartikel nach Europa. Als letzte stellten sich die Bestattungsunternehmen auf motorisierte Fahrzeuge um. Während der dreißiger Jahre, als fast jeder gesellschaftliche Aspekt überprüft wurde, blieb das Auto unbehelligt. In »Middletown« wäre man lieber ohne Kleider als ohne Autos ausgekommen. Der Humorist Will Rogers unkte, als erste Nation in der Menschheitsgeschichte würden die Amerikaner mit dem Auto zum Armenhaus rollen.[3]

Seit den 1890er Jahren informierten Fachzeitschriften wie *Motocycle, Horseless Age* oder *Motor World* über das neue Verkehrsmittel. New York und Connecticut sahen sich im ersten Jahr des neuen Jahrhunderts veranlaßt, die Führerscheinpflicht einzuführen. Charles und Frank Durya hatten das erste erfolgreiche Auto Amerikas mit Otto-Motor gebaut. Das erste Auto in Serienproduktion war das Oldsmobile. Es wurde ab 1901 über einen längeren Zeitraum hinweg gefertigt und fand gleich Eingang in die Folklore:

Come away with me Lucille
In my merry Oldsmobile

hieß es in einem der populärsten Lieder, die je in Amerika gesungen wurden. Ein Automobilist brauchte zu der Zeit für eine Tour von San Francisco nach New York zwei Monate. Das *Good Roads Movement* plädierte für bessere Straßen. Kreuzungsfreie *freeways,* landschaftlich besonders reizvolle *parkways,* auf denen keine Lastwagen erlaubt waren, und stärkere Motoren erhöhten die Reisegeschwindigkeit. Zwischen 1893 und 1970 kamen die Fabrikate von 2200 verschiedenen Herstellern auf den Markt, darunter der Friedman (1902), der Long Distance (1903), der Okey (1907), der Ben Hur (1919) und der Luedinghaus-Espenscheid (1922). Modelle und Typen sind hierbei nicht mitgerechnet. Der Buick des Jahres 1909 war ausgerüstet mit Karbidlampen, einer Gummiballhupe und einer Handkurbel. Vor dem Anlassen hatte der Fahrer die auf einem Quadranten angeordneten Zeiger für Treibstoffzufuhr und Zündung einzustellen. Die Reifenflächen waren so glatt, daß man bei Regen Ketten aufziehen mußte. Bis in die zwanziger Jahre hinein waren die meisten Fahrzeuge oben offen. Limousinen assoziierte man mit Protzertum. Autobesitzer legten pro Jahr im Schnitt fünftausend Meilen zurück. Ein Arbeiter gab ein Viertel seines Lohns für die Abzahlung seines Wagens aus. Eine Stichprobe bei 26 Autobesitzern ergab, daß 21 keine Badewanne ihr eigen nannten. Mit einer Badewanne konnte man schließlich auch nicht in die Stadt fahren, sagte in der Anekdote die Hausfrau zum Marktforscher.[4]

Nach verbreiteter Meinung hat das Automobil den Horizont des Durchschnittsamerikaners erweitert. Eine vom Präsidenten persönlich eingesetzte Forschergruppe fand heraus, das Auto habe eine »Automobilpsychologie« geschaffen. Aber nicht erst das Auto hat die Amerikaner mobil gemacht: »Es wäre richtiger zu sagen, daß einem bereits mobilen Volk das Mittel an die Hand gegeben wurde, weiter, schneller und freier zu reisen.« Ein Historiker analogisierte das Automobil mit dem sozialen Klima der zwanziger Jahre: Die Amerikaner waren unverdrießbar unterwegs, aber niemand wußte, wohin die Reise ging oder warum man sie überhaupt unternommen hatte.[5]

Daß die Hälfte aller Familien 1927 noch kein Auto besaß, kam einem jüngeren Analytiker ganz erstaunlich vor. Am meisten war das Auto in Kalifornien gefragt. Dann folgten dünn besiedelte Staaten des Westens wie Iowa, Minnesota, Kansas, Nebraska, South Dakota, Montana, Wyoming. Der Süden zeigte am meisten Zurückhaltung, was auch wirtschaftliche Gründe hatte. Mississippi bildete das Schlußlicht. Dort kamen 27 Personen auf ein Auto, im Bundesdurchschnitt waren es zehn, in Kalifornien fünf. Trotzdem übte die »neue Yankeemaschine« eine spürbare Wirkung auf den südstaatlichen Lebensstil aus, dem nach Meinung von Nordstaatlern allzugroße Beschaulichkeit anhaftete.[6]

Die Automobilindustrie siedelte sich vor allem im Mittelwesten an. Die Hartholzwälder von Indiana und Michigan hatten in dieser Gegend den Wagenbau begünstigt, woraus sich wiederum der Automobilbau entwickelte. Einige der bekanntesten Pioniere der Branche stammten aus Michigan: Hansom Olds, die Gebrüder Dodge, der Begründer von General Motors William Durant und Henry Ford.

Ford heißt die Gottheit in Aldous Huxleys wackerer neuer Welt. Der Automobilkönig Henry Ford war vielleicht die populärste, von der schreibenden Zunft am meisten beachtete und am häufigsten zitierte Figur der amerikanischen Geschichte. Dichter haben ihn besungen und in seiner Glanzzeit erhielt er mehrere tausend Briefe pro Tag. Ihm, dem Bauernsohn aus Michigan traute man die richtigen Antworten auf alle Fragen zu. Reinhold Niebuhr, der hochgebildete Theologe, schrieb im Jahr 1927 nicht ohne Bitternis in sein Tagebuch: »Was ist das nur für eine Zivilisation! Naive Herren mit einer Begabung fürs Mechanische werden plötzlich zum Richter über Leben und Schicksal von Hunderttausenden.« Kriminelle waren nach Fords Erkenntnissen fast ausnahmslos leidenschaftliche Zigarettenraucher. Der Verzicht aufs Milchtrinken würde seiner Ansicht nach den Weltfrieden bringen. Und wenn es nach ihm gegangen wäre, hätte die Menschheit morgens nur Obst, mittags nur Proteine und abends nur Stärke zu sich genommen.[7]

Henry Fords Vater stammte aus Irland. Die Mutter starb im Alter von 37 Jahren nach einer Totgeburt. Ford, damals noch nicht dreizehn Jahre alt, sagte später, nach dem Tod der Mutter sei ihm die Familie vorgekommen wie eine Uhr ohne Feder. Als Sechzehnjähriger verließ er das Haus, ging nach Detroit, kehrte nach drei Jahren zurück, beschäftigte sich eine Weile mit der Reparatur von Uhren, ehe er wieder in die Großstadt aufbrach. Die Farm zu bewirtschaften, die ihm sein Vater überlassen hatte, verspürte er keine Lust. Farmarbeit kam ihm zu mühsam vor. Seine Mutter hatte immer gesagt, er sei ein geborener Mechaniker. Werkzeuge waren seit je sein Spielzeug gewesen, und so sollte es bleiben.[8]

Henry Ford konnte auf eine langjährige Tätigkeit als Mechaniker, Uhrmacher und Maschinist zurückblicken, als er 1896 sein erstes Auto zusammenbaute. Das »quadricycle« war so groß geraten, daß er eine Wand des Schuppens einreißen mußte, um das Fahrzeug ins Freie zu schaffen. Unkonventionelle, in einem bestimmten Sinn radikale Lösungen sind zu seinem Markenzeichen geworden. Vor Gründung der Ford Motor Company und der Massenherstellung von Personenkraftwagen hegte Ford den später geleugneten Ehrgeiz, schnelle Rennautos zu bauen und sie selbst zu fahren. Dem bejubelten Sieger fiel es leichter, Kredite für seine Firma aufzutreiben.

Fließbandmontage des Ford Modell T

Fords erfolgreichstes Auto, das »Modell T«, wurde zwischen 1908 und 1927 in fast unveränderter Form gebaut und mit Kosenamen wie *Flivver* oder *Tin Lizzie* belegt. Der Ford T war »ein Wunder an mechanischer Einfachheit«, urteilten Experten.[9] Vorwärtsgang, Rückwärtsgang und Bremse wurden mit Pedalen bedient. Mit 20 PS aus vier Zylindern war eine Höchstgeschwindigkeit von 40 Meilen pro Stunde zu erzielen. Ein Modell T schaffte im Jahre 1909 die Strecke von New York nach Seattle siegreich in 23 Tagen.

Die Fließbandproduktion, seit 1908 am Modell N ausprobiert, wurde ab 1913 für das Modell T im großen Stil eingesetzt. Ford hat die Technik der *assembly line*

(Fließband) perfektioniert, die in rudimentärer Form in der Mühle von Oliver Evans (1787) Anwendung gefunden hatte und die im Prinzip auch zum Transport zerlegter Viehleiber in den Schlachthöfen Chicagos diente, gewissermaßen als *disassembly line*. Die Jahresproduktion in den Fertigungshallen stieg von 32000 Stück (1910) auf 734000 Stück (1916). Jeder zweite neue Wagen in den USA war ein Ford. Alle drei Minuten verließ ein Modell T das Fließband. 1925 lag die Tagesproduktion bei 9575 Stück. In den Fordfabriken befand sich jedes Fertigungsteil in konstanter Bewegung. Stapelgut und Lagerhäuser betrachtete Ford als verlorenes Kapital. Zuletzt nahm der Verarbeitungsprozeß von Eisenerz aus eigenen Gruben bis zum fertigen Automobil ganze 28 Stunden in Anspruch. Als dies geschafft war, glaubte Ford, eine entscheidende Schlacht gegen die verhaßte Zeitverschwendung gewonnen zu haben. Bis 1927 wurden 15 Millionen Fordautos vom Typ T produziert. Fords Marktanteil erreichte bis zu 60 Prozent.[10]

Um das Modell T gruppierte sich eine ganze Serie von »Fordwitzen«, und die Allgegenwart des Wagentyps hat die Parodisten herausgefordert:

The Ford is my auto,
I shall not want another.

Durch zum Teil drastische Preissenkungen erweiterte die Firma ihren Kundenstamm. Der Preis sank von 1500 Dollar (1913) auf 600 Dollar (1929) und tiefer. *Fordism* und das Verbum *to fordize* standen für die Praxis, Gewinne an Käufer und Arbeiter weiterzugeben und durch ausgeklügelte Herstellungsverfahren trotzdem die Rentabilität zu erhöhen. Ford verdoppelte 1914 den branchenüblichen Lohn für den Achtstundentag auf fünf Dollar. Er schuf Einkaufsmöglichkeiten für Betriebsangehörige zu reduzierten Preisen, experimentierte mit Sojabohnen als Hauptnahrungsmittel und mit Holz zur Treibstoffgewinnung, errichtete ein Krankenhaus, eine Englischschule für Einwanderer und eine Berufsschule für Jungen aus armen Familien. Er drang darauf, daß Tausende von Behinderten eingestellt wurden und gab entlassenen Strafgefangenen eine Chance. Eine eigene Abteilung, das »Sociological Department«, sorgte für das soziale Wohl der Belegschaft. Viele Amerikaner sprachen von Ford in biblischen Begriffen, Dichter rückten ihn in die Nähe Jesu, und eine Bürgerinitiative »Ford-for-President« erwählte sich den Slogan »Komm und führe uns hinaus.«[11]

In den Genuß des Fünfdollarlohns kam ein Arbeiter nur bei Wohlverhalten; er mußte sich der hohen Entlohnung würdig erweisen. Mitte der zwanziger Jahre waren die Löhne bei Ford bereits unter das mittlere Industrielohnniveau gesunken. Ehemalige Beschäftigte klagten, in den Fordfabriken würden Arbeiter unnachsichtiger ausgebeutet und manipuliert als anderswo. Das Betriebsklima war in der Tat eigenartig. Sprechen war an den Fließbändern verboten, Lächeln unerwünscht. Die Arbeiter verständigten sich heimlich im »Ford whisper« miteinander und trugen starre Mienen zur Schau. Kritiker erkannten auf eine »Fordisierung des Gesichts«. Louis-Ferdinand Céline hörte bei der Einstellung einen Betriebsarzt sagen: »Wir brauchen keine Phantasten in den Werken. Wir brauchen Menschenaffen.« Ford selbst kommentierte das Arbeitsklima in seinen Betrieben mit den Worten: »Es gibt nicht viel persönlichen Kontakt. Die Männer tun ihre Arbeit und gehen heim – eine Fabrik ist kein Gesellschaftszimmer.« Das Fordsche Regime war autokratisch. Seine besten Leute feuerte der Chef manchmal nur, weil sie zu sehr Experte geworden waren. Experten mißtraute er, weil sie Dinge für unmöglich erklären, die ein Amateur gleichsam aus Unwissenheit für möglich hält und deshalb bewältigt. Einen beliebigen Arbeiter hat Henry Ford als Metallurgen aufgebaut. Von seiner eigenen Unfehlbarkeit mehr oder weniger überzeugt, lehnte er hierarchische Staffelungen ab und behielt sich Entscheidungen auch in kleinen Dingen vor.[12]

Ein von seinen Ingenieuren verbessertes Automodell ist von Ford eigenhändig demoliert worden. Jahrelang hat er sich dagegen gesträubt, die veraltete Technik des Modell T zu modernisieren. Die Lichtmaschine war von der Drehzahl abhängig. Im Stand mußte der Fahrer die Drehzahl erhöhen, wenn er etwas sehen wollte. Weniger das Drängen der Berater als der Druck der Konkurrenz brachten Ford schließlich dazu, 1927 grünes Licht für den Bau des Modell A zu geben. In diesem Jahr waren mehr Chevrolets als Fords verkauft worden. Das Modell A entpuppte sich zunächst als Verkaufserfolg. Ford mußte aber weiterhin mit der Konkurrenz des Chevrolet von General Motors und später des Plymouth der Firma Chrysler rechnen.

Fords ursprünglich fortschrittliche Lohn- und Sozialpolitik nahm dubiose Züge an. Bei der Einführung der Fünftagewoche (1926) wurden prompt die Bänder beschleunigt, um die Produktionsquote zu halten. Nervlich erschöpfte Arbeiter befielen Gliederzittern und Angstträume. Das Sprechverbot am Arbeitsplatz sollte unter anderem Gespräche über gewerkschaftliche Organisierung verhindern. Mindestens 800 interne Detektive überwachten Disziplinverstöße und gewerkschaftliche Infiltrierungsversuche. Ford verwahrte sich gegen staatliche Aufsichtsfunktionen wie gegen Forderungen der Automobilarbeitergewerkschaft (*United Automobile Workers*, UAW). Gegen Teilnehmer an einem Sitzstreik innerhalb der Fabrik – eine aus Europa importierte Taktik – ordnete er Gewaltmaßnahmen an. Der UAW-Funktionär Walter Reuther, ein ehemaliger Fordarbeiter, wurde von Betriebsangehörigen zusammengeschlagen. Als letzter der drei großen Automobilhersteller war Ford bereit, mit Gewerkschaften überhaupt nur zu reden.[13]

Auf den ersten Blick glich Henry Ford dem vorwärtsstrebenden Erfolgsmenschen, der abrupt sein Elternhaus verließ, sich auf eigene Beine stellte und ein immenses Vermögen erwarb. Ford las die Essays von Emerson und exzerpierte erwartungsgemäß die Stelle, wo das wahre Glück mit der Jagd nach dem Glück identifiziert wird. Er zeigte den allamerikanischen, an Hyperaktivität grenzenden Bewegungsdrang. »Er war immer auf dem Sprung«, berichtete ein Mitarbeiter der frühen Jahre. »Man konnte glauben, sein Körper säße auf Federn.« Ein Band seiner

Lebenserinnerungen trug den Titel *Moving Forward.* Als erfolgreicher Unternehmer ließ er bei Touren über Land einen seiner firmeneigenen Eisenbahnzüge anhalten, setzte sich auf den Kohlenberg des Tenders und erlebte exquisites Glück, wenn er in den sausenden Fahrtwind hinein Harmonika spielte. Angestellte forderte er zu »high-kicking contests« heraus und schnellte ihnen seinen Fuß über den Kopf hinweg. Wie andere unabhängigkeitsbedürftige und distanzbewußte Personen wollte er es sein, der andere verläßt, nicht umgekehrt. Er hatte keine alten Freunde, ging keine engen Bindungen zu Geschäftspartnern ein, verhielt sich reserviert seinen Brüdern gegenüber. Am nächsten fühlte er sich Frau und Schwiegermutter. Ford war durchaus unbescheiden und schlagzeilenhungrig; er sprach gerne von sich selbst, ließ seine Großtaten gebührend feiern und verstand sich bestens darauf, seine Eitelkeit zu kaschieren.[14] Er glaubte fest an Gedankenübertragung und zählte *In Tune with the Infinite* des Swedenborgianers Ralph Waldo Trine zu seinen Lieblingsbüchern.

Fords Diffamierung der Geschichte ist zum geflügelten Wort geworden. Und doch wird man ihm nicht gerecht, sieht man ihn nur als vorwärtsstürmenden, zukunftsgläubigen Unternehmer, der seine Profitsucht mit ein paar Idealismen verbrämte. Daß Geschichte »Krampf« sei – diese Äußerung fiel 1916 auch unter dem Eindruck des europäischen Krieges und bezog sich auf die Sinnlosigkeit von Buchwissen, das Tod und Gewalt hervorbringe. Ford hat sich zu einem eminenten Sammler historischer Objekte entwickelt, der fanatisch einzelnen Sammelstücken nachspürte und ganze Warenhäuser aufkaufte. Das von ihm gegründete historische Dorf Greenfield Village und ein Museum sollten nach seinem Willen die alten, individualistischen Werte der Kolonisten und ihrer Nachfolger inmitten des kollektivistischen Jahrhunderts lebendig erhalten. In Greenfield Village arbeiteten ein Glasbläser, ein Schmied und ein Schuster, Berufe, die durch die Massenfertigung vom Aussterben bedroht waren. Ford warf sich als Konservator einer Kultur auf, zu deren Überwindung er selbst beigetragen hatte. So persönlichkeitsfremd wie es schien, war Fords Leidenschaft freilich nicht. Er hatte sich seit je gegen eine gedankenlose Wegwerfkultur ausgesprochen, die *conspicuous consumption* abgelehnt und den jährlichen Modellwechsel auf dem Automarkt nicht mitgemacht. In seinen Fabriken wurden Metallabfälle routinemäßig wiederverwertet. *Recycling* hat er zur produktionstechnischen Selbstverständlichkeit gemacht. Gekoppelt damit war peinliche Sauberkeit auf dem Betriebsgelände. 5000 Angestellte hielten die Fabrik am River Rouge sauber, pinselten Anlagen eierschalenfarben an und leerten alle zwei Stunden die Abfallkörbe.[15]

Er müsse vorwärts gehen oder rückwärts, hatte er einmal von sich gesagt, stillstehen konnte er nicht. Je älter er wurde, desto deutlicher machten sich regressive Züge bemerkbar. Mit Polkas und anderen traditionellen Tänzen wollte er allen Ernstes ein Gegengewicht zu Jazz und Charleston bilden. Zwergschulen, wie er sie besucht hatte, erschienen ihm wieder erstrebenswert. Mit der Absicht, dörfliche Industrien zu schaffen, verlagerte er komplette Betriebseinheiten hinaus aufs flache Land. Dort sollte in kleinen Fabriken die Reintegration von Bauer und Arbeiter zuwegegebracht werden. Die Öffentlichkeit reagierte mit mäßigem Interesse auf die merkwürdigen Dorffabriken. Empörung handelte sich Ford mit seiner Meinung ein, die Wirtschaftsdepression sei eine heilsame Sache, weil sie zur Rückbesinnung auf herkömmliche Werte ermuntere.[16]

Schon im ersten Winter nach dem Krieg stieß man an Floridas Golfküste auf eine erstaunlich hohe Zahl meist älterer Automobilisten, »tin can tourists« genannt, weil sie sich vornehmlich aus Konservenbüchsen ernährten. Spezielle Unterkünfte für Autofahrer in Florida und im Südwesten des Landes trugen phantasievolle Namen wie Dreamland, Cottage Court oder Autopia Motor Court. Das Wort »Motel« tauchte erstmals Mitte der zwanziger Jahre in Kalifornien auf, als die Motel Inn an der Route 101 in San Luis Opispo eröffnete. Durch die allgemeine Verbreitung des Autos, so übertrieb Henry Ford, gäbe es keine entlegenen Orte mehr in Amerika.[17]

Man hat mit der Erfindung des Automobils den Exodus in die Vorstädte erklären wollen. Die Stadtflucht hat allerdings schon mehr als eine Generation vor der Verbreitung des Automobils eingesetzt. Richtiger ist die Annahme, daß das Auto gleichzeitig zentralisierend und dezentralisierend wirkte. Zentralisierend, weil bis dahin unabhängige Gemeinden an die Metropolis angebunden wurden. Dezentralisierend, weil Vorstädte einen Wanderungsgewinn verbuchten, der sich etwa zu gleichen Teilen aus der Hauptstadt und aus ländlichen Ortschaften speiste.[18]

Ein Politiker erwartete sich vom Auto eine Stärkung der Familienbande und eine Abnahme sozialer Unruhe. Doch scheint diese zentripetale Wirkung eher eine vorübergehende Erscheinung gewesen zu sein, denn langfristig machten sich die Söhne mit dem Familienauto selbständig, sooft sie konnten, und die Töchter saßen unter diesen Voraussetzungen nicht im Auto der eigenen Familie. Von 30 Mädchen, die 1924 in »Middletown« wegen »Sexualvergehen« belangt wurden, waren 19 in Autos aufgegriffen worden. John Steinbeck mutmaßte in *Cannery Road* (1945), die meisten Amerikaner seien im Modell T gezeugt worden. Ein Geistlicher verlangte von Henry Ford, den er offenbar für allmächtig hielt, er solle für Gesetze sorgen, die der Benutzung von Kraftfahrzeugen für unmoralische Zwecke Einhalt gebieten.[19]

Pfarrer klagten über schwindenden Kirchenbesuch. Der Sonntagsspaziergang kam aus der Mode. Die Attraktivität von Umzügen und Paraden ließ nach; an weltlichen Feiertagen wie Labor Day oder dem 4. Juli fuhren Autobesitzer lieber hinaus aufs Land. Schließlich war es Henry Ford, der gesagt hatte, es sei der Zweck des Autos, sich auf Gottes weiter Flur vergnüglich umzutun. Regionale Unterschiede, der »sectionalism«, spielten allmählich eine geringere Rolle. Eugenisch denkende Soziologen erwarteten sich von der erhöhten Mobilität eine Vergrößerung des Genpools und eine Aufkreuzung des amerikanischen Menschenschlags.[20]

Das Auto veränderte die Infrastruktur auf mannigfache Weise. Los Angeles hatte 1915 eines der am besten ausgebauten öffentlichen Verkehrssysteme, heute eines der schlechtesten. Die Zentralisierung von Schulen wurde weiter vorangetrieben, die Werbe-Industrie angekurbelt. Der Einfluß der Gewerkschaft auf die Saisonarbeiter nahm ab, weil sich Arbeiter kaum organisieren ließen, die mit Auto und Familie von einem Arbeitsplatz zum anderen reisten. Hausfrauen mußten sich nicht mehr so stark an das Haus gebunden fühlen. Bei den ersten Autorennen waren auch weibliche Zuschauer durch überschäumende Begeisterung aufgefallen. Um Autos und Emerson drehten sich die Gespräche im Pariser Salon von Gertrude Stein, der Besitzerin eines Modell T. Von einem Werkstattinhaber, der seinen Lehrling schalt, will sie die Wendung »une génération perdue« aufgeschnappt haben.[21]

Ein Automobil spielt eine zentrale Rolle in Scott F. Fitzgeralds *The Great Gatsby* (1925), ein Roman, in dem Bewegungsabläufe aller Art stark betont werden. Autos und sexueller Erfolg sind nicht nur in der amerikanischen Kultur miteinander in Verbindung gebracht worden. Den Egozuwachs, den das Fahrerlebnis mit sich bringt, hat James M. Cain in *Mildred Pierce* (1941) herausgestellt. Das Auto war ein mechanisiertes *Walden,* worin sich der Mensch zurückziehen und zu sich selbst finden konnte. In Nordamerika, so meinte Marshall MacLuhan, diente das Auto dem Transport und dem Bedürfnis nach Privatheit.[22]

Im Stummfilm sind Autos wie selbstverständlich verwendet worden. Hollywood und Detroit schienen füreinander bestimmt. *The Drive for a Live* (1905) von D. W. Griffith schildert eine Rettung aus höchster Not mit Hilfe des Autos, *Intolerance* (1916) behandelt dasselbe Thema. Durch Zwischenschnitte aus der Sage um König Belsazar, Christus am Kalvarienberg und dem Massaker in der Bartholomäusnacht wird dem Zuschauer vor Augen geführt, wie in der Moderne das Auto tragische Schlüsse durch glückliche ersetzt. *Runaway Match* (1903) und ein paar Dutzend weitere Filme über die erfolgreiche Entführung heiratswilliger Damen per Automobil ließen wenig Zweifel daran, daß Autos auch dem Gefühlstransport zu dienen hatten. Film- und Autoindustrie entwarfen Traumfahrzeuge, mit denen Menschen aus einer Gefahrenzone heraus- oder aber aus der Langeweile in große Abenteuer hineinchauffiert wurden. In der Filmfassung von Steinbecks Roman *The Grapes of Wrath* profitiert die Familie Joad bei allem Elend davon, daß sie sich wenigstens horizontal vorwärtsbewegen kann, wenn ihr der vertikale Aufstieg schon verbaut ist.[23]

Richard Hollingshead hatte 1933 wahrscheinlich das erste der *drive-in movies* aufgemacht. In den vierziger Jahren kamen sie groß in Mode, ihre Zahl stieg bundesweit von 52 (1941) auf 4200 (1954). Einzellautsprecher dezentralisierten das Tonsystem. In einem *drive-in* in der Stadt Albuquerque (Neumexiko) stand sogar vor jedem Auto eine eigene Leinwand, 260 an der Zahl. In Phoenix (Arizona) sorgte künstliche Berieselung der Wagendächer für Kühlung. Zwei *fly-ins* in New

Jersey bedienten die Besitzer von Privatflugzeugen unter den Filmfreunden. Das Prinzip des *drive-in* wurde ausgedehnt auf die Gastronomie und andere Dienstleistungen. Seit einigen Jahren kann man in Beerdigungsinstituten vom Wagenfenster aus Abschied nehmen von aufgebahrten Toten.[24]

Seriöse amerikanische Lyriker reagierten auf das Auto merkwürdig reserviert. Karl Shapiro phantasierte in einem Gedicht mit dem Titel »Buick«, wie er hinter dem Steuer sitzend vom Boden abhebt. Er brachte in »Auto Wreck« aber auch das jämmerliche Gegenteil des Hochgefühls zur Sprache. E. B. White, der einst eine Hymne auf das Modell T geschrieben hatte, entdeckte zehn Jahre später die Vorteile des Radfahrens. Prophetisches über Autos hatte eine Figur in Booth Tarkingtons Bestseller *The Magnificent Ambersons* (1918) von sich gegeben: »Mit all ihrem nach vorn gerichteten Tempo könnten sie kulturell ein Rückschritt sein – geistige Kultur, wohlgesagt. Es könnte sein, daß sie weder zur Schönheit der Welt noch zum Seelenleben des Menschen etwas beitragen.« Unfälle, Staus, Tempolimits, Benzinknappheit und die Asphaltierung der Natur ließen das Auto nicht mehr unbedingt als Instrument zur Verwirklichung persönlicher Freiheit erscheinen. Seit den 1960er Jahren hat sich die Zahl der kritischen Stimmen erhöht.[25]

Das Auto ist nach wie vor ein soziales Muß, doch die Versuche, den Mythos des Automobils am Leben zu erhalten, nehmen krampfhafte Formen an, etwa wenn Lastwagenfahrer in Literatur und Film als die letzten amerikanischen Cowboys hingestellt werden. Autos gaben in einer scheinbar egalitären Gesellschaft mit Typennamen wie *Monaco, Monte Carlo* oder *Versailles* die Illusion der Vornehmheit. Mit *Pintos, Mustangs, Broncos* oder *Cougars* konnte man sich einbilden, ein Stück ungebärdiger Natur erworben zu haben, während die Ampel zum drittenmal auf Rot sprang. Um dem dichter werdenden Verkehr ein Schnippchen zu schlagen, geben sich allein in Kalifornien über drei Millionen Menschen dem *off-road-driving* mit Motorrädern und besonders konstruierten Vehikeln hin, und trotzdem wird es zunehmend problematischer, das Auto als Fluchtinstrument zu benutzen.[26]

Seit frühen Filmen wie *Automobilizing in the Clouds* (1904) sind mit dem Auto Flugphantasien in Verbindung gebracht worden. In einem Verslein aus dem Jahr 1913 heißt es:

In my racing car like a shooting star,
Thru the silent night we'll fly.
With the throttle wide, like the wind, we'll ride
And watch the country flashing by!*

In den zwanziger Jahren wurde ein Autotyp nach dem Fliegerhelden Eddie Rickenbacker benannt. Chrysler präsentierte im nächsten Jahrzehnt den strom-

* In meinem Rennwagen werden wir wie ein Komet durch die Stille der Nacht fliegen, mit durchgedrücktem Gaspedal werden wir wie der Wind dahinbrausen und das Land vorbeiflitzen sehen.

linienförmigen *Airflow*. Typenbezeichnungen wie *Firebird* oder *Skyhawk* dokumentieren die Sehnsucht, auch mit dem Auto *airborn* zu sein, sich wie im Fluge zu fühlen.[27]

Flugzeug

Der Text einer Anzeige für dreimotorige Flugzeuge aus dem Jahr 1929 ist typisch für die exaltierte Stimmung, von der die Entwicklung der Luftfahrt begleitet wurde: »Ohne das inbrünstige Verlangen unerschrockener Männer ließe sich der Himmel nicht erobern ... Wer beim Morgengrauen aufsteht, hat am Himmel den Sieg auf Flügeln schon erblickt!« Die Erfindung des Fliegens wurde im Pionierstadium als Akt der Befreiung gefeiert. Einem frühen, enthusiastischen Kommentator wollte es vorkommen, »als sei ein Deckel von der Welt genommen«. Speziell in Amerika ist die Fliegerei mit religiösem Eifer betrieben und gewissermaßen von Hohepriestern verwaltet worden, meinte der Schriftsteller Gore Vidal, dessen Vater ein leidenschaftlicher Pilot war. *Winged Gospel,* Evangelium mit Flügeln, nannte ein Wissenschaftler seine Studie über die Geschichte der amerikanischen Luftfahrt. Die Fliegerei war in Amerika wahlweise »ein Instrument der Reform, der moralischen Erneuerung und Erlösung, ein Ersatz für Politik, Revolution oder sogar Religion«.[27]

Ein Jahr nach dem Heißluftballon der Montgolfiers wagte ein Amerikaner 1784 bei Baltimore den ersten bemannten Ballonaufstieg. Um die folgende Jahrhundertmitte war bereits ein praktischer Ratgeber für Aeronautik auf dem Markt, eines der *How-to*-Bücher, für die Amerika so bekanntgeworden ist. Ballonfahrer waren populäre Gestalten, einer von ihnen, Charles Coey, wurde in einem Couplet verewigt.[28] Nach Lilienthals Gleitflügen und nachdem Santos Dumont in einem Lenkluftschiff den Eiffelturm umkreist hatte, überraschten die beiden Fahrradmechaniker Orville und Wilbur Wright am 17. Dezember 1903 bei Kitty Hawk (North Carolina) mit den ersten Motorflügen. Verschiedentlich wurde allerdings behauptet, der aus Leutershausen stammende Gustav Weißkopf sei den Gebrüdern Wright um mehr als zwei Jahre zuvorgekommen. Die von den Wrights zurückgelegte Strecke war noch in Fuß, die Flugdauer in Sekunden zu messen. Der Konstanzer Graf Zeppelin stellte 1908 sein Starrluftschiff vor, Blériot schaffte ein Jahr später den ersten Kanalflug, und Orville Wright überzeugte die amerikanische Regierung von der militärischen Bedeutung des Fliegens. Bei den Flugexperimenten, die ab 1909 vermehrt durchgeführt wurden, nahmen die Amerikaner eine führende Stellung ein. Die erste Atlantiküberquerung gelang allerdings den Briten. 1918 stieg ein Luftschiff Seiner Majestät im schottischen East Fortune auf und landete auf Long Island. Commander Read bewältigte in östlicher Richtung die Strecke von St. John's zu den Azoren, die beiden Piloten Alcock und Whitten-

Brown schafften den ersten Transatlantikflug nonstop von Neufundland nach Irland.

Es wäre nur logisch gewesen, in einer Zeit aerobatischer Glanzleistungen Alcock und Brown als die ersten Transatlantikflieger anzuerkennen und nicht Charles Lindbergh, der rund acht Jahre später ohne Zwischenlandung in gut 33 Stunden von New York nach Paris flog. Heldenmythen setzen sich freilich nicht aus

Section 1 "All the News That's Fit to Print."

The New York Times.

THE WEATHER Section 1

NEW YORK, SUNDAY, MAY 22, 1927. FIVE CENTS

LINDBERGH DOES IT! TO PARIS IN 33½ HOURS; FLIES 1,000 MILES THROUGH SNOW AND SLEET; CHEERING FRENCH CARRY HIM OFF FIELD

faktischen Gegebenheiten zusammen, wie die *New York Herald Tribune* damals richtig erkannte: »Die Grundlage für die Wahl eines Helden ist nicht die Anzahl der Meilen oder irgendeine andere technische Grundlage, er ist vielmehr ein Produkt der Kunst und nimmt wie ein Bild oder ein Gedicht gefangen oder nicht.« Lindbergh, so fuhr die Zeitung in ihrer Eloge fort, überzeuge durch den Schwung seiner Schultern und die Form seines Lächelns. Traditionsbewußte Amerikaner sahen in dem jungen Mann mit dem aufgeweckten Gesicht, der weder trank noch rauchte, ein willkommenes Gegenstück zur zynischen Jugend der *Lost Generation.* Außerdem erfüllte Lindbergh ein wichtiges Kriterium für Helden amerikanischen Zuschnitts: er hatte allein gehandelt. Als *Solo*pilot in einem *Mono*flugzeug war er ohne sich von irgendjemandem helfen oder aufhalten zu lassen *nonstop* ins Ziel gelangt. Die ersten Lindbergh-Bücher trugen diesem Umstand Rechnung und sprachen schon im Titel vom »einsamen Adler« oder vom »einsamen Scout« der Lüfte. Er selbst nannte sein Buch über den Atlantikflug *We,* womit er sich selbst und seine Maschine meinte.[29]

Es kam nicht von ungefähr, daß der Atlantikflieger Charles Lindbergh ein »loner« war, ein Einzelgänger, dessen Unabhängigkeitsbedürfnis mitunter ins Schrullenhafte hinüberspielte. Der nach seinem Flug berühmteste Mann der Welt war als Nachkomme schwedischer Einwanderer in Detroit (Michigan) zur Welt gekommen. Im Alter von sechs Wochen brachte man ihn nach Little Falls, einer ländlichen Kleinstadt in Minnesota, wo er mit zwei Stiefschwestern aufwuchs. Sein Vater ging 1907 als Kongreßabgeordneter nach Washington, trennte sich von seiner Frau, hielt die Ehe jedoch zum Schein aufrecht. Der Sohn hat sich eng an die Mutter angeschlossen, das Scheitern der elterlichen Ehe später als tragisch bezeichnet, sich im übrigen jedoch über die familiäre Situation ausgeschwiegen. In seinen Erinnerungen hat Lindbergh geschildert, wie er als Junge im Gras lag, den Wolken nachschaute und davon träumte, als Pilot nach Alaska zu fliegen, Amerikas moderner Grenze, an der es noch Abenteuer zu bestehen gab. Einige der Balladen von Robert Service, des Dichters vom Yukon, hat er so gründlich auswendig gelernt, daß er sie noch im Alter aufsagen konnte.[30]

Mit möglichst wenig Ballast zu fliegen, war sicher eine physikalische Notwendigkeit. Das Publikum hatte es aber als Zeichen heldischer Einfachheit verstanden, daß Lindbergh nur fünf Sandwiches dabeihatte und ein paar Liter Wasser und nicht einmal ein Funkgerät. Am liebsten hätte man jeden seiner Handgriffe rekonstruiert, nachdem er am 20. Mai 1927 den Steuerknüppel der »Spirit of St. Louis« kräftig zu sich herangezogen hatte und die Räder vom Boden abhoben. Binnen anderthalb Jahren verzeichnete ein einschlägiger Index 91 Essays und 24 Gedichte, die dem Ozeanflieger gewidmet waren und Titel trugen wie »American Viking of the Air«, »Columbus of the Air«, »Galahad«, »O Pioneer« oder »Ballad of Lucky Lindbergh«, »Our Boy«, »White Bird« und »Ave, Lindbergh«.

Lindy, the flying Hero
Oh boy, how did he go …
Just like an eagle, away up in the sky
Watching the great big world roll by.*

Die Zeitung *Springfield Republican* meinte, Lindbergh sei wie ein Gedicht mitten ins Herz der Welt geflogen. Nüchterne Juristenköpfe sonderten Poetisches ab, wenn sie dem zum Oberst Ernannten huldigten. Charles Evans Hughes, der seinem Land als Außenminister und höchster Bundesrichter diente, verrannte sich bei einem Bankett zu Ehren Lindberghs in einen absurden Vergleich: »Wir messen Helden wie Schiffe nach ihrer Verdrängung. Oberst Lindbergh hat alles verdrängt.« Der *St. Louis Star* verglich ihn mit George Washington, die *Washington Post* zog die Pilgerväter hinzu und erklärte: »Lindbergh personifiziert Amerika.« Alle Eltern sähen einen idealen Sohn in ihm, recherchierte der *Philadelphia Inquirer*, und die *Herald Tribune* bat ihre Leser, nicht zu vergessen, daß Lindbergh droben unter den Göttern geweilt habe. Eine Flut von Büchern über Lindbergh unterspülte die letzten Wahrheitsreste. In einem Lesebuch stand die Behauptung, Lindbergh habe als Kind sein Fahrrad in eine Baumkrone gestellt, um davonzufliegen.[31]

---

* Lindy, der fliegende Held,
Junge, wie der loszog …
Wie ein Adler, hoch oben in den Lüften,
hat er die große weite Welt vorbeirollen sehen.

Nach der Entführung und Ermordung seines Sohnes zog sich Lindbergh nach Europa zurück. Er handelte sich Kritik ein, weil er Enttäuschung über Amerika geäußert hatte, außerdem die deutsche Luftwaffe pries und einen Göring-Orden entgegennahm. Prompt benannte die Fluggesellschaft TWA ihre »Lindbergh-Linie« in »The Sunny Santa Fe Trail« um. Im Jahr des Kriegsausbruchs kehrte Lindbergh in die USA zurück, erhielt wieder Beifall, als er für die Regierung arbeitete, fiel aber in öffentliche Ungnade, nachdem er sich für den Isolationismus ausgesprochen hatte. Mit anderen Worten: Er wollte, daß Amerika dem Krieg fernblieb. Schulen wurden umgetauft, seine Schwiegermutter büßte ihre Stellung als Rektorin ein, der »Lindbergh Beacon« auf einem Chicagoer Wolkenkratzer hieß plötzlich »Palmolive Beacon« und der »Lindbergh Peak« in den Rocky Mountains »Lone Eagle Peak«. Präsident Franklin D. Roosevelt wandte seine Gunst dem Flugzeugbauer Howard Hughes zu, der die Welt in Rekordzeit umflogen hatte, und nannte Lindbergh mehr oder weniger offen einen Verräter. Lindbergh trat daraufhin aus der Luftwaffe aus, flog jedoch als Angestellter einer Privatfirma rund fünfzig Kampfeinsätze. Seinen Tagebüchern vertraute er Antisemitisches an, in der Provinz warnte er als Redner vor dem jüdischen Einfluß in Politik und Wirtschaft, bei den Zeitungen und in Hollywood.[32]

Nach dem Krieg behielt er die isolationistische Grundhaltung bei. In seinem wenig bekannten Werk *Of Flight and Life* (1948) warnte er davor, sich zu sehr für die Vereinten Nationen zu engagieren, denn die USA hätten immer schon eine Sonderstellung in der Welt eingenommen: »Für Amerikaner ist die Doktrin universeller Gleichheit eine Doktrin des Todes. Sollten wir je ein gleiches Volk unter anderen Völkern werden, wird unsere Kultur untergehen.« Dies war eine durchaus salonfähige Ansicht, aber wer sie bekräftigt haben wollte, wandte sich nicht gerade an Lindbergh. Der Film »The Spirit of St. Louis« (1957) mit James Stewart in der Hauptrolle wurde ein mäßiger Erfolg. In einem Cartoon des *New Yorker* fragt der Sohn den Vater beim Verlassen des Kinos: »Wie kommt es, daß der Mann nie berühmt wurde?«

Charles Lindbergh hat zeitlebens alte Verhaltensmuster beibehalten, zum Beispiel die Angewohnheit, mit leichtem Gepäck zu reisen. Noch als Sechzigjähriger fand er nichts dabei, Rasierzeug, Kamm und Zahnbürste in eine Herrensocke zu tun um als Berater der Pan Am eine Dienstreise nach Paris anzutreten. Bei einem Afrikaaufenthalt hat er, wie in seiner Jugend unter einem Baum liegend, den Vögeln nachgesehen und vor sich hingeträumt. Am Ende seiner Überlegungen stand die Erkenntnis, daß der Mensch mit der Erfindung des Fliegens der Natur geschadet habe: »Vor die Wahl gestellt, hätte ich lieber Vögel als Flugzeuge.« Als die New Yorker Ärzte ihn aufgegeben hatten, zog er sich in einen kleinen Ort auf Hawaii zurück, wo er nach wenigen Tagen starb. Die *International Herald Tribune* quittierte die Nachricht von seinem Tod mit der ironischen Bemerkung, hier sei ein leibhaftiger »Frank Merriwell« gestorben. Damit war eine Figur aus den *dime novels* vergangener Tage gemeint, die später in die Comics Eingang fand und die so viele Tugenden hatte, daß sie wie eine Karikatur wirkte.[33]

Radio

Der Schriftsteller Edward Bellamy hatte im elften Kapitel seines utopischen Romans *Looking Backward* (1888) ein phantastisches Gerät erdacht: Wenn man zwei Drehknöpfe berührte, konnte man damit ein ganzes Zimmer mit Musik füllen, und zwar war die Lautstärke, das *volume,* regulierbar je nach Größe des Raumes. Jedermann konnte sich auf diese Weise gegen eine kleine Gebühr Musik in die Wohnung kommen lassen. Einzelne Sender hatten ihren eigenen unverwechselbaren Charakter, ob ernst oder beschwingt richtete sich nach Geschmack oder Stimmung des Hörers. Die Sendesignale wurden per Telephonie übermittelt. Schlaflose brachten sich ein Gerät an ihrer Bettstatt an. Geistliche fingen an, sich auf Rundfunkpredigten zu spezialisieren …

Mehrere Stationen in den USA und in Kanada streiten sich darum, wem die Ehre der ersten Rundfunkübertragung zukommt. Meist nennt man die Station mit dem Funksignal KDKA des Westinghouse-Konzerns in Pittsburgh. Der erste Langwellensender funkte in Deutschland (1920), der erste Mittelwellensender in den USA (1921). Nicht zu unterschätzen ist die Pionierrolle der Funkamateure. In Denver blies ein unternehmungslustiger Radiobastler zur Begleitung seiner klavierspielenden Frau das Saxophon, um andere Funker (*hams*) zu animieren, ihre Radioteile bei ihm zu kaufen. Etwas überspitzt gesagt hat man in der Frühzeit des Radios ein Programm gemacht, um Radiogeräte zu verkaufen. Radioapparate wurden bald zu einem wichtigen Produktionsartikel, der manchmal schon für zwanzig Dollar zu haben war. An die Spitze des Marktes setzte sich die Radio Corporation of America (RCA). Sie war 1919 mit dem Ziel gegründet worden, ein weltweites, von den USA dominiertes Kommunikationssystem zu errichten, wobei man zunächst vor allem an den Sprech- und Tastfunk dachte.[34] Um möglichst effektiv operieren zu können, legten die Konzerne RCA, General Electric, AT&T und Westinghouse ihre Patente zusammen. Erst 1930 meldete das Justizministerium gegen diese Monopolbildung Bedenken an.

Universitäten und Colleges, Zeitungsverlage, Kaufhäuser und Stadtverwaltungen erwarben Rundfunklizenzen. Eric Barnouw nannte seine Geschichte des Rundfunks *A Tower in Babel,* womit er einmal die Sendetürme meinte, die das Gesicht der Landschaft veränderten, dann aber auch den Anspruch der Sender, auf ihre Art nach den Sternen zu greifen. Die kirchlichen Rundfunkstationen hatten keine Rechtfertigungsprobleme. Schließlich hieß es bei Lukas im 12. Kapitel, man solle das Evangelium »auf den Dächern predigen«, und gerade so konnten Radioantennen interpretiert werden.

Bis 1922 waren 670 Lizenzen vergeben, 1924 existierten 1105 Radiostationen, denen allerdings nur 89 Wellenlängen zur Verfügung standen. Die Folge war ein Chaos, über das sich ein besser regulierter Sender wie die BBC nur vornehm wundern konnte. Einige Stationen mußten den Tag aufteilen, um sich nicht ins Gehege zu kommen. Bei SOS-Signalen der Seefahrt war absolute Funkstille einzuhalten. Die *National Association of Broadcasters* (NAB) forderte 1925, keine neuen Lizenzen mehr zu vergeben, der Sättigungsgrad sei erreicht. Es dauerte bis 1927 ehe eine zentrale staatliche Regulierung dem Wellensalat ein Ende bereitete. Unter dem *Radio Act* (1927) vergab eine *Federal Radio Commission* die Lizenzen. Die Lizenzen wurden also nicht auf dem freien Markt gekauft, sondern gegen einen nominellen Betrag erworben. Der Erwerb berechtigte zur Benützung des (öffentlichen) Äthers, und damit ließen sich beträchtliche Gewinne erzielen. Die Marktkomponente spielte durch den erlaubten An- und Verkauf von Sendern eine Rolle, so daß das amerikanische Rundfunksystem weder ausschließlich marktorientiert ist, noch ein allgemein zugänglicher Übermittler wie Post oder Telefon. Die USA verfügen vielmehr über »ein lizenziertes, von Anzeigenkunden gestütztes Rundfunksystem mit begrenzten Kanälen«. Die großen Rundfunkstationen NBC (1926) und CBC (1927), später CBS, wurden offen oder stillschweigend mit der Absicht ins Leben gerufen, die Profite aus der Werbung abzuschöpfen. Ein Streit mit den Zeitungsverlagen um die Werbeeinnahmen konnte unter diesen Umständen nicht ausbleiben.[35]

Die erklärte Absicht der Sponsoren bestand darin, durch eingestreute Werbung den Kaufwiderstand der Radiohörer zu brechen. Drei Viertel des Programms bestanden in den Anfangsjahren aus Musik. Angesagt war vor allem »Zimmerpalmenmusik«, europäische Salonmusik, wie man sie zur Teezeit in den Gesellschaftsräumen der Hotels genoß, dazu Symphonien und Opern, gespielt von Orchestern oder als »canned music« von der Schallplattenkonserve. Jazz wurde erst spät und über Proteste hinweg gespielt, weil diese Musikart bei vielen Zeitgenossen als eine unmoralische und ungesunde Scheußlichkeit verschrien war. Das Orchester Paul Whiteman hat hier mit seinen gewissermaßen pasteurisierten Arrangements einige Wogen geglättet. Die Tonqualität konnte laufend verbessert werden. Die Werbung für eine »Radiokonsole« versprach akustische Symmetrie und »realistische« Tonwiedergabe auf allen Stufen der Tonleiter.[36] Neben Nachrichten und dem Wetterbericht fiel Sportübertragungen eine prominente Rolle zu, vor allem vom amerikanischen Football und von Boxkämpfen, die gewissermaßen Schlag für Schlag übertragen wurden. Dazu kamen Lesungen aus Kinderbüchern oder aus berühmten Dramen – beliebt war die Balkonszene aus Romeo und Julia –, Meldungen für Landwirte, Marktinformationen, Ratschläge für Hausfrauen und Tips für die Gesundheit. Die Sendung mit dem Titel *The March of Time* brachte ab 1931 eine dramatische Aufarbeitung der Tagesereignisse. Schauspieler ahmten bei diesem *re-enactment* Politiker des In- und Auslands nach. Geschickte Ansager wie der ehemalige Sänger Graham McNamee wurden weithin populär. Jack Benny gründete seine Karriere als einer der erfolgreichsten Humoristen des Landes auf seine Radiosendungen, in denen er am liebsten in die Rolle des grausam Geige spielenden, ewig vierzigjährigen, maßlos geizigen Nassauers schlüpfte. Die Aufforderung eines Gangsters »Your money or your life!« beantwortete er nach einer langen Pause – der berühmtesten der Rundfunkgeschichte – mit den Worten »I'm thinking, I'm thinking.«

Allen Ernstes warb ein Dr. John Romulus Brinkley über eine Rundfunkstation in Kansas für seine Klinik, die sich auf die Behebung von Impotenz durch die Einpflanzung von Geißbockhoden spezialisiert hatte. Dr. Brinkley besaß ein Diplom für »eklektische Medizin«, das damals noch in einigen Staaten vergeben und anerkannt wurde. Ob es zu den Verpflanzungen tatsächlich kam, ob die Wirkung eher eine psychologische war, blieb unbekannt. Jedenfalls wurde Dr. Brinkley aus Kansas vertrieben, als er dazu überging, Medikamente per Postversand zu verabreichen, worauf er nach Mexiko ging und mit mächtigen Sendern in die USA hineinfunkte. Ein Krebsheiler, der Anstände mit den Behörden bekam, überquerte ebenfalls den Rio Grande in südlicher Richtung und strahlte sein Programm von dort aus.[37]

Amos 'n Andy, die erfolgreichste Radioserie der Zeit, befaßte sich mit den Erlebnissen zweier Schwarzer vom Land, die in der Großstadt geschäftlich Fuß fassen wollen. Geschrieben und ohne Proben gesprochen wurden die einzelnen Folgen von dem weißen Komikerpaar Correll und Gosden. Die Sendungen erzielten einen heute kaum mehr vorstellbaren Beliebtheitsgrad, der Verkauf von Radiogeräten stieg an, Fabriken änderten ihre Arbeitszeit, damit die Beschäftigten sich rechtzeitig zum »Sieben-Uhr-Ritual« zu Hause einfinden konnten. *Amos 'n Andy* satirisierte die Sprache ungebildeter Schwarzer auf eine Weise, die heute Anstoß erregen würde – »I's regusted«; »Recordin' to my figgers in the book ...«; »Splain dat to me« –, die zur damaligen Zeit aber kaum Kritik hervorrief.[38]

Die politischen und ideologischen Möglichkeiten des neuen Mediums wurden rasch genutzt. Herbert Hoover gab in seinem Präsidentschaftswahlkampf bereits 100000 Dollar für »radio time« aus. Dale Carnegie, einer der simpelsten Vertreter der Erfolgsphilosophie, verbreitete seine Ideen in einer Serie mit dem Titel *Getting Ahead.* Sinclair Lewis' Prediger Elmer Gantry, der Seelen über den Äther rettet, war mehr als Literatur. Judge Rutherford von den Zeugen Jehovas griff übers Radio das orthodoxe Christentum an. Einer Methodistenkirche mußte antikatholische Rundfunkpropaganda eigens verboten werden.[39] Father Charles Coughlin, der »Radiopriester«, schlug ab 1937 in einer wöchentlich ausgestrahlten Sendung antikapitalistische, antikommunistische, antisemitische und antiorientalische Töne an und wollte die wirtschaftlichen Probleme des Landes mit dem Abgehen vom Goldstandard und der vermehrten Ausgabe von Papiergeld lösen.

Der »Air King« aus Bakelit (1935) – einem Wolkenkratzer nachempfunden

In Nachahmung der Filmindustrie gab sich die National Association of Broadcasters einen *Code of Ethics* (1929). Regel Nr. 1 der freiwilligen Selbstbeschränkung lautete, man wolle wegen der altersmäßig, religiös, politisch und sozial sehr gemischten Zuhörerschaft nichts bringen, was gemeinhin als anstößig galt. Anzügliche Wortspiele waren unerwünscht, Vokabeln wie *damn* oder *hell* verboten. Einem Humoristen wurde der Satz »It's been years since I've seen the old beach«* gestrichen. So unglaublich es klingt: das Wort *Götterdämmerung* durfte nicht fallen, weil es die Zuschauer an *goddam* hätte erinnern können. Aufklärung über Geschlechtskrankheiten war nicht erlaubt, das Wort Syphilis tabu. Erst gegen Ende der dreißiger Jahre wurden die Vorschriften des Code auf diesem Gebiet etwas gelockert.[40]

Als der öffentliche Gesundheitsdienst im Rundfunk mitteilen ließ, im Sommer brauche der Mensch weniger Fleisch, erhob die fleischverarbeitende Industrie wütend Einspruch. Ein Kommentator wurde wegen seiner Kritik an Hitler und Mussolini gerügt: Der Werbesponsor »Cream of Wheat« war der Ansicht, die Kritik an den Faschistenführern könne einen Teil der Kundschaft verprellen. Die Rundfunksender hatten sich kommerziellem Druck in der Regel gebeugt und ein Programm gemacht, das die Kapitalinteressen wohlmeinend vertrat. Den Begriff Zensur suchte man zu meiden und sprach stattdessen von »redaktioneller Auswahl«. Diskussionen über Streiks, Verstaatlichung und Privatbesitz wurden mehrmals unterdrückt. Technisch gesehen war dies mit einem Notschalter zu bewältigen, der für rasches Ausblenden sorgte. Gesellschaftskritischen Sendestationen wurden entlegene Frequenzen zugewiesen. Ein sozialistischer Sender in New York mußte sich die Sendezeit mit elf anderen Stationen teilen, ein Gewerkschaftssender in New York durfte sein Programm nur mit wenig Energie ausstrahlen.[41]

Sowohl der *Radio Act* (1927) wie sein Nachfolgegesetz, der *Communications Act* (1934), untersagten jede Form von Zensur. Die sieben Mitglieder der staatlichen Rundfunkkommission hatten kein Recht, in Sendeinhalte einzugreifen. Die Lizenzvergabe oder -erneuerung hing statutengemäß von »öffentlichem Interesse, Schicklichkeit oder Notwendigkeit« ab. Dies war die Hintertür, die nicht nur Zensur, sondern sogar Vorzensur erlaubte, eine im angloamerikanischen Presserecht besonders verpönte Art der Freiheitsbeschränkung. Das Rundfunkwesen war von Anfang an eng mit der Industrie, besonders mit der Elektro- und Telefonindustrie verbunden. Von den Mitgliedern der *Federal Communications Commission* (FCC) durften nicht mehr als vier derselben Partei angehören, aber sie hatten gemeinsame Interessen als Vertreter des Bank- und Industriekapitals. Eine Reihe von Kommissionsmitgliedern waren Direktoren bei Morgan, Mellon oder Rockefeller, und so ist es nur logisch, daß der Rundfunk Firmennamen wie

* Wortspiel mit *beach* (Strand) und *bitch* (Hure, Schlampe)

Morgan oder Rockefeller, Ford oder AT&T in kritischen Zusammenhängen gerne verschwieg. Umgekehrt: Als in Cincinnati ein Sender auf den Gedanken kam, Streiks überhaupt nicht mehr zu erwähnen, erklärte die zu Hilfe gerufene FCC – vom Gesetz her verpflichtet, auf »public interest« zu pochen –, es sei ihr nicht gegeben, in spezifische Programme einzugreifen.[42]

Pensionierte Generäle waren ebenfalls als Mitglieder der FFC berufen worden. Deswegen nimmt es nicht wunder, daß kriegsfeindliche Äußerungen kaum eine Chance hatten, im Rundfunk gesendet zu werden. Ein Sender in North Dakota setzte die Rede eines Mannes der *American League Against War and Fascism* ab und sendete stattdessen eine Polemik des Veteranenverbands gegen eben diese Liga. Ein Sender in Pittsburgh, der Firma Westinghouse gehörend, wies einen Pastor ab, der am Jahrestag des Waffenstillstands eine pazifistische Ansprache halten wollte. Der Schriftsteller Upton Sinclair, der ein Sozialprogramm zur Bekämpfung der Armut entwickelt hatte und damit Gouverneur von Kalifornien werden wollte, mußte seine Reden vorher einreichen, ehe er sie halten durfte.[43]

Es kam also nicht von ungefähr, daß dem Medium Rundfunk in den USA eine systemstabilisierende, den Status quo fortsetzende Funktion zufiel. Die beliebtesten Radiokomödien der dreißiger Jahre sollten die Hörer in ihrem Glauben an traditionelle amerikanische Werte bestärken. Die Depression war eine Lektion, die man lernen mußte; sobald sie bewältigt war, stünden dem Individualisten durch harte Arbeit und Erfindungsgeist Glück und Erfolg wieder offen. Dies war der Tenor der humoristischen Rundfunkmonologe von Will Rogers, dies war auch die Botschaft der Serie *The Rise of the Goldbergs*, die seit 1929 ausgestrahlt wurde. Die Goldbergs, eine jüdische Einwandererfamilie an der Lower East Side, exerzierten eine amerikanische Grunderfahrung vor, das Leben im Gelobten Land nach dem Exodus. Dann setzte die Ideologie ein: Wer sparsam und ehrlich war und obendrein in einer netten Familie aufwuchs, für den wurde der amerikanische Traum stets Wirklichkeit.[44] Mochten sich die großen Rundfunkanstalten in parteipolitischen Nuancen unterscheiden: Der Marktführer NBC stand den Republikanern nahe, CBS war eher den Demokraten zuzuordnen; die grundsätzliche Bonität der wirtschaftlichen Institutionen vertraten sie beide. Franklin Roosevelt hat von der Erfindung des Radios politisch profitiert, nicht nur wegen seiner gelegentlich gesendeten *fireside chats*.

Radioprogramme dienten in den schweren Jahren der Depression der Ablenkung. Mit Humor konnte man zu wirtschaftlicher Not auf Distanz gehen. Zur Wirklichkeitsflucht eigneten sich neben Sketchen, Komödien und Varieténummern *mystery-and-crime stories* wie *Fu Manchu, Charlie Chan* oder *The Shadow* (1936–1948), ebenso Liebesgeschichten wie *Moonshine and Honeysuckle* oder Wildwestserien vom Typ *The Lone Ranger* (1933–1954). Vom Programm her hätte man nicht darauf schließen können, daß sich das Land in einer schweren Wirtschaftskrise befand.[45]

Nach dem Eintritt der USA in den Zweiten Weltkrieg sind spontane Auftritte ganz entfallen, um eine unverhoffte Übermittlung von Botschaften an den Feind zu unterbinden. Fremdsprachige Sendungen wurden für verdächtig gehalten, einfach deswegen, weil man sie nicht verstand. Sportreporter sind gebeten worden, das herrschende Wetter bei einer Veranstaltung aus dem Spiel zu lassen. Der Zweite Weltkrieg war Amerikas »Radiokrieg«. Man erlebte die Kriegsnachrichten und die Regierungspropaganda am Rundfunkgerät mit. Nach dem Krieg begann bereits der Abstieg des Mediums; es hielt der Konkurrenz durch das Fernsehen nicht stand. Die Kommerzialisierung schritt sehr weit fort. In den fünfziger Jahren hatte der Rundfunk seine besten Tage bereits hinter sich. Auf neue Entwicklungen reagierten die Anstalten nur träge oder gar nicht. Das »Goldene Zeitalter« des Radios hatte nur knapp zwei Jahrzehnte gedauert. Selbst die besten Programme sind heute, anders als Filme aus der Zeit, so gut wie vergessen.[46]

Erste wissenschaftliche Untersuchungen eruierten nicht weniger als 150 verschiedene Wirkungen des Rundfunks auf die Hörer. Allgemein hat das Medium das kulturelle Niveau gehoben, selbst wenn zum Verständnis oft genug der kleinste gemeinsame Nenner gesucht werden mußte. Der Rundfunk trug zur Vereinheitlichung bei, zum Beispiel in Geschmacksfragen oder im Sprachstil. Die soziale Wirkung war eher zentripetal. Sieht man von Autoradios ab, die ab 1930 zu erschwinglichen Preisen zu haben waren, so führte das Rundfunkgerät, anders als der Film oder das Automobil, die Familien zu Hause zusammen. Sozialpsychologisch betrachtet kam freilich ein zentrifugales Moment zum Tragen, denn die Programminhalte waren dazu angetan, eskapistische Vorlieben zu fördern.[47]

Ernest Hemingway – Paßbild, mit dem er 1921 nach Paris reiste

XXIII. Kapitel

DIE LITERATUR DER ZWANZIGER JAHRE

Die junge Schriftstellergeneration hatte nach dem Ersten Weltkrieg das Gefühl, eine Welt in Trümmern geerbt zu haben. John Dos Passos präsentierte in *Manhattan Transfer* (1925) am Beispiel New Yorks eine verheerende Mixtur aus Selbstmord, Homosexualität, Alkoholismus, Bankrott, Bettelei, tödlichen Unfällen, Scheidung und allgemeiner Dekadenz. Nihilismus, Zynik und Gottesleugnung zogen sich durch die Jazz-Age-Romane von Maxwell Bodenheim.[1] Resigniert stellte die 24jährige Hauptfigur in F. Scott Fitzgeralds Erfolgsroman *This Side of Paradise* (1920) fest: »Ich kenne mich selbst, aber das ist auch alles.«

Hemingway und die »Lost Generation«

Kreativen Menschen kamen die USA wie ein Ort vor, an dem man emotional und ästhetisch zu verhungern drohte. Ernest Hemingway war der Meinung, es gebe zwei Arten von Literatur, erstklassige und amerikanische. Schriftsteller und Künstler setzten sich ins Ausland ab, wie Kinder auf der Flucht vor der bösen Stiefmutter. Der Weg führte zurück nach Europa, wo die interessanten Stoffe scheinbar auf der Straße lagen und persönliche Erlebnisse existenzieller Art winkten. Manche gingen auch nur, weil sie den Wechselkurs des Dollars schätzten oder die Prohibition scheuten. Paris wurde zum Hauptanziehungspunkt für amerikamüde Amerikaner. Auf dem Montparnasse nannte man sie herablassend die »où ests«, nach der häufig gestellten Frage »ooh ay le cafey Dome?« Ehe er selbst zum prominentesten der »expatriierten« Amerikaner wurde, verhöhnte Hemingway seine bohèmewütigen Landsleute. Der Abschaum aus dem Greenwich Village sei löffelweise über das linke Ufer der Seine verteilt worden, berichtete er als Reporter des *Toronto Star*.[2]

Ernest Hemingway wurde in Oak Park, einer Vorstadt von Chicago, geboren. Die Mutter glaubte, mit der Heirat eine glänzende musikalische Karriere aufgegeben zu haben, eine Vorstellung, an der sie ihr Leben lang festhielt. Sie versuchte Ernest im musischen Sinne zu erziehen. Der Vater, Arzt und passionierter Jäger, legte Wert auf die »outdoor activities«. Ernest entwickelte sich zu einem grüblerischen, überempfindlichen, einsamkeitsbedürftigen Kind. Zweimal lief er von zu Hause weg. Die Teilnahme am Krieg als Rotkreuzhelfer war für ihn eine Möglichkeit, den Spannungen im Elternhaus zu entrinnen. Zu seinem 21. Geburtstag forderte ihn die Mutter auf, einer geregelten Arbeit nachzugehen oder das Haus zu verlassen. Das Verhältnis zu ihr renkte sich nie wieder ein. Vermittlungsversuche des Vaters blieben ergebnislos. Zu ihrer Beerdigung fuhr er nicht. Beide Eltern hatten sich nach dem Erscheinen seiner ersten Bücher schockiert gezeigt, der Vater ihn ins Grab gewünscht. Der Name Ernest durfte zeitweise in der Familie nicht erwähnt werden.[3] Nachträglich hat er eine unglückliche Kindheit als Vorteil bei der Ausübung des Schriftstellerberufs und innere Einsamkeit als Tugend hingestellt.

»Unsound on sex«, sei sein Vater gewesen. Er selbst machte die ersten sexuellen Erfahrungen unter seinem sozialen Stand und wirkte anderen Frauen gegenüber scheu und gezwungen. Im Lauf seines Lebens hatte er viermal geheiratet. Stets lag ihm daran, seine Männlichkeit zu betonen. Der harte, disziplinierte, unsentimentale Stil seiner Bücher war ihm eine Bestätigung seiner Virilität. Gespräche, die sich nicht um Sport oder Krieg drehten, nannte er »damn female talk«. Die unverlangte Hervorkehrung seiner eigenen Heterosexualität, der überlaute Protest gegen Homosexuelle und einige spät bekanntgewordene Episoden aus seinem Leben haben der Meinung Auftrieb gegeben, daß er zumindest latent homosexuell veranlagt war. Wie die meisten seiner Romanfiguren war er unfähig, eine harmonische Ergänzung von Liebe und Sexualität zu finden.[4]

Fast sein ganzes Leben lang befand er sich auf Reisen. Als junger Reporter fuhr er allein 1922 von Paris aus dreimal nach Italien und sechsmal in die Schweiz. Als Schriftsteller machte er geltend, Reisen in fremde Länder als Stimulans zu brauchen. Früh läßt sich jedoch die Unrast ausmachen, die keinen triftigen Grund für eine Ortsveränderung anzugeben weiß. Paris war dann einfach »too damned beautiful«, um nicht mit Pamplona vertauscht werden zu müssen. Daß Ortsveränderungen keine Probleme lösen, war Hemingway wohl bewußt. Robert Cohn lädt in *The Sun Also Rises* (1926) Jake Barnes zu einer Südamerikareise ein. Barnes antwortet: »Paß auf, Robert, in ein anderes Land zu gehen macht keinen Unterschied. Ich hab das alles probiert. Man entkommt sich nicht, indem man von einem Ort zum andern reist.« Genau dies hat Hemingway natürlich probiert. Einer seiner abgedroschenen Wahlsprüche lautete: »Don't do anything too bloody long.«[5]

Den Krieg haßte er nur mit halbem Herzen, denn er liebte die Gewalt. Im Verlauf von zehn Jahren hatte er die Abschlachtung von rund 1500 Stieren verfolgt.

Hoffnungslos unterlegene Gegner wurden mit Gusto zusammengeschlagen, darunter der 56jährige Lyriker Wallace Stevens. Seine Sauftouren endeten zu oft mit der Zertrümmerung eines Lokals. In seiner Pariser Zeit hatte er mit Dos Passos, Fitzgerald und anderen Mitgliedern der verlorenen Generation eifrig dem »eau de vie« zugesprochen. Auf Kuba bewältigte er einmal binnen achteinhalb Stunden ein Quantum von zwei Litern Rum. Über die Gründe seiner Trunksucht hat er sich nie verständig geäußert. Entscheidend dürfte gewesen sein, daß er glaubte, im berauschten Zustand seiner Depressionen besser Herr werden zu können. Nicht zu übersehen ist dabei das selbstzerstörerische Moment.[6]

The Sun Also Rises (auch *Fiesta*) entstand in der Erstfassung binnen sechs Wochen, *The Torrents of Spring* (1926) in einer Woche. Die drei Kurzgeschichten »The Killers«, »Today is Friday« und »Ten Indians« schrieb er an einem einzigen Tag. Keine Frage, daß er auch das Schreiben wettbewerbsmäßig betrieb. Das vorgelegte Tempo erklärt sich aber auch aus wirtschaftlicher Notwendigkeit. Er war jungverheiratet nach Europa gegangen, wo man als Amerikaner umso billiger lebte, je weiter die Inflation fortschritt. In Paris litt er anfangs Hunger, seine Frau besaß kaum die nötigsten Kleider. Hin und wieder unterstützte ihn sein Vater. Weil er Hunger und Armut kannte, war es später nicht schwer, an die Barmherzigkeit des erfolgreichen Schriftstellers zu appellieren, der im übrigen sein Geld so großzügig ausgab, daß er mehrmals am Rande des Bankrotts stand.[7]

Verlag und Lektor drängten ihn zu neuen Werken, um die Nachfrage zu nutzen und die Vorschüsse auszugleichen. Nach dem Erscheinen von *To Have and Have Not* (1937) glaubten die Kritiker, er hätte sich ausgeschrieben. Mit *For Whom The Bell Tolls* (1940) belehrte er sie eines besseren. An diesem Roman, den viele für sein Meisterstück halten, arbeitete er fünfzehn Monate. Eine Travestie seiner selbst nannte man *Across the River and Into the Trees* (1950), eine auf Romanlänge gestreckte Kurzgeschichte. Zwischen 1940 und 1950 hat er keine größere Arbeit veröffentlicht. Dann erschien *The Old Man and the Sea* (1952), womit er noch einmal die Kritiker auf seine Seite brachte. Der Hemingway-Kenner Philip Young bemerkte im Jahr der Veröffentlichung, diese Erzählung sei das Schönste, was Hemingway je gesagt hatte und je würde sagen können.[8] Posthume Veröffentlichungen haben ihm Recht gegeben. *Islands in the Stream* (1970) spielt auf Kuba, verhöhnt den Unabhängigkeitskrieg der Kubaner und besteht auf weiten Strecken aus blödsinnigen Dialogen unter Betrunkenen.

A Moveable Feast (1964) brachte die Jahre in Paris zwischen 1921 und 1926 in die Erinnerung zurück, als er »sehr arm und sehr glücklich war«. Der ebenfalls posthum erschienene Text wirkt stellenweise fast unerträglich banal (»Paris war eine sehr alte Stadt, und wir waren jung ...«), dann aber wieder erfrischend humorvoll und ironisch. Seinen Freund Scott Fitzgerald präsentiert er als einen Hypochonder, der Mühe mit der Orthographie hat: »Ich kannte ihn zwei Jahre, ehe er meinen Namen buchstabieren konnte, aber es war ja auch ein langer Name.«

Über weite Passagen gleicht das Buch einem vereinfachten gastronomischen Führer durch Frankreich (»Wir strichen pâté auf das gute Bistrobrot und tranken den Weißwein«) oder einer Beschreibung der winterlichen Alpen in Vorarlberg. Man spürt jedoch auch die unterdrückte Wut, mit der Hemingway gegen Ende seines Lebens mit den ehemaligen Weggefährten abrechnete, mit Gertrude Stein, Harold Stearns, Zelda Fitzgerald und Ford Madox Ford. Wyndham Lewis wollte ihm vorkommen wie ein »erfolgloser Lustmörder«.[9]

Hemingway war, so hartgesotten er sich gab, eine sensible Person. Im Winter 1926 machte er eine schwere Gefühlskrise durch. Manchmal überfiel ihn die Angst, verrückt zu werden. Frauen und Freunde kannten seine Zornesausbrüche ebenso wie seine depressiven Phasen, seine puerilen Anwandlungen wie seine Großmannssucht. Der junge Mann in der Erzählung »Big Two-Hearted River« geht in die Einsamkeit der Wälder, um nicht den Verstand zu verlieren; in »A Way You'll Never Be« ereilt ihn eben dieses Schicksal. Die Hemingwayschen Helden und auch er selbst versuchten, einen Code einzuhalten, der das Leben erträglich machte. Zeitprobleme direkt anzugehen, dazu fühlte er sich nicht berufen. Von der Ehe zwischen Literatur und Politik, wie sie vor allem in den dreißiger Jahren Mode wurde, wollte er nichts wissen. Er fürchtete, anderenfalls seine wahren künstlerischen Aufgaben vernachlässigen zu müssen, hat wohl auch, wie auf Kuba, einfach an seine Bequemlichkeit gedacht, an das »good life«. Den Ersten Weltkrieg hatte er nicht gerade als glühender Patriot überstanden. Frederick Henry und Rinaldi, die beiden Soldaten aus *A Farewell to Arms* (1929), schließen einen »separate peace«, einen Sonderfrieden, weil ihnen die nationale Motivation fehlt. Amerika hat er den Rücken gekehrt, weil es ihn kalt ließ, ihn nicht bewegte. Er mußte sich entfernen, um sich zu Hause zu fühlen. Wenn er in Nordamerika lebte, dann an seiner äußersten, südlichen Spitze oder, in den letzten Jahren, im dünnbesiedelten Idaho. »Das einzige, was einen Tag verderben konnte«, schrieb er kurz vor seinem Selbstmord im Jahr 1961, »waren Menschen, und wenn man vermeiden konnte, Verabredungen zu treffen, so war jeder Tag ohne Grenzen, Menschen waren immer die Begrenzer des Glücks ...«[10]

Einen wahren Stil wollte er schreiben, und wahr hieß für ihn, »die Schnörkel und Verzierungen wegschneiden und fortwerfen«.[11] Die wenigsten Leser konnten sich der Kraft seiner Prosa ganz entziehen, obwohl dem Hemingway-Stil auch etwas Lächerliches anhaftet und zur Parodie einlud. Sein persönlicher Code, die aufgesetzte Männlichkeit samt Jagdleidenschaft und Killerinstinkt wirkten schon damals künstlich und deplaziert, und das wird er gelegentlich auch gespürt haben.

1928 erschoß sich sein Vater. Die Mutter kam auf den Gedanken, ihm die Tatwaffe zu Weihnachten zu schenken, was Hemingway mit dem Satz kommentiert haben soll: »Ich weiß nicht, ob das eine Prophezeiung ist oder ein Omen.« Seine Todesverachtung hatte er auf penetrante Weise zur Schau gestellt. Ein enger Freund wußte von mehreren Selbstmordversuchen. Einmal wollte er aus einem

Flugzeug springen, ein andermal versuchte er, sich in einen rotierenden Propeller zu werfen. Robert Jordan, die Hauptfigur in *For Whom the Bell Tolls* kämpft gegen Selbstmordgedanken an, will nicht in die Fußstapfen des Vaters treten. Ausführlich hat Hemingway in *To Have and Have Not* verschiedene Suizidmöglichkeiten diskutiert und beschrieben, wie gute Amerikaner sich nach dem Schwarzen Freitag das Leben nahmen, nachdem für sie aus dem Amerikanischen Traum ein Alptraum geworden war.[12]

Der Suizid war der Preis für den frühen Erfolg und das gute Leben. So dachte Scott Fitzgerald, der überzeugt davon war, ein für seine Generation repräsentatives Leben zu führen. Fitzgerald trank sich nach zwei Selbstmordversuchen zu Tode. Harry Crosby, Besitzer der *Black Sun Press,* erschoß im Alter von 31 Jahren seine verheiratete Freundin, dann sich selbst. Der Dichter Hart Crane, dessen Vater die rettungsringförmigen Pfefferminzbonbons Marke »Lifesaver« erfunden hatte, ertränkte sich im Meer. »You are all a lost generation«, hatte Gertrude Stein zu Hemingway gesagt, und sie schien recht zu behalten. Hart Crane war beim Überschreiten der Brooklyn Bridge – mit einem Liebhaber – von dem Gefühl überfallen worden, als wollten ihn die Brückenkabel hinwegziehen in entfernte Regionen. Ähnlich wie der Maler Joseph Stella (s. S. 386) betrachtete er die Brücke als ein Symbol für die Umwandlung der Alltagserfahrung ins Spirituelle, Transzendentale, als Zeichen für eine neue Religion. Am Ende seines langen Gedichts *The Bridge* (1930) machte sich Hart Crane auf ins große Jenseits.[13]

Zeitkritische Prosa

Ein Exodus nach Europa sei nicht mehr zeitgemäß, sagten die Gegner expatriierter Schriftsteller und Künstler. Sie wollten sich weder mit der ätherischen Daseinsflucht in *The Bridge* identifizieren, noch mit dem Hedonismus der Figuren in Hemingways *Fiesta,* noch mit den eingebildeten Wehwehchen der Paare in Fitzgeralds *Tender is the Night* (1934). Nach ihrer Ansicht geschahen die wichtigen Dinge in Amerika, dort mußten sie den Künstler beschäftigen, nicht in Europa, das längst Provinz war und passé. Bei manchen verflüchtigte sich die Begeisterung für europäische Kunstrichtungen ziemlich rasch. Eine internationale Angleichung der Literatur fand nicht statt. Matthew Josephson, E. E. Cummings und Margaret Anderson hatten sich in Paris vom Dadaismus gefangennehmen lassen, aber als Richard Huelsenbeck, einer der bedeutendsten Dadaisten, nach Amerika emigrieren mußte, fand er kein Echo mehr. Der Lyriker William Carlos Williams, älter als die meisten der expatriierten Schriftsteller, war zu patriotisch für den vagen Antiamerikanismus der »Lost Generation«. Andere kehrten fast reumütig in die Heimat zurück. Malcolm Cowley in *Exile's Return* (1934) und Archibald MacLeish in *New Found Land* (1930) verrieten Schuldgefühle, sich je von ihrem

Land losgesagt zu haben. MacLeish war einmal der Meinung gewesen, nur in Paris kreativ sein zu können. Jetzt ironisierte er auf seiner Farm in Connecticut die Motive der Amerikaflüchtlinge. Beim Ausbruch des nächsten Krieges errang MacLeish eine hohe Stelle im diplomatischen Dienst und geißelte das Verhalten der Lost Generation als hochgradig unverantwortlich.[14]

Sherwood Anderson konzentrierte sich auf amerikanische Themen. In *Winesburg, Ohio* (1919) schilderte er die Schalheit des Traums vom Erfolg. Sinclair Lewis porträtierte in *Babbitt* (1922) den amerikanischen Durchschnittsspießer und sein scheinbares Familienglück. »Tatsächlich stimmte nur eines nicht im Hause Babbitt. Es war kein Heim.« Die Resonanz beim Lesepublikum war überwältigend.

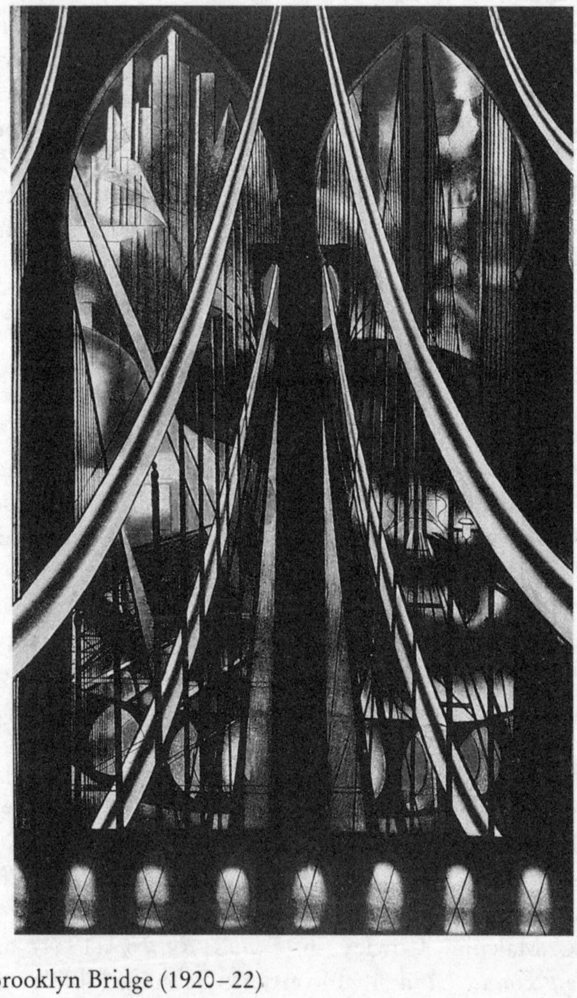

Joseph Stella, Brooklyn Bridge (1920–22)

Einer der gescheiteren Literaturkritiker gab allerdings zu, daß ihm nach der Lektüre von *Main Street* und *Babbitt* der Appetit auf mehr von der gleichen Sorte vergangen war.[15]

Neue Romane aus dem Süden zeigten, daß es noch andere Haltungen als die des unsäglich banalen und durchschaubaren Babbitt gab. Die Zeitschrift *Double Dealer* hatte nach dem Krieg dazu aufgefordert, endlich von den sentimentalen Literaturformen zu lassen und nicht mehr so zu tun, als befände man sich noch in der Epoche der Kavaliere und Sklaven. Es werde höchste Zeit für klarsichtige Schriftsteller, die Probleme einer neuen Zeit in Angriff zu nehmen. H. L. Mencken hatte die Südstaaten einmal eine kulturelle Sahara genannt. Auf ein paar hundert Quadratmetern in Europa fände man mehr erstklassige Dichter, Philosophen, Soziologen und andere Wissenschaftler, als im gesamten Gebiet südlich des Potomac. Am Ende der Dekade brachte aber gerade Menckens Zeitschrift *American Mercury* einen Vorabdruck der gewichtigen Studie *The Mind of the South* (1929) von W. J. Cash. *Look Homeward, Angel* von Thomas Wolfe, *Sartoris* und *The Sound and the Fury* (beide 1929) von William Faulkner signalisierten das Heraufkommen der *New Southern Fiction*, die dann in den dreißiger Jahren zur vollen Entfaltung kam. Willa Cather und Katherine Anne Porter, Allen Tate und Robert Penn Warren, vor allem aber Faulkner sprachen den geringschätzigen Urteilen Hohn, die der Süden im Literaturbetrieb des Nordens erfahren hatte. Hemingway fühlte sich vom Anspruch Faulkners auf die Position des führenden Autors im Lande so bedrängt, daß er sich in wüste Beschimpfungen flüchtete und den Rivalen am Mississippi eine Hure, einen Speichellecker, einen südstaatlichen Feigling und Schlimmeres nannte.[16]

Der 1926 ins Leben gerufene *Book-of-the-Month Club* und die im gleichen Jahr gegründete *Literary Guild* achteten auf literarisches Niveau und trafen ihre Auswahl keineswegs nach dem breiten Publikumsgeschmack. Zu den ausgewählten Autoren gehörten Ellen Glasgow, E. A. Robinson, Ford Madox Ford und Oliver LaFarge, der norwegisch schreibende Ole Rölvaag, die Europäer Remarque und Arnold Zweig, die zeitkritischen Publizisten Walter Lippmann und Lincoln Steffens.[17]

Der am meisten gelesene Schriftsteller der zwanziger Jahre war vermutlich Zane Grey, am Ende wurde er von Dashiell Hammett und anderen Meistern der *hard-boiled fiction* eingeholt. Von William Woodwards Roman *Bunk* (1923) leitete sich der Begriff *debunking* in der Bedeutung von »entlarven« oder »jemanden vom Postament stoßen« her. Woodward verfaßte zwei despektierliche Biographien über George Washington (1926) und General Ulysses Grant (1928). John Erskine verkleinerte mythologische Gestalten, indem er sie in die Gegenwart holte.[18]

Der seelischen Verfassung der Frau ist auf neuen und alten Wegen nachgespürt worden. Edna St. Vincent Millays poetisches Drama *The Lamp and the Bell* (1921) handelte von der starken Bindung zwischen zwei Mädchen im Mittelalter und kam bei einer Schlußfeier des Frauencolleges Vassar zur Uraufführung. Margaret Deland befaßte sich in *The Vehement Flame* (1922) mit der Liebe eines Knaben zu einer reifen Frau. *Laughing Boy* (1929), ein preisgekrönter Roman von Oliver LaFarge, schilderte die Liebe eines Indianers zu einer Indianerin mit Schulbildung. Auf waches Interesse stießen Geschichten von Liebenden, die verschiedenen Rassen angehörten. Joseph Hergesheimer siedelte seinen Roman *Java Head* (1919) im kolonialen Neuengland an. Ein Schiffskapitän kehrt mit einer Chinesin nach Salem heim, wo ihr bloß der Selbstmord bleibt. Eine Tochter aus gutem Hause entdeckt in *My Heart and My Flesh* (1927) von Elizabeth Roberts, daß sie zwei schwarze Halbschwestern hat. Zu einem eigenen Subgenre der Literatur wurde die *passing novel,* in der eine Figur vom schwarzen ins weiße Lager überwechselt.[19]

John Dos Passos, der sich so wütend über die sozialen Zustände seiner Zeit ausgelassen hatte, stammte aus einer wohlhabenden Familie portugiesischer Abkunft. Seine Eltern hatten ihn auf ausgedehnte Reisen in Europa und Mexiko mitgenommen, in England war er in den Genuß einer einjährigen Erziehung an einer Public School gekommen. Mit Walt Whitman hat er sich früh beschäftigt, in Harvard las er Gibbon und Veblen, später wurde er mit den Lehren von Karl Marx bekannt. Krieg und soziales Elend haben ihn zu einem Radikalen gemacht. Seine Essaysammlung zu spanischer Kunst und Kultur enthielt ein Kapitel über den Anarchisten Pio Barjoa. Eine Weile stand er der kommunistischen Partei nahe, ging zum Parteiapparat jedoch bald wieder auf Distanz. Kollektive Aktion war nicht seine Sache, er hat sich gewissermaßen re-individualisiert, weil er glaubte, daß die Person in großen Organisationen untergeht. Bereits in *Manhattan Transfer* sagt der Held dem Großstadtsumpf ade, bricht auf in Richtung »unbestimmte Zukunft« und ist bereit, dafür »ziemlich weit« zu gehen. Das junge Paar in *The Garbage Man* (1925) entzieht sich ebenfalls der tristen New Yorker Realität durch Flucht in eine einfachere Welt: »Irgendwo hoch oben, wo der Wind schieres Weiß ist.«[20]

Eugene O'Neill und das Drama

Das amerikanische Theater erreichte in den zwanziger Jahren erstmals internationale Bedeutung. Der dramatische Entwurf des Autors wurde wichtiger als die Konzeption des Theatermanagers oder die selbstgefällige Interpretation eines Bühnenidols. Noch gab es sentimentale Dutzendware, Salonstücke mit einem konventionellen Schluß, schlecht konstruierte Ehekomödien und Versdramen, die sich einer Sprache bedienten, in der noch kein lebender Mensch gesprochen hatte.[21] Unter dem Einfluß europäischer Dramatiker wie Ibsen, Hauptmann, Tschechow und Gorki lösten sich die Amerikaner jedoch vom »theatralischen« Theater vergangener Tage.

Wenigstens galt dies für die tonangebenden Ensembles. Die Provincetown Players fühlten sich besonders Strindberg verpflichtet. Die Theater Guild war angetan von der Berliner Reinhardt-Bühne, die 1927 in New York gastierte. Expressionistische Experimente von Georg Kaiser und Ernst Toller blieben nicht unbemerkt. Robert Sherwood orientierte sich in seiner Komödie *The Road to Rome* (1926) an George Bernard Shaw. Elmer Rice probierte nacheinander expressionistische und realistische Stilformen aus. *The Front Page* (1928) von Ben Hecht und Charles MacArthur kam zumindest sprachlich der Realität in einer großen Zeitungsredaktion nahe und entwickelte ein eigenes amerikanisches Flair. *In Abraham's Bosom* (1927) von Paul Green beeindruckte am Broadway durch die tragische Intensität seiner Figuren. Der herrschende Dramatiker der Zeit war jedoch Eugene O'Neill, der alle wichtigen Stilrichtungen – mit Ausnahme des sozialen Dramas – absorbierte und auf charakteristische Weise umsetzte.

O'Neills Eltern, ein Schauspielerehepaar, hatten ihren Sohn auf katholische Privatschulen geschickt. Von der Universität Princeton flog er bereits nach einem Jahr. Als Grund für seinen Hinauswurf wurde »general hellraising« angegeben. Nach der ersten von insgesamt drei Heiraten vagabundierte er durch die Welt, heuerte als Seemann an, unternahm in einer Absteige an der New Yorker Waterfront einen Selbstmordversuch und wurde knapp gerettet. Sein Leben war eine traurige Bestätigung dafür, daß die Sinneurose der Lost Generation nicht notwendig mit Kriegserfahrungen zu tun hatte. Nach einem längeren Sanatoriumsaufenthalt wegen Tuberkulose begann er sich für das Theater zu interessieren. 1916 nahm er die fruchtbare Verbindung mit den Provincetown Players auf. Psychoanalytiker haben seine Kreativität in engen Zusammenhang mit seinen persönlichen und familiären Problemen gebracht. Seine Mutter war rauschgiftsüchtig und über längere Zeiträume hinweg überhaupt nicht ansprechbar. Er kannte das Gerücht, daß sein Großvater freiwillig aus dem Leben geschieden sei. Nachdem sich O'Neills rastloses Umherwandern und die brutalen Besäufnisse als untaugliche Mittel erwiesen hatten, dem familiären Trauma zu entrinnen, und weil ihn die Tuberkuloseerkrankung daran hinderte, seine Komplexe auszuleben, transponierte er sie auf seine dramatischen Figuren. Ob diese psychoanalytische Deutung im einzelnen stimmt, ist fraglich. Jedenfalls hat sich O'Neill nach eigenem Bekunden stärker als von Freud von C. G. Jung und dessen Begriff des kollektiven Unterbewußten stimulieren lassen und gewissermaßen an die Vererbbarkeit des Unglücks geglaubt.[22]

In seinem ersten Mehrakter, dem zirka 1914 entstandenen Stück *Servitude*, spricht O'Neill bereits sein Grundthema an, die geistige Isolierung, den Egoismus, die Unfähigkeit, zu Personen und Dingen in Beziehung zu treten. Sein erstes Erfolgsstück, *Beyond the Horizon* (1920) gilt heute als mißglückt, war damals aber gut genug für einen Pulitzerpreis. Der Autor erweckte stellenweise den Anschein, als wollte er ausprobieren, wie oft das Wörtchen »beyond« in einem Dreiakter unterzubringen war. Zwei Brüder handeln entgegen ihrer natürlichen Veranlagung. Der Farmertyp geht auf große Fahrt, der Seemannstyp bleibt aus Liebe daheim und wirtschaftet prompt die Farm herunter. Der Tod wirkt auf ihn wie eine Erlösung, weil er ihn fortnimmt, »beyond the horizon«.

Emperor Jones (1920) stellte O'Neills Kraft als dramaturgischer Neuerer unter Beweis. Mit expressionistischen Techniken arbeitete er die atavistischen Ängste seiner Hauptfigur heraus, die zum enervierenden Klang von Tomtoms durch die Wälder einer karibischen Insel flieht, um rebellierenden Untertanen, aber auch sich selbst zu entkommen. *The Hairy Ape* (1922), ebenfalls expressionistisch angelegt, stellt die Frage nach dem »belonging« des Menschen, seiner Zugehörigkeit zu Natur und Geschichte. Yank muß feststellen, daß er in seiner Beziehungslosigkeit sogar einem Affen im Zoo unterlegen ist; der kann im Käfig wenigstens von grünen Dschungeln träumen. O'Neill hat die Figur des Yank einem Schiffsheizer nachgebildet, den er in seiner Seemannszeit kennengelernt hatte und der sich wenig später ins Meer stürzte.

Ein expressionistisch stilisierter Beitrag zur Rassenproblematik ist das 1923 uraufgeführte Stück *All God's Chillun Got Wings.* Ein Schwarzer aus einem Slum, der es zum Rechtsanwalt bringen will, heiratet eine ehemalige Prostituierte, die ihren latenten Rassismus nicht überwinden kann, systematisch das Selbstbewußtsein ihres Mannes untergräbt, darüber den Verstand verliert und in die Kindheit regrediert. *The Great God Brown* (1925), eines der wichtigsten Stücke O'Neills, läßt die Schauspieler mit Masken abrupten Charakterwechsel andeuten. Es ist kaum noch auszumachen, wann eine handelnde Figur die wahre, wann die angenommene Persönlichkeit herausstellt. Für O'Neill war das Leben ein Existenzkampf als »Maske unter Masken«. Wie in *Servitude* vermurkst auch hier der Mensch seinen Auftrag, über sich selbst hinauszuwachsen und die Unendlichkeit anzustreben. Solange er sich »nach innen« mit seinem Kampf als Maske abgeben muß, bleibt ihm nicht viel mehr als niedriger Zynismus und Gotteslästerung.[23]

Mourning Becomes Electra (1931) überträgt die Orestie des Aischylos auf eine neuenglische Familie des 19. Jahrhunderts. Dicht gesät hat O'Neill in dieser »Trilogie« Symbole der Flucht. Ein Teil der Handlung spielt auf einer Südseeinsel, und zwischendurch stimmt der Gärtner immer mal ein Seemannslied an. Nach antikem Muster läßt die Tochter Lavinia die Mutter durch den Bruder ermorden. Eine größere Zahl weiterer Toter bringt keine Befreiung. »Ich darf nicht lieben«, klagt Lavinia am Schluß. »Die Toten sind zu stark.« Viele halten dieses Drama für O'Neills Meisterstück, obwohl es nicht besonders sinnvoll erscheint, in griechische Gestalten das wieder hineinzulegen, was Freud seinerzeit aus ihnen herausgeholt hat. O'Neill hat zum »Tod der Tragödie« beigetragen, urteilte George Steiner, weil er die klassische Mythologie modernisierte und dadurch entwertete.[24]

O'Neill hat seine Grundthemen wenig variiert. Auch in den späteren Dramen *The Iceman Cometh* (1946) oder *Long Day's Journey Into Night* (1940, 1956) ging es um die Frage, was ist Larve, was Person. Eltern erscheinen als maßlose, mit Blindheit geschlagene Egoisten. Kinder entpuppen sich als lästige Anhängsel oder als tödliche Feinde. Direkte soziale oder politische Bezüge beschäftigen ihn weniger als das ewige Mysterium der menschlichen Seele, die böse Maske der Väter, die Flucht in die Freiheit *vor* der Geburt oder in den Tod. Die Suche nach »belonging« ist verlorene Zeit, verlorene Mühe. Man sollte sich lieber im Nebel verlieren, in einer geheimnisvollen Region, versteckt vor der Welt, fern menschlicher Berührung. Der sterbenskranke Sohn in *Long Day's Journey Into Night* trauert seiner Zeit als Seemann nach: »Ich löste mich im Ozean auf, wurde zu weißen Segeln und fliegendem Gischt ...«

Strange Interlude (1928) war am Broadway eine Sensation. In Boston wurde das Stück prompt verboten, worauf das Theater die Aufführungen in eine Vorstadt verlegte, wo man ungehindert spielen konnte. Die Bostoner hatten einen ganz besonderen Ruf, was die Freiheit der Künste anging. Die Zensurwelle von 1929 erfaßte neben einigen Bühnenstücken an die 70 Bücher, darunter *Dark Laughter* von Sherwood Anderson, *The Sun Also Rises* von Ernest Hemingway, *Blue Voyage* von Conrad Aiken, *Oil* von Upton Sinclair, *Nigger Heaven* von Carl Van Vechten und *Elmer Gantry* von Sinclair Lewis. Dazu kamen ausländische Autoren von Format, zum Beispiel Bertrand Russell, Lion Feuchtwanger, H. G. Wells, Warwick Deeping oder Aldous Huxley. Ein Buchhändler wurde von einem Geschworenengericht und später vom höchsten Gericht in Massachusetts für schuldig befunden, Theodore Dreisers *An American Tragedy* (1925) verkauft zu haben. Der Angestellte einer New Yorker Buchhandlung wurde verurteilt, weil er den *Reigen* von Arthur Schnitzler vertrieben hatte. *Hands Around* war der Titel dieses Raubdrucks, aber nicht der Bruch des Copyrights wurde verfolgt, sondern der »exquisite Umgang mit Ausschweifungen«, von denen im Vorwort die Rede war. Am Broadway ging die Polizei gegen Stücke von und mit Mae West und gegen das Drama *The Captive* vor, in dem die lesbische Liebe behandelt wurde. Als der Verleger Horace Liveright anbot, sich des Stücks anzunehmen, drohte ihm die Polizeibehörde damit, eine alte Klage gegen den von ihm verlegten Roman *Replenishing Jessica* von Maxwell Bodenheim wegen Obszönität wieder aufzugreifen.[25]

Im ganzen Land waren all diejenigen Publikationen vom Postversand ausgeschlossen, die sich als »obszön, geil, ausschweifend oder schmutzig« einstufen ließen. Ausgaben der *Little Review* mit einem serienweisen Abdruck des *Ulysses* wurden auf Geheiß des Postministeriums verbrannt. Eine wirksame Ergänzung der Postzensur leistete die Zollzensur. Einfuhrsperren wurden erlassen gegen die Bekenntnisse des Rousseau, die Werke von Rabelais, das *Decamerone* von Boccaccio, *Candide* von Voltaire, die *Versuchung des heiligen Antonius* von Flaubert und viele andere, in der übrigen Welt als klassisch anerkannte Werke der Weltliteratur. Bis 1930 lag die Entscheidung über den Obszönitätsgrad einer Schrift im Ermessen der Zollbeamten.

Die britischen und amerikanischen Ausgaben des 1929 in Florenz erschienenen Romans *Lady Chatterley's Lover* von D. H. Lawrence sind stark verstümmelt worden. Dasselbe gilt für die mehrbändigen, in Frankreich publizierten Lebenserinnerungen *My Life and Loves* von Frank Harris, die entweder vom Zoll konfisziert oder in entschärften Versionen auf den Markt gebracht wurden. Ein findiger Verleger hat sich nach dem Tod von Harris darangemacht, eine Fassung herauszubringen, die *nur* aus den bisher eliminierten Sexepisoden bestand – Reaktion auf eine Zensurpraxis, die nach Meinung des einigermaßen liberalen Richters Felix Frankfurter oft genug »das Haus niederbrannte, um das Schwein zu braten«.[26]

Lyrik

Vor der Jahrhundertwende herrschte in der amerikanischen Poesie die »genteel tradition« vor, ein scheinbar vornehmer und eleganter Stil, der von erlesenen Vokabeln und gekünstelten Bildern lebte und dessen Eigenart am zutreffendsten mit Gestelztheit umschrieben ist. Zwischen 1900 und 1920 nahm die lyrische Dichtung einen Aufschwung vom amateurhaften Do-it-yourself und vom altmodischen Viktorianertum. Die Nachfrage nach guter Lyrik stieg. Im Jahr 1900 wurden 200 verschiedene Gedichtbände verlegt, 1925 deren 400. Gerade in der kulturellen Isolation des Hinterlandes waren selbständige Poeten wie Edwin Arlington Robinson und Robert Frost herangewachsen.[27]

E. A. Robinson stammte aus einem Dorf im Bundesstaat Maine. Seine Familie zog ins benachbarte Gardiner, als er sechs Monate alt war. Er begann noch als Kind zu dichten, am liebsten in einem Schaukelstuhl, eine Gewohnheit, die er beibehielt. 1896 erschien mit *The Torrent and the Night Before* sein erster selbstfinanzierter Gedichtband. Einer seiner Brüder vertrank und verspekulierte das Familienvermögen, ein anderer war Morphinist. Er selbst bewegte sich am Rande des Alkoholismus, lebte jahrelang in tiefer Armut, war halbtaub, menschenscheu und voller Selbstzweifel.[28] Erst im Alter, mit seiner Verserzählung *Tristram* (1927), kam der öffentliche Erfolg; das Buch wurde über einen Buchclub vertrieben und er erhielt den Pulitzerpreis.

Robert Frost wurde in San Francisco geboren. Nach dem Tod des Vaters zog die Familie mit dem Elfjährigen nach Massachusetts. Zweimal brach er ein Studium ab, versuchte sich als Schullehrer, ging 1912 nach England, nachdem sich der Erfolg nicht so recht hatte einstellen wollen. Sein Leben wurde immer wieder von schweren Krisen überschattet, dem unzeitigen Tod einer Tochter, dem Selbstmord eines Sohnes, seine Schwester verlor den Verstand. Kritiker warfen ihm vor, sich nicht um die moderne Realität gekümmert zu haben. Im Herzen war er sicher konservativ, in der Zeit des New Deal hielt er an der individualistischen Ideologie fest und marschierte nicht nach links wie die Mehrzahl der Kollegen. »After Apple-picking« und andere Gedichte beweisen, wie sehr er herkömmliche Themen zu schätzen wußte, und doch zeigt sich bei ihm der gedankliche Aufbruch zu neuen Ufern. Die Krönung seines langen Dichterlebens, dessen größten Teil er auf einer Hühnerfarm in New Hampshire verlebte, war ein Auftritt bei der Amtseinführung von Präsident Kennedy. Frost, der sich nie einer modischen Richtung anschloß, war überzeugt davon, einen eigenen Weg gefunden zu haben:

> Two roads diverged in a wood, and I –
> I took the one less traveled by,
> And that has made all the difference.*

Ab 1919 veröffentlichte Louis Untermeyer Lyrikanthologien mit dem Titel *Modern American Poetry.* Sein 1920 erschienenes Buch *New Era in American Poetry* enthielt Kapitel über Robert Frost, Vachel Lindsay, Carl Sandburg, Edgar Lee Masters und James Oppenheim, den Begründer der Zeitschrift *The Seven Arts.* Das Erscheinungsjahr schien darauf hinzudeuten, mit dem Kriegsende habe eine neue Epoche in der Lyrik eingesetzt. Tatsächlich wirkte jedoch der Weltkrieg auf die Lyrik weniger transformatorisch als auf die Prosaliteratur oder auf das Drama. Ezra Pound hat in »Hugh Selwyn Mauberley« (1920) Anklage erhoben im Namen der Soldaten, die es den Lügen alter Männer verdankten, daß sie an der Front standen.[29]

> There died a myriad
> And of the best among them
> For an old bitch gone in the teeth,
> For a botched civilization.**

Die Revolte gegen die poetische Konvention, gegen eine erstickende Vergangenheit, gegen die Falschheiten der »genteel tradition« hatte freilich schon Jahre vor dem Krieg eingesetzt. Als Geburtsjahr der neuen Dichtung läßt sich das Jahr 1912 angeben, als Harriet Monroe in Chicago die Zeitschrift *Poetry* startete. Das Zentrum der Lyrik verlagerte sich von Neuengland und New York in den Mittelwesten und nach Europa. Erst in Chicago, zuletzt in Paris gab Margaret Anderson die *Little Review* (1914–1929) heraus, eine Zeitschrift für »angewandten Anarchismus«. Die radikalen Neuerer Ezra Pound und T. S. Eliot orientierten sich vornehmlich an außeramerikanischen Vorbildern und verbrachten den größten

---

* Zwei Wege teilten sich in einem Wald, und ich –
Ich nahm den weniger befahrenen,
und das war der ganze Unterschied.

** Es starben Millionen,
Darunter die Besten,
Für eine alte Sau mit verfaulten Zähnen,
Für eine verpfuschte Zivilisation.

Teil ihres Lebens in Europa. Die Mittelwestler Edgar Lee Masters, Carl Sandburg und Vachel Lindsay standen näher bei Walt Whitman.

Carl Sandburg, Sohn schwedischer Einwanderer, hatte in Puerto Rico am Krieg gegen Spanien teilgenommen und danach ein College besucht. Einer seiner Lehrer war ihm bei der Veröffentlichung seines ersten Büchleins behilflich, das den stürmischen Titel *In Reckless Ecstasy* (1904) trug. Danach wurde er Funktionär und Redner der Sozialdemokratischen Partei. Als Anhänger von Eugene Debs und Big Bill Haywood nahm er in Stockholm Kontakt mit Bolschewisten auf. In Chicago war er als Journalist tätig, Harriet Monroe druckte in *Poetry* einige seiner Gedichte. Mit »Chicago« (1916) gelang ihm eine Art Nationalhymne der mittelwestlichen Metropole. Seine Dichtung, eine Mischung aus Whitman, Imagismus und unverwechselbaren eigenen Einfällen, ist nach den zwanziger Jahren zu sehr in populistische Sentimentalitäten abgeglitten, um literarisch bestehen zu können.[30]

Vachel Lindsay, wie Sandburg ein großer Verehrer Abraham Lincolns, wollte an eine Erneuerung Amerikas glauben, die aus dem Mittelwesten kam, seiner Ansicht nach die geistige Mitte der Vereinigten Staaten, das Land des Bürgerkriegspräsidenten, des unerschrockenen Gouverneurs John Altgeld und des sprachgewaltigen Demokraten William Jennings Bryan. Lindsay, einer der Dichtervagabunden Amerikas, schied 1931, von Verlegern düpiert, von den Lesern fast vergessen, freiwillig aus dem Leben.

Die »New Poetry« vor, während und nach dem Ersten Weltkrieg zeichnete sich aus durch ein breites Stoffgebiet, durch formale Experimente und durch die Verwendung der gesprochenen Sprache. Das übergangslose Aneinanderreihen disparater Einheiten wurde nicht als Kunstfehler begriffen, weil Kontinuität auch in der Wirklichkeit bloß eine Illusion war und der Konstruktion des menschlichen Gehirns keineswegs entsprach. Gebrochene Strukturen schufen eine »räumliche Form«; die Teile des Gedichts existierten gleichzeitig nebeneinander und entsprachen in diesem Sinne der Realität. *Vers libre,* der ungebundene Reim, die freie Phrasierung wurden in Amerika als besonders dringlich empfunden, weil viele die herkömmliche Metrik mit dem englischen Charakter verknüpften.[31] William Carlos Williams verwendete die »runover line«, die mit »and«, »of« oder »the« endete, eine wildwachsende Prosodie, die sich absichtlich gegen die Gesetze der Grammatik, der Logik, der euklidischen Geometrie stemmte und die später von Dichtern wie Charles Olson und Robert Creeley aufgegriffen wurde. Williams machte seinen Zuhörern sogar weis, er habe das dehnbare Versmaß gefunden, in dem sich beliebig viele Silben und Betonungen unterbringen ließen.[32]

Die Schreibmaschine eignete sich recht gut dazu, mit neuen Formen zu experimentieren, allein schon wegen des unregelmäßigen rechten Zeilenrands. Dem kleinschreibenden e. e. cummings diente die Schreibmaschine dazu, altgewohnte Bedeutungen und Wortklänge aufzubrechen. Mit der Schreibmaschine ließen sich nach Belieben witzige Effekte erzielen. Don Marquis verewigte in *archy and mehitabel* (1927) eine Küchenschabe, der moderne Verse gelingen, weil sie die Taste für Großbuchstaben nicht drücken kann.

coarse
jocosity
catches the crowd
shakespeare
and i
are often
low browed*

Das literarische Klima der zwanziger Jahre und die Nachwehen des Dadaismus begünstigten Experimente jeder Art. Gedichte in teutonischem Pidgin-Englisch stellte die Baronin Elsa von Freitag-Loringhofen vor, ein dichterisches Unikum, das nackt und grünbemalt, mit Briefmarken beklebt oder mit Küchenutensilien behängt auf den Kostümbällen von Greenwich Village herumgeisterte.[33]

Ezra Pound, inspiriert vom Imagismus des Jules Romains, verlangte eine Reduktion der Sprache auf Fundamentales. »Zu viele Adjektive!« oder »Schmeiß die Inversionen raus!« lauteten seine Imperative. Selbst einer reichlich konservativen Lyrikerin wie Sara Teasdale hatte die Forderung nach einer Entrümpelung der Sprache eingeleuchtet. »Der Dichter«, schrieb sie, »darf seine Zeilen nicht überfüllen ...« Das Vereinfachungsprogramm der Imagisten hat in Amerika vielen zugesagt, darunter Marianne Moore und John Gould Fletcher, die im übrigen schwer oder gar nicht zu klassifizieren sind. Dasselbe gilt für schwarze Dichter der Zeit, für Countee Cullen, den Adoptivsohn eines Methodistenpfarrers in Harlem, oder für Jean Toomer, der sich nach seinem ersten Gedichtband *Cane* (1923) dem Mystiker Georg Gurdjieff anschloß und nach einem kosmischen Bewußtsein strebte. Ein eigenartiges Schicksal widerfuhr Laura Riding, einem außergewöhnlichen Talent; sie hatte es sich verbeten, in Anthologien aufgenommen zu werden und ist heute so gut wie vergessen.[34]

Mangels anderer sinnvoller Klassifizierungen sind Robert Frost, Wallace Stevens und T. S. Eliot einmal zu »poetischen Individualisten« zusammengeworfen worden. Wallace Stevens, ein Versicherungsanwalt aus Hartford (Connecticut), hat seinen ersten Gedichtband *Harmonium* (1923) im Alter von 43 Jahren herausgebracht. Das berühmteste Gedicht darin, »The Comedian as the Letter C«, schildert die Exotik der karibischen Welt, die Metamorphose der Vision Adams, die Sehnsucht nach kollektiver, harmonischer Bewegung. Stevens war privat ein distanzbewußter Herr, der manchmal den Eindruck erweckte, als wolle er die Leere in seiner Seele absichtlich kultivieren. Jedes »beyond«, das er in seiner Dichtung unterbringen konnte, hieß er willkommen, sei es »beyond the last thought« oder »beyond journalism«.[35]

* Etwa: Plumpe/Lustigkeit/ergreift die Menge/Shakespeare/und ich/sind oftmals/geistig unterbelichtet

Zentrale Bedeutung für die Entwicklung der modernen Dichtung kommt *The Waste Land* (1922) von T. S. Eliot zu. Dieses lange Gedicht ähnelt in der Form der filmischen Montage und bedient sich wie die *Cantos* von Ezra Pound der Collagetechnik. Pound hat die erste Fassung redigiert, gekürzt, entrümpelt, noch fragmentarischer und scheinbar zusammenhangloser gestaltet.[36] Eliot stellte die moderne Stadt als Wüste vor und machte die Errungenschaften der westlichen Moderne nach Kräften verächtlich. Seine Botschaft ist aber affirmativ in dem Sinn, als Tradition, Geschichtsbewußtsein, Konservativismus wieder etwas gelten sollen. Eliot wurde 1927 britischer Staatsbürger, *Ash Wednesday* (1930) brachte seine Hinwendung zum Anglokatholizismus.

William Carlos Williams, der Europas Geist für weit heruntergekommen hielt, beschuldigte Pound und Eliot, die europäischen Dichter nachzuäffen. *The Waste Land* habe die amerikanische Lyrik um zwanzig Jahre zurückgeworfen. Andere haben ihnen Unverständlichkeit vorgehalten. Diesen Vorwurf konterte Eliot für seinen Freund Pound mit dem Argument, Obskurität sei eine Frage der Gewöhnung. »Wie direkt, klar und methodisch finden wir heutzutage den Ulysses!«[37]

In einem kleinen Bergarbeiterort in Idaho wurde Ezra Pound geboren, seine Familie zog aber bald in eine Vorstadt von Philadelphia. Schon als Kind hat er sich für Dichter und Dichtung interessiert. Er absolvierte mit Auszeichnung ein College, flog als Lehrkraft von einem anderen, setzte sich nach Europa ab, lebte in Venedig, Paris und London. Sein Leben wirkte auf Freunde wie eine permanente Flucht vor heimatlichem Boden. In Amerika hatte er den Anschein erweckt, als wolle er ins Ausland gehen, in England vermittelte er den Eindruck, als sei er eben im Begriff, über den Kanal zu setzen. Seine rastlose Tatkraft war schwer von Zappelei zu unterscheiden, wußte T. S. Eliot zu berichten. Seit 1924 lebte er in Rapallo an der italienischen Riviera.

Das »moving image« ist zu einem Charakteristikum seiner Poesie geworden. Für ihn war das dichterische Bild eine Sache des Augenblicks, ein Komplex, der das Gefühl plötzlicher Befreiung und die »Lösung aus zeitlichen und räumlichen Schranken« brachte. Das reine Bild ohne überflüssige Vergleiche und Eigenschaftswörter überwand den Konventionalismus der europäischen und amerikanischen Lyrik und revidierte das »schön Geschriebene« durch einen Stil, den Pound »hart« nannte; er verzichtete auf alles, was ablenkte. In diesem Punkt hatten Pound und Hemingway eine Gemeinsamkeit.[38] Der Imagismus, wie Pound ihn verstand, erinnerte an die chinesischen Schriftzeichen: jedes Wortsymbol gründete auf einem Bild. Pound hat das übergangslose Aneinandersetzen von Bildern in seine Poesie übernommen. Als Beleg zitiert man gern ein haiku-artiges Gebilde:

The apparition of these faces in the crowd;
Petals on a wet, black bough.*

---

* Das Erscheinen dieser Gesichter in der Menge; Blütenblätter auf einem nassen, schwarzen Ast.

Als sich die ebenso rührige wie exzentrische Dichterin Amy Lowell (*Pictures of a Floating World*, 1919) des Imagismus bemächtigte, distanzierte sich Pound von den Vertretern dieser Richtung, verspottete sie als Amygisten und wandte sich unter dem Einfluß von Wyndham Lewis und des Bildhauers Henri Gaudier-Brzeska dem Vortizismus zu. Dieser vage definierten Schule ging es um die Intensität des Ausdrucks von Vorstellungen, die allesamt vom Sog in einen Strudel hineingerissen wurden. Pound hat keine vortizistischen Gedichte geschrieben, es sei denn, man bezeichnet die *Cantos* als solche, deren erste 1917 in *Poetry* erschienen und sich über einen Zeitraum von 55 Jahren erstreckten.[39]

In den dreißiger Jahren wandte sich Pound politischen und wirtschaftswissenschaftlichen Fragen zu. In Rundfunkansprachen über Radio Rom versuchte er, seine amerikanischen Landsleute gegen den Krieg, gegen Roosevelt und gegen die angebliche Herrschaft der Juden aufzubringen. Bei Kriegsende wurde er in ein Straflager nördlich von Pisa gebracht und in einen Stahlkäfig gesperrt. Nach einigen Monaten wurde er nach Washington geflogen und in einer gerichtlichen Voruntersuchung für nicht verhandlungsfähig erklärt. Zwölf Jahre verbrachte er im Bundeshospital St. Elizabeth für Geisteskranke in Washington. Der Verleger Bennett Cerf weigerte sich, Texte des »Faschisten« und »Verräters« Pound zu drucken. In der *Saturday Review of Literature* schrieb ein Dichterkollege, wer wie Pound Chinesisch lernen kann, sei auch gesund genug, aufgehängt zu werden.[40] Einen Skandal rief die Entscheidung der staatlichen Library of Congress hervor, Pound für die »Pisaner Gesänge« einen Literaturpreis zuzuerkennen, während doch der Geehrte von Staats wegen als Irrer galt. Die Justiz gab schließlich dem Drängen angesehener Schriftsteller auf Freilassung nach. Pound kehrte nach Italien zurück. Er starb 1972 in Venedig, wo er 1908 auf eigene Kosten seinen ersten Gedichtband *A Lume Spento* herausgebracht hatte.

XXIV. Kapitel

DIE DYNAMIK DER SPRACHE

Die *Modern Language Association* wurde 1883 an der neuerrichteten Johns Hopkins-Universität ins Leben gerufen. Sie war nur dem Namen nach modern und schenkte ihre Aufmerksamkeit mitnichten neuzeitlichen Sprachformen. Erst H. L. Mencken mit seinem mehrfach ergänzten Standardwerk *The American Language* (1919), die Mitglieder der *Linguistic Society* (1924) und die Herausgeber der Zeitschrift *American Speech* (1925) haben die amerikanische Gegenwartssprache systematischer inspiziert. Als Hauptkennzeichen des amerikanischen Englisch stellte Mencken die Offenheit für neue Wörter heraus, die Kompaktheit und Direktheit, vereinfachte Schreibweisen und einen unbekümmerten Umgang mit der Grammatik, einen relativen Mangel an Adjektiven und Adverbien sowie weniger feine Bedeutungsabstimmungen. Zwei Gegner nahm Mencken mit Vorliebe ins Visier, wenn es um sprachliche Streitfragen ging: das übereifrige Schulfräulein und den englischen Spracharistokraten. Die Diktion des britischen Englisch hatte nach seinem Empfinden etwas Mauvefarbenes, etwas Episkopalisches, etwas Ephebisches an sich. Mit einiger Genugtuung stellte er nach über zwanzig Jahren Sprachforschung fest, man müsse sich nicht mehr entschuldigen, wenn man Amerikanisch schreibt.[1]

Ein weiteres Kennzeichen des Amerikanischen ist seine nationale Einheitlichkeit. Die Bewohner der nordenglischen Provinzen Trent und Tweed können sich in ihrer Aussprache stärker voneinander unterscheiden als alle nordamerikanischen Dialekte zusammengenommen. Hierfür ist in erster Linie die hohe Mobilität der Amerikaner ursächlich. Sie verhinderte mit wenigen Ausnahmen die Bildung sprachlicher Enklaven. Regionale und ethnische Besonderheiten werden von dieser allgemeinen Aussage nicht berührt. Der Bostoner Bürger sagte seit den Tagen von Silas Lapham *ha'sh* statt *harsh*, und der Südstaatler behielt die charakteristische Form *you-all* bei, was soviel heißt wie »you and your folks« und deshalb niemals im Singular zu verwenden ist. Schwarze kultivierten »Black English«, um rassischen Stolz zu demonstrieren. Gebildete Schwarze machen sich manchmal einen Spaß daraus, das Standard-Englisch der Weißen zu parodieren, Weiße wiederum haben schwarze Sprachgewohnheiten umstandslos übernommen.[2]

Aufgrund der kulturellen Abgeschiedenheit zur Kolonialzeit sind in Nordamerika einige ältere Sprachformen erhalten geblieben. Belege dazu liefern Wortschatz, Aussprache, Satzbau und Beugungen. In England wurde *gotten* zu *got,* in Amerika blieb die alte Form umgangssprachlich erhalten. Analoges läßt sich für das Französisch der Kanadier und das Spanisch der Südamerikaner sagen.[3] Das Charakteristische am amerikanischen Englisch ist freilich nicht die Beibehaltung einiger Relikte sondern die dynamische Veränderung.

Sprachforscher der USA haben entschlossener als Gelehrte anderer Länder einen evolutionären Ansatz vertreten: Wenn sich der Alltagsgebrauch mit den Sprachregeln beißt, müssen die Regeln geändert werden, nicht der Sprachgebrauch. Grammatik wurde nicht als final oder statisch begriffen, sondern als vorläufige Kodifizierung tatsächlicher Sprachgewohnheiten. Der Pionier dieser Auffassung war kein geringerer als Noah Webster. Dem sprachlichen Wildwuchs wurde oft mehr Interesse entgegengebracht als wohlgesetzten Worten. Der grammatisch Ungeschulte konnte mit Verständnis rechnen. So schrieb einer der Herausgeber der *Webster Dictionaries:* »Unterdurchschnittliche Schüler machen keine ›Fehler‹. Sie reden und schreiben einfach in ihrer eigenen Sprache.« Tatsächlich weisen Abweichungen von der Standardsprache Regelmäßigkeiten auf, sie sind keine reinen Zufallsprodukte. »Bad grammar« hat in Folksongs und Comics Tradition. Doppelte und mehrfache Verneinungen gereichen zum Schrecken der Schulmeister, sind nach Überzeugung von Sprachforschern jedoch nicht falsch. Bildungen wie »I ain't never done nothin' nohow« sind von H. L. Mencken genüßlich referiert worden. Mencken, ansonsten ein hämischer Kritiker seiner Landsleute, hat der Sprache des *common man* mehrbändige Liebeserklärungen gewidmet, die sprachliche Phantasie einfacher Leute gepriesen und die Unbekümmertheit bewundert, mit der sie aus den Adjektiven *pink* und *safe* die Verben *to pinken* und *to safen* gemacht haben.[4] In der Umgangssprache wird ein Adverb rasch zum Adjektiv, und nach einer Weile ist es nicht mehr falsch, *go slow* oder *I feel bad* zu schreiben. Am häufigsten ist der Funktionswandel vom Hauptwort zum Eigenschaftswort, dann vom Adjektiv zum Substantiv und vom Substantiv zum Zeitwort. Wo es keine académie française gab, keine Darmstädter Akademie und keine Duden-Redaktion, konnte dem »Wunsch nach kreativer Selbstäußerung«, wie Noam Chomsky ihn versteht, nachgegeben werden.

Daß der allgemeine Wortschatz bei 6000, der aktive Wortschatz bei nur 1000 Wörtern gelegen haben soll, hätte Mencken bestritten. Für ihn ging die Zahl in die Zehntausende. Betrachtet man allein die Zahl der Wortneuschöpfungen, ist man versucht, ihm recht zu geben. Die zwanziger Jahre waren eine Zeit, in der man alte

Dinge neu und neue Dinge erstmals benannte. Neologismen wie *joy-ride* für Ausflugsfahrt, *high-brow* für Intellektueller, *frame-up* für Komplott und *has-been* für eine gewesene Größe stellten Erfindungskraft, Sprachwitz und Flexibilität unter Beweis. Mencken gab seinen Landsleuten mit den seit 1919 erschienenen Bänden zur *American Language* die Gewißheit, daß Schöpfungen wie *sob-sister* (Briefkastentante), *lounge-lizard* (Salonlöwe) und *loan-shark* (Kredithai) von einem lebendigen Sprachgefühl zeugen und tatsächliche Bedürfnisse decken. Die Parteien hofierten *fatcats*, reiche Männer mit Spendierhosen. *Scofflaws* setzten sich übers Alkoholverbot hinweg. Die Werbung kreierte das Wort *halitosis* für Mundgeruch. Neologismen kamen und gingen manchmal so rasch, daß sie von Lexikographen unbemerkt blieben. Bei anderen ließ sich die Herkunft beim besten Willen nicht nachweisen, etwa bei dem vielgebrauchten *phony* oder *phoney* für lautes, angeberisches Gehabe.[5]

Theater und Vaudeville steuerten eine Vielzahl neuer Prägungen bei: *star, box-office, one-night stand* oder *back-stage.* New Yorker Bühnenmenschen bezeichneten jedes Publikum außerhalb der Stadt als *dog.* An ihm probierte man neue Stücke aus: *to try it on the dog.* Die Filmsprache entlehnte Begriffe aus der Theaterwelt, schuf aber auch Eigenes, wie den *breakaway,* jedes Objekt aus leichtem Material, das plangemäß in Stücke geht, wie der Stuhl, der auf dem Kopf des Bösewichts zerbricht. Wortneuschöpfungen aus Hollywood und vom Broadway, aus Zeitungen und Comics, von Sportreportern und Radiosprechern sind nach England exportiert worden: *phony, high-brow, get-away, lounge-lizard, to be tickled pink, hijacker* (eventuell von »Stick 'em up high, Jack«) oder *rubberneck* als Schimpfwort für eine neugierige Person. Das Amerikanische hat das Englische an Erfindungsreichtum übertroffen. Journalisten sind in den USA auch nach ihren neologistischen Fähigkeiten eingestuft worden. Dem populären Kolumnisten Walter Winchell wurden Bildungen wie *lohengrined* für verheiratet, *storked* für schwanger und *Reno-vated* für geschieden zugeschrieben. Den Times Square taufte Winchell in *Hard-Times-Square* um, den Broadway belegte er mit dem wenig schmeichelhaften Epitheton *Hardened Artery.* Beim Tod des einflußreichen Kommentators Stewart Alsop wurde eigens hervorgehoben, daß er die Bezeichnungen *egghead* und *Irish Mafia* unter die Leute gebracht hatte.[6]

Modewörter sind mitunter lediglich durch die Anfügung von Vor- oder Nachsilben entstanden. Etwa seit 1920 wurden Zusammensetzungen mit *super-* ausgeschöpft. Anders als in England, wo die Nachsilbe *-ness* stärker in den Vordergrund rückte, haben Amerikaner Modewörter mit *-dom* gebildet, zum Beispiel *filmdom, stardom, flapperdom, gangsterdom* oder sogar *crosswordpuzzledom.* Die Nachsilben *-ette* und *-ee* setzten sich bei *kitchenette* oder *sermonette,* bei *escapee* oder *trainee* durch.[7]

Bei aller Liebe zur Einfachheit und Direktheit hat der Amerikaner seit jeher eine Vorliebe fürs Hochtönende. Die *New York Times* vermutete, ein echter Amerikanismus habe entweder kurz oder knallig wie *creek* oder *squaw* zu sein oder leicht phantastisch wie *calaboose* oder *gerrymander.* Elmer Gantry in Sinclair Lewis' gleichnamigem Roman läßt Begriffe wie Hermeneutik, Chrestomathie und Exegesis förmlich auf der Zunge zergehen, ohne im mindesten zu wissen, was sie bedeuten. Bescheidene Grundgegebenheiten sprachlich zu erhöhen, gehört zum *American way of life.* So wurde aus der Kneipe der *saloon* und aus dem Kleinstadttheater das *opera house.* Die Abneigung gegen servile Tätigkeiten machte aus dem *dogcatcher* einen *canine control officer,* aus dem Bettenfabrikanten einen *mattress engineer* und aus dem Schuster einen *shoetrician.* Mencken selbst prägte für den vornehmen *bootlegger* – nach der in hohen Stiefeln verborgenen Kontrabande – die Bezeichnung *bootician.*[8]

Die sprachliche Übertreibung machte das Wesen der *tall tales* aus, und einen Kohlenhändler, der seine Ware mit dem Ruf »hotter than sunshine« vertrieb, durfte man getrost zu den Erben der Frontiertradition rechnen. Die amerikanische Neigung zum Superlativ und Hyperbolischen hat aber auch einen technischen Grund, meinte der englische Kulturanthropologe Geoffrey Gorer: die sprachliche Assimilation der Einwanderer. Weil die Immigranten nur einen begrenzten Wortschatz erwarben, gingen die Subtilitäten des Englischen unter. Bedeutungsnuancen wurden mit starken, extremen Begriffen zugedeckt.[9] Daher rührt der inflationäre Gebrauch von *wonderful, great, very nice, I hate it* oder *I just love it.*

Eine der ersten Erfahrungen von Einwanderern war sprachlicher Art: die Amerikanisierung des Eigennamens. Aus dem Syrer *Haddad* wurde ein *Smith,* und *Wadi' Mu'anwad* hieß plötzlich *Edward A. Maynard. Schröder* verwandelte sich in *Schrader, Roggenfelder* in *Rockefeller* und *Krankheit* in *Cronkhite.* Ebenfalls aus Deutschland stammten die Namen *Custer* und *Hoover. Buffalo Bill Cody* hieß ursprünglich *Kothe* oder *Köthe.* Von allen Minderheiten waren die Juden am ehesten zum Namenswechsel entschlossen. Zum einen suchten sie mit diesem Schritt antisemitischen Rempeleien zu entgehen. Außerdem war vielen der Familienname erst vor relativ kurzer Zeit – in Deutschland und Österreich um 1800 – behördlich aufgezwungen worden. Wo keine sentimentalen Bindungen an den eigenen Namen bestanden, fiel es leicht, *Bernheimer* in *Burton* umzuändern, *Wolfsohn* in *Wilson, Blumenthal* in *Bloomingdale* oder *Gelbfisch* in *Goldwyn.* In einem satirischen Zeitroman benannte sich ein Herr *Ginzberg* nach Vorbild der Mountbattens alias Battenbergs in *Mountginz* um. Trotz der hohen jüdischen Änderungsquote war *Cohen* eine Zeitlang der häufigste Familienname in Brooklyn.[10]

Einige Verben aus der deutschen Verkäufersprache haben befristet im Amerikanischen Platz gegriffen, zum Beispiel *to schlepp, to schmeer, to schmiss* und *to schneid.* In der Mehrzahl jedoch sind die Lehnwörter aus dem Deutschen Hauptwörter. Die meisten entstammen dem gastronomischen Sektor: *stollen, smear case, springerle, blutwurst, liverwurst* und der ebenfalls nur halb übersetzte *sourbraten.* Der *loafer* im Sinne von Taugenichts kann sich von *laufen* herleiten, der *bum* von *Bummler.* Kurzwörter wie *nix, ouch* oder *phooey* sind fast jedem Amerikaner vertraut. Lincoln gebrauchte einmal die Wendung »nix come herous«. Die Leichtigkeit, mit der Komposita gebildet werden, geht möglicherweise auf den deutschen Spracheinfluß zurück. Im Gegensatz zu hausbackenen deutschen Bildungen sind im Amerikanischen zusammengesetzte Wörter »elliptisch«, das heißt, sie erklären sich nicht selbst wie die aus dem Deutschen übernommenen *festschrift, saengerfest* oder *hausfrau.* Man muß den Bedeutungshintergrund kennen, will man *soap opera, disc jockey* oder *wetback* verstehen.[11]

Nach dem Ersten Weltkrieg sind verschiedene nordamerikanische Ortschaften mit dem Namen *Berlin* umgetauft worden, darunter das *Berlin* im kanadischen Ontario, das heute *Kitchener* heißt. Aus *Brandenburg* in Texas wurde *Old Glory,* aus *Potsdam* in Missouri wurde *Pershing,* womit nicht viel gewonnen war, denn der Name des siegreichen US-Generals war um 1750 von einem gewissen Friedrich Pfoersching nach Pennsylvania gebracht worden.[12] Vorbehalte gegen die deutsche Sprache sind in den USA nie ausgeräumt worden, einmal aus politischen Gründen, dann auch, weil deutschamerikanischen Einwanderern selbst nach längerem Aufenthalt ein schwerer Akzent eigentümlich bleibt.

Nach allgemeiner Auffassung wird in fremder Umgebung die Muttersprache besonders bedeutungsvoll, weil sie Kindheitserinnerungen trägt und mit den ersten Objektbeziehungen verknüpft ist. Ebenso richtig ist aber, daß die Muttersprache des Immigranten von der Kraft des Englischen überwältigt wird und ein Kauderwelsch entsteht wie das des deutschen Malers und Graphikers George Grosz, der sich in Amerika als »ein gehaunteter Mensch« vorkam. Dies gilt sogar für Sprachgruppen, die relativ abgeschieden von der englischsprechenden Mehrheit lebten. Die Zeitschrift *Herold der Wahrheit* der Amish-Sekte in Iowa ist in einem seltsamen Mischmasch aus englischer Syntax und Mennonitendeutsch abgefaßt: »Das ewige Leben in Christo Jesu ist was wir alle streben dafür. Wenigstens wir hoffen das sei der Fall ... Und ohne die Liebe und die Frucht, ist es mir bange wir sind verlorene Seelen.« Die gesprochene Sprache der Hutterer ist ebenfalls stark mit Amerikanismen untermischt: *päddeln* (von to peddle) heißt hausieren, *Käspie* steht für Käsekuchen, *Enschein* (von engine) für Maschine, *Gortnstuff* (von gardenstuff) für Gemüse und *Titscherin* (von teacher) für Lehrerin. »Ändi, behäf di«, wird das hutterische Kind ermahnt, wenn es sich *anzivileist* (uncivilized) benommen hat.[13]

»We have Bucko Madamozels over here«, schrieb aus der Etappe in Frankreich ein Soldat an die Familie daheim in Virginia. Amerikaner haben ihre eigenen Vorstellungen von der französischen Aussprache. Harry's Bar in Paris empfiehlt prospektiven Gästen, dem Taxifahrer »sank roo doe noo« als Adresse anzugeben, was so viel heißen soll, wie 5 rue Daunou. Die junge Amerikanerin in Edith Whartons Roman *The Custom of the Country* (1913) tut sich so schwer mit

Wörtern wie *meemo'rs* und *undoolay* (ondulieren), daß sie lieber unter Landsleuten bleibt. Lehnwörter aus dem Französischen wie *prairie* oder der nach dem Gründer Detroits benannte Luxuswagen *Cadillac* sind im Amerikanischen nicht allzu häufig und erreichen keinesfalls die Zahl von rund eintausend französischen Wörtern, die zeitweise im britischen Englisch kursierten.[14]

Dauerhafter und zahlreicher als die Anleihen aus dem Französischen waren die spanischen, meist aus Mexico importierten Lehnwörter: *marijuana, corral, rodeo, stampede, filibuster, tortilla, poncho, bonanza, incommunicado.* Das Wort *cafeteria,* im Kubanischen ein Kaffeegeschäft bezeichnend, regte vor allem in den zwanziger Jahren zu analogen Bildungen an, zum Beispiel *spaghetteria, radioteria, wrecketeria* (ein Ausschlachter) oder *casketeria* (ein Bestattungsunternehmen).[15]

1929 wurden auf dem Staatsgebiet der USA 2200 klassische Ortsnamen gezählt, darunter 31mal Troja (*Troy*), 22mal Athen, 20mal Sparta und 19mal Karthago (*Carthage*). Die antikisierende Toponymie kann nicht verhüllen, daß das Interesse der Amerikaner an toten Sprachen im Laufe des 19. Jahrhunderts stark zurückging und recht peinlichen groben Sprachfehlern Vorschub leistete. Bildungen wie *It is perfect enough,* sinnlose Trennungen à la *callig-raphy* oder die Formulierung *the gravamen of his complaint* aus der Feder eines der bekanntesten Historiker deuten das Ausmaß des Unvermögens an.[16]

Der New Yorker Stadtteil Brooklyn war jahrzehntelang ein riesenhaftes Einwandererquartier, in dem man ein »glottales Gulasch« aus Holländisch, Jiddisch, Irisch, Italienisch und Mohawk vorfand. Linguistische Probleme gehörten fast überall in den USA zur Routine von Ämtern und Behörden. Die Amerikanisierung hat seltsame Wege genommen. Slawische Hilfsarbeiter benannten sich nach ihrem Vormann *Kelly* um, weil sie dessen Namen für angelsächsisch hielten. Jüdische Eltern zeigten sich von schottischen Vornamen wie *Milton, Sidney* oder *Mortimer* angetan. Bekannt sind normannisch-jüdische Kombinationen wie Norman Mailer oder Norman Podhoretz. Der Sprachphantasie waren bei der Namensgebung fast keine Grenzen gesetzt. Schwarze ließen sich von aktuellen Eingebungen leiten und tauften ihre Kinder auf *Radio, Prohibition* oder *Blitzkrieg.* In Oklahoma tauchte ein *E. Pluribus Unum* auf, aus Georgia wurde ein *Willie 3/8 Smith* überliefert. Ortsnamen kamen auf synthetische Weise zustande. *Kenova* ist ein Akronym aus Kentucky, Ohio und West Virginia, *Reklaw* ist nichts anderes als Walker von hinten gelesen.[17] Der als letzter im Telefonbuch von Manhattan eingetragene Fernsprechteilnehmer hieß Zzzyandottie, ein Mensch, der es offensichtlich auf einen Rekord angelegt hatte.

Wortspiele und andere Sprachspielereien sind mit der Disposition von Einwanderern zusammengebracht worden: Sie hörten die fremde Sprache wie Kinder, denen eine besondere Begabung für Wortspiele nachgesagt wird. Der wortspielerische Umgang mit der Sprache übe eine zentrifugale Wirkung auf den Diskurs aus, weil das Korsett der Sprachregeln gesprengt werde, behauptete ein Wortspielforscher namens Sherzer. Die Lastwagenfahrer im pennsylvanischen Kohlenrevier schrieben *Miss Ann Thracite* auf ihre Fahrzeuge. Ferienhäuser in Erholungsgebieten trugen witzige Aufschriften wie *Hatetoleaveit, U Kan Kum Inn, Kamp Takiteze* oder *Wendoweat.* Geschäftsleute ließen sich wortspielerische Firmennamen einfallen. Eine Metzgerei hieß dann *The Meating Place*, eine Hühnerbraterei *Marcho Pollo,* eine Uhrmacherei *Time Out* und ein Möbelspediteur *Gutenberg's Moveable Types.*[18]

Der Historiker Daniel Boorstin vermutete, aus einem guten Slanglexikon sei mehr über Amerika und die Amerikaner zu erfahren als aus jedem sozialgeschichtlichen Werk. Im 19. Jahrhundert sind Bordelle verschleiernd als *cathouses, cribs, riding stables* oder *sporting houses* bezeichnet worden, schwarze Prostituierte als *dark meat.* Die meist recht stattlichen Brünhilden in den Burlesquen des Vaudevilletheaters nannte man *hillhorses* oder *beeftrusts.*[19]

Die modernere Bühnensprache hat Elemente der Vaudevillesprache übernommen, etwa *patter* für den gesprochenen Text zu einer Darbietung oder *S&D* für *song and dance.* Auf den Stripteasebühnen wurde *bump* für den aufreizenden Hüftschwung und *falsies* für falsche Einlagen geläufig. Eine hübsche Frau ist mit *cutie, babe, eyeful, pip* und anderen Slangausdrücken belegt worden. Ein *bust-up* war eine zerbrochene Romanze, *boyology* die Kunst, Männer zu angeln, der *beausom* ein schöner Busen, *to pick her cherry* ein Euphemismus für entjungfern. Der Besitzer eines *speakeasy* kam auf *powder-room* für Damentoilette, an Frauencolleges wurde dieser Ort erstmals als *john* bezeichnet.[20]

Seit der Mitte des vorigen Jahrhunderts hat es Initiativen gegeben, das Dilemma von *his* und *her* zu überwinden und *thou* statt *he or she* zu gebrauchen; *his and her* zu *hiser* zusammenzuziehen oder zu *hizzer; he and she* zu *hesh* oder *ha,* deklinierbar als *hez* oder *hem* oder es mit einer Kombination aus *hes, her* und *hem* zu probieren. Keiner dieser Vorschläge, so berichtet Mencken, habe Begeisterungsstürme ausgelöst.[21] Auch heute ist das Problem des *»pronoun envy«* noch ungelöst.

Devil's Dictionary (1911) hatte Ambrose Bierce seine Sammlung aus dem Sprachschatz des Zynikers genannt. Aus der Erforschung von Schimpfwörtern ist eine eigene Disziplin geworden, die Malediktologie. Verbale Aggression hatte in Amerika sehr oft mit ethnischen Rivalitäten zu tun. *Irish confetti* hießen im 19. Jahrhundert die Ziegelsteine, mit denen irische Arbeiter ordnungsstiftende Polizisten empfingen. Nach der jüdischen Masseneinwanderung war an den Colleges der Ostküste das Fach Betriebswirtschaft als *Jewish engineering* verschrien. Beim Militär liefen Versorgungseinheiten unter der Bezeichnung *Jewish cavalry,* und der Knoblauch war als *Bronx vanilla* bekannt. »Achthronyme« beliebte Mencken ethnische Beschimpfungen zu nennen. Im übrigen machte er sich einen Jux daraus, gegen ihn gerichtete Invektiven in einem eigenen *Schimpflexicon* zusammenzutragen.[22]

Die Reform des Gemeinwesens umschloß für Theodore Roosevelt eine Rechtschreibreform, die allerdings in den Anfängen steckenblieb. *Through* taucht hin und wieder als *thru* auf, doch niemand wollte dem Präsidenten darin folgen, *missed* als *mist* zu schreiben. Eine Vereinfachung der Orthographie ließ sich nicht amtlich verordnen, sie hat sich gerade in Amerika seit je ihre eigenen Gesetze gegeben. Eigennamen wurden im allgemeinen verkürzt, Browne zu Brown, Greene zu Green, Harrison zu Harris und Newborough zu Newburgh. Lediglich an sehr kurze Namen wie Hay oder Brook ist gerne ein -s angefügt worden. Aber das irische McGillicuddy reichte in Amerika für zwei Namen, Mack und Gill. Ähnlich verfuhr man mit tschechischen, griechischen und skandinavischen Nachnamen. Als sich ein russischer Jude namens Kabotchnik in einen Cabot verwandelte, prozessierte die Altbostoner Familie dieses Geschlechts dagegen und verlor. Kosenamen wie Sam, Fred, Ed, Pete, Mike, Dan oder Jack sind zu regulären Vornamen geworden. Bei Ortsnamen fielen Apostroph (*St. Marys*) und Akzent (*Santa Fe*) weg. Aus dem *grocery store* bildete sich sprachverkürzend die *grocery*, analog dazu die *shoe fixery, dough-nutery* und *chowmeinery. Phone* genügte statt *telephone, gym* statt *gymnasium, gas* statt *gasoline* und *flu* statt *influenza. Co-ed* aus *co-educational* für Studentin läßt sich seit 1889 nachweisen. Wer um das Jahr 1906 zum erstenmal *movie* sagte statt *moving picture* ist nicht mehr feststellbar.[23]

Mencken erklärte die Abkürzungsmanie mit der Tendenz seiner Landsleute, Zeit zu sparen, wo es ging. Die Vorstellung, das Leben sei kurz, sei verbreiteter gewesen als in Europa. Man drückte aufs Tempo, machte der Sinn für raschen Zugriff doch die Seele des Geschäftslebens aus. *O.K.* soll 1839 in Boston aufgetaucht sein, als Abkürzung für ein falschgeschriebenes »oll korrekt«; die Spekulationen über die Herkunft füllen einen ganzen Aktenbock. *K. o.* für »knock-out« kam nach 1900 in Gebrauch. *Snafu* für »situation normal, all fucked up« könnte leicht aus dem Militärischen stammen. *Fubar,* die Steigerung dazu, steht für »fucked up beyond all recognition«. Im Showbusiness hat sich vor allem die Branchenzeitschrift *Variety* mit Abkürzungen hervorgetan (*indie distrib outfits*). Sie sind Laien kaum noch verständlich.[24]

Die unkomplizierte Ableitung von Verben aus Substantiven zeigte sich an dem Wort *streamline,* ein Begriff aus der Hydrodynamik, der als Verbum *to streamline* bald für alle Arten der Beschleunigung oder der Vereinfachung stand. Aus *to make contact with* wurde das kürzere *to contact,* als *kontaktieren* inzwischen auch im Deutschen verwendet. Den direkten Weg vom Hauptwort zum Zeitwort sieht man den Bildungen *to service, to highlight* und *to research* noch an. *To air* heißt senden. *To jew down* für herunterhandeln ist ein Amerikanismus, der von *to jew* (betrügen) kommt. Aus den zwanziger Jahren wird sogar ein *to New Thought* gemeldet, nach einer esoterischen Denk- und Lebensschule.[25]

Es ist eine amerikanische Gewohnheit, Raum in Bewegung umzuwandeln oder Räume dynamisch zu durchdringen. Die Sprache spiegelt diese Eigenart wider.

Seit den 1830er Jahren sagt man über einen Wahlkampfkandidaten *he runs for office*, vorher hieß es *he stands for office.* Dem Präsidentschaftsbewerber wird ein *running mate* beigesellt, den er im Wahlkampf allerdings kaum zu Gesicht bekommt und den er nach dem Wahlsieg selten um Rat fragt. Was im Deutschen ein »stehender Witz« ist, ist unter Amerikanern ein *running gag,* das »ständige Anliegen« wird dort zum *going concern* und die Pfandflasche hieß zeitweise *no go bottle.* »The dollar doesn't *go* as far as formerly« hieße auf deutsche Verhältnisse übertragen: »Man *kriegt* für die Mark nicht mehr so viel wie früher.« *To go* ist neben *to get* eines der am häufigsten verwendeten Verben: *to go for, to go in for, to go it alone, to go it blind, to go him one better, to go the whole hog* ... Seit Horace Greeleys *go west!* haben sich Amerikaner am Wörtchen »go« berauscht. *Go* ertönt als Schlachtruf auf den Rängen der Sportstadien – *Go, Canada, go* – und beim *pep talk* in den Kabinen der Spieler. Der im Football schier zur Legende gewordene Trainer Knute Rockne putschte seine Mannschaft etwa so auf: »Hit them hard and take the heart out of them in the first few minutes; and you men in the backfield play heads-up football all the time and watch for forward passes; and when that ball is in the air, go and get it. When we get that ball is when we got to work. I want every man to block with everything he has in him and I want every man to dig in his toes, lift his knees high, and when we start driving down the field for the goal line, that is when I want you to go, go, go, go, go, go!«[26]

Idiomatische Wendungen, einschließlich des eigentümlichen Gebrauchs von Präpositionen, signalisieren zentrifugale Kräfte: *I'm up to; things are looking up; drinking up* für *aus*trinken. Amerikaner glauben, *better off* zu sein als andere Völker. »Now we are *off* to the races«, verkündet der Familienvater beim Antritt des Sonntagsausflugs. Metaphern des Mobilen reichen bis zur Stunde des Todes. »I will be getting *off* the train pretty soon«, schrieb ein 72jähriger Historiker. *To see it through* bezeichnet effektives Tun, die Frage *Are you through?* entspricht dem deutschen »Bist du fertig?« Objekte stören auf dem Weg zum Ziel, seien sie noch so winzig. *To wipe the slate clean* wurde aus der Baseballsprache ins allgemeine Sprachgut übernommen. Beweglichkeit und die Fähigkeit, sich von Erworbenem zu trennen, sind Voraussetzungen für Glück und Erfolg. *Playing fast and loose* heißt die Parole gewiefter Börsenspekulanten, und ein Briefschreiber beendet seine Zeilen mit dem Wunsch *Keep well and stay loose!* Aus der *promotion* entwickelte sich die *self-promotion;* man darf sie ohne Skrupel betreiben, denn Beweglichkeit ist allemal besser als Stillstand. »I can't stand to just sit there«, sagte der Amerikaner, der sich sträubte, ins Theater zu gehen.

Alle Nationalisten betonen den Wert der Sprache, hat man gesagt, und zog zum Beweis das Dritte Reich heran. Für die Vereinigten Staaten gilt das nicht unbedingt. Ein eminenter Sprachforscher, der Quäker Logan Pearsall Smith, war so wenig national gesinnt, daß er nach England emigrierte und britischer Staatsbürger wurde. Schwieriger wird es bei Mencken. Er hielt die amerikanische Legislative für korrupt, die Rechtsprechung für unfähig, die Außenpolitik für heuchlerisch – erwies sich also nicht gerade als glühender Patriot. Einen verkappten Nationalismus zeigte er aber doch, wenn er seine Landsleute als knechtische Nachtreter beschimpfte, als furchtsam, wehleidig und feige. Sein Eintreten für eugenische Zwangsmaßnahmen paßt bei aller Sympathie für sein Werk leider allzugut ins nationalistische Syndrom.[27]

XXV. Kapitel
PRESSE UND COMICS

Trotz der Konkurrenz durch das Radio verdoppelte sich zwischen 1914 und 1940 die Auflage der Tageszeitungen, während die Bevölkerung im selben Zeitraum nur um ein Drittel zunahm. Der Rundfunk hat den Straßenverkauf von Zeitungen vielleicht sogar stimuliert. Nach wie vor zeigten Redakteure den Ehrgeiz, ihren Lesern die Nachrichten »hot and steaming« zu servieren. Die Nachrichtenagenturen vervielfachten die Zahl ihrer Abnehmer. Die *United Press,* 1907 von Edward Scripps gegen die *Associated Press* ins Leben gerufen, verfügte über einen starken Auslandsdienst und schlug mit seinem Bilderdienst die Rivalen von der AP um zwei Jahre. Die Nachrichtenagenturen verleiteten jedoch auch zu Bequemlichkeit, da sie nicht nur Nachrichten und Bilder, sondern auch Feuilletonistisches und Humoristisches lieferten und weil sie die Ressortleiter dazu verführten, sogar die Ereignisse im eigenen Einzugsgebiet großen Agenturen zu überlassen.[1] Comics sind noch vor dem Ersten Weltkrieg zentral vermarktet worden.

Zeitungen

Die Entwicklung der Bildtechnik, die Erfindung der Telefotographie (»wirephoto«) begünstigte die Entstehung der *tabloids,* von Zeitungen im halben Format, so genannt nach den gepreßten Tabletten eines britischen Pharmakonzerns. 40 Prozent des redaktionellen Teils eines Tabloids waren Bilder. Die neue *Daily News,* 1919 nach dem Vorbild des Londoner *Daily Mirror* gegründet, hatte sich bis 1924 mit 750000 Exemplaren Auflage zur größten Tageszeitung der USA entwikkelt. Ihre schärfsten Konkurrenten waren der New Yorker *Daily Mirror* und der *Daily Graphic.* Der Erfolg der Tabloids wurde einmal auf das kleinere Format zurückgeführt, zum anderen auf den großen Bildanteil, zum dritten auf die sensationelle Aufmachung. Der *Graphic* deckte fast täglich geheime Liebesnester prominenter und weniger prominenter Bürger auf und leistete sich Schlagzeilen wie diese: »I STABBED MY WIFE FORTY TIMES BECAUSE SHE KEPT LEAVING THE CAP OFF THE TOOTHPASTE.«* Herausgeber Bernarr McFadden handelte sich den Ruf ein, Amerikas schlechteste Zeitung zu machen. Im Volksmund hieß das Blatt auch *The Pornographic.* Selfmademan McFadden, eine der schillerndsten Figuren der Branche, war als Sohn eines trunksüchtigen Vaters mit zwölf Jahren von zu Hause weggelaufen. Als fanatischer Anhänger körperlicher Fitness sprang er noch im Alter von 84 Jahren mit dem Fallschirm ab. Die *Daily News,* die »Bibel für Dienstmädchen«, brachte 1928 ein heimlich aufgenommenes Bild von der Hinrichtung einer Gattenmörderin und mußte nachdrucken. Tabloids lebten außerdem von ihren Klatschkolumnen. Stilbildend auf Louella Parsons, Hedda Hopper, Leonard Lyons und andere wirkte auf diesem Sektor Walter Winchell, der einer gescheiterten Ehe jüdischer Eltern entstammte und zunächst beim Vaudeville, dann als Theaterkritiker gearbeitet hatte. Winchell legte in seiner Kolumne »Broadway Hearsay« ein ausgeprägtes Interesse für das Intimleben der Prominenz an den Tag.[2]

Der Rinnsteinjournalismus griff von den Tabloids auf andere Blätter über. Der Anteil der Bilder am redaktionellen Teil erhöhte sich von 25 Prozent in den zwanziger Jahren auf 38 Prozent im Jahrzehnt darauf. Seriöse Tageszeitungen glaubten, auf Sensationsmache nicht verzichten zu können, wollten sie ihre Auflagen halten oder steigern. Man weiß auch, daß der Leiter der Lokalredaktion bei der *New York World* persönliche Befriedigung nach blutigen Geschehnissen empfand. Er landete, gewissermaßen stilgerecht, wegen Mordes an seiner Frau im Gefängnis. Amerikanische Schriftsteller wie Upton Sinclair (*The Brass Check,* 1919), Silas Bent (*Ballyhoo,* 1927), Ben Hecht und Charles MacArthur (*The Front Page,* 1928) kritisierten den Materialismus der Herausgeber und die Irrelevanz der Berichterstattung. William Allen White von der *Gazette* in Emporia (Kansas), einer der letzten Zeitungsmenschen vom alten Schlag, schrieb 1925 im Nachruf auf den Pressezaren Frank Munsey: »Er und seinesgleichen waren ziemlich erfolgreich darin, einen vormals anständigen Beruf in eine achtprozentige Kapitalanlage umzuwandeln.«[3]

Munsey war der Ansicht gewesen, daß rund 60 Prozent aller Zeitungen entbehrlich seien. Edward Scripps und William Randolph Hearst sprachen von Konsolidierung und davon, daß das Feld »gesäubert«, kleinere Konkurrenten »absorbiert« werden müßten. Zeitungen mit Doppelnamen wie *Herald-Tribune* wurden häufiger. Im Widerspruch zu Pulitzers letztem Willen schloß sich die *World* 1931 mit dem *Telegram* zum *World-Telegram* zusammen. Die Zahl der

* Ich habe meiner Frau vierzig Messerstiche versetzt, weil sie nie die Zahnpasta zumachte.

New Yorker Tageszeitungen ging bis zum Beginn der dreißiger Jahre von 15 auf 9, die der Chicagoer Blätter von acht auf vier zurück. Der Prozentsatz der Städte, die nur noch eine Tageszeitung hatten, stieg von 38 Prozent (1880) kontinuierlich an und erreichte 1960 über 83 Prozent. Der Schrumpfungsprozeß wurde notfalls mit rüden Methoden vorangetrieben.[4]

In den zwanziger Jahren befanden sich 300 Tageszeitungen im Besitz von 60 Zeitungsunternehmen. Hearst besaß zu Beginn des Jahrzehnts zwanzig Tageszeitungen, elf Sonntagszeitungen, eine Nachrichtenagentur, das Vertriebssyndikat »King Features«, etliche Zeitschriften, eine Filmgesellschaft, dazu Gold- und Silbergruben, Hotels und Theater. Allein 1922 kaufte er fünf größere Tageszeitungen und gründete dazu noch den New York *Mirror*. Die Konsolidierungsbestrebungen führten zwischen 1910 und 1930 zu 362 Zusammenschlüssen, nach wie vor übertraf jedoch die Zahl der Neugründungen die Zahl der Pleiten. In den dreißiger Jahren stellten knapp über 60 Zeitungsketten gut 40 Prozent der gesamten Zeitungsauflage. Aus dem Zeitungswesen war ein Geschäft mit weitgehend standardisierten Produkten geworden. Doch der Anteil der Pressekonzerne nahm wieder ab. In der Krise von 1937 bis 1939, als man die Depression bereits überwunden glaubte, verloren ein Drittel aller Angestellten der Branche ihren Arbeitsplatz. Von den 42 Zeitungen, die Hearst gekauft oder gegründet hatte, blieben 1940 noch 17. Die Scripps-Howard-Kette wurde bis zum Ende der fünfziger Jahre zusehends kürzer.[5]

Vom Zeitungssterben wurde vor allem die Wochenzeitung erfaßt, das charakteristische Presseerzeugnis der ländlichen Gebiete. 1914 hatte es 14 500 verschiedene Wochenzeitungen gegeben, so viele wie nie zuvor. Nach dem Ersten Weltkrieg setzte ein Rückgang ein. Die Zahl der Wochenblätter in Orten mit weniger als 15 000 Einwohnern pendelte sich zwischen 1930 und 1950 um die 9000 ein. Fast 90 Prozent hatten am Ort keinen Rivalen zu fürchten. Einzelne versuchten die Tradition des kämpferischen »country editors« aufrechtzuerhalten, der allgemeine Trend ging jedoch zu einem angepaßten, anzeigenfrommen Provinzjournalismus. Diese Tendenz hatte sich in den zwanziger Jahren abgezeichnet, als Sherwood Anderson gleichzeitig zwei Zeitungen einer Kleinstadt in Virginia redigierte: eine republikanische und eine demokratische.[6]

Die fremdsprachige, ethnische Presse hatte zwischen 1914 und 1940 einen Rückgang um 25 Prozent auf weniger als 100 verschiedene Zeitungen zu verzeichnen. Am ehesten überlebten noch italienische, polnische, russische und jiddische Blätter. Neugründungen wie das *Louisiana Weekly* (1937) oder Adam Clayton Powells *People's Voice* (1942) konnten nicht darüber hinwegtäuschen, daß Tages- und Wochenzeitungen für eine ausschließlich schwarze Leserschaft fast regelmäßig Rentabilitätsprobleme hatten, denen schließlich auch die *Amsterdam News* aus Harlem zum Opfer fiel. In den 1970er Jahren gab es nur noch fünf amerikanische Tageszeitungen für Schwarze: die *Daily World* aus Atlanta, den 1905 gegründeten

Defender aus Chicago, die *Daily Times* aus Columbus (Ohio), den Houston *Informer* und den *Daily Challenge* aus New York.[7]

Besonderen Status unter den großen Tageszeitungen hatte seit den zwanziger Jahren die *New York Times* gewonnen. Sie gab sich unabhängig und weltoffen, unterstützte den Völkerbund und unterschied sich von anderen Blättern durch einen umfangreichen Auslandsnachrichtenteil. Ein Index machte die *Times* zu einem begehrten zeitgeschichtlichen Nachschlagewerk. Einen guten Ruf ob ihrer politischen und wirtschaftlichen Analysen genossen der *Christian Science Monitor* und das *Wall Street Journal.* Die besseren Zeitungen legten Wert auf eine »interpretierende« Berichterstattung: Reporter erwarben Spezialkenntnisse auf bestimmten Gebieten wie Gewerkschaftswesen, Medizin oder Bildungssystem. Politisches Insiderwissen verarbeitete Drew Pearson, der Washington-Korrespondent der *Baltimore Sun.* Seine Kolumne »Washington Merry-Go-Round« erschien seit 1931 in Hunderten von Zeitungen und suggerierte den Lesern einen Blick hinter die Kulissen der großen Politik. Pearson war unter Politikern der Bundeshauptstadt ein gefürchteter und gehaßter Journalist. In Louisiana versuchte Gouverneur Huey Long unliebsame Zeitungen extra zu besteuern, was ihm vom Obersten Bundesgerichtshof verwehrt wurde: seit dem *Stamp Act* der Kolonialzeit sei eine Steuer auf Zeitungen mit einer illegalen Besteuerung von Wissen gleichzusetzen. Die meisten Zeitungen versuchten Politik zu machen, indem sie sich vor Wahlen für einen bestimmten Kandidaten aussprachen. Heute weiß man, daß Wahlausgänge ziemlich unabhängig von den Empfehlungen der Zeitungsherausgeber sind.[8]

Zeitschriften

De Witt Wallace, der Sohn eines Geistlichen, war verwundet aus dem Ersten Weltkrieg heimgekehrt und hatte noch im Lazarett Überlegungen darüber angestellt, wie man eiligen Lesern entgegenkommen könne: durch eine Auswahl der lesenswertesten Artikel in den führenden Zeitschriften. 1922 gründete er zusammen mit seiner Frau Lila Acheson Wallace den *Readers' Digest,* dessen Auflage sich sprunghaft entwickelte. Mitte der zwanziger Jahre waren eine Million Exemplare erreicht, nach dem Zweiten Weltkrieg 9 Millionen, 1966 rund 13 Millionen, dazu traten die 11 Millionen der fremdsprachigen Ausgaben in 60 Ländern. Angesichts der hohen Auflagen der Zeitschrift sei es nicht verwunderlich, meinte ein hämischer Kritiker, wenn die Amerikaner eine Readers' Digest-Mentalität auszeichnete. Wallace war konservativ eingestellt und fühlte sich berufen, gegen den Kollektivismus Front zu machen. Nicht selten druckte er nach, was er vorher in Auftrag gegeben hatte, damit die Richtung stimmte.[9]

Auch bei der 1923 erfolgten Gründung des Nachrichtenmagazins *Time* spielte die Zeitersparnis eine Rolle. Henry Luce war der Ansicht, daß seine Mitbürger deshalb so schlecht informiert waren, weil man ihnen knappe, attraktive Informationsquellen bisher vorenthalten hatte. Luce hatte eben die Universität Yale absolviert und war bei der Gründung 25 Jahre alt. *Time* brachte frischen Wind in die Presselandschaft, auch wenn das »verbale showmanship«, dessen sich die Redakteure gerne befleißigten, nicht allen Kritikern behagte. 1933 entstand in *Newsweek* ein Rivale. Das deutsche Nachrichtenmagazin *Der Spiegel* orientierte sich später an den amerikanischen Vorbildern.[10]

Durch die neuen Nachrichtenmagazine verloren ältere politische Magazine wie *The Progressive* an Bedeutung. 1924 wurde als Pendant zu der älteren protestantischen Zeitschrift *Christian Century* das linkskatholische *Commonweal* ins Leben gerufen. In den marxistischen *New Masses*, die seit 1926 erschienen, schrieben so bedeutende Dichter wie Robinson Jeffers und William Carlos Williams. Scott Nearing fand hier ein Forum, die sowjetische Kultur zu preisen. Chefredakteur Michael Gold gehörte wie Floyd Dell und V. F. Calverton zur Generation marxistischer Literaturkritiker. Gold hatte 1921 für die kurzlebige Zeitschrift *Liberator* einen programmatischen Aufsatz mit dem Titel »Towards Proletarian Art« geschrieben, der im nächsten Jahrzehnt für die Definition des proletarischen Realismus wichtig wurde. Gold zufolge waren revolutionäre Aktivitäten wie Streiks, Boykotts und Massenversammlungen der »religiösen Verehrung des Künstlers« würdig. Gold sah den proletarischen Kulturmenschen kommen, der »aus den tiefsten Tiefen aufwärts« stieg und den Spuren Walt Whitmans folgte.[11]

Die Proletarier schufen sich derweil ihren eigenen Lesestoff. In »Hobohemia«, dem Chicagoer Winterquartier der Wanderarbeiter, erschienen die *Hobo News*. Man las außerdem Publikationen der kommunistischen Parteien und der Gewerkschaften wie *Weekly People*, *The Worker* oder *Voice of Labor*. Auch Henry Fords antisemitischer *Dearborn Independent* fand dort Leser. Die *Industrial Workers of the World* und ihre Wochenzeitschrift *Industrial Solidarity* nahmen sich der Wanderarbeiter an, an denen etablierte Gewerkschaften kein Interesse zeigten. Jack London hieß der Lieblingsautor der Hobos, die in den *Hobo News* aber auch eigene Reiseerfahrungen druckten, dazu Lieder, Balladen und Gedichte des Tramppoeten Harry Kemp oder Sozialkämpferisches aus anonymer Feder.[12]

In die dreißiger Jahre fiel die Gründung einiger spezieller Magazine für Schwarze wie das *Arts Quarterly* aus New Orleans, das *Journal of Negro Education* aus Lancaster in Pennsylvania, das *Progressive Consumer Magazine* und das *Negro History Bulletin* aus der Bundeshauptstadt Washington oder *The Chronicle* aus St. Louis als Organ der Vereinigung schwarzer Katholiken. Der große Aufschwung für die schwarze Zeitschriftenpresse kam dann in der nächsten Dekade, als die Rufe nach Abschaffung der Rassenschranken wieder lauter wurden. Zu den Neugründungen zählten das *Negro Quarterly* und das *Better Race Relations Bulletin* aus New York, *Negro Digest* und *Negro Traveler* aus Chicago, *The Negro South* aus New Orleans, *New South*, *Southern Frontier* und *Phylon* aus Atlanta, *Newspic* aus

Birmingham sowie die 1945 gegründete Illustrierte *Ebony*. Die Zeitschrift *African Opinion*, die zwischen 1949 und 1961 alle zwei Monate in Harlem herauskam, befaßte sich mit Liberia, Äthiopien, Ghana, dem Kongo und anderen afrikanischen Ländern. In der Fachliteratur wurde bemängelt, die Presse der Schwarzen sei nicht so professionell gemacht wie die Produkte weißer Redakteure; man führte dies auf ihre späte Emanzipation zurück.[13]

Zu der angestammten Kulturzeitschrift *Literary Digest* traten 1924 die *Saturday Review of Literature* und H. L. Menckens *American Mercury*. Eine Sonderstellung fiel dem 1925 gegründeten *New Yorker* zu, der nach einem Wort seines Gründers Harold Ross »nicht für die alte Lady in Dubuque« gemacht war. Erlesene Autoren und Karikaturisten wie E. B. White, James Thurber, S. J. Perelman, Peter Arno, Ogden Nash oder Peter Benchley machten die charakteristische Mischung aus Kulturspiegel, Satire, Reportage und biographischer Skizze zu einem Erfolg.

Etwa 600 »Little Magazines« kamen zwischen 1912 und 1943 neu auf den Markt, von Harriet Monroes *Poetry* bis zur linksextremen *Partisan Review*. Zu ihren geschichtlichen Vorläufern zählte der von Margaret Fuller und Ralph Emerson herausgegebene *Dial*. Die Zeitschrift *Midland* wandte sich von Iowa City aus gegen die Kulturherrschaft der Ostküste. *The Hound and Horn* konzentrierte sich auf Literaturkritik. Avantgardistische Experimente wagte der *Double Dealer*, der die ersten Arbeiten von Hemingway, Faulkner, Jean Toomer und Thornton Wilder druckte. Vier von fünf amerikanischen Autoren sollen von »Little Magazines« entdeckt worden sein.[14] Bernarr McFadden gab die Periodika *True Story, Physical Culture* und *Model Airplane* heraus.

Als 1936 die Illustrierte *Life* erschien, rissen sich die Kunden um die ersten Exemplare. Der optische Eindruck machte ihre Attraktivität aus; anfangs wurde an Text nicht viel mehr geboten als Bildunterschriften. »To see life, to see the world, to eyewitness great events«*, lautete das Programm. Ein Jahr später folgte die artverwandte *Look*. Illustrierte waren für die ganze Familie gedacht und mußten ihren Inhalt danach ausrichten. Als in einer Romanfortsetzung der *Saturday Evening Post* der Chef die hübsche Angestellte zu einem Drink in seine Wohnung bat, man zu Beginn der nächsten Folge die beiden aber beim Frühstück erlebte, hagelte es empörte Leserbriefe. Der Herausgeber mußte sich in Humor retten und erklären, die Redaktion könne nicht verantwortlich dafür gemacht werden, was die Figuren zwischen den Fortsetzungen anstellten.

Die Tradition großer amerikanischer Karikaturisten wie John McCutcheon von der *Chicago Tribune*, Art Young von *The Masses* oder Daniel Fitzpatrick vom *St. Louis Post-Dispatch* wurde in den dreißiger Jahren unter anderem von Rollin Kirby im New Yorker *World-Telegram* aufrechterhalten. Kirby verstand es, mit einfachsten Mitteln politische Stimmungen auszudrücken. Auf dem Tiefpunkt der Wirt-

* »das Leben zu sehen, die Welt zu sehen, Augenzeuge großer Ereignisse zu werden«

schaftsdepression zeichnete er zwei Hühner in einer armseligen Garage – eine Attacke auf Präsident Hoover, der seinen Wählern zwei Hühner in jedem Topf und einen Wagen in der Garage versprochen hatte.[15]

Die Einnahmen der Zeitungs- und Zeitschriftenverlage aus dem Anzeigengeschäft stiegen zwischen 1914 und 1930 von zwei Drittel auf drei Viertel der Gesamteinnahmen. Die Kunst der »publicity« war Sinclair Lewis zufolge nicht nur die größte aller amerikanischen Künste, es wurde auch Sorge dafür getragen, daß nichts mit der Ausübung dieser Kunst interferiere. Dorothy Parker verlor 1920 ihre Stellung als Theaterkritikerin bei *Vanity Fair,* weil Florenz Ziegfeld, der Mann einer kritisierten Schauspielerin, mit Anzeigenentzug drohte.[16]

Comics – ein amerikanisches Idiom

Gegen Ende des 19. Jahrhunderts waren in der New Yorker Massenpresse, in den Tageszeitungen von Pulitzer und Hearst, karikierende Zeichnungen erschienen, die man »newspaper cartoon strip features«, »comic strips« oder noch kürzer »comics« nannte. Die Kreationen von Richard Outcault – *Yellow Kid* (1896) oder *Buster Brown* (1902) – gelten gemeinhin als die ersten ihrer Art, obgleich man Vorläufer schon in der Zeitschriftenpresse der 1830er Jahre entdeckt hat. Nach Meinung von Kennern repräsentieren die seit 1897 erschienenen *Katzenjammer Kids* die erste Serie, die den Namen Comic strips verdient. Pulitzer und Hearst schlugen sich um die Rechte an diesen von Rudolph Dirks verantworteten Bildergeschichten, obgleich der eigentlich Betroffene Wilhelm Busch hätte sein müssen. Die *Katzenjammer Kids* waren nämlich zeichnerisch ein Plagiat der Geschichten von *Max und Moritz.* Die Handlung wurde von Deutschamerikanern getragen. Mama Katzenjammer jodelte bezugsreich »On der mountain spitz mit lieber Fritz, yo lay, yo lay, de hoo-!«[17]

Ethnische Elemente waren ein Hauptcharakteristikum früher Comics, etwa der *Kin-der-kids,* die Lyonel Feininger von München nach Amerika schickte, oder der Iren *Jiggs and Maggie* oder des jüdischen Helden *Abie the Agent,* der um die Zeit des Ersten Weltkriegs unbekümmert mit Stereotypen um sich warf. »It ain't the principle, either; it's the ten cents«, sagt Abie zum Kellner, von dem er sich übervorteilt glaubt. Der Comic-Pionier Outcault hatte sich in *Pore Lile Mose* (1901–1902) über das merkwürdige Benehmen einer vom Land zugewanderten schwarzen Familie lustig gemacht. *Bringing up Father* von George McManus verglich ab 1913 die Situation unvermittelt zu Reichtum gekommener irischer Einwanderer satirisch mit einem Familienoberhaupt, das sich als Neureicher mitnichten wohlfühlt und zum Entsetzen seiner statushungrigen Gattin und der unnahbaren schönen Tochter der gewohnten einfachen Lebensgenüsse nicht entraten will.[18]

Moses Königsberg aus dem Hause Hearst gründete unmittelbar vor dem Ersten Weltkrieg das Kings Features Syndicate. Ab jetzt fanden Comics bundesweit und global Verbreitung. *Joe Palooka, Krazy Kat, Skippy,* der Detektiv *Dick Tracy* und *Prince Valiant* wurden zu vertrauten Namen in den Haushalten der zwanziger und dreißiger Jahre. *Popeye,* seit 1929 im New Yorker *Evening Journal* aktiv, stieg zum Nationalhelden auf, ein spinatverzehrender Winzling, der eine Attacke verkraften und desto härter zurückschlagen konnte. Er war »Fleisch gewordene Aktion«, schrieb ein Comic-Experte und setzte ergriffen hinzu: »God bless him, he is America.« Daß die texanischen Spinatbauern in Crystal City dem wackeren Popeye ein Denkmal setzten, wird von kaum einem der Fachautoren vergessen zu erwähnen.[19]

Blondie, seit 1930 auf dem Markt, ist nach Expertenmeinung der Welt beliebtester und erfolgreichster Comic strip überhaupt gewesen. Sie tritt als souveräne Hausfrau auf, während Dagwood den permanenten Versager, den ewig unterjochten Gatten spielt. Als den amerikanischen Comic strips schlechthin hat man die seit 1934 von Al Capp gezeichnete Serie *L'il Abner* eingestuft. Als Vater figuriert wieder ein Männchen, das fortgesetzt dartut, wie überflüssig es in der Familie ist. Alle anderen Figuren, alle Bewohner des Ortes »Dogpatch«, sind im Grunde nur an ihrem eigenen Wohlergehen interessiert. *L'il Abner* ist oft mißverstanden worden. Oberflächlich betrachtet konnte man ihn für einen Konservativen halten, der den Kapitalismus gutheißt und für den nur Leistung zählt. Capp hat freilich das Amerika seiner Zeit pessimistisch beurteilt und seine mit jiddischem Humor untermischten Bildergeschichten sarkastisch angelegt, weil er den allerwärts propagierten Egalitarismus für vorgeschoben und verlogen hielt. Und so wurden in seinen Geschichten Kooperationsbereitschaft und Goodwill zu gesellschaftlichen Übeln. Die »Shmoos« als sanfte Phantasiewesen von einem anderen Stern mußten vernichtet werden: »Shmoos are BAD because they're so GOOD.« Sie gefährdeten ein auf Egoismus und Ausbeutung angewiesenes System. In Dogpatch wollte man auf Betrug und Übervorteilung nicht verzichten, denn ohne sie würde die Welt zum Stillstand kommen.[20]

Way Out West, King of the Royal Mounted nach Zane Grey, *Red Ryder* und andere *western comics* wiesen eine reichlich monotone Handlung auf, die allerdings von einheimischen Kritikern in Schutz genommen wurde: »Der normale Junge setzt sich durch einen gottgegebenen Instinkt in die Weite ab, und wir sollten dankbar sein, daß so viel von seinem Lesestoff von galoppierenden Pferden und windigen Prärien handelt.« *Flash Gordon* und die *science fiction comics* eröffneten in den dreißiger Jahren »futuristisch-archaische Welten« und appellierten an die kindliche Angstlust. Ritterromane mit technischem Krimskrams setzten den Schauerroman, die *gothic novel* des 19. Jahrhunderts mit anderen Mitteln fort. *Thrill comics, action comics, fantasy comics* und *action fantasy comics* präsentierten Helden, deren gemeinsamer Nenner ihre übernatürlichen Fähigkeiten waren.

Fliegen zu können war das mindeste, was von *Captain Triumph* verlangt wurde. *Neon* erhob sich in die Lüfte, indem er Lichtwellen aus seinen Füßen sandte. *Plastic Mars* vermochte sich zu dehnen wie ein Gummiband, verschiedene Gestalten annehmen und durch Schlüssellöcher schlüpfen. *Stratosphere Jim* bewegte sich wie selbstverständlich in einer technisch hochentwickelten »Fliegenden Festung« fort. Detective Corrigan stellte nach seinem Wassertod fest, daß er als nicht-reale Substanz durch die Lüfte sausen konnte. *Phantasmo* hatte in 25 Jahren Tibet gelernt, den Geist vom Körper zu trennen und durch Wände zu segeln. All diese Luftmenschen zeichneten sich durch ein enormes Beschleunigungsvermögen aus, durch Schwerelosigkeit und fallweise durch Körperlosigkeit. Aufreizend langsam strichen feindliche Kugeln an dem pfeilschnellen *Flash* vorbei. Getroffen konnte er nur werden, wenn er stillstand, aber das tat er ja nicht. Das *Phantom*, ein von Lee Falk gezeichnetes peripatetisches Gespenst, hatte nach Ansicht seines Schöpfers nicht seinesgleichen. Doch 1938, zwei Jahre nach ihm, betrat *Superman* die Szene und schlug alle bis dahin bekannten Rekorde. Comics entsprechen geheimen, nicht nur pubertären Flug- und Fluchtphantasien. Comic-Helden haben »die Aufgabe der Grenzüberschreitung und das ›Glück‹ einer unversehrten Rückkehr.«[21]

Superman besaß den Röntgenblick und war schneller als die Zeit. Seine muskelbepackten Arme schafften jedes Hindernis beiseite, Gangster stoben auseinander, sobald sie seiner nur ansichtig wurden, und wo er wirkte, hinterließ er Schneisen wie eine Mähmaschine. Er war allmächtig und unüberwindlich, hatte einen Mund wie Tarzan, einen Bizeps wie Herkules, einen Nacken wie ein Stier und ein Fluggefühl wie Charles S. Lindbergh. Obwohl nicht übermäßig intelligent – Intellektuelle waren meist böse oder verschroben – vermochte ihm niemand Paroli zu bieten. 1940 erhob er sich in die Lüfte und wurde ab da auch für Hollywood interessant.

Superman war extraterrestrischer Herkunft. Das unterschied ihn vom Kollegen *Batman*, der »als ganz normaler Millionär« anfangen mußte, ehe er sich 1939 die Fledermausärmel verdiente. Vater Superman hatte seinen Sohn nonstop in die amerikanische Provinz geschossen. Dort wuchs das Superbaby auf und verfügte mittels eines vom Vater geerbten gläsernen Stabes bald über die Schwerelosigkeit. Ein Leibchen unterm Jackett befähigte ihn zum Fliegen. Von Wolkenkratzern bückte er ab wie andere vom Seitpferd, und die Grundschnelligkeit hatte er bereits mit dem Urschleim eingesogen. Abstürzende Flugzeuge packte er im Affen-, größere Gegenstände im Ellgriff. Karambolagen verhinderte er reihenweise und ohne Schweißabsonderung. Sein Denken war edel, seine Moral mit wenigen Ausnahmen konventionell. Als junger Bursch räumte er seinen Pflegevater aus dem Weg, indem er ihn zum schnellen Laufen animierte.

Das Alter Ego des windschlüpfrigen *Superman* war der tollpatschige Büromensch Clark Kent, der überall aneckte und bei Frauen wenig Glück hatte. Superman hätte jede Frau haben können, obwohl ihm die *eine* Hypertrophie anscheinend versagt geblieben war. An der Reporterin Lois verlor er das Interesse, nachdem er sie durch Zurückdrehen der Zeit aus dem klinischen Tod geholt hatte. Er federte einmal kurz durch und entfleuchte. Am Nordpol hatte er sich eine »Festung der Einsamkeit« gebaut, dorthin zog er sich zurück, wenn die Menschen ihn mit ihren banalen Problemen langweilten.[22]

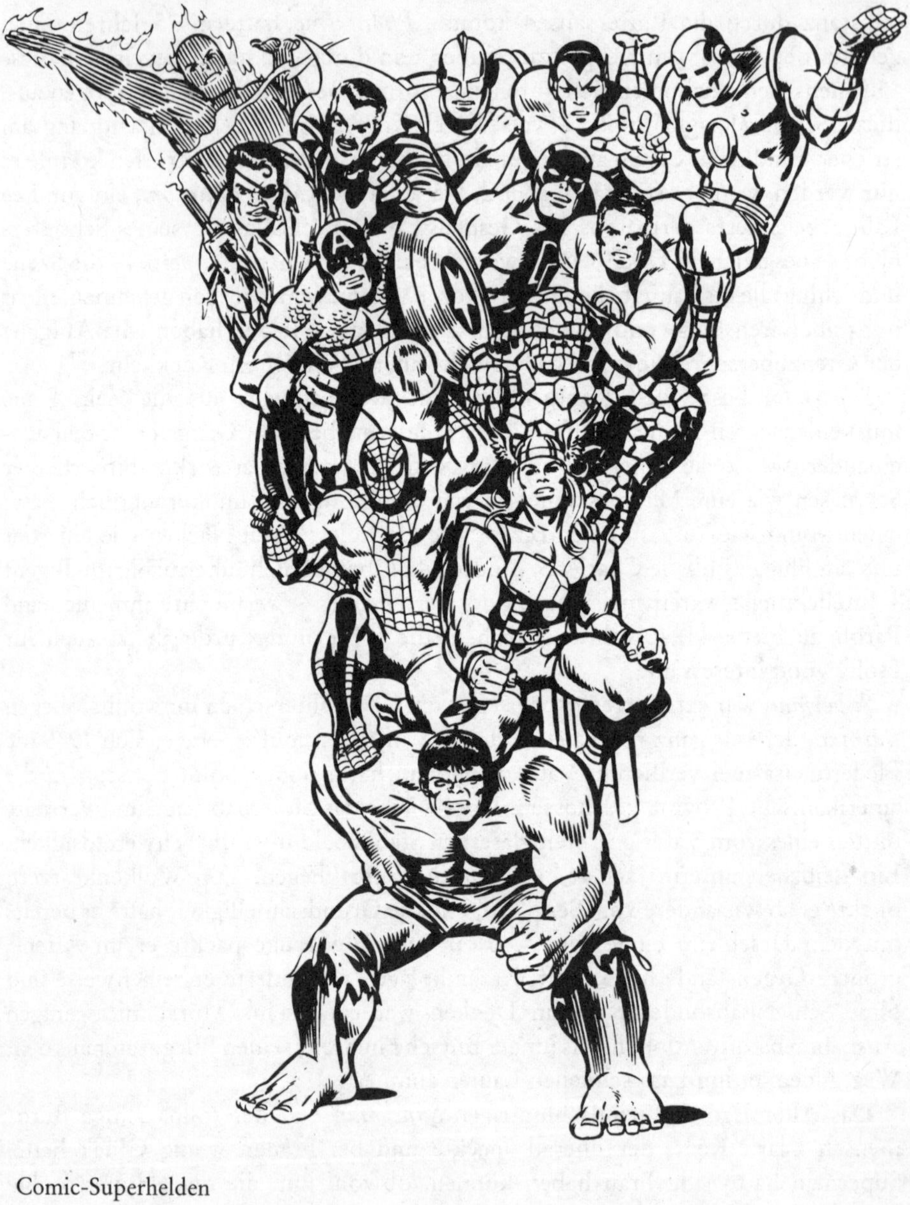

Comic-Superhelden

Edgar Rice Burroughs hatte kein Hehl aus den Schwächen von *Tarzan* gemacht, wenn man ihn aus der vertrauten Dschungelumgebung holte. Aber als Comic-Held war Tarzan auf allen Gebieten und unter allen Umständen super. Das Übermäßige wurde zum Normalen. Die »Reg'lar Fellows of America«, ein Sportclub für 12–15jährige, brachten ihre eigenen Vereinscomics heraus, die *Reg'lar Fellows Heroic Comics*. Frauen sind in amerikanischen Comics mit Vorliebe als männerverschlingende, strangulierende Kraken oder Medusen vorgestellt worden. Aber zur Zeit des Zweiten Weltkriegs trat als Ergänzung zu diesen negativ besetzten Oktopoiden eine strahlende *Wonder Woman* herfür, eine Superheldin mit fast ebenso weitgespannten Fähigkeiten wie ihre männlichen Kollegen und wie diese mit wenig Interesse fürs entgegengesetzte Geschlecht ausgestattet. Obwohl Comic-Helden sich in ihren Eigenschaften überaus ähnlich sind, wollte der Verleger von *Superman* nicht davon lassen, gegen den Verleger von *Captain Marvel* gerichtlich vorzugehen, weil der angeblich die Flugkünste und die übernatürlichen Kräfte Supermans imitiert hatte.[23]

In den *Comics* oder *Funnies* dominierte bis etwa 1930 der Humor, ab da herrschten Abenteuer und das Phantastische vor. Der Name einer Serie war in den seltensten Fällen wörtlich zu nehmen. In den *More Fun Comics* von 1940 zementierten ein paar Strauchdiebe einen Polizeidetektiv in ein Faß und warfen es ins Wasser. Die ersten Comics zeigten ausgeprägte anarchische Elemente, der Gesellschaft wurde der Krieg erklärt. »Society iss nix«, hieß es bei den *Katzenjammer Kids*, deren Erbe *Dennis the Menace* angetreten hat, eine kindhafte Zerstörungsmaschine. Comic-Figuren waren fast immer mit einem Autoritätskonflikt behaftet. Mit Ausnahme der eher konformistisch angelegten *Mickey Mouse* wurde die Legitimation der Obrigkeit angezweifelt und erfindungsreich untergraben. Comic-Helden pochten auf Unabhängigkeit und waren mit einem unbezähmbaren Freiheitsdrang ausgestattet. »I comes when I likes«, sagte Popeye, »and I goes when I pleases, and I don't take nothin' from nobody.« Wer nicht gegen den Code der Gesellschaft rebellierte, verstieß wenigstens gegen die Naturgesetze. Schon vor dem Ersten Weltkrieg tauchten phantastische Tiere wie das Emunicorn, der Hippopotomosquito und das Chimpanzebra auf. Supernaturalistische Luftmenschen spotteten der Schwerkraft. Dem Surrealen hatte sich *Mandrake the Magician* verschrieben. Er konnte eine Bowlingkugel dergestalt hypnotisieren, daß sie sich vor dem Kegel in zwei Hälften teilte und hinter ihm wieder zusammenwuchs; der Kegel blieb stehen.[24]

Die Platzverhältnisse in den Kästchen der Comic strips verlangen klare, knappe Aussagen. Perfekt ist ein Stil, sagte ein Comic-Zeichner, wenn er »uncluttered« ist, unverstopft und frei von störendem Beiwerk. Aus diesem Grund eigneten sich Comics als Informations- und Werbeträger, als Instrument politischer und sozialer Propaganda und als Unterrichtsmittel. Spekulanten bedienten sich der populären Serie *Bringing Up Father* zur Übermittlung illegaler Börsentips. Die Nazis brachten Comics Kindern und Landsern nahe und benutzten antiamerikanische Zeichnungen in Serie zur Verbreitung nationalsozialistischer Auslandspropaganda. Auf der Gegenseite warf *Captain Marvel* dem braunen *Captain Nazi* den Fehdehandschuh hin. Der Endkampf fand – wo anders? – in der Luft statt. *Daredevil* bekämpfte Hitler mittels eines Bumerangs, und zwar bereits im Juli 1941, Monate vor der Kriegserklärung. Noch vorausschauender hatte sich *Captain America* gezeigt, der Hitler schon ab März 1941 mit krachenden Kinnhaken eindeckte. *Superman* war aktualisierbar. Im Zweiten Weltkrieg formte er deutsche U-Boote zu Bretzelschlingen, in den 1970er Jahren kämpfte er gegen zeittypische Übel wie falsch programmierte Antiraketenraketen, Handtaschenräuber, Erdbeben und Fassadenkletterer. Eine katholische Laiengruppe verteilte 1948 eine Comic strip-Broschüre mit dem Titel *Is This Tomorrow?* Darin erstürmen Kommunisten die Kathedrale St. Patrick und nageln den Kardinal ans Portal. Die US-Regierung brachte 1956 mit *Social Security Comics* Informationen über das Sozialversicherungssystem unter die Leute. Die bundeseigene *Federal Reserve Bank* erklärte mit Bildergeschichten wirtschaftliche Zusammenhänge. Nicht nur für Lernbehinderte waren die *classic comics* gedacht, die an 25 000 nordamerikanischen Schulen unterrichtsergänzend zum Einsatz kamen. Der Begriff des Klassischen reichte von der *Odyssee* bis zu *Buffalo Bill*, von *Macbeth* bis zu *Wild Bill Hickock*, vom *Faust* über *Schuld und Sühne* bis zum *Seewolf*.[25]

Im Urteil Umberto Ecos sind Comics für den alsbaldigen Verzehr bestimmte Industrieprodukte. Diese Produkte kommen sozusagen in verschiedenen Verpakkungen auf den Markt. Anders ausgedrückt: Comics sind, wie der Film, ein amerikanisches Idiom, das sich mühelos in andere Mediensprachen übersetzen und rückübersetzen läßt. Die *minute movie comics* der zwanziger Jahre hielten sich eng an die Machart von Filmen. »Hi Yo Silver, away-y-y-y-y!«, der Ruf des *Lone Ranger* aus der populären Radiosendung, wurde bald mit einer Sprechblase umgeben. *Blondie* soll zwischen 1938 und 1961 zwei Dutzend Filme inspiriert haben. Umgekehrt imitierten die *girl strips* den aus Hollywood geläufigen Frauentyp. Ray Bradburys »I, Rocket« und andere *science fiction stories* wurden in Bildergeschichten umgesetzt. Walt Disneys Trickfilmfiguren kamen in den dreißiger Jahren als Comics in die Zeitungen. Das Verlagshaus Dell stellte allein 1953 zweieinhalb Milliarden *Mickey Mouse*- und *Donald Duck*-Heftchen her.[26]

Das Comic-Heft *Superman* erreichte 1930 zweimal monatlich eine Auflage von 1,4 Millionen Stück. Comics machen vielleicht den umfänglichsten Teil der Literatur überhaupt aus. Während des Zweiten Weltkriegs lasen neun von zehn Kindern und jeder zweite Erwachsene Comics, die nach dem Krieg in Heftchenform die kombinierte Auflage der Massenzeitschriften *Life*, *Readers' Digest* und *Saturday Evening Post* um das Zehnfache übertrafen. Heute verfolgen vier von fünf Zeitungslesern die Comic strips in der Presse. Zur Zeit des Koreakriegs behauptete Jacob Malik, der sowjetische Delegierte bei den Vereinten Nationen, junge Amerikaner würden mit Comics à la *Superman* zur Gewalt erzogen. Damit lag er auf einer Linie mit dem Kinderpsychiater Frederic Wertham, der in seiner Schrift *Seduction of the Innocents* (1954) meinte, Comics schadeten der Jugend und förderten die Jugendkriminalität. Dr. Wertham schloß in seine Kritik neben *Batman* auch die Superheldin *Wonder Woman* ein. Die *Comics Code Authority* suchte das Schlimmste zu verhüten, erreichte aber nicht den Einfluß der Filmzensurstellen. Einer der Einwände gegen Comics lautete, sie seien der Lesekultur abträglich, doch die ständig zunehmenden Auflagen von Büchern und Zeitschriften sprachen gegen dieses Argument.[27]

Comics durchtränkten die Kulturen bis zum Sättigungspunkt und liefen zeitweise sogar dem Kino den Rang ab. Die englische Restaurantkette *Wimpy's*, der *Jeep* und die todbringenden *Flying Fortresses* sind Comic-Serien entsprungen. Comic-Autoren haben schneller und sensibler als Filmemacher auf neue Bedürfnisse zu reagieren gewußt. Charles Schulz, ein Laienprediger, schuf 1950 mit Charles Brown aus *Peanuts* den Einzelgänger wider Willen, der Halbverdautes aus den Werken von Kinsey oder Erich Fromm absondert und davon träumt, Baseballstar oder wenigstens Präsident zu werden. Walt Kellys *Pogo*, die zeichnerischen Einfälle von Jules Feiffer und die satirischen Comic-Versionen in der Zeitschrift *Mad* dokumentieren Anfang der fünfziger Jahre die »new sophistication«, die in der Comic-Szene Platz gegriffen hatte. An der New York University wurden Kurse angeboten, wie man gute Comicbooks schreibt. Etwas später kokettierten Collegeprofessoren mit dem Bekenntnis, sie hielten sich an *Doonesbury*, wenn sie etwas Gültiges über den aktuellen Zustand ihrer Gesellschaft erfahren wollten. Lee Falk, einer der erfolgreichsten Comic-Zeichner, sagte nach einer Fachtagung der *Internationalen Vereinigung der Forschungszentren für Comic Strips:* »Ich weiß nicht, ob ich noch Comics machen kann. Es ist alles viel komplizierter als ich dachte.«[28] Im Jahr 1969 erklärte ein amerikanisches Gericht Comics zur Kunst.

XXVI. Kapitel

MUSIK UND TANZ

Traditionell wurde klassische, ernste Musik in der amerikanischen Kultur und Folklore als eine weibliche Domäne angesehen. Diese Einstellung läßt sich bis in die Comics hinein verfolgen. In *Bringing Up Father* schleppt die Frau ihren widerstrebenden Mann ins Konzert, wo er alsbald einschläft. Nach dem Ersten Weltkrieg zeichnete sich eine Änderung ab. Der Phonograph diente der Verbreitung klassischer Musik und steigerte die Nachfrage. Endlich kam die Loslösung von der deutschen Klassik. Aaron Copland sagte 1926 wie beschwörend: »Die Tage des verschmähten amerikanischen Komponisten sind vorbei.« Copland schätzte die Musik, weil sie freier war als andere Künste, abstrakter, ungehemmter und weil sie der Vorstellungskraft den breitesten Raum gab. Die Liebe zur Musik hatte für Copland mit ihrem Vorwärtsdrang (*forward motion*) zu tun, der Hörer werde sukzessive ein Stück weiter geführt und bleibe doch Herr des Geschehens. Den Fluß der Musik anzuhalten, schrieb Copland, das hieße die Zeit anhalten: etwas Unglaubliches und Unvorstellbares.[1]

Symphonische Musik

Zu den zwischen 1919 und 1926 am meisten aufgeführten Werken zählten John Carpenters *Adventures in a Perambulator* (1914), Henry Kimball Hadleys *The Ocean*, Edward MacDowells *Woodland Sketches* (1896) und Charles Skiltons *Indian Dances* (1915). Eine Weile glaubte man, aus indianischen Elementen eine genuin amerikanische Musik komponieren zu können. Skilton schrieb zwei indianische Opern, Charles Cadman verwendete für seine Lieder indianische Melodien, Henry Gilbert komponierte eine *Indian Suite* (1896). Gilbert, ein Schüler MacDowells, hatte sich ganz von seinem Lehrer entfernt, weil ihn die

»exotische Peripherie« stärker interessierte als die deutsche Musiktradition. Aus den »Indianisten« wurden »Amerikanisten«. So wenigstens nannte der Musikhistoriker Gilbert Chase diejenigen Komponisten, die sich um eine betont amerikanische Musik bemühten. Zu diesen rechnete er vor allem Copland und George Gershwin, Ernest Bloch, William Schuman und Virgil Thomson. Der »midwestern style« von Thomson oder auch Douglas Moore zeichnete sich durch eine absichtliche Beschränkung des musikalischen Vokabulars aus. Eine Komposition sollte gerade durch ihre Einfachheit bestechen. Der 1916 aus der Schweiz eingewanderte Ernest Bloch legte Zeugnis ab von seinem Amerikanismus in der Symphonie *America* (1927), in die er Themen aus der Zeit der Pilgerväter und der Sklavenbefreiung einarbeitete. In einem »Vorwort« zu dieser Symphonie schrieb Bloch: »Die Ideale Amerikas sind unvergänglich. Sie werden einmal das Credo der ganzen Menschheit sein ...« Während der Hymne »Fulfillment through Love« hatten sich die Konzertbesucher von ihren Plätzen zu erheben und mitzusingen.[2]

In Paris kam George Antheils *Ballet Mécanique* (1926) zur Uraufführung, ein Stück für mechanische Klaviere, Autohupen, elektrische Klingeln und Flugzeugpropeller. Ezra Pound saß dabei und blätterte die Noten um für den »bad boy« der amerikanischen Musik, wie sich Antheil gerne nannte. Er hat seine Möglichkeiten nie ganz verwirklicht, war aber ein wichtiger Vorläufer für die musikalischen Experimente eines John Cage.[3]

Jüdische Motive verwandte der von russischen Eltern abstammende, in Brooklyn geborene Aaron Copland. Er studierte in Paris und experimentierte eine zeitlang mit Jazzelementen, ehe er zu seinem eigenen Stil fand, der sich am meisten durch seine Gedrängtheit, seine Bündigkeit auszeichnet. Die *Short Symphony* (1933) dauert nur fünfzehn Minuten. Copland wollte wegen des breiten Radiopublikums »auf möglichst einfache Art« komponieren. Diese »Tendenz zu erzwungener Einfachheit« ließ er vor allem in seiner »Werktagsmusik« walten. Dem Komponieren von Gelegenheits- und Gebrauchsmusik nie abgeneigt, schuf er eine Operette für Schulorchester, die Ballettmusik *Billy the Kid* (1938) und Filmmusiken wie für *North Star* (1943).[4]

Die *Work Progress Administration* des New Deal warf ab 1935 Geld aus, damit die Talente arbeitsloser Musiker und Komponisten nicht verkümmerten. Mehr als zehntausend Personen sind unter diesem Programm beschäftigt worden. Unter der Ägide des Staates entstanden nicht weniger als 6000 Kompositionen unterschiedlicher Güte.

In seinem Standardwerk über *America's Music* (1955) konnte sich Gilbert Chase nicht schlüssig werden, wo er Charles Ives chronologisch einordnen sollte. Aus Ratlosigkeit widmete er ihm das Schlußkapitel. Man hat Ives jahrzehntelang unterschätzt und verkannt. Eine neuenglische Lady stieß nach einer Aufführung der *Concord Sonata,* seines markantesten Werks, ein empörtes »Absolut unentschuldbar!« hervor, und noch 1982 mutmaßte ein deutscher Musikkritiker, so

»grundtief zickig« wie Ives könne »nur ein Musiker schreiben, der mit der Geschmacklosigkeit, nicht mit Bachschen Fugen großgeworden ist«.[5]

Charles Ives, in Connecticut geboren, bestritt seinen Lebensunterhalt als Versicherungsmakler. Seine musikalischen Premieren ernteten Spott und Hohn. Er hatte darunter gelitten, daß man zu seiner Zeit »ernster« amerikanischer Musik so wenig Beachtung schenkte. Ein Dvořák mußte den Amerikanern das Wesen ihrer Musik erläutern. Gerade Ives hat aus der amerikanischen Tradition geschöpft, sich vom Geist der neuenglischen Transzendentalisten inspirieren lassen, Elemente aus der sakralen und volkstümlichen Musik Amerikas verwendet. Er war ein kultureller Isolationist, der von der europäischen Moderne so gut wie keine Notiz nahm und Strawinsky oder Schönberg erst hörte, nachdem er seine wichtigsten Werke komponiert hatte. Ives nimmt heute den Platz von Edward MacDowell als der bedeutendste Komponist seines Landes ein. Was seinen Zeitgenossen noch »konfus« an seiner Musik vorkam, macht heute den besonderen Reiz aus.[6]

Einer seiner Großväter hatte sich damit beschäftigt, das *perpetuum mobile* zu erfinden. Sein Vater George Ives war Kapellmeister in Danbury (Connecticut) und erster musikalischer Lehrmeister seines Sohnes. Dagegen vermochte die Mutter wenig Verständnis für seine Musikalität aufzubringen; er hat sie später nie mehr erwähnt. Der Vater, dem er sehr nahestand, starb, als Charles im Alter von 20 Jahren die Universität Yale bezog, um dort Musik zu studieren. Er maß eigene Leistungen, ähnlich wie William James oder Woodrow Wilson, noch lange am väterlichen Vorbild. Nach dem Studium erwarb er als Partner einer Agentur für Lebensversicherungen ein ansehnliches Vermögen. Humor gehörte zu seinem Wesen ebenso wie eine gewisse Prüderie, eine antiautoritäre Grundüberzeugung, unvorhersagbare Launen, Gefühls- und Zornesausbrüche und eine Stimmung, die treffend mit dem englischen Wort *cantankerous* umschrieben ist, was so viel heißt wie zänkisch oder mürrisch.

Die Mehrzahl seiner Kompositionen sind noch vor dem Ersten Weltkrieg entstanden. Anfang der zwanziger Jahre hatte er mit dem Komponieren praktisch aufgehört. 1922 gab er als Privatdruck 114 seiner Lieder heraus, eine Art »Hausputz«, wie er schrieb. 1926 erklärte er seiner Frau unter Tränen, er könne nicht mehr komponieren, seine kreativen Kräfte seien versiegt.[7]

Ives war von Simultaneffekten fasziniert, seit er als Kind drei Kapellen an verschiedenen Ecken des Dorfplatzes und vom Kirchturm herab spielen gehört hatte. Auf Geheiß seines Vaters sang er das Lied »Swanee River« in Es-Dur und begleitete sich selbst in C-Dur. Noch ehe die Europäer daran dachten, polytonal, also in mehreren Tonarten zu komponieren, schrieb der 20jährige Ives ein Lied für Gesang und drei Instrumente, jede Stimme in einer anderen Tonart. In *Three Places in New England* (1904) kombinierte er zwei Märsche mit verschiedenen Tempi. Klangbrüche, dem Anakoluth in der Rhetorik verwandt, waren seinem Komponierstil eigen. Man findet sie häufig in der zweiten Klaviersonate, der *Concord Sonata* (1915), einer musikalischen Verbeugung vor den Transzendentalisten Neuenglands, mit den Sätzen »Emerson«, »Hawthorne«, »The Alcotts« und »Thoreau«. Seine Neigung zu Dissonanzen hat man als Protest gegen die leicht eingängige, mit weiblicher Gemütsart assoziierte Musik seiner Zeit gedeutet. Dissonante Klänge im »Emerson-Satz« der Concord-Sonate können aber auch die »transzendentale Reise« des großen Philosophen repräsentieren. Ein unübersehbares Charakteristikum ist der Hang zum Mystizismus, allerdings ein mit Humor durchsetzter Mystizismus und insofern eine recht amerikanische Mischung. »Die Suche nach dem Erhabenen«, hatte ein Musikkritiker geschrieben, »muß nicht unbedingt feierlich sein.« Im »Hawthorne-Satz« der Concord-Sonate werden Tontrauben erzeugt, indem benachbarte weiße oder schwarze Klaviertasten mit einem etwa einem halben Meter langen Brett niedergedrückt werden – eine Andeutung von Hawthornes »himmlischer Eisenbahn«. Auch Ellbogen oder Unterarm eignen sich dazu, Tontrauben zum Klingen zu bringen, und gelegentlich werden Töne schon mal mit der Faust angeschlagen.[8]

Ives hatte ein spezielles Verhältnis zur musikalischen Form. In der ersten Klaviersonate (1902–1909) bietet er dem Pianisten mehrere Interpretationsmöglichkeiten an, was Wiederholungen angeht oder die Auslassung von Achtelnoten. Die strenge Form der Fuge war ihm in ihrer Phantasielosigkeit zuwider. Warum, fragte er ironisch, spielte man fugierte Tonfolgen nicht noch eine Quinte höher und dann noch eine? Den Kontrapunkt empfand er als erstickend. Daß ein Stück in derselben Tonart aufhören sollte, in der es begonnen hatte, mochte er nicht einsehen. Mußte ein Mensch in demselben Haus sterben, in dem er geboren war? In Ives' musikalischer Sprache scheint grundsätzlich alles möglich zu sein, die Kompositionen grenzen ans Chaotische, wirken fast immer hastig und unreflektiert und besitzen, wie Kritiker meinten, kein rhythmisches Rückgrat. Ives hat jedoch sehr wohl eine Form in der Formlosigkeit gekannt. Zufallsänderungen waren ihm manchmal willkommen. Über einen Druckfehler im »Thoreau-Satz« der Concord-Sonate war er entzückt. Aber gegen absichtliche Änderungswünsche, eine enharmonische Vertauschung zum Beispiel, hatte er sich mit Händen und Füßen gewehrt.[9]

Ives ließ seine Kompositionen am liebsten in einem unvollständigen Zustand, sie blieben ungenau notiert und waren oft unleserlich. Damit hat er selbst dazu beigetragen, daß man seine Leistung nicht gebührend würdigte. Schwerer fiel ins Gewicht, daß ihn die Zeitgenossen nicht verstanden. Die Fachzeitschrift *Musical Courier* behandelte seine *114 Songs* als Witz. Der Geiger Franz Milcke kam mit zugehaltenen Ohren aus dem Ivesschen Musikzimmer gestürzt. Bei der Avantgarde geriet er Anfang der dreißiger Jahre kurz in Mode, Copland publizierte 1933 einen Artikel über den so gut wie Unbekannten. Der Ruhm kam 1939, als John Kirkpatrick die Concord-Sonate spielte. 1947 erhielt Ives einen Pulitzerpreis, sieben Jahre vor seinem Tod. Der Soziologe David Riesman zog Ives in seinem Werk *The Lonely Crowd* (1950) als Musterbeispiel für die autonome, ihr Schicksal frei wählende Person heran. Wie weit Charles Ives seiner Zeit voraus war, läßt sich an den Aufführungsdaten seiner Werke ablesen. Die Concord-Sonate wurde über 20 Jahre nach ihrer Vollendung erstmals vollständig gespielt. Die Zweite Symphonie von 1902 kam 1951 zur Uraufführung, die Dritte Symphonie (1911) im Jahr 1945, die Vierte Symphonie (ca. 1916) erst 1965.[10]

Die Wirklichkeit zu transzendieren war als Komponist sein ästhetisches und moralisches Ziel. In *Central Park in the Dark* und in anderen Tongemälden wollte er das »Wirken der Wahrheit« wiedergeben, und die Wahrheit hat er, wie Emerson, im Unendlichen gesucht. Symbol der Bewegung in die Unendlichkeit ist das Wasser. In Dutzenden seiner Lieder kommen Bäche, Flüsse und der Ozean vor. Auf irdische Notwendigkeiten solle man verzichten können, sie halten nur die Zeit auf, schrieb Ives in *Essays Before a Sonata.* Musik muß, in einem »extravaganten Sinn«, eine transzendentale Sprache sein, in der man über die Philosophie Emersons reden kann. Die Concord-Sonate sollte dem Zuhörer ein »jump-upward feeling« vermitteln. Ives hat sich Emerson vorgestellt, wie er auf einem Berggipfel an der Schwelle zur Unendlichkeit steht, die Geheimnisse des Lebens schaut und keinen Blick mehr hat für seine Fußspuren. Wie Emerson pflegte auch Ives einen antieuropäischen Affekt: Ein Monat in einem Weizenfeld in Kansas würde einem jungen Komponisten größeren Gewinn bringen als drei Jahre »Prix de Rome«. Aus dem Transzendentalismus sollte eine gerechte Weltdemokratie erwachsen. Die Verschränkung von Emersons Philosophie mit der Schule des Pragmatismus zeigte sich in Ives' Komponierweise. Wie die Pragmatisten lehnte er feste Prinzipien ab, geschlossene Systeme, scheinbar absolute Erkenntnisse, Dogmen und angeblich finale Wahrheiten. Er war ein Gegner der Konvention, das *con-venire* mit anderen war nicht seine Sache. Seine Weltverbesserungspläne – zeitweise plädierte er für eine Einkommensbegrenzung – blieben so halbherzig wie die des demokratischen Illusionisten Walt Whitman. Ives komponierte ein Lied mit dem Titel »Walt Whitman«. Die zwanzigste Strophe stammt aus dem »Song of Myself«.[11]

Oper und Musical

Die amerikanische Oper war lange eine Imitation europäischer Vorbilder gewesen. In den zwanziger Jahren fanden mehr und mehr amerikanische Formen und Sujets Verwendung. Charles Skilton schrieb die »indianische« Oper *Kalopin* (1927) und *The Sun Bride* (1930). Charles Cadman wählte mit *The Garden of Mystery* (1925), basierend auf einer Geschichte von Hawthorne, und *The Witch of Salem* (1925) neuenglische Themen. Virgil Thomsons Oper *Four Saints in Three Acts* (1928) mit einem Libretto von Gertrude Stein brachte ausschließlich schwarze Sänger auf die

Bühne, die in Kostüme aus Zellophan gewandet waren. Die Aufführung stand unter der Schirmherrschaft der »Society of Friends and Enemies of Modern Music«. Thomson hat seinen Arbeiten immer eine Portion Humor beigegeben und mit *The State of Music* (1939) ein witziges Buch über die zeitgenössische Musikszene hinterlassen.

Die Trennungslinie zwischen Oper und Musical ist in der amerikanischen Musik nur schwer zu ziehen. Das gilt für Marc Blitzstein und seine von Kurt Weill und Hanns Eisler inspirierte Oper *The Cradle Will Rock* (1937), mit der eine linke Moral transportiert werden sollte. Es gilt auch noch für William Schumans *The Mighty Casey* (1953), wo sich das Geschehen ums Baseballspiel dreht. Zu den reinen Opern rechnet man Gian-Carlo Menottis *The Saint of Bleecker Street* (1954). Sie spielt im Elend des New Yorker Italienerviertels.

Die Phraseologie des Jazz hatte schon vor dem Ersten Weltkrieg in anderen Musikarten ihren Niederschlag gefunden. Ives verwendete in der Ersten Klaviersonate Ragtime-Rhytmen. Henry Gilbert komponierte eine *Negro Rhapsody* (1913) und *Three American Dances in Ragtime* (1911). Umgekehrt hatte sich der Jazztrompeter Bix Beiderbecke mit Edward MacDowell beschäftigt. George Antheil schrieb 1925 eine *Jazz Symphonie* für 22 Instrumente. Seine Jazzoper *Transatlantic* wurde 1930 in Frankfurt uraufgeführt. Aaron Copland nahm nach anfänglicher Begeisterung eine reserviertere Haltung ein. Die Ausdrucksmöglichkeiten des Jazz wollten ihm zu eng vorkommen, er vermißte Zwischentöne.[12]

Daß die Kombination von Jazz, klassischer Musik und Schlagermusik zumindest sehr erfolgreich sein konnte, hatte der Komponist George Gershwin bewiesen. Gershwin, als Jacob Gershovitz in Brooklyn geboren, an Manhattans East Side aufgewachsen, ging mit 16 von der Berufsschule ab und wurde Angestellter in einem Musikverlag, wo er Kunden die von seinem Arbeitgeber verlegten Stücke durch Vorspielen am Klavier schmackhaft zu machen hatte. Von dort aus startete er eine rasche Karriere als Pianist und Komponist.[13]

Man hat die berühmte, vielgespielte *Rhapsody in Blue* (1924) ein musikalisches Kaleidoskop Amerikas genannt. Den Klavierpart dieses stilistisch mit Liszt verwandten Konzertstücks schrieb Gershwin in drei Wochen herunter. Einige Inspirationen dazu holte er sich vom Rattern der Räder bei einer Zugfahrt nach Boston. Der wilde Klarinettenauftakt sollte Walt Whitmans »barbaric yawp« intonieren. Gershwin schrieb danach Partituren für eine Reihe von Musicals. Einen Pulitzerpreis erhielt er für *Of Thee I Sing* (1931), eine Satire auf den Rummel bei Präsidentschaftswahlen. Mit Feldstudien unter Gullah-Schwarzen auf Folly Island vor Charleston bereitete er sich auf *Porgy and Bess* (1935) vor. Ob es sich hierbei um eine Oper oder um ein Musical handelt, ist umstritten. Aus *Porgy and Bess* stammen einige der bekanntesten Songs von Gershwin: das von Clara gesungene und dem Spiritual »Sometimes I Feel Like a Motherless Child« nachempfundene Wiegenlied »Summertime«; Porgys »I Got Plenty of Nothing«; Sportin' Lifes »It

Ain't Necessarily So«. Gershwin pflegte einen betont einfachen Komponierstil und baute seine Harmonien hauptsächlich auf Tonika und Dominante auf. Aus seinen Liedern »Swanee«, »Fascinating Rhythm«, »Lady Be Good« oder »The Man I Love« sind Evergreens der Schlagermusik und des Jazz geworden. Seine musikhistorische Bedeutung liegt vor allem in seinen Liedkompositionen, während die Kombinationen aus Jazz und symphonischer Musik, wie *Rhapsody in Blue* und *An American in Paris,* nur interessante Versuche darstellen.

Gershwin war ein von Arbeit besessener Mensch, den Ferien langweilten, ein Egomane, der in Gesellschaft ausschließlich eigene Kompositionen sang und spielte. Am Ende seines Lebens wurde er von Depressionen heimgesucht. Er starb, kcine 40 Jahre alt, an einem Gehirntumor. Seine Mutter hatte nie gewollt, daß er Musiker wird. Sein Vater, aus dem damaligen St. Petersburg nach Amerika ausgewandert, hatte bis 1916 nicht weniger als 17 verschiedene Berufe ausgeübt, nacheinander ein türkisches Bad, einen Zigarrenladen, einen Billardsalon und verschiedene Restaurants betrieben. Die Brüder Gershwin hatten, ehe sie erwachsen wurden, in 28 verschiedenen Wohnungen gelebt – und seinem Sohn George hatte der Vater prophezeit, aus ihm würde einmal ein Vagabund werden.[14]

Man hat behauptet, der aus Ungarn stammende Sigmund Romberg habe mit seiner Operette *The Student Prince in Heidelberg* (1924) amerikanischen Komponisten wichtige Impulse gegeben und sei als Vorläufer des Musicals zu werten. Freilich hatten die USA gerade auf dem Gebiet der *Musical Comedy* eine eigenständige Tradition, und zwar spätestens seit der Uraufführung von *The Wizard of Oz* (1903) nach Motiven von Frank Baum. Zu den beliebtesten Musicals der zwanziger Jahre zählte Jerome Kerns *Show Boat* (1927) mit dem bewegenden Lied »Ole Man River«. *Show Boat* wurde 1932, 1945 und 1952 neu inszeniert. Die große Zeit des Musicals in den USA waren die vierziger Jahre. Zu *Pal Joey* (1940) von Richard Rodgers schrieb John O'Hara das Libretto. *Oklahoma!* (1943) von Rodgers mit Texten von Oscar Hammerstein II war unter dem Titel *Away We Go to Oklahoma!* herausgekommen. Lieder wie »Oh! What a Beautiful Morning« sorgten für eine verlogene, genretypische Idylle. *Annie Get Your Gun* (1946) von Irving Berlin machte das Lied »There's No Business Like Show Business« zum Schlager. Irving Berlin, als Izzy Baline in Rußland geboren, hatte einige Varianten des amerikanischen Schmelztiegels kennengelernt. Am Beginn seiner Karriere arbeitete er als Sänger und Kellner in dem Lokal »Nigger Mike's« in New Yorks Chinatown. Zu seinen größten Erfolgen als Liederkomponist gehören »Blue Skies«, »White Christmas«, von dem es über 200 Fassungen gibt, und »Alexander's Ragtime Band«, das alles andere ist als ein Rag. Später hat sich Berlin auf Lieder der patriotischen Sorte verlegt, wie zum Beispiel »God Bless America«.

Nach Cole Porters *Kiss Me Kate* (1948) erzielte Leonard Bernstein mit *West Side Story* (1957) noch einmal einen phänomenalen Musicalerfolg, der zu einem guten Teil auf das Konto des Choreographen Jerome Robbins ging. Die Musik litt an einem Mangel an charakteristischen Melodien. Dem Komponisten scheinen nach den Tönen zu den Silben von »Maria« die Ideen ausgegangen zu sein. In der Kritik schnitten Bernsteins populäre Kompositionen jedoch besser ab als seine symphonischen Werke.[15]

Jazz

Der einzig genuin amerikanische Beitrag zur Musikgeschichte der Welt ist nach Meinung von Kennern der Jazz, eine Kunstform, die ihre eigenen Gesetze und ihre eigene Entwicklungslogik besitzt. Der Jazz ist ein Amalgam aus afrikanischen Musikelementen, aus afroamerikanischen Volksliedern, aus Spirituals und Worksongs, aus Minstrelsongs mit irischen und schottischen Melodien, aus französischen Märschen, kreolischen Tänzen und Begräbnismusik, aus Blues und Ragtime. Mit den afrikanischen Komponenten ist hauptsächlich die westafrikanische Musik gemeint. Sie ist antiphon und polyphon, und ihre Tonleitern haben andere Intervalle, als sie der Europäer gewohnt ist. Zu den europäischen Elementen zählen die Instrumentierung, die Harmonielehre und die Struktur. Ferner ist zu berücksichtigen, daß Sklaven ihre eigene Kultur entwickelten und Elemente aus der weißen Gesellschaft und aus dem afrikanischen Erbe auf dramatische Weise umformten. Der *field cry* oder *field hollar,* der wahrscheinlich eine befreiende Funktion hatte, ist zu den Ursprungselementen des Jazz gerechnet worden. Lieder der Sklaven, zum Beispiel die *boat songs* der schwarzen Zwangsarbeiter auf dem Mississippi, die mit unserer Notation nur schwer zu erfassen sind, weisen die für den Jazz später so typische Phrasierung »neben« oder »zwischen« den Taktschlägen auf.[16]

Afroamerikanische Melodien bewegen sich vorwiegend zwischen Tonika und Subdominante, europäische Melodien zwischen Tonika und Dominante; der Blues fusionierte diese beiden Grundlinien. Während afrikanische Lieder Gruppenerfahrungen und die Identifizierung mit dem Stamm ausdrückten, singt der Blues vom Leben des Individuums, seinen Sorgen, seinen Nöten, seinem kurzen Glück. Das Solo soll der westafrikanischen Musiktradition ganz fremd gewesen sein. Ein verbreitetes Textmuster des Blues ist der dreizeilige Vers, die zweite Zeile wiederholt die erste, die dritte bringt die Auflösung, eine Art Antwort:

> When a woman gets the blues she hangs her head and cries
> When a woman gets the blues she hangs her head and cries
> But when a man gets the blues he grabs a train and flies.

Die Spannung zwischen Melodie und Rhythmus in der schwarzen Volksmusik kann eine Transformation der für die westafrikanische Musik charakteristischen Gegenrhythmen gewesen sein. Die *blue notes* als typisches melodisches Element der Musik der Schwarzen kann man als Ersatz für fünfteilige Tonleitern ohne

Halbtonschritte ansehen. *Blue notes* sind minimale Verminderungen der 3. und 7. Stufe, ein Verschleifen, Dehnen oder Verwischen des Tons. Eine *blue note* liegt zwischen der großen und kleinen Terz, in C-Dur zwischen E und Es. *Blue notes* als Tontrauben lassen sich aus erniedrigter und natürlicher Terz oder Septime bilden. Außer der mikrotonisch erniedrigten 3. und 7. Stufe darf im Melodienverlauf auch eine *blue fifth* auftreten, nicht aber am Ende einer Phrase. *Blue notes* bewirkten, daß der Originalblues weder Moll noch Dur zugeordnet werden konnte, sondern eben einer eigenen Tonart. Klavierspieler, deren Instrument nur feste Intervalle kennt, behalfen sich damit, nacheinander verminderte Terz und Terz anzuschlagen, in der Eröffnung »I hate to see« des berühmten »St. Louis Blues« B und H. Andere Möglichkeiten bestanden darin, beide Töne gleichzeitig anzuschlagen, nur die verminderte Terz zu benützen oder die Sext statt der minimal reduzierten Septime. Damit hatte man sich aber bereits auf eine Verfälschung eingelassen. James Collier hat die Entwicklung einleuchtend beschrieben.[17]

Neben dem Blues war das wichtigste Bindeglied zum Jazz der Ragtime. Der Ragtime ist entstanden aus der Banjomusik und aus dem Cakewalk, einem Tanzvergnügen für Sklaven, an dessen Ende die weiße Herrschaft Kuchen an die Brävsten verteilte. Ragtime wurden gern im 6/8-Takt gesetzt, um den zweiteiligen Grundrhythmus mit den Triolen der Melodieführung unter einen Hut zu bringen. In Stücken mit 4/4-Takt wurde der 1. und 3. Taktteil betont, das Tempo war gemäßigt, eher dem Marschtempo vergleichbar. »Spiele Ragtime überhaupt niemals schnell«, riet Scott Joplin, der Meister dieses Klavierstils. Mit dem Übergang vom Ragtime zum Jazz, zwischen Jahrhundertwende und Erstem Weltkrieg, kam eine Beschleunigung des Tempos.[18]

Das Wort *jazz,* das auch *jas, jass* oder *jasz* buchstabiert wurde, umgab eine sexuelle Konnotation. Mencken nennt als Wortbedeutung von *to jazz* ohne Umschweife »to engage in sexual intercourse«. Die genaue Etymologie läßt sich nicht mehr ermitteln, eventuell liegt der Wortursprung bei einer westafrikanischen Bezeichnung für Koitus. Gebildeten Schwarzen ist die ursprüngliche Wortbedeutung meist geläufig, ähnliches gilt für Rock'n Roll. Jelly Roll Morton hat das Wort Jazz nach eigenen Angaben seit 1902 für seine Musik benutzt, während Paul Whiteman noch in den zwanziger Jahren die Umschreibung »syncopated music« vorzog.[19]

Bei Whiteman und George Gershwin ist Jazzmusik klassisch verbrämt worden, ehe sie dem bürgerlichen Publikum in New Yorks Carnegie Hall zu Gehör gebracht wurde. Der aus wohlhabender Familie in Davenport (Iowa) stammende Bix Beiderbecke mußte sich als Rebell gebärden, wollte er Jazz spielen. Nun war Beiderbecke weißer Hautfarbe; ein Musiker wie Louis Armstrong stand von Anfang an mitten in der afroamerikanischen Musiktradition. Der Protest gegen den Jazz kam allerdings auch aus dem schwarzen Lager. Der Vater des Pianisten Fats Waller hielt Jazz für eine »Musik aus der Werkstatt des Teufels«. Geistliche fürchteten eine Beförderung der Unmoral und warnten vor der aufreizenden Wirkung vor allem auf junge Mädchen. Quacksalber erkannten auf karzinogene Elemente. Zion City, eine Stadt in Illinois, sprach 1921 innerhalb ihrer Grenzen ein allgemeines Jazzverbot aus.[20]

Trotz der Proteste wurde aus dem Jazz so etwas wie die Stimme Amerikas. Ein großer Teil der 100 Millionen Schallplatten, die 1921 produziert wurden, waren Jazzplatten. Jazz war im Gegensatz zum Blues kosmopolitisch und nicht statusgebunden, attraktiv auch für die Mittelklasse, während die alten Bluessänger samt und sonders aus der Unterschicht gekommen waren. Die bekanntesten Orchester begaben sich auf Auslandstourneen. In Deutschland gastierten Paul Whiteman (1926), Louis Armstrong (1932) und Duke Ellington (1933). Intellektuelle begannen sich mit der neuen Kunstform auseinanderzusetzen. Ab 1934 existierte mit *Down Beat* eine ganz dem Jazz gewidmete Zeitschrift. In den 1940er Jahren wurde an nicht weniger als zehn Colleges Jazzunterricht angeboten.[21]

Die Legende ist wahr: der Jazz ist in New Orleans entstanden, auch wenn einige ländliche Blaskapellen eine Rolle spielten, die eher aus dem Umfeld der Stadt kamen. Blas- und Schlaginstrumente waren nach dem Krieg von 1898 billig zu haben, und in New Orleans waren zahlreiche militärische Einheiten aufgelöst worden. Es gab Bedarf an Gebrauchsmusik, und auf den Visitenkarten der Musiker stand oft die Zeile »Music for all occasions«. Wichtig für die Entstehung des Jazz war das Jahr 1894, als in New Orleans die Wohnviertel nach Hautfarbe segregiert wurden und schwarze Kreolen mit anderen Schwarzen in Kontakt kamen. Schwarze Kreolen stammten meist von den Mätressen weißer Kreolen ab, also Amerikanern spanischer oder französischer Abkunft, und standen der europäischen Musiktradition nahe. Als Katholiken sangen sie zum Beispiel keine afroamerikanischen Spirituals.

Die Jazzmusik entstand aus der Vermählung dieser Tradition mit der schwarzen Volksmusik. Der 1897 geborene Saxophonist Sidney Bechet war ein schwarzer Kreole mit den für diese Gruppe typischen Identitätsproblemen. Bechet blieb ein Einzelgänger und war unfähig, dauerhafte Bindungen einzugehen. Der Pianist Jelly Roll Morton, Sohn eines schwarzen Kreolen namens LeMenthe, trug den Namen seines Stiefvaters. Er hätte gern für weiß gegolten, Schwarze nannte er Niggers. Seine Mutter war gestorben, als er 14 war, seine Großmutter verbot ihm das Haus, sein Leben war eine Wanderschaft auf der Suche nach Wärme und Zuneigung.[22]

Ursprünglich eine Straßenmusik, machte der Jazz einen Entwicklungssprung, als 1897 in New Orleans der Bordelldistrikt Storyville eingerichtet wurde, so benannt nach dem Stadtrat Joseph Story, der auf diese Weise die Prostitution unter Kontrolle halten wollte. Storyville war relativ teuer und wurde hauptsächlich von Weißen frequentiert. In den Lokalen dieses Amüsierviertels fanden schwarze Musiker Arbeit. Kennzeichnend für den New Orleans Jazz war die kollektive

Improvisation mit der Trompete als melodieführendem Instrument, der Klarinette als hoher, der Posaune als tiefer Stimme. Weiße ahmten den Musizierstil der Schwarzen nach. Die »Original Dixieland Jazz Band«, fünf weiße Musiker aus New Orleans, nahmen 1917 in New York die ersten Jazzplatten auf, darunter den berühmten »Tiger Rag«.

Beim Eintritt der Amerikaner in den Ersten Weltkrieg wurde Storyville auf Befehl des Marineministers geschlossen, weil der Sieg nicht durch unmoralische Ablenkungen gefährdet werden sollte. Brotlos gewordene Musiker wanderten in die Städte des Nordens und des Mittelwestens ab. Dort kam eine kulturelle Synthese zwischen Schwarzen der urbanen Mittelklasse und zugewanderten Südstaatlern zustande. Bereits 1911 hatte sich in Kalifornien als eine der frühesten Gruppen die »Original Creole Ragtime Band« zusammengefunden. Einige Jahre später siedelte »Brown's Dixieland Jazz Band« von New Orleans nach Chicago über. Die Verlagerung vom Süden nach Chicago, Detroit, Kansas City und New York brachte eine Hinwendung zu größeren Formationen und arrangierter Musik. Die Charakteristika des Chicago Jazz waren explosive Tonausbrüche vor der Wiederholung des Themas, der stakkatoartige Shuffle-Rhythmus im Zwischenteil und die Herausstellung des Solisten. Größere Gruppierungen ließen ein kollektives Improvisieren wie im New Orleans-Stil nicht zu. Big Bands lieferten den Hintergrund für das Spiel der Solisten. Louis Armstrong, der ebenfalls von New Orleans nach Chicago gegangen war, entwickelte sich dort zu einem großen Solisten und zur bekanntesten Figur der gesamten Jazzgeschichte. Bei King Oliver hörte man noch der ganzen Band zu, schrieb ein Jazzkritiker, bei Armstrong hörte man auf Armstrong.[23]

Geburt und frühe Jahre des ersten klassischen Jazzmusikers Louis Armstrong liegen ziemlich im Dunkeln. Armstrongs eigene autobiographischen Werke – *Swing that Music* (1936) und *Satchmo: My Life in New Orleans* (1954) – geben nur Aufschluß, soweit die Erinnerung reicht oder reichen will. Geboren war er wahrscheinlich am 4. Juli 1900, eine andere Version spricht vom 7. April. Er wuchs im ärgsten Slum von New Orleans heran, in einem Klima von Gewalt und Prostitution. Er kannte das Milieu von klein auf, verdiente sich ein paar Pennies, indem er den Herren von Storyville eimerweise Kohlen verkaufte und wurde einmal Zeuge einer tödlichen Messerstecherei zwischen Rivalinnen. Ob seine Mutter selbst Prostituierte war, wußte er nicht zu sagen. Zumindest hatte sie rasch wechselnde Partner, von denen sie im Alkoholrausch immer wieder verprügelt wurde. Der leibliche Vater hatte sich bald von der Familie abgewandt; Louis wurde zunächst von einer Großmutter aufgezogen. Er galt als schwieriges, eigensinniges Kind und landete in einer Erziehungsanstalt, dem »Colored Waif's Home«, nachdem er in der Neujahrsnacht mit dem Colt einer seiner »Stiefväter« auf der Straße herumgeballert hatte. Nach seiner Erinnerung verbrachte er anderthalb, vielleicht aber auch drei Jahre in dieser Anstalt, wo man seine musikalische

Begabung erkannte und ihm das Trompetenspielen beibrachte. Sein Vater soll ihn nur deshalb aus der Besserungsanstalt herausgeholt haben, weil er in zweiter Ehe einen Babysitter brauchte. Armstrong hat später nur mit Bitterkeit von seinem Vater gesprochen und ihm Vernachlässigung vorgeworfen.[24]

Er mag um die 14 Jahre alt gewesen sein, als er aus der Anstalt kam, schlug sich mit verschiedenen Jobs durch, spielte unter anderem auf den Riverboats des Mississippi, heiratete eine Prostituierte, mit der er sich bald entzweite. Sein erster Stetson war ihm lieber als seine erste Frau, schrieb er im Rückblick.[25] King Oliver holte ihn als Trompeter nach Chicago, ab da begann sein Aufstieg. 1923 nahm er mit King Oliver's »Creole Jazz Band« bedeutende Jazzstücke auf, wenig später

King Oliver, Louis Armstrong und die Creole Jazz Band in Chicago (1923)

gründete er seine eigenen Combos, die »Hot Five« und die »Hot Seven« und entfernte sich zunehmend vom New Orleans-Stil. Zwischen 1925 und 1928 spielte er Jazzklassiker wie den »Potato Head Blues« oder den »West End Blues« ein, der gemeinhin als sein Meisterwerk gilt. Als das Geschäft in Chicago vorübergehend nachließ, ging er nach New York. 1932 brach er zu seiner ersten Europatournee auf. Er blieb bis in die sechziger Jahre hinein aktiv und auf Reisen und hat erst am Ende seiner Karriere mit Schlagern à la »Hello, Dolly« (1963) musikalische Kompromisse geschlossen.

Louis Armstrong, der sich ein Leben lang mit dem Blues identifiziert hatte, ist für viele *der* Jazzmusiker par excellence geblieben, einer, der aus der banalsten Melodie ein Kunstwerk zu machen verstand. Sein souveräner, unzerhackter Stil erweckte den Eindruck von entspannter Leichtigkeit und war doch tempogeladen, selbst in den kompliziertesten Arrangements. Voraussetzung für seine künstlerischen Leistungen war die technische Perfektion. Manchmal machte er sich einen Spaß daraus, hintereinander 250mal das hohe C zu blasen und die Sequenz mit einem hohen F abzuschließen. Als Solist der »Hot Five« und der »Hot Seven« dehnte er die Phrasierungen, spielte nur fünf oder sechs Noten, wo man vielleicht acht erwartet hätte, erhöhte dadurch die musikalische Spannung und sorgte dafür, daß die Melodie gleichsam über dem Rhythmus schwebte. Mitunter phrasierte er auch ganz außerhalb des Grundrhythmus, was bis dahin in dem Maße noch niemand gewagt hatte. Den Blues »Muggles« scheint er manchmal in zwei Tonarten gleichzeitig zu spielen. Seine Aufnahmen mit Bessie Smith wirken deshalb so bestechend, weil beide ihre musikalische Freiheit nicht als Aufforderung zum Dekorativen verstanden; im Gegenteil: Überflüssiges wurde weggelassen, einfache Linien noch mehr verkürzt und vereinfacht, der direkte Weg erhielt den Vorzug. Armstrongs Spielweise wirkte logisch und zwingend; seine Version von »Some of These Days« (1929) konnte man sich nicht anders gespielt vorstellen.[26]

Louis Armstrongs Popularität in der Welt des Jazz war unerreicht, sein natürliches Auftreten und sein Humor wurden überall geschätzt. Verschiedene Indizien deuten darauf hin, daß seine Persönlichkeit nicht ganz so ausgeglichen war, wie es auf den ersten Blick den Anschein hatte: seine Freßorgien, die Flucht in Alkohol und Marihuanadüfte, seine gelegentliche Brutalität gegenüber Frauen. Er war viermal verheiratet und seit seiner schwierigen Kindheit auf Zuneigung erpicht.[27]

Das Zentrum des Jazz verlagerte sich in der zweiten Hälfte der zwanziger Jahre von Chicago an die Ostküste. Armstrong war nach New York gegangen, Duke Ellington spielte mit seinem Orchester seit 1927 Tanzmusik im Cotton Club von Harlem. »I think of music in terms of color«, erklärte Ellington. Die Titel vieler seiner Kompositionen drückten aus, daß es sich um Tongemälde handeln sollte: »Black and Tan Fantasy« (1927), »Mood Indigo« (1930), »Ebony Rhapsody« (1934), »Sepia Panorama« (1940), die Orchestersuite »Black, Brown, and Beige« (1943) oder »Creamy Brown« (1943). Ellingtons Musik war weniger improvisiert als komponiert und arrangiert. Aus seinen Kompositionen sprach oft ein distanzierter Impressionismus, der eher dem Geschmack urbaner Schwarzer entsprach als der Gefühlswelt der ländlichen Bluessänger. Kritiker haben Ellington »Sophisterei, Geschicklichkeit, Glätte und Routine« attestiert. Die Musik der Schwarzen hatte sich aus mündlich überlieferten Traditionen entwickelt, weiße Musiker waren im allgemeinen Notisten. Schwarze Musiker mußten, um das zahlende Publikum zufriedenzustellen, ihre Musik dem Geschmack der Weißen anpassen, sie glätten und desexualisieren. Ellington spielte im Cotton Club hauptsächlich für weiße Gäste, dazu kamen einige privilegierte Schwarze. Der Glättungsprozeß, das *streamlining*, ging auf Kosten der Realitätsnähe, trug aber auch zur Entwicklung eines neuartigen Jazzstils bei, des Swing.[28]

»It don't mean a thing if it ain't got that swing«, hieß es in einem Stück von Duke Ellington aus dem Jahr 1932. Der stromlinienförmige Swingstil zeichnete sich durch einen eindringlichen, vorwärtstreibenden Vierschlagrhythmus aus, dem der Zweischlagrhythmus aus den Tagen von New Orleans hatte weichen müssen. »Meine Boys und ich müssen vier Schläge auf den Takt bringen ohne zu schummeln«, erläuterte der Bandleader Count Basie, dessen Rhythmusgruppe – Gitarre, Bass und Schlagzeug – wie ein Mann spielte und einen reinen 4/4-Takt hielt. Der Rhythmus der Swingmusiker war möglichst gleichmäßig, aber der Melodietakt wurde gewissermaßen in zwei ungleiche Teile zerlegt, wodurch wiederum der Eindruck vorwärtsstrebender Bewegung entstand. Coleman Hawkins war ein Meister dieser Spielweise. Count Basie hat es wie kein zweiter verstanden, durch minimale Vorgaben und Einwürfe am Klavier für musikalische Spannung zu sorgen und das Tempo anzuheizen. Sein Stil wirkte weniger glatt als der Ellingtons, weil Basie den Ursprüngen des Jazz aus der Volksmusik stärker verpflichtet blieb. LeRoi Jones brachte die bei Basie betonte Abfolge Riff-Solo-Riff mit Afrikas antiphoner Musik zusammen.[29]

Benny Goodman ist für manche der König des Swing, für andere ist er ein kultureller Parasit gewesen, der vom Können schwarzer Musiker zehrte. Als achtes von zwölf Kindern einer russischen Einwandererfamilie lernte er im Alter von 13 Jahren binnen drei Tagen ganz passabel Klarinette spielen. Seine erste Platte nahm er 1926 auf, als Siebzehnjähriger. Technisch und musikalisch war er den meisten seiner Kollegen bald überlegen. Dem Trend der Zeit folgend ging er nach New York. Mit 21 Jahren konnte er sich zu den führenden Jazzleuten zählen, auch wenn er seiner Gefühlskälte wegen bei seinen Kollegen nie sonderlich beliebt war. »Sing, sing, sing« wurde zu einer der populärsten Nummern der Jazzgeschichte, aber seine besten Soli spielte Goodman nicht vor dem Orchester, sondern in kleinen Combos. Sein Trio mit dem Schlagzeuger Gene Krupa und dem Pianisten Teddy Wilson war Mitte der dreißiger Jahre die erste rassisch gemischte Jazzgruppe vor einem breiteren Publikum.[30]

Der Big Band-Swing schien sich Anfang der vierziger Jahre überholt zu haben; Goodman wirkte ausgebrannt. Als neue Stile entwickelten sich einmal der überbesetzte, überkonstruierte Progressive Jazz eines Stan Kenton, zum anderen der Bebop. Der Swingstil sagte jungen Schwarzen der Nachkriegsjahre nicht viel. Ihnen ging es eher darum, die Jazzmusik aus dem weißen Hauptstrom der Kultur wieder herauszunehmen, dem Geschmack der schwarzen, anpassungswilligen Mittelklasse zu trotzen und sich auf die Ursprünge des Jazz als improvisierter Musik in kleinen Formationen zu besinnen. »Something they can't play«, sollte der

Bebop nach Meinung des Pianisten Thelonius Monk sein, und mit »they« waren die Weißen gemeint. In den besten New Yorker Bebop-Lokalen, Minton's Playhouse oder Birdland, haben denn auch hauptsächlich Schwarze musiziert. Der Bebop verdankte seinen Namen einer lautmalerischen Bezeichnung für eine rhythmische Figur. Harmonisch und melodisch brachte der neue Stil oft nur eine Abwandlung altbekannter Stücke. Das Revolutionäre am Bebop war der Rhythmus. Statt des ersten und dritten wurde der zweite und vierte Schlag betont. Das Tempo konnte 300 Schläge pro Minute erreichen, die Swingmusiker waren mit 100 bis 200 Schlägen pro Minute ausgekommen. Der Schlagzeuger verlegte den Grundrhythmus von der Baßtrommel aufs große Becken, um dem Beat mehr Fluß zu geben. Der Kontrabassist antizipierte den Grundrhythmus, das heißt, er riß den Ton eine Idee, ehe der Takt fiel, an. Die linke Hand des Pianisten verzichtete auf einen durchgängigen Grundrhythmus, akzentuierte nur, setzte dem Solisten Orientierungspunkte. Langsame Tempi benutzte der Solist dazu, um mit 1/16- und 1/32-Noten doch wieder Tempo zu machen. Der Bebop war eine nervöse Musik, in der man irregulär phrasierte, Passagen nur stenogrammartig andeutete und sich am liebsten *off-beat* bewegte, neben oder außerhalb des Rhythmus, oder »on top of the beat«, gewissermaßen oberhalb der rhythmischen Grundstruktur.[31]

Die ersten Bebop-Aufnahmen im strengen Sinn entstanden 1945 mit dem Trompeter Dizzie Gillespie und dem Saxophonisten Charlie Parker, genannt »the Bird«. Collier überschrieb in seinem Jazzbuch das Kapitel über Parker mit »An Erratic Bird in Flight«. Parker war Autodidakt. Er wußte nicht, daß im Jazz drei von vier Stücken in den Tonarten C, F, B oder Es gespielt werden, übte alle zwölf Tonarten gleichmäßig, was ihm zu einer außergewöhnlichen Beherrschung seines Instruments verhalf und stilistische Experimente ermöglichte, die anderen schon aus technischen Gründen nicht offenstanden. Arpeggierte Akkorde, aufgelöste Harmonien als einfachste Form der Improvisation, interessierten Parker nicht. Er hatte sich in Stücken wie »Now's the Time«, »Ornithology« oder »Embraceable You« mit komplizierten Figuren vom Diktat der Harmonien entfernt. Wo bei anderen aus rasch gespielten Achtelnoten Monotonie entstand, mischte Parker Triolen mit Achtel- und Sechzehntelnoten, so daß sich ganze Passagen vom Grundrhythmus zu lösen schienen und auf den Zuhörer einprasselten »wie ein plötzlicher Hagelschauer auf ein Dach«. Das Tempo seiner Läufe war bis dahin unerreicht, die hektische, kürzelhafte Spielweise verlangte, sich manche Noten noch dazuzudenken.[32]

»Es ist die gestreckte Seele, die Musik macht, und Seelen werden gestreckt durch den Zug von Gegensätzen«, schrieb der Allerweltsphilosoph Eric Hoffer. Parkers Vater hatte sich bald abgesetzt, die Mutter verwöhnte den Jungen übermäßig. Mit 15 Jahren verließ er die Schule, heiratete eine vier Jahre ältere Frau, verfiel früh dem Heroin und entwickelte sich zu einem schwierigen, oftmals unleidlichen Menschen, einem Soziopathen, der für andere nichts mehr empfinden konnte. Auf den

Tod seiner Tochter reagierte er aus Kalifornien mit einem verworrenen Telegramm. Er unternahm einen Selbstmordversuch und starb 1955 im Alter von 34 Jahren in einer fremden Wohnung.

Die Biographien vieler Persönlichkeiten des Jazz scheinen die These von Eric Hoffer zu untermauern. Der Vater von Jelly Roll Morton war davongelaufen. Die Sängerin Bessie Smith hatte als Kleinkind ihren Vater verloren, als Achtjährige ihre Mutter. Sie wurde unter ärmlichsten Bedingungen von ihrer ältesten Schwester aufgezogen und bewegte sich später ständig an der Grenze zum Alkoholismus. Billie Holidays Vater verschwand ebenfalls kurz nach der Geburt des Kindes und meldete sich erst wieder nach den großen Erfolgen der Tochter. Die junge Billie wurde bei Verwandten untergebracht, ehe die Mutter sie nach New York holte und in ein Bordell steckte. Ihr Leben als Sängerin verlief chaotisch, sie trat betrunken auf und kam wegen Drogenbesitzes monatelang in Haft. Der Saxophonist Lester Young, ein Alkoholiker, verbrachte wegen desselben Delikts ein Jahr in einem Militärgefängnis. Der Trompeter Bix Beiderbecke war dem Alkohol verfallen, die Saxophonisten Charlie Parker, Sonny Rollins und John Coltrane waren heroinsüchtig. Stan Getz erhielt eine Haftstrafe, weil er eine Apotheke überfallen hatte, um in den Besitz von Rauschgift zu gelangen.[33]

Der Bebop war zu kompliziert um über längere Zeit hinweg ein breiteres Publikum unterhalten zu können. Der Cool Jazz brachte schon ab 1950 einen Stilwechsel mit längeren, weniger nervösen, kontrapunktisch unterbauten Tonfolgen. Zu den Anfängen des Cool Jazz rechnet man die Aufnahmen, die der Trompeter Miles Davis 1949 und 1959 mit Gerry Mulligan, Max Roach, Kai Winding und Lee Konitz machte. Aus den entspannten, fließenden Linien dieser Musik sprechen Reserve und Introspektion. Auch Lester Young und Stan Getz gehören wegen ihrer »desengagierten« Spielweise dieser Stilrichtung an, die im West Coast Jazz mit Shorty Rogers, Gerry Mulligan, Chet Baker und Chico Hamilton eine Variante fand. Der Pianist Dave Brubeck und sein Quartett wurden vor allem unter der Collegebevölkerung populär. John Lewis und Milt Jackson, die Solisten des »Modern Jazz Quartet«, pflegten einen fast durchkomponierten Stil. Bei Stücken wie »La Ronde«, »Concorde«, »Django« oder »Vendôme« verschwamm die Grenze zwischen Komposition und Improvisation. Lewis war ein Freund der deutschen Klassik. Als Reaktion auf die manchmal sterile Art des reinen Cool Jazz entwickelten sich lebendigere, kräftigere Spielarten, der funky style des Schlagzeugers Art Blakey und seiner »Jazz Messengers«, der kontroverse Free Jazz eines Ornette Coleman mit zufallsvermischten Tönen oder der ganz persönliche Stil des Saxophonisten John Coltrane.[34]

Von einer großen Jazzgemeinde ist John Coltrane beinahe wie ein Heiliger verehrt worden. Geboren in einer kleinen Ortschaft in North Carolina, wurde er als stiller, nachdenklicher Junge beschrieben, der mit 12 Jahren den Vater verlor, sich desto enger an die Mutter anschloß und auffällige Symptome oraler Zwanghaftigkeit entwickelte; er liebte Süßigkeiten, ruinierte sich die Zähne damit, litt unter Übergewicht, trank und nahm Rauschgift. 1957 sagte er sich in einer einsamen Entziehungskur von Alkohol, Nikotin und Heroin los und wandte sich östlichen Religionsformen zu. Asketische Perioden standen im Wechsel mit Phasen unaufhörlichen Essens. In seinen letzten Monaten wog er weit über zwei Zentner. Hunderte von Mundstücken hat er im Laufe seines Lebens gekauft, ausprobiert und meist gleich wieder weggeworfen. Einmal schlief er mit dem Saxophon im Mund ein wie ein Kind mit dem Schnuller. Coltrane hatte mit Stücken wie »Naima« oder »My Favorite Things« Spitzenleistungen des Jazz geschaffen. Kennzeichen seines Stils waren das polytonale Spiel in zwei Tonarten, also etwa eine Melodie in G-Dur über Harmonien in B-Dur, und die »Sheet of Sound«-Technik, bei der die einzelnen Noten so schnell aufeinanderfolgen – bis zu 1000 pro Minute –, daß sie nicht mehr einzeln, sondern als Tonflächen wahrgenommen werden.[35]

Tausend Töne pro Minute wußte auch der Pianist Art Tatum hinzulegen, der dabei noch die Zeit fand, einen oder einen halben Takt lang die Tonart zu wechseln. Hohe Tempi allein machten aber beileibe nicht das Charakteristische am Jazz aus. Da waren einmal melodische Besonderheiten. Anders als in der europäischen Musik besitzen die Töne keine feste Frequenz, sondern sind variabel. Die Tonfärbung, im Jazzgesang oder bei den Bläsern, entspricht kaum dem gewohnten Schönheitsempfinden. Eine weitere Eigentümlichkeit besteht darin, daß der Komponist hinter den Interpreten zurücktritt. Das hervorstechendste Merkmal der Jazzmusik jedoch ist die rhythmische Gestaltung und das spezielle Verhältnis zwischen Rhythmus und Melodie. Die einzelnen Töne müssen oder sollen nicht genau auf dem Takt liegen, auch nicht zwischen den Taktschlägen, wie bei der Synkope, sondern gewissermaßen neben oder außerhalb des Taktes. Das Auseinanderklaffen zwischen Grundrhythmus und Melodierhythmus macht das Geheimnis des *swing* oder *drive* aus, jener pulsierenden, vitalen Kraft, die für den mitreißenden Charakter des Jazz sorgt. Weil die Töne der Melodie nicht genau auf die Taktschläge fallen, bewirken sie, daß sich die Melodie vom Grundrhythmus löst und gleichsam über ihm schwebt.[36]

Genau im Takt zu spielen oder zu singen ist für Jazzmusiker uninteressant. Auch Bluessänger verfolgen instinktiv das Prinzip der Ungleichzeitigkeit. Die besten der populären Sänger, Ray Charles oder Tina Turner, vermögen vor einem rhythmischen Hintergrund sogar mit dem gesprochenen Wort Tempo zu machen, ähnliches gelingt den Musikern der Big Bands, die mit dem Ausruf »Well all right then!« sich selbst und ihr Publikum anspornten. Nicht nur in der Spielart des Swing schien sich die Musik unaufhaltsam auf ein namenloses Ziel zuzubewegen. Auch bei ungleichmäßigen Rhythmen geht dem Jazz seine vorwärtstreibende Kraft nicht verloren, so in Handys berühmtem *St. Louis Blues* (1914), der mit einer Variation des Tango- oder Habanero-Rhythmus drei Melodienteile auf zwei Rhythmusteile bringt – ein vertrautes Jazzmuster. Charlie Christian, ein Gitarrist der frühen Bebop-Jahre, erzielte einen *off-beat*-Effekt durch irreguläre Phrasierungen beim Improvisieren. Miles Davis, der mit der technischen Brillanz und den rasenden Läufen eines Dizzie Gillespie nicht mithalten konnte, behalf sich mit halben und ganzen Noten, die er an unerwarteten Stellen plazierte. Damit entfernte er die Melodie ebenfalls vom Grundrhythmus. Das A und O des Jazz bezieht sich auf dieses Auseinanderklaffen. Die »Regelmäßigkeit der Zeitgestaltung« wird postuliert und gleich wieder negiert. Der Musikologe Jan Slawe faßte den Sachverhalt so zusammen: »Das besondere Wesen des Swing ist die rhythmische Konfliktbildung zwischen dem Fundamental- und dem Melodierhythmus; sie ist der musikalisch-technische Grundsatz des Jazz.« Dagegen wandte Joachim Ernst Berendt ein, rhythmische Konfliktbildungen ließen sich auch in anderen Musikarten finden, in der Barockmusik, bei Bach etwa – »und trotzdem swingt das nicht!« Berendt glaubt, Jazz spiele sich simultan auf zwei zeitlichen Ebenen ab, der objektiven, meßbaren Zeit, vertreten durch den Grundrhythmus, und der subjektiven, individuellen, nicht objektivierbaren Zeit, vertreten durch den Melodierhythmus.[37]

Die Titel vieler Stücke deuten an, daß Jazz vor allem Bewegung ist: der »Travelin' Blues« von Ma Rainey, »Jumping at the Woodside« der Count Basie-Band mit einem Solo von Lester Young, »Take the A-Train« des Orchesters Duke Ellington oder »Fidgety Feet« mit Coleman Hawkins. Die rollenden Rhythmen des Boogie-Woogie, eines Klavierblues, gemahnen an die Geräusche einer anfahrenden Lokomotive. Samson Raphaelson, der Autor des erfolgreichen Bühnenstücks *The Jazz Singer* (1925), kannte kein besseres Symbol für das vitale Chaos in Amerika als die Jazzmusik. Jazz war für ihn ein leidenschaftliches Gebet zu einer unbekannten Gottheit. Der schwarze Dichter Langston Hughes schrieb lapidar:

The rhythm of life
Is a jazz rhythm.

Claude McKay interpretierte in seinem Roman *Home to Harlem* (1928) den Jazz als eine Flucht in primitive, dschungelhafte Urzustände mittels musikalischer Rhythmen. Weiße und schwarze Amerikaner verknüpfen mit Musik verschiedene Vorstellungen und entwickelten einen unterschiedlichen Musikgeschmack. Weißen gefällt »Star Dust«, Schwarze mögen »Flyin' Home«, resümierte der Avantgardist Ornette Coleman mit leisem Spott. Die weißen Adaptionen schwarzer Originalmusik fielen seit den zwanziger Jahren schneller und rhythmisch steifer aus. Harmonisch gesehen lagen sie mehr auf der klassischen Linie, aber das Tempo war abenteuerlicher, der Vorwärtsdrang kopfloser, besinnungsloser und kaum noch kontrollierbar.[38]

Weiße Musiker wie Jack Teagarden, Benny Goodman, Pee Wee Russell oder Bix Beiderbecke erwiesen sich schwarzen Musikern bald als ebenbürtig. Meist vermochten sich schwarze mit weißen Amerikanern auf dem Sektor Jazz rascher zu verständigen als Amerikaner mit Europäern, denen es anfangs hauptsächlich an rhythmischem Verständnis mangelte. Mit wenigen Ausnahmen, Django Reinhardt zum Beispiel, konnten Europäer fast während der gesamten zwanziger Jahre nicht begreifen, daß es im Jazz darum geht, neben und nicht auf dem Takt zu phrasieren. Gastierende Amerikaner waren mit europäischen Rhythmusgruppen meist unzufrieden und generell war zu beobachten, daß der jazzende Europäer beim Spielen mehr nachdachte, bewußter, kontrollierter vortrug, größere Hemmungen hatte, sich gehen zu lassen, »to let it rip«.[39]

Mit Mentalitätsunterschieden hat wohl auch die Diffamierung des Jazz zu tun. Man findet sie auf der ganzen Breite des ideologischen Spektrums. Adorno witterte im Jazz einen Wegbereiter des Faschismus, während ein Führer des KuKluxKlan davon überzeugt war, daß der Jazz den Kommunismus befördere. Ordnungsfanatiker vor allem haben sich an dieser Musik gestoßen. Der deutsche Faschismus beklagte den »völlig zersetzenden Einfluß des Jazz«. Kommunistische Gesellschaften taten sich schwer, eine Musikform zu akzeptieren, in der das Solo eine überragende Rolle spielte. In der DDR war es eine Zeitlang verboten, Boogie-Woogie *getrennt* zu tanzen.[40] Jazz bedeutete Freiheit, Bewegung, Improvisation, all dies war gefährlich, staatsgefährdend; unerwünscht.

Modern Dance

In Harlem ahmten Weiße den *tap dance* der Schwarzen nach, den der Stepptänzer Bill Bojangles Robinson in Perfektion vorführte. »Die Psychologie des Landes liegt in seiner Bewegung«, behauptete Martha Graham, die den Modern Dance zur Vollendung brachte, einen Tanzstil, der von einfachen Konzepten lebte, von sparsam eingesetzten Mitteln, von der Konzentration auf die Bewegung. Unwesentliches wurde weggelassen. Anders als im klassischen Ballett gab es keine festen Grundpositionen, keinen obligatorischen Bewegungskodex, sondern freie Gestaltungsmöglichkeiten »aus dem Innern des Torso heraus«.[41] Mit den fünf vorgeschriebenen Fußstellungen, die am Hofe Ludwig XIV. entwickelt worden und im klassischen Ballett nach wie vor *de rigueur* waren, hatte der Modern Dance nichts im Sinn.

Eine Pionierrolle bei der Entwicklung des neuen Stils war Isadora Duncan zugefallen. Statt formalisierte Bewegungsabläufe zu wiederholen, hatte sie seit Beginn des Jahrhunderts versucht, das Leben des Menschen zu zeigen, wie es sich aus seiner Seele heraus entwickelte. Sie entstammte einer geschiedenen Ehe; die Mutter ernährte vier Kinder durch Klavierunterricht. Armut, Hunger und »unfreiwillige Umzüge« gehörten zum Alltag ihrer frühen Jahre. Die Mutter hatte sich nach ihrer Scheidung vom Katholizismus losgesagt und sich der agnostischen Lehre Robert Ingersolls zugewandt. Der Freiheitsdrang übertrug sich auf die

Tochter: »Das hervorstechendste Merkmal meiner Kindheit war der beständige Geist der Rebellion gegen die Enge der Gesellschaft, in der wir lebten ...« Von den kodifizierten Bewegungen und dem gefrorenen Lächeln der klassischen Ballerinen wollte die Tänzerin Duncan nichts wissen. Statt eckiger wählte sie wellenförmige, »ondulierende« Bewegungen, wie sie beim Flug der Vögel und anderswo in der Natur vorkommen. In den Ballettschulen alter Art hatte man das verlängerte Rückgrat als die Sprungfeder der Bewegung betrachtet. Duncan brachte ihren Schülern bei, der Musik mit der Seele zu lauschen, innerlich zu erwachen und dabei zu spüren, »wie man langsam auf das Licht zugeht«. Die Seele sollte den Körper in Besitz nehmen, der alsbald transparent wurde. Er verwandelte sich nämlich wie bei Emerson »in eine luminöse, sich bewegende Wolke, durch die das göttliche Wesen selbst offenbart werden kann«. Isadora Duncan begab sich mit ihren Visionen nicht nur an die Grenze des Kosmos, sondern gelegentlich auch an die Grenze unfreiwilliger Komik. Ein tanzendes Amerika stellte sie sich vor, »das mit einem Fuß auf dem höchsten Punkt der Rocky Mountains balanciert, beide Hände vom Atlantik zum Pazifik ausstreckt, das edle Haupt gen Himmel erhoben, während von der Stirn das Licht von Millionen Sternen leuchtet«.[42]

Die von Duncan nicht nur tänzerisch beeinflußte Ruth St. Denis hat beschrieben, wie sie als Sechzehnjährige mit ausgebreiteten Armen auf einem Hügel in New Jersey stand, dem Wind lauschte, sich zu bewegen begann, den kosmischen Rhythmus empfand »und sich ganz dem unsichtbaren Puls des Universums« hingab, als wäre Emerson persönlich ihr Tanzmeister gewesen. Neben Emerson las sie Thoreau und Mary Baker Eddy, die Begründerin der mystischen *Christian Science*-Sekte. Außerdem wollte sie sich dynamischer Kräfte aus orientalischen Kulturen bedienen, gewissermaßen eine Synthese aus Emersonschem Transzendentalismus und Zen-Buddhismus zuwegebringen. Der Tanzkunst wäre ihren Vorstellungen nach am besten in einer »Kathedrale der Zukunft« vor einem mobilen Altar gehuldigt worden. 1915 gründete sie mit ihrem Mann Ted Shawn in Los Angeles die Tanzschule »Denishawn«. Für Ted Shawn, einen aus Kansas City gebürtigen Theologiestudenten, waren Tanzen und Beten ein und dieselbe Sache. Er wurde in einer Zeit, da Tanzen als weibisch galt, der erste große Tänzer des weißen Amerika. Wie Ruth St. Denis experimentierte er zunächst mit ostasiatischen Tanzformen. Später wandte er sich, von Walt Whitmans Dichtungen inspiriert, amerikanischen Stoffen zu. Im *Hopi-Adlertanz* (1934) und in den *Tänzen zu amerikanischer Volksmusik* (1940) verarbeitete er indianische Themen, Negro Spirituals und Motive der Cowboywelt. Aus der Denishawn-Schule gingen die Meister des Modern Dance hervor, Doris Humphrey und Martha Graham.[43]

Doris Humphrey ließ die Denishawntruppe hinter sich, weil sie statt Exotik sich selbst erfahren und die Amerikaner kennenlernen wollte. 1928 eröffnete sie ein eigenes Tanzstudio in New York. Während des New Deal förderte sie als Angestellte des »Federal Theater Project« arbeitslose Tänzer. Ihre *New Dance*

Trilogy (1935/36) war sozialkritisch angelegt: maßloses Profitstreben in der Wirtschaft vergiftet das gesamte gesellschaftliche Leben. Im Stil der Zeit wurde Tanz als kinetisches Gemeinschaftserlebnis begriffen.[44]

Martha Graham (ca. 1924)

Amerikas berühmte Tänzerinnen – Duncan, St. Denis, Humphrey, Graham – waren hochintelligente, zur Reflexion neigende Persönlichkeiten, die sich auch mit Worten auszudrücken wußten. Martha Graham hatte 1923 der Denishawn-Schule ebenfalls den Rücken gekehrt und sich selbständig gemacht. Ihre beste Zeit erlebte sie in den 1930er Jahren und bis 1945. Werner Jakob Stüber gab in seiner *Geschichte des Modern Dance* (1984) dem Abschnitt über Graham die treffende Überschrift »Tanz als kinetisches Psychogramm«. Bewegung hatte um ihrer selbst willen zu geschehen oder als Ausdruck der Seele. Grahams tänzerisches Vokabular war bewußt gegen die förmliche Sprache des klassischen Balletts gerichtet. Man sah bei ihr auch nicht die weichen, wellenförmigen Linien einer Isadora Duncan, sondern geometrische Figuren, die dem elementaren Formempfinden eines Picasso vergleichbar waren. An die Stelle der harmonischen Ondulatorik traten schlag- und stoßartige, abgehackte, verkrampfte, hart akzentuierte Bewegungen, getreu ihrer Maxime, daß der Tanz psychische Prozesse zu verkörpern habe. Ihr Begriff des *motor memory*, des motorischen Gedächtnisses, war den Jungschen Archetypen artverwandt: die Tanzenden holten Bewegungsmuster aus vergangenen Jahrhunderten in die Gegenwart herein.[45]

Auf der Bühne wirkte Martha Graham ursprünglich, rastlos und wild wie ein eingesperrtes Tier. Gelegentlich hat sie amerikanische Themen getanzt. Ihr Solotanz *Frontier* (1935) war eine Ode auf die Pioniersfrau. *Horizon* (1936) wurde vor einer Dekoration aus den Mobiles von Alexander Calder gegeben. Aaron Copland schrieb für sie das Ballett *Appalachian Spring* (1944). Freilich hat Martha Graham stets mehr beabsichtigt als die Umsetzung einer banalen Story. Ihre Motivation transzendierte lokale Bezüge, ihre Arbeit sollte eine »planetarische Idee« zum Ausdruck bringen.[46] Eine ihrer wirkungsvollsten Darbietungen trug den Titel *Acrobats of God.*

XXVII. Kapitel
SPORT

Sport ist Bewegung, und so hatte ein amerikanischer Religionsphilosoph keine Hemmungen, im Sport eine Naturreligion zu sehen, die den Menschen näher zu Gott bringt. Die drei populärsten Sportarten der USA – Baseball, Football, Basketball – erhob er zur heiligen Dreifaltigkeit und das Wörtchen *fan* leitete er nicht etwa von *fanatic* oder *fancy* ab, sondern von *fanum*, dem Platz des Tempels.[1]

Der moderne Sport, dessen Beginn in der Mitte des 19. Jahrhunderts lag, schuf nationalen Zusammenhalt und gemeinsame Interessen für sozial und geographisch weit auseinanderliegende Bevölkerungsgruppen. Amerikanische Präsidenten haben in der Regel Wert darauf gelegt, sich als sportliche Figuren zu erweisen. Theodore Roosevelt versammelte eine Schar tennisspielender Freunde um sich; Harding und Eisenhower spielten Golf; Kennedy segelte; Gerald Ford hatte Football gespielt und lief Ski; Carter versuchte zu rennen; Ronald Reagan tat sich als Reitersmann hervor.[2]

Amerikanische Sporthelden haben ein unverwechselbares Selbstvertrauen entwickelt. Jim Thorpe, der grandiose Zehnkämpfer indianischer Herkunft, bedankte sich beim schwedischen König für eine Auszeichnung mit den Worten »Thank you, King«. Der Boxer Jack Dempsey gestattete dem künftigen König von England, in seiner Gegenwart Platz zu behalten. Dempsey hatte sich, wie viele andere Spitzensportler, von ganz unten nach oben gearbeitet. Als Jugendlicher war er daheim ausgerissen, hatte sich – halb Bergarbeiter, halb Hobo – durchs Leben geschlagen und war als blinder Passagier auf Güterzügen mitgereist. Sein erstes Geld als Boxer verdiente er mit Kämpfen, die er selbst vom Zaun gebrochen und bei denen er ungeniert auf sich selbst gesetzt hatte. Im Ring erweckte er den Eindruck, als wolle er den Gegner für erlittenes Unrecht büßen lassen. Joe Louis, einer seiner Nachfolger als Weltmeister im Schwergewicht, Sohn eines Sharecroppers aus

Alabama, war mit seinem Stiefvater auf der Suche nach besseren Verdienstmöglichkeiten vom Land in die Stadt Detroit gezogen.

Eine erfolgreiche sportliche Laufbahn ist zu einer der klassischen Aufstiegsrouten für ethnische Minderheiten, für Einwanderer und deren Kinder geworden. Im Boxsport reüssierten zuerst Iren, dann Juden, Schwarze, Italiener wie Rocky Marciano, Sohn eines eingewanderten italienischen Schusters, zuletzt Hispanos. Einer der reaktionsschnellsten Basketballspieler war Bob Cousy, Sohn eines aus Frankreich ausgewanderten Taxifahrers. Jüdische Athleten aus Brooklyn gehörten lange zu den Besten im Korbball, eine Sportart, die heute eine Domäne der Schwarzen ist. Die Baseballmannschaft Dodgers aus Brooklyn bestand einmal fast zur Hälfte aus Einwanderern und bildete aus Juden, Afroamerikanern, Iren, Italienern, Polen und Skandinaviern eine Art Schmelztiegel. Die deutsche Abstammung zahlreicher Spitzenathleten wurde seit dem Zweiten Weltkrieg geflissentlich übersehen. Der Leichtathlet A. E. Kraenzlein legte um die Jahrhundertwende einen »Fernsprung« von 7 Metern und 43 Zentimetern hin. Der damalige Tarzan Johnny Weissmuller blieb bei den Olympischen Spielen von 1924 über 400 Meter Freistil zwanzig Sekunden unter dem bestehenden Rekord. Baseballspieler Lou Gehrig lieferte 2130 Spiele in ununterbrochener Reihenfolge. Sein Kollege Babe Ruth, den viele für den größen amerikanischen Sportler aller Zeiten halten, war als Georg Hermann Ehrhardt in Baltimore zur Welt gekommen. Er wuchs in ärmlichsten Verhältnissen auf, wurde vom Vater häufig geschlagen, kam als Siebenjähriger in ein Heim für katholische Zöglinge, in dem er bis zum Alter von 14 Jahren blieb. In den Baseballstadien fand er keine gleichwertigen Gegner, privat gerierte er sich als Verschwender, Völler und Glücksspieler, als Tunichtgut, der trank, sich mit vielen Frauen umgab und sich in fast regelmäßigen Abständen überfraß, als wolle er auf diese Weise entbehrte Liebe erwerben. Zu seiner Glanzzeit war Babe Ruth auch für die ansonsten nicht eben überschwengliche *New York Times* »his majesty the babe«.[3]

Baseball hat sich wahrscheinlich aus dem englischen Spiel »Rounders« entwikkelt und ist vielleicht schon 1839 im Staat New York gespielt worden, wurde aber nicht vor 1845 mit festen Regeln ausgestattet. Baseball war schneller als Kricket, das man in Philadelphia bevorzugte, einer traditionell englandfreundlichen Stadt. Walt Whitman sah in Baseball das »Hurrahspiel«, Mark Twain wollte diese Sportart wie ein Symbol für seine Zeit vorkommen, für den »drive and push and rush and struggle« des 19. Jahrhunderts. Für den Philosophen Morris Cohen war Baseball zur Nationalreligion geworden, weil dort der Mensch die engen Grenzen seines Selbst überschreiten und sich mystischen Dimensionen hingeben konnte.[4]

Ruderwettbewerbe zwischen Harvard und Yale fanden seit 1852 statt. 1908 interpellierte Theodore Roosevelt beim Harvard-Präsidenten Charles Eliot, weil zwei Ruderer der Universität – Roosevelts Alma mater – wegen Buchdiebstahls gesperrt worden waren. Die Universitätsleitung blieb hart, das Harvard-Team siegte auch ohne Diebe. Das erste Kentucky Derby für Reiter wurde 1875 abgehalten. Radfahren erfreute sich in den beiden letzten Dekaden des Jahrhunderts besonderer Popularität. In dieser Zeit fand auch der Skisport größere Verbreitung. Norwegische Einwanderer im Mittelwesten übten sich vor allem im Skispringen. Basketball wurde 1891 im YMCA von Springfield (Massachusetts) richtiggehend erfunden und von Missionaren und Soldaten in andere Länder getragen. Die Anfänge der Leichtathletik in den USA lassen sich auf die schottische Einwanderung zurückführen. Bereits 1890 blieb der erste Läufer über 100 Yards unter 10 Sekunden. Bei den ersten Olympischen Spielen in Athen (1896) stellten die Amerikaner die besten Leichtathleten. Sie verfügten offenbar über die besten Trainingsmethoden und brachen mehrere Rekorde, zum Beispiel in den Sprungdisziplinen.[5]

Gegen das Preisboxen formierte sich eine breite Opposition. Ein Gouverneur von Minnesota setzte 1891 Miliztruppen ein, um einen Kampf zu verhindern. Die Geistlichkeit sprach sich im allgemeinen gegen den Boxsport aus, unterlag jedoch heimlich der Faszination großer Kämpfe wie Corbett gegen Sullivan aus dem Jahr 1892. Die Angst vor schwarzen Siegern ging um. Nach dem Sieg von Jack Johnson gegen den weißen Jim Jeffries kam es im Jahr 1910 zu Übergriffen auf die schwarze Bevölkerung. Um diese Zeit wurde auch eine Kampagne gegen Boxfilme gestartet. In etlichen Staaten blieben Boxveranstaltungen bis in die zwanziger Jahre hinein illegal.[6]

An den Colleges wurde vor dem Bürgerkrieg wenig oder kein Sport getrieben. Dann begannen Harvard, Cornell, Colgate und andere Hochschulen mit Football. Rauhe Methoden bestimmten dieses amerikanische Rugby, das über Kanada in die USA gekommen war. Bei der *dust formation* warf man dem Gegner Sand in die Augen, die *flying wedge* bohrte sich als fliegender Keil aus Spielern in die Kontrahenten, im Windschatten folgte der Träger des Balls. Im Jahr 1902 gab es zwölf Tote auf den Spielfeldern. Kritiker meldeten sich zu Wort und setzten das *foul play* mit den unfairen Geschäftsmethoden in der Epoche der Räuberbarone gleich. Die Zeitschrift *The Nation* druckte eine scharfe Verurteilung: »Football … ist eine gesellschaftliche Obsession – ein Gladiatorensport, der Knaben umbringt und die Erziehung prostituiert.« Der Präsident der katholischen Universität Notre Dame (Indiana) erwiderte kühl, lieber solle sich ein junger Amerikaner das Schlüsselbein brechen, als Kricket spielen.[7]

Mit Ausnahme der modernen Wissenschaft gibt es kein Wortfeld, aus dem das Amerikanische so viele Ausdrücke entlehnt hätte wie aus dem Sport. *He never got to first base, to be sidelined* oder *right down the line* stammen aus Football und Baseball; *dark horse* für Geheimfavorit vom Pferderennen; *the real McCoy, slugfest, punch-drunk* oder *to side-step* vom Boxring. »Say it ain't so, Joe« (»sag, daß es nicht stimmt«), ist zum geflügelten Wort geworden, seit im Jahr 1919 ein enttäuschter kleiner Fan diese Aufforderung an einen bestochenen Baseballspieler der Chicago White Sox richtete. Die Sprache des Sports ist nur für Eingeweihte ganz verständlich. Analog zur Folklore spricht man von *Baseball-lore:* Geschichten vom Trainer, der nach einem geglückten Catch einen Vogel unter seiner Mütze in Freiheit entließ oder vom erzürnten Manager, der dem Unparteiischen statt der Spieleraufstellung seine Wäscheliste übergab. Ein Komponist vertonte einen Text, der nur aus den Eigennamen großer Baseballspieler bestand. Die meisten der großen amerikanischen Romanciers haben sich einmal mit dem Thema Sport abgegeben. Sport ist in der akademischen Welt ein akzeptierter Stoff. Das *Journal of Sport History* befaßte sich mit den ersten Rodeos, das *Journal of Popular Culture* mit großen Sportlerinnen, Doktoranden analysierten Problemkreise wie »Boxen und Gesellschaft zwischen 1930 und 1980«. Die Zeitschrift *The New Republic* forderte vor einigen Jahren eine Reihe prominenter Gelehrter auf, über ihren jeweiligen Lieblingssport zu reflektieren. Der angesehene Wissenschaftler Robert Nisbet verbreitete sich im *American Scholar* in einer ziemlich langen Buchbesprechung über die Frage, ob Dempsey gewonnen hätte, wäre Tunney nicht zu spät angezählt worden. Die Publikumszeitschriften *Harper's* oder *Atlantic* fühlen sich immer wieder bemüßigt, besorgte Überlegungen zum Thema »Sport in Amerika« anzustellen.[8]

Baseball: Sammelbilder eines Kaugummifabrikanten

Die *North American Review* hatte um 1900 die »ethischen Funktionen von Fußball« unterstrichen und den Sport als »modernes Rittertum« hingestellt, geeignet, einem verweichlichten Bürgertum einen Schuß gesunder Barbarei zu injizieren. Sport im Freien sei dazu angetan, morbides Grübeln über das eigene Selbst zu verscheuchen. Wo der Europäer mehr Wert auf abgezirkelte Geräteübungen legte und sogenannte Freiübungen am liebsten in die Turnhalle verlegte, nutzte der Amerikaner die vielfältigen Möglichkeiten, Sport an der frischen Luft zu betreiben. Sport war für ihn in erster Linie Kampf. Es mußte Sieger und Verlierer geben. Häufiger als in Europa mußten die Regeln eines Spiels geändert werden, weil die Spieler Wege gefunden hatten, die alten Regeln zu umgehen.[9]

Die zwanziger Jahre hat man auch das Goldene Zeitalter des amerikanischen Sports genannt. Nach dem Ende des Ersten Weltkriegs brach ein wahres Sportfieber aus. Viele waren in der Armee an sportliche Betätigung herangeführt worden. Sport konnte bei zunehmender Urbanisierung als eine Art Ersatzfrontier interpretiert werden. Verschiedene Sportarten wurden durch das Radio populär gemacht. Das Marathontanzen ist aus Sportsgeist entstanden, nicht aus sozialer Not, wie es der Film *They Shoot Horses Don't They* suggerierte. Fahnenstangensitzen bildete eine der extremsten Formen der Rekordsucht. Baseball wurde zum Nationalsport, nachdem das Spiel dynamischer und explosiver geworden war und farbige Spielerpersönlichkeiten auf den Plan getreten waren, an ihrer Spitze der unvergleichliche Babe Ruth. Sportreporter fühlten sich als Zeugen gewaltiger Ereignisse, ihre Berichte nahmen, so gut es ging, epische Qualitäten an. Über das Spiel der Universität Notre Dame gegen eine Armeemannschaft im Jahr 1924 schrieb die *New York Herald Tribune:*

> Outlined against a blue-gray October sky,
> the Four Horsemen rode again. In dramatic lore
> they are known as Famine, Pestilence, Destruction
> and Death. These are only aliases. Their real names
> are Stuhldreher, Miller, Crowley and Leyden.*

Der Boxsport nahm einen bisher nicht gekannten Aufschwung. Dem Kampf Dempsey-Carpentier aus dem Jahr 1921 widmete die *New York Times* 47 Spalten. Für den Bericht über den Friedensvertrag mit Deutschland am selben Tag blieb eine Spalte. Dempseys Fight gegen den Argentinier Firpo von 1923 wurde unter der Schlagzeile »Nordic race against the Latin« angekündigt. Eine Zeitung sprach in der Euphorie vom »Dempsey-Zusatz zur Monroe-Doktrin«. Ein Künstler malte das dramatische Geschehen in Öl.[10]

---

* Vor einem grau-blauen Oktoberhimmel traten die vier Apokalyptischen Reiter wieder an. In der Epik kennt man sie als Hunger, Pest, Zerstörung und Tod. Doch sind das nur Pseudonyme. Ihre wahren Namen lauten Stuhldreher, Miller, Crowley und Leyden.

Der Baron Pierre de Coubertin hatte die Teilnahme von Frauen an den Olympischen Spielen immer als unziemlich und unästhetisch abgelehnt. Frauen mußten sich ihren Zutritt zu den Olympischen Stadien Disziplin um Disziplin erkämpfen. Daß sportlicher Wettbewerb für Frauen »zutiefst unnatürlich« sei, wurde noch Ende der zwanziger Jahre behauptet. Der *Scientific American* stellte sich 1936 auf den Standpunkt, die Ausbildung der weiblichen Muskulatur interferiere mit der Mutterschaft. Seit Ende des 19. Jahrhunderts waren jedoch Vorurteile dieser Art ins Wanken geraten. Studentinnen übten verschiedene Sportarten aus, am Smith College für Frauen wurde schon seit 1892 Basketball gespielt. Die aus der Arbeiterklasse stammende Schwimmerin Gertrude Enderle trug viel dazu bei, die Assoziation von Fraulichkeit mit Schwachheit aufzulösen. Die Olympiasiegerin von 1924 durchschwamm zwei Jahre später als erste Frau den Ärmelkanal und blieb glatte zwei Stunden unter dem bestehenden Rekord. Die vielseitige, in Europa wenig bekannte Athletin Mildred Didrikson, Tochter norwegischer Einwanderer, spielte nach ihren olympischen Siegen von 1932 zuerst Baseball und erwählte sich dann den Golfsport als Beruf. Eine weibliche Baseball-Liga wurde 1943 auf Betreiben des Kaugummikönigs Philip Wrigley ins Leben gerufen, der offenbar fürchtete, die Truppenaushebung würde dem Sport sonst den Garaus machen.[11]

In den dreißiger Jahren etablierte sich Football als die führende Sportart. Ein durch die Wirtschaftskrise abgehärtetes Publikum, so sagte man, verlange nach einem rauhen Sport. 25 Spieler starben 1934 allein beim Football an den Colleges, ein Jahr später waren es 30. Brutalität gehörte zum Wesen dieses Spiels. Ein Anekdotenerzähler wußte, wie ein Trainer den Spielern an einem Indianercollege die Geheimnisse von Football nahebrachte: »Wenn weißer Mann Ball hat, schlag weißen Mann nieder. Wenn Indianer Ball hat, schlag weißen Mann nieder.« In den Kriegsjahren kam Basketball mit jährlich 75 Millionen Zuschauern zu bisher unerreichter Beliebtheit. »Spectatoritis« nannte man einmal die große amerikanische Krankheit, doch ließ sich nicht verkennen, daß immer mehr Amerikaner selbst Sport trieben. Golf und Tennis sind bereits in den dreißiger Jahren demokratisiert worden. Der Bowlingsport hatte bis zu den fünfziger Jahren nicht weniger als 20 Millionen Aktive gefunden. In einer Kleinstadt wie Pekin (Illinois) mit 16000 Einwohnern gab es zeitweise 120 Männer- und 50 Frauenteams für Bowling.[12]

Max Webers These von der säkularisierten Askese schien in den sportlichen Erfolgen von Protestanten eine Bestätigung zu finden. Protestantische Anglokanadier erwiesen sich als wesentlich sportfreundlicher als katholische Frankokanadier. Protestanten gewannen überproportional viele olympische Goldmedaillen. Aber: Die Puritaner hatten sportliche Betätigung mit Argwohn beäugt. Es war eine katholische Universität, die den ersten »high pressure coach« beschäftigte. Japan und die Sowjetunion entwickelten sich als nicht-protestantische Länder zu führenden Sportnationen. Bei den Olympischen Spielen in Melbourne (1956) hatten die USA die Wettbewerbe in der Leichtathletik beherrscht. Man könne eben Medaillen nicht bloß durch Training erwerben, schrieb *Newsweek* und fuhr etwas hochmütig fort: »Olympiasiegen eignet ein unmarxistischer kreativer Aspekt.« Im weiteren Verlauf der Spiele heimsten die Sowjets fünf Goldmedaillen mehr ein als die Amerikaner.

Das *Negro History Bulletin* hatte nach den Spielen in Helsinki (1952) angedeutet, daß im inoffiziellen Wettstreit der Systeme die schwarzamerikanischen Athleten für die USA die Kastanien aus dem Feuer holten. Jesse Owens hatte in Berlin (1936) über den nationalsozialistischen Rassismus triumphiert, aber in der Heimat wurden Schwarze als Menschen zweiter Klasse behandelt. In Mexiko-Stadt (1968) kam es zum offenen Protest schwarzer Athleten. In den nichtolympischen Sportarten hatte die Lizenz, die der schwarze Baseballspieler Jackie Robinson 1947 für eine der großen Ligen erhielt, eine Sensation hervorgerufen, denn Baseball figurierte nach wie vor als nationales und patriotisches Symbol. Heute stellen Schwarze einen überproportionalen Anteil der Athleten bei Football und Basketball, in der Leichtathletik und beim Boxen, während sie als Trainer, Manager und Vereinspräsidenten kraß unterrepräsentiert sind.[13]

1945 brachten in einer Universitätszeitung zwei Obristen die Qualitäten eines Footballspielers mit militärischen Tugenden eng zusammen. Die Strategien auf dem Spielfeld ähnelten denen großer Schlachten. In der Zeitschrift *Recreation* behauptete der Publizist S. L. A. Marshall zur Zeit des Koreakriegs, Teamgeist und ein gesunder Korpsgeist seien im Grund dasselbe; bei Football und Baseball lerne einer, sich in den Dreck zu schmeißen – draußen im Felde eine lebenswichtige Fähigkeit; und keiner werfe im Ernstfall die Handgranaten so genau wie ein *quarterback*. Wesentlich zentraler als die militärische ist die kommerzielle Nutzbarkeit des Sports, der in den USA den Gesetzen der Privatwirtschaft gehorcht. Nicht nur einzelne Spieler, ganze Vereine werden ge- und verkauft. Beim Boxen, im Football und in anderen Sportarten entstanden miteinander rivalisierende Ligen, gegründet von Unternehmern, die in die bestehenden Ligen keine Aufnahme fanden. Der Collegesport steht unter dem Diktat des Dollars, wird als Werbung für eine Hochschule oder als pures Showbusiness begriffen und bildet innerhalb des akademischen Bereichs ein selbständiges Imperium. Qualifizierten Sportlern wird der Zugang zu den Fakultäten leicht gemacht, ihrem Studienfortgang schenkt kaum jemand Beachtung. Die Legislative von Texas wagte einen Reformversuch und erließ die Regel »no pass, no play«: wer seine Prüfungen nicht bestand, wurde nicht aufgestellt. Aber die Eltern schwarzer Studenten erblickten darin einen rassistischen Trick, der ihren Kindern den Weg aus dem Ghetto verbauen solle. Eine Expertenrunde kam zu dem Ergebnis, der Sport sei zu einem pervertierten Element in der amerikanischen Gesellschaft geworden und habe – wie in Huizingas *Homo ludens* vorausgesagt – aufgehört, ein kulturschöpfender Faktor zu sein.[14] Mehr und mehr Kinder verweigern sich durch psychosomatische Symptome dem Sportfanatismus ihrer Eltern.

Viele haben sich dazu verleiten lassen, eine enge Beziehung zwischen Sport und Nationalcharakter herzustellen. Während bei den meisten Völkern die Männer einen Ball impulsiv zuerst mit dem Fuß spielen, nehmen Amerikaner die Hand und suchen gerade zu vermeiden, daß der Ball zu Boden fällt. Kricket war dem jungen Amerika zu langsam und wurde zu Baseball abgewandelt. Dieses Spiel eigne sich für die ungeduldigen Amerikaner deswegen so besonders, schrieb ein Autor im Jahr 1866, weil es nach zweieinhalb Stunden oder weniger beendet ist. Die Spielanlage entsprach anscheinend gesellschaftlichen Erwartungen. Ein gut geschlagener Ball konnte von der »home plate« über die verlängerten Auslinien hinaus in weite Ferne fliegen. Eine geglückte Aktion des Baseballkönigs Babe Ruth beschrieb ein Sportreporter wie den Start eines Flugzeugs. Baseball ist mit einer Reise verglichen worden, einer Reise für Individualisten. »Batter« und »Pitcher« stehen sich einsam im Stadion gegenüber wie Westernhelden beim Shoot-out. Baseball ist »frühes Amerika«, schrieb Michael Novak, und vielleicht stiegen nicht ganz zufällig in nostalgischen Phasen, wie zur Zweihundertjahrfeier anno 1976, die Zuschauerzahlen kräftig an.[15]

Das Merkwürdige ist, daß sich die Einschätzung von Baseball in jüngster Zeit gewandelt hat. Baseball repräsentiert nun nicht mehr wie bei Mark Twain das ungestüme Tempo des amerikanischen Lebensstils, sondern eher dessen Gegenteil. Die Bilder zur Beschreibung des Spiels haben pastoralen Charakter angenommen, man liest von grünen, in helles Sonnenlicht getauchten Flächen, von ruhigen, abgezirkelten Bewegungen vor einem heiter gestimmten Publikum. Tatsächlich lassen sich im traditionellen amerikanischen Nationalsport eine Reihe zentripetaler Elemente ausmachen. Der Grundablauf ist zirkulär, ein »homerun« führt über die »bases« zurück zur »homeplate«. Das Baseballstadion wirkt wie eine Oase, das Spiel wie ein Echo aus einer weniger schnellebigen Zeit. Da es keine Zeitbegrenzung gibt, finden die Zuschauer Muße zum Plaudern. Baseballfans hängen an den älteren Spielern, auch wenn deren Leistung nachläßt. In Chicago prozessierten Baseballanhänger gegen die Einführung des Flutlichts, das Efeu an den Stadionmauern solle bleiben, desgleichen die handbedienten Ergebnistafeln. Baseballteams können nie absteigen, wer in der Liga drin ist, bleibt drin. Die Baseballsprache ist »vergleichsweise friedlich«, das Aufstellen von Rekorden so »absurd einfach«, daß man von nervöser Rekordjagd gewiß nicht sprechen kann.[16]

Football hat in den letzten Jahrzehnten gegenüber Baseball an Beliebtheit aufgeholt und wird jetzt als das modernere Spiel begriffen. Beim Football kommt es mehr auf eine geschlossene Mannschaftsleistung an, während ein Baseballteam eher als Verbund von Individualisten zu sehen ist. Aber auch im Baseball kommt es seit den 1950er Jahren mehr auf den Teamgeist als auf schillernde Koryphäen an. Beim Football geht es darum, Territorium zu erobern. Wichtig ist dabei, wie beim sozialen Aufstieg, die zurückgelegte Strecke. Vom *quarterback*, der die Bälle nach vorne verteilt, und den *wide receivers*, die den Durchbruch zum *touchdown* schaffen, »ins Tageslicht rennen sollen«, wie der Ausdruck lautet, von ihnen werden spektakuläre Einzelleistungen erwartet. Die anderen Mannschaftsteile müssen bereit sein zum körperlichen Kontakt und in den Gegner »hineingehen«, um ihn an der Ausführung seiner Ziele zu hindern. Wem Baseball zu gemächlich ist und Basketball zu hektisch, glaubt beim Football den richtigen Rhythmus und die Dosis an Gewalt zu finden, um eine befreiende Energieabfuhr zu erleben. Das Problem ist nur, daß die Katharsis nicht viel wert ist, denn die Aggressivität wächst, zumindest beim Zuschauer, mit dem Spiel. Football sei der beste Barometer für den amerikanischen Nationalcharakter, schrieb der Historiker Wilbur Washburn, denn dieses Spiel reflektiere in seiner Mischung aus Brutalität und Mut, aus Empfindungslosigkeit und Intelligenz die wahre Natur des Amerikaners.[17]

Norbert Elias und andere haben auf die invertierte Beziehung zwischen einer routinehaften Existenz und der Vorliebe für aufregende Sportarten aufmerksam gemacht. Akademiker verlangen nach der Gefühlsorgie im Football, Arbeiter ziehen das ruhigere Baseball vor, weiß Allen Guttmann, der eines der lehrreichsten Sportbücher geschrieben hat. Ähnlich wie eine Sportart bestimmten sozialen Klassen einen Temperamentsausgleich bietet, kann der Sport als Gegenwelt zu einer bestimmten Kultur interpretiert werden. Urteilt man nach den Übertragungen im Fernsehen und nach den Titelseiten von *Sports Illustrated*, so erfreuen sich in den USA die Mannschaftssportarten besonderer Beliebtheit. Nicht so ausgeprägt ist diese Vorliebe in der Bundesrepublik Deutschland, wo der Fußball zwar höchste Einschaltquoten erzielt, aber auch Eiskunstlaufmeisterschaften, Radsportereignisse, Leichtathletikveranstaltungen, Tennisturniere und andere, auf Einzelkämpfer abgestellte Wettbewerbe viele Zuschauer finden. In europäischen Ländern und in Japan haben Vereine für Einzelsportarten mehr Mitglieder als Vereine für Mannschaftssportarten. In den USA stellt sich das Verhältnis umgekehrt dar – eine Überraschung, denn Amerikaner halten sich im allgemeinen für individualistischer als andere Nationen. Wo der Sport Eingang in die Belletristik gefunden hat, haben amerikanische Autoren – Ring Lardner, Mark Harris, Bernard Malamud – Teams bevorzugt, während europäische Schriftsteller sich mit Einzelkämpfern abgaben, mit der Einsamkeit von Langstreckenläufern zum Beispiel.[18] Ist der Sport eine Gegenwelt, könnte Baseball heute ein Korrektiv sein für blinden Fortschrittsglauben und gesellschaftliche Großmannssucht. Tatsächlich stellten Südstaatler und Kleinstädter mehr als die Hälfte der großen Spieler. »The fan roots«, sagt man in der Sportsprache, er unterstützt seine Mannschaft. Und diesem »rooting« könnte ebenfalls die Funktion eines Gegengewichts zukommen in einem Land, dessen Grunderfahrung die Entwurzelung war. Die Liturgie des Sports, schrieb Michael Novak, soll die nationale Wurzellosigkeit konterkarieren, schafft dies jedoch nur unvollständig. Daß der Sport ein mäßiger Ersatz für menschliche Nähe ist, hatte der Dichter William Carlos Williams schon in den zwanziger Jahren erkannt. Die moderne Lebensweise treibt die Menschen auseinander, schrieb er, und läßt keine Berührungen zu. »Und wenn wir uns berühren, fällt uns nichts besseres ein als die grobe Struktur von Football.«[19]

Allgemeine Aussagen über Sport und nationale Eigentümlichkeiten sind problematisch. Weil niemand zu sagen wußte, warum die USA bei Olympischen Spielen nur die Kurzstrecken beherrschten, flüchtete man sich in den Witz, Amerikaner würden eben für Entfernungen über 1500 Meter das Auto nehmen. Aber seit den Spielen in Tokio (1964) siegen Amerikaner plötzlich auch über 5000 und 10000 Meter. Die Unwägbarkeiten vermehren sich, weil sportpsychologische Urteile sehr von persönlichen Prämissen abhängen. Der katholische Sportexperte Novak ließ sich auf seiner antikalvinistischen Suche nach sozialen Bindungen dazu bringen, das Baseballspiel als »eine beinahe sozialistische Erfahrung« einzustufen. Regionale Unterschiede sind ein weiterer Grund, warum man auf sportlichem Gebiet mit Verallgemeinerungen vorsichtig umgehen sollte. In Texas wird Football anscheinend mit noch größerer Brachialgewalt gespielt als in anderen Bundesstaaten.[20]

Marathonläufer, Jogger und andere Athleten haben sich wiederholt über die metaphysischen Komponenten ihres Sports ausgelassen: wie sich die Seele beim Laufen, beim Schwimmen, beim Bogenschießen vom Körper löst und eine selbständige Existenz annimmt. Man hat aber auch davor gewarnt, den ideellen Aspekt des Sports überzubetonen. Der Olympiasieger über die Marathonstrecke Frank Shorter konnte Menschen nicht ertragen, die aus dem Laufen einen Kult machten und den Sport zu ernst nähmen. James Fixx, der Chefideologe der Jogger, erlag während des Laufens einem Herzanfall. Sein Tod schien diejenigen zu bestätigen, die seit je behauptet hatten, ihnen genüge als körperliche Bewegung der Gang hinter den Särgen ihrer sporttreibenden Freunde.[21]

XXVIII. Kapitel

WAS DIE ZEIT VERLANGTE

Nach der Vertreibung der Spanier von den Philippinen hatte Präsident William McKinley rhetorische Töne angeschlagen, die recht modern anmuten: »Präsenz und Erfolg unserer Waffen in Manila erlegen uns Verpflichtungen auf, die wir nicht ignorieren können.«[1] Der Krieg, lautete ein gängiges Argument, würde undemokratischen Völkern zivilisatorische Werte bringen, sie mit der Philosophie des Individualismus bekanntmachen, sie lehren, auf eigenen Füßen zu stehen und damit die Voraussetzung zum Frieden schaffen.[2] Daß der nächste Krieg in Europa geführt werden würde, hätte um die Jahrhundertwende kaum jemand für möglich gehalten, gehörte es doch zum amerikanischen Selbstverständnis, sich aus den Händeln der Alten Welt herauszuhalten. Umso erstaunlicher, wie rasch der Meinungsumschwung 1917 zustandekam. Der Automobilkönig Henry Ford wandelte sich binnen eines Monats vom Pazifisten zum Rüstungslieferanten.

Wenn Fortschrittsglaube, Experimentierlust und Pragmatismus zu Krisen und Kriegen führten, gaben einige Intellektuelle nach dem Ende des Ersten Weltkriegs zu bedenken, dann könne mit Amerikas geistiger Verfassung etwas nicht in Ordnung sein. Die Suche nach einer neuen Lebensphilosophie brachte die Autoren der Lost Generation an die Grenzen des Nihilismus. Ernest Hemingway machte Mitte der zwanziger Jahre eine zynische Zwischenbilanz auf:

The age demanded that we dance
And jammed us into iron pants
And in the end the age was handed
The sort of shit it had demanded.[3]*

* Die Epoche verlangte, daß wir tanzen
und zwängte uns in eiserne Hosen
Am Ende erhielt das Zeitalter
die Art von Scheiße, die es verlangt hatte.

Die Bewußtseinskrisen der Zeit nach 1918 sind mit dem Kriegstrauma nicht hinreichend erklärbar. Pessimismus und Nihilismus hatten schon davor die Aussagen kultureller Dokumente bestimmt. »Ich bin ebenfalls ein Roter, so wahr mit Gott helfe«, hatte von sich selbst ergriffen der Dichter in Frank Norris' *The Octopus* (1901) hervorgestoßen.[4] Aber der wahre Glaube fehlte ihm. Der Mensch war dazu bestimmt, Fehlschläge und Niederlagen einzustecken. Sogar der vermeintliche Sieger erstickte am Ende in einem Getreidespeicher.

Die Kehrseite des Fatalismus war ein forcierter Optimismus. Nach guter amerikanischer Tradition wurden Grimms Märchen umgeschrieben, Rotkäppchen nicht gefressen, sondern vom Holzknecht gerettet. *Sunnyside,* die Verbandszeitschrift der Bestattungsunternehmer, schenkte ihren Lesern eine Witzspalte mit dem wortspielerischen Titel »From Grave to Gay«. Das Parlament von Arkansas erließ 1923 ein Gesetz, wonach der Staat künftig »The Wonder State« heißen sollte. Woraus das Wunder bestand, blieb unklar, aber alsbald erschien in einem Ort mit knapp 900 Einwohnern der *Wonder State Herald,* eine Wochenzeitung.[5] Für den Literaten Waldo Frank war Amerika nach wie vor das große Versprechen, der große Traum.[6] Die Stimmen aus der Vorkriegszeit, die einen Kulturnationalismus gefordert hatten, meldeten sich wieder zu Wort, auch wenn die Exilschriftsteller nur mit den Achseln zuckten. Nicht zurückweisen sollte der Künstler sein Land, schrieb die *New Republic,* sondern akzeptieren und positiv umgestalten.

Der »rugged individualism«, erkannte John Dewey, hatte nicht mehr viel mit den »moving facts of life« zu tun.[7] Aber neue Definitionen von Freiheit brachten ein Mehr an konkreter Gleichheit. Bisher war »liberty« am liebsten mit ökonomischer Freiheit definiert worden; jetzt bezog sich der Begriff auf eine breitere Palette von Bürgerrechten. Häftlinge durften so ohne weiteres nicht kahlgeschoren werden, und ein Chinesenzopf mußte dranbleiben wegen der Freiheitsgarantien im ersten, im fünften und im vierzehnten Zusatz zur Verfassung, und außerdem untersagt das achte Amendment »grausame und ungewöhnliche Bestrafung«.

Enttäuscht von den USA waren die schwarzen Anhänger von Marcus Garvey; sie wollten den Kontinent verlassen. »Wir bitten eine gute und gerechte Welt«, rief Garvey 1924 bei einer Kundgebung im Madison Square Garden zu New York, »Afrika seinen weltweit verstreuten und mißhandelten Kindern wiederzugeben.« Grund zur Enttäuschung hatten auch die Amerikanerinnen, von denen erwartet wurde, sich mit Bescheidenheit zu schmücken. Die Frauenfeindlichkeit nahm zu. »A woman is only a woman«, sagte der Mann von Welt, »but a good cigar is a smoke.« Ein Slanglexikon wies 52 Synonyme für »wife« aus, keines davon war zärtlich gemeint.

Ezra Pound und T. S. Eliot sind als Zeugen benannt worden für die Vertiefung der Kluft zwischen Massenzivilisation und Elitekultur. Aus verschiedenen Ecken in der Pädagogik, in der Kulturphilosophie und in der Poesie wurde der Ruf nach einer Aristokratie des Geistes laut. Pound distanzierte sich von der wachsenden Kommerzialisierung der Kunst:

We see τὸ καλόν
Decreed in the market place.*[8]

Das renommierte Geschichtswerk *New American Nation Series* enthält einen eigenen Band für die zwanziger Jahre. Er strotzt von Zahlen, Prozentsätzen und Geldbeträgen, als hätte der Verfasser eine Monographie über den Dollar zu schreiben gehabt.[9] Ein Geschäftsmann verneigte sich vor der kommerziellen Nationalreligion mit einem ebenso kunstlosen wie ernstgemeinten Gebet:

Gott der Geschäftsleute, ich danke dir für
die Gesellschaft von Männern aus Fleisch und Blut,
die ein Lied im Herzen haben und
einen aufrichtigen Händedruck;
Ich danke Dir für Telefone und
Telegramme, die mich mit Heim
und Büro verbinden, wo immer ich bin.
Ich danke Dir für die Kampfesfreude in
der Arena des Geschäftslebens, die seelische Erregung
beim Sieg und für den Mut,
eine Niederlage sportlich zu nehmen;
Ich danke Dir für Kinder, Freundschaften,
Bücher, Angeln, das Golfspiel,
meine Pfeife, und das offene Kaminfeuer an einem
kühlen Abend. Amen.

Die Sehnsucht nach einfachen Genüssen war Pose, in Wirklichkeit verstärkten sich unter dem Zeichen des Business-Kults die feudalen Tendenzen. Zwischen West- und Ostküste verkehrte der »Twentieth Century Limited«, ein Luxuszug mit Kellnern und Dienern, die prominenten Fahrgästen rote Teppiche ausrollten. Erfolglose flüchteten sich in stumpfsinnige Höchstleistungen. Der Rekord im Fahnenstangensitzen wurde 1930 auf 49 Tage hinaufgeschraubt.

Die Jahre nach dem Ersten Weltkrieg lassen sich nicht einfach als eine Zeit klassifizieren, die von lärmender Oberflächlichkeit und gedankenlosem Konsum bestimmt war. Bei allen Gegenläufigkeiten kann sich der Chronist auf eines verlassen, auf den transzendentalen Grundzug der amerikanischen Kultur in so gut wie allen Bereichen. Wolkenkratzer wurden in Kleinstädten hochgezogen, in

---

* Nun sieht man τὸ καλόν
Auf dem Marktplatz verordnet.

denen es gewiß keinen Mangel an Baugrund gab und damit eine Rechtfertigung für hohe Gebäude. Aus einem kleinen Ort in Wisconsin stammte der Maler Mark Tobey, der auf die Begegnung mit fernöstlicher Kultur ganz amerikanisch reagierte: »Alles ist Bewegung jetzt. Flammen umzüngeln den stillen Buddha. Ein Schritt zurück in die Vergangenheit und schon ist der Baum vor meinem Atelier ... ganz Rhythmus, Auftrieb, Sprung nach oben!« Die Verfasserin einer Schrift über »Karezza« sah in dieser Liebestechnik nicht nur eine praktische Art der Empfängnisverhütung, sondern eine Methode, in »geistige Verzückung« zu geraten, die »nicht selten zum Schauen höherer Welten« befähige.[11]

Ein in der Fachwelt ob seiner Esoterik wenig geschätzter Amerikakenner, Hermann Graf Keyserling, hat auf Reisen die amerikanische Lebensart so einfühlsam beschreiben können, weil er selbst zu den Rastlosen gehörte, die aufbrechen, ehe es gemütlich wird, die sich vom Schreckhaften begeistern lassen und die ein namenloses Verlangen bewegt, aus den Grenzen persönlichen Daseins hinauszutreten und im Schwebezustand mit der Welt ringsum eins zu werden. Auf dem Schiff hat der Graf sich von anderen Personen abgesondert, denn seine Existenz erfordere ein »Abweisen der allermeisten Bindungen«. Schließlich war auch jeder Auswanderer »mit Überzeugung sich selbst der Nächste« gewesen. In Kalifornien wird ihm bewußt, wie kinetische Energie auf ihn überströmt, wie alles nach Größe drängt, nach Vereinzelung, nach Wachstum und Fortschritt. »Das Bewußtsein des Seins tritt zurück, es potenziert sich dasjenige des Werdens ...«[12]

»Wenn du eine Erziehung willst«, sagte die Mutter des 1890 geborenen Ike Eisenhower, »dann geh und hol sie dir.« Unwiderstehlich blieb der Drang weiterzuziehen. Die am häufigsten gestellte Frage hieß nach wie vor: »Where do we go from here?«

QUELLEN UND ANMERKUNGEN

Vorwort

Quentin Anderson: The Imperial Self. New York 1971

Gunther Barth: Instant Cities. New York 1975

John Bowlby: Attachment and Loss. London 1969 u. 1973, 2 Bde.

D. H. Fischer: Historians' Fallacies. New York 1970

John Higham: Writing American History. Bloomington 1970

R. W. B. Lewis: The American Adam. Chicago 1955

David Potter: People of Plenty. Chicago 1968

Henry Nash Smith: Virgin Land. New York 1950

D. W. Winnicott: »The Location of Cultural Experience«. In: International Journal of Psycho-Analysis, 1966, S. 368ff.

I. Bürgerkrieg

1. Carl Degler: Place Over Time. The Continuity of Southern Distinctiveness. Baton Rouge 1977, S. 33
2. Zit. n. Kenneth Stampp (Hrsg.): The Causes of the Civil War. Englewood Cliffs 1959, S. 57
3. Scott v. Sanford (1857)
4. Reinhard Luthin: The Real Abraham Lincoln. New Jersey 1960, S. 9; Richard Current: Speaking of Lincoln. Urbana 1983
5. Edward Kempf: »Abraham Lincoln's Organic and Emotional Illness«. Aus: Norman Kiell (Hrsg.): Psychological Studies of Famous Americans. New York 1964, S. 67ff.
6. A. Bronson Feldman: »Lincoln: the Psychology of a Cult«. In: Psychoanalysis, 1952, S. 7ff.; V. L. Parrington: Main Currents of American Thought, Bd. II, S. 151; zit n.

Nye/Morpurgo: Geschichte der USA. München 1964, S. 493; Kenneth Stampp: The Imperiled Union. New York 1980, S. 128; zit. n. S. E. Morison: The Oxford History of the American People. New York 1965, S. 605; Lincoln am 22.8.1862 und am 1.12.1862

7. Stampp, 1980, S. 110f.; Tocqueville: Über die Demokratie in Amerika. Stuttgart 1959, Bd. I, S. 415; Degler, 1977, S. 29, S. 75ff.; Stampp, 1959, S. 102
8. Cassius M. Clay: The True American (1844); Helper war kein Abolitionist reinsten Wassers. Nach dem Krieg trat er für die Vertreibung der Schwarzen aus Amerika ein (Negroes in Negroland, 1868)
9. Harry Carman/H. Syrett: A History of the American People. New York 1957–1959
10. James Huston: »A Political Response to Industrialism ...«. In: Journal of American History, 1983, S. 44; Morison, 1965, S. 608
11. Parrington, Bd. II, S. 96; Stampp, 1959, S. 66f.; Degler, 1977, S. 51; Robert Post: »Reflections of American Science and Technology at the New York Crystal Palace Exhibition of 1853«. In: Journal of American Studies, 1983, S. 344; Stampp, 1959, S. 70, 68
12. Wilbur Cash: The Mind of the South. New York 1946; Clement Eaton: The Mind of the Old South, o.O. 1967
13. Cash, 1946, S. 22; Drew Faust: A Sacred Circle. Baltimore 1977; Stampp, 1959, S. 180
14. Stampp, 1980, S. 256; William Taylor: Cavalier and Yankee. New York 1961; Hans Kohn, zit. n. Stampp, 1959, S. 25
15. New Orleans Bee vom 14.12.1860, zit. n. Stampp, 1959, S. 125; Eaton, 1967, S. 311; Degler, 1977, S. 61; Eaton, 1967, S. 233; Morison, 1965, S. 514; D. Faust, 1977, S. 89
16. Eaton, 1967, S. 67, 254; David Potter: The Impending Crisis. New York 1976, S. 457; David Grimsted (Hrsg.): Notions of the Americans. New York 1970, S. 109
17. Taylor, 1961, S. 279; Eaton, 1967, S. 255
18. Zit. n. Taylor, 1961, S. 269; zit. n. Eaton, 1967, S. 264; D. Faust, 1977, S. 46, 10
19. Zit. n. Grimsted, 1970, S. 291; Carl Bode: Antebellum Culture. Carbondale 1970, S. 111
20. Southern Literary Messenger, Juni 1844, S. 331
21. Eaton, 1967, S. 307; J. T. Adams, zit. n. Stampp, 1959, S. 164f., 166f.; Cash, 1946, S. 11; E. Pollard, zit. n. Stampp, 1959, S. 174
22. Caleb Cushing, zit. n. Shomer Zwelling: »Spiritualist Perspectives on Antebellum Experience«. In: Journal of Psychohistory, Sommer 1982, S. 4; Chicago Tribune vom 21.2.1861, zit. n. Stampp, 1959, S. 179; Degler, 1977, S. 42; D. Hundley, zit. n. Stampp, 1959, S. 178
23. Degler, 1977, S. XI; U. B. Phillips, zit. n. Stampp, 1959, S. 171; Potter, 1976, S. 478
24. Atlantic Monthly, 1857, zit. n. Stampp, 1959, S. 12; Grimsted, 1970, S. 284
25. Stampp, 1980, S. 110
26. Zit. n. Potter, 1976, S. 462
27. Lincoln am 4.3.1861; J. Q. Adams, 1831, zit. n. Stampp, 1980, S. 36
28. Herndon am 10.12.1860, zit. n. Stampp, 1959, S. 134
29. Zit. n. Peter Parish: The American Civil War. New York 1976, S. 145
30. Parish, 1976, S. 144
31. Zit. n. Wade Hall: Reflections of the Civil War in Southern Humor. Gainesville 1962
32. Sherman, zit. n. Parish, 1976, S. 470

33. Parish, 1976, S. 103; Ulysses S. Grant: Personal Memoirs. New York 1885, Bd. I, S. 551; Parish, 1976, S. 329; Stanley Lebergott: »Why the South Lost ...«. In: Journal of American History, 1983, S. 63; Eugene Genovese: Roll, Jordan, Roll. New York 1976, S. 138
34. Albert Faust: Das Deutschtum in den Vereinigten Staaten. Leipzig 1912
35. 1917 wurde der 85jährigen die Medal of Honor aberkannt, weil keine Kampfhandlungen mit dem Feind vorausgegangen waren. – Carl Sifakis: American Eccentrics. New York 1984, S. 127. Eine Nachfahrin kämpft um Dr. Walkers Rehabilitierung
36. Mary Chesnutt: A Diary from Dixie (1905; 1981)
37. Charles Gayler: Bull Run (1861); Harry Seymor: The Capture of Fort Donelson (1862); James McCabe: The Guerillas (1862); John Poole: Grant's Campaign (1865)
38. W. C. Bryant: Thirty Poems (1863); J. G. Whittier: In War Time (1864); H. Melville: Battle Pieces and Aspects of War (1866)
39. Parish, 1976, S. 582
40. Parish, 1976, S. 580; Stampp, 1980, S. 263
41. George Wilson: »John Wilkes Booth: Father Murderer«. In: American Imago, 1940, S. 58
42. William Faulkner: »The Bear«. In: Go Down Moses and Other Stories. Harmondsworth 1967,S. 22; Degler, 1977, S. 111, 120
43. Thomas Pressly: Americans Interpret Their Civil War. Princeton 1954, S. 65, 93f.; Stampp, 1959, S. 21ff.
44. D. M. Kelsey: Deeds of Daring by Both Blue and Grey (1886); James Ford Rhodes: History of the US from the Compromise of 1850 (1893); ders.: Lectures on the Civil War (1913); Booker T. Washington: Up From Slavery (1901), zit. n. Pressly, 1954, S. 159; F. J. Turner: »The Significance of the Section in American History« (1925). Aus: Ders.: The Significance of Sections in American History. New York 1932, S. 27
45. Charles u. Mary Beard: The Rise of American Civilization (1927); V. L. Parrington: Main Currents of American Thought (1927)
46. Pressly, 1954, S. 248; Stampp, 1959, S. 19f.
47. Mary Scrugham: The Peacable Americans of 1860–1861 (1921); Gilbert Barnes: The Antislavery Crusade (1933); Avery Craven: The Repressible Conflict (1939); ders.: The Coming of the Civil War (1942); James Randall: Civil War and Reconstruction (1937); ders.: Lincoln, the President (1945); David Potter: Lincoln and his Party in the Secession Crisis (1942); Kenneth Stampp: And the War Came (1950)
48. Stampp, 1980, S. 187; Partisan Rev., zit. n. Stampp, 1959, S. 116
49. Bernard Sternsher: Consensus, Conflict, and American Historians. Bloomington 1975, S. 74ff.
50. Robert Weiner: Das Amerikabild von Karl Marx. Bonn 1982; Algie Simons, zit. n. Stampp, 1959, S. 62; Louis Hacker, zit. n. Stampp, 1959, S. 65; Staughton Lynd: Class Conflict, Slavery, and the US Constitution. Indianapolis 1967, S. 147
51. Ludwell Johnson: Division and Reunion (1978); Michael Holt: The Political Crisis of the 1850's (1978); David Donald: An Excess of Democracy (1960); Lincoln, zit. n. Stampp, 1980, S. 184

II. Die Zeit der »Reconstruction«

1. S. E. Morison: The Oxford History of the American People. New York 1965, S. 706; Karl Marx: Grußadresse an amerikanische Arbeiter vom 12.5.1869, zit. n. Foner/Schultz: Das andere Amerika. Berlin 1983, S. 91
2. Fawn Brodie: Thaddeus Stevens. New York 1959, S. 47; Allan Bogue: »Historians and Radical Republicans ...«. In: Journal of American History, 1983, S. 7ff.
3. scalawag geht vielleicht auf das gälische sgalag für Diener oder Knecht zurück
4. H. S. Commager: Documents of American History. New York 1958, Nr. 271
5. Zit. n. Robert Handy (Hrsg.): Religion in the American Experience. Columbia 1972
6. Sam Watkins (1882), zit. n. Wade Hall: Reflections of the Civil War in Southern Humor. Gainesville 1962, S. 41
7. Vgl. William Montell: The Saga of Coe Ridge. Knoxville 1971, S. 95
8. Mark Twain: Life on the Mississippi (1883). New York 1912, S. 293
9. Abbildung bei Curtis Brown: Star-Spangled Kitsch. New York 1975, S. 175
10. Brodie, 1959, Kap. 22; Herbert Gutman: Vortrag am 3.6.1977 in München; Ralph Ginzburg: 100 Years of Lynching. New York 1962; Ralph Gabriel: The Course of American Democratic Thought. New York 1940, S. 136
11. Montell, 1971, passim; McCall's, Juni 1968, S. 66; Sutton Griggs: Imperium in Imperio (1889). Miami 1969, S. 173
12. Maurice Davie: Negroes in American Society. New York 1949, S. 207; Sojourner Truth, zit. n. Ch. u. Mary Beard: America Through Women's Eyes (1933). New York 1961, S. 231f.
13. W. Hall, 1962, S. 69
14. Klaus Ensslen: Einführung in die schwarzamerikanische Literatur. Stuttgart 1982, S. 62
15. W. Hall, 1962, S. 43; ähnlich William A. Fletcher: Rebel Private Front and Rear. Austin 1954
16. W. Hall, 1962, S. 20
17. Wayne Morgan: Unity and Culture. Harmondsworth 1973, S. 16

III. Das vergoldete Zeitalter

1. *Mugwump* stammt aus der Sprache der Algonkin. Der Puritaner John Eliot hat es erstmals in seiner Indianerbibel für das Wort *captain* benutzt
2. V. L. Parrington: Main Currents of American Thought. New York 1930, Bd. III, S. 23
3. Paul Baran: Political Economy of Growth. New York 1957; A. O. Meyer: Bismarck. Stuttgart 1949, S. 473
4. Baran, 1957; Allan Nevins/H. S. Commager: America – the Story of a Free People. Oxford 1943
5. Parrington, Bd. III, S. 18
6. Vgl. Stow Persons: Evolutionary Thought in America. New York 1956
7. Parrington, Bd. III, S. 9
8. John K. Galbraith: Gesellschaft im Überfluß. München 1963 (engl.: The Affluent Society. New York 1958)

9. Persons, 1956, S. 185; George Parkinson: Charles Darwin's Influence on Religion and Politics of the Present Day. Chicago 1942, S. 8
10. Klaus Poenicke: Der amerikanische Naturalismus. Darmstadt 1982, S. 28f.; Galbraith, 1963, S. 57
11. John Fiske: Outlines of Cosmic Philosophy (1874); ders.: Through Nature to God (1899); Minot Savage: Religions of Evolution (1876); F. E. Abbott: Scientific Theism (1885); Persons, 1956, S. 433; Beecher, zit. n. Carman/Syrett: A History of the American People, Bd. II, S. 221; Persons, 1956, S. 163
12. Persons, 1956, S. 213f.; John Dewey: The Influence of Darwin Upon Philosophy. New York 1910
13. Persons, 1956, S. 216; Ralph Waldo Emerson: »Self-Reliance«. Aus: Essays. New York o.J., S. 44; Arthur Hadley: »The Influence of Charles Darwin Upon Historical and Political Thought«. In: The Psychological Review, Mai 1909, S. 146, 150
14. Parrington, Bd. III, S. 25, 16
15. Carman/Syrett, Bd. II, S. 5
16. David Potter: People of Plenty. Chicago 1968, S. 60; Marx, zit. n. Karl Weiner: Das Amerikabild von Karl Marx. Bonn 1982, S. 139; Harold Nelson (Hrsg.): Freedom of the Press from Hamilton to the Warren Court. Indianapolis 1967, S. XXIX; Sheldon Levy: »A 150-Year Study of Political Violence in the United States«. Aus: H. D. Graham/Ted Gurr: The History of Violence in America. New York 1969, S. 84ff.
17. Corwin/Chase/Ducat: The Constitution and What It Means Today. Princeton 1978; Max Lerner: America As a Civilization. New York 1957, Bd. I, S. 431
18. Henry Adams: The Education of Henry Adams. New York 1931, S. 328; Andrew Carnegie: Das Evangelium des Reichtums. Leipzig 1905, S. 42
19. Friedr. Engels (1894), zit. n. G. Lukacs: Einführung in die aesthetischen Schriften von Marx und Engels, 1945; Nye/Morpurgo: Geschichte der USA. München 1964, S. 578; E. L. Doctorow: Ragtime. New York 1975, S. 69; Abb. bei Curtis Brown: Star-Spangled Kitsch. New York 1975, S. 80; H. Adams (1894), zit. n. Michael Selzer: Kike! A Documentary History of Antisemitism in America. New York 1972, S. 81
20. Doctorow, 1975, S. 115, 117
21. Sternsher, 1975, S. 69; Brodie, 1959, S. 326; Renate Benja: Horatio Alger. M.A.-Arbeit. München 1985; Gary Scharnhorst: Horatio Alger. Boston 1980
22. James Bryce: The American Commonwealth (1889). New York 1941, S. 632f. und passim
23. S. E. Morison: The Oxford History of the American People. New York 1965, S. 751
24. In Anlehnung an Mildred Mayall: The Kiowas. Norman 1962
25. Vine Deloria: Custer Died for Your Sins. London 1969, S. 148 und passim
26. Mayall, 1962, S. 274

IV. Alltag zwischen Bürgerkrieg und Jahrhundertwende

1. Jacob Riis: How the Other Half Lives. New York 1903, S. 141
2. Illustrirte Zeitung, 1882, Nr. 2030, S. 431; Riis, 1903, S. 80, 265

3. John Spargo: The Bitter Cry of the Children. New York 1906, S. 41; Riis, 1903, S. 191, 178
4. Vgl. Francesco Cerase: From Italy to the U.S. and Back. Ann Arbor 1972
5. Barbara Greenleaf: Children Through the Ages. New York 1979, S. 108; F. J. Turner, zit. nach E. Saveth: American Historians and European Immigrants 1875–1925. New York 1948, S. 129
6. Zit. nach David Gerber: »Cutting Out Shylock ...«. In: Journal of American History, 1982, S. 632
7. Robert Gutman, bei Charles Stember (Hrsg.): Jews in the Mind of America. New York 1966
8. Fred Dubitscher: Der Suicid. Stuttgart 1957, S. 8
9. Geoffrey Gorer: The American People. New York 1948, S. 31, 52; F. P. Dunne, zit. n. M. Kammen: People of Paradox. New York 1972, S. 95f.
10. Arbeiter Zeitung vom 29.3.1883, S. 2
11. Spargo, 1906, S. 9
12. Vine Deloria: Custer Died for Your Sins. London 1969, S. 171
13. R. Naroll/R. Cohen: A Handbook of Method in Cultural Anthropology. Garden City 1970; McDonald, S. 441; Merle Curti: The Making of an American Community. Stanford 1959; Milton Barron: »The Incidence of Jewish Intermarriage in Europe and America«. In: American Sociological Review, 1946, S. 6ff.
14. Erik Erikson: Kindheit und Gesellschaft. Zürich 1957, S. 265
15. Ron Grele: »Listen to their Voices«. In: Oral History, 1979, S. 33ff.
16. Isabelle Bertaux-Wiame in: Oral History. Frühjahr 1979, S. 28
17. A. W. Hoglund: »No Land for Finns ...«. Aus: M. Karni et al. (Hrsg.): The Finnish Experience in the Western Great Lakes Region. Vammala 1975, S. 41; Victor Willi: Grundlagen einer empirischen Soziologie der Werte und Wertsysteme. Zürich 1966, S. 376, Fußnote 5
18. Richard Cummings: The American and his Food. New York 1970, S. 20
19. Thomas Nichols: Forty Years of American Life (1864). New York 1969, Bd. I, S. 117
20. Sylvester Graham: Chastity (1934); Treatise on Bread and Bread-Making (1837)
21. Carl Julius Weber: Hinterlassene Papiere eines lachenden Philosophen. Stuttgart 1839, Bd. 9, Kap. 25; Louis Diehl: Meine Schicksale und Erlebnisse in Nordamerika. Darmstadt 1851
22. Zit. n. Bruce Rosenberg: The Code of the West. Bloomington 1982, S. 20, 136, 19
23. Zit. n. Regina Morantz: »Feminism, Professionalism, and Germs: The Thought of M. P. Jacobi and E. Blackwell«. In: American Quarterly, 1982, S. 478
24. Geoffrey Gorer: The American People. New York 1948, S. 60f.; Anthony Hoekema: The Four Major Cults. Exeter 1963,S. 177f.
25. W. J. Rorabaugh: The Alcoholic Republic. New York 1979, S. 8
26. Rorabaugh, 1979, S. 156, 160; K. W. Porter: John Jacob Astor – Business Man. Cambridge 1931
27. Rorabaugh, 1979, S. 140, 144; Eugene Genovese: Roll Jordan Roll. New York 1976, S. 641
28. Lyman Beecher: Autobiography. New York 1864; Barrows Mussey: Yankee Life By Those Who Lived It. New York 1947, S. 363; Benjamin Rush: An Inquiry into the

Effect of Spirituous Liquors on the Human Body and Mind (1784); Ronald Walters: American Reformers. New York 1978, S. 125. – Teetotalism kommt von T(emperance) total, ursprünglich ein englischer Mäßigkeitsverein

29. Zit. n. Fawn Brodie: Thaddeus Stevens. New York 1959, S. 97
30. Carl Bode: Antebellum Culture. Carbondale 1970, S. 121; Timothy Arthur: Ten Nights in a Bar-Room and What I Saw There (1854). Cambridge 1964, S. 49; Lyle Dorsett: The Early American City. St. Louis 1973, S. 10
31. Peter Knights: The Plain People of Boston. New York 1971, S. 60
32. Basil Hall: Travels in North America (1829). Graz 1965, Bd. I, S. 147; Nichols, Bd. I, S. 90; Charles Sanford: Quest for America. New York 1964, S. 69
33. Rosenberg, 1982, S. 115f.; Oliver Larkin: Art and Life in America. New York 1966, S. 153; Nichols, Bd. I,S. 316; Louis B. Wright: Culture on the Moving Frontier. Bloomington 1955, S. 77; Nichols, Bd. I, S. 279
34. The Education of Henry Adams, Kap. 3
35. Nichols, Bd. I, S. 193
36. Rosenberg, 1982, S. 73f.; Yi-Fu Tuan: Space and Place. Minneapolis 1977, S. 17
37. David Stannard (Hrsg.): Death in America. Philadelphia 1975, S. 40, 46, 133; Richard Cawardine: »Evangelicals, Whigs and the Election of W. H. Harrison«. In: Journal of American Studies, April 1983, S. 74

V. Erziehung und Familie

1. William McGuffey: First and Second Reader (1836ff.); Eclectic Spelling Book (1846); Sixth Reader (1857) etc.; Robert Bremner et al. (Hrsg.): Children and Youth in America, 2 Bde. Cambridge 1970/71
2. Carl Degler: At Odds – Woman and the Family from the Revolution to the Present. New York 1980; Bernard Wishy: The Child and the Republic. Philadelphia 1977, S. 102, 132; Bremner, Bd. II, S. 99
3. R. Rapson: »The American Child as Seen by British Travellers 1845–1935«. In: American Quarterly, 1965
4. Marthy Finley: Elsie Dinsmore (1867ff.); Henry James: The Americans. Aus: Four Selected Novels of Henry James. New York 1946, S. 123; Ernest Earnest: The American Eve in Fact and Fiction. Urbana 1974
5. Richard Huber: The American Idea of Success. New York 1971; Malcolm Cowley: »The Real Horatio Alger«. Aus: Cowley: The Many-Windowed House. Carbondale 1970; Gary Scharnhorst: Horatio Alger. Boston 1980; Renate Benja: Horatio Alger – die Verbindung zwischen Mythos, Autor und Werk. Magisterarbeit. München 1985
6. Ann Douglas: The Feminization of American Culture. New York 1977, S. 6; Barbara Greenleaf: Children Through the Ages. New York 1979
7. David Leverenz: The Language of Puritan Feeling. New Brunswick 1980, S. 269; Oscar u. Mary Handlin: Facing Life. Boston 1971
8. Thomas Bailey Aldrich: The Story of a Bad Boy (1870). Boston 1907, S. 7, 15, 159 u. passim
9. William Harris: German Reform in American Education (1872)

10. Thomas Bonner: American Doctors and German Universities ... 1870–1914. Lincoln 1963
11. Charles Eliot: Educational Reform (1898)
12. William R. Forrester: »The Feminists – Why Have They Not Yet Succeeded«. In: American Bar Association Journal, März 1965, S. 334
13. Earnest, 1974, S. 146
14. Wilhelm Weitling: Des seligen Schneiders Weitling Lehre von Socialismus und Kommunismus. New York 1879, S. 197
15. Charlotte Erickson: Invisible Immigrants. Coral Gables 1972, S. 121
16. C. u. H. Beecher: The American Woman's Home (1869); P. Smith: Daughters of the Promised Land. Boston 1970, S. 205
17. William Chafe: The American Woman. New York 1972
18. Eric Dingwall: The American Woman. New York 1957, S. 84; Oliver Larkin: Art and Life in America. New York 1966, S. 178; Meyer's, Bd. VI, 1871
19. Robert Riegel: American Woman. Rutherford 1970,S. 106
20. Earnest, 1974, S. 80; Greenleaf, 1979; Constance Rourke: American Humor. New York 1931, S. 65; Nancy Wilson Ross: Westward the Women. New York 1945, S. 4; Emerson Hough (1921), zit. n. John Unruh: The Plains Across. Urbana 1979, S. 24
21. Carl Degler: „What Ought to Be and What Was: Women's Sexuality in the 19th Century«. In: American Historical Review, Dez. 1974, S. 1467ff.
22. Dingwall, 1957, S. 66

VI. Vom persönlichen Journalismus zur Massenpresse

1. Frank Luther Mott: American Journalism. New York 1962, Kap. 9
2. Harold Nelson: Freedom of the Press from Hamilton to the Warren Court. Indianapolis 1967, S. 139ff., 162
3. Foner/Schultz: Das andere Amerika. Berlin 1983, S. 50
4. George Berlin: »Solomon Jackson's *The Jew* ...«. In: American Jewish History, Sept. 1981, S. 10ff.
5. Freedom's Journal vom 23.3.1827 und 24.1.1829; Bella Gross: »Freedom's Journal and the Rights of All«. In: Journal of Negro History, 1932, S. 241ff.
6. Colored American vom 17.11.1838
7. Irvine Penn: The Afro-American Press and its Editors. Springfield 1891
8. Edwin Emery: The Press and America. Englewood Cliffs 1962, S. 324; Mott, 1962, S. 374; Charles Rosebault: When Dana Was the Sun. New York 1931
9. Mott, 1962, S. 419
10. Emery, 1962, S. 416
11. Don Seitz: Joseph Pulitzer. New York 1924, S. 43, 233 u. passim
12. Seitz, 1924, S. 156; Mott, 1962, S. 441
13. Seitz, S. 24, 31, 91f.; Emery, 1962, S. 373; W. A. Swanberg: Pulitzer. New York 1967
14. Mott, 1962, S. 467, nennt als weitere Beispiele aus dem Jahr 1875 »A Drop too Much« oder »Jerked to Jesus«. Vgl. John Tebbel: The Life and Good Times of William

Randolph Hearst. New York 1952; Ferdinand Lundberg: Imperial Hearst. New York 1936; John Winkler: W. R. Hearst. New York 1955; W. A. Swanberg: Citizen Hearst. New York 1961
15. John Tebbel: The Compact History of the American Newspaper. New York 1963, S. 235
16. Heywood Broun/Margaret Leech: Anthony Comstock – Roundsman of the Lord. New York 1927, S. 89
17. Alex Craig: Suppressed Books. Cleveland 1963, S. 128; Nelson, 1967, S. 276f.; Harold Hart: Censorship. New York 1971, S. 150
18. Broun/Leech, 1927, S. 126; Anthony Comstock: Frauds Exposed (1880). Montclair 1969; A. Comstock: Traps for the Young (3. Aufl. 1884). Cambridge 1967
19. Comstock: Traps for the Young. Aus: Nelson, S. 275
20. Morris Ernst/A. Lindey: The Censor Marches On (1940). New York 1971, S. 60
21. Craig, 1963, S. 44
22. Zit. n. Craig, 1963, S. 209
23. Commonwealth v. Holmes, 17, Mass. 336 (1821)

VII. Kapital und Arbeit

1. Robert Wiebe: The Search for Order 1877–1920. New York 1967, S. 2; North American Review, Okt. 1874, zit. n. G. Wiesinger: Bostoner Brahmanen und sozialer Wandel. Magisterarbeit. München 1983, S. 83
2. Anna Mowatt: Fashion (1845)
3. Wiebe, 1967, S. 46, 26
4. Tamara Hareven: Amoskeag. New York 1978, S. 23; Lenin on the United States. Hrsg. von Leiteizen. New York 1970, S. 83
5. Tocqueville, Bd. II, S. 176; Daniel Rodgers: The Work Ethic in Industrial America 1850–1920. Chicago 1979, S. 73
6. Jacob Riis: How the Other Half Lives. New York 1903; Taylor, zit. n. Rodgers, 1979, S. 52, 56
7. Rodgers, 1979, S. 105
8. Lillian Schlissel: »Frontier Families ...«. Aus: Sam Girgus (Hrsg.): The American Self. Albuquerque 1981, S. 156; Howard Chudacoff: »Success and Security: The Meaning of Social Mobility in America«. In: Reviews in American History, Dez. 1982, S. 103f.; Chicago Tribune, zit. n. Sidney Lens: The Labor Wars. Garden City 1974
9. Lyle Dorsett: The Early American City. St. Louis 1973, S. 4; David Grimsted: Notions of the Americans. New York 1970, S. 28; Wiebe, 1967, S. 13
10. Bismarck am 12. Jan. 1882 im Reichstag; Ann Douglas: The Feminization of American Culture. New York 1977, S. 156; Laurence Gronlund: The Cooperative Commonwealth (1884)
11. North American Review, Juli 1877, zit. n. Wiesinger, 1983, S. 98; Foner/Schultz: Das andere Amerika. Berlin 1983, S. 55; J. K. Galbraith: Gesellschaft im Überfluß. München 1963, S. 48
12. Wiebe, 1967, S. 64

13. Lester Ward: Outlines of Sociology (1898), Pure Sociology (1903), Applied Sociology (1906); Perry Miller: American Thought. New York 1959, S. 113
14. Wiebe, 1967, S. 137; William McLoughlin: Revivals, Awakening and Reform. Chicago 1978, S. 172f.
15. Jacob Riis: How the Other Half Lives. New York 1903
16. David Potter: People of Plenty. Chicago 1964
17. McLoughlin, 1978, S. 144, 146ff.; Samuel Smiles: Self-Help (1859); Chudacoff, 1982, S. 101; W. G. Sumner: What Social Classes Owe to Each Other (1883); F. O. Matthiessen: American Renaissance. New York 1954, S. 364
18. A. Meier Schlesinger: New Viewpoints in American History. New York 1922; Chester Destler: American Radicalism 1865–1901. New London 1946; Thomas Greer: American Social Reform Movements. Their Pattern since 1865. New York 1949
19. Carman/Syrett: A History of the American People. New York 1957–1959; Foner/Schultz, 1983, S. 46
20. Ronald Walters: American Reformers. New York 1978, S. 187
21. Richard O'Connor: The German-Americans. Boston 1968, S. 105
22. Zit. n. Carl Bode: Antebellum Culture. Carbondale 1970, S. 168
23. Foner/Schultz, 1983, S. 92
24. Foner/Schultz, 1983, S. 137; Daniel Guerin: Die amerikanische Arbeiterbewegung 1867–1967. Frankfurt 1970, S. 18
25. Dissent, Frühjahr 1983, S. 145; Lens, 1974, S. 66
26. Guerin, 1970, S. 19f.
27. Foner, 1983, S. 142
28. Guerin, 1970, S. 22
29. Grimsted, 1970, S. 46; Josiah Warren: True Civilization. 4. Aufl. 1869, zit. n. Michael Fellman (Hrsg.): The Unbounded Frame. Westport 1973, S. 8
30. Johann Most: Ein Sozialist in Deutschland. München 1974
31. O'Connor, 1968, S. 324
32. Wiebe, 1967, S. 38; Lens, 1974, S. 7; Rodgers, 1979, S. 26; Foner/Schultz, 1983, S. 103
33. Lens, 1974, S. 57f., 61f.
34. Lens, 1974, S. 127
35. Lens, 1974, Kap. 5; Allan Pinkerton: Thirty Years a Detective (1884)
36. Wiebe, 1957, S. 38; Nye/Morpurgo: Geschichte der USA. München 1964, S. 638; Th. J. Norton: The Constitution of the United States. New York 1943, S. 244
37. Foner/Schultz, 1983, S. 186
38. Wiebe, 1967, S. 104f.

VIII. Landwirtschaft – Die populistische Reformbewegung

1. Mary Beth Norton et al.: A People and a Nation. Boston 1982, Bd. I, S. 284
2. Justus von Liebig: Chemistry in Its Application to Agriculture and Physiology (1841)
3. Terry Jordan: German Seed in Texas Soil. Austin 1966; Luise Weil: Aus dem schwäbischen Pfarrhaus nach Amerika. Stuttgart 1860, S. 125; Klaus Wust: The Virginia Germans. Charlottesville 1969

4. Drew Faust: A Sacred Circle. Baltimore 1977
5. Robert Weiner: Das Amerikabild von Karl Marx. Bonn 1982, S. 138f.; Lenin on the U.S. Hrsg. von Leiteizen. New York 1970
6. John Hicks: The Populist Revolt. Minneapolis 1931; Richard Hofstadter: The Age of Reform. New York 1955
7. Max Lerner: America as a Civilization. New York 1957, Bd. II, S. 708; S. E. Morison: The Oxford History of the American People. New York 1965, S. 799
8. Robert Saunders: »Southern Populists and the Negro«. In: Journal of Negro History, Juli 1969; Lawrence Friedman: The White Savage. Englewood Cliffs 1970; Lawrence Goodwyn: Democratic Promise. New York 1976; Gerald Gaither: Blacks and the Populist Revolt. University of Alabama 1977
9. Zit. n. L. Friedman, 1970, Kap. 5
10. Norman Pollack: »The Myth of Populist Antisemitism«. In: American Historical Review, 1962, S. 76ff.; Walter Nugent: The Tolerant Populists. Chicago 1963
11. Jesse Lemisch: On Active Service in Peace and War. Toronto 1975, S. 85
12. Doris Kearns: Lyndon Johnson and the American Dream. New York 1973

IX. Literatur zwischen Bürgerkrieg und Jahrhundertwende

1. Henry Nash Smith: Democracy and the Novel. New York 1978; Howells, zit. n. De George Huszar (Hrsg.): Intellectuals. Glencoe 1960, S. 479
2. Smith, 1978, S. 9, 6; Nye/Morpurgo: Geschichte der USA. München 1964, S. 578f.
3. Walt Whitman: »Democratic Vistas«. Aus: S. Bradley et al. (Hrsg.): The American Tradition in Literature. New York 1978, Bd. II, S. 58; Nye/Morpurgo, S. 579
4. George Washington Cable: Old Creole Days (1879)
5. Lily Dougall: The Mormon Prophet (1899); Katherine Brown: Diane (1904); Frank Norris: Yvernelle (1892)
6. Tocqueville, Bd. II, S. 222
7. James Hart (Hrsg.): The Oxford Companion to American Literature. London 1946, S. 133
8. J. Moore, zit. n. Curtis Brown: Star-Spangled Kitsch. New York 1975, S. 18
9. S. Weir Mitchell: Hugh Wynn (1897); Maurice Thompson: Alice of Old Vincennes (1900); Paul Leicester Ford: Janice Meredith (1899); Winston Churchill: Richard Carvel (1899)
10. Winston Churchill: The Crisis (1901); John Fox: The Little Shepherd of Kingdom Come (1902)
11. George McCutcheon: Graustark (1901)
12. Leo Löwenthal: Literatur und Gesellschaft. Neuwied 1961
13. Howells: Venetian Life (1866), zit. n. Smith, 1978, S. 77; H. N. Smith: »Fiction and the American Ideology: The Genesis of Howells' Early Realism«. Aus: Sam Girgus: The American Self. Albuquerque 1981, S. 46; Turgenieff, zit. n. Gore Vidal: »The Peculiar American Stamp«. In: New York Review, 27.10.1983, S. 50
14. W. D. Howells: A Modern Instance (1882). Boston 1957, S. 25, 170, 357; Vidal, 1983, S. 50

15. W. D. Howells: The Rise of Silas Lapham (1882). New York 1965, S. 16, 129, 237
16. W. D. Howells: An Imperative Duty (1893); A Traveller From Altruria (1894); A Hazard of New Fortunes (1890); The Quality of Mercy (1892)
17. W. James Sr., zit. n. R. W. B. Lewis: The American Adam. Chicago 1955, S. 58
18. Henry James: The American (1878). Aus: Four Selected Novels of Henry James. New York 1946, S. 17, 19, 136, 304
19. Henry James: Daisy Miller. Aus: Four Selected Novels, S. 495, 503
20. Henry James: Portrait of a Lady (1881). Zit. n. Jackson Lears: No Place of Grace. New York 1981, S. 37
21. Lewis, 1955, S. 153; Charles Sanford: The Quest for Paradise. Urbana 1961, S. 223
22. Justin Kaplan: Mr. Clemens and Mark Twain. New York 1966; W. Blair/H. Hill: America's Humor. New York 1978, S. 337
23. Zit. n. Kaplan, 1966, S. 14
24. H. S. Canby: »Decline and Fall: Mark Twain«. Aus: Lewis Leary (Hrsg.): Mark Twain's Wound. New York 1962
25. Mark Twain: The Innocents Abroad (1869). New York 1911, Bd. I, S. 63; Roughing It (1872). New York 1913, Bd. I, S. 148
26. Kaplan, 1966, S. 147; Mark Twain: The Mysterious Stranger. New York 1950, S. 132
27. Roughing It, Bd. I, S. 208; Kaplan, 1966, S. 69, 96; Blair/Hill, 1978
28. Innocents Abroad, Bd. I, S. 330; Blair/Hill, S. 351; Kaplan, S. 284f.
29. Innocents Abroad, Bd. I, S. 82, 86f.; Bd. II, S. 262; Roughing It, S. 51f., 156; Mark Twain: »What Is Man« (1906). Aus: The Complete Essays. Garden City 1963, S. 338; The Mysterious Stranger, S. 139; Smith, 1978, S. 127
30. Kaplan, S. 335; Canby, S. 226; Kaplan, S. 73; Mark Twain: Life on the Mississippi (1883). New York 1912, S. 251; The Autobiography of Mark Twain. New York 1961, S. 12; Alexander Jones: »Mark Twain and Sexuality«. Aus: Leary, 1962
31. Bernard DeVoto: Mark Twain's America. New York 1932, S. 76
32. Autobiography, S. 12; Kay Moser: »Mark Twain and Ulysses S. Grant«. In: Studies in American Humor, Okt. 1982, S. 133
33. Mark Twain: Huckleberry Finns Abenteuer. Frankfurt 1985, S. 11, 44 u. passim; Constance Rourke: American Humor. New York 1931, S. 212
34. Mark Twain: Life on the Mississippi (1883). New York 1912, S. 56; Roughing It, Bd. I, S. 196, 324; Bd. II, S. 258, 394; Van Wyck Brooks: The Ordeal of Mark Twain. New York 1920
35. Innocents Abroad, Bd. I, S. 149, 187, 241, 243; Kaplan, S. 220
36. A. Jones, 1962, S. 235; Brooks, 1920
37. Kaplan, S. 123, 114; Rourke, 1931; Helmuth Plessner: Lachen und Weinen. München 1950; Mark Twain: The Mammoth Cod. Milwaukee 1976
38. Leslie Fiedler: Love and Death and the American Novel. New York 1960
39. Blair/Hill, S. 353
40. G. Alvarez (1982): »une autre forme d'entrer dans l'irréel«
41. Zit. n. Franz Riederer: Edward Bellamys utopischer Sozialismus. München, Phil. Diss. 1961
42. Jackson Wilson: »Experience and Utopia ...«. In: Journal of American Studies, 1977, S. 45ff.

43. Zit. n. Kenneth Roemer: The Obsolete Necessity. Kent 1976, S. 64
44. Ina Schabert: »Das utopische Mittelalter der historischen Erzählliteratur«. Aus: M. Pfister (Hrsg.): Alternative Welten. München 1982, S. 188
45. Michael Fellman: The Unbounded Frame. Westport 1973, S. 141

X. Theater und Zirkus

1. Jack Poggi: Theater in America. Ithaca 1968, S. 6ff., 27; Doris Alexander: »The Passion Play in America«. In: American Quarterly, 1959, S. 351ff.
2. Humpty Dumpty (1868); vgl. Cecil Smith: Musical Comedy in America. New York 1950
3. Walter Meserve: An Outline History of American Drama. Totowa 1965, S. 174; C. Smith, 1950, S. 50; Bürgerkriegsdramen: William Gillette: Held By the Enemy (1886), Secret Service (1895)
4. Zit. n. Meserve, 1965, S. 168
5. Philip Graham: Showboats. Austin 1951
6. Robert Toll: »Showbiz in Blackface ...«. Aus: Myron Matlaw (Hrsg.): American Popular Entertainment. Westport 1979,S. 21ff.
7. Toll, 1979, S. 21
8. Zit. n. Richard Flint: »The Evolution of Circus in 19th Century America«. Aus: Matlaw, 1979, S. 189
9. The Life of P. T. Barnum Written By Himself. Redfield 1855, S. 91
10. P. T. Barnum, Struggles and Triumphs. New York 1927, S. 600, 689
11. Constance Rourke: Trumpets of Jubilee. New York 1927, S. 370
12. Gamaliel Bradford: Damaged Souls. Boston 1923, S. 197
13. Zit. n. Flint, 1979, S. 187
14. Marcello Truzzi: »Circus and Side Shows«. Aus: Matlaw, 1979, S. 179
15. Barnum, 1927, S. 742; Truzzi, 1979, S. 180
16. Mae Noell: »Recollections of Medicine Show Life«. Aus: Matlaw, 1979,S. 215ff.; Joseph Dorinson in einem Vortrag über Brooklyn (1983)

XI. Anfänge einer eigenen Musiktradition

1. Gilbert Chase: Die Musik Amerikas. Berlin 1958, S. 390
2. Richard O'Connor: The German-Americans. Boston 1968, S. 196
3. J. T. Howard/G. Bellows: A Short History of Music in America. New York 1960, S. 131
4. Howard Levy: Musical Nationalism. Westport 1983; Journal of American History, 1984, S. 900
5. Zit. nach Chase, 1958, S. 385
6. Zit. n. Clarke: Essays on American Music. Westport 1977, S. 57; zit. nach Chase, 1958, S. 385

7. Zit. n. Clarke, 1977, S. 72; Louis Moreau Gottschalk: Notes of a Pianist (1881). Aus: Gilbert Chase (Hrsg.): The American Composer Speaks. Louisiana State University Press 1966, S. 59ff.
8. Chase, 1958, S. 387
9. Zit. n. Wayne Morgan: Unity and Culture. Harmondsworth 1973, S. 86
10. Edward MacDowell: Suggestions in Music (ca. 1896). Aus: Chase, 1966, S. 81, 87
11. Chase, 1958, S. 406; Amy Fay: Music Study in Germany (1881)
12. Howard/Bellows, 1960, S. 153f.; Chase, 1958, S. 724
13. John Hill Hewitt: Shadows on the Wall (1877). Aus: Chase, 1966, S. 72
14. Chase, 1958, S. 415; Edwin Mims: Sidney Lanier. Boston 1905; Lanier: »Infinite Solecisms« (1869). Zit. n. Jack DeBellis: S. Lanier. New York 1972, S. 73
15. Cecil Smith: Musical Comedy in America. New York 1950, S. 33, 58
16. Cecil Smith, 1950, S. 73, 93
17. John Lovell: Black Song. New York 1972, S. 467; Chase, 1958, S. 496
18. Chase, 1958, S. 496

XII. Malerei – Abbild und Vision

1. H. Wayne Morgan: New Muses. Art in American Culture 1865–1920. Norman 1978, S. 17, 37, 9
2. Zit. n. Gorton Carruth et al.: American Facts and Dates. New York 1964, S. 264
3. E. P. Richardson: Painting in America. New York 1956, S. 303f.
4. Richardson, 1956, S. 6
5. H. W. Morgan, S. 91
6. S. G. W. Benjamin: Contemporary Art in Europe (1877); H. W. Morgan, S. 95f.; Richardson, S. 303
7. Richardson, S. 271f.
8. H. W. Morgan, S. 74; H. W. Morgan: Unity and Culture. Harmondsworth 1973, S. 97; Francois Mathey: American Realism. New York 1978, S. 103
9. Richardson, S. 273
10. H. W. Morgan, S. 57
11. Richardson, S. 314; Mathey, S. 99
12. H. W. Morgan, S. 84; Mathey, S. 91
13. Zit. n. Oliver Larkin: Art and Life in America. New York 1966, S. 195
14. H. W. Morgan, S. 60
15. Zit. n. Mathey, S. 101
16. Zit. n. Richardson, S. 352
17. Will Low, 1888; Scribner's, 1880; Harper's 1892; S. G. W. Benjamin, 1880, zit. n. H. W. Morgan, S. 31, 66, 49, 56

XIII. Architektur – Die Überwindung des Eklektizismus

1. M. Whiffen/F. Koeper: American Architecture. London 1981, S. 214; Walter Kidney: The Architecture of Choice: Eclecticism 1880–1930. New York 1974, S. 6

2. Montgomery Schuyler, zit. n. H. Wayne Morgan: Unity and Culture. Harmondsworth 1973, S. 30; Lewis Mumford: Sticks and Stones. New York 1955, S. 125, 147f.; Morgan, 1973, S. 29; Mumford, 1955, S. 139
3. Jackson Lears: No Place of Grace. New York 1981, S. 33; Siegfried Giedion: Space, Time, and Architecture, Cambridge 1959, S. 354, 360f.
4. Wilhelm Bode, 1894, zit. n. Giedion, 1959, S. 363f., 367
5. Zit. n. Sherman Paul: Louis Sullivan. Berlin 1963, S. 30
6. New England Quarterly, 1983, S. 302
7. Zit. n. Melvin Kalfus: »Being and Doing: the Psychodynamic Sources of Frederick Law Olmsted's Park Design Philosophies«. Aus: J. Dorinson/G. Atlas (Hrsg.): Psychohistory. Brooklyn 1983, S. 183
8. Alan Trachtenberg: Brooklyn Bridge. Chicago 1979, S. 59
9. Zit. n. Trachtenberg 1979, S. 118, 125
10. Carl Condit: American Building. Chicago 1969; Giedion, 1959, S. 193f.
11. John Szarkowski: The Idea of Louis Sullivan. Minneapolis 1956, S. 23; Whiffen/Koeper, S. 238, 243; Condit, 1969, S. 115; Paul Goldberger: The Skyscraper. New York 1982, S. 28
12. Zit. n. Goldberger, 1982, S. 8
13. Morgan, 1973, S. 27; zit. n. Paul, 1963, S. 146
14. Louis Sullivan: The Autobiography of an Idea (1924). New York 1956, S. 258, 263; Louis Sullivan: »Ornament in Architecture«. Zit. n. Paul, 1963, S. 133f.; Louis Sullivan, 1896, zit. n. Paul, S. 149
15. Sullivan: Autobiography, S. 16, 20, 156; Willard Connely: Louis Sullivan As He Lived. New York 1960, S. 38
16. Connely, 1960, S. 115; Goldberger, 1982, S. 18; Whiffen/Koeper, S. 257; Szarkowski, S. 89
17. Sullivan: Autobiography, S. 270f., 279; Sullivan, 1894, zit. n. Paul, 1963, S. 139; Sullivan, 1892, zit. n. Paul, S. 61
18. Nach einer Aufstellung von Whiffen/Koeper (1981) sind verschwunden das Sun Building in Baltimore; die St. John's Kirche in Bangor; die Federal Street Church, das Museum of Fine Arts, das Freemont House in Boston; in Chicago die Gebäude der Weltausstellung samt Sullivans wegweisendem Transportation Building, das Kendall Building, das erste Leiter Building, das Tacoma Building, das Marschall Field Warehouse von Richardson und das Home Insurance Company Building von Jenney; in Cincinnati das Burnett House und das alte Postamt; in Hartford die Pearl Street Congregational Church; das Dodge House in Los Angeles; das Guaranty Loan Building in Minneapolis; das Maxwell House in Nashville; die Trinity Church in New Haven; das St. Charles Hotel in New Orleans; in Philadelphia die Beth Israel Synagoge, die Library Hall, die Masonic Hall, das alte Postamt, die Pavillons der Centennial Exposition und eine Vielzahl von Kirchen; die Union Station in Providence; das Courthouse von Richmond; in New York die Madison Square Presbyterian Church und viele andere Kirchen, die Häuser der Astors und Vanderbilts, verschiedene Bankhäuser, Postämter und Hotels, das erste Equitable Life Insurance Building, das Gerry House, das Harper's Brothers Building, die Lenox Library, die erste New York University, das Pulitzer und das Tribune Building, die erste Pennsylvania Station, der

alte Madison Square Garden von Stanford White, das Singer Building, der erste Tempel Emanu-El, das Western Union Building…
19. Whiffen/Koeper, 1981, S. 243

XIV. Erfinder und Erfindungen

1. Robert Post: »Reflections on American Science and Technology at the New York Crystal Palace Exhibition of 1853«. In: Journal of American Studies, 1983, S. 341
2. Thomas Nichols: Forty Years of American Life (1864). New York, Bd. I, S. 377, 382f.
3. Paul Haworth: George Washington. Indianapolis 1925, S. 240
4. P. T. Barnum: Struggles and Triumphs. New York 1927, S. 468
5. Mary Beth Norton (Hrsg.): A People and a Nation. Boston 1982, Bd. I, S. 310
6. Wolfgang Schivelbusch: Geschichte der Eisenbahnreise. München 1977, S. 95
7. Brooke Hindle: Emulation and Invention. New York 1981, S. 127
8. Matthew Josephson: Edison. New York o.J., S. 57, 85
9. Josephson, S. 14, 28, 140
10. Josephson, S. 331
11. Wyn Wachhorst: Thomas Alva Edison – an American Myth. Cambridge 1982, S. 113, 163
12. Wachhorst, S. 186, 35, 153; Josephson, S. 145
13. Zit. n. Josephson, S. 178
14. Wachhorst, S. 91; Josephson, S. 293, 297, 352, 363ff.
15. Zit. n. Wachhorst, S. 91; zit. n. Josephson, S. 84
16. Josephson, S. 444
17. Zit. n. Wachhorst, S. 114
18. Marc Seifer: »A Psychohistory of Nikola Tesla«. Aus: J. Dorinson/J. Atlas: Psychohistory. Konferenzbericht. Brooklyn 1983, unpag.
19. Max Dingler: Die Hausinsekten und ihre Bekämpfung. Murnau 1950
20. Ausgabe letzter Hand: The Earth As Modified By Human Action (1885)
21. Kenneth Lynn. In: American Scholar. Herbst 1978
22. Hindle, 1981, S. 117
23. Charles Sanford (Hrsg.): Quest for America. New York 1964, S. 401
24. Zit. n. Lester Levy: Give Me Yesterday. Norman 1975, S. 85
25. B. Bailyn et al.: The Great Republic. New York 1981, S. 411; S. E. Morison: The Oxford History of the American People. New York 1965,S. 574; Daniel Rodgers: The Work Ethic in Industrial America 1850–1920. Chicago 1979, S. 70; North American Review, Okt. 1958, zit. n. Gerhard Wiesinger: Bostoner Brahmanen und sozialer Wandel. Magisterarbeit. München 1983, S. 72
26. North American Review, Juli 1856, zit. n. Wiesinger, 1983, S. 71

XV. Philosophen und Ikonoklasten

1. Robert Ingersoll: The Gods (1872). The Writings, Bd. I. New York 1896, S. 7

2. James Hastings: Encyclopedia of Religion and Ethics. 4. Aufl. 1959, Bd. XI, S. 203ff.; Ronald Walters: American Reformers. New York 1978, S. 29; Campbell, zit. n. Robert Handy: Religion in the American Experience. Columbia 1972, S. 160; R. W. B. Lewis: The American Adam. Chicago 1955, S. 181; F. O. Matthiessen: American Renaissance. New York 1954, S. 544; F. Adler (1894), zit. n. Sasz, 1981, S. 91
3. Lewis, 1955, S. 184, 188
4. Trine, zit. n. Handy, 1972, S. 176; James Paulding: A Life of Washington (1835). Washington 1970, Bd. I, S. 57; Lincoln: »Address before the Young Men's Lyceum of Springfield, Illinois« (1838); The Oxford Companion to American Literature. London 1946, S. 331; Elbert Hubbard: Selected Writings, Bd. XII, An American Bible. New York 1928, zit. n. Sasz, 1981, S. 92
5. Bancroft, zit. n. Lewis, 1955, S. 161; Witman, zit. n. Paul Anderson/M. H. Fisch: Philosophy in America. New York 1939, S. 443; Hegel: Philosophie der Geschichte. Werke, 11, 129
6. J. Snider: The St. Louis Movement. St. Louis 1920; C. M. Perry: The St. Louis Movement in America. Norman 1930; Frances Harmon: The Social Philosophy of the St. Louis Hegelians. New York 1943; J. H. Muirhead: »How Hegel Came to America«. In: Philosophical Rev., Bd. 37, 1928, S. 226ff.
7. Anderson/Fisch, S. 444; Royce: The Religious Aspect of Philosophy (1885)
8. John Clendenning: The Life and Thought of Josiah Royce. Madison 1985, S. 14
9. Clendenning, 1985, S. 24ff.
10. Clendenning, 1985, S. 129, 204, 322, 32, 277; Herbert Schneider, zit. n. Karl-Theo Humbach: Das Verhältnis von Einzelperson und Gemeinschaft nach Josiah Royce. Heidelberg 1962, S. 89
11. Zit. n. Humbach, 1962, S. 59; Humbach, S. 131 u. passim
12. Clendenning, 1985, S. 296, 312; Humbach, 1962,S. 22
13. Borden Parker Bowne: Principles of Ethics (1892); Alfred Henry Lloyd: Dynamic Idealism (1898); Blau, 1953, S. 211, 195
14. Ludwig Marcuse: Amerikanisches Philosophieren. Hamburg 1959, S. 88
15. Peirce, zit. n. Blau, 1953, S. 231; John Dewey: The Influence of Darwin Upon Philosophy. New York 1910; W. James: »The Dilemma of Determinism« (1884), zit. n. G. W. Allen: William James. Minneapolis 1970, S. 15
16. Marcuse, 1959, S. 88, 65, 59f.; Blau, 1953, S. 246
17. Marcuse, 1959, S. 33
18. Frederic Carpenter: »Charles S. Peirce: Pragmatic Transcendentalist«. In: New England Quarterly, 1941, S. 34
19. Peirce: Collected Papers. Hrsg. von Ch. Hartshorne u. P. Weiss. Cambridge 1931ff., 5.216, 5224, 2.119ff.
20. »Consider what effects, that might conceivably have practical bearings we conceive of our objects to have. Then, our conception of these effects is the whole of our conception of the object.« – Collected Papers, 5.391, 5402. – In seinem Aufsatz »What Pragmatism Is« (1905) änderte er lediglich die 1. Person Plural in die 2. Person Singular um
21. Marcuse, 1959, S. 42
22. Zit. n. Carpenter, 1941, S. 37; Peirce: »The Fixation of Belief« (1877). Zit. n. Perry Miller (Hrsg.): American Thought. New York 1959, S. 126; Peirce: Coll. Papers, 5.414

23. Zit. n. Carpenter, 1941, S. 35; Monist, Jan. 1891–Jan. 1893; Peirce: Collected Papers, 5.393; Carpenter, S. 38ff.; Peirce: Collected Papers, 5.402; Peter Turrey: »Peirce's Cosmic Sheriff«. In: Journal of the History of Ideas, 1975, S. 719
24. North American Rev., Okt. 1871, S. 449ff.; Peirce: Collected Papers, 5.502; Miller, 1959, S. 139
25. Marcuse, 1959, S. 54, 60; Cushing Strout: »William James and the Twice-Born Sick Soul«. In: Daedalus, 1968, S. 1062ff.
26. G. W. Allen, 1970, S. 12
27. W. James: »The Sentiment of Rationality« (1879), Varieties of Religious Experience (1902); G. W. Allen, 1970, S. 32; Blau, 1953, S. 260ff.; W. James: Notebook, 1903; Marcuse, 1959, S. 70f.; Miller, 1959, S. 180
28. W. James: »What Pragmatism Means« (1907). Aus: Pragmatism. New York 1948, S. 51ff.
29. Vgl. Carpenter, 1941
30. W. James: A Pluralistic Universe (1909)
31. Jacques Barzun: A Stroll with William James. New York 1983; Marcuse, 1959, S. 69
32. Benjamin Blood: The Anaesthetic Revelation (1874), Pluriverse (1920); Hart, 1941, S. 75; Marcuse, 1959, S. 88
33. John Dewey: »An Added Note as to the ›Practical‹« (1916). Aus: Essays in Experimental Logic. New York o.J.; William Frankena: Ethics. Englewood Cliffs 1965, S. 377
34. M. White: Social Thought in America. Beacon Hill 1959, S. 42; Experience *and* Nature, Democracy *and* Education, Interest *and* Effort ...
35. Blau, 1953, S. 229
36. Marcuse, 1959, S. 140; Commentary, Nov. 1947; Frankena, 1965, S. 384
37. Sidney Hook: Pragmatism and the Tragic Sense of Life. New York 1964, S. 4; G. Müller: Amerikanische Philosophie. Stuttgart 1936, S. 228
38. Blau, 1953, S. 231, 235

XVI. Bewegung und Fortschritt

1. Zit. n. F. O. Matthiessen: American Renaissance. New York 1954, S. 187, 372
2. J. P. Barnum am 26.5.1865 im Parlament von Connecticut
3. Michael Kammen: People of Paradox. New York 1972, S. 57, 69, 71, 75; Robert Wiebe: The Search for Order. New York 1967, S. 4; Kammen, 1972, S. 83f.; Brisbane, 1846, zit. n. J. u. R. Lauer: »Sex Roles in 19th Century American Communal Societies«. In: Communal Societies, 1983, S. 17; Sutton Griggs: Imperium in Imperio (1889). Miami 1969, S. 65
4. Wiebe, 1967, S. 66; Ronald Walters: American Reformers. New York 1978, S. 92; Emerson: Journals, 26.9.1840, zit. n. Henry Sams: The Autobiography of Brook Farm. Englewood Cliffs 1960, S. 4
5. H. N. Smith: Democracy and the Novel. New York 1978, S. 125
6. Ann Douglas: The Feminization of American Culture. New York 1977, S. 5; David Potter: People of Plenty. Chicago 1968, S. 120

7. R. W. Emerson: American Scholar (1837); Michael Fellman: The Unbounded Frame. Westport 1973, S. 77ff.; Martha Smith: Going to God's Own Country (1941)
8. John Unruh: The Plains Across. Urbana 1979, S. 11, 18; Bruce Rosenberg: The Code of the West. Bloomington 1982. Kap. 2
9. Leo Marx: The Machine in the Garden. New York 1964, S. 9f.
10. Melville: Israel Potter (1855); Matthiessen, 1954, S. 444
11. Zit. n. B. A. Botkin (Hrsg.): A Treasury of American Folklore. New York 1944, S. 283
12. Anthony Trollope zu Hawthorne, zit. n. Matthiessen, 1954, S. 236
13. Susanna Moodie: Roughing it in the Bush (1852). Toronto 1962
14. North American Rev., Jan. 1856, zit. n. G. Wiesinger: Bostoner Brahmanen und sozialer Wandel. M.A.-Arbeit. München 1983, S. 19
15. Hans Maier bei der Verleihung der »Columbus-Medaille« 1983 in München; Reuben Fine: Die Psychologie des Schachspielers. Frankfurt 1982, S. 41
16. Carlyle über Emerson, zit. n. Matthiessen, 1954, S. 10; John Blassingame: Slave Testimony. Baton Rouge 1977, S. 59; Fellman, 1973, S. 107; Yi-Fu Tuan: Space and Place. Minneapolis 1977, S. 10; R. W. B. Lewis: The American Adam. Chicago 1955, S. 181. – In Susan Warners Bestseller Queechy (1852) entspann sich dieser Dialog: »How pretty the curl of blue smoke is from that chimney«, he said ... »Isn't it«, said Fleda with another glance, »the contrast of something pure and upward-tending with what is below it.« – Zit. n. A. Douglas, 1977, S. 163
17. Douglas, 1977, S. 212f.; John Ware: Home Life in America (1864); Maxine Van de Wetering: »The Popular Concept of ›Home‹ in 19th Century America«. In: Journal of American Studies, 1984, S. 20
18. North American Rev., Juli 1867 u. Jan. 1858, zit. n. Wiesinger, 1983, S. 34, 23; New York Times vom 14.9.1969; Bushnell, zit. n. Lewis, 1955, S. 68
19. Wiebe, 1967, S. XIV; Slaughterhouse Cases (1873); James Bryce: The American Commonwealth (1889). New York 1941, S. 336
20. D. Grimsted (Hrsg.): Notions of the Americans. New York 1970, S. 273; Tuan, 1977, S. 180

XVII. Aufbruch ins 20. Jahrhundert

1. John Philip Sousa: Marching Along (1928)
2. Henry Adams: The Education of Henry Adams. New York 1931, S. 416
3. By-gosh-school-of-fiction: E. N. Westcott, David Harum (1898); I. Bacheller: Eben Holden (1900). Van Wyck Brooks, zit. n. Arthur Wertheim: The New York Little Renaissance. New York 1976, S. 175
4. Zit. n. Wertheim, 1976, S. 155
5. Emanuel Morgan/Anne Knish: Spectra (1916)
6. Zit. n. Brom Weber: Hart Crane. New York 1948, S. 16
7. H. Addington Bruce: »Insanity and the Nation«. In: North American Review (1908), zit. n. Jesse Battan: »The ›New Narcissism‹ in 20th Century America ...«. In: Journal of Social History, Wi. 1983/84, S. 211
8. The Soul of Melicent (1913); Jurgen (1919)

9. The Gothic Quest (1907); The Substance of Gothic (1916)
10. Clarence Mulford: Bar-20 (1907), Hopalong Cassidy (1910); Berndt Ostendorf: »Ein Mythos der Versöhnung. Owen Wisters Cowboyroman The Virginian«. In: Wirklichkeit und Dichtung – Festschrift für Franz Link. Berlin 1984, S. 275
11. Zit. n. Robert Hine: California's Utopian Colonies. New Haven 1966, S. 177
12. Isadora Duncan: My Life (1927), The Art of the Dance (posthum 1928)
13. Melvyn Dubofsky: We Shall Be All – a History of the IWW. New York 1969, S. 260
14. Wertheim, 1976, S. 47
15. Isaac Kahn Friedman: By Bread Alone (1901), Autobiography of a Beggar (1903); Thomas McGrady: Beyond the Black Ocean (1901); Leroy Scott: The Walking Delegate (1905)
16. Zit. n. Walter Rideout: The Radical Novel in the U.S. New York 1966, S. 70
17. Zit. n. Rideout, 1966, S. 58
18. V. L. Parrington: Main Currents of American Thought, Bd. III, S. 325
19. Maggie: A Girl in the Streets (1893, 1896)
20. Vgl. Stow Persons (Hrsg.): Evolutionary Thought in America. New York 1956, S. 300, 302, 313, 315f.
21. Klaus Poenicke: Der amerikanische Naturalismus. Darmstadt 1982, S. 99; Frank Norris: The Octopus (1901). New York 1969, S. 255f., 447 und passim
22. Van Wyck Brooks: America's Coming-of-Age (1915). Garden City 1958, S. 4f., 83
23. George Santayana: The Life of Reason (1906); William Graham Sumner: Folkways (1906); The Education of Henry Adams (1906, 1918), Mont St. Michel and Chartres (1905, 1913); Brooks Adams: The Law of Civilization and Decay (1895), Theory of Social Revolution (1913); Franz Boas: The Mind of Primitive Man (1911); Irving Babbitt: The New Laokoon (1910); Charles Beard: An Economic Interpretation of the Constitution of the U.S. (1913)

XVIII. Imperialismus

1. Robert Wiebe: The Search for Order. New York 1967, S. 230, 232
2. I. Dementyev, USA: Imperialists and Anti-Imperialists. Moskau 1979, S. 83; Charles Sanford: The Quest for Paradise. Urbana 1961, S. 233
3. Zit. n. Wiebe, 1967, S. 233f.
4. Robert Leckie: The Wars of America. New York 1968, S. 541; Dementyev, 1979, S. 162; Henry Baxter Adams: The Germanic Origins of New England Towns (1882); Political Science Quarterly (1895)
5. Wiebe, 1967, S. 234; Jackson Lears: No Place of Grace. New York 1981, S. 116
6. James Abrahamson: America Arms for a New Century. New York 1981, S. 26; Leckie, 1968, S. 541; Dementyev, 1979, S. 94
7. Abrahamson, 1981, S. 58; Wiebe, 1967, S. 234
8. Henry Adams: History of the U.S. (1889–1891); Reginald Stuart: War and American Thought. Kent 1982, S. 112; Lears, 1981, S. 124
9. Lears, 1981, S. 100, 112

10. Lears, 1981, S. 136 f., 121, 104; Oliver Knight: Life and Manners in the Frontier Army. Norman 1978, S. 80; Charles Major: When Knighthood Was in Flower (1898); F. Marion Crawford: Via Crucis (1898)
11. Frank Norris: Yvernelle (1891), »Lauth« (1893); Lears, 1981, S. 131 f., 133, 115; Brooks Adams: The Law of Civilization and Decay (1895); Richard Hovey: The Marriage of Guenevere (1891)
12. H. Carman/H. Syrett: A History of the American People. New York 1957–1959; Glenn Davis: Childhood and History. New York 1976
13. Thomas Bailey: A Diplomatic History of the American People. New York 1945; Dementyev, 1979, S. 14; Wiebe, 1967, S. 96, 189; G. Davis, 1976, S. 186
14. Zit. n. Carman/Syrett, Bd. II, S. 424
15. S. E. Morison: The Oxford History of the American People. New York 1965, S. 831
16. Dementyev, 1979; Lears, 1981, S. 116; Howard Beale: Theodore Roosevelt and the Rise of America to World Power. Baltimore 1956, S. 80
17. Beale, 1956, S. 28, 32
18. Beale, 1956, S. 32 f., 80; Ludwig Marcuse in der Süddeutschen Zeitung vom 26. Juni 1965
19. Fidel Castro: La Historia Me Absolvera/History Will Absolve Me. Havanna 1975, S. 63; Whistler, zit. n. Stanley Weintraub. London Yankees, New York 1979, S. 189
20. Terence Cannon: Revolutionary Cuba. New York 1981, S. 31; Henry Cabot Lodge: »Our Blundering Foreign Policy« (1895), zit. n. Dementyev, 1979, S. 101 f.; David Trask: The War With Spain in 1898. New York 1981, S. 94
21. Trask, 1981, S. 9; Cannon, 1981, S. 35
22. Trask, 1981, S. 7, 44, 51, 377 ff.
23. Frank L. Mott: American Journalism. New York 1962, S. 537, 533
24. Dementyev, 1979, S. 138, 293
25. Dementyev, 1979, S. 256; Knight, 1978, S. 221; Trask, 1981, S. 156, 184
26. Th. Roosevelt: The Rough Riders (1899). Der passendere Titel für dieses Werk, unkte F. P. Dunne nach Lektüre, wäre wohl »Alone in Cuba« gewesen.
27. Henry Russell: An Illustrated History of Our War with Spain. Hartford 1898, S. 192, 202; Castro, 1975, S. 63
28. Philip Foner: The Spanish-Cuban-American War. New York 1972, Bd. II, S. 395, 630
29. Abrahamson, 1981, S. 66; Foner, Bd. II, S. 663; Leckie, S. 570
30. Dementyev, 1979, S. 199, 263
31. Dementyev, 1979, S. 112 ff.; Wiebe, 1967, S. 245 f.
32. Leckie, S. 538; Dementyev, S. 22
33. Abrahamson, Kap. 5; Leckie, S. 571; Lester Langley: The Banana Wars. Lexington 1983; Saturday Evening Post vom 19. Mai 1905, S. 5
34. Robert Shaplen: »Islands of Disenchantment«. In: New Yorker vom 30. August 1982, S. 79; Wiebe 1967, S. 249; Bailey, S. 674
35. Wiebe, S. 235; W. A. Williams: »The Great Evasion« (1962)

XIX. Soziale Mißstände und soziale Aktion

1. Carl Degler: Place Over Time. Baton Rouge 1977, S. 115. – Der erste Bericht der Dillingham-Kommission erschien 1911
2. Robert Harney: »The Italian Experience in America«. Aus: A. Mollica (Hrsg.): A Handbook for Teachers of Italian, 1976, S. 219ff.; Bernard Ficcara: Zappatori (1953); Berndt Ostendorf: Amerikanische Ghettoliteratur. Darmstadt 1983, S. 9
3. W. Bartoszewski: Vortrag an der Universität München vom 18.7.1984
4. Theodore Saloutos: »Exodus USA«. Aus: O. F. Ander (Hrsg.): In the Trek of the Immigrants. Rock Island 1964, S. 212f.
5. Robert Gutman, aus: Charles Stember: Jews in the Mind of America. New York 1966; Moses Kligsberg: »The Golden Land: The Jewish Immigrant in America ...«. In: Commentary, 1948, S. 467ff.; Lyle Dorsett: And God Came In. New York 1983
6. Abraham Cahan: Bletter von Mein Leben (1926–1936), 5 Bde.; Kurt Dittmar: »Jüdische Ghettoliteratur ...«. Aus: Ostendorf, 1983, S. 50ff.
7. Michael Kammen: People of Paradox. New York 1972, S. 113; Sidney Gulick: The Christian Crusade for a Warless World. New York 1923, S. 106; Leonard Dinnerstein: The Leo Frank Case. New York 1968
8. Heinz Ickstadt: »Exploring the Abyss ...«. Aus: Ostendorf, 1983, S. 30
9. Francis Walker: »Immigration and Degradation« (1891); Madison Grant: The Passing of the Great Race (1916), The Conquest of a Continent or the Expansion of Races in America (1923); Burton Hendrick: The Jews in America (1923); Lothrop Stoddard: The Rising Tide of Color (1920), 14 Auflagen, The Revolt Against Civilization – the Menace of the Under Man (1922), 6 Auflagen; Hendrick, zit. n. Michael Selzer: Kike! New York 1972, S. 79; Grant, zit. n. Carey McWilliams: A Mask for Privilege – Antisemitism in America. Boston 1948, S. 60; Stoddard: Into the Darkness – Nazi Germany To-day. London 1941; McWilliams, 1948, S. 66
10. Ickstadt, 1983; Gulick, 1923, S. 115f.; Werner Sollors: »Theory of American Ethnicity ...«. In: American Quarterly, 1981, S. 287
11. Horace Kallen: »Democracy versus the Melting Pot« (1915); Solomon Bloom: »The Liberalism of Louis D. Brandeis ...«. In: Commentary. Okt. 1948, S. 313ff.; Staatslexikon, Bd. V, S. 719
12. Eugene Genovese: Roll Jordan Roll. New York 1976, S. 431
13. B. A. Botkin: A Treasury of American Folklore. New York 1944, S. 279; Gerald Gaither: Blacks and the Populist Revolt. University of Alabama Press 1977, S. 69. – Weiße Bürger nahmen sich laut S. E. Morison nach Lynchmorden Fleischstücke als Souvenirs mit heim. – Oxford History of the American People. New York 1965, S. 794
14. Formaljuristisch galt die Separate-but-equal-Doktrin bis Gayle v. Browder (1956)
15. C. Van Woodward: The Strange Career of Jim Crow (1955); Nathan Kantrowitz: »Index of Dissimilarity«. In: Historical Methods Newsletter, 1973, S. 285; Jacob Riis: How the Other Half Lives. New York 1903
16. The Crisis, Nr. 1, 1910; Klaus Ensslen: Einführung in die schwarzamerikanische Literatur. Stuttgart 1982, S. 87
17. Booker T. Washington: »Atlanta Address« (1895), zit. n. A. Blaustein/R. Zangrado: Civil Rights and the American Negro. New York 1968, S. 290

18. Lester Ward: Dynamic Sociology (1883), Pure Sociology (1903), Applied Sociology (1906); Andrew Sinclair: The Emancipation of the American Woman. New York 1966, S. 272
19. Isadora Duncan: My Life (1927); Emma Goldman: My Life (1932), 2 Bde., The Traffic in Women (1970); mit A. Berkman: Nowhere at Home. Letters (1975); Margaret Sanger: Women and the New Race (1920); Mary Austin: The Young Woman Citizen (1918); vgl. David Graham Philips: Old Wives for New (1908)
20. George Cable: Bylow Hill (1902); Edith Wharton: The House of Mirth (1905); Robert Herrick: Together (1908); Dorothy Canfield: The Squirrel Cage (1912)
21. William Schnitzer: Divorce Practice and Procedure (1909); Nelson Blake: The Road to Reno. New York 1962, S. 128
22. James Johnson: Vortrag in New York im Juni 1978
23. Tamara Hareven: Amoskeag. New York 1978, S. 197; John Spargo: The Bitter Cry of the Children. New York 1906; Charlotte Perkins Gilman: Concerning Education (1900); Richard Hofstadter: The Age of Reform. New York 1962
24. Robert Wiebe: The Search for Order. New York 1967, S. 169; Alex Inkeles: »Continuity and Change in the American National Character«. In: Tocqueville Review, 1980, S. 38; Richard Rapson: »The American Child As Seen By British Travellers«. In: American Quarterly, 1965, S. 520ff.; Good Housekeeping, 1914, zit. n. Christopher Lasch: The Culture of Narcissism. New York 1979, S. 279
25. John u. Selma Appel: »The Huddled Masses and the Little Red Schoolhouse«. Aus: B. Weiss (Hrsg.): American Education and the European Immigrant. Urbana 1982, S. 17ff.; Barbara Greenleaf: Children Through the Ages. New York 1979
26. G. Stanley Hall: The Contents of Children's Minds on Entering School (1894), Adolescence (1904); Joseph Kett: Rites of Passage. New York 1977, S. 218
27. John Dewey: Democracy and Education. New York 1916, S. 261; John Dewey: My Pedagogic Creed (1897); Carman/Syrett, Bd. II, S. 603
28. Ellen Gates Starr: »Art and Labor« (1895); Jackson Lears: No Place of Grace. New York 1981, Kap. 2; Randolph Bourne: Education and Living (1917); Arthur Wertheim: The New York Little Renaissance. New York 1976, S. 23; Dorothy Canfield Fisher: A Montessori Mother (1912), A Montessori Manual (1913). – Ein anglophober Autor identifizierte die Encyclopedia Britannica als Übeltäter. – Willard Wright: Misinforming a Nation (1917)
29. Lenin on the U.S. Hrsg. von Leiteizen. New York 1970, S. 18
30. Wiebe, 1967, S. 292; Van Wyck Brooks: America's Coming-of-Age (1915). Garden City 1958
31. Stow Persons (Hrsg.): Evolutionary Thought in America. New York 1956, S. 190, 220
32. Hofstadter, 1962, S. 232; Daniel Rodgers: »In Search of Progressivism«. In: Reviews in American History, Dez. 1982, S. 120; Wiebe, 1967, S. 206
33. Henry Demarest Lloyd: Wealth Against Commonwealth (1894); Th. Veblen: The Theory of the Leisure Classe, 1899, S. 84; Walter Rauschenbusch: Christianizing the Social Order (1912), Theology of the Social Gospel (1917)
34. Samuel Hopkins Adams: The Great American Fraud (1906); Collier's vom 22. Dez. 1906; D. G. Philipps: »The Treason of the Senate« (1906)
35. Walter Clark: »The Spirit of American Government« (1906)

36. Upton Sinclair: The Jungle (1906). New York 1946, S. 96, 126, 135, 152 u. passim
37. Morison, 1965, S. 819
38. W. B. Munro: Initiative, Referendum and Recall. New York 1917
39. Tamara Harven: Amoskeag. New York 1978, S. 201ff.
40. Mary Ellen Richmond: What Is Social Case Work (1922)
41. Robert Hunter, zit. nach James Fallows: »Immigration«. In: Atlantic Monthly, Nov. 1983, S. 90; E. A. Ross, zit. n. Leo Dinnerstein, 1968, S. 72
42. Parrington, Bd. III, S. 285; M. u. S. Stedman: Discontent at the Polls. New York 1950
43. Louis Brandeis: Other People's Money (1914)
44. Merle Curti: The Growth of American Thought. New York 1943
45. Hofstadter, 1962, S. 135, 197, 207; The American Political Tradition and the Men Who Made It. New York 1948
46. John Hicks: The Populist Revolt. Minneapolis 1931; George Mowry: »Social Democracy 1900–1918«. Aus: C. Van Woodward: A Comparative Approach to American History. Washington 1968, S. 271ff.
47. Gabriel Kolko: The Triumph of Conservatism. London 1963
48. Wiebe, 1967, S. 181, 165, 198; Lasch, 1979, S. 200
49. George Bernard Shaw: The Political Madhouse in America and Nearer Home. London 1933, S. 62; Melvyn Stokes: »American Progressives and the European Left«. In: Journal of American Studies, April 1983, S. 22; Lincoln Steffens, zit. nach Sanford, 1961, S. 192f.
50. Leon Fink in Dissent. Winter 1984, S. 132
51. Daniel DeLeon, zit. n. John Laslett (Hrsg.): The Workingman in American Life. New York 1973, S. 70
52. Paul Brissenden: The IWW (1919). New York 1957
53. Arturo Giovannitti: Arrows in the Gale (1914); Ralph Chaplin: Bars and Shadows (1922)
54. Meredith Tax: »Conditions of Working Women in the Late 19th and Early 20th Centuries«. In: Women (Baltimore), 2, 3, 1971, S. 16
55. Melvyn Dubofsky: We Shall Be All. A History of the IWW. New York 1969, S. 480ff.; Robert Weiner: Das Amerikabild von Karl Marx. Bonn 1982, S. 200f.; J. A. Wayland: Appeal to Reason (1917); Walter Rideout: The Radical Novel ... New York 1966, S. 41
56. Rodgers, 1979, S. 163ff.
57. Dubofsky, 1969, S. 332

XX. Erster Weltkrieg

1. S. F. Bemis, aus: Edward Buehrig (Hrsg.): Wilson's Foreign Policy in Perspective. Bloomington 1957, S. 137
2. Zit. n. Arthur S. Link et al. (Hrsg.): The Papers of Woodrow Wilson. Princeton 1966ff., Bd. II, S. 5
3. Sigmund Freud u. William Bullitt: Thomas Woodrow Wilson. London 1967; Robert Annin: Woodrow Wilson. New York 1924; Alexander u. Juliette George: Woodrow Wilson and Colonel House. New York 1956

4. Woodrow Wilson: Congressional Government (1885), History of the American People (1902)
5. S. E. Morison: The Oxford History of the American People. New York 1965, S. 839
6. Zit. n. Robert Wiebe: The Search for Order. New York 1967, S. 247
7. Jürgen Bruhn: Schlachtfeld Europa oder Amerikas letztes Gefecht. Berlin 1983, S. 27, 31, 43; Thomas Bailey: A Diplomatic History of the American People. New York 1945; Military Review, Juli 1984, S. 69
8. New York Times vom 15. u. 16.6.1916
9. Zit. n. Stanley Weintraub: London Yankees. New York 1979, S. 374
10. Michael Walzer: Just and Unjust Wars. New York 1977, S. 173; Robert Leckie: The Wars of America. New York 1968, S. 614, 624
11. Zit. n. David Kennedy: Over Here: The First World War and American Society. New York 1980, S. 42
12. Outlook vom 3.2.1915, zit. n. D. Kennedy, 1980,S. 37
13. Zit. n. A. Walworth: Woodrow Wilson. New York 1958, S. 46; D. Kennedy, 1980, S. 74; Leckie, 1968, S. 641; Arthur Guy Empey: Over the Top (1917); D. Kennedy, 1980, S. 147, 183ff.; Charles Fenton: American Quarterly, 1951, S. 326ff.
14. Richard Hofstadter: The Age of Reform. New York 1962, S. 272
15. Randolph Bourne: War and the Intellectuals. Hrsg. von C. Resek. New York 1964, S. 3, 13, 54; William James: »The Moral Equivalent of War« (1910). Norman Angell hatte in The Great Illusion (1910) den modernen Krieg als schieren Wahnsinn vorausgeahnt
16. Rede am 20.9.1917. Sunday Times und BBC erhärteten 1982 den Verdacht, die Lusitania habe Kriegsgerät mitgeführt, das nach dem Krieg von der britischen Marine gehoben und beseitigt wurde
17. D. Kennedy, 1980, S. 24; Lukacs, 1984, S. 27; The Annals, März 1984, S. 18
18. C. W. Hamlin: The War Myth in U.S. History. New York 1948, S. 57; Kennedy, 1980, S. 62; Curtis Brown: Star-Spangled Kitsch. New York 1975, S. 180
19. Zit. n. H. C. Peterson/G. Fite: Opponents of War 1917–1918. Madison 1957, S. 96
20. People v. Haffer, 43 Wash. 136
21. Robert Ardrey: The Territorial Imperative. New York 1966, S. 228
22. John Garraty: Woodrow Wilson. New York 1956, S. 127
23. Angela Redinger: Der Schwabenverein in Chicago. Magisterarbeit. München 1983, S. 20, 42; Wolfgang Möller: »Die Mitverantwortlichkeit der Deutsch-Amerikanischen Presse in den USA an der Entwicklung von Emotionen gegen Deutsch-Amerikaner während des Ersten Weltkriegs ...«. Unveröff. Manuskript (März 1983)
24. Lord Bryce: Alleged German Outrages (1915); Peterson/Fite, 1957; Harold Nelson: Freedom of the Press ... Indianapolis 1967, S. 248; State v. Freerks, 140 Minn. 349 (1918); Z. Chafee: Free Speech in the U.S. Cambridge 1948, S. 51
25. Nelson, 1967, S. XXXV; Chafee, 1948, S. 155; Edward Hudon: Freedom of Speech and Press in America. Washington 1963, S. 57; Schaefer v. U.S., 249 U.S. 204 (1919)
26. J. Paul/M. Schwartz: Federal Censorship. New York 1961, S. 36; Chafee, 1948, S. 303
27. Nelson, 1967, S. 260; 252 Fed. 946
28. D. Kennedy, 1980, S. 73; Melvyn Dubofsky: We Shall Be All. New York 1969
29. Dubofsky, 1969, S. 439

30. 250 U.S. 616 (10. Nov. 1919); Chafee, 1948, S. 109, 126f.
31. Nelson, 1967, S. 61ff.; Chafee, 1948, S. 84
32. The New Republic vom 10. Mai 1919, zit. n. Nelson, 1967, S. 260; Chafee, 1948, S. 104
33. Charles Beard: Giddy Minds and Foreign Quarrels. New York 1939
34. Zit. n. Peterson/Fite, 1957
35. Ernest Meyer: Hey! Yellowbacks. The War Diary of a Conscientious Objector. New York 1930
36. Peterson/Fite, 1957; E. Meyer, 1930, S. 83, 138f., 153, 166; D. Kennedy, 1980, S. 163
37. New York Times vom 10. Juni 1917, zit. n. Peterson/Fite, 1957, S. 24
38. D. Kennedy, 1977, S. 156ff.; E. Meyer, 1930, S. 78
39. E. Meyer, 1930, S. 73ff.; D. Kennedy, 1980, S. 186f.
40. D. Kennedy, 1980, S. 30; Donald Robinson (Hrsg.): As Others See Us. New York 1969, S. 137f.
41. Hubert Zimmermann: Schwarze Arbeiter in Detroits Automobilindustrie. Magisterarbeit. München 1982, S. 34; D. Kennedy, 1980, S. 159ff.; A. Blaustein/R. Zangrado: Civil Rights and the American Negro. New York 1968, S. 335f.
42. Leckie, 1968, S. 638
43. D. Kennedy, 1980, S. 174; Leckie, 1968, S. 646
44. Russell Weigly: The American Way of War. Bloomington 1977, S. 203; Kennedy, 1980, S. 194, 200
45. John Dos Passos: One Man's Initiation – 1917 (1920), Three Soldiers (1921); E. E. Cummings: The Enormous Room (1922); Ernest Hemingway: A Farewell to Arms (1929); William March: Company K (1933). – Kennedy, 1980, S. 210ff., 224
46. Llewellyn Woodward: »A British View of Mr. Wilson's Foreign Policy«. Aus: Buehrig, 1957, S. 157; John M. Blum: Woodrow Wilson and the Politics of Morality. Boston 1956, S. 94; Ray Stannard Baker: Woodrow Wilson and World Settlement. Garden City 1922; Alfred Döblin: Sieger und Besiegte. New York 1946
47. Thomas Bailey: Woodrow Wilson and the Lost Peace. New York 1945; Robert Wiebe: The Search for Order. New York 1967, S. 277; Leckie, 1968, S. 654; Edwin Weinstein: Woodrow Wilson. Princeton 1981
48. Bailey, 1945; Selig Adler: The Isolationist Impulse. London 1957, S. 94, 107; Richard Hofstadter: The American Political Tradition ... New York 1948, S. 270f.
49. D. Kennedy, 1980, S. 19; George, 1956; Hofstadter, 1948, S. 274
50. Kennedy, 1980, S. 347, 314, 251
51. James Abrahamson: America Arms for a New Century. New York 1981, S. 159; Kennedy, 1980, S. 17, 129ff.; P. Foner/R. Schultz: Das andere Amerika. Berlin 1983, S. 224
52. John Higham: Strangers in the Land. New Brunswick 1955, S. 268; Roi Ottley: The Negro in New York. New York 1967, S. 226
53. Kennedy, 1980, S. 367
54. Higham, 1955, S. 228; Ozawa v. U.S. (1922) bei John Hicks: Republican Ascendancy. New York 1963; June Namias: First Generation. Boston 1978, S. 70; Lee Levinger: Antisemitism in the U.S. Westport 1973, S. 82; Max Lerner: America As a Civilization. New York 1957, Bd. I, S. 92

55. Lawrence Greene: The Era of Wonderful Nonsense. Indianapolis 1939, S. 72; Horace Kallen: Culture and Democracy in the U.S. (1924); Robert Sklar: The Plastic Age. New York 1970
56. L. Greene, 1939; Kenneth Jackson: The KKK in the City. New York 1967, S. 21; Levinger, 1973
57. Atlantic Monthly (April 1927), Christian Century (Okt. 1928), abgedruckt bei Moses Rischin (Hrsg.): Immigration and the American Tradition. Indianapolis 1976
58. Robert Singerman: »The American Career of the Protocols of the Elders of Zion«. In: American Jewish History, Sept. 1981, S. 48ff.
59. Carey McWilliams: A Mask for Privilege. Boston 1948, S. 38; Murray Schumach: The Face on the Cutting Room Floor. New York 1975, S. 17
60. H. L. Mencken: »Diagnosis of Our Cultural Malaise« (1919). Aus: N. H. Nolte (Hrsg.): H. L. Mencken's Smart Set Criticism. Ithaca 1968; Mencken: »On Being American« (1922). Aus: Prejudices. New York 1924; W. H. A. Williams: H. L. Mencken. Boston 1977

XXI. Das formbare Zeitalter

1. Elizabeth Stevenson: Babbitts and Bohemians. New York 1967, S. 92; Sidney Gulick: The Christian Crusade for a Warless World. New York 1923, S. 50; Laurence Veysey: »A Postmortem on Daniel Bell's Postindustrialism«. In: American Quarterly, 1982, S. 66; Robert und Helen Lynd: Middletown. New York 1929; Frederick Lewis Allen: Only Yesterday. New York 1957, S. 82, 191
2. S. E. Morison: The Oxford History of the American People. New York 1965, S. 922; Erich Angermann: Die Vereinigten Staaten von Amerika. München 1978, S. 68
3. John Lukacs: Outgrowing Democracy. Garden City 1984, S. 139; Christian Science Monitor vom 20.1.1969
4. Gitlow v. New York (1925); Harold Nelson (Hrsg.): Freedom of the Press from Hamilton to the Warren Court. Indianapolis 1967, S. 82, 87; Zechariah Chafee: Free Speech in the U.S. Cambridge 1948, S. 318, 323; Douglas Little: »Antibolshevism and American Foreign Policy ...«. In: American Quarterly, 1983, S. 379, 383f.
5. Andrew Sinclair: The Available Man ... Warren Gamaliel Harding. New York 1965; New York Times Book Review vom 24.11.1968; S. M. Adams: Revelry (1926)
6. Lukacs, 1984, S. 269; Max Herzberg: The Reader's Encyclopedia of American Literature. New York 1962
7. John Hicks: Republican Ascendancy. New York 1963, S. 93; James MacGregor Burns: Congress on Trial. New York 1949, S. 50
8. Hicks, 1963, S. 4; Lewis Mumford: »The City«. Aus: Harold Stearns (Hrsg.): Civilization in the U.S. New York 1922
9. F. L. Allen, 1957, S. 167
10. Carman/Syrett: A History of the American People. New York 1957–1959; Hicks, 1963, S. 58f.
11. Carman/Syrett, 1957

12. A. A. Berle, zit. bei G. Means: The Modern Corporation and Private Property (1932); Carman/Syrett, 1957
13. Carman/Syrett, Bd. II, S. 451
14. A. Mellon: Taxation: the People's Business (1924); Hicks, 1963, S. 53
15. Carman/Syrett, 1957; G. Creel: How We Advertised America (1924); F. L. Allen, 1957, S. 174
16. F. L. Allen, 1957, S. 20; Fitzgerald: The Great Gatsby. Hrsg. 1963, S. 9; R. u. H. Lynd, 1929
17. Morison, 1965, S. 893; J. C. Furnas: Great Times. New York 1974; Lukas 2:49
18. H. Ford: Mein Leben und Werk. Leipzig 1923, zit. n. Foner/Schultz: Das andere Amerika. Berlin 1983, S. 246
19. R. u. H. Lynd, 1929
20. Stephen Kern: The Culture of Time and Space. Cambridge 1983, S. 116f.; Anne Jardim: The First Henry Ford. Cambridge 1970, S. 75; Otto Moog: Drüben steht Amerika. Gedanken nach einer Ingenieurreise durch die Vereinigten Staaten. Braunschweig 1927, S. 17
21. R. u. H. Lynd, 1929, S. 35; Walter Pitkin: The Art of Rapid Reading (1929)
22. Carman/Syrett, Bd. II, S. 495; Hicks, 1963, S. 16; R. u. H. Lynd, 1929
23. F. L. Allen, 1957, S. 55; William Z. Foster: The Great Steel Strike (1919); Carman/Syrett, Bd. II, S. 497; Tamara Hareven: Amoskeag. New York 1978, S. 301, 308
24. Hicks, 1963, S. 82; Stevenson, 1967
25. H. S. Commager/Richard Morris: Vorwort zu Hicks, S. IX; D. H. Fischer: Historians' Fallacies. New York 1970; Stuart Chase: Prosperity – Fact and Myth (1929); Stevenson, 1967, S. 127f.; Nels Anderson: The Hobo (1923). Chicago 1965
26. Carman/Syrett; Richard Hofstadter: The Age of Reform. New York 1962, S. 31; Hicks, 1963, S. 266f., 73; Allan Nevins: Ford. New York 1954, S. 575
27. Furnas, 1974, S. 358; Laurence Greene: The Era of Wonderful Nonsense. Indianapolis 1939, S. 245; Fred Pasley: Al Capone – the Biography of a Self-Made Man (1930); Robert Singer (Hrsg.): The Bad Guy's Quote Book. New York 1984, S. 18, 34
28. Literary Digest vom 2.3.1929, S. 7; Carl Degler: Place Over Time. Baton Rouge 1977, S. 24
29. Robert Sklar (Hrsg.): The Plastic Age. New York 1970, S. 221ff.; Furnas, 1974, S. 355
30. Walter Rideout: The Radical Novel in the U.S. New York 1966, S. 134; Francis Russell: Tragedy in Dedham. New York 1970
31. Nathan Leopold: Life plus 99 Years (1958); L. Greene, 1939; John Dewey: Individualism Old and New. New York 1930, S. 14
32. Furnas, 1974, S. 291; F. L. Allen, 1957, S. 63; Ruth Brindze: Not to Be Broadcast (1937). New York 1974, S. 187
33. E. Hemingway: Fiesta. London 1964, S. 48; Fitzgerald 1921 an Edmund Wilson, zit. n. K. Lynn: Harper's, Dez. 1981, S. 60
34. David Cronon: Black Moses. Madison 1974, S. 35; Roi Ottley, 1943, zit. n. John Bracey et al. (Hrsg.): Black Nationalism in America. Indianapolis 1970, S. 189
35. Cronon, 1974, S. 16f.
36. Cronon, 1974, S. 19, 33f., 129; Adam Lively: »Continuity and Radicalism in American Black Nationalist Thought«. In: Journal of American Studies, 1984, S. 207ff.

37. Cronon, 1974, S. 27, 128, 224; Furnas, 1974, S. 301; Bracey, S. 206; W. E. B. DuBois: »Manifesto of the 2nd Pan-African Congress« (1921). Amerika gehört den Schwarzen mehr als den Weißen, hatte es in Walker's Appeal (1830) geheißen, weil sie den Boden mit Blut und Tränen gedüngt haben. Dieses Argument wurde von den Gegnern der Re-Afrikanisierung ins Spiel gebracht
38. The Philosophy and Opinions of Marcus Garvey, 2 Bde., 1923 u. 1926; Rupert Emerson: Africa and U.S. Policy. Englewood Cliffs 1967; Peter Michels: Rastafari (1979); Cronon, 1974, S. 183
39. Julia Peterkin: Black April (1927), Scarlet Sister Mary (1928); Gilbert Osofsky: Harlem. New York 1966, S. 15; James Weldon Johnson: Black Manhattan (1930), »Harlem: The Cultural Capital«. Aus: Alain Locke: The New Negro. New York 1925, S. 309 ff.; Claude McKay: Home to Harlem (1928); Jean Toomer: Cane (1923); Kenneth Rexroth: American Poetry in the 20th Century. New York 1971
40. The Crisis, Okt. 1920, zit. n. Bracey, S. 278; Langston Hughes, zit. n. Günter Lenz: »Gettoerfahrung ...«. Aus: B. Ostendorf (Hrsg.): Amerikanische Ghettoliteratur. Darmstadt 1983, S. 184; A. Locke, 1925
41. Sutton Griggs: Imperium in Imperio (1889). Miami 1969; Kenneth Roemer: The Obsolete Necessity. Kent 1976, S. 75; Locke, 1925, S. 7; Rexroth, 1971; Lenz, 1983
42. Vgl. Harriot Stanton Blatch: Mobilizing Woman Power (1918). – Blatch war die Tochter von Elizabeth Cady Stanton
43. David Kennedy: Over Here. New York 1980, S. 285; William Chafe: The American Woman. New York 1972, S. 64
44. Hermann Graf Keyerling: Amerika – Aufgang einer neuen Welt. Stuttgart 1930, S. 295; Klaus Ensslen: Einführung in die schwarzamerikanische Literatur. Stuttgart 1982, S. 97; Robert Sklar (Hrsg.): The Plastic Age. New York 1970; R. u. H. Lynd, 1929, S. 117; Dorothy Dix: How to Win and Hold a Husband (1939); Cozzens: Confusion (1924); Chafe, 1972, S. 102
45. William O'Neill: Everyone Was Brave. Chicago 1969; Abraham Myerson: The Nervous Housewife (1920)
46. Sinclair Lewis: Lewis at Zenith (Main Street, Babbitt, Arrowsmith). New York 1961
47. Mark Schorer: Sinclair Lewis. München 1964; Meredith Nicholson: Let Main Street Alone! (1921); Walter Fischer: »Sinclair Lewis ...«. In: Neue Jahrbücher für Wissenschaft und Jugendbildung, 1931, S. 700 ff.
48. R. u. H. Lynd, 1929, S. 114 f., 121; Bd. II, S. 156, 159; Robert Grant: The Bishop's Granddaughter (1925); Nelson Blake: The Road to Reno. New York 1962, S. 156 ff.
49. Ben Lindsey: Revolt of Modern Youth (1925), Companionate Marriage (1928)
50. Anita Loos: Gentlemen Prefer Blondes (1925); Viña Delmar: Bad Girl (1928)
51. Gertrude Atherton erzählte in ihrem Roman Black Oxen (1923) die Geschichte einer New Yorkerin, die nach einer Verjüngungskur mit 58 aussieht wie 28
52. R. u. H. Lynd, Bd. II, S. 163, 346; Anderson, 1965, S. 142
53. Furnas, 1974, S. 380; R. u. H. Lynd, Bd. II, S. 164; Margaret Mead: Coming of Age in Samoa. New York 1928
54. Sklar, 1970, S. 308 ff.; Psychology today, Nov. 1982; Stow Persons: Evolutionary Thought in America. New York 1956, S. 288; Watson, zit. n. Robert Fuller: Americans and the Unconscious. New York 1986, S. 141

55. Keyserling, 1930, S. 161, 163; William McDougall: Men or Robots (1926); Parents' Magazine, 1930; L. E. Holt: The Care and Feeding of Children (1894); Furnas, 1974, S. 375; Francis Hsu: Americans and Chinese. New York 1970, S. 90
56. Emily Post: Etiquette: The Blue Book of Social Usage (1922); Warren Susman nennt einen Ratgeber von 1921, bei Higham/Conkin: New Directions in American Intellectual History. Baltimore 1979, S. 220
57. Dale Carnegie: How to Win Friends and Influence People (1936); dt.: Wie man Freunde gewinnt. Zürich 1959, S. 102, 105, 244, 249. – Regel 1 wurde in richtiges Deutsch übersetzt
58. H. Powel: What About Advertising? (1927). Aus: Sklar, 1970, S. 89ff.; E. Stevenson, S. 118; James Johnson: »Herbert Hoover and David Copperfield: A Tale of Two Childhoods«. In: Journal of Psychohistory, 1980, S. 467ff.
59. R. u. H. Lynd, 1929; Hicks, 1963, S. 187
60. Scopes v. State of Tennessee, Transcript, 17. Sept. 1925. Tennessee St. Libr. and Arch.
61. American Journal of Sociology, Juli 1917, zit. n. F. H. Matthews: »The Americanization of Sigmund Freud ...«. In: Journal of American Studies, 1967, S. 46; Nathan Hale: Freud and the Americans. New York 1971
62. Zit. n. Matthews, 1967, S. 45
63. Lawrence Friedman: »Psychoanalysis and the Foundation of Ethics«. In: Journal of Philosophy, 1956, S. 15; Harvey O'Higgins: The American Mind in Action (1924); Fredrick Redlich: Die soziale Aufgabe der Psychiatrie in den Vereinigten Staaten. München 1962; David Stannard: Shrinking History. New York 1980, S. 152; Harry Slochowev: »Freud and Marx in Contemporary Literature«. In: Sewannee Review, 1941, S. 316ff.; Frederick Hoffman: Freudianism and the Literary Mind (1945)

XXII. Technische Errungenschaften

1. John Rae: The American Automobile. Chicago 1965, S. 1; James Flink: The Car Culture. Cambridge 1978, S. 19, 34; John Lukacs: Outgrowing Democracy. Garden City 1984, S. 102
2. Alfred Weber: Kulturgeschichte als Kultursoziologie. München 1951, S. 267; S. E. Morison: Oxford History of the American People. New York 1965, S. 88f.; Gerald Silk: »The Image of the Automobile in American Art«. In: Michigan Quarterly Rev., 1980/81, S. 606
3. Morison, 1965, S. 891; Flink, 1978, S. 183
4. Flink, 1978, S. 13f.; Rae, 1965, S. 23; Murry Falkner: The Falkners of Mississippi. Baton Rouge 1967; F. L. Allen: Only Yesterday. New York 1957, S. 6; R. u. H. Lynd: Middletown. New York 1929
5. M. Falkner, 1967, S. 62; Recent Social Trends. New York 1933; Rae, 1965, S. 92; John Hicks: Republican Ascendancy. New York 1963, S. 169
6. Flink, 1978, S. 142f., 152; J. C. Furnas: Great Times. New York 1974, S. 342
7. Flink 1978, S. 68; Robert Sklar (Hrsg.): The Plastic Age. New York 1970, S. 327; Carol Gelderman: Henry Ford. New York 1981, S. 230; David Nye: Henry Ford. Port Washington 1979, S. 6

8. Allan Nevins: Ford. New York 1954, S. 39, 49; Anne Jardim: The First Henry Ford. Cambridge 1970, S. 55; Henry Ford: My Life and Work. London 1928, S. 22
9. Rae, 1965, S. 59
10. Flink, 1978, S. 76f.; Rae, 1965, S. 56; Gelderman, 1981, S. 394. – In »Middletown« waren 1923 40% aller Autos Fords
11. Nye, 1979, S. 29ff.
12. L.-F. Céline: Reise ans Ende der Nacht (1933). Hamburg 1958, S. 193. Zit. n. Flink, 1978,S. 87; Jardim, 1970, S. 94, 121, 204; Gelderman, 1981, S. 289
13. Gelderman, 1981, S. 321ff.
14. Jardim, 1970, S. 128, 178ff., 187; Gelderman, 1981, S. 269, 293; Nye, 1979, S. 67; Flink, 1978, S. 74
15. Flink, 1978, S. 73; Gelderman, 1981, S. 271, 276, 285, 397
16. Gelderman, 1981, S. 257, 278f., 293
17. Henry Ford, 1928; Furnas, 1874, S. 321, 360; Warren Belasco: Americans on the Road. Cambridge 1979
18. Flink, 1978, S. 39; J. Lukacs, 1984, S. 114; Recent Social Trends, 1933; Joseph Interrante: »The Road to Autopia ...«. In: Michigan Quarterly Rev., 1980/81, S. 510
19. Flink, 1978; Lynd, 1929; Furnas, 1974, S. 335
20. John Higham/P. Conkin (Hrsg.): New Directions in American Intellectual History. Baltimore 1979, S. 216; Lynd, 1929; David Lewis: »Sex and the Automobile ...«. In: Michigan Quarterly Rev., 1980/81, S. 518; James Doolittle: The Romance of the Automobile Industry (1916)
21. Lukasc, 1984, S. 114; M. Dubofsky: We Shall Be All. New York 1969, S. 447; Interrante, 1980/81, S. 512; Charles Sanford: »Woman's Place in American Car Culture«. In: Michigan Quarterly Rev., 1980/81, S. 536; Ernest Hemingway: Paris – ein Fest fürs Leben. Reinbek 1972, S. 19f.
22. Sanford, 1980/81, S. 537f.; David Laird: »Versions of Eden: The Automobile and the American Mind«. In: Michigan Quarterly Rev., 1980/81, S. 642; Marshall MacLuhan: »New Technology is Changing Human Identity«. In: Toronto Star vom 29. 12. 1973
23. Julian Smith: »A Runaway Match: The Automobile in the American Film, 1900–1920«. In: Michigan Quarterly Rev., 1980/81, S. 576f., 583f.; Kenneth Hey: »Cars and Films in American Culture«. In: Michigan Quarterly Rev. 1980/81, S. 594
24. Hey, 1980/81; Martin Kilian: »Back seat Pleasures«. In: Konkret, Okt. 1984, S. 76ff.
25. Laurence Goldstein: »The Automobile and American Poetry«. In: Michigan Quarterly Rev., 1980/81, S. 627f.; E. B. White: »Farewell My Lovely«. Aus: Nye, 1979, S. 47 und »Quo Vadimus?« (1939); J. Smith, 1980/81, S. 586; Ralph Nader: Unsafe at Any Speed (1965); Kenneth Schneider: Autokind vs. Mankind (1971); Emma Rothschild: Paradise Lost (1973); Lester Brown et al.: Running On Empty (1979)
26. Jane Stern: Trucker (1975); Convoy (1978) von Sam Peckinpah; Peter Steinhart: »Our Off-Road Fantasy«. In: Michigan Quarterly Rev., 1980/81, S. 72
27. Anzeige der Ford Motor Company im Literary Digest vom 2.3.1929; G. S. Lee (1913), zit. n. Stephen Kern: The Culture of Time and Space. Cambridge 1983, S. 244; Gore Vidal: »Love of Flying«. In: New York Rev. of Books vom 17.2.1985; Joseph Corn: Winged Gospel. New York 1983

28. John Wise: System of Aeronautics (1850); Lester Levy: Give Me Yesterday. Norman 1975, S. 58
29. The Papers of Wilbur and Orville Wright (1953); Basil Clark: Atlantic Adventure. London 1958, S. 16; Dixon Wecter: The Hero in America. New York 1941, S. 427f.; J. E. West: Lone Scout of the Sky (1928); G. Fife: Lindbergh the Lone Eagle (1928); Ch. Lindbergh: We (1927)
30. Alden Whitman: »Lindbergh – the Stunt Flier Who Became a Hero«. In: Internat. Herald Tribune vom 27.8.1974; Ch. Lindbergh: The Spirit of St. Louis (1953)
31. D. Wecter, 1941, S. 427, 432; R. Beamish: The Boy's Story of Lindbergh (1928); J. R. Burden: Interpretation of Colonel Lindbergh's Achievements (1928); E. Hood: Aviator (1929); D. E. Keyhoe: Flying With Lindbergh (1928); F. T. Miller: Lindbergh's Anniversary (1929); E. Roeves: Lindbergh Flies On (1929); V. T. H. Mussey: Flying Adventures of Lindbergh (1933); Missouri Historical Society: Illustrations of Colonel Lindbergh's Decorations and some of his trophies ... (1927, 2. Aufl. 1933)
32. Wecter, 1941, S. 441ff.; Daniel Boorstin: The Image or What Happened to the American Dream. New York 1962; Esquire, Okt. 1983; Time vom 21. 12. 1970; Rede in Des Moines (Iowa) vom 11. 9. 1943, zit. n. Alden Whitman, 1974. -- Whitman gibt an, antisemitische Passagen fehlten in Lindberghs 1970 herausgegebenen Wartime Journals
33. Esquire, Okt. 1983; Whitman, 1974; Toronto Star vom 27.8.1974; International Herald Tribune vom 23.8.1974
34. Erik Barnouw: A History of Broadcasting in the US, Bd. I. A Tower in Babel. New York 1966, S. 59, 64
35. Barnouw, I, S. 248; Ithiel de Sola Pool: Technologies of Freedom. Cambridge 1983, S. 111ff., 149; Furnas, 1974, S. 460; Barnouw, I, S. 207
36. Anzeige in der Saturday Evening Post (1929), bei Sklar, 1970, S. 104
37. Furnas, 1974, S. 451ff.
38. Barnouw, I, S. 227; Arthur Wertheim: »Relieving Social Tensions: Radio Comedy and the Great Depression«. In: Journal of Popular Culture, 1976, S. 501ff.
39. Trinity Methodist Church v. Fedaral Radio Commission (1932); Pool, 1983, S. 126
40. Ruth Brindze: Not to Be Broadcast (1937). New York 1974, S. 176, 191ff.; Furnas, 1974, S. 462; Radio Code (1937)
41. Brindze 1974, S. 110f., 219; Pool, 1983, S. 183, 119
42. Brindze, 1974, S. 143f., 184
43. Brindze, 1974, S. 36, 186, 248
44. Alan Havig: »Radio and American Life«. In: Reviews in American History, 1980, S. 405f.; Wertheim, 1976, S. 501; Barnouw, I, S. 276
45. Barnouw, I, S. 276
46. Edward Murrow: In Search of Light. New York 1967, S. 357; Havig, 1980, S. 405
47. Hicks, 1963, S. 174; Furnas, 1974, S. 463; Barnouw, I, S. 91

XXIII. Die Literatur der zwanziger Jahre

1. Maxwell Bodenheim: Crazy Man (1924). Replenishing Jessica (1925)

2. Harold Stearns: America and the Young Intellectuals. New York 1921; H. Stearns (Hrsg): Civilization in the US. New York 1922; Hemingway am 7.6.1929 an M. Perkins; Malcolm Cowley: »The Lost Generation Today«. In: Saturday Rev. of Literature, 2.6.1951, S. 6; Kenneth Rexroth: American Poetry in the 20th Century. New York 1971, S. 91; Toronto Star vom 22.3.1922
3. Milt Machlin: The Private Hell of Hemingway. New York 1962, S. 1; Stewart Sanderson: Ernest Hemingway. New York 1961; Marcelline Hemingway Sanford: At the Hemingways. Boston 1962, S. 122, 239; Leicester Hemingway: My Brother Ernest Hemingway. Cleveland 1962, S. 67, 103
4. Machlin, 1962, S. 19, 104; John McCaffery (Hrsg.): Ernest Hemingway. Cleveland 1951, darin die Beiträge von Edmund Wilson u. Theodore Bardacke
5. Machlin, 1962, S. 40; Hemingway: Fiesta. London 1964, S. 11
6. Hugh Kenner: »Writing By Numbers«. In: Harper's Mag., April 1981, S. 95; L. Hemingway, 1962, S. 244, 260; Lillian Ross: Portrait of Hemingway. New York 1961, S. 49; Machlin, 1962, S. 6
7. Machlin, 1962, S. 92; L. Hemingway, 1962, S. 94; E. Hemingway: Paris – ein Fest fürs Leben. Reinbek 1972
8. Philip Young: Ernest Hemingway. New York 1952, S. 131
9. E. Hemingway, 1972, S. 37, 39, 65, 123; Carlos Baker: Ernest Hemingway – a Life Story. New York 1970; Carlos Baker (Hrsg.): Ernest Hemingway – Selected Letters. New York 1981
10. Hemingway, 1972, S. 31
11. Hemingway, 1972, S. 12
12. Alfred Kazin: »The Battler«. In: New York Rev. of Books vom 16.4.1981; Der Spiegel 5/1966; L. Hemingway, 1962, S. 282f.; Sanford, 1962, S. 234; E. Hemingway: To Have and Have Not. London 1955, S. 232
13. Alan Trachtenberg: »Cultural Revisions in the Twenties ...«. In: Sam Girgus: The American Self. Albuquerque 1981, S. 59, 61, 74
14. Max Herzberg: The Reader's Encyclopedia of American Literature. New York 1962; Rexroth, 1971, S. 90; A. MacLeish: »Oil Painting of the Artist ...«. The Irresponsibles (1940)
15. Frederick Lewis Allen: Only Yesterday. New York 1957; Edmund Wilson 1926 anonym in The New Republic
16. The Double Dealer, Juni 1921, bei Charles Allen: »The Advance Guard«. In: Sewanee Rev. Sommer 1943, S. 416; Norberto Fuentes: Hemingway in Cuba. Secaucus 1984, S. 269
17. J. C. Furnas: Great Times. New York 1974, S. 492
18. D. Hammett: Red Harvest (1929), The Maltese Falcon (1930), The Thin Man (1932); J. Erskine: The Private Life of Helen of Troy (1925). Galahad (1926), Adam and Eve (1927)
19. H. L. Mencken: In Defense of Women (1918); Theodore Dreiser: A Gallery of Women, 2 Bde. (1929); John Cournos: Wandering Women (1930); Sherwood Anderson: Perhaps Women (1931). – Walter White: Flight (1926); Jessie Fauset: Plum Bun (1928); Nella Larsen: Passing (1929)

20. John Dos Passos: Rosinante on the Road Again (1922); The Garbage wurde 1926 unter dem Titel »The Moon Is a Gong« aufgeführt
21. Marc Connelly/George Kaufman: Dulcy (1921), To the Ladies (1922); Rachel Crothers: Nice People (1921), A Ladies Virtue (1925), Let Us Be Gay (1929), When Ladies Meet (1932); Maxwell Anderson: Outside Looking In (1925), Elizabeth the Queen (1930). – George Steiner: The Death of Tragedy. New York 1961, S. 312
22. Doris Falk: Eugene O'Neill and the Tragic Tension. New Brunswick 1958
23. »Man is born broken. He lives by mending. The grace of God is glue!« IV, 1; Falk, 1958, S. 103
24. Steiner, 1961, S. 327; W. D. Sievers: Freud on Broadway (1955); Falk, 1958, S. 136
25. Eric Larrabee: »The Cultural Context of Sex Censorship«. In: Law and Contemporary Problems, 1955, S. 677
26. 18 USC 1461; Alec Craig: Suppressed Books. Cleveland 1963; James Paul: M. Schwartz. Federal Censorship. New York 1961; Robert Haney: Comstockery in America. Boston 1960
27. David Perkins: A History of Modern Poetry, Bd. I. Cambridge 1979,S. 85, 97
28. Perkins, 1979, S. 120ff.
29. Perkins, 1979, S. 230f., 270; Ezra Pound: Dichtung und Prosa. Berlin 1956, S. 73
30. Cornhuskers (1918), Smoke and Steel (1920), Good Morning, America (1928), The People, Yes (1936)
31. Perkins, 1979, S. 312
32. Rexroth, 1971, S. 79
33. Rexroth, 1971, S. 76f., 86; M. McLuhan in Time Mag. 16.5.1985; Herzberg, 1962
34. Rexroth, 1971, S. 40, 43; Perkins, 1979, S. 365; Countee Cullen, Color (1925), Copper Sun (1927); Laura Riding: Collected Poems (1938); Rexroth, 1971, S. 108
35. Wallace Stevens: Academic Discourse at Havanna (1929), Collected Poems (1954); Geoffrey Moore: »Wallace Stevens: A Hero of Our Time«. Aus: Carl Bode (Hrsg.): The Great Experiment in American Literature. London 1961, S. 131; Martha Strom: »Wallace Steven's Choice«. In: New England Quarterly, 1984, S. 588f.
36. Perkins, 1979, S. 498f.
37. W. C. Williams: Kora in Hell (1920); Perkins, 1979, S. 546ff.; T. S. Eliots: Vorwort zu Pound, 1956, S. 18
38. Pound: »A Stray Document«, dt. 156, S. 144; Perkins, 1979, S. 478; Günther Busch in der Südd. Zeitung vom 7./8.8.1965
39. Perkins, 1979, S. 465
40. Pound: Jefferson and/or Mussolini (1935); Julien Cornell: The Trial of Ezra Pound. New York 1966, S. 112, 161; W. V. O'Connor/E. Stone (Hrsg.): A Casebook on Ezra Pound. New York 1959, S. 16

XXIV. Die Dynamik der Sprache

1. H. L. Mencken: The American Language (1919). New York 1947; The American Language, Supplement I. New York 1945; The American Language, Supplement II. New York 1948; Charles Sanford: The Quest for Paradise. Urbana 1961, S. 263; John

Lukacs: Outgrowing Democracy. Garden City 1984, S. 228; Simeon Potter: Our Language. Harmondsworth 1963, S. 162; G. Ph. Krapp: The English Language in America (1925); Craigie/Hulbert: Dictionary of American English on Historical Principles (1938–1944)

2. John Pickering: A Vocabulary (1816); Albert Marckwardt: American English. New York 1958, S. 132; W. D. Howells: The Rise of Silas Lapham (1885); Mencken, 1948, S. 377
3. Marckwardt, 1958, Kap. 4; Mencken, 1948, S. 363
4. Mencken, 1949, S. 341, 344, 353, 391; Sigmund Spaeth im New Yorker vom 7.7.1934, zit. n. Mencken, S. 348
5. Mencken, 1948, S. 351f., 686; Robert Sklar (Hrsg.): The Plastic Age. New York 1970, S. 1; Elizabeth Stevenson: Babbitts and Bohemians. New York 1967, S. 80; Potter, 1963, S. 162
6. Mencken, 1948, S. 648f; Newsweek vom 3.6.1974
7. Potter, 1963
8. New York Times vom 24.2.1944, zit. n. Mencken, 1945, S. 151; S. Lewis: Elmer Gantry (1927); Marckwardt, 1958, S. 102f.; Mencken, 1945, S. 574ff.
9. Geoffrey Gorer: The American People. New York 1948
10. Mencken, 1947, S. 478, 483, 496, 500; Mencken, 1948, S. 412; Anita Loos: But Gentlemen Marry Brunettes (1928)
11. Mencken, 1948, S. 757; Mencken, 1947, S. 155ff.; Marckwardt, 1958, S. 53, 89
12. Mencken, 1948, S. 542, FN 6; Mencken, 1947, S. 480
13. L. u. R. Grinberg: »A Psychoanalytic Study of Migration ...«. In: Journal of the American Psychoanalytic Assoc., 1984, S. 30; Herold der Wahrheit, Okt. 1972; Michael Holzach: Das vergessene Volk. Hamburg 1980
14. Peter Karsten: Soldiers and Society. Westport 1978, S. 155; International Herald Tribune vom 12.10.1979; Edith Wharton: The Custom of the Country (1913). New York 1956, S. 80, 133, 156; F. W. Fowler: Modern English Usage (1926). Oxford 1959, S. 193
15. Marckwardt, 1958, S. 41; Mencken, 1947, S. 176f.
16. Mencken, 1948, S. 532; Saturday Rev., Dez. 1980, S. 83; H. N. Smith: Democracy and the Novel. New York 1978, S. 149
17. Lukacs, 1984, S. 138; Mencken, 1948, S. 508, 513
18. Joel Sherzer: »Oh! That's a pun and I didn't mean it«. In: Semiotica, 1978, S. 341; Vladimir Pozner: Die Unvereinigten Staaten. Berlin 1949, S. 261; Mencken, 1948, S. 578; Stanley Elkin: »The Condominium«. Aus: Searches and Seizures. Boston 1973, S. 77
19. Wentworth/Flexner: Dictionary of American Slang (1960); Hyman Golding: Dictionary of American Underworld Lingo (1950); Daniel Boorstin: The Image. New York 1962, S. 266; Marckwardt, 1958, S. 125
20. Mencken, 1948, S. 646; Mencken, 1945, S. 640
21. Mencken, 1948, S. 370f.
22. Ambrose Bierce: The Cynic's Word Book (1906); Menckeniana – a Schimpflexicon (1927); Harper's Mag., Mai 1982
23. Mencken, 1948, S. 402f., 418, 479, 539; Mencken, 1947, S. 177; Marckwardt, 1958, S. 93

24. Mencken, 1947, S. 204f.; Mencken, 1948, S. 779; Variety vom 16.4.1969
25. Potter, 1963, S. 163f.; Mencken, 1947, S. 194, 196
26. Charles Sanford: »›Woman's Place‹ in American Car Culture«. In: Michigan Quarterly Rev. 1980/81, S. 536; Lukacs, 1984, S. 267; Sklar, 1970, S. 268
27. L. P. Smith: Trivia (1902); More Trivia (1921), All Trivia (1933); Mencken, 1939, bei Kunitz/Haycraft: 20th Century Authors, I, 945

XXV. Presse und Comics

1. Frank L. Mott: American Journalism. New York 1962, S. 676, 680; Edwin Emery: The Press and America. Englewood Cliffs 1962, S. 542
2. J. C. Furnas: Great Times. New York 1974, S. 480; Mott, 1962, Kap. 39; Carl Sifakis: American Eccentrics. New York 1984
3. W. A. White, zit. n. John Tebbel: The Compact History of the American Newspaper. New York 1963, S. 221
4. Tebbel, 1963, S. 218; Mott, 1962, S. 637; Emery, 1962, S. 516
5. Emery, S. 514, 537, 674; Tebbel, S. 242
6. Mott, S. 729; Tebbel, S. 258f.
7. Mott, 1962, S. 731; N. W. Ayer: Directory of Newspapers and Periodicals. Philadelphia 1965ff.; Ebony-Redaktion: The Negro Handbook. Chicago 1966, S. 375ff.
8. Drew Pearson: Washington Merry-Go Round (1931); Grosjean v. American Press Co. (1936); Mott, S. 720
9. Furnas, 1974, S. 484; Emery, S. 644
10. Emery, S. 645; Furnas, S. 487
11. Max Herzberg: The Reader's Encyclopedia of American Literature. New York 1962; Walter Rideout: The Radical Novel ... New York 1966, S. 125
12. Nels Anderson: The Hobo (1923). Chicago 1965
13. A Guide to Negro Periodical Literature. Winston-Salem 1941ff.; Roland Wolseley: The Black Press. Ames 1971
14. Charles Allen: »The Advance Guard«. In: Sewanee Rev., 1943, S. 412
15. Emery, S. 572
16. Mott, S. 714; Sinclair Lewis: It Can't Happen Here. New York 1935
17. Wolfgang Fuchs/R. Reitberger: Comics. München 1971
18. Coulton Waugh: The Comics (1947). New York 1974, S. 3; Fuchs/Reitberger, 1971, S. 12, 14; Waugh, 1974, S. 10, 46, 66; Curtis Brown: Star-Spangled Kitsch. New York 1975, S. 174
19. Fuchs/Reitberger, S. 17; Karl Riha: »›Lend me a Nickel‹ – Versuch über ›comic strips‹«. In: Diskus, 7, 1964, S. 9; Waugh, S. 199
20. Fuchs/Reitberger, S. 16, 38, 52; Arthur Asa Berger: L'il Abner. New York 1970, S. 51, 100, 103, 115f.
21. Waugh, S. 233; Fuchs/Reitberger, S. 73; Hubert Crawford: Encyclopedia of Comic Books. Middle Village 1978; Holger Rust: Struktur und Bedeutung. Berlin 1980, S. 85
22. Waugh, S. 257; Fuchs/Reitberger; Crawford; Oswald Wiener: »Der Geist der Superhelden ...«. In: Südd. Ztg. vom 28.1.1970

23. Crawford, S. 128; Kenneth Adams: »›Octopoid‹ Genitality and the Medusal Madonna«. In: Journal of Psychohistory, 1983, S. 409ff.; Wiener, 1970
24. Crawford, S. 32; J. Kagelman: Comics (1976); Fuchs/Reitberger, S. 34f.; Berger, S. 43; Waugh, S. 198; David Riesman: The Lonely Crowd. New York 1956
25. Waugh, S. 138; Crawford, S. 68, 341, 419; Mother Earth, Juli 1984
26. Eco, zit. n. New York Rev. of Books vom 13.7.1985; Riha, S. 8; Crawford, S. 167
27. Printer's Ink, 1944, zit. n. H. L. Mencken: The American Language, Supplement II. New York 1948, S. 348; Waugh, S. 334; John Wiltz: »The Korean War and American Society«. Aus: F. Heller (Hrsg.): The Korean War. Lawrence 1977
28. Furnas, 1974, S. 473; Fuchs/Reitberger, 1971, S. 54f.; Herzberg, 1962, S. 196; Spiegel, 10/1965, S. 112

XXVI. Musik und Tanz

1. Frank Rossiter: Charles Ives and His America. New York 1975, S. 23f.; Aaron Copland: Copland on Music. New York 1963, S. 21, 134; ders.: Music and Imagination. Cambridge 1953, S. 7, 10
2. Gilbert Chase: Die Musik Amerikas. Berlin 1958, S. 461, 585f.
3. Ezra Pound: Antheil and the Treatise on Harmony (1927); Antheil Bad Boy of Music (1945); Bravig Imbs: Confusions of Another Young Man (1936), Auszug bei Robert Sklar: The Plastic Age. New York 1970
4. Chase, 1958, S. 568
5. Gilbert Chase: Vorwort zu Rosalie Perry. Charles Ives and the American Mind. Kent 1974, S. XII; Vivian Perlis: Charles Ives Remembered. New Haven 1974; Südd. Ztg. vom 20.1.1982
6. Perlis, 1974; Aaron Copland: The New Music. New York 1968, S. 16f.
7. Perry, 1974, S. 3, 14, 88; Rossiter, 1975, S. 50f., 23, 187
8. Chase, 1958, S. 748, 766, 774; Stephen Kern: The Culture of Time and Space. Cambridge 1983, S. 75; Perry, 1974, S. 51f., 108; Rossiter, 1975, S. 36
9. Garry Clarke: Essays on American Music. Westport 1977, S. 112, 116, 125, 129
10. Rossiter, 1975, S. 147, 150f.; Chase, 1958, S. 752; David Riesman: The Lonely Crowd. New Haven 1951, S. 325; Südd. Ztg. vom 19.11.1984
11. G. Chase: Vorwort zu Perry, 1974, S. XVIII; Clarke, 1977, S. 126, 128, 110, 115; Newsweek vom 4.11.1974; Charles Ives: Essays Before a Sonata. New York 1970, S. 11f.; Clarke, S. 112; Perry, S. 92, 85f.
12. Copland, 1968, S. 63f.
13. Isaac Goldberg: George Gershwin. New York 1931; Kenneth Kanter: The Jews on Tin Pan Alley. New York 1982
14. Goldberg, 1931, S. 139, 37; Chase, 1958, S. 560, 728; Kanter, 1982, S. 158
15. Leon Botstein: »The Tragedy of Leonard Bernstein«. In: Harper's, Mai 1983, S. 39ff.
16. Berndt Ostendorf: Black Literature in White America. Brighton 1982, S. 95f.; Chase, 1958, S. 534; Irving Sablosky: American Music. Chicago 1969, S. 122; James Collier: The Making of Jazz. London 1978, S. 6, 22ff.

17. Collier, 1978, S. 7, 26, 39; LeRoi Jones: Blues People. New York 1963, S. 66; Chase, 1958, S. 520; W. C. Handy (Hrsg.): Blues: An Anthology (1926). – Die »blue fifth« ist nicht zu verwechseln mit der »flatted fifth«, einer regulär verminderteen Quint im Bebop-Stil, also Ges in C-Dur
18. Chase, 1958, S. 512; Eileen Southern: The Music of Black Americans. New York 1971, S. 317; Goldberg, 1931, S. 55
19. H. L. Mencken: The American Language, Supplement II. New York 1948, S. 709; Sablosky, 1969, S. 121, 148
20. LeRoi Jones, 1963, S. 154; Collier, 1978, S. 200; Ostendorf, 1982, S. 117; J. C. Furnas: Great Times. New York 1974, S. 312; Howard, 1960, S. 235
21. Howard, 1960, S. 245; Ortiz Walton: Music: White, Black and Blue. New York 1972, S. 66; LeRoi Jones, 1963, S. 140; Waldo Frank: »Jazz and Folk Art«. In: The New Republic vom 1.12.1926
22. James Collier, 1978, S. 57, 60ff., 79, 96ff.; Sidney Bechet: Treat It Gentle (1960)
23. Lars Björn: »The Mass Society and Group Action Theories of Cultural Production: The Case of Stylistic Innovation in Jazz«. In: Social Forces, 1981, S. 391; Richard Hadlock: Jazz Masters of the Twenties. New York 1974, S. 125; Chase, 1958, S. 549
24. M. Jones/J. Chilton: Louis. London 1971; Louis Armstrong: Satchmo. New York 1954, S. 8; L. Armstrong: A Self-Portrait. New York 1971, S. 13, 16; Hugues Panassié: Louis Armstrong. New York 1971; Collier, 1978, S. 142ff.
25. Armstrong, 1971, S. 25
26. Panassié, 1971, S. 52; Collier, 1978, S. 151, 155; Hadlock, 1974, S. 18, 229f.
27. Armstrong, 1971, S. 30, 53; Panassié, S. 33f.; Collier, S. 159
28. LeRoi Jones, S. 162; Chase, S. 552; Ostendorf, 1982, S. 95ff.
29. Chase, S. 554; Collier, S. 227; LeRoi Jones, S. 182f.
30. Walton, S. 66; Collier, S. 213f., 270ff.; Hadlock, S. 122
31. Hadlock, S. 137; LeRoi Jones, S. 181; Hodeir, S. 100; Collier, S. 345, 348, 355
32. Collier, S. 348ff.; Hodeir, S. 147 u. 149
33. Collier, S. 370f., 119, 306; Walton, S. 98
34. LeRoi Jones, S. 208; J. E. Berendt: Variationen über Jazz. München 1956, S. 89
35. Collier, S. 478ff.
36. Collier, S. 4f., 44, 381
37. Collier, S. 192, 345, 431; Berendt, 1956, S. 26ff.
38. Chase, S. 531; Adam Lively: »Continuity and Radicalism in American Black Nationalist Thought ...«. In: Journal of American Studies, 1984, S. 231; New Yorker vom 30.8.1982; Collier, S. 129
39. Collier, S. 129, 322, 338
40. J. E. Berendt: Das Jazzbuch (1953); Th. Adorno: »Über Jazz«. In: Zeitschrift für Sozialforschung, 1936, S. 247ff. (unter dem Pseudonym Hektor Rottweiler); David Chalmers: Hooded Americanism. Garden City 1965; Max Merz: Der völlig zersetzende Einfluß des Jazz. München 1939
41. Werner Stüber: Geschichte des Modern Dance. Wilhelmshaven 1984, S. 127, 37, 48
42. Stüber, 1984, S. 77; Walter Sorell: The Dance Has Many Faces. New York 1966, S. 31, 33; Winthrop Palmer: Theatrical Dancing in America. London 1978, S. 21f.; Graham, 1927, zit. n. Stüber, S. 83; Sorell, S. 39

43. Ruth St. Denis: »Religious Manifestations in the Dance«. Aus: Sorell, 1966, S. 12ff.; Stüber, S. 95, 99f.; W. Palmer, S. 33, 36
44. Stüber, 1984, S. 140ff.
45. Stüber, 1984, S. 125ff.; Sorell, 1966, S. 35
46. Zit. n. W. Palmer, S. 61

XXVII. Sport

1. Michael Novak: The Joy of Sports. New York 1976,S. XIX, 19f., 34
2. Douglas Noverr/L. Ziewacz: The Games They Played. Chicago 1983, S. 9; John Betts: America's Sporting Heritage. Reading 1974, S. 190f.
3. Ellitott Gorn: »The Manassa Mauler and the Fighting Marine ...«. In: Journal of American Studies, 1985, S. 27ff.; Noverr/Ziewacz, 1983, S. 16; J. Dorinson/J. Atlas: Psychohistory. Brooklyn 1983; A. B. Faust: The German Element in the US. Boston 1909; Thomas Boswell: »Traum von der Einheit der Rassen«. In: Der Spiegel 16/1985, S. 221/222; New York Times, 1925, zit. n. Warren Susman: Culture as History. New York 1985, S. 143
4. Noverr/Ziewacz, 1983, S. 17f., 19; Michael Oriard: The Texts of Football and Baseball, unveröff. Ms.; Morris Cohen: »Baseball as a National Religion« (1919). Aus: Cohen: The Faith of a Liberal. New York 1946, S. 335; Herbert von Borch: Die unfertige Gesellschaft
5. Ronald Smith/J. Lucas: Saga of American Sport. Philadelphia 1978; John Allen: »Winter Culture: The Origins of Skiing in the US«. In: Journal of American Culture, 1983, S. 65ff.; Noverr/Ziewacz, 1983, S. 38
6. Noverr/Ziewacz, 1983, S. 59; Betts, 1974, S. 166f., 225
7. Noverr/Ziewacz, 1983, S. 25ff.; Betts, 1974, S. 127ff.
8. Betts, 1974, S. 238; Südd. Ztg. vom 18.9.1985; Noverr/Ziewacz, 1983, S. 108; Newsweek vom 28.12.1970; Journal of Popular Culture, Herbst 1982; Oriard, unveröff. Ms.; George Plimpton et al.: »Sports: How Dirty a Game?«. In: Harper's, Sept. 1985, S. 45ff.
9. North American Rev., 1900, 1901, 1902, zit. n. Jackson Lears: No Place of Grace. New York 1981, S. 108; Noverr/Ziewacz, 1983, S. 44; Oriard, unveröff. Ms.
10. Noverr/Ziewacz, 1983, Kap. 3; Betts, 1974, S. 250; J. C. Furnas: Great Times. New York 1974,S. 412; John Lucas/R. Smith: Saga of American Sport. Philadelphia 1978, S. 316; Betts, 1974, S. 267; Noverr/Ziewacz, S. 88; George Bellows: Dempsey and Firpo (1924); Lloyd Goodrich/J. Baur: American Art of our Century. New York 1961, S. 84
11. Lucas/Smith, 1978, S. 349f., 356ff., 364; School & Society, 1929, zit. n. Allen Guttmann: From Ritual to Record. New York 1978, S. 34
12. Noverr/Ziewacz, 1983, S. 114, 120; Betts, 1974, S. 283
13. Guttmann, 1978, S. 80ff.; Noverr/Ziewacz, 1983, S. 225ff.; Plimpton, 1985, S. 51
14. Noverr/Ziewacz, 1983, S. 162, 194, 203; Plimpton, 1985
15. Heywood Broun, in: American Scholar, Frühj. 1980, S. 274; Reach Baseball Guide (1887), zit. n. Novak, 1976, S. 63; Guttmann, 1978, S. 95, 107; New York Times, 1927, zit. n. Susman, 1985, S. 143; Novak, 1976, S. 58f.; The New Republic vom 23.7.1977

16. Guttmann, 1976, S. 102, 107, 111; Boswell, 1985
17. Novak, 1976, S. 59, 77; Guttmann, 1978, S. 120, 131; Richard Sipes: »War, Sports and Aggression...«. In: American Anthropologist, 1973, S. 64ff.; The New Republic vom 23.7.1977
18. Norbert Elias/Eric Dunning: »The Quest for Excitement in Unexciting Societies« (1970), zit. n. Guttmann, 1978, S. 132f.; Guttmann, S. 151ff.
19. Novak, 1976, S. 69, 146f.; W. C. Williams: In the American Grain (1925)
20. Nover/Ziewacz, 1983, S. 291; Novak, 1976, S. 110, 237f.
21. Lucas/Smith, 1978, S. 420. – James Fixx starb im Sommer 1974. – Robert M. Hutchins: »I get all my physical exercise by walking in the funeral corteges of my athletic friends.«

XXVIII. Was die Zeit verlangte

1. Zit. n. David Trask: The War with Spain in 1898. New York 1981, S. 441
2. Reginald Stuart: War and American Thought. Kent 1982; James Abrahamson: America Arms for a New Century. New York 1981, S. 81
3. Der Querschnitt, Februar 1925, Ausgabe 1960, S. 11
4. The Octopus (1901). New York 1969, S. 368
5. B. A. Botkin: A Treasury of American Folklore. New York 1944,S. 285f.; H. L. Mencken: The American Language. New York 1948, S. 611
6. Our America (1919), The Rediscovery of America (1929)
7. Individualism Old and New. New York 1930
8. F. O. Matthiessen, aus: Robert Spiller et al. (Hrsg.): Literary History of the US, Bd. II; Pound: »Hugh Selwyn Mauberley«. Dichtung und Prosa. Berlin 1956, S. 71
9. John Hicks: Republican Ascendancy. New York 1963
10. Curtis Brown: Star-Spangled Kitsch. New York 1975, S. 45
11. Hicks, 1963, S. 115; Newsweek vom 24.7.1974; Alice Stockham: Ethik der Ehe. Lauf 1931, S. 20
12. Hermann Graf Keyserling: Amerika – Aufgang einer Neuen Welt. Stuttgart und Berlin 1930, S. 196, 205, 338, 353, 657, 698

Ausgewählte Literatur

James Abrahamson: America Arms for a New Century. New York 1981
Frederick Lewis Allen: Only Yesterday (1931). New York 1957
Bernard Bailyn: Education in the Forming of American Society. New York 1960
Erik Barnouw: A Tower in Babel. New York 1966
Walter Blair/Hamlin Hill: America's Humor. New York 1978
Nelson Blake: The Road to Reno – a History of Divorce in the US. New York 1962
Robert Bremner et al. (Hrsg.): Children and Youth in America. Bd. II. Cambridge 1971
Curtis Brown: Star-Spangled Kitsch. New York 1975
James Collier: The Making of Jazz. London 1978

Edward DeGrazia (Hrsg.): Censorship Landmarks. New York 1969
Carl Degler: At Odds – Woman and the Family from the Revolution to the Present. New York 1980
I. Dementyev: USA: Imperialists and Anti-Imperialists. Moskau 1979
Richard Dillon: North American Indian Wars. New York 1983
Melvyn Dubofsky: We Shall Be All – a History of the IWW. New York 1969

Ernest Earnest: The American Eve in Fact and Fiction. Urbana 1974

James Flink: The Car Culture. Cambridge 1978
Philip Foner/R. Schultz: Das andere Amerika. Berlin 1983
J. C. Furnas: Great Times. New York 1974

Sigfried Giedion: Die Herrschaft der Mechanisierung. Frankfurt 1982
Sam Girgus (Hrsg.): The American Self. Albuquerque 1981
Michael Gordon (Hrsg.): The American Family in Social-Historical Perspective. New York 1978
Allen Guttmann: From Ritual to Record. New York 1978

Nathan Hale: Freud and the Americans. New York 1971
Oscar u. Mary Handlin: Facing Life. Boston 1971
Robert Handy (Hrsg.): Religion in the American Experience. Columbia 1972
John Higham: Strangers in the Land. New Brunswick 1955
Brooke Hindle: Emulation and Invention. New York 1981
Richard Hofstadter: The Age of Reform. New York 1962

Anne Jardim: The First Henry Ford. Cambridge 1970

David Kennedy: Over Here – the First Wold War and American Society. New York 1980
Gabriel Kolko: The Triumph of Conservatism. London 1963

Jackson T. J. Lears: No Place of Grace. New York 1981
Lewis Leary (Hrsg.): Mark Twain's Wound. New York 1962
Sidney Lens: The Labor Wars. Garden City 1974
Lester Levy: Give Me Yesterday. American History in Song. Norman 1975
Robert u. Helen Lynd: Middletown. New York 1929

Leo Marx: The Machine in the Garden. New York 1964
Myron Matlaw (Hrsg.): American Popular Entertainment. Westport 1979
H. L. Mencken: The American Language (1919). New York 1947
H. Wayne Morgan: New Muses. Norman 1978

Mary Beth Norton et al. (Hrsg.): A Peope and a Nation. Boston 1982

Berndt Ostendorf: Black Literature in White America. Brighton 1982

Peter Parish: The American Civil War. New York 1976
David Perkins: A History of Modern Poetry. Bd. I. Cambridge 1979
Vivian Perlis: Charles Ives Remembered. New Haven 1974
Klaus Poenicke: Der amerikanische Naturalismus. Darmstadt 1982
Thomas Pressly: Americans Interpret Their Civil War. Princeton 1954

Daniel Rodgers: The Work Ethic in Industrial America. Chicago 1979
Kenneth Roemer: The Obsolete Necessity – America in Utopian Writings. Kent 1976
W. J. Rorabaugh: The Alcoholic Republic. New York 1979

Robert Sklar (Hrsg.): The Plastic Age. New York 1970
Walter Sorell (Hrsg.): The Dance Has Many Faces. New York 1966
Kenneth Stampp: The Era of Reconstruction. New York 1965
Elizabeth Stevenson: Babitts and Bohemians. New York 1967
Werner Stüber: Geschichte des Modern Dance. Wilhelmshaven 1984

Alan Trachtenberg: Brooklyn Bridge (1965). Chicago 1979
David Trask: The War With Spain in 1898. New York 1981

Wyn Wachhorst: Thomas Alva Edison. Cambridge 1982
Edwin Weinstein: Woodrow Wilson. Princeton 1981
Arthur Wertheim: The New York Little Renaissance. New York 1976
Robert Wiebe: The Search for Order. New York 1967

Philip Young: Ernest Hemingway. New York 1952; Ernest Hemingway – A Reconsideration. New York 1966

L. Ziewacz/D. Noverr: The Games They Played. Chicago 1983

Dieses Buch, einschließlich Vorsatzpapier und Einband,
wurde auf Recyclingpapier gedruckt, das zu 100% aus Altpapier besteht.
Das Kapitalband und das Leseband wurden aus ungefärbter
und ungebleichter Baumwolle gefertigt.